NAVEGANDO EL ESTRECHO

Una guía para evaluar el cambio en las iglesias de Cristo

NAVEGANDO EL ESTRECHO

UNA GUÍA PARA EVALUAR EL CAMBIO EN LAS IGLESIAS DE CRISTO

DAVE MILLER

Traducción al español por
*Jaime Hernández Castillo y
César Hernández Castillo*

Copyright © 2020 Por LA PALABRA PUBLISHER
Todos los derechos son reservados. Si desea reproducir, o escanear, o distribuir este contenido necesita pedir permiso al editor.
Imagen de la portada por DarkWorkX from Pixabay,
Edición y Diseño del libro por Rogelio Medina
lapalabrapublisher@gmail.com
lapalabrapublisher.com
Primera Edición: 2020
Impreso en los Estados Unidos de América
ISBN: 9798676347888

A Deb
cuya influencia positiva en mi vida ha sido inestimable,
profunda y eterna

TABLA DE CONTENIDO

PREFACIO

INTRODUCCIÓN

PRIMERA PARTE: RAÍCES DEL CAMBIO

Capítulo 1	Corrientes Culturales	pgs. 1-8
Capítulo 2	Corrientes Teológicas	pgs. 9-14
Capítulo 3	Corrientes Políticas	pgs. 15-18
Capítulo 4	Corrientes Científicas	pgs. 19-30

SEGUNDA PARTE: EL COMBUSTIBLE PARA EL CAMBIO

Capítulo 5	Una era de rebelión	pgs. 33-37
Capítulo 6	El cambio hacia la emoción	pgs. 39-50
Capítulo 7	El crecimiento de la iglesia y la ofensiva por la revelancia	pgs. 51-63
Capítulo 8	Confusión cobre la restauración	pgs. 65-74
Capítulo 9	Sumisión a la cultura	pgs. 75-82
Capítulo 10	El supuesto legalismo	pgs. 83-85
Capítulo 11	Academics y educación superior	pgs. 87-98

TERCERA PARTE: EL MECANISMO PARA EL CAMBIO "LA NUEVA HERMENÉUTICA"

Capítulo 12	Aversión a la Logica	pgs. 101-116
Capítulo 13	La "forma" de la Escritura	pgs. 117-120
Capítulo 14	El "Evangelio Central" y "La Biblia Plana"	pgs. 121-128
Capítulo 15	Contexto Histórico e Interpretación "Atomista"	pgs. 129-135
Capítulo 16	Presuposiciones y Condicionamiento Cultural	pgs. 137-142
Capítulo 17	Procedimiento Hermenéutico Correcto	pgs. 143-162

CUARTA PARTE: LOS ESPECÍFICOS DEL CAMBIO

Capítulo 18	El Ataque a la Adoración	pgs. 165-174
Capítulo 19	Nuevo Estilo de la Predicación	pgs. 175-186

Capítulo 20	La Musica en la Iglesia	pgs. 187-205
Capítulo 21	Levantando Manos	pgs. 207-215
Capítulo 22	El Aplaudir	pgs. 217-225
Capítulo 23	El Drama y la Lectura Dramática	pgs. 227-230
Capítulo 24	El Liderazgo Femenino	pgs. 231-241
Capítulo 25	Días Especiales	pgs. 243-248
Capítulo 26	La Dedicación de Bebes	pgs. 249-251
Capítulo 27	La Cena del Señor	pgs. 253-259
Capítulo 28	Variedad en los Formatos de Reunión	pgs. 261-267
Capítulo 29	Aceptando el Denomicionalismo	pgs. 269-314
Capítulo 30	La Autoridad de los Ancianos	pgs. 316-321
Capítulo 31	Temas Morales	pgs. 322-353
Capítulo 32	El Espíritu Santo	pgs. 354-373

QUINTA PARTE — EL OBJETIVO DEL CAMBIO

Capítulo 33	El Orgullo - El Problema Perenne de la Humanidad	pgs. 376-378
Capítulo 34	La Popularidad - La Búsqueda de Crebilidad	pgs. 380-384
Capítulo 35	Posesiones - El Deseo de las Cosas	pgs. 386-390
Capítulo 36	Permisividad - La Libertad de Restricciones	pgs. 392-402

SEXTA PARTE: EL ANTÍDOTO PARA EL CAMBIO

Capítulo 37	La Integridad de Dios y la Biblia	pgs. 406-430
Capítulo 38	La Prioridad de la Verdad	pgs. 431-433
Capítulo 39	El Propósito de la Existencia y la Persona de Cristo	pgs. 435-443
Capítulo 40	EL Principio de Autoridad	pgs. 445-454
Capítulo 41	El Lugar de la Iglesia y el Plan de Salvación	pgs. 455-467
Capítulo 42	La Posesión de Humildad y Arrepentimiento	pgs. 469-474
Capítulo 43	La Percepción de la Ira de Dios	pgs. 476-484
Capítulo 44	¿Qué Deben Hacer los Fieles?	pgs. 486-504

ACERCA DEL AUTOR   pgs. 506

PREFACIO

Un libro de esta magnitud es una tarea monumental. Requiere grandes cantidades de tiempo y esfuerzo. Un autor no puede evitar sentirse inseguro acerca de si ha atado todos los cabos sueltos y cubierto su tema tan eficazmente como era su intención original. También repercute en la enorme responsabilidad que tiene el dar a conocer sus pensamientos a la hermandad, para bien o para mal. Se pregunta si habló siempre con la sabiduría y el tacto que pretendía. El lector puede estar seguro de que, en el escrito que se presenta a continuación, el autor no ha querido otra cosa que decir la verdad y hacerlo en amor.

Las iglesias de Cristo están experimentando conmoción y dolor en toda América ya que están siendo destrozadas por quienes desean reestructurarla. La iglesia está bajo fuego desde adentro. Los padres envían a sus hijos a la Universidad cristiana solo para que sean taladrados por los abogados del cambio en el aula y en la congregación local. Los jóvenes están dejando sus hogares y yéndose en busca de trabajo a las grandes ciudades en donde encuentran congregaciones urbanas en las que el cambio ilícito está a la orden del día. Este libro está destinado a ofrecer apoyo y ayuda a los cristianos y echarles una mano mientras enfrentan estos tiempos difíciles.

Muchas personas han aportado su generosa y considerada ayuda en este esfuerzo. Gerald y Rosa Lee Nation han apoyado repetidamente con sus experimentadas habilidades informáticas. June Carrothers y Carolyn Curtis han recuperado material de discos antiguos y escrito lo que no se pudo recuperar. Paul Sain ha sido un amable y servicial impresor. Roy Bellows, Jimmy Mckenzie y Bobby Watts, los ancianos de la iglesia de Cristo Brown Trail han sido apoyo y aliento en mis diversos esfuerzos por hacer la obra del Señor. Mis estudiantes en la Escuela de Predicación de Brown Trail, se han sacrificado en diferentes maneras cuando he pasado por el trauma de escribir y viajar. Expreso mi gratitud especial a James y Evelyn Byrd, quienes han prestado asistencia decisiva en mi trabajo en el reino de Cristo.

Se exhorta al lector a tomarse el tiempo para leer las notas al pie de cada capítulo. Se incluye en estas notas una gran cantidad de material informativo que fue excluido del cuerpo del documento.

Mi más ferviente oración a Dios es que mis débiles esfuerzos sean de alguna pequeña manera, una fuerza positiva para el bien de su reino. Con toda certeza, mi único propósito es ayudar a las personas a revisar el laberinto de confusión y desorientación creado por la ola de cambio que está barriendo la iglesia.

Mi ferviente oración es que el pueblo del Señor pueda evitar la pérdida de sus almas debido a la derrota ante el cambio ilícito.

INTRODUCCIÓN

Vivimos en tiempos cambiantes. La civilización americana ha experimentado un cambio cultural en las últimas tres décadas. Desde la perspectiva cristiana, esta desorientación no ha sido buena. El cambio social global ha debilitado dramáticamente el sistema americano de valores — religiosa, moral y espiritualmente.

> *Los Tiempos están cambiando*
> —Bob Dylan

La iglesia no ha escapado de las garras de esta circunstancia social. La influencia de estas corrientes culturales se hace sentir fuertemente. De hecho, los vientos huracanados del cambio golpean fuerte en el cuerpo de Cristo. Los instigadores insisten en que el cambio es absolutamente esencial si la iglesia ha de seguir siendo "relevante" para la sociedad y "atractiva" para la cultura humana.

Este libro tiene como objetivo la tarea de identificar, describir y discutir los cambios que las iglesias de Cristo están experimentando. ¿Son legítimos? ¿Son bíblicamente justificables? Francamente, la tarea de escribir un libro así no es agradable. De hecho, ha sido desgarrador. Pero **hay que hacerlo**. ¿Por qué? ¿Por qué debemos hablar? (1) Para alertar al gigante dormido de nuestra hermandad y advertirles del Caballo de Troya en medio de nosotros; (2) Para proporcionar asistencia y aliento a los que están siendo sacudidos por los efectos destructivos del cambio ilícito; (3) Para reafirmar la sencilla verdad de la voluntad de Dios y que todos la escuchen.

El complicado y confuso llamado para acomodarse a la cultura, está en conflicto directo con la **sencillez** del evangelio y su poder inherente para impactar los corazones humanos en todas las culturas sin las manipulaciones y triquiñuelas del hombre arrogante. Algunos de nosotros hemos sido "educados más allá de nuestra inteligencia", y necesitamos reavivar nuestra sensibilidad. Debemos **recordar**:

> *Acuérdate de los tiempos antiguos,*
> *Considera los años de muchas generaciones;*
> *Pregunta a tu padre, y él te declarará;*
> *A tus ancianos, y ellos te dirán.*
> Deuteronomio 32:7

Necesitamos **reafirmarnos** en:

> *Paraos en los caminos, y mirad,*
> *y preguntad por las sendas antiguas,*
> *cuál sea el buen camino, y andad por él,*
> *y hallaréis descanso para vuestra alma.*
> Jeremías 6:16

Necesitamos recordar y ser reafirmados en que las "sendas antiguas" — todavía son **nuevas**. Jesús mismo describió el cristianismo y el camino al cielo como "estrecho" y "angosto" (Mat. 7:13-14). "Estrecho" significa rígido, confinado, y difícil para negociar — como el Estrecho de Gibraltar o una camisa de fuerza. En lugar de optar por el camino ancho y amplio de la cultura contemporánea, que Dios nos ayude a elegir el camino angosto que lleva a la vida. Que podamos dedicarnos por completo a la tarea de toda la vida de "pilotar el estrecho".

CAPÍTULO 1
CORRIENTES CULTURALES

La civilización norteamericana había conseguido sobrevivir a los efectos devastadores y catastróficos de la depresión económica y la guerra mundial. Anticipando un futuro brillante y próspero, nuestros padres atacaron su entorno con el optimismo desatado y se establecieron en una forma de vida que ha sido la envidia de todo el mundo civilizado. La sociedad estadounidense comenzó el proceso de realineamiento y reajuste de sí misma para hacerle frente a una nueva fase de la evolución social. La era de la posguerra trajo prosperidad tecnológica y material.

> *"Haz lo tuyo"*

Dentro de esta matriz cultural llegó la generación de los años cincuenta y sesenta — nosotros, los "baby boomers" — el producto de la posguerra de los padres que habían sido juzgados y refinados en los fuegos del sufrimiento y las penurias. Ansiosos por darnos las comodidades de las que habían sido privados durante las décadas de los años 1930 y 1940, pero para las que se habían sacrificado la sangre de muchos estadounidenses, nuestros padres nos dieron una existencia agradable. Los intereses religiosos se integraron en este cómodo estilo de vida, pero estos estaban reservados principalmente para y confinados al domingo. Sin embargo, la sociedad estadounidense en general se mantuvo vinculada a y comprometida con ciertos principios fundamentales bien definidos. Estos valores incluyen un reconocimiento común de lo que es correcto e incorrecto, de que Dios había bendecido a América y visto por ella en tiempos difíciles, y que Estados Unidos había sido bendecido con la libertad, no la libertad de religión, sino la libertad para la religión.

Los Baby Boomers en los 1960's

Algo sucedió en los 1960's. La naturaleza incontrolada de la música rock, las bandas de motociclistas y melenudos que aparecieron en los 1950's fueron sin duda los heraldos del caos que caracterizó los 1960's. En la música, los Beach Boys y los Beatles fueron manifestaciones contemporáneas en buena medida inocentes y pulcros que fueron reemplazados por nuevas direcciones y nuevas definiciones. Entonces llegaron Vietnam, los hippies, las drogas y el "abismo generacional". Nos encontramos creciendo en un entorno social, un medio social, que de repente estaba siendo asaltado por asombrosas complejidades de la existencia. Fuimos bombardeados con un nuevo conjunto de reglas para jugar el juego de la vida. Se introdujo una nueva visión del mundo y una nueva serie de explicaciones para el sentido de nuestra existencia.

Las respuestas dadas a nuestras preguntas sobre el significado de la vida alcanzaron la noción de que en realidad no había respuestas absolutas. La vida sencilla de nuestros predecesores estaba siendo cuestionada a la luz de las complejidades asociadas con la vida moderna. Sin respuestas firmes, menos y menos certezas, y con pocas reglas intactas para hacerle frente a la vida, nos dejaron a la deriva en medio de declaraciones firmes y categóricas de que tales torpezas eran, de hecho, la verdadera respuesta a las interrogantes de la vida. La única certeza era ¡que no había certezas! El relativismo ético y moral fue encajando poco a poco en nuestras consciencias. Nos agobiaron para "mantener la mente abierta" y abstenernos de ser "críticos". En consecuencia, nuestras convicciones fueron neutralizadas y nos hicieron retirarnos de hacer distinciones morales.

De niños, nos aterrorizaron con la perspectiva del desastre nuclear, cuando nos cubríamos bajo nuestro pupitre de metal, con la cabeza hacia abajo y las manos entrelazadas en la parte posterior de nuestros cuellos — practicando, ejercitando para la posibilidad del holocausto nuclear. Nos hicieron darnos cuenta de la tenue e inestable incertidumbre incluso de nuestro propio sistema político cuando vimos que la sangre de la cabeza de nuestro Presidente, salpicaba todo el vestido de una mujer en duelo. Hemos experimentado un progreso cultural cataclísmico en tan sólo unos cuantos años: desde hélices hasta jets, de sputniks a los hombres en la luna, de la película de ocho milímetros a la cinta de vídeo, de mimeógrafo a Xerox, de la bomba atómica a misiles nucleares y guerras de las galaxias, de la vacuna contra la polio a los trasplantes de órganos.

Nos hicieron sentir que no éramos responsables — del desorden de la vida, del desorden del mundo, y del desorden en el que nuestras propias vidas, poco a poco, se estaban convirtiendo. A medida que la sociedad se deterioraba ante nuestros ojos, los psicólogos nos dijeron que la forma en que nuestros padres nos trataron de niños nos hizo lo que nos hizo y que no tenía sentido tratar de cambiar y ser algo que no éramos. Nos dijeron que sólo fuéramos nosotros mismos, lo que significaba que éramos libres de "hacer nuestras propias cosas" y no sentirnos culpables por ello. Nuestros maestros en la escuela nos dijeron que las viejas formas de enseñanza (que consistían de lectura y transmitir información) y las antiguas ideas que nos estaban enseñando (los valores absolutos de lo correcto y lo incorrecto, los puntos de vista acerca de Dios y la moralidad) eran tradicionales, obsoletas e ineficaces. Nos enfrentamos a un "mundo feliz". Nos presentaron los nuevos métodos de enseñanza que se centraban en el consenso de grupo y los "gustos individuales". Ya no era necesario satisfacer las demandas de un profesor que nos requería absorber y dominar una cantidad específica de información. Ahora podríamos trabajar a nuestro propio paso y ser libres para impulsarnos a cualquier ritmo en que nos sintiéramos cómodos con tal de que no fuera mucho. Nuestros profesores de ciencias nos dijeron que, oh, todavía podríamos creer en la Biblia si así queríamos — pero que simplemente no sucedió de la manera en que la Biblia dice que lo hizo.

Una orquesta de voces — desde la Revista Ramparts, Timothy Leary, los Beatles, y Peter y Jane Fonda a Ravi Shankar y el Maharishi Mahesh Yogi — nos incitaban a reconocer alternativas legítimas, incluso preferibles, al sistema de valores de Estados Unidos. Nos sentimos alentados por Janis Joplin, Jimi Hendrix, Steppenwolf, Jefferson Airplane, Canned Heat, Iron Butterfly, Cream, Deep Purple, Frank Zappa, y muchos otros grupos para materializar nuestra frustración de emocionarnos y deprimirnos. Crecimos odiando la guerra, la junta de reclutamiento, el orden establecido, el gobierno, nuestros padres, su religión y su país. Intentamos regresar a la naturaleza con comunas y excursiones a los bosques y Colorado. Nudismo, "amor libre", cabello largo, incienso, pipas, hachís, ácido, hierba, velocidad, sandalias romanas, bandas para la cabeza, cuentas, símbolos de paz, camionetas para entrego, cítaras, conciertos y espectáculos de luz fueron algunas de las facetas de nuestro estilo de vida, que ayudaron a adormecer nuestra consciencia de la realidad.

Los Baby Boomer's en los 1990's

Desde entonces, hemos quedado establecidos en una existencia bastante rutinaria, conformados esencialmente a los mismos patrones básicos de la vida a los que se ajustaron nuestros padres. Hemos traído hijos al mundo, y nos hemos dedicado a ellos, cometiendo los mismos errores que nuestros padres cometieron con nosotros. Pero no hemos capitulado por completo al pasado. Todavía albergamos el mismo resentimiento fundamental, la resistencia y rebelión en contra de la autoridad y el estatus quo. Hemos hecho avances significativos, y contribuido a la transformación de la cultura. Todavía nos percibimos, en buena medida, como personas influyentes — **pensadores** que pueden promover cambios útiles. Todavía queremos grandes cambios, movimientos de avance e impulso. Queremos hacer que las cosas sucedan — ¡Con una gran bienvenida!

Dentro de la iglesia, se están sintiendo los efectos de este escenario social. Algunas de nuestras congregaciones han necesitado de ciertos cambios. Pero cada vez más de nuestras iglesias están optando por soluciones que reflejan nuestra mentalidad baby boom — soluciones que equivalen a apartarse cada vez más de la Escritura. Estamos viendo un rechazo frontal de las posiciones doctrinales "tradicionales" — como las que en su día fueron una posición inaceptable de las denominaciones a cambio de un virtual hermanamiento con ellos.

Estamos viendo iglesias que optan por las técnicas de marketing de las grandes empresas, manipulando a sus miembros y apelando a sus pasiones, deseos, y necesidades mal interpretadas.

Estamos reestructurando a la iglesia de la misma manera en que hemos estado reestructurando a la sociedad desde los 1960's. Estamos re-evaluando y re-definiendo términos para acomodar nuestras circunstancias cambiantes y el cambio radical al que estamos acostumbrados: la "autoridad" de los ancianos, el alcance de la "comunión", el "propósito" del bautismo, qué es lo que constituye el "adulterio", si el relato del Génesis se puede describir como un "mito", cómo se debe interpretar la Biblia y si constituye un "patrón" que las personas deben cumplir y las definiciones de modestia.

Gran parte de esta circunstancia refleja la mentalidad rebelde de nuestra infancia — la resistencia en contra del "establecimiento" de la iglesia de Cristo, tal como existía en la anterior generación. Nuestro pensamiento relativista ha fomentado una tolerancia ciega entre nosotros por muchas creencias y prácticas que son anti-bíblicas. Sin embargo, se nos ha decorado y preparado para evitar el etiquetado de cualquier cosa mala. De este modo hemos llegado a abandonar la idea de que podemos y debemos estar en lo cierto acerca de tales asuntos. El eterno conflicto entre el bien y el mal, lo correcto y lo equivocado, lo bíblico y lo pecaminoso, han dado paso a "yo estoy bien, tú estás bien". Satanás parece estar teniendo éxito una vez más en la historia humana, en su incesante esfuerzo por engañarnos.

Con estas circunstancias culturales en mente, los factores sociales que subyacen al presente impulso por el cambio son observables e identificables.

1. Materialismo. Estados Unidos ha alcanzado un alto estándar de vida y ha permitido a sus ciudadanos acumular más riqueza y posesiones que cualquier sociedad en la historia del mundo. La prosperidad material contiene en su interior una púa sutil y engañosa — la tendencia a olvidar a Dios y obedecer estrictamente su voluntad. Observe las advertencias de Dios a los israelitas:

> Porque Jehová tu Dios te introduce en la buena tierra, tierra de arroyos, de aguas, de fuentes y de manantiales, que brotan en vegas y montes; tierra de trigo y cebada, de vides, higueras y granados; tierra de olivos, de aceite y de miel; tierra en la cual no comerás el pan con escasez, ni te faltará nada en ella; tierra cuyas piedras son hierro, y de cuyos montes sacarás cobre. Y comerás y te saciarás, y bendecirás a Jehová tu Dios por la buena tierra que te habrá dado. Cuídate de no olvidarte de Jehová tu Dios, para cumplir sus mandamientos, sus decretos y sus estatutos que yo te ordeno hoy; no suceda que comas y te sacies, y edifiques buenas casas en que habites, y tus vacas y tus ovejas se aumenten, y la plata y el oro se te

multipliquen, y todo lo que tuvieres se aumente; y se enorgullezca tu corazón, y te olvides de Jehová tu Dios… (Deut. 8:7-14; cf., 6:10-12; 11:10-17; 1 Tim. 6:9-11, 17:19).

2. Agnosticismo. A los Estados Unidos (como a Pilato — Jn. 18:38) se les ha hecho creer que la verdad no se puede conocer. Las distinciones claras entre el bien y el mal se han desdibujado. Los valores se consideran ahora como algo subjetivo y relativo en lugar de algo objetivo y absoluto. La cultura actual celebra la ambigüedad y la incertidumbre. Con los principios morales tan efectivamente minados, la gente se siente libre para disfrutar sus impulsos sin restricciones. Pero Jesús todavía dice:

> Yo para esto he nacido, y para esto he venido al mundo, para dar testimonio a la verdad. Todo aquel que es de la verdad, oye mi voz. (Jn. 18:32).

> Si vosotros permaneciereis en mi palabra, seréis verdaderamente mis discípulos; y conoceréis la verdad, y la verdad os hará libres. (Jn. 8:31-32).

3. Aversión a juzgar. La eliminación de los absolutos morales conduce naturalmente a la insistencia en que no hay un problema con el comportamiento de nadie. La oposición a lo malo se detuvo en seco por la simple petición de "no juzgues". Ser "crítico" (es decir, insistir en que existen los absolutos morales) es el único mal objetivo que existe para muchos estadounidenses. Pero Jesús todavía dice:

> El que me rechaza, y no recibe mis palabras, tiene quien le juzgue; la palabra que he hablado, ella le juzgará en el día postrero (Jn. 12:48)

> Así que, por sus frutos los conoceréis. (Mat. 7:20)

4. La falta de disciplina. Como resultado del materialismo y la ausencia de dificultades, la generación que promueve el cambio se caracteriza por una sensación de laxitud y pasión desenfrenada. La ética de trabajo duro de la Biblia (Efe. 4:28; 2 Tes. 3:8-12), aprobada por generaciones anteriores de estadounidenses, ya no se reconoce ni se valora. La abnegación (Mat. 16:24) se ha suplantado por autocomplacencia, superación y autoestima. La búsqueda de necesidades para fines espirituales superiores ha dado paso a la búsqueda de lujos para la gratificación física y la realización personal. El estilo de vida disciplinado, auto-controlado se ha sustituido por el enfoque suelto, sin restricciones y casual.

5. Deseo de entretenimiento. A medida que la ética del trabajo, tan fundamental para el desarrollo de la civilización estadounidense, se ha visto seriamente socavada y erosionada, las generaciones más jóvenes se han ocupado naturalmente de cualquier cosa que prometiera aliviar el aburrimiento. La "diversión y los juegos" han llegado a dominar el estilo de vida y la orientación de los jóvenes. Moviéndose inquietamente de un adorno a otro, esta generación se dedica a un intento desesperado de encontrar significado y satisfacción a través de la estimulación carnal.

RESUMEN

Allan Bloom resume así la fluctuación cultural que ha ocurrido en los Estados Unidos[1]. Las generaciones más jóvenes creen que la verdad es relativa. "El peligro que les han enseñado a temer del absolutismo no es el error, sino la intolerancia". Por lo tanto, la apertura se ha convertido en la máxima virtud — apertura a todas las formas de vida y todas las ideologías. "'No hay ningún otro enemigo que no sea el hombre que no está abierto a todo".

La religión está asignada a la esfera de la opinión, en contraposición al conocimiento. "No hay absolutos; la libertad es absoluta". "Así que la indiscriminación es un imperativo moral porque su opuesto es la discriminación". La nueva validación política — que sustituye a la razón — es que quienes adoptan un punto de vista en particular son lo que **realmente importa**, con tal de que lo adopten con sentimientos de intensidad y compromiso. La campaña para rechazar la estrechez y adoptar la apertura tiende a la descomposición.

"La apertura solía ser la virtud que nos permitía buscar el bien mediante el uso de la razón. Ahora significa aceptar todo y negar el poder de la razón". "Los Estados Unidos son uno de los logros más altos y extremos de la búsqueda racional de la buena

---

[1] El siguiente resumen está tomado de **El Cierre de la Mente Americana** (New York, NY; Simon & Schuster, 1987), p. 25-43, 185-193. Se exhorta al lector a examinar el libro de Bloom y otros similares que documentan el declive social de nuestra nación.

vida de acuerdo a la naturaleza". "Una apertura que niega la demanda especial de la razón, revienta el resorte principal que mantiene el mecanismo de este régimen en movimiento".

> ...la cultura misma genera su propia forma de vida y principios...sin autoridad por encima de ella. Si hubiera tal autoridad, el estilo de vida único nacido de su principio se vería socavado. Se adoptó la idea de cultura, precisamente porque ofrecía una alternativa a lo que se entiende que es la universalidad de poca profundidad y deshumanizante de los derechos, sobre la base de nuestra naturaleza animal. La mente popular toma el lugar de la razón

Todo el movimiento de la diversidad cultural en este país "pasa por alto el hecho de que las diferencias reales entre los hombres se basan en diferencias reales en las creencias fundamentales sobre el bien y el mal, sobre lo que es mayor, acerca de Dios".

En el capítulo 9 se hablará más sobre las circunstancias culturales que le están dando impulso a la cruzada por el cambio. Baste decir en este momento que los cambios que se propugnan en la iglesia de nuestros días tienen raíces que se pueden rastrear en parte, hasta el terreno de la cultura americana moderna. El elemento presente en las iglesias de Cristo que están iniciando el cambio es reflejo de los espejos de las corrientes culturales que fluyen a través de la civilización americana en este momento de la historia.

CAPÍTULO 2
CORRIENTES TEOLÓGICAS

En 1897, James Orr, Profesor de Apologética y Teología Sistemática en el Colegio United Free Church, en Glasgow, Escocia, sugirió que en cada período de la historia de la iglesia hubo preocupación por una doctrina principal que ocupaba el lugar central durante ese período.[2] Durante los primeros siglos (100-500 d. C.) el tema clave fue cómo concebir la deidad como un solo Dios en tres personas (esto es, la Trinidad) y especialmente la naturaleza de la persona de Jesús. De ahí que el gnosticismo, el docetismo, etc. se constituyeron en los principales puntos de enfoque de preocupación cristiana.[3] Durante la Edad Media (500-1500 d. C.), la atención se centró en el significado del sacrificio de Cristo.

> *Warfield consideraba la inspiración como verbal, esto es, en modo dictado.*
>
> *– Carrol Osborn*
>
> *Debería ser innecesario protestar de nuevo contra el hábito de representar a los defensores de la inspiración verbal como enseñando que el modo de la inspiración fue por dictado.*
>
> *– Benjamin Warfield*

---

[2] James Orr, **El Progreso del Dogma** (ed. London: Hodder & Stoughton, 1901), cf. John W. Montgomery, "Inspiración e Inerrancia: Un Nueva Desviación" (Nashville, TN: Thomas Nelson Publishers, 1984), p. 59.

[3] Vea F. F. Bruce, **The Defense of the Gospel in the New Testament** (*La Defensa del Evangelio en el Nuevo Testamento*: Grand Rapids, MI: William B. Eerdmans Publishing Co., 1977), pp. 74-88.

Con la Reforma (1500-1800) llegó una clasificación de los seres humanos según el papel que juegan en su salvación. El período dio lugar a un exceso de reacción de Lutero a su catolicismo en la forma de **sola fide** (fe solamente) y la igualmente extrema defensa de Calvino de la **sola gratia** (gracia solamente) representada en su articulación de la depravación total, elección incondicional, expiación limitada, gracia irresistible y perseverancia de los santos. Si bien un correctivo al dogma católico estaba sin duda justificado, las opiniones de estos dos hombres han alterado de forma irreparable la tez de la teología cristiana en un sentido negativo.

De este clima teológico surgieron hombres que trataron de llamar a la gente a regresar a la Biblia. Trataron de evitar los excesos tanto del catolicismo como del protestantismo, restableciendo y reafirmando la interacción bíblica entre la gracia, la fe y la obediencia. El Movimiento de Restauración en Estados Unidos (1800-1900) fue un intento de "hablar donde la Biblia habla", "callar donde la Biblia calla", restaurar la iglesia del Nuevo Testamento y simplemente ser cristianos no-denominacionales.

Pero, ¿qué decir de nuestros días? ¿Cuál es la preocupación clave que enfrentamos? Montgomery perspicazmente afirma que la gran cuestión doctrinal de nuestra era es la autoridad de la Biblia.[4] En efecto, de la Cristología en el período patrístico, a la soteriología en los períodos Medieval, de la Reforma y Restauración, y hasta el cambio de siglo, la cuestión urgente de nuestro tiempo es el asunto epistemológico de la autoridad religiosa. ¿Podemos entender y conocer la verdad de Dios revelada en las páginas de la Escritura? ¿Es la Biblia la palabra de Dios, infalible literal, plenaria, verbalmente inspirada por Dios? ¿Deben ser tomadas en serio las Escrituras como regulador supremo de nuestro comportamiento?

Quienes tratan de socavar la autoridad de la Biblia, lo están haciendo principalmente por medio de comprometer la integridad del texto bíblico. La "línea principal" del denominacionalismo enfrentó esta erosión, primero, al principio de este siglo. La teología clásica liberal de Europa cortó una amplia franja a través de las denominaciones protestantes, dando lugar a divisiones entre los presbiterianos, luteranos y metodistas

---

[4] Montgomery, p. 59-60.

principalmente sobre la inspiración de la Biblia. Al mismo tiempo, la propia cultura americana estaba siendo remodelada por la aceptación, de parte de la comunidad científica y educativa, de la Teoría de la Evolución (por ejemplo, el juicio de Scope en 1925). El Movimiento Ecuménico y el Evangelio Social fueron nuevas mejoras como resultado directo de la difusión de la autoridad bíblica.

Ahora, con el desarrollo de la Neo-ortodoxia desde la Segunda Guerra Mundial, el espectro por fin ha tropezado con el evangelicalismo con repetidos ataques sobre el "fundamentalismo". Los Bautistas del Sur, la denominación protestante más grande en los Estados Unidos, se han enfrascado en una lucha de vida o muerte sobre la infalibilidad, ya durante varias décadas. El resultado de este conflicto determinará el control de la Convención y la dirección que tomará la denominación en los próximos años. Hasta el momento, los conservadores han mantenido su control al repeler la invasión de los "moderados".

Las iglesias de Cristo no han sido inmunes a esta vorágine de todo el paisaje religioso. Debido a nuestra insistencia inflexible en la estricta autoridad de la Biblia para toda creencia y práctica, hemos resistido estas tormentas y prolongado lo inevitable de manera justa. La segunda mitad del siglo XIX fue testigo de un importante desafío a la autoridad de la Biblia a través de temas superficiales de la música instrumental y la Sociedad Misionera. En última instancia, 85 % de la hermandad se deslizó en la digresión, junto con 35 de 42 colegios bíblicos (incluyendo la Universidad de Drake, Butler College, Bethany College, Universidad de Transilvania y lo que más tarde se convirtió en la Universidad Cristiana de Texas).[5] La minoría restante siguió adelante y floreció de manera que las iglesias de Cristo en la actualidad son más de diez mil iglesias y entre uno y dos millones de miembros en los Estados Unidos solamente. (cf. 1 Cor. 11:19).

Sin embargo, desde la década de los 60's, las iglesias de Cristo han estado sometidas al cambio gradual. Hemos estado experimentando un cambio fundamental que se ha intensificado en los 90's en tono muy alto. Las cuestiones superficiales son

---

[5] cf., William Banowsky, **El Espejo de un Movimiento** (Dallas, TX: Christian Publishing Co., 1965), p. 7 y Earl Edwards, "Esfuerzos para Reestructurar la Iglesia", **La Espada Espiritual** 24 (Oct., 1992):9.

innumerables e incluyen muchos más elementos que la disrupción de hace un siglo. Ahora el clamor por el cambio viene envuelto en un popurrí de cuestiones: el papel de la mujer; "música especial" (es decir, los solos y coros); levantar las manos en la adoración; el batir las palmas/aplausos; la actuación de dramas; la dedicación de bebés; la autoridad de los ancianos; el papel del Espíritu Santo; la observancia religiosa de la Navidad y la Pascua; el estado de las denominaciones en relación con la gracia, la unidad, la comunión y el propósito del bautismo. Estas cuestiones superficiales están entretejidas en una tela de múltiples facetas que ha cubierto a la hermandad. La mala leche que ha orquestado y dirigido el cambio es el mismo tema que ha impactado a la religión en Estados Unidos durante los últimos cien años: la autoridad de las Escrituras.

Numerosos indicadores entre las iglesias de Cristo verifican esta conclusión. Hace unos años, estalló una gran controversia en una de nuestras Universidades cristianas. El relato de la creación de Génesis capítulo uno estaba siendo comprometido en el aula de ciencias por la promoción de la evolución teísta y la teoría de la Alta Crítica de la Teología Liberal, que Génesis capítulo uno es un "mito" y un "himno".[6] Algunos en el departamento de Biblia ya incluso se habían rendido a la evaluación misma del texto bíblico.[7]

¿Cómo es que ocurrió tan significativa desviación? ¿Por qué es que tan a menudo, la renovación doctrinal parece originarse en nuestras escuelas cristianas? Con la llegada del notable progreso científico y tecnológico también llegó una vulnerabilidad equivocada de pseudo-sofisticación intelectual y una rendición a la gratificación carnal otorgada por dicho logro social. No sólo se diluyen las doctrinas bíblicas irrefutables, sino una sensación generalizada de flexibilidad, convicción relajada y tolerancia, permea dichos entornos.

---

[6] Se exhorta al lector a considerar cuidadosamente "¿**Es Un Mito el Génesis?**" (Montgomery, AL: Apologetics Press, Inc., 1986) y la objetiva e independiente evaluación proporcionada por el Instituto para la Investigación de la Creación: "Universidad Cristiana de Abilene Patrocina el Seminario sobre la Creación y la Edad de la Tierra". **Acts & Fact**s 16 (Mayo de 1987):4. Cf. Wayne Jackson, "Más sobre la Controversia de la Evolución en la Universidad Cristiana de Abilene", **Christian Courier** 21 (Febrero 1986):38-40.

[7] Por ejemplo, la crítica de Wayne Jackson al Comentario de John Willis sobre el Génesis: "Comentario Palabra Viviente del Antiguo Testamento – Una Revisión (2)," **Christian Courier** 16 (Septiembre de 1980):18-19.

El reciente ataque a los métodos tradicionales de interpretación de la Escritura y la discusión de una "nueva hermenéutica" es una prueba más del cambio que se está produciendo (Ver Parte III). Los "eruditos" que están detrás de estas discusiones han sido educados en instituciones denominacionales y seculares de educación superior que hace ya mucho tiempo se vendieron al compromiso liberal y humanista de la autoridad e integridad de la Biblia. Estos hombres han regresado de su adoctrinamiento y ahora están ejerciendo un impacto tremendo en nuestras universidades cristianas, después de haber asimilado los principios de la teología liberal y neo-ortodoxa e inhalado el espíritu rebelde de una época en rebelión contra la autoridad. Ridiculizan y degradan a las últimas generaciones de predicadores como "hombres de libro, capítulo y versículo". Se burlan del enfoque de la predicación que incorpora una gran cantidad de Escritura, y subraya la obediencia.

Este mismo abandono de la estricta dependencia de la autoridad bíblica es evidente en el intento de echar por la borda la enseñanza bíblica sobre el papel de las mujeres en la adoración. Los esfuerzos por lograr la ampliación de las funciones de las mujeres en la asamblea, son un reflejo directo del auge del feminismo en la cultura americana. El ataque se produce bajo la forma de comprometer el texto bíblico atribuyendo las limitaciones de las mujeres a las circunstancias culturales peculiares que Pablo estaba abordando. Bajo el lema de "exégesis responsable y fresca", nuestros "eruditos", están neutralizando y rechazando las declaraciones explícitas de la Escritura.[8]

Sin duda, podemos ver que los "agentes de cambio" entre nosotros están permitiendo que se les utilice. Funcionan como socios en una revolución cultural y teológica que tienen a nuestra nación en vilo. Estos conspiradores están empeñados en desmantelar nuestros principios fundacionales y arrasar con las doctrinas elementales que caracterizan el cristianismo del Nuevo

---

[8] Considere el tratamiento que le da el Profr. Carroll Osburn, de la Universidad Cristiana de Abilene, a 1 Tim. 2, en su libro **La Mujer en la Iglesia** (Abilene, TX: Restoration Perspectives, 1994), p. 115 – "No es necesario ni aconsejable tomarlo como una directiva general para todas las mujeres en todas partes. La carta fue dirigida a un grupo específico de mujeres problemáticas en un determinado lugar en la iglesia primitiva". En consecuencia, Osburn concluye que "cualquier mujer que tenga información suficiente y precisa puede enseñar esa información en un espíritu afable a quienquiera en cualquier situación en que se encuentre". La opinión de Osburn naturalmente significa que las iglesias de Cristo deberían estar usando mujeres predicadoras en los púlpitos y han hecho mal uso de las Escrituras para mantenerlas fuera.

Testamento. Tanto en nuestra sociedad como en la iglesia, el hilo común entre aquellos que claman por el cambio es el hecho de que rechazan la autoridad de la Biblia. Todavía pueden dar servicio de labios y reclamar lealtad a la Biblia. Pero, en realidad, la norma objetiva de la Biblia ya no es una conceptualización significativa para ellos.

Ha llegado el momento para que, los que desean salvar sus almas, tomen en serio las advertencias de Jesús y sus voceros inspirados: "Guardaos de los falsos profetas, que vienen a vosotros con vestidos de ovejas, pero por dentro son lobos rapaces" (Mat. 7:15); "…después de mi partida entrarán en medio de vosotros lobos rapaces, que no perdonarán al rebaño. Y de vosotros mismos se levantarán hombres que hablen cosas perversas para arrastrar tras sí a los discípulos" (Hch. 20:29-30); "Pero hubo también falsos profetas entre el pueblo, como habrá entre vosotros falsos maestros…" (2 Ped. 2:1); "Amados, no creáis a todo espíritu, sino probad los espíritus si son de Dios; porque muchos falsos profetas han salido por el mundo" (1 Jn. 4:1).

Si bien algunos de entre nosotros están intentando vigorosamente lograr el cambio en la iglesia, que Dios nos ayude a "que ya no seamos niños fluctuantes, llevados por doquiera de todo viento de doctrina, por estratagema de hombres que para engañar emplean con astucia las artimañas del error, sino que siguiendo la verdad en amor, crezcamos en todo en aquel que es la cabeza, esto es, Cristo" (Efe. 4:14, 15).

CAPÍTULO 3
CORRIENTES POLÍTICAS

La escena política estadounidense proporciona manifestación adicional de la fuente de cambio en la iglesia. La política refleja las mismas influencias culturales operativas en la sociedad en general. La arena política ha sido fuertemente llevada hacia el liberalismo político (que ahora se llama "lo políticamente correcto") durante muchos años. Aunque los 80's experimentaron una reacción momentánea a los efectos de este liberalismo, la teoría política liberal, no obstante, ha continuado dominando nuestro país. Está tan bien arraigada que detener la ola y modificar el curso requeriría una reorientación masiva, cataclísmica, y dolorosa.

> *Pero estamos unidos por una fe más potente que cualquier doctrina que nos divida — por nuestra creencia en el progreso, nuestro amor a la libertad y nuestra incesante búsqueda de un interés mutuo.*
> – Bill Clinton
>
> Discurso sobre el Estado de la Nación.
> 23 de enero de 1996

Hay una ironía trágica y triste girando alrededor de esta situación en lo que se refiere a la iglesia. Aquellos que presionan por el cambio en las iglesias de Cristo no son más que contrapartes religiosos de los liberales políticos que han causado estragos en la escena política estadounidense. El paralelo es sorprendentemente evidente tanto en la actitud como en el punto de vista real.

El político liberal y el religioso liberal comparten una ***actitud*** común. Manifiestan una superioridad presumida sobre aquellos que no aceptan sus puntos de vista. Su interacción con los conservadores se caracteriza por un aire condescendiente de "eres ignorante, de mente estrecha e incapaz de comprender mis superiores puntos de vista" La oposición y desacuerdo provocan una mezcla sorprendente de pánico irracional y hostilidad que se niega incluso a permitir un juicio justo del otro lado. Si persiste la oposición, el pánico y la hostilidad dan paso al complejo de mártir que recuerda las rabietas del temperamento del "Bebé llorón", de un niño mimado que no puede salirse con la suya.

Aún más sorprendente es la conexión entre los puntos de vista reales tanto del liberal político como del religioso. Considere los siguientes ocho paralelos.

1. Los políticos liberales, en sus esfuerzos por derribar oponentes conservadores, llaman al cambio y al progreso. Los religiosos liberales están clamando por un cambio, "renovación", adaptación y receptividad a los "vientos de cambio".[9]

2. El movimiento feminista que surgió de las "quema-sostenes" de los 60's [*Nota del Trad. "Quema-sostenes" es un término despectivo utilizado para referirse a una ardiente militante feminista o de alguien apercibido como tal*] y progresó hasta la ERA [*Nota del Trad., por sus siglas en inglés, Equal Rights Amendment-Enmienda por la Igualdad de Derechos*], en los 70's, ha mantenido su influencia política en los 90's. Dentro de la iglesia, los agentes de cambio están presionando para ampliar las funciones de las mujeres en la asamblea de adoración.

3. Los políticos liberales han trabajado horas extras para romper la moral pública. El grito en la década de 1960 fue el "amor libre" y la "nueva moral". Los jóvenes "cohabitaban", es decir, vivían juntos sin estar casados. El punto de vista predominante en la política es "no se puede legislar la moralidad", "lo que la gente hace en su propio dormitorio es cosa suya", y "no impongan sus propias normas a los demás". El divorcio y las segundas nupcias son omnipresentes. Los religiosos liberales se han alineado con este estado de cosas configurando múltiples puntos de vista sobre el divorcio y las segundas nupcias, redefiniendo "adulterio" y dando aliento a los adúlteros a permanecer en su pecado. Cuando los homosexuales compiten por aceptación legal, política y social, los bolsillos dentro de la iglesia

---

[9] Vea, por ejemplo, **Navegando Los Vientos de Cambio** de Lynn Anderson (West Monroe, LA: Howard Publishing Co., 1994), y la revisión del autor en Jim Laws, ed., **Sublime Gracia de Dios** (Memphis, TN: iglesia de Cristo Getwell, 1995), p. 507-538.

alientan la aceptación de los homosexuales infectados de SIDA sin hablar sobre su estilo de vida (véase el Capítulo 31).

4. Los políticos liberales se nos presentan como si fueran bondadosos y compasivos en verdad. Tenemos un "Presidente muy abrazador". Debido a que los políticos conservadores insisten en que hay moral correcta y hay moral equivocada, se les impugna como intolerantes, duros, fríos e indiferentes, que no se preocupan por los pobres y ancianos. El liberal en la iglesia hace la misma afirmación para sí y lanza la misma acusación contra el religioso conservador, a quien describe como "legalista", "mezquino", "falto de amor", y "derechista radical".

5. El político liberal muestra ansias por un gobierno grande, programas más y más costosos, y más intrusión en el sector privado que dé a los funcionarios más control sobre la gente. En la iglesia, los liberales religiosos están detrás de la proliferación de personal asalariado, "ministros" con un "ministro principal" que posee un enorme poder para influir en la congregación en la dirección que se le antoje. Los liberales tienen la teoría de que el progreso se hace por medio de programas artificiales, "metodología", y administración de sistemas. La iglesia se convierte esencialmente en un gran negocio impulsado por motivos políticos.

6. El político liberal siente que su agenda es justa y que está justificado en hacer lo que sea necesario para lograr sus objetivos. Gravar a la gente y gastar dinero que no tiene son las estrategias normales que emplea, creando déficits asombrosos. Así en la iglesia, los liberales religiosos han promovido gastos excesivos para construir auditorios masivos estilo catedral, sumiendo congregaciones en profunda deuda a largo plazo y, en algunos casos, incluso en desastres financieros.[10]

7. El Programa de Beneficio del gobierno estadounidense tiene sus raíces en la idea liberal, incluso marxista, de que todo el mundo, sin tener en cuenta su propio esfuerzo (2 Tes. 3:7-12), merece recibir donativos del gobierno. Los liberales creen que el propósito del gobierno es apoyar a sus ciudadanos y que los

---

[10] Por ejemplo, el bochornoso fiasco financiero de la iglesia de Cristo Richland Hills en Richland Hills (Fort Worth), Texas en Michael Gunstanson, "Los Inversionistas No Perdonan la Deuda de la Iglesia", **Fort Worth Star Telegram**, Domingo 12 de mayo de 1991, Sección B, p. 1-2. Vea el capítulo 7 para más comentarios sobre la construcción de edificios caros para la iglesia.

ciudadanos tienen **derecho** a que el gobierno cubra sus necesidades. En la iglesia, los liberales han estado impulsando la filosofía de las "necesidades palpables", el sistema de ministerios que convierte la obra de la iglesia en una plantilla de mano de obra contratada, así como la promoción de un enfoque de entretenimiento para la adoración y la vida en la iglesia. En otras palabras, la iglesia existe para **agradarme** y llenar **mis** necesidades.

8. El político liberal cuestiona la existencia de una verdad objetiva y la habilidad humana de llegar a ella. Los estándares objetivos, las medidas y normas se ven socavados o eliminados. Es mal visto hacer juicios valorativos del bien y del mal. En cambio, a la variación moral se le ve como el ejercicio de opciones o elecciones igualmente aceptables. Se considera que es más sofisticado, inteligente y maduro ver una gran área gris y menos blanco y negro. Por lo tanto, los liberales evaden tomar demasiadas posturas firmes. Más bien, se enorgullecen de su falta de convicción ideológica y se presentan como sabios por hacerlo. Quienes rompen las reglas no son responsables de su comportamiento — no son más que víctimas. En la iglesia, este mismo humor prevalece entre los agentes de cambio. La única "verdad" que amerita tomar una postura firme, condenatoria, está en los conservadores opositores.

Estos paralelismos son demasiado sorprendentes para ser una coincidencia o para no estar relacionados. La tendencia actual por el cambio en la iglesia es simplemente un reflejo de nuestros tiempos. En resumen, los arquitectos del cambio están sometiéndose a las corrientes de la mundanalidad y la política que están barriendo la civilización americana en el abismo de la depravación espiritual

CAPÍTULO 4
CORRIENTES CIENTÍFICAS

Otra raíz primaria que está provocando los fuegos del cambio en la iglesia es el pensamiento científico moderno. La comunidad científica y académica en América está completamente dominada por la teoría humanística de la evolución. Esta circunstancia ha hecho una contribución significativa a los problemas que la iglesia enfrenta hoy. La embestida del humanismo sobre la mentalidad americana ha cobrado un precio terrible en nuestra cultura. Sus tentáculos ateos han invadido prácticamente todas las facetas de la vida social: política, educación, industria del entretenimiento y, sí, la religión. La iglesia de nuestro Señor no ha escapado de sus garras. Evidencias de la influencia humanista en la iglesia pueden verse en las cambiantes actitudes hacia la moralidad, la autoridad, la adoración y la comunión.

> *Porque en seis días hizo Jehová los cielos y la tierra, el mar, y todas las cosas que en ellos hay.*
>
> *- Éxodo 20:11*

La Teoría de la Evolución

Una prominente manifestación de influencia humanística en la iglesia es la tendencia a hacer concesiones a la Teoría de la Evolución[11]. Algunos de nuestros profesores de ciencias de la universidad cristiana, *et al.*, han sido seducidos por la "prueba" pseudo-científica de que la Tierra es antigua, es decir, cuatro o cinco mil millones de años. La supervivencia de la evolución como punto de vista creíble depende de una Tierra antigua. Esta circunstancia ha creado un clima en la comunidad científica en el que los métodos de datación que apoyan una Tierra antigua

---

[11] John Clayton de South Bend, Indiana es un orador prominente entre las iglesias de Cristo que reflejan esta tendencia. Vea la excelente crítica de los puntos de vista de Clayton en el libro de Bert Thompson y Wayne Jackson, **In The Shadow of Darwin** (*A La Sombra de Darwin*, Montgomery, Al; Apologetics Press, Inc., 1992)

reciben preeminencia, mientras que aquellos que apoyan una Tierra joven se ignoran.

Una vez que el cristiano acepta la idea de una tierra antigua, es presionado automáticamente a abandonar la interpretación literal del relato bíblico de la creación. Debe rechazar los "días" de Génesis 1 como literales, de veinticuatro horas. Históricamente, en la frenética necesidad de mantener su propia credibilidad como disciplina académica válida, los teólogos liberales reevaluaron sus puntos de vista de Génesis 1 y alteraron sus percepciones con el fin de acomodarlas al marco evolutivo. En consecuencia, el relato de la creación fue estilizado como "mito" e "himno". Cuán increíblemente ingenuo es pensar que los cristianos puedan usar el término "mito" para referirse a Génesis 1 y no haya ninguna conexión con la teología liberal, la evolución, ¡y un punto de vista devaluado de la inspiración de Génesis![12]

Efectos Prácticos de Aceptar la Teoría de Una Tierra Antigua

¿Cuáles son los efectos prácticos de volverse a ese punto de vista? Muchos de los miembros más antiguos de la iglesia del Señor se enfrentaron a la creciente amenaza de un punto de vista científico basado en la evolución, en un momento en que sus propias convicciones acerca de la fiabilidad y la inspiración de la Biblia ya se habían cristalizado. En consecuencia, simplemente no entienden que es lo que ha armado tanto revuelo. Están convencidos de que uno puede creer en la evolución y en una tierra antigua y todavía mantener convicciones firmes acerca de la fiabilidad del relato bíblico de la creación.

De lo que no se dan cuenta es que ya habían llegado a aceptar el punto de vista bíblico y así aprendieron a vivir con la incompatibilidad lógica de los dos puntos de vista divergentes. Su determinación en mantener una creencia en la inerrancia de la Escritura se formó en un momento cuando las comparaciones

---

[12] Estudie cuidadosamente la irrefutable documentación que prueba la penetración de la evolución en la Universidad Cristiana de Abilene en el libro de Berth Thompson, **Is Genesis Myth?** (*¿Es un Mito el Génesis?* Montgomery, Al: Apologetics Press, Inc., 1986), y la evaluación independiente, objetiva, proporcionada por el Instituto para la Investigación de la Creación (IIC): "La Universidad Cristiana de Abilene patrocina el Seminario sobre la Creación y Edad de la Tierra". La Revista **Acts & Facts** 16 (Mayo 1987):4 en la que los observadores del IIC comentaron que algunos miembros de la Facultad de Ciencia en Abilene sostienen el punto de vista de la edad antigua de la Tierra. Cf., Wayne Jackson, "Más sobre la Controversia de la Evolución en la Universidad Cristiana de Abilene", **Christian Courier** 21 (Febrero 1986):38-40

atrevidas con el marco evolucionista, no se las reforzaban en el salón de clase.

Pero los tiempos son diferentes. Aquellos de nosotros cuyos años adolescentes han transcurrido desde la Segunda Guerra Mundial nos hemos visto obligados a poner en relieve y contraste dos puntos de vista claramente opuestos: la creación y la evolución. Nuestros irreligiosos profesores de ciencias nos hicieron enfrentar el hecho de que no hay un terreno común entre los dos puntos de vista. La única razón para aceptar la idea de una Tierra antigua es dar cabida a una posición evolucionista.

La generación más joven es, al menos, genuina y lo suficientemente honesta como para ver y abrazar las implicaciones lógicas de creer en una tierra antigua. En consecuencia, han ajustado sus percepciones de la integridad del texto bíblico. Reconocen que puesto que Génesis 1 se puede interpretar con poco rigor, así también el resto de la Biblia y, de hecho, toda la religión de sus padres. Generada por una sociedad secular, humanista y perpetuada por padres descuidados, los niños han llegado a adoptar una visión relativista del cristianismo. Los padres alarmados, incluso presos del pánico, miran con admiración cómo sus niños pueden lanzar tan fácilmente por la borda tales certezas inflexibles como las leyes de Dios que rigen el matrimonio, la adoración del Nuevo Testamento y el plan de salvación. Aparentemente se ciegan ante el hecho de que ellos mismos, en alianza con la filosofía humanista, ¡han sembrado el viento que produjo el torbellino!

La Solución

¿La solución? Podría ser demasiado tarde para salvar a muchos de nuestra generación en quienes se ha incrustado profundamente una mentalidad moderna. Sin embargo, el único camino a la recuperación y la única esperanza para las generaciones futuras es un retorno a la plena confianza en los escritos de la Biblia. Dejemos de manipular el texto para darles cabida a "autoridades" lengua-rápida que vienen a nosotros tratando de convencernos de hacerles caso. Vamos a medir **todo** por el nivel de la clara enseñanza de la Biblia. Destronemos al dios de la educación secular que se ha convertido en nuestra regla de medición y de autoridad absoluta. Entronicemos al Dios del cielo en nuestras vidas y tomemos en serio su habilidad para comunicarnos su visión de la realidad en lengua simple, franca, y comprensible.

Una vez que transigimos el texto bíblico, una vez que bloqueamos el significado obvio de las Escrituras a fin de hacer su enseñanza más aceptable y "de paso" con conceptualizaciones predominantes, una vez que ajustamos las Escrituras para adaptarlas a nuestras ideas en lugar de ajustar nuestras ideas para adaptarlas a la Escritura, hemos perdido la batalla y Satanás ha ganado. Y no debería sorprendernos que nuestros niños tengan el suficiente sentido común para ver y vivir en consecuencia.

¿Creó Dios el Mundo?

¿Acaso este mundo llegó a existir gradualmente durante largos períodos de tiempo? ¿Tiene el Universo millones de años de antigüedad? ¿Se creó a sí mismo por medio de un "Big Bang"? ¿Deben los cristianos ser "evolucionistas teístas"? ¿O el mundo fue creado por Dios en seis días literales?

Lógica y filosóficamente, se presentan solo dos alternativas como posibles explicaciones de cómo llegó a existir el Universo: o la materia se creó a sí misma o la creó Dios. Eso significa que solo hay dos enfoques disponibles para la existencia: Creación o Evolución.

La Evolución le apuesta su plausibilidad a largos períodos de tiempo — se requieren literalmente millones y billones de años para el desarrollo de la vida. Así que la edad de la Tierra es piedra angular fundamental de la teoría evolucionista. Los evolucionistas mismos admiten que sin largas eras de tiempo, la evolución sencillamente es imposible.

Los verdaderos creacionistas bíblicos, por el contrario, reconocen que la Biblia describe claramente muy joven la edad de la tierra y del universo — algunos miles de años de antigüedad. El Creacionista cree que Dios creó todo el universo y toda la vida sobre la tierra en seis días literales. Por consiguiente, la evolución cruda, orgánica, vertical es insostenible — tanto bíblica como científicamente. Por favor, tenga en cuenta algunas de las pruebas que se refieren a estas cuestiones.

Evidencia Científica[13]

La persona promedio seguramente se sorprendería al encontrar tanta evidencia científica que muestra que el universo y la tierra son demasiado jóvenes para que la evolución haya tenido lugar. Esta evidencia positiva ha sido suprimida por una comunidad científica sesgada que simplemente ha decidido aceptar la teoría de la evolución y rechazar la Biblia y el creacionismo. Tomemos por ejemplo, el alejamiento de la luna. Las leyes de la física indican que la luna se está alejando lentamente de la Tierra. Estas mismas leyes muestran también que la luna nunca podría sobrevivir a una cercanía de menos de 11500 millas [*Nota del Trad. Poco más de 18500 Km*] — distancia conocida como el límite Roche. Dentro de ese límite, las fuerzas de las mareas de la Tierra, romperían la luna.

Basado en los principios uniformistas estándar que sustentan la teoría evolutiva, si se multiplica la velocidad actual de alejamiento de la luna por la presunta edad evolutiva, la luna debería estar mucho más lejos de la tierra de lo que está ahora. Así pues, la evidencia científica demuestra que la luna no es tan antigua como la teoría de la evolución exige que sea. El alejamiento de la luna apoya el creacionismo — no a la evolución.

Otro ejemplo de apoyo científico a favor del creacionismo es la forma de la Tierra. Lord Kelvin argumentó que la desaceleración del ritmo de rotación de la tierra demuestra que la tierra no podría tener mil millones de años de antigüedad. Hace millones de años la Tierra habría estado girando dos veces más rápido. Si la tierra estaba inicialmente fundida, la fuerza centrífuga de una velocidad de giro tan alta habría causado una cantidad extremadamente grande de abultamiento alrededor del ecuador. La reducción del giro lento y el enfriamiento rápido de la superficie habrían entonces solidificado una protuberancia en un gran continente que rodeara el ecuador. Pero no hay absolutamente ningún rastro de un abultamiento tal.

Una tercera evidencia de la Creación se ve en la profundidad de polvo lunar. Antes de que nuestros astronautas aterrizaran en la Luna, los científicos evolucionistas causaron gran

---

[13] Los siguientes detalles científicos están tomados de artículo del Dr. Thomas G. Barnes "La Evidencia Apunta a Una Creación Reciente", Christianity Today (Octubre 8, 1982):34-36, y el material de Berth Thompson en Apologetic Press, Inc., en Montgomery, Alabama.

preocupación. Insistían en que, puesto que la luna tenía cuatro — cinco mil millones años de edad, la tasa de afluencia de polvo y los procesos físicos lunares de desintegración de la roca podría provocar que los astronautas se hundieran en una gran profundidad de polvo en la luna. Pero, por supuesto, los astronautas no se hundieron en la profundidad del polvo. En lugar de ello, las predicciones de los creacionistas de que sólo había una fina capa de polvo, con base en una edad temprana para la luna, fueron las correctas. Este es un caso donde el sesgo y las falsas predicciones de los científicos evolucionistas crean una barrera para el progreso científico.

Otra evidencia de una tierra joven es la rápida tasa de deterioro del campo magnético principal de la Tierra, de acuerdo con la Segunda Ley de la Termodinámica. Los cálculos científicos que se han hecho del deterioro de este campo desde 1835 miden alrededor de un cinco por ciento por cada cien años. Utilizando la misma metodología del evolucionista, si extrapolamos hacia atrás, nos acercamos a un momento en el que el campo magnético de la tierra no podría haber sido más fuerte. Llegamos a un punto en donde si el campo magnético hubiera sido más fuerte, habría roto la tierra y la habría dividido en pedazos. Esa cifra — la edad límite del campo magnético de la tierra — ¡es de 10.000 años! Aquí tenemos evidencia científica de que la tierra no es ni de millones ni de miles de millones de años de antigüedad.

Ahora llamamos la atención a un importante descubrimiento de la astrofísica: el hecho que nuestro sol se encoge — a razón de cinco pies por hora. Una vez más, si sabemos que el sol se está reduciendo a esa velocidad y aplicamos los principios evolutivos y trabajamos hacia atrás, añadiendo cinco pies por hora a la masa del Sol, llegamos rápidamente a un punto donde el sol sería demasiado grande para que existiera vida en la tierra — hace unos pocos miles de años. El sol, sobre esta base, no podría ser de varios millones de años. Por lo tanto, la creación es más científicamente factible que la evolución.

Todavía otro ejemplo de la evidencia científica a favor de la Creación y de una tierra joven se ve en la obra de Sir Fred Hoyle, uno de los astrónomos más famosos del mundo. El Dr. Hoyle fue nombrado caballero por la Reina de Inglaterra debido a sus logros científicos. Señaló un problema muy real. La mayor parte del universo está compuesto de hidrógeno. Sin embargo, el hidrógeno se está convirtiendo poco a poco en helio en lo que parece ser un proceso irreversible. Pero el Dr. Hoyle descubrió que el universo se mantiene casi en su totalidad compuesto de hidrógeno. Sin embargo, si el universo fuera infinitamente viejo, como los evolucionistas sostienen, debería contener mucho más helio. En base a sus hallazgos, el Dr. Hoyle llegó a la conclusión de que la cuestión de la Creación simplemente no se puede esquivar. Incluso fue más lejos al señalar que pedirle que crea que la generación espontánea de la vida en esta tierra en tan sólo 4,5 millones de años, ha producido un ser humano que hoy conocemos como **homo sapiens**, es como pedirle creer que un torbellino pasó a través de un depósito de chatarra y, a partir de los materiales contenidos allí, formó un Boeing 747.

Un último punto se refiere a las estadísticas de población. Los evolucionistas creen que el hombre ha estado aquí sólo un millón de años. Los estadísticos de población son las personas que estiman la población mundial, teniendo en cuenta la muerte, el hambre, la enfermedad, la guerra, etc. Usando los supuestos de la Evolución, ¿cuántas personas debería haber en la tierra si los seres humanos han estado aquí por un millón de años? Esa cifra se sitúa en el 1×10^{5000}. Eso es un 1 seguido de 5000 ceros. Permítame tratar de darle una idea de la magnitud de ese número. En el tamaño estimado conocido de todo el universo — veinte mil millones de años luz de diámetro — si tuviera que poner a la gente de nuestro tamaño y meterla en nuestro universo como sardinas, llenando todo el universo, sería posible meterlos apretados en apenas en 1×10^{100}. Eso nos deja con un uno y 4900 ceros sobrantes. ¡Ni siquiera puede llenar el universo observable! Si por el contrario, usted acepta las cifras creacionistas de que la tierra tiene aquí entre seis y ocho mil años, debe haber alrededor de cinco mil millones de personas en la tierra.

Estos casos son sólo algunos de los miles de ejemplos de pruebas científicas que apoyan la creación y entran en conflicto con la evolución. El investigador honesto debe indagar este tema en mayor detalle con el fin de reconocer la insensatez de comprometerse con la comunidad evolutiva. Pasemos ahora a lo que la Biblia misma afirma respecto a estos temas.

Evidencia Bíblica

A veces los creyentes en la Biblia se sienten obligados a rendirse ante afirmaciones pseudo-científicas que intentan armonizar la Biblia con los presuntos datos científicos. La propaganda relativa a los largos períodos de tiempo requerido para la Evolución se ha estado repitiendo tanto tiempo de manera efectiva una y otra vez que muchos piensan que la tierra ha estado aquí por miles de millones de años, así que sienten la necesidad de doblar la narrativa de la Biblia para acomodarla al marco evolutivo.

Pero la Biblia enseña inequívocamente una tierra joven y un universo joven. La Biblia afirma claramente que la creación del universo y todo lo que en ella hay, se llevó a cabo en unos pocos días y está en marcado contraste con la afirmación evolutiva de miles de millones de años.

Génesis capítulo uno presenta un registro muy sencillo y directo de cómo creó Dios el universo. Ocho veces repite una sencilla frase: "Y dijo Dios" (Gen. 1:3, 6, 9, 11, 14, 20, 24, 26). En cada caso, Dios habla de un determinado aspecto de la creación. Cada vez que Dios habla, el autor inspirado sencillamente informa lo que se ha hecho. No se puede leer objetivamente el primer capítulo del Génesis sin tener la impresión de que Dios **llamó** literalmente al universo a la existencia, con todos sus elementos constitutivos. Tanto la materia orgánica como la inorgánica vinieron a la existencia ¡por la orden verbal de Dios!

Sin embargo, los evolucionistas nos quieren hacer creer que las cosas fueron mucho más **graduales** que eso. Sostienen que las cosas no surgieron repentinamente a la existencia. Por el contrario, durante largos períodos de tiempo, millones y miles de millones de años, los diversos aspectos del universo físico y las formas de vida dentro de ello, **surgieron** y facilitaron la existencia.

Los eruditos liberales han tratado de eludir la clara importancia del maravilloso relato de la creación del Génesis en un esfuerzo por identificarse con el enfoque "científico moderno". Han marcado el capítulo uno como un "**himno**" o un "**mito**". Algunos han insistido en que se trata de una descripción **figurativa**. Otros han afirmado que se trata de una representación no científica de la Creación de acuerdo con los pueblos primitivos que la escribieron.

Considere la siguiente triple respuesta a este tipo de pensamiento: (1) En primer lugar, el punto de vista bíblico de la inspiración no permite este entendimiento. La Biblia, aunque escrita por unos cuarenta autores diferentes durante un período de 1600 años, sin embargo, tiene un solo autor — el Espíritu Santo — que rige a cada escritor de tal manera que no le permite escribir falsedad. Estos escritores no hubieran podido usar la jerga científica que simples hombres han desarrollado desde entonces, pero nos dieron una descripción fiel y exacta de lo que realmente ocurrió.

(2) En segundo lugar, este capítulo no posee ninguna de las marcas del lenguaje poético o figurado. Incluso si lo hiciera, el lenguaje poético ¡no transmite fantasía y cuentos de hadas! Por ejemplo, el salmo veintitrés habla del Señor siendo un pastor que hace que una persona repose en verdes pastos. Esa es la imaginería poética. La persona no sale y se acuesta literalmente en un campo. Pero nótese que las imágenes describen eventos de la vida real. Realmente hay ovejas y pastores y pastos verdes. La relación espiritual de una persona con el Señor se compara con la relación física de un pastor con sus ovejas.

Así pues, Génesis 1 da un relato literal de lo que Dios hizo al traer el universo a la existencia. Son muchas las personas a las que, cuando no quieren aceptar la enseñanza clara de la Biblia, les resulta fácil pasar por alto lo que dice la Biblia diciendo: "Bueno, eso es figurado". Cualquiera que haya pasado una seria cantidad de tiempo estudiando la Biblia sabe que tal persona simplemente está mal informada.

(3) En tercer lugar, Génesis 1 está diseñado para tomarse literalmente, porque el resto de los escritores de la Biblia lo hacen. Hebreos 11:3 dice: "Por la fe entendemos haber sido constituido el universo por la **palabra** de Dios..." ¿Qué hay de 2 Pedro 3:4-7? Después de hablar de "el principio de la creación", Pedro declara: "Estos ignoran voluntariamente, que en el tiempo antiguo fueron hechos por la **palabra** de Dios los cielos... pero los cielos y la tierra que existen ahora, están reservados por la misma **palabra**..." Pedro está diciendo que el universo **existió** como resultado de la Palabra de Dios.

Hebreos 1:2-3 dice que Dios, por medio de Jesús, "hizo el universo" y a Jesús se le da el papel de quien "sustenta todas las cosas con la palabra de su poder". No es de extrañar que el salmista declarara: "Por la palabra de Jehová fueron hechos los cielos, Y todo el ejército de ellos por el aliento de su boca"; "Porque él dijo, y fue hecho; él mandó, y existió" (Sal. 33:6, 9; cf.,

148:5). Una simple lectura imparcial de la Escritura no deja lugar para la teoría de la evolución y eones de tiempo.

Considere estos puntos adicionales. Si Dios hubiera querido comunicar la idea de que creó todo en seis días literales, ¿de qué otra manera podría haber transmitido esa idea que no fuera de la manera en que lo hizo en Génesis 1? Pero si ese capítulo no es lo suficientemente claro y si todos los demás pasajes de la Escritura no son lo suficientemente claros, tome en cuenta el hecho de que Dios, Él mismo, establece que todo el orden creado fue traído a la existencia por Él en seis días literales. La ocasión fue la entrega de los Diez Mandamientos. Dios impartió a la nación israelita las normas y reglamentos que habían de regir sus vidas.

Cuando les mandó observar el séptimo día de la semana como reposo — un día en que debía cesar toda labor — les dio la siguiente razón fundamental: "Porque en seis días hizo Jehová los cielos y la tierra, el mar, y todas las cosas que en ellos hay, y reposó en el séptimo día; por tanto, Jehová bendijo el día de reposo y lo santificó" (Ex. 20:11). No hay palabras que puedan ser más claras que esas. Aquí hay una declaración no figurada, no poética, directa, de valor nominal, que Dios creó todo el universo en seis días literales. Los israelitas no podían entender la declaración de otra manera.

Observe, además, que la raza humana, los primeros seres humanos en este planeta, solo eran 5 días más jóvenes que la tierra. El universo es solo 5 días más antiguo que el hombre. Jesús estuvo de acuerdo con esa afirmación en Mar. 10:6. Explicó "pero al principio de la creación, varón y hembra los hizo Dios" (Cf. Mat. 19:4). Ese solo pasaje descarta la Evolución — sea teísta o ateísta.

Desde el día de hoy hasta Cristo, son dos mil años. Desde Cristo hasta Abraham (Gen. 12), son otros dos mil años. Esto se puede documentar fácilmente tanto por la arqueología como por el texto bíblico. Eso deja solo el período desde Abraham hasta la creación, que son aproximadamente veinte generaciones en las genealogías (Gen. 5; 11; 1 Crón. 1; Mat. 1; Luc. 3; Judas 14). Judas deja claro que Enoc fue el séptimo desde Adán — lo cual cuadra con el Génesis. Las listas genealógicas dadas en la Biblia no tenían la intención de establecer la edad exacta de la Tierra. Más bien, nos proporcionan un registro sustancialmente completo del linaje de Cristo. Así que son de esperarse algunos faltantes — pero muy pocos.

No hay lugar en absoluto en estas listas para los millones y billones de años postulados por la Evolución. Las listas son suficientemente completas para estimar la edad de la Tierra en menos de diez mil años. El registro bíblico sencillamente no toma en cuenta la evolución.

Conclusión

Existe suficiente evidencia bíblica y científica para demostrar que el universo, nuestra tierra, y la vida misma fueron creados hace solo algunos miles de años. El reporte bíblico de cómo vino a la existencia el mundo es auténtico y confiable — igual que lo es en todos los demás detalles.

El apóstol Pedro describió cómo algunas personas insistirían en creer que la vida en este planeta continuaría indefinidamente sin cambios. Llegarían a la conclusión de que no hay fin cercano y que Cristo no volverá. Pero en forma gráfica, Pedro afirmó que, de hecho, el universo está reservado por Dios para un día en el que todo el orden creado será puesto en fuego — "los cielos pasarán con grande estruendo, y los elementos ardiendo serán deshechos, y la tierra y las obras que en ella hay serán quemadas" (2 Ped. 3:10). Pedro entonces hizo esta penetrante exhortación: "Puesto que todas estas cosas han de ser deshechas, ¡cómo no debéis vosotros andar en santa y piadosa manera de vivir".

El mismo Dios que llamó al universo a la existencia va a destruir y disolver completamente el orden que un día creó. La eternidad será inaugurada con cada ser humano que haya vivido, siendo consignado ya sea al cielo o al infierno. Todo individuo haría bien en aceptar la descripción de Dios sobre cómo creó el universo material y la vida dentro de ello **ex nihilo**, mandando oralmente que la materia viniera a la existencia. No se le debe permitir a la pseudo-ciencia intimidar al creyente a que renuncie a un enfoque honesto y preciso del texto de la Escritura. No se le debe permitir a la pseudo-ciencia servir como catalizador para el cambio inescritural en la iglesia.

Parte I

Resumen de la primera parte

Las raíces del cambio han crecido lentas pero seguras, surgiendo bajo el suelo fértil de la civilización americana, posicionándose firmemente. Cultural, teológica, política, y científicamente — la etapa se ha establecido. Fuertemente afectados por estas influencias subyacentes, los agentes de cambio están posicionados para lanzar su hechizo sobre la iglesia y cautivar a todos los que se dejan atrapar por su encantamiento. Pasemos ahora a las fuerzas que están alimentando el cambio.

SEGUNDA PARTE

EL COMBUSTIBLE PARA EL CAMBIO

CAPÍTULO 5
UNA ERA DE REBELIÓN

Los israelitas habían sobrevivido a siglos de esclavitud y opresión egipcia. Salieron de Egipto de forma impresionante, observando los maravillosos milagros que les permitieron eludir la represalia vengativa del Faraón y sostenerse en el áspero e implacable terreno de la Península del Sinaí. Acamparon en el Desierto de Parán en Cades, esperando ansiosamente noticias del personal de reconocimiento que había sido enviado a investigar las condiciones de la tierra de Palestina y su futuro hogar. Luego de regresar, diez de los doce hombres reportaron a la población que la nación carecía de la capacidad necesaria para conquistar a los residentes actuales.

> *Porque como pecado de adivinación es la rebelión.*
>
> *- 1 Samuel 15:23*

Cuando la comunidad mostró signos de pánico, Caleb trató de calmar a la gente insistiendo en que eran perfectamente capaces de conquistar la tierra y los exhortó a ir y hacerlo (Núm. 13:30). La nación entera se quedó toda la noche llorando, sus esperanzas y sueños nacionales defraudados. Por la mañana, habían comenzado a hacer planes alternativos para nombrar un nuevo líder que los guiara de regreso a Egipto y la esclavitud. Josué y Caleb hablaron:

> Y hablaron a toda la congregación de los hijos de Israel, diciendo: La tierra por donde pasamos para reconocerla, es tierra en gran manera buena. Si Jehová se agradare de nosotros, él nos llevará a esta tierra, y nos la entregará; tierra que fluye leche y miel. Por tanto, no seáis rebeldes contra Jehová... Núm. 14:7-9

Su vacilación en cumplir con las instrucciones de Dios equivalía a **rebelión**.

Durante los años finales de su vida, Moisés, a la edad de 120, pronunció un discurso de despedida a la nación a la que había servido como líder durante cuarenta años. Escribió un canto que debía servir como una especie de himno nacional para recordarle a la gente que su futura desobediencia les acarrearía problemas de manera inevitable. Resumió la importancia crucial del canto como testigo formal contra ellos al anunciar

> Porque yo conozco tu rebelión, y tu dura cerviz; he aquí que aun viviendo yo con vosotros hoy, sois rebeldes a Jehová; ¿cuánto más después que yo haya muerto? Deut. 31:27

Su inconsistente sumisión a las palabras de Dios equivalía a **rebelión**.

Dios instruyó a Saúl para que entrara en batalla con la nación de Amalec. Debía aniquilar por completo la población humana y animal (debido a su traición anterior — Ex. 17:8-16; Deut. 25:17-19). Saúl cumplió con la orden de ir a la guerra. Sin embargo, hizo algunos ajustes leves en la ejecución de los detalles, perdonando la vida del rey amalecita y lo mejor de los animales. Dios lo consideró como una falla en seguirlo y cumplir sus mandamientos (1 Sam. 15:11). Saúl, por otra parte, insistió dos veces en que él, de hecho, había obedecido a Dios (1 Sam. 15:13, 20). Incluso representó sus ajustes de las instrucciones de Dios como nobles esfuerzos para honrar a Dios por medio de ofrendas sacrificiales (1 Sam. 15:15, 21). La inspirada evaluación de Samuel, de las acciones desobedientes de Saúl incluyeron las palabras:

> Porque como pecado de adivinación es la rebelión, y como ídolos e idolatría la obstinación. 1 Sam. 15:23

La falla de Saúl en cumplir completamente con las instrucciones de Dios fue un acto de **rebelión**.

Mientras Sedequías era rey en el reino del Sur, Judá, surgió un profeta llamado Hananías. El mensaje que presentó al resto de los habitantes de Jerusalén fue un mensaje positivo de optimismo, estímulo y consuelo. Les aseguró que en dos años las opresiones babilónicas que habían sufrido, llegarían a su fin. Cuando Jeremías escuchó este anuncio, dijo: "Amén" y ofreció sus mejores deseos para que el Señor hiciera lo que Hananías dijo que haría. Sin embargo, el Señor le informó a Jeremías que Hananías era, de hecho, un falso profeta. Jeremías fue instruido para ir con Hananías y hacerle el siguiente pronunciamiento:

> Ahora oye, Hananías: Jehová no te envió, y tú has hecho confiar en mentira a este pueblo. Por tanto, así ha dicho Jehová: He aquí que yo te quito de sobre la faz de la tierra; morirás en este año, porque hablaste rebelión contra Jehová. (Jer. 28:15-16)

Hananías moriría en los siguientes dos meses. ¿Por qué? Porque promovió la **rebelión** en contra de la voluntad de Dios.

Mirando hacia atrás, a los 1960's, uno sin duda queda impresionado por el hecho de que la rebelión fue una característica central de lo que ocurrió. La generación más joven y la más adulta entraron en agudo conflicto creando la "brecha generacional". La generación más joven estaba, en realidad, rebelándose en contra de la generación más adulta desafiando y rechazando los valores y principios que caracterizaban a la generación anterior. La agitación cultural manifestada en los 1960's en la forma de pelo largo, pacifismo, anti-Sistema, uso de drogas, aceptación de religiones orientales, etc., no era otra cosa que una rebelión en contra de la autoridad. La rebelde generación más joven se comportó precisamente de la misma manera en que lo haría cualquier niño mimado o cualquier pasadito de la raya. Le falta la disciplina que tan desesperadamente necesita para inculcarle el auto control y la restricción personal, que clama por su propio camino — aunque no esté seguro, momento a momento en cuanto a lo que es.

Ahora que hemos entrado en la década de 1990, estamos viendo el fruto de la década de 1960, de la rebelión en contra de la autoridad. Está en vigor una ruptura a gran escala de la autoridad. La generación *babyboom* ha alcanzado la edad adulta y ahora está en posiciones de liderazgo. Su influencia se ha extendido por toda la sociedad. Han creado un clima en el que las siguientes circunstancias están libres de florecer.

Estados Unidos tiene más crimen y más criminales que nunca. ¿Qué son los criminales? Gente que se rehúsa a someterse a la autoridad del sistema legal. Nuestro sistema judicial está obstruido y demorado con casos. La auto indulgente mentalidad de "primero yo", en los rebeldes 1960's se ve más en la práctica generalizada, habitual, de demandar a los demás. Usted puede incluso, demandar a un restaurant si su café está demasiado caliente — ¡y ganar!

La falta de respeto por la autoridad se ve en el hecho de que los abogados ya no están interesados en la determinación de culpabilidad o inocencia y en procurar que se haga justicia. Ahora el objetivo es vencer al sistema, buscar tecnicismos para provocar un corto circuito al proceso, y hacer lo que sea necesario para absolver al culpable. Hemos hecho una completa burla de la justicia y un hazmerreír de la sumisión a las leyes de la tierra.

> Por cuanto no se ejecuta luego sentencia sobre la mala obra, el corazón de los hijos de los hombres está en ellos dispuesto para hacer el mal. (Ecl. 8:11)

Los policías fueron alguna vez modelos de virtud que imponían respeto en la sociedad. Ninguna persona decente, honrada en América, se atrevería a tropezarse con un oficial de policía. Tal cosa habría sido vergonzosa. El estadounidense promedio era inevitablemente "un ciudadano respetuoso de la ley". Pero ahora, la autoridad de la policía es desafiada y minada abiertamente. En los 1960's, les llamaban "cerdos" y "polis". Ahora es incluso peor. Los ciudadanos se les resisten, los insultan, e incluso les disparan.

La rebelión en contra de la autoridad ha sido transmitida a las generaciones posteriores. A los niños ya no se les enseña el respeto y el sometimiento a la autoridad. En consecuencia, las pandillas están en aumento. Los padres se van desvaneciendo en la irrelevancia y ya no pueden controlar a sus propios hijos. Los sistemas de escuelas públicas están fuera de control con niños disparándose unos a otros e infligiendo violencia contra sus maestros. Los maestros están dejando su profesión o se retiran antes porque el tiempo ordinariamente invertido en enseñar, se lo pasan simplemente tratando de mantener el control de la clase.

¿Es que acaso no vemos que el combustible para el cambio en las iglesias de Cristo es simplemente una extensión de la negativa generalizada a someterse a la autoridad? ¿No podemos ver que el impulso para el cambio y la introducción de prácticas nuevas en la adoración es sencillamente la misma agitada inclinación a hacer su propio camino, que proliferó en los 1960's? No importa que los agentes del cambio permanezcan por lo menos en la iglesia y estén preocupados por cuestiones religiosas. Saúl permaneció con el pueblo de Dios y se preocupó por cuestiones religiosas. Lo mismo hicieron los israelitas y Hananías. Dios de cualquier manera denunció sus manipulaciones obstinadas y **rebeldes**. Un ingrediente clave en el combustible para el cambio es la incesante inclinación a rebelarse.

CAPÍTULO 6
EL CAMBIO HACIA LA EMOCIÓN

Otro factor que alimenta el impulso para el cambio es el grado en el que la emoción y el sentimiento afectan la doctrina y la práctica religiosa. Se debe tener cuidado de no justificar la práctica religiosa confundiendo la espiritualidad con la simple sensación física o emocional. Los agentes de cambio manifiestan un malentendido implícito de la naturaleza de la espiritualidad, el papel de la emoción y lo esencial de la obediencia. Igualan la emoción y el sentimiento con el ser espiritual. Los cambios que propugnan en la adoración están dirigidos a estimular las emociones y hacer que los fieles sientan su religión. Estas sensaciones emocionales son luego confundidas con la espiritualidad y la autenticidad religiosa.

> *La espiritualidad consiste en ser gobernado por el contenido bíblico cuya autoría es del Espíritu.*

Un Homenaje Equivocado a la Emoción

Por ejemplo, Lynn Anderson[14] cita una asamblea de domingo por la mañana en la cual el "trío comunión" cantó a la congregación y de esta manera "nos ayudó a expresar las emociones para las que la congregación no conocía cantos" "La congregación se sintió profundamente conmovida y con los rostros levantados mientras las lágrimas fluían" (pág. 136). Al parecer, derramar lágrimas es prueba concluyente de que la actividad es "auténtica", espiritual, y bíblica. Del mismo modo, un solista confesó que solía sentirse culpable por sentir lo que sentía luego de cantar un solo. Su sentimiento actual es: "No puedo imaginar

---

[14] Lynn Anderson, **Navigating the Winds of Change** (*Navegando los Vientos de Cambio*, West Monroe, LA: Howard Publishing Co., 1994). Los subsiguientes números de página dados entre paréntesis son referencias al libro de Anderson.

honrar a Dios de otra manera" (pág. 112). Anderson describe el evento como uno en el que "el Espíritu de Dios cayó en rica medida en ese lugar" (pág. 112).

Pero la Biblia simplemente no enseña que estimular las emociones sea honrar a Dios ni prueba de la presencia del Espíritu. Dios no nos llama a renovar la adoración para que la gente no se "sienta emocionalmente abandonada" (p. 123). Si trae a un trío a cantar a la congregación durante la Cena del Señor para que la gente afirme, "¡seguramente el Señor estuvo en este lugar hoy!" (p. 127), estas personas han sido condicionadas a confundir la emoción y la novedad con la espiritualidad. Supongo que si el trío no hubiera cantado, ¡el Señor **no** habría estado en ese lugar, ese día! Temo que la observancia de la Cena del Señor durante siglos sin tríos ¡ha impedido que el Señor esté presente!

Para poder adorar alcanzando un estado de "excelencia que honre y glorifique a Dios" (p. 43, 146), uno debe modelar la adoración de acuerdo a las especificaciones de Dios (Lev. 10:3). Incluso si los paradigmas culturales están cambiando rápidamente (p. 49), el cambio está lejos de Dios. Dios difícilmente aceptará comprometerse con esas arenas movedizas. La desinhibida adoración reflejada en la película **Sister Act** [*Nota del Trad. En español se llamó "Cambio de Hábito"*] difícilmente será la conducta espiritual que Dios espera[15]. Tal comportamiento ciertamente estimula las emociones y permite a los adoradores "conectarse". Pero Dios ni se impresiona ni se agrada. Mientras que los criterios de Dios para la adoración son "en espíritu y en verdad" (Jn. 4:24), el criterio de los agentes de cambio es "un ambiente cálido, acogedor y contemporáneo" (p. 90), los estilos del hemisferio derecho del cerebro (p. 103-115), y las preferencias de los *babyboomers* son la búsqueda de comodidad, no lo doctrinalmente correcto, y lo que "sirva a sus propósitos espirituales" (p. 203).

Observe la preocupación con la manera de adorar para satisfacer a los seres humanos y lo que los seres humanos **piensan** y **sienten** que es espiritual y significativo. El punto de partida está totalmente equivocado. El agente de cambio comienza con las

---

[15] Compare la crítica que hizo Dan Rhodes a la película **Sister Act** [*Nota del Trad. Cambio de Hábito en español*] en **Wineskins** (*Odres*, Noviembre 1992) en la que también exhorta a las congregaciones a adaptarse a estos estilos de adoración para atraer más personas a la iglesia. Cf., Bill Lockwood, "Whoopi Worship — Wineskins Style", [*Culto Ajúa — Estilo Odres*] **Firm Foundation** 108 (Abril 1993), 1, 5.

preferencias humanas y argumenta todo su caso en la necesidad de atender a esas preferencias humanas para que la gente pueda "experimentar" la religión. Pero luego pone una advertencia contradictoria sobre su caso señalando que Dios es la audiencia y que el "culto no está destinado a ser experimentado sino a ser ofrecido, para que Dios sea glorificado" (Pág. 115).

En otras palabras, reestructuremos la adoración para que podamos "experimentar" nuestra adoración (p. 42) y sentirnos bien — luego ofrezcamos eso a Dios y esperemos que lo acepte ¡ya que viene de nuestro deseo y nuestro corazón! Puesto que los *babyboomers* se resisten a la autoridad (p. 6; cf. 203), olvidemos la **autoridad de Dios** y ¡démosles aquello a lo que no se resistirán! Puesto que las personas hoy quieren adorar con "libertad" en el "lenguaje de su propio corazón" (p. 35), los liberaremos de los dictámenes **de Dios** y los dejaremos que tengan lo que quieran. Ya que la voluntad de Dios "no tiene sentido para ellos" (p. 35), ¡ofrezcámosles cualquier cosa que sí tenga sentido para ellos!

Este énfasis en las expectativas emocionales del adorador, confunde completamente el énfasis evidente en las Escrituras. Bíblicamente, un ambiente cálido y agradable en la iglesia se logra coincidentemente, cuando el conjunto está conformado cuidadosamente a las instrucciones **de Dios** — no a los deseos del adorador. Esta es una prueba adicional de que el cambio que se está promoviendo es ilícito — basado en un criterio no bíblico. Al parecer los agentes de cambio no han caído en cuenta que sus alegatos de "tendencias del hemisferio izquierdo, hemisferio derecho", solo son abracadabras humanistas. Estamos viviendo en una época en que la orientación en general de la sociedad está lejos de la verdad y la apreciación racional de la verdad hacia el "sentirse bien". Como resultado, ha venido un aumento significativo del Pentecostalismo y la sociedad en su conjunto se inclina hacia el sentirse bien y la autocomplacencia. En lugar de dar cabida a esta aberración, como el agente de cambio propone (p. 108), tratando de complacer a la gente que ha cultivado sus apetitos más emocionales y "sensibleros", debemos ayudar a las personas a reorientarse a fin de despertar y cultivar sus desalentados apetitos **espirituales**.

El cambio hacia la emoción se ve más en el énfasis puesto en el "misterio" de la fe y la incapacidad de los seres humanos para "explicar" a Dios. El agente de cambio está tratando de mostrar que las iglesias de Cristo le han dado demasiado énfasis a lo racional (p. 110-111, 222). Pero la prioridad de lo intelectual y racional sobre lo emocional entre las iglesias de Cristo es simplemente un reflejo de la misma prioridad, el mismo equilibrio, que la Escritura exige. Simplemente hemos hecho hincapié en la necesidad de conocer la voluntad de Dios para nuestras vidas (Jn. 6:45; 7:17; 8:32). Hemos enfatizado que la mente, dirigida por la palabra del Espíritu, debe mantener bajo control el cuerpo con sus pasiones, emociones y apetitos (Rom. 7:13-8:14). "Racional" se refiere simplemente a llegar a las conclusiones correctas a partir de la evidencia bíblica. El agente de cambio actúa como si no pudiéramos conocer lo correcto y lo equivocado, distinguir la doctrina correcta de la incorrecta, lo irracional de lo racional. Pero la Biblia afirma otra cosa (1 Tes. 5:21; 1 Jn. 4:1; Mat. 7:15-20). (Consulte el capítulo 12 con respecto a la aversión por la lógica que siente la Nueva Hermenéutica).

¿La Trascendencia de Dios?

Esta misma sugerencia — que acentúa el "misterio" de la fe y la incapacidad humana para explicar a Dios — se ve en **La Iglesia Mundana**[16], un libro distribuido entre las iglesias de Cristo hace unos años. El empujón sutil de los fieles hacia la emoción como el estándar de autoridad y autenticidad entró en el llamado a un mayor sentido de la trascendencia de Dios (por ejemplo, p. 3 y ss, 20). Mientras que el concepto básico de reconocer la trascendencia de Dios es sólido y significativo, "trascendencia" no debe convertirse en un pretexto piadoso para la inclinación subjetiva. El uso de la "misterioso" (p. 3) y el "misterio impenetrable" (p. 69) sugiere una concesión sutil al existencialismo y el rechazo de la razón.

Pero la Biblia simplemente no enfrenta lo "misterioso" con la "razón" como los autores de La Iglesia Mundana lo hacen. Más bien, la Biblia contrasta misterio con revelación, esto es, lo que está escondido con lo que está revelado. En palabras actuales, "misterio" denota "un asunto que permanece inexplicado o secreto", pero el término también lleva consigo un mayor matiz de oscuridad, perplejidad, y "una verdad religiosa que está más allá

---

[16] C. Leonard Allen, Richard T. Hughes, y Michael R. Weed, **The Worldly Church** (*La Iglesia Mundana*; Abilene, TX: ACU Press, 1988). Los subsiguientes números de página dados entre paréntesis son referencias a este libro.

de la capacidad humana para entender"[17]. Las palabras "místico" y "misterio" transmiten con mayor claridad este matiz. En este sentido, un misterio puede referirse a algo que **no puede** conocerse, comprenderse y explicarse por su carácter esotérico. La palabra "mística" también incluye "la percepción intuitiva o subjetiva más allá del rango normal de la experiencia humana" y "más allá de la comprensión de la razón humana".

La doctrina del misterio de Dios necesita ser reestudiada hoy. Pasajes específicos que clarifican este concepto incluyen Rom. 16:25-26; 1 Cor. 2:7; Efe. 3:1-9; Col. 1:26; y 2 Tim. 1:9-10. La esencia del término griego **musterion** se refiere a: "algo sobre lo cual se debe guardar silencio".[18] Su uso en el NT no guarda relación con los cultos de misterio. "Puesto que el **musterion** de Dios como tal, se da a conocer en la revelación, su ocultamiento siempre es manifiesto con su proclamación".[19] No debemos concluir que nuestro enfoque a la religión bíblica se debe caracterizar como incomprensible, místico, o "mejor sentirlo que decirlo". Dios ha escogido revelar y ocultar su voluntad para nosotros con el acompañamiento de la expectativa de que podemos entenderla.

No dudaríamos en afirmar la declaración de la Biblia de la grandeza de Dios, su eternidad, su divinidad, y sus caminos (Isa. 55:8-9; Rom. 11:33-36; Deut. 29:29). Pero desafiamos la conclusión de que debemos sentarnos y esperar por alguna "sacudida" interior (que luego se le atribuye al Espíritu Santo) que nos guíe. Dios no incluyó esos pasajes que identifican su trascendencia con el fin de neutralizarnos en una postura irracional o anti-lógica. No tiene la intención de hacernos caer pesadamente en una especie de actitud subjetiva en la que nos recostemos estupefactos y atónitos, ¡esperando a que el Espíritu de Dios nos estimule!

Más bien, Él exige que estudiemos, busquemos, examinemos y razonemos correctamente sus palabras escritas (2 Tim 2:15; Hch. 17:11; 1 Jn. 4:1; 1 Tes. 5:21). Cuán inconsistente

---

[17] **Oxford American Dictionary** (New York, NY: Oxford University Press, 1980), p. 440; **Great Encyclopedic Dictionary** (Pleasantville, NY: Reader's Digest Association, 1966), p. 896.

[18] Gerhard Kittel, ed., **Theological Dictionary of the New Testament** (*Diccionario Teológico Del Nuevo Testamento*; Grand Rapids, MI: Wm. B. Eerdmans Pub. Co., 1967), p. 803.

[19] Kittel, p. 822

es producir un tratado procurando demostrar lógicamente sus afirmaciones de que las iglesias de Cristo ¡se han orientado excesivamente hacia la lógica! Tome nota, estimado lector: sólo quienes se dan cuenta que sus ideas no se pueden legitimar y fundamentar en un razonamiento claro y sensato condenarán la lógica y el razonamiento válido. Si un falso maestro puede minimizar el pensamiento claro y mover poco a poco a la gente hacia una mentalidad oscura y más subjetiva, orientada al sentimiento, entonces tiene la oportunidad de convencerlos para abrazar sus ideas.

La Iglesia Mundana refleja la misma condición con la que la mayor parte de nuestra hermandad se encuentra afligida: el abandono de la razón y la racionalidad a cambio de un enfoque emocional "sensiblero" a la religión que enfatiza la experiencia personal más que la comprensión cognitiva. Tal abordaje era extraño tanto para Felipe como para las actividades evangelísticas de Pablo (Hch. 8:30; 26:25). **Razonaban** con la gente y requerían la **comprensión** lógica y racional en respuesta. Con razón. Después de todo, fue Dios mismo quien dijo: "Entonces venid y razonemos" (Isa. 1:18 NRV1990). A riesgo de ser tildado de "racionalista" o "lógico", debemos simplemente volver a la Biblia y restablecer la sólida y sana proclamación de las verdades bíblicas.

¿Cómo "recuperar un sentido de la trascendencia de Dios"? ¿Es ésta una aprehensión estrictamente **emocional**? ¿Requiere esta recuperación personas para determinar cómo se **sienten** acerca de Dios, o lo que **saben** y **creen** acerca de Dios? Esta última debe preceder a la primera si la fe (es decir, la respuesta obediente a Dios) debe ser válida y legítima.

Además, la Biblia no enfatiza la transcendencia de Dios y "la debilidad y el entendimiento limitado de la humanidad" (p. 5) a fin de hacer que el hombre retroceda al silencio ignorante, no informado, "misterioso" donde debe patalear y golpear entre la emoción humana o las sensaciones empíricas nostálgicas del enfoque religioso pentecostal y carismático. Demasiado énfasis en el "misterio" en la religión deja al individuo con la impresión de que no puede esperar ni siquiera empezar para ajustarse a un marco prescrito (Rom. 1:19).

Pero la Biblia enseña que Dios nos ha proporcionado **todo** lo que **necesitamos** saber — todo lo que es necesario para estar en una relación correcta con él (Jn. 8:32; 2 Ped. 1:3). Detenerse en lo que podemos o no conocer es inútil, irrelevante y engañoso. Dios no espera que comprendamos completamente Su ser. Solo espera que lo amemos, confiemos en Él y le obedezcamos. Y nos ha dado acceso al conocimiento suficiente para hacerlo. La Biblia hace hincapié en la ignorancia del hombre con el fin de humillarlo y hacerlo receptivo al conocimiento que Dios quiere impartir. En las palabras del salmista: "Estad quietos, y conoced que yo soy Dios" (Sal. 46:10). El llamado a la conciencia de la trascendencia de Dios y el "misterio" de la fe es simplemente una estratagema sutil para entronizar el sentimiento y la emoción como los determinantes de autenticidad religiosa.

Emoción En La Música

El cambio hacia la emoción se manifiesta especialmente en el ámbito de la música de la iglesia. Por ejemplo, Lynn Anderson[20] exagera los aspectos negativos del exceso de familiaridad, afirmando que nuestros viejos cantos han perdido su significado (Pág. 125). Sin embargo, se apresura a decir que no se deben "echar por la borda los himnos tradicionales" (p. 135). ¿Por qué? Si su razonamiento es correcto, ¡debemos echar por la borda a todos ellos! Pero su razonamiento no es correcto. Dios espera que nosotros participamos en un ajuste de la actitud, es decir, el arrepentimiento, si adorar se convierte en rutina. Para ser coherente, Anderson debería afirmar que tenemos que echar por la borda la Biblia puesto que la predicación consiste en presentar las mismas viejas verdades ¡una y otra vez, año tras año! Obviamente, el problema no son los himnos. Algunas personas solo necesitan cambiar su actitud para que la adoración siga siendo nueva, fresca, y genuina. Me pregunto si las esposas de los agentes de cambio pueden ver en dónde estarían si sus maridos empiezan a aplicarles la misma justificación para el cambio ¡su excesiva familiaridad con ellas!

Anderson insiste en que un "músico talentoso" puede hacer que la música tradicional, incluso la muy familiar, suene mejor (p. 136). Pero eso simplemente prueba que los agentes de cambio están tras algo más que lo espiritual, porque el aspecto **espiritual** de los cantos se refiere a su **significado**. Los agentes de cambio no están tratando de cambiar las palabras del canto para

---

[20] Los subsiguientes números de página se refieren una vez más a **Navegando los Vientos de Cambio** de Anderson, previamente citado.

ayudar a comunicar su significado. Están queriendo acentuar lo estético, lo emocional, la habilidad del músico — lo que hace que la gente **sienta** que estimula sus emociones — y luego concluyen que la música es "mejor".

Observe los puntos de vista contrastantes: (1) La opinión de la Biblia es atender al intelecto, a la mente, informar a la persona de la voluntad de Dios. Está calculado que esa palabra, después, haga entrar a la persona entera — emociones, cuerpo, mente y todo — en armonía obediente con la deidad. (2) La opinión del agente de cambio es centrarse específicamente en las emociones, el deseo físico de lo sensacional, el entretenimiento, lo interesante. El individuo debe en cierta medida desconectar la mente con el fin de permitir que las sensaciones placenteras prevalezcan y dominen. Esta condición momentánea de euforia se equipara entonces con la auténtica experiencia espiritual.

El Verdadero Significado de la Espiritualidad

Le espiritualidad bíblica no es tanto lo que uno **sienta** como lo que uno llega a **conocer** y **hacer**. La persona "espiritual" en la Biblia es alguien que busca encarecidamente llegar a un entendimiento de la voluntad de Dios y luego, de manera diligente, **obedecer** esa voluntad. "Espiritualidad" consiste en ser gobernado por la sustancia bíblica y el contenido cuya autoría es del Espíritu Santo (1 Cor. 2:13-15; 14:37). Puesto que la Palabra de Dios tiene como autor al Espíritu Santo, ser espiritual es empaparse de sus enseñanzas y comprometer nuestro propio espíritu en un encuentro fructífero con el mensaje del Espíritu Santo (1 Ped. 2:2, 5). A sus pensamientos, opiniones, y preceptos se les permite impactar el espíritu humano (Rom. 15:27).

"Adoración espiritual" implica responder racionalmente a la voluntad de Dios con la adoración que sea aprobada por Él (Rom. 12: 1-2). "Cánticos espirituales" (Efe. 5:19) son cantos cuyas letras transmiten conceptos bíblicos correctos. La "ley es espiritual". (Rom. 7:14) porque su fuente es el Espíritu y constituye una expresión exacta de la voluntad del Espíritu.

Sin embargo, los defensores actuales del cambio dejan la impresión de que nuestras reuniones de adoración serían más "espirituales" si empezáramos a usar las presentaciones dramáticas, el levantar los brazos, aplaudir, incluir mujeres que dirijan la adoración, solos y coros, etc. Sencillamente no han comprendido el significado bíblico de "espiritualidad". Tales innovaciones no pueden ser "espirituales" puesto que no están autorizadas por el Espíritu en el Nuevo Testamento. Bien pueden crear más excitación emocional entre los participantes, pero tales sensaciones placenteras no son lo que la Biblia designa como "espiritual".

Hace tiempo que nuestros vecinos pentecostales han demostrado que el artificio externo y centrarse en la exhibición física no es una indicación de la verdadera adoración espiritual. De hecho, la evidencia sugiere que tales sustitutos baratos desvían a las personas de la verdadera adoración. Si bien Dios quiere que nuestras emociones estén ocupadas mientras adoramos, la pura estimulación emocional no se debe confundir con la adoración espiritual, ni convertirse en el **objetivo** esencial del adorador.

La inclinación de nuestra cultura actual a centrarse en la imagen y apariencia superficial externa ha llevado a algunos a pensar que los indicadores emocionales externos (como los brazos en alto, los gritos, chillidos, palmas, etc.) son **criterios** para medir la espiritualidad. Nada podría estar más lejos de la verdad bíblica. Seguramente huele al ego y la arrogancia de la generación actual cuando critican a la generación precedente por considerarla poco espiritual simplemente porque su adoración, exteriormente, es más formal y sin emociones. Su adoración era sumamente **espiritual**, no sólo porque se ajustaba fielmente a las propias instrucciones del Espíritu, sino porque manifestaba espíritus obedientes, corazones respetuosos, y una generación de personas que estaban dominadas por un temor sereno y reverente por el majestuoso Creador del universo. No amoldaron su adoración para satisfacerse o estimularse a sí mismos. No necesitaban estimulantes artificiales para darle sentido a su religión y a sus vidas. Encontraron verdadera alegría y satisfacción entusiasta en **saber** que estaban en sintonía con su Padre y de acuerdo con su voluntad.

Su enfoque estaba claramente en Dios y en un verdadero vínculo con Él. El enfoque que nos encomiendan hoy los "agentes de cambio" está en la estimulación del adorador. La exhibición y el espectáculo son el resultado inevitable, así como la innovación incesante y el cambio como "pensadores creativos" (no de contenido para cumplir con el pensamiento **de Dios**) formulando perpetuamente ideas "frescas" y nuevas prácticas. Al insistir en llamar la atención sobre sí mismos y en los "líderes de adoración", es decir, **artistas** profesionales, los fieles se convierten en espectadores a quienes se ha distraído de la adoración con la atención apartada de Dios.

Quienes deseen revolucionar la práctica de la adoración en nuestros días deben examinar seriamente sus motivos con la esperanza de disuadirse de su camino a la ruina. Se han sumado a la larga lista de personas que han clamado por un cambio con consecuencias desastrosas (por ejemplo, Gen. 3:6; Ex. 32:1-28; Lev. 10:1-3; Núm. 11:1-35; 12:1-16; 14:4; 16:1-50; 1 Sam 8:1-22; 13:8-14; 14:1-35; 2 Sam. 6:1-11; 2 Crón. 26:16-21; Isa. 30:9-13; Jer 6:13-19; y otros).

La Interacción Adecuada entre Emoción, Razón y Comportamiento

La conversión del tesorero, oficial de alto rango en Etiopía ofrece un ejemplo adecuado de la correcta interacción entre la razón, la doctrina y la emoción (Hch. 8:26-39). En un viaje de regreso desde Jerusalén a Etiopía, este funcionario estaba leyendo Isaías 53, mientras iba sentado en su carro. Cuando Felipe lo encontró, le preguntó si **entendía** lo que estaba leyendo. Expresando su deseo de ayuda, Felipe se sentó en el carro con él y procedió a explicarle la enseñanza bíblica. Observe que el cristianismo es ante todo una experiencia **cognitiva**. La conciencia intelectual y la comprensión mental, deben ocurrir **primero** y **deben** tener prioridad sobre cualquier otra faceta de la experiencia religiosa.

Luego de escuchar y pensar en los conceptos expresados por Felipe, el tesorero "sumó dos más dos" cuando se encontró con un cuerpo de agua. En base a lo que había aprendido de su estudio de la Biblia con Felipe, concluyó que debía ser bautizado para agradar a Dios. Observe que la segunda faceta de la experiencia religiosa es la respuesta obediente en conformidad con las estipulaciones de Dios. Un razonamiento correcto debe llevar a conclusiones correctas para que la voluntad y el cuerpo de una persona deban someterse.

Después de lograr una comprensión racional de la voluntad de Dios, tomar una decisión informada y consciente para cumplir con esa voluntad, y pasando luego a la obediencia, el tesorero "siguió gozoso su camino". Aquí está el lugar adecuado de la emoción en la religión cristiana. Aquí está el equilibrio correcto entre la razón humana, la doctrina divina, y la emoción humana. La emoción humana debe estar bajo el control de la mente humana ya que la mente se rige por las palabras de Dios. La emoción debe estar arraigada en la racionalidad. La racionalidad debe tener prioridad sobre la emoción. La secuencia bíblica es: hechos, fe — y luego sentir

Conclusión

Los tiempos en que vivimos ciertamente han demostrado una fuerte orientación a la emoción. El tremendo incremento en la diversidad de puntos de vista en la sociedad estadunidense con respecto a la moralidad, la religión — y prácticamente todo lo demás — refleja el abandono de la valoración racional de la verdad. El resultado ha sido que están viviendo sus vidas desde la perspectiva subjetiva de cómo se sienten acerca de las cosas. De esta inclinación natural a resistir las normas absolutas, objetivas, los jóvenes agentes de cambio de las iglesias de Cristo han reaccionado a lo que percibieron como un enfoque carente de emoción hacia la religión de parte de la generación anterior.

Aparte de si esta percepción es justa o exacta, debemos reafirmar el hecho de que la emoción es permisible en la práctica del cristianismo del NT. Las emociones fueron creadas por Dios. El problema que enfrenta la iglesia es que los que quieren el cambio están cediendo a una función no bíblica hacia las emociones. Están empleando las emociones de una manera y en una medida que nunca fueron el propósito de Dios.[21]

El liberalismo, ya sea en política o religión, se basa en gran medida en la emoción más que en el intelecto, la razón y la

---

[21] Recientemente, entre las denominaciones y dentro de las iglesias de Cristo, ha surgido un interés por los **ángeles**. Este repentino interés es simplemente una manifestación más de la tendencia a hacer frente a la inseguridad espiritual y la inmadurez emocional mediante la manipulación de las propias emociones. En lugar de confiar en las palabras claras que nos ha dado Dios, la búsqueda de ángeles representa el deseo de sentir una presencia tangible. La misma tendencia se observa en la insistencia en que uno puede oír, sentir o percibir el Espíritu Santo (ver el capítulo sobre el Espíritu Santo-No. 32). Otra forma en la que se le está dando prioridad a la dimensión emocional sobre el sentido y la racionalidad está en el encendido de velas en las asambleas de adoración. Una vez más, se le da primacía al simbolismo por encima de la sustancia. El NT no le da absolutamente ningún crédito a la luz de las velas en la adoración — pero su uso sin duda ¡contribuye a una atmósfera sensiblera "mejor sentida que dicha"! Sin embargo, otro intento de desviar la adoración de la mente hacia las emociones se encuentra en muchos de los nuevos cantos que se agregan a los himnarios. Si bien es bíblicamente correcto actualizar nuestros cantos, las palabras deben servir al propósito divinamente designado de "enseñar y exhortar" (Col. 3:16). Muchos de los cantos alegres están tomados de las denominaciones y salpicados de sentimentalismo, y obsesionados con absurdas expresiones sin sentido de la emoción humana.

persuasión racional. La demanda liberal para el cambio surge de la emoción, es impulsada por la emoción, y depende de la emoción para su supervivencia. La emoción es simplemente una fuente de combustible más que está siendo aprovechada para lograr el objetivo del cambio.

CAPÍTULO 7
EL CRECIMIENTO DE LA IGLESIA Y LA OFENSIVA POR LA RELEVANCIA

Un tercer elemento clave que se está usando para avivar el cambio en la iglesia es el infortunado y mal ubicado énfasis en el crecimiento de la iglesia y el deseo de ser relevantes. Parece que no hay fin a lo lejos que algunos llegarían para hacer crecer la iglesia. Seguramente, para Dios dan una triste vista cuando van de un grupo denominacional grande a otro copiando frenéticamente formas para hacer engordar la iglesia a grandes números como los de ellos (cf. 1 Sam. 8:20).[22] Es increíble pensar que nosotros, como Israel, no hemos aprendido la lección de que la búsqueda de ayuda fuera de la Palabra de Dios, equivale a deslealtad insensata (Sal. 146:3; Isa. 31:3). Por supuesto, a cualquier crítica de esta oleada de entusiasmo y "progreso" se le tilda de "mente estrecha" que se opone al "crecimiento".

> *Recorréis mar y tierra para hacer un prosélito, y una vez hecho, le hacéis dos veces más hijo del infierno que vosotros.*
> — Jesucristo
> (Mat. 23:15)

Pero por favor considere los siguientes puntos: (1) ¿Realmente será posible que Dios requiera crecimiento numérico, para luego no decirnos cómo lograrlo? ¿Hay que recurrir a pagarles una cuota a los "expertos en crecimiento de la iglesia"

---

[22] Por ejemplo, Gene Vinzant, "Lecciones de Willow Creek", **Ministerio** 13 (Marzo/Abril & Mayo/Junio, 1994):1.

para que vengan y nos iluminen sobre las "técnicas" adecuadas para el crecimiento de una iglesia — técnicas que se han recogido del denominacionalismo, la psicología y la sociología? ¿Técnicas engendradas en la mente de meros hombres?

(2) ¿Cuándo fue que decidimos apelar al mundo secular gastando grandes sumas de dinero y tiempo-aire para dirigirnos a las "necesidades sentidas" del hombre moderno (por ejemplo, la soledad, el alcoholismo, el estrés, el cáncer)?, ¿qué estamos haciendo? Estamos permitiendo a meros hombres, a la sabiduría humana, y a las últimas tendencias de la psicología social, determinar qué y cómo predicamos y enseñamos. No estamos permitiendo a Dios establecer la agenda y determinar el tema y el contenido de nuestro mensaje. De hecho, el clima en la iglesia es tal que una persona podría ser un completo ignorante de la verdad bíblica y aun así ser un "experto calificado" en la realización de seminarios sobre crecimiento de la iglesia o ¡apelar a las masas a través de los medios de comunicación!

(3) Demasiadas veces nuestros valores de "progreso" no son otra cosa que el abandono sutil de la verdad bíblica a cambio de "algo nuevo" (Hch. 17:21) o las modas pasajeras más recientes derivadas de los "últimos estudios". Bajo el disfraz de "crecimiento" y "progreso", nos desviamos de la doctrina bíblica y naufragamos gradualmente de nuestras amarras espirituales. A uno le da la impresión de que si continúa creyendo en la misma verdad bíblica que siempre ha sido aceptada y defendida, ¡se ha "estancado" y no ha "crecido" ni "madurado"! El término "extravía" en la versión King James en 2 Jn. 9 viene de una palabra de la que obtenemos la palabra "progreso". Tal es una descripción acertada de gran parte de las artimañas que se están promulgando hoy en el nombre del "progreso".

Este modo de pensar es completamente contrario a la prescripción bíblica para lograr nuestras tareas ordenadas por Dios Si queremos que la iglesia crezca y se aísle de la apostasía que está arrastrando completamente a la hermandad, tenemos que volver a la Biblia y ver que sólo sobre la base de la verdad enseñada con fervor inflexible puede realizarse el crecimiento divinamente aprobado. No hay sustitutos Nada va a impactar en sí sobre la mente humana como la presentación directa de la verdad. La verdad de Dios por sí sola tiene el "poder". (Rom. 1:16) y la "energía" (Heb. 4:12) para estimular a la gente. Solo la verdad de Dios puede hacer libre a la gente (Jn. 8:32; 17:17). Cuando la sociedad se estaba deteriorando y desmoronándose, fue cuando Dios envió a profetas francos, contundentes y pertinentes para mover y sacudir a la gente y que se diera cuenta que se habían desviado de los preceptos divinos. Su mensaje de origen divino no falló en facilitar el crecimiento que Dios quiso (Isa. 55:11).

Es precisamente por eso que no es nuestra carga y responsabilidad producir los números — "pero el crecimiento lo ha dado Dios" (1 Cor. 3:6-7). Mientras estemos plantando y regando (esto es, enseñando la Palabra de Dios), no tenemos que sentirnos obligados ¡a forzar nuestro propio incremento! Solo la palabra implantada salvará personas (Sant. 1:21). Así que en lugar de consumirnos entre los mecanismos de la psicología social, ¿por qué no regresamos a desear "como niños recién nacidos, la leche espiritual no adulterada, para que por ella [*crezcamos*] para salvación"? (1 Ped. 2:2)

El Papel del Predicador

Durante mucho tiempo, en las iglesias de Cristo se ha percibido al predicador como el mayormente responsable por el crecimiento numérico (o la falta de ello) en la congregación local. Se piensa que de estar haciendo su trabajo, la iglesia crecerá en números. Si no está creciendo, se concluye, el predicador es el principal responsable. Además se supone que factores tales como la apariencia del predicador, su personalidad, el estilo y tono de la predicación (en oposición a su mensaje), y el entusiasmo y energía con los que se busca conversos a través de estudios bíblicos personales son los responsables del éxito o el fracaso del predicador en la producción del crecimiento numérico.

Compare este escenario con la verdad bíblica. Según el NT, la función del predicador y la tarea ordenada por Dios es **predicar la verdad** (2 Tim. 4:2; 1 Tim. 4:11, 13; Tito 2:15). En consecuencia ¡**no** es su tarea producir buenos números! Además, **suponemos** que si el predicador está siendo comprendido correctamente en su predicación, la gente se va a convertir, y si la gente no se convierte, el predicador se ha embrollado en su mensaje y método. ¿De dónde viene ese supuesto de dejar a un "pregonero de justicia" como Noé? (2 Ped. 2:5). ¿Cómo comparamos eso con la predicación de Jesús que provocó que "**muchos**" de sus discípulos se volvieran atrás? (Jn. 6:66) Temo que nuestro trabajo de describir la tarea del predicador y la definición **de Dios** no coinciden. A los predicadores de nuestros días se les contrata en base a su atractiva personalidad y su éxito en atraer números. ¡Cuán vergonzoso es habernos desviado tan lejos de las directrices divinas!

Pablo pudo haber sido un escritor penetrante, pero al parecer no era muy imponente en el púlpito en términos de su presencia física (cf. 2 Cor 10:10; 1 Cor. 1:17; 2:3-5).No le habría ido muy bien en la actual competencia por altavoces dinámicos para llenar los púlpitos de las "grandes" iglesias.. Sin embargo, es un modelo apropiado para que los predicadores lo imiten (1 Cor. 4:16; 11:1; Fil 3:17; 4:9; 1 Tes. 1:6; 2 Tes. 3:9). Y dijo que él **plantó**, esto es, puso la verdad al alcance de la gente para que se confrontaran con ella (1 Cor. 3:6). **DIOS** era el responsable de cualquier persona que respondiera correctamente a ese mensaje convirtiéndose al cristianismo. **ÉL** da el crecimiento — ¡no el predicador! En consecuencia, si se está predicando la verdad en amor (Efe. 4.15), y los números no están llegando, ¡**no** es culpa del predicador!

Sencillamente debemos abandonar las expectativas denominacionales y poco realistas, que hemos desarrollado en nuestra hermandad en cuanto al papel del predicador. Debemos regresar a la práctica de poner **predicadores** bíblicos (y no animadores, refritos de Dale Carnegie, o emocionados hombres de relaciones públicas) en nuestros púlpitos — predicadores que le expongan a la gente todo el mensaje de Dios, y le dejen el incremento (o la falta de ello) ¡a Dios!

Pseudo-Evangelismo

Algunos en la iglesia de hoy parecen especializarse en destacar a la hermandad por su fracaso en evangelizar y en crecer en número como debiera. Pero tenga en cuenta lo siguiente:

(1) El Señor no nos mandó a "convertir al mundo" o a producir grandes números. Nos pidió **evangelizar** al mundo, esto es, dar a conocer las buenas nuevas. Si la iglesia en este momento de la historia no está creciendo numéricamente (un supuesto que no sólo no puede probarse, sino que se ha demostrado ser altamente sospechoso), puede haber cualquier número de explicaciones que son diferentes de la que habitualmente se establece (que las iglesias no se están adaptando a la cultura). El hecho de no presentar grandes números, ¿fue culpa de Noé? ¿Debió haber sido reprendido por no cambiar su método y

mensaje para garantizar que las personas se sintieran atraídas? ¿Se le debió aclarar que necesitaba "discipular" a sus tres hijos, quienes luego estarían equipados para "discipular" a otros? ¿Acaso no se adaptaron a la cultura?

(2) ¿Cómo sabemos con certeza que algunas áreas nunca han sido evangelizadas? Solo porque no sabemos de ningún predicador viviendo y trabajando actualmente en cierta área no prueba que la población nunca ha tenido acceso al evangelio a través de algún otro medio, o en algún otro tiempo, o de alguna otra manera. Simplemente no tenemos forma de saber lo que se ha hecho, lo que se está haciendo, ¡o lo que todavía puede hacerse!

(3) ¿Y qué hay acerca de la providencia de Dios? ¿No ha sido siempre el caso que si hay personas que respondan al evangelio en un área determinada, Él verá la manera en que se les exponga el mensaje? (Por ejemplo, Hch. 10:4ss; 16:9ss; 18:10-11). Si nos rendimos a la voluntad de Dios, dispuestos a ser usados en su servicio, surgirán oportunidades para que podamos utilizarlas como medio de influir en la gente con la verdad. Los propósitos de Dios no se frustran. No necesitamos recurrir a mecanismos de difusión que no son bíblicos ni autorizados. No debemos desalentar a la legítima empresa evangelística. Pero hay que desafiar a quienes usan la noble necesidad de la evangelización como sanción por la innovación no bíblica. No debemos permitir que nuestro ardiente deseo de salvar almas actúe como impulso para nuestra desobediencia a la voluntad final de nuestro Padre.

Cuando hablamos de "ganar almas" y "hacer conversos", ¿qué es lo que queremos decir? ¿Toda forma de "ganar almas" está permitida por Dios? Algunos suponen que si una persona es "evangelizadora" y pone por obra con entusiasmo las técnicas para "ganar almas", debe estar el camino correcto. Sin embargo, bien podríamos estar fallando en distinguir entre el evangelismo bíblico y evangelismo humano. El simple hecho de que una persona demuestre "celo evangelístico" no prueba que la persona esté involucrada en el evangelismo bíblico. Sencillamente porque la hermandad compre tiempo aire en la televisión nacional o compren una estación de radio no justifica el apoyar ciegamente tales esfuerzos. La cuestión es: ¿están tales programas ocupados en el evangelismo **bíblico**? Una cosa es enseñar la Biblia; otra muy distinta es enseñar psicología y teología denominacional.

Parece que nos hemos enamorado de la **idea** del evangelismo. Estamos tan gastados con los programas y métodos que hemos sustituido los métodos bíblicos por apelaciones centradas en lo humano, basadas en la psicología y sociológicamente investigadas. Al hacer esto, hemos abandonado el único recurso legítimo: **la verdad** y **el amor por la verdad** (cf. Jn. 17:17; 2 Tes. 2:10). Olvidamos que las denominaciones nos han ganado "fácilmente" cuando se trata de métodos y programas humanos que hacen que la gente literalmente entre a raudales. En nuestro afán de descubrir lo que hace que las denominaciones crezcan, hemos evitado la única causa bíblica, y por lo tanto legítima, de crecimiento: la misma que las denominaciones **no tienen**: **LA VERDAD** (Jn. 8:32).

Hubo ardientes "ganadores de almas" en los días de Jesús también. El hecho de que fueran tan "entusiastas" en el evangelismo no hizo que Jesús se rindiera y se sometiera a su "digna" causa. Todo lo contrario. Les dijo: "Recorréis mar y tierra para hacer un prosélito, y una vez hecho, le hacéis dos veces más hijo del infierno que vosotros". (Mat. 23:15). La cuestión crucial es — ¿a qué se está convirtiendo la gente? Si nos hemos alejado de la única petición bíblica que atraerá corazones honestos y solidificará verdaderamente su condición espiritual, ¿qué tenemos? ¿Es posible que las personas se estén convirtiendo a un líder dinámico, o a un emocionante programa, o a un ambiente cálido, aceptable? Ciertamente, Dios no quiere que ninguno perezca (2 Ped. 3:9), pero, ¿estará tan preocupado por los número hasta el punto en que tal cosa constituya un índice del éxito? ¿Estaremos haciendo algo mal si no estamos bautizando gente a diestra y siniestra y creciendo como las "diez iglesias más grandes"?

Hay numerosos pasajes que enseñan que la verdad pura, no adulterada, nunca ha sido popular ni influyente con la mayoría de los que la escuchan. Noé, un "pregonero de justicia" (2 Ped. 2:5) trató de convertir quizá durante 120 años (Gen. 6:3), pero con la excepción de su propia familia, fracasó en producir grandes números (1 Ped. 3:19-20). Jonás tuvo éxito en provocar que un número suficiente de ninivitas se arrepintieran hasta el límite en que Dios perdonó a la ciudad (Jonás 3:10) — la destruyó posteriormente (Nahum). Elías fue informado que aún había 7000 que respondieron a la verdad (1 Rey. 19:18), pero 7000 de una nación de cientos de miles no son muchos. Cuando vamos al NT, "multitudes" seguían a Jesús, pero la mayoría de ellos lo seguían por la comida (cf. Jn. 6:10-15) y los milagros (cf. Jn. 6:2). Una vez que escucharon lo que Jesús tenía por decirles, les "entró el miedo" (Jn. 6:66). De hecho, tuvieron que matarlo (Mat. 27:20-25).

Pero, ¿qué hay acerca de los "miles" que se convirtieron en los primero capítulos del libro de los Hechos? Vea otra vez. Tres mil (Hch. 2:41), en comparación con los muchos miles de todo el mundo reunidos en Jerusalén para celebrar el Pentecostés (Hch. 2:5), no es tan dramático.[23] Además, esos convertidos eran judíos que estaban educados en el Antiguo Testamento y de esta manera, preparados para instrucción espiritual toda la vida. Estaban listos. Como Simeón, habían estado "esperando" (Luc. 2:25). Pero la verdad del asunto es que la mayoría de la nación judía rechazó la verdad y sufrió las consecuencias (Mat. 23:35-36, 38; Rom. 9:22; 10:21; 11:7; 1 Tes. 2:4-16). Estas observaciones bíblicas armonizan con otras declaraciones que sugieren que "convertir al mundo" es una noción errónea y amontonar legítimamente grandes números es un término equivocado (cf. Mat. 22:14; Luc. 13:23-24; 1 Cor. 1:26).

¿Cómo, entonces, damos cuenta de situaciones en donde las iglesias parecen estar creciendo "a las mil maravillas"? La Biblia sugiere al menos dos explicaciones: si se están llevando a cabo conversiones legítimas, es probable que la gente que está siendo evangelizada, estuviera "lista", esto es, las circunstancias son tales, que ellos ya estaban preparados y dispuestos a escuchar la Palabra de Dios. Ejemplos bíblicos de este fenómeno incluyen los eventos que condujeron al "llamado macedónico" en el cual el Espíritu impidió a Pablo de enseñar a algunos grupos para dedicar su atención a oyentes más sensibles (Hch. 16:6-10). Del mismo modo, la larga e inusual estancia de Pablo en Corinto se debió al hecho de que había "muchas" personas que responderían al evangelio si se les daba la oportunidad (Hch. 18:9-11). Los judíos en Pentecostés son otro ejemplo. Hay lugares en el mundo de hoy donde los misioneros han encontrado resistencia generalizada, mientras otras áreas han mostrado una increíble receptividad.

Por otra parte, particularmente en los Estados Unidos, bien puede ser que las multitudes se estén convirtiendo a una

---

[23] Josefo señala que en el 65 d. de C., al menos tres millones de judíos estuvieron presentes para la Pascua. Estos peregrinos habrían permanecido hasta Pentecostés (**Las Guerras de los Judíos**, Libro II.xiv.3; cf., Libro VI.x.4).

forma **diluida** de cristianismo. Pueden estar sucumbiendo a la fuerte presión de artimañas, o a una metodología estructurada, alineada que los incorpora en una especie de organización piramidal humana. Todos esos programas son análogos a lo que Pablo mencionó como "otro evangelio", o, más específicamente, un evangelio "pervertido" (Gal. 1:6-7). Los participantes en tales sistemas son rápidos en señalar que sus números son evidencia suficiente de que están en el camino correcto. No reconocen que el pseudo-evangelismo muy bien puede "ganar amigos e influir enemigos" (mire las denominaciones y el mundo religioso), pero solo el evangelismo bíblico hará verdaderamente "libres" a las personas (Jn. 8:32), "puros" (1 Ped. 1:22), y "salvos" (Sant. 1:21). Cuando está ocurriendo el evangelismo bíblico, bien podríamos enfrentarlo, "POCOS" serán convertidos (Mat. 7:13-14).

Tenemos que mirar una vez más al retrato de la evangelización pintado en el NT. Los cristianos no recurrieron a gastar enormes sumas de dinero para construir impresionantes instalaciones elaboradas tipo catedral con el fin de atraer a la gente. No tuvieron que incorporar los más modernos equipos audiovisuales y costosas técnicas de producción como señuelo. No tiene que utilizar oradores dinámicos que supieran despertar las emociones de la audiencia por sus refinadas habilidades a la hora de hablar. Tampoco fueron atraídas las personas al cristianismo debido a la oleada de emoción que se asocia con algunos programas humanos de la iglesia y entornos congregacionales manipulados artificialmente.

Cuando las personas eran atraídas al cristianismo y la iglesia en el primer siglo, eran atraídas a **Jesús** ¡por medio de su **DOCTRINA**! Sergio Paulo estaba interesado en escuchar esa verdad. Cuando respondió, respondió a la palabra de Dios, no a la "calidez" que fluía de Pablo o de Bernabé o a la seguridad de que sus "necesidades sentidas" serían satisfechas. El texto dice que creyó porque estaba "maravillado de la doctrina del Señor" (Hch. 13:12). Si nuestro evangelismo no posee en su esencia el "poder" (Rom. 1:16) y lo "eficaz" (Heb. 4:12) de la verdad de Dios, podremos estar logrando mucho en términos numéricos, pero no estamos logrando nada cuando se trata de agradar a Dios, y llevarle la verdadera gloria.

Al parecer muchas iglesias actuales admiten libremente e incluso se jactan de que su dramático crecimiento numérico se debe a varios descubrimientos cuidadosamente investigados. Éstos incluyen cosas tales como: (1) suficiente espacio de edificio/ instalaciones con equipos de última generación para darle cabida a todos; (2) un predicador que tenga personalidad dinámica y que sea un "motivador", (3) un ambiente cálido, tolerante, acepta-todo "sin hacer preguntas"; (4) un líder de cantos inspirador, dinámico etc. El giro increíble de todo esto es que nos sentimos alentados a pagar honorarios a expertos en "iglecrecimiento" ¡que vengan a ilustrarnos sobre cómo producir grandes números! Simplemente estamos reflejando las tendencias de la sociedad en general y del mundo denominacional en particular.

¿No nos queda claro que cuando nos centramos en proclamar y defender el mensaje hasta los 1960's, crecimos más rápido? Pero ahora que hemos cambiado nuestro énfasis, aunque tenemos edificios más grandes, predicadores más "educados", más asesoramiento en marcha, más seminarios, más abundancia, y somos más "atractivos" para los de afuera, ¡nuestro crecimiento ha disminuido! ¿Cuándo regresaremos a los únicos medios legítimos de crecimiento y abandonaremos nuestra preocupación con todos estas "maquinaciones" (2 Cor. 2:11), cuándo despertaremos y reconoceremos que la iglesia primitiva "se multiplicó" cuando anduvo "en el temor del Señor" (Hch. 9:31), esto es, cuando se enfocó en obedecer los mandamientos de Dios (Ecl. 12:13)? ¡Ahí radica la verdadera clave para el crecimiento! (1 Ped. 2:2-3).

Instalaciones Extravagantes

Ciertamente, una marcada característica del movimiento por el crecimiento de la iglesia es el tremendo énfasis que pone en los elegantes edificios para la iglesia. Esta misma tendencia se evidenció en el siglo pasado, cuando la iglesia se enfrentó a un ataque similar hacia la apostasía.[24] En ese momento, existía una tendencia decidida hacia la "extravagancia" y lo "mundano" en la construcción de grandes, edificios de la iglesia, tipo catedral (p. 290.). Un predicador de la época, Benjamín Franklin, consideró que estos "templos" (p. 292) era "una exhibición de opulencia no cristiana" (p. 291) y un "llamamiento a la concupiscencia de la carne y la vanagloria de la vida" (p 292). El "gasto innecesario y el espectáculo en los lugares de reunión" iban mano a mano con el deseo de introducir la música instrumental en la adoración (p. 292).

---

[24] Los siguientes números de página están tomados del libro de Earl West: **Anciano Ben Franklin: El Ojo de la Tormenta** (Indianápolis, IN: Religious Book Service, 1983).

Ha pasado un siglo desde estas observaciones. Sin embargo, nosotros en las iglesias de Cristo estamos repitiendo los errores del pasado. Estamos deseando lo mismo que hace mucho tiempo reconocimos en el catolicismo como celo religioso mal ubicado y dedicación equivocada.[25] Si nos sentamos examinando nuestros corazones, siendo honestos con nosotros mismos, el enamoramiento por grandes edificios que cuestan millones de dólares no es nada más que un llamamiento a los deseos de la carne, los deseos de los ojos, y la vanagloria de la vida (1 Jn. 2:16). Es un intento de promover el crecimiento numérico y la relevancia con el mundo que nos rodea.

Cuestiones Delicadas

Muchas iglesias están tratando de crear una atmósfera de aceptación no cualificada, evitando cualquier cosa negativa y permaneciendo estrictamente positivo. El ser "positivo" es sin duda un ingrediente esencial para vivir una existencia cristiana sana. La persona que constantemente vive en lo negativo y posee un espíritu crítico es alguien que probablemente tenga profundos problemas emocionales y encuentre dificultades para llevarse bien con sus semejantes. Tal persona nunca ha aprendido el secreto de vivir una vida alegre con una perspectiva brillante, optimista. Tal persona está demasiado dispuesta a condenar a otros con poca o ninguna sensibilidad o compasión. Sin lugar a dudas, se necesita enseñarle a este individuo a "acentuar lo positivo" y encontrar lo bueno en situaciones incluso desagradables.

Por otra parte, necesitamos repensar la tendencia creciente de las iglesias a basar todo su avance en "ser positivo" y buscar el progreso y crecimiento en mantener una atmósfera positiva. Porque si el llamamiento principal de un grupo religioso es su atractivo positivo, incluso tolerante, no es diferente a una gran variedad de movimientos que han atraído a miles a sus filas estimulándolos con una gran cantidad de entusiasmo y presentando un aura de emocionante actividad y positivo progreso. Las personas entonces, son atraídas por la atmósfera positiva y la promesa de aceptación, y no por la verdad.

Finalmente, la Biblia presenta el sello de Dios en términos de adherencia a la verdad, esto es, fidelidad. En el

---

[25] Observe la reproducción de la "Virgen con el Niño" (cubierta) y "La Piedad" (p. 5) de la "Basílica de San Pedro" en Roma en **Odres**, Vol. 2, No. 8.

análisis final, el atractivo de la iglesia local reside en el principio rector esencial del comportamiento correcto y la buena relación con Dios. Si todo lo que hacemos es animar a la gente a "sentirse bien con ellos mismos", puede ser que también abandonemos nuestras iglesias y nos convirtamos en psicólogos. Si nuestro objetivo básico es ofrecer a las personas un refugio del alcoholismo, puede ser que también cerremos y abramos una sucursal local de Alcohólicos Anónimos. Debemos reconocer simplemente que nuestra meta final es proveer a Dios de seguidores obedientes (Jer. 7:23; Ecl. 12:13; Rom. 6:16; Heb. 5:9). Todos nuestros esfuerzos y programas deben tener esto como su función última en lugar de ser fines en sí mismos o más orientados a la construcción de concurrencia y la acumulación de grandes cifras. El crecimiento de la iglesia debe estar sólidamente fundamentado en el deseo ardiente de agradar a Dios para evocar la misma respuesta en un mundo perdido y agonizante (Prov. 16:7; Heb. 11:6)

Así, la iglesia que es fiel a su marido se esfuerza constantemente por ser pura (cf. Efe 5:27). La iglesia no es un paraíso para los adúlteros, homosexuales, chismosos y fornicarios. Más bien, la iglesia es un paraíso para los ex adúlteros, ex homosexuales, ex chismosos y ex fornicarios (1 Cor. 6:11). La iglesia es la morada de las personas que se han arrepentido (es decir, que dejaron sus antiguos caminos y cortaron relaciones pecaminosas — Efe. 5:8; Esd. 10:3, 11). Dios sencillamente no considera fiel a Él, a una iglesia, si permite que continúe la inmoralidad para que el pecado deliberado persista (Efe. 5:3, 5, 12; Ap. 2:2-5, 14-16, 20-23).

Entonces, ¿cuál es el punto? Tenemos una serie de temas en nuestra hermandad que podríamos llamar "cuestiones delicadas" (por ejemplo, el divorcio/nuevas nupcias, la disciplina de la iglesia, el adulterio, el ausentismo, el denominacionalismo, etc.). Estos son temas que por lo general se evitan en la congregación local o al menos se manejan con "guantes de seda". No nos preocupa nada este "síndrome de evasión" sugiriendo rápidamente que debemos "ser positivos", "prestar ayuda" a los culpables, "ministrarles", y "únicamente amarlos". Nos sentimos justificados en nuestro razonamiento ya que el crecimiento de la iglesia local parece proliferar bajo esa filosofía.

Sin embargo, en una época en que el carácter moral de nuestro país parece estar desapareciendo con rapidez, dedicar nuestras energías religiosas de manera consistente a "acentuar lo positivo" resulta inadecuado. Cuando Israel estaba en decadencia, fue cuando Dios envió a profetas vibrantes, francos y vehementes entre el pueblo, denunciando las condiciones espirituales y morales existentes, proclamando a viva voz cómo debían estarse comportando las personas. Sin embargo, cuando nuestra propia sociedad profundiza su atrincheramiento en el apartamiento del camino de Dios, y mientras que la iglesia de nuestro Señor es infiltrada con métodos y doctrinas que están cambiando gradualmente su tez, nos sentamos tranquilamente a, ver un pueblo "yéndose por el caño" mientras que ingenuamente nos alentamos unos a otros diciendo: "hay que ser positivos" y "no hay que juzgar".

Cuando Pablo vio las gargantas espirituales de las personas retenidas por comportamiento incorrecto, prescribió el antídoto divino: "siguiendo la verdad en amor" (Efe. 4:15.). Hemos alterado sutilmente esta receta a "predicar el amor". Dios quiere que toda la verdad enseñada (incluyendo las demandas más bien negativas, rigurosas) de una manera amable. Cuando Jesús trató de cambiar la vida de los contemporáneos, su enfoque "positivo" de las condiciones no implicó que evadiera los temas delicados. Cuando la gente rechazó Su mensaje, se debió — no a si su método de presentar la verdad era positivo o negativo — sino a los duros corazones de la gente (Mat. 19:8; Mar. 3:5; 16:14.). Cuando las personas encontraron los requisitos de Jesús "demasiado duros" de cumplir, él no reevaluó su mensaje o sus métodos, sino simplemente dejó que se fueran los desobedientes en su condición incompleta (Mar. 10:22; Jn. 6:60, 66, 67).

En nuestros días, cuando se acepta a personas como miembros de la iglesia de Cristo, a pesar de que no han mostrado "frutos dignos de arrepentimiento" (Mat. 3:8.), no estamos siendo positivos ni amorosos. Cuando evitamos "temas delicados" y nos abstenemos de encarar a los impenitentes, estamos, en las palabras de Dios, participando "en sus malas obras" (2 Jn. 11).

Alcancemos a las personas y crezcamos como iglesias fuertes, sanas para la gloria de Dios. Pero, démonos cuenta que todos los esfuerzos deben estar diseñados para, en última instancia, proveerle a Él de almas fieles, devotas que se han auto crucificado (Rom. 6:6; Gal. 2:20), que han dejado de hacer el mal (Isa. 1:16), y que han hecho morir sus deseos carnales (Col.

3:5-8). Al "iglecrecimiento" y al deseo de "relevancia" no se les debe permitir servir como combustible para el cambio inescritural.

CAPÍTULO 8
CONFUSIÓN SOBRE LA RESTAURACIÓN

En los últimos años del siglo VII a. de C. (alrededor del 715 a. de C)[26], un varón de veinticinco años de edad ascendió al trono de la nación de Judá. A diferencia de la mayoría de los reyes de Judá e Israel, ese monarca y su reinado recibieron una evaluación sin reservas, muy favorable. En realidad, "En Jehová Dios de Israel puso su esperanza; ni después ni antes de él hubo otro como él entre todos los reyes de Judá" (2 Rey. 18:5). Su nombre fue Ezequías. Durante su reinado, tanto Isaías como Miqueas pronunciaron sus declaraciones inspiradas. El relato inspirado de los eventos de la vida de Ezequías están registrados en 2 Rey 18-20 y 2 Crón. 29-32.

> *"Hemos restaurado la iglesia del Nuevo Testamento y tenemos exactamente la misma situación que la iglesia tuvo en el primer siglo".*
> — Rubel Shelly

Tan pronto como llegó al trono se puso a hacer lo que actualmente dicen algunos que no se puede hacer. Ezequías, de hecho, logró lo que algunos en nuestros días insisten en que no se puede lograr: la restauración de la religión bíblica pura. ¿Cómo lo hizo? No lo hizo celebrando cumbres de unidad. No lo hizo participando en convenciones con sus vecinos religiosos. No lo hizo con muchas pláticas diseñadas para promover la buena voluntad y los sentimientos agradables entre la gente. No lo hizo

---

[26] Para una excelente discusión de las dificultades cronológicas asociadas con la vida de Ezequías y otros asuntos relacionados con el trasfondo histórico, vea Jack P. Lewis, **Historical Backgrounds of Bible History** (*Trasfondos Históricos de la Historia Bíblica*; Grand Rapids, MI; Baker Book House, 1971), p. 106-110.

relegando algunas doctrinas al estatus de "opinión" o "asuntos que no afectan la comunión". Ni tampoco logró su tarea blanqueando la situación o interpretando la situación de tal manera que dejara a la gente en un confortable estado de tolerancia.

Los Mecanismos de la Restauración

Entonces, ¿qué hizo? En el primer mes del primer año de su reinado, tomó el proverbial toro por los cuernos e instituyó reformas radicales cuya intención era regresar a la nación a la armonía con la voluntad escrita de Dios. Creó un "movimiento de restauración" destinado a reestablecer las enseñanzas, prácticas y formas bíblicas.

Su primer objetivo fue **purificar el templo**. Reunió a los levitas y básicamente les dijo: "Escuchen levitas, ocúpense en santificarse y luego limpien la suciedad del templo". El trabajo se reducía fundamentalmente a entrar en el templo, eliminar todos los objetos impuros y tirarlos en el valle de Cedrón. En dos semanas y dos días, se completó el trabajo y el templo quedó limpio. La Biblia dice que como consecuencia de estos nobles esfuerzos, "quedó restablecido el servicio de la casa de Jehová" (2 Crón. 29:35). Hermanos, ¡se **puede** hacer!

El objetivo número dos fue **reinstalar el sistema sacrificial y celebrar la Pascua**. Sin duda hubo algunos fieles judíos que habían continuado celebrándola. Sin embargo, la mayoría de los israelitas ya no viajaban a Jerusalén y habían abandonado por completo su observancia. Así que el rey envió mensajeros por todo Judá e Israel insistiendo a la gente en venir a Jerusalén a celebrar la Pascua.

Los mensajeros se enfrentaron a cierto abuso verbal en forma de burla y desprecio. Sin embargo, a pesar de esta oposición, una gran multitud vino a celebrar la Fiesta de los Panes sin Levadura — ¡y qué celebración! Los sacrificios, el regocijo, el canto, las palabras de aliento que les dirigió el rey a los levitas que demostraron muy buen entendimiento de cómo llevar a cabo el servicio al Señor — todo esto porque la gente veía lo que es estar en armonía con la enseñanza bíblica. "Hubo entonces gran regocijo en Jerusalén; porque desde los días de Salomón hijo de David rey de Israel, no había habido cosa semejante en Jerusalén". (2 Crón. 30:26). Verdaderamente, por primera vez en mucho tiempo, sus oraciones llegaron al cielo ¡y fueron escuchadas por Dios! Hermanos, ¡se **puede** hacer!

La tercera fase del movimiento de restauración de Ezequías, siguió con toda naturalidad a las dos fases anteriores. El pueblo penitente que había venido a la Fiesta se dispersó desde Jerusalén en su camino a casa hacia sus respectivas tierras tribales. Cuando regresaron, quebraron, talaron, destruyeron, deshicieron, y **demolieron toda señal de apostasía** que pudieran tener en sus manos. Se incluyeron en la purga los lugares altos, las imágenes de Asera, las piedras sagradas, e incluso la serpiente de bronce que Moisés había levantado muchos años antes como antídoto para la picadura de víboras (Núm. 21:9). El pueblo realmente le había empezado a quemar incienso al objeto como Nehustán — una especie de dios-serpiente sagrado ¡de los adoradores de Baal! De esta manera, lo que originalmente estuvo destinado a proveer a la gente un camino de fe obediente a Dios, ¡se había convertido en una vía de desviación y rebelión en contra de Él!

El aspecto final de la reforma de Ezequías supuso la **distribución adecuada de diversas contribuciones a los sacerdotes y levitas** para sostenerlos mientras cumplían con el servicio en el templo. También se necesitaban contribuciones para las ofrendas de sacrificio especiales relacionadas con el templo.

Todas estas maravillosas medidas sirvieron para restaurar las instrucciones escritas de Dios. Así, se nos dice:

> De esta manera hizo Ezequías en todo Judá; y ejecutó lo bueno, recto y verdadero delante de Jehová su Dios. En todo cuanto emprendió en el servicio de la casa de Dios, de acuerdo con la ley y los mandamientos, buscó a su Dios, lo hizo de todo corazón, y fue prosperado. (2 Crón. 31:20, 21).

Mi amigo, ¡se **puede** hacer!

Ezequías no fue el único individuo en el Antiguo Testamento que llevó a cabo una restauración de la religión bíblica. Josías logró lo mismo en su día (2 Rey. 22:1-23:30). Esdras y Nehemías consiguieron lo mismo posteriormente a la cautividad babilónica cuando los persas le dieron permiso al remanente de Israel para regresar a Palestina y restaurar el sistema mosaico. La tarea se llevó a cabo con el supuesto de que podría lograrse. Las estipulaciones y directrices de la ley de Moisés pudieron reinstituirse y restaurarse completamente a su estatus original en la comunidad de creyentes.

En realidad, la tarea de restauración bajo el esquema del Antiguo Testamento habría sido mucho más difícil que la restauración de la iglesia del Nuevo Testamento. La legislación del Antiguo Testamento estaba íntimamente relacionada con una ubicación específica (es decir, Jerusalén), un edificio específico (es decir, el templo), un grupo racial específico (es decir, los levitas — descendientes de Aarón), y objetos religiosos específicos (el arca del pacto, el candelero, el lavatorio, el altar del incienso, etc.). La iglesia del Nuevo Testamento no se limita a una localidad geográfica en particular (cf. Jn. 4:21) y por lo tanto se puede reproducir incluso más convenientemente que el judaísmo. Sin embargo, aun el pueblo post-exilio de Israel pudo restaurar el judaísmo en completa conformidad con los deseos de Dios.

Como Josías, Esdras y Nehemías, Ezequías se encontraba en medio de una avalancha de apostasía. Valientemente tomó la firme, sólida, inmutable seguridad de las directrices de Dios, se asió y se sujetó a ellas. Luego se dedicó a la empresa de tratar que los demás hicieran lo mismo. Ya lo ve, Ezequías entendió que el sistema mosaico se podía restaurar. Las estipulaciones y directrices de la ley de Moisés se **pudieron** reinstituir y restaurar completamente a su estatus anterior entre la comunidad de los creyentes.

Sin embargo, la actitud que exhiben muchos sectores de la iglesia actual es que uno busca excusar a las personas de **intentar** ¡estar en armonía con la dirección de Dios! Considere, por ejemplo, la siguiente declaración hecho por un conocido hermano en el Foro de Líderes de la iglesia en Freed-Hardeman, en octubre de 1985:

> Temo, por lo tanto, que algunos de nosotros hemos dejado de ver la restauración como un proceso en el cual cada persona lucha por descubrir por medio de la Biblia, verdades que no ha conocido; En vez de

eso pensamos en la restauración como un estado que ya ha sido completamente alcanzado.[27]

Compare esta declaración con otra que hizo el mismo hermano en un artículo escrito en 1978:

Hemos restaurado la iglesia del Nuevo Testamento y tenemos exactamente la misma situación que la iglesia tenía en el primer siglo.[28]

Sin embargo, este mismo hermano juró y declaró que no había cambiado sus puntos de vista doctrinales sobre la cuestión de la comunión con las denominaciones y otros puntos doctrinales mayores, sino que simplemente había cambiado su actitud y se arrepintió de su "espíritu sectario". Como "prueba" de su alegato en cuanto a que la restauración no se ha logrado, citó áreas en las que cree que aún se espera restauración: "disciplina de la iglesia", "compromiso persona e individual", y "acciones y palabras amorosas".

Esta perspectiva es peligrosa, antibíblica, e implica serias y erróneas conclusiones: (1) implica que nunca podremos llegar a una condición restaurada: (2) implica que no podremos **saber** nunca si hemos alcanzado la condición restaurada; (3) implica que, o la iglesia de Cristo no es la iglesia del NT, o que la iglesia de Cristo es simplemente una más entre los muchos otros grupos religiosos que existen (con aprobación divina) en diferentes grados de cercanía a la iglesia del NT; (4) implica que una congregación local no puede ser una iglesia del NT completamente restaurada mientras haya individuos en esa iglesia, que no hayan "luchado" con toda verdad relativa a la restauración; (5) implica que el estatus como iglesia del NT es inalcanzable mientras los miembros en lo individual, todos, no sean como deben ser en su conducta personal (esto es, fidelidad).

Quienes insisten en que la iglesia de Cristo no ha sido restaurada en la actualidad, están confundiendo el concepto de

---

[27] Compare una afirmación más reciente de lo mismo en el artículo de Rubel Shelly en **Wineskins** [*Odres*]: "Pasión por la Fe No-Sectaria", p. 4 — "La restauración del cristianismo del Nuevo Testamento siempre será un objetivo que se debe buscar y nunca un logro que se deba aplaudir y defender".

[28] Rubel Shelly, "¿Ha Sido Restaurado el Nuevo Testamento?" **Gospel Advocate** 120 (20 de julio, 1978): 455.

"restauración" con el concepto de "crecimiento del cristiano en lo personal". Los prerrequisitos para la restauración incluyen los detalles estructurales, de organización y doctrinales. Estos elementos están intactos dentro de las iglesias de Cristo, igual que lo estuvieron durante el primer siglo. El pecado en las vidas individuales y el proceso de maduración personal (evidente en pasajes como Fil. 3:12-14) no tiene nada que ver con el proceso de restauración, y no se lograron ni siquiera en la iglesia primitiva. El hecho de que la cultura moldee las vidas, no excluye la posibilidad de determinar si la iglesia de Cristo se ha reproducido y está en existencia en nuestros días. Podemos reconocer e identificar la iglesia del NT, igual que diferenciarla de las falsificaciones humanas (es decir, las denominaciones). El crecimiento personal es, en realidad, un proceso continuo, pero la realidad y existencia de la iglesia de Cristo es un hecho establecido y materializado.

La noción de que la restauración es un proceso continuo, en marcha, con la implicación adjunta de que el proceso nunca se completará, es compatible con el sentir social prevaleciente acerca de la naturaleza de la verdad en general. Pero tales consideraciones son antitéticas a la enseñanza bíblica. Coinciden con los estrafalarios puntos de vista teológicos de filósofos tales como Alfred North Whitehead, Henry Nelson Wieman, y John Dewey. Su enseñanza, denominada "filosofía del proceso", incluye la idea de que la verdad y la realidad son relativas y siempre en constante cambio. Esta mentalidad del "proceso" ha ejercido considerable influencia en nuestra propia sociedad y es evidente en las premisas fundamentales de tales doctrinas impías como el existencialismo (por ejemplo, Kierkegaard), la evolución (por ejemplo, Darwin), el comunismo (por ejemplo, Marx), la psicología moderna (por ejemplo, Freud), la teología dialéctica (por ejemplo, Barth), y la fenomenología (por ejemplo, Husserl). Todos estos sistemas ideológicos tienen en común percepciones de cambio erróneas, desarrollo personal, "proceso dialéctico" y "favorecedor" (por ejemplo, Hegel).[29]

A riesgo de ser acusado de tener una "mentalidad de fortaleza" (como Judas cuando sostuvo que la fe había sido dada

---

[29] Esta noción impía y extremadamente peligrosa es formalmente defendida en Russ Dudrey, "Restorationist Hermeneutics Among Churches of Christ: Why Are We at an Impasse?" (*Hermenéutica Restauracionista entre las iglesias de Cristo: ¿Por Qué Estamos en un Punto Muerto?*; **Restoration Quaterly** 30/1 (1988): 17-42); y en C. Leonard Allen, Richard Hughes, y Michael R. Weed, **The Wordly Church** (*La Iglesia Mundana*; Abilene, TX; ACU Press, 1988), p. 57-60.

como un cuerpo de doctrina coherente y completo que debía ser defendido y protegido en Judas 3); a riesgo de ser acusado de tener una "perspectiva estrecha" (como Jesús en Mat. 17:13-14; y Jn. 14:6); a riesgo de ser acusado de tener una "postura defensiva" (como Pablo en Fil. 1:17 y Pedro en 1 Ped. 3:15); a riesgo de ser acusado de tener aversión a la "unidad" y ser "divisivo" (como Jesús en Jn. 7:12, 43; 9:16; 10:19), procedamos con confianza a cumplir con los deseos de Dios. Satanás no puede evitar sentirse complacido con todos los esfuerzos que consiguen difuminar y minimizar la distinción entre la iglesia de Cristo y el mundo denominacional. A la luz de sus esfuerzos, ojalá que resistamos "firmes en la fe" (1 Ped. 5:9).

¿Podrían los judíos de los tiempos de Ezequías, como algunos miembros de la iglesia de Cristo actual, haber acusado a los fieles de ser altaneros o arrogantes por pensar que se podía lograr la restauración hasta una condición completa? ¿Podrían haber argumentado que uno debe percibir siempre las conductas religiosas como meros **intentos** para restaurar — intentos que se quedan cortos y nunca pueden lograr la restauración completa? ¿Podrían haber acusado a Ezequías de ser culpable de "poner las carretas en círculo" y "cristalizar" su religión a un estancado general? ¿Podría Ezequías haber sido acusado de perseguir una religión con "mapa" y "ortodoxia del patrón"? ¿Debería Ezequías haber sido reprendido y regañado por ser insensible a la unidad? ¿Debería haber sido amonestado por no ser más tolerante con sus compatriotas y **su** interpretación de creencias y prácticas religiosas?

Besos y Cultura

Antes de concluir este capítulo, considere cómo se relaciona el concepto de restauración con la confusión acerca de cuáles porciones de la Escritura se aplican hoy, y cuáles se aplican solo a un entorno cultural antiguo. La controversia ha girado alrededor de temas tales como el lavatorio de pies[30], el pelo largo y el velo en las mujeres, el papel de las mujeres en la adoración

---

[30] Algunas iglesias de Cristo de verdad ¡están celebrando servicios de lavatorio de pies! Sin embargo, como en el caso del beso santo, el lavatorio de pies era una actividad no religiosa practicada como un detalle cultural común mucho tiempo antes de la llegada de Cristo y el cristianismo. Jesús sencillamente usó una costumbre para enseñar a sus discípulos un principio superior que debe caracterizar al pueblo de Dios: la voluntad de servir a los demás, incluso en aspectos de baja categoría o desagradables de la vida diaria. Interpretar mal la acción de Jesús en el sentido de que Él quería que se celebrara en la asamblea el lavatorio de pies ¡es absolutamente ridículo!

pública, el ungimiento con aceite, y el beso santo. Los agentes de cambio están diciendo que las iglesias de Cristo no son más iglesia del NT que las denominaciones, ya que no hemos **restaurado** estas prácticas. Acerca de esta última mencionada, ¿estaban Pablo y Pedro ordenando el beso entre cristianos como un ritual religioso? (Rom. 16:16; 1 Cor. 16:20; 2 Cor. 13:12; 1 Tes. 5:26; 1 Ped. 5:14) ¿Es el "beso santo" una práctica que debe "restaurarse"?

De hecho, el besarse era una forma de saludo común, de larga tradición en las culturas antiguas. Los saludos de beso existieron en culturas descritas en el Antiguo Testamento mucho antes del cristianismo. El beso era común entre parientes (Gen. 27:26; 29:13; 31:28, 55; 45:15; 48:10; Ex. 4:27; Ruth 1:9). También, el beso entre amigos del mismo sexo era la forma usual de saludo/despedida (1 Sam. 20:41; 2 Sam. 20:9; Hch. 20:37). Cuando se invitaba a alguien a la casa de otro, era la costumbre que el anfitrión besara al invitado (Luc. 7:45). Los espectadores no vieron nada inusual en que Judas besara a Jesús, excepto que limitó su saludo de beso en esta ocasión, solo a Jesús (Mat. 26:49).

Si queremos entender la referencia de Pablo en el NT a besarse cuando los cristianos se saludan unos a otros, sencillamente no podemos divorciarnos de este trasfondo histórico cultural. Nos resulta difícil identificarnos con una forma de saludo semejante. Nuestro saludo principal es el apretón de manos. Las normas sociales regulan el apretón de manos como una práctica de saludo aceptable. En menor medida, existen formas adicionales de saludo en la sociedad americana (abrazos, besos, palmadas en la espalda)

Nuestra práctica difiere radicalmente de otras culturas. Por ejemplo, algunas culturas europeas se besan dos veces — una vez en cada mejilla — como el estándar aceptable. Los americanos a menudo se encuentran en situaciones incómodas cuando se someten a formas culturales de saludo en el extranjero. Lo que es común y ordinario en algunos países puede ser chocante y profundamente embarazoso para nosotros y viceversa. Debemos reconocer estos factores si queremos hallarle sentido a las declaraciones de Pablo con respecto al beso.

No debemos mal interpretar la enseñanza bíblica o "torcer" las Escrituras como aquellos en los días de Jesús (2 Ped. 3:16). Mal interpretaron Deut. 24 como un mandamiento mosaico para divorciarse (Mat. 19). El tratamiento que Jesús le dio a esta cuestión muestra que no entendían la intención de la declaración de Moisés. El afirmar "¡pero la Biblia lo dice!" no le da ningún apoyo a su mala interpretación. Igualmente, la instrucción de Pablo con respecto al beso no era un intento de originar una nueva práctica en la iglesia. La costumbre del beso ya se practicaba como lo era el divorcio en los días de Moisés. El propósito de Pablo era regular una costumbre bien establecida de besarse para saludar. Les estaba dando una directriz divina para asegurarse que su costumbre en la sociedad temporal no entrara en conflicto con la voluntad eterna de Dios.

El Espíritu Santo, por medio de Pablo, estaba tratando de crear consciencia en los primeros cristianos del peligro inherente de esta forma de saludo social: la lujuria. Cualquier práctica cultural que requiera el contacto corporal conlleva este peligro incorporado. Los cristianos deben estar al tanto de este hecho. Deben ser gente informada, completamente consciente del engaño del pecado, y conscientes de la necesidad de guardarse de los peligros ocultos que acompañan algunas veces a las normas sociales.

Visto en esta luz, Pablo y Pedro están exhortando a los cristianos del primer siglo a mantener su saludo de beso, SANTO. "Puesto que se saludan de beso, asegúrense de mantener esta costumbre como una actividad santificada". Pablo y Pedro no estaban iniciando una actividad nueva — "Empiecen a practicar el beso en las iglesias". Más bien, "Cuando beses, puesto que besas, mantenlo santo; salúdense unos a otros con un beso **santo**".

Aclarar la matriz cultural en la que el cristianismo se propagó originalmente nos ayudará a evitar los prejuicios y absurdos asociados con obligaciones religiosas de normas culturales del primer siglo como el lavatorio de los pies, el ayuno y los besos. En el capítulo 24, se examinará el principio a la luz del papel de la mujer en la iglesia.

Conclusión

Querido lector, tenemos grandes corrientes atravesando la iglesia desde los 90's, que están creando problemas ¡y que resultarán en la pérdida de preciosas almas! Tenemos individuos dentro de la iglesia — lobos rapaces dentro del rebaño (Hch. 20:29) — quienes con "suaves palabras y lisonjas engañan los corazones de los ingenuos" (Rom. 16:18); "a los cuales es preciso tapar la boca" (Tito 1:11). Si uno no lo supiera mejor, pensaría que la iglesia actual es la víctima de una conspiración que involucra esfuerzos orquestados para borrar a la verdadera iglesia de nuestro medio.

Pero el hecho es indeleblemente evidente: la iglesia del Nuevo Testamento no solo se **puede** restaurar actualmente — ¡ha sido restaurada! No se debe permitir que el impulso para el cambio vuele bajo la bandera de una supuesta "restauración".

CAPÍTULO 9
SUMISIÓN A LA CULTURA

Otro factor que está alimentando el clamor por el cambio es la insistencia en que la iglesia tiene que ajustarse a sí misma para "conectarse con la cultura". Lynn Anderson es un abierto defensor de este punto de vista. En su libro **Navigating the Winds of Change**[31] (*Navegando los Vientos del Cambio*), describe el dramático cambio cultural que se ha apoderado de nuestro país. Los tipos de cambio cultural de los que habla realmente tienen que ver con atavíos superficiales — la fachada de la cultura: autopistas, computadoras, máquinas de fax, fibra óptica, cintas de vídeo (p. 38), las drogas, la globalización, la contaminación ambiental, la polarización política, los reajustes económicos, el cambio de una sociedad industrial a una sociedad de la información, mayor esperanza de vida y los cambios de carrera más frecuentes, la reestructuración de la economía (p. 6-7), la modernidad, la movilidad, el pluralismo y la alta tecnología (p. 26).

> *"...una cultura genera en sí misma su propia forma de vida y principios...sin autoridad por encima de ella. La mente popular toma el lugar de la razón".*
> — Allan Bloom

Este énfasis en el cambio superficial crea la falsa impresión de que las formas de la religión deben cambiar para que las variables centrales de la religión sigan siendo significativas. Las variables centrales de la religión son: Dios, su Palabra, y el ser humano (compuesto de corazón, mente, alma, es decir, las emociones, el intelecto y la voluntad). En cualquier momento, en cualquier cultura dada, Dios comunica su palabra a los seres humanos con el entendimiento de que los seres humanos,

---

[31] Lynn Anderson, **Navigating the Winds of Change** (*Navegando los Vientos de Cambio*; Abilene, TX: ACU Press, 1994). Los números de página dados entre paréntesis en este capítulo, se refieren al libro de Anderson. Este capítulo está escrito en forma de una crítica al libro de Anderson por ser él, un fiel representante de quienes se han rendido liberalmente a la cultura.

independientemente de su período de tiempo y circunstancias culturales, puedan comprender esa palabra y obedecerla.

La presión sobre el cambio crea la impresión de que los seres humanos debemos ayudar a Dios a fin de que las variables centrales se conecten. Hay que manipular las formas (es decir, los actos específicos de adoración), reestructurando nuestras iglesias y nuestra adoración para hacer apetecible la sustancia de Dios a la gente. Pero la naturaleza básica y esencial de la humanidad **no cambia**, ni la verdad de Dios. En consecuencia, la aplicación de la verdad de Dios a los seres humanos, no cambia. Es simplemente una cuestión de la mente humana escuchando la verdad de Dios y luego respondiendo a esa verdad por medio de la aceptación o el rechazo. Imagine el cambio cultural que ha ocurrido desde el Edén. Sin embargo, la Palabra de Dios se presenta y recibe exactamente de la misma manera. La mente humana simplemente contempla las ideas presentadas y decide si acepta y obedece esas ideas.

Los agentes de cambio suponen que su disminución numérica se debe a un cambio cultural y a la falta de voluntad correspondiente de la iglesia para cambiar con los tiempos recurriendo a trucos, técnicas y señuelos artificiales para atraer a la gente y mantener su interés. Pero este modelo completo del crecimiento de la iglesia es erróneo. Como ya se discutió en el capítulo 7, los números son irrelevantes a la vista de Dios. La obsesión con la "disminución numérica" y el "crecimiento a tasas fenomenales" (p. 146, 149), no solo es un enfoque inescritural y mal dirigido, en realidad es perjudicial para la promoción de la espiritualidad. Le permite al hombre establecer la agenda y la religión de moda de acuerdo a la inclinación, apetito y deseo humano.

A los agentes de cambio (y a los "expertos en crecimiento de la iglesia") parece que nunca "les cae el veinte" de que la causa principal de la disminución **numérica** a lo largo de la historia humana no es el no cambiar con la cultura, sino la decadencia **espiritual**, la apostasía humana y el aumento gradual de la maldad. Implícito en el punto de vista liberal está la suposición de que la sociedad no experimenta decadencia moral y espiritual en general — sólo cambia y nosotros también debemos hacerlo (p. 40.). Así que la solución que el liberal promueve es tratar de arreglar la religión para que sea más aceptable a la mente secular. Sin embargo la solución de Dios es predicar la verdad a la gente, llamar al arrepentimiento, mientras que se advierte del juicio futuro, y luego simplemente esperar a que Dios promulgue su justicia a su manera y en su propio tiempo.

Un ejemplo típico de este contraste se ve en el alegato de Anderson que Moisés "se movió demasiado rápido" para los israelitas en su viaje de Egipto a Canaán (p. 189). Sin embargo esa perspectiva es absurda ya que Dios estaba dirigiendo sus movimientos (Ex. 3:17; 13:21-22; Cf. Deut. 1:6). El autor piensa que hay que orquestar el cambio para hacer más significativa la religión a las personas. Si ponemos en práctica este cambio, usando sus técnicas seculares, las personas no serán tan resistentes como los israelitas. ¡Tonterías! Bíblicamente, Dios articuló los aspectos específicos de la religión. Los israelitas murmuraron y se resistieron, por la sencilla razón de que fueron dominados por la incredulidad (Heb. 3:19). Su propia voluntad terca era el problema, no el fracaso de los líderes fieles, conservadores, para "cambiar con los tiempos" ¡con el fin de "reconectar con la cultura"!

Las personas en nuestros días no son diferentes. La gente sigue siendo gente. La mayoría no quiere escuchar que deben reprimir sus pasiones y su inclinación a murmurar, quejarse y resistir las restricciones de Dios. En la historia humana, cuando la gente clamó por un cambio, fue porque no estaba satisfecha con el sistema establecido. Su insatisfacción algunas veces la generaba alguien que abusaba del sistema, y ese abuso incitaba al pueblo al equivocado deseo de cambiar el sistema en vez de cambia a los individuos que abusaban del sistema, (por ejemplo, 1 Sam. 8:1-5). Pero más a menudo que no, su insatisfacción fue el resultado de estar aburridos, inquietos, y con el ánimo por algo nuevo y diferente — usualmente algo que veían en sus vecinos paganos (Hch. 7:39; Sal. 78:56-58; Jue. 2:11-23). Es la misma táctica antigua que Satanás usó con Eva. Le balanceaba el fruto prohibido en su cara, con todas sus seductoras cualidades (Gen. 3:4-5).

En consecuencia, en el pueblo de Dios generalmente "pagan justos por pecadores". Su clamor por el cambio refleja un espíritu inquieto que corresponde a la sociedad que les rodea. La iglesia se convierte simplemente en un reflejo de las tendencias culturales y las corrientes que giran a su alrededor. Lo que la iglesia debe hacer es identificar esas corrientes como lo que son, exponiendo sus fundamentos humanistas y seculares, que apoyan la dirección en la que Estados Unidos se está moviendo (es decir, alejándose de Dios).

Luego debe promover la resistencia efectiva entre los cristianos, equipándolos e inoculándolos para que puedan soportar la influencia subversiva. Sin embargo, los agentes de cambio nos piden que nos acomodemos, nos unamos a ellos, y los imitemos, ¡sincretizando la religión bíblica! En vez de rendirse y "conectar" con la cultura secular, de entre toda la gente de la tierra, nosotros deberíamos, fervorosamente transformar nuestra cultura para retornar a nuestra herencia cristiana. Los agentes del cambio, nos piden más flexibilidad, transición y cambio, mientras Dios nos llama a regresar a las "sendas antiguas".

El llamado de Anderson por "nuevas herramientas", "nuevas tácticas" y la necesidad de "cambiar constantemente estrategias y formatos" (p. 38) sólo enturbia el hecho de que las personas son en realidad las mismas. La mente humana es tan vulnerable hoy al mismo mensaje como hace dos mil años. Los adornos externos del progreso tecnológico son meras distracciones momentáneas que alejan a las personas de la sencillez de enfrentarse con la verdad. En vez de zambullirnos y jugar al juego de la evolución cultural, deberíamos cortar la fachada con la misma perforación, penetrando la realidad espiritual que siempre hemos promovido. Autopistas de la información y máquinas de fax ¡no justifican cambios en la adoración! Mientras los liberales se obsesionan con los cambios para lograr el crecimiento numérico (p. 53-54), la Biblia se centra en el cambio individual del corazón humano para lograr el crecimiento espiritual personal (1 Ped. 2:2). El cambio y el crecimiento al que la Biblia convoca pertenecen a la conducta personal puesto que están relacionados con el pecado y los falsos puntos de vista doctrinales.

Mientras que Anderson insiste en que la esperanza de vida de las iglesias depende de su capacidad de "conectarse con la cultura" (p. 74-75), pasajes como Apocalipsis capítulos dos y tres representan la esperanza de vida de las iglesias en términos completamente diferentes. La conducta moral, la pureza doctrinal, la inactividad tibia y criterios comparables no coinciden con las categorías modernas de cambio.

La misma confusión y cambio sutil se ve en la afirmación de que Jesús era un agente de cambio (p. 174). Pero el cambio que Jesús promulgó se refería a (1) ponerle fin al judaísmo para inaugurar el cristianismo y (2) cambiar a los pecadores en seguidores obedientes de Dios. El cambio que Jesús promovió simplemente no coincide con el cambio previsto por los agentes de cambio actuales. Por ejemplo, Anderson asume que las "campañas evangelísticas" son ineficaces y ya no asiste más a ellas porque son culturalmente anticuadas y obsoletas (p. 26, 214). Sin embargo, una reunión evangelística simplemente son personas que se juntan para escuchar lo que la Biblia enseña. Si tales reuniones no están atrayendo grandes multitudes es porque la gente se ha vuelto más secular y menos interesada en cultivar los apetitos espirituales. El materialismo está embotando los apetitos espirituales y distrae a las personas de la realidad espiritual.

Pero Anderson objeta que nuestra adoración no solo "no tiene sentido" para la gente del mundo, nuestra adoración les parece "rara" (p. 137). No debiera sorprendernos — "Pero el hombre natural no percibe las cosas que son del Espíritu de Dios, porque para él son locura…porque se han de discernir espiritualmente" (1 Cor. 2:14). Si la cultura considera al bautismo y la Cena del Señor como "raras", ¿deberíamos cambiarlas también?

Uno no puede usar 1 Cor. 9:19-22 como cobertura para justificar la reestructuración del culto y hacer lo que se considere necesario para atraer y mantener dentro a la gente (p. 41, 106, 246). Pablo no está avalando el cambio que defienden los agentes de cambio. El "deseo de conectar" de Pablo, sencillamente significa acentuar los diferentes elementos del evangelio para ciertas audiencias, específicamente el judío vs el gentil. Comoquiera presentó las demandas del evangelio de manera directa. Desde luego, no se puso a estudiarlos levantando una encuesta y puso su oído en el piso y se actualizó constantemente para ser culturalmente relevante o políticamente correcto. Tampoco reestructuró la adoración.

No tenemos en absoluto necesidad de "reestructurar la iglesia para que su misión sea más efectiva", "mejorar la comunicación y las estrategias de liderazgo", o de rediseñar la "adoración significativa" (p. 27). Dios **ya** reestructuró la iglesia para misiones eficaces, estrategias de liderazgo diseñadas y adoración significativa. Lo único que necesitamos es conformarnos a sus instrucciones. En vez de criticar a las iglesias de Cristo por lo que llama nuestra "preocupación con el pasado" (p. 31), Anderson debería estar recomendándonos el comprometernos con las "sendas antiguas" (Jer. 6:16).

Una verificación adicional de la capitulación a la cultura es el fuerte énfasis y confianza en la teoría del manejo del cambio secular y la investigación sociológica humanista que a su vez, se ha filtrado en el tamiz del denominacionalismo. Si hay algo que se destaca claramente en el libro de Anderson, es que la Biblia no es el catalizador ni la fuerza guía detrás de sus ideas. Anderson libremente admite que sus ideas vienen de otros agentes de cambio, especialistas (en el manejo del cambio) del mundo de los negocios, y sus propios 35 años de experiencia (p. xii, 143). La Biblia es mencionada — pero solo de una manera periférica y superficial. Los conceptos fundamentales que impulsan el libro no se originan en la Palabra de Dios.

Así que el supuesto es que el mundo secular no cristiano, no inspirado, posee una visión crítica que la iglesia necesita desesperadamente para sobrevivir (p. 36, 165). Seguramente al lector le debe sonar un poco extraño el que Dios espere que hagamos estos ajustes periódicamente en nuestra adoración para "conectar con la cultura", sin habernos dado ninguna "herramienta" para hacerlo (p. 142). Tuvimos que esperar dos mil años para que los agentes de cambio estudiaran detenidamente con los "expertos en gestión del cambio denominacionales y seculares, y luego ¡trajeran esas verdades vitales a la iglesia! ¿Puede alguien seriamente pensar que Dios no podría haber escrito la Biblia de tal manera que pudiera ser perpetuamente relevante? Si Dios realmente espera que cada generación recurra a la investigación humana cultural, sociológica y de negocios, además de la Biblia, ¿no nos lo hubiera dicho? Creo que la Biblia clama por sí misma la propiedad de la **suficiencia** (2 Tim. 3:16-17; 2 Ped. 1:3).

Anderson compara a los "gigantes corporativos exitosos, rápidos" con la iglesia y hace hincapié en la necesidad de la iglesia para cambiar con los tiempos como los gigantes corporativos (p. 161). La falsa justificación es evidente. La verdad es que, de todas las organizaciones de la tierra, la iglesia es la que debería hacer resonar un mensaje de estabilidad y de verdad inmutable en medio de nuestra cultura enloquecida por el cambio. La cultura actual está vagando sin rumbo por el laberinto del materialismo, con ansias de entretenimiento y egocentrismo, y con orgullosa indulgencia que excita las pasiones carnales. Los agentes del cambio definen el éxito para la iglesia en los mismos términos y recomiendan "si no puedes con tu enemigo, únete a él".

Los conceptos que los agentes del cambio han comprado, en realidad están basados en el humanismo. Se fundamentan en la hipótesis de que los seres humanos son simplemente animales avanzados que están condicionados por estímulos externos (como los perros de Pavlov). Cuando se tira de las cuerdas correctas, aparecerán ciertas respuestas predecibles. Los liberales implican que el condicionamiento cultural ha conformado a la gente hasta el punto en que si la iglesia desea impactarlos, debe atender a estas expectativas culturales. Semejantes supuestos humanistas chocan con el punto de vista bíblico de que los seres humanos fuimos creados a la imagen de Dios con atributos espirituales a los que se puede apelar mejor con una sencilla predicación de las verdades de Dios.

¡No tenemos que manipular a la gente en la iglesia! En la Palabra de Dios es donde reside el poder (Rom. 1:16). Reclama ser la herramienta de Dios para efectuar cambios en la gente (Heb. 4:12). Sin importar la edad, la clase o la cultura (p. 91), Dios siempre ha usado su Palabra, sencillamente proclamándola, para lograr sus objetivos.

Un indicador de esta dispersa influencia secular y humanista, se ve en lo siguiente: (1) El tema del "usuario amigable" (p. 41, 42, 53, 90, 256); (2) la confianza en aquellos que están influenciados en la "nueva hermenéutica" (p. 143)[32]; (3) técnicas de clarificación de valores (p. 228ss); (4) ridiculizar la idea de que podemos llegar a la verdad y saber que estamos en lo correcto, mientras se ensalza el enfoque religioso de "yo estoy bien, tú estás bien", en el que nadie se atreve a suponer que tiene la verdad y los demás están equivocados (p. 220, 235); (5) la estrategia de "dos pasos adelante y uno para atrás" (p. 173)[33]; (6) el énfasis en el "diálogo" (p. 220, 235); (7) la hipótesis oculta de que los seres humanos tienen puntos de vista y deciden actuar basados en lo que los demás piensan o hacen (p. 152-154); y (8) la

---

[32] Fred Craddock es muy popular entre nuestros "agentes de cambio" a pesar de que es un influyente defensor de la "Nueva Homilética", que surgió de la "Nueva Hermenéutica". Por ejemplo, sus escritos han aparecido en **Wineskins** [*Odres*, vol. 2, No. 8, p. 12-15]- "El Lado Duro de la Epifanía". Ver Parte III para una revisión de la nueva hermenéutica.

[33] Con reminiscencias de la misma fórmula para la subversión dada por los comunistas rusos en la década de 1960.

dependencia en libros que usan lenguaje código para clasificar a quienes son incondicionalmente leales a la verdad/doctrina como "objetores" y "disfuncionales".[34] A hombres como Noé, Amós, Abdías, y Esteban, no les iría muy bien en este tipo de esquemas. En realidad, es el agente del cambio el que se ha vuelto disfuncional al ser absorbido en la vorágine de la teoría de la gestión del cambio humanísticamente arraigado, en su frenética carrera para rendirse a la cultura.[35]

Conclusión

La loca carrera por rendirse a la cultura fatalmente infectada con la enfermedad del humanismo es trágica, desgarradora, y muy desafortunada. Esta traición masiva está funcionando como combustible por el cual la iglesia está siendo cambiada a un estado peor. Representa un fracaso en tomar seriamente las palabras de Pablo y Santiago, quienes advirtieron contra el peligro de tratar de identificarse con el mundo:

> No os conforméis a este siglo, sino transformaos por medio de la renovación de vuestro entendimiento (Rom. 12:2). Pues, ¿busco ahora el favor de los hombres, o el de Dios? ¿O trato de agradar a los hombres? Pues si todavía agradara a los hombres, no sería siervo de Cristo (Gal. 1:10). ¡Oh almas adúlteras! ¿No sabéis que la amistad del mundo es enemistad contra Dios? Cualquiera, pues, que quiera ser amigo del mundo, se constituye enemigo de Dios (Sant. 4:4).

---

[34] Ver el libro de Anderson para esta gran dependencia: p. 151-154 (libro de Rogers); p. 156-158 (libro de Haught).

[35] Los agentes del cambio aluden con frecuencia a las declaraciones de Jesús en Mat. 9:17, y los pasajes paralelos en Mar. 2:22 y Luc. 5:37-39, en un esfuerzo por justificar la necesidad de abandonar los puntos de vista "tradicionales" (es decir, los bíblicos) para dar paso a nuevos puntos de vista actualizados, (es decir, liberales). La publicación liberal **Wineskins** *[Odres]*, incluso toma su nombre de este pasaje. Por supuesto, un sencillo examen de los pasajes demuestra que su significado y aplicación es totalmente ajeno a la interpretación que le dan los agentes del cambio. Jesús estaba dando una respuesta a los discípulos de Juan que querían saber por qué sus discípulos no ayunaban. Jesús ofrece tres ilustraciones para hacer hincapié en que sería inapropiado que sus discípulos exhibieran los tradicionales signos de tristeza o aislamiento. Su gozo y atención necesitaban enfocarse en el Señor mientras estuviera entre ellos. Ocupar su tiempo de otra manera sería como (1) el luto en una boda, (2) el remendar una prenda antigua con una pieza de tela nueva, y (3) la colocación de jugo de uva fresca en un odre utilizado previamente que ya perdió su elasticidad, lo que lo haría reventar con el jugo de uva viejo. Este pasaje no ofrece ninguna credibilidad al actual punto de vista liberal.

CAPÍTULO 10
EL SUPUESTO LEGALISMO

Alimentando también el clamor por el cambio están las voces que ridiculizan y condenan a los hermanos que insisten en ser sensibles a la verdad. Estas voces se han venido haciendo cada vez más fuertes y numerosas. Se tacha de "legalistas" y "fundamentalistas" a quienes se rehúsan rendirse a su actitud laxa y abierta ante lo "angosto y estrecho". En muchos sectores de la hermandad se mira con recelo a quien levante demasiado la voz para enfatizar que los cristianos necesitan ajustarse estrictamente a la voluntad de Dios en todos los asuntos de fe y práctica. Se le desestima como un inadaptado inmaduro y farisaico que sencillamente nunca ha crecido hasta el límite de comprender el verdadero espíritu de Jesús. Es un "negativo" y "demagogo brutal". Es un "legalista".

> *"El legalismo siempre enfatiza el orden y la conformidad, mientras que la 'ética de situación' pone su premio en la libertad y la responsabilidad".*
> — Joseph Fletcher

¿Qué es exactamente el "legalismo"? ¿Debe igualarse con la exagerada preocupación por la obediencia?[36] ¿Es lo mismo que la ardiente determinación por guardar los mandamientos de Dios? Quien cree tal cosa naturalmente tiende a pasar por alto "detalles" de la enseñanza del Nuevo Testamento, relegándolos al ámbito de mínima importancia diversos asuntos que a él le parecen "no tan importantes como la ley". En palabras de un

---

[36] Típico de la idea generalizada de que "legalismo" tiene que ver con darle mucha atención a la completa obediencia, es la ilustración dada por Paul Faulkner en una Conferencia titulada "*Saliendo Adelante: Teniendo a su Familia con Usted*" en las Conferencias de la Universidad Freed-Hardeman: "Me enteré que cuando usted marca números en el teléfono...tiene que marcar unos dieciocho para empezar, y luego tiene que marcar dieciocho más — ¿sabe de lo que estoy hablando? ¿Y si se le pasa uno, qué? Si se le pasa UNO — solo UNO — empieza a decirse cosas feas usted mismo, ¿no es así? Porque sabe que tiene marcar otra vez. Es sorprendente que la compañía telefónica sea tan **legalista**".

predicador bastante permisivo, "No se preocupe por las cosas pequeñas".

El "legalismo", en su uso clásico negativo, implica la confianza en la bondad propia. El foco está sobre la **actitud** de uno, sobre su propia persona y práctica — no sobre la conveniencia de las prácticas mismas. Dios siempre ha **condenado** a la persona orgullosa de sus acciones obedientes y que espera recibir la gracia de Dios en base a esas acciones (por ejemplo, Luc. 18:9ss; 17:10; Rom. 9:31ss). Pero siempre ha **elogiado** a la persona que guarda con fidelidad absoluta los detalles específicos de sus mandatos (por ejemplo, Jn. 14:15; Heb. 5:9). La diferencia entre la primera y la segunda es la **actitud de la persona** — un factor que solo Dios está en posición de percibir (Luc. 6:8). Cuán presuntuoso es quien denuncia a quien muestra lealtad a las palabras de Dios — ¡como si fueran capaces de conocer su corazón y leer su mente!

Uno generalmente piensa en los fariseos como el ejemplo clásico de "legalismo". Pero, ¿es así? (1) Eran culpables de hipocresía. Fingían ser devotos y se esforzaban mucho en parecer justos, pero en realidad no seguían a Dios con genuina y amorosa obediencia (Mat. 23:4-7; 25-28). (2) Le ponían atención a algunos asuntos bíblicos pero descuidaban otros de gran importancia (Mat. 23:23-24). (3) Malinterpretaban la ley mosaica (Mat. 5:17-48) e incluso se enfocaban en obligar y hacer cumplir sus interpretaciones falaces, elevando esas tradiciones y leyes humanas, a doctrinas al nivel de Escritura (Mat. 15:1-9; Mar. 7:1-13). Con estos errores en mente, observe que "legalismo" **no tiene** nada que ver con la ferviente atención al cumplimiento de la "letra de la ley". Los fariseos no fueron condenados porque fueran demasiado celosos en cuanto a la estricta obediencia a la voluntad de Dios. Fueron condenados porque "dicen, y no hacen". (Mat. 23:2).

Por el contrario, nuestro Dios **siempre** ha estado vitalmente preocupado de que aquellos que desean agradarle le pongan mucha atención a obedecer los detalles y pormenores de sus instrucciones. (Por ejemplo, Lev. 10:1-3; 2 Sam. 6:1-7; 1 Crón. 15:12-13). Jesús incluso igualó esta sensibilidad crucial por la obediencia, con **amor** (Jn. 14:15; 15:14). Muchos de los que poseen una actitud frívola y displicente hacia la obediencia rígida, piensan que están evitando el síndrome "legalista", cuando en realidad están demostrando espiritualidad laxa y débil, e **infidelidad**.

La "fidelidad" es, por definición, la confianza obediente o fiel cumplimiento de las estipulaciones de la voluntad de Dios (Sant. 2:17-26). La "justicia" es por definición el "**bien hacer**" (Hch. 10:34, 35; 1 Jn. 3:7). Abraham entendió esto (Gen. 26:5; Heb. 11:8); Moisés entendió esto (Deut. 4:2; 6:17; 11:8, 13, 22, 27-28); Josué entendió esto (Jos. 23:6, 11; 24:14-15); Juan entendió esto (1 Jn. 5:3); Pablo entendió esto (Rom. 6:16).

En realidad, los gritos de "legalismo" pueden servir como una conveniente cortina de humo para justificar la desviación de la fe y el encubrimiento de la innovación en la iglesia de nuestro Señor. Sin duda, hay hipócritas en nuestras filas, y también los que tienen corazones críticos y cuyas demandas de conformidad surgen de la arrogancia farisaica. Pero la mayor amenaza que confronta el pueblo de Dios hoy es el eterno problema de la humanidad: una obstinada y rebelde inclinación a la apostasía y una falta de voluntad para someterse humildemente a las directrices de Dios. (Gen. 4:7; 1 Sam. 15:22-23; Ecl. 12:13; Miqueas 6:8; Mat. 7:13-14; Rom. 3:10-12; 6:16; 10:21; 2 Tes. 1:8).

Claro, debemos evitar el "legalismo". Pero, ¿quién hubiera imaginado que llegaría el día en que se eludiría la demanda por obedecer a Dios, y se pondría aparte como **legalismo**? Estos hermanos ¡están optando por el "**ilegalismo**"! No confundamos "legalismo" con amar la obediencia a la voluntad de Dios en todas las facetas de nuestras vidas. Hagamos cuidosamente "todo lo que os ha sido ordenado" (Luc. 17:10), recordando las palabras de Jesús: "¿Por qué me llamáis, Señor, Señor, y no hacéis lo que yo digo?" (Luc. 6:46). Fijemos nuestras vidas a la gracia de Dios, pero luego amémosle, recordando que "este es el amor a Dios, que guardemos sus mandamientos". (1 Jn. 5:3).

CAPÍTULO 11
ACADÉMICOS Y EDUCACIÓN SUPERIOR

Existe considerable énfasis en la cultura americana en cuanto a ir a la escuela y tener un título universitario. Este mismo énfasis existe en la iglesia. De hecho, durante los últimos treinta años, se ha presionado más a los jóvenes para que continúen su educación. "Una educación en artes liberales", se nos decía, "servirá para ensanchar tus miras y completarte". Esta advertencia se dirigía especialmente a los jóvenes que aspiraban a ser predicadores. Se les animaba a asistir a una de nuestras Universidades cristianas, especializadas en Biblia, y luego continuar su educación en alguna Maestría y más allá. Después de todo, la educación es buena, ¿no es así? Obtén toda la que puedas, ¿cierto? Puedes manejarlo.

> *"Nunca nos imaginamos, y tampoco pudimos prever...que hombres no sanos en la fe, sin amor por la verdad, pudieran tomar el control de las Universidades".*
> — Benjamín Franklin Predicador del evangelio

El tiempo ciertamente se ha encargado de exponer la falacia de esta línea de pensamiento. Usted lo puede ver, la mayoría de nuestras Universidades cristianas en aquel tiempo eran Colegios junior — que ofrecían solo dos años de educación superior. En consecuencia, nuestra gente joven tenía que completar su licenciatura en otra institución — ya fuera una Universidad Estatal secular o, en el caso de quienes buscaran estudios religiosos, un seminario denominacional. Quienes se iban a la Universidad Estatal quedaban expuestos a un increíble estado de cosas. Se encontraban en medio de un colapso total del sistema de valores morales de América, el caos generado por la rebelión de los 60's en contra del statu quo, y una academia completamente saturada de humanismo e ideales evolucionistas. Aquellos jóvenes que no renunciaron a su fe ni abandonaron la iglesia quedaron al mismo tiempo, dañados por la atmósfera liberal. Sus actitudes y convicciones espirituales se suavizaron.

La mayoría de los jóvenes que siguieron la senda de la educación religiosa sufrieron esencialmente el mismo destino. Algunos estaban tan fascinados con el agresivo asalto de la teología liberal a la Biblia, que rompieron su asociación con las iglesias de Cristo. Otros completaron sus objetivos educativos (a menudo en una institución prestigiosa), incluso recibiendo un grado terminal en algún aspecto del estudio religioso, y rápidamente fueron "pescados" por alguno de nuestros Colegios Cristianos para enseñar en el Departamento de Biblia. En su carrera por lograr credibilidad académica, las facultades fueron infiltradas con hombres que habían alcanzado impresionantes credenciales académicas. Nadie parecía consciente del hecho de que estos hombres ya estaban infectados.[37]

Ahora el círculo estaba completo. Tendencias liberales y trastornados tipos de cristianismo que existen en el mundo se han inyectado en las mentes de innumerables jóvenes universitarios cristianos durante al menos dos décadas. Así que muchos padres confiados, que se graduaron de una escuela cristiana en los 1940's, 1950's e incluso en los 1960's, enviaban con impaciencia a sus propios hijos a su alma mater en los 1970's y 1980's. Después de todo, la institución había hecho tanto por ellos al señalarles el camino de la sólida enseñanza bíblica y proporcionarles un compañero cristiano. Ingenuamente asumieron que su Escuela de alguna manera se había congelado en el tiempo, reteniendo su compromiso original con los principios conservadores característicos de las iglesias de Cristo.

La eternidad seguramente confirmará que una de las más trágicas ironías de este período de historia de la iglesia, es el hecho de que las mismas instituciones que fueron fundadas y establecidas para proteger a los jóvenes de la subversiva influencia de la falsa religión y la sociedad secular, se han convertido en

---

[37] Un ejemplo de muchos sería el impactante artículo escrito por el profesor de la Universidad Cristiana de Abilene, Andre Resner, "Navidad en la casa de Matthew", **Wineskins** (Odres, noviembre de 1992), págs. 5- 7. Otro ejemplo desgarrador es "¡Arbeit Macht Frei!" (*"El Trabajo Los Hace Libres"*) de Rubel Shelly. **Love Lines** (Líneas de Amor, Nashville, TN: Woodmont Hills Church of Christ Bulletin, 31 de octubre de 1990). Precisamente, lo mismo sucedió hace cien años y culminó en la división masiva que generó la Iglesia Cristiana. Cf., Steve Gibson, "How Evolution Captures A College," ("Cómo La Evolución Captura Una Universidad", **Firm Foundation** 103, 27 de mayo de 1986): 321-22.

instrumentos clave en las manos de quienes están orquestando el **cambio** en la iglesia. Los fundadores estarían dolidos e indignados si pudieran ver lo que ha sucedido.

Deja Vu

Curiosamente, este mismo escenario ya sucedió antes. La historia se repite. Las iglesias de Cristo en Estados Unidos ya pasaron por esta tragedia hace un siglo. Durante los 1800's, existió la tendencia de que los Colegios Cristianos se apartaran de los sólidos principios bíblicos, intercambiándolos por el Racionalismo Alemán y el "escepticismo bíblico". Earl West, historiador de la iglesia documenta el hecho de que los predicadores fieles, "llegaron a preguntarse si no estaban haciendo más daño que bien a los predicadores jóvenes al sentarlos bajo maestros con estos modernos puntos de vista teológicos"[38]. Señala que "los estudiantes se convertían en ministros impregnados con dudas bíblicas que se mezclaban con las nuevas ideas del discípulo del ecumenismo y denominacionalismo". Por consiguiente, estos jóvenes no eran maestros confiables para guiar a los hombres de regreso a la edad de oro del cristianismo primitivo".

Los jóvenes ya no recibían más información que reforzara una fuerte convicción de que la palabra escrita de Dios es auténtica y confiable. Semejante situación lleva a la catástrofe. Como dijo Alexander Campbell, "el mero entrenamiento del intelecto, es poner poder en manos de hombres sin direccionamientos". En 1875 Benjamín Franklin resumió así el triste estado de cosas:

> Nunca nos imaginamos, y tampoco pudimos prever que las Universidades se pudieran convertir en un poder para el mal igual que para el bien; que todo dependiera de en manos de quién se encontraran; que los infieles se pudieran hacer profesores; que hombres de mentalidad mundana se pudieran convertir en profesores; que hombres no sanos en la fe, sin amor por la verdad, pudieran tomar el control de las Universidades, y que pudieran amenazar la Biblia, y convertirse en motores que derribaran lo mismo que

---

[38] Earl West, **Anciano Ben Franklin: The Eye of the Storm** (*El Ojo De La Tormenta*; Indianápolis, IN: Religious Book Service, 1983), pág. 296. También las siguientes tres citas.

estaban destinados a construir; que pudieran volverse en contra de la misma verdad que se comprometieron a defender;… Nunca nos imaginamos, y tampoco pudimos prever, que los hombres pudieran tener el control de las Universidades y grandes cantidades de dinero, y concebir la idea de que es sectario estar bajo el control de cristianos y enseñar la Biblia en esas Universidades; que una Facultad de Biblia se pudiera pervertir de su propósito y alejarse de sus auténticos amigos…debemos abrir nuestros ojos y ver lo que se ha hecho y lo que se está haciendo.[39]

Estas palabras, escritas hace más de 120 años son un inquietante recordatorio de lo que está sucediendo hoy en las iglesias de Cristo. Hay profesores que están enseñando la ciencia evolucionista y la teología liberal de la Biblia en las Universidades Cristianas[40]. No es casualidad que los que abogaron por la evolución y la alta crítica de la Biblia durante el siglo pasado, fueran parte integrante de la digresión que terminó convirtiéndose en los Discípulos de Cristo y la Iglesia Cristiana Independiente.

La "Actitud Erudita"

Junto con el esfuerzo por la educación superior, hay una correspondiente actitud de elitismo. Los "eruditos" entre nosotros manifiestan una hueca sensación de superioridad contra quienes insisten en seguir estrechamente con las Escrituras. Por ejemplo, un profesor afirma: "En nuestra herencia de la Restauración, hay un enorme legado de 'exégesis oral' basada en el debate y la controversia en vez de en un riguroso análisis del texto usando firmes controles literarios e históricos"[41]. En otras palabras, hasta que llegaron los "eruditos", nadie pudo entender correctamente la

---

[39] Benjamin Franklin, **American Christian Review** 18 (*Revista Cristiana Americana*; May 4, 1875): 140.

[40] Vea el capítulo 2 para referencias, especialmente notas al pie, de la 4 a la 7.

[41] Carroll Osburn, "Rooted Firmly in the Biblical Text," **Directions in Ministry** "*Enraizado firmemente en el texto bíblico*", **Instrucciones en el Ministerio**, 1/3 (Facultad de Estudios Bíblicos, Universidad Cristiana Abilene, 1992): 4. Cuando el mismo profesor llegó a conclusiones aberrantes sobre el papel de la mujer en las Conferencias de UCA de 1992, el Decano de la Facultad de Estudios Bíblicos de UCA, Ian Fair, reaccionó a las críticas en el documento estudiantil de UCA diciendo: "Uno puede cuestionar y sentirse incómodo con sus conclusiones, pero tiene que admirar su compromiso de ser bíblico, y la manera en que se ha acercado al texto. ¡Su metodología es impecable!" — "Fair expresa su opinión sobre las conferencias de Osburn", **Optimist** (3 de marzo de 1992): 2. Quién lo diría.

Biblia. El fuerte énfasis de la iglesia actual en la "erudición" y la educación superior, es el clásico caso de gente siendo "educada más allá de su inteligencia".

La misma actitud existió durante los 1800's. A quienes se opusieron a las innovaciones liberales del período, se les vio como "anti-progresistas" y culpables de enfatizar "asuntos infinitesimales"[42]. Se les etiquetó como "perros guardianes", "sin educación" y "cazadores sin logros de herejes"[43]. Fueron ridiculizados por pensar que era necesaria o incluso posible, "una completa reproducción de la iglesia apostólica". El elemento liberal argumentaba que necesitábamos llegar más allá de nuestra "infancia", renunciando "al pensamiento, el lenguaje y el entendimiento de la niñez", y "presentarnos ante el mundo en una madurez vigorosa"; "debemos hacer callar nuestro infantil parloteo acerca del 'bautismo para el perdón de los pecados' — ésta y otras expresiones semejantes deben desecharse porque pertenecen al lenguaje del período infantil"[44].

Tales comentarios descorteses son típicos entre los académicos elitistas de hoy. Cuando la gente está determinada a apartarse de la fe, es natural que arremetan contra los que se les oponen, los exponen, y tratan de volverlos del error de su camino (1 Rey. 19:2; 21:20; Ester 3:6; Hch. 23:14). J. W. McGarvey enfrentó su cuota de esnobismo académico a finales del siglo pasado. Se exhorta al lector a examinar los siguientes artículos breves de la pluma de McGarvey. Muestran que las circunstancias que enfrentamos hoy en la iglesia no son diferentes a las que ellos enfrentaron previamente.

"LIBERTAD EN LA ENSEÑANZA"[45]
1 de Junio 1 de 1901

La cuestión del derecho de un Profesor para enseñar lo que quiera, sin tener en cuenta los derechos de los demás, una vez más se ha puesto en primera fila

---

[42] West, **Franklin**, p. 309.

[43] West, **Franklin**, p. 222.

[44] West, **Franklin**, p. 299. Compare con Reuel Lemmons, "The Church Is Maturing", (*La Iglesia Está Madurando*; **Image** 3; 1 de febrero de 1987):4.

[45] John W. McGarvey, **Biblical Criticism** (*Criticismo Bíblico*; Cincinnati, OH: The Standard Publishing Co., 1910), p. 362-364.

debido a la remoción de un Profesor de la Universidad Leland Stanford de California, por enseñar doctrinas contrarias a las cultivadas concepciones de la Sra. Stanford, creadora y fundadora junto con su marido de la Institución. El *Christian Century* dice: "Esto ilustra los peligros de escuelas fundadas por las donaciones de gente rica. Tienen la tendencia de hacerlas cobardes. Pueden reprimir la libertad de investigación y la libre expresión. Honramos al hombre que no se intimida con la falsa o ambigua enseñanza de lo reluciente y tiránico de la riqueza. Una Universidad, periódico, predicador, o servidor público de cualquier tipo, que suprima la verdad por temor a ofender a la gente que tiene dinero, juega el mismo papel que Judas Iscariote, salvo que son más cobardes que Judas".

¿Qué tiene que ver todo esto con el caso que nos ocupa? ¿Se le pidió al Profesor suprimir la verdad? ¿Se intentó imponerle una enseñanza falsa o ambigua? Los informes publicados del caso no dan ningún indicio de nada por el estilo. Se trata simplemente de si un hombre que enseña cosas que el titular de la institución considere como falsas y perjudiciales, debe ocupar una silla determinada, o debe ceder su lugar a otro. ¿Quién tiene el derecho de decidir esta cuestión, si no el Consejo de Administración de la institución? El cesado Profesor es tan libre como cualquier otro ciudadano norteamericano a enseñar lo que piense que es verdad; y las autoridades de la Universidad tienen precisamente el mismo derecho a que en la institución se enseñe lo que *ellos* crean que es verdad.

¿Cuándo se descubrió que los hombres y mujeres de recursos no tienen derecho a fundar Colegios y Universidades para impartir a los jóvenes las grandes verdades a las que son devotos, y protegerlos en contra de la intrusión de Profesores que enseñen lo contrario? Si se negara este derecho, ni ricos ni pobres invertirían su dinero en tales instituciones. Los hombres pueden, si así lo desean, instituir Universidades gratuitas para la enseñanza de lo que sea y todo lo que pueda entrar en el chiflado cerebro de cualquier Profesor que quiera obtener una posición en ella, y pueden hacer que eso sea ilegal para despedir al Profesor en base a cualquier cosa bajo el sol que dicho maestro decida enseñar; pero creo que ningún hombre que tenga suficiente sentido común como para hacer dinero, cometerá jamás una tontería como esa. Supongo que incluso en la Universidad de Chicago, en la que regularmente se reporta que en la selección de Profesores no se les pregunta nada sobre religión, si uno de ellos empezara a enseñar el origen divino del Libro de Mormón y propagara la inocencia de la poligamia y el amor libre, su silla pronto se pondría muy inestable. O si enseñara abiertamente el paganismo, o quemara incienso chino en la clase, e indujera a sus alumnos a orar todas las mañanas al incienso, encontrarían alguna manera de deshacerse de él; y la única razón por la que no surgiría un gran clamor en contra de la tiranía del dinero, sería que este tonto no tuviera ningún simpatizante fuera de China. Y justo aquí está el secreto de todo este clamor. Los hombres que han caído en errores condenados por dirigentes sensatos de Universidades, Periódicos, púlpitos, etc., ven a algunos de su misma especie expulsados de buenos lugares, y por la imaginación que sienten de sus callos pisados, claman entonces en contra de la tiranía y la intolerancia. Este ha sido el clamor de los infieles ambiciosos de épocas pasadas; pero ni disuade ni va a disuadir a las autoridades universitarias que conocen sus propios derechos, de ejercerlos libremente. Bonito conjunto de colegios, periódicos y púlpitos tendríamos, si a cada uno de los que alguna vez pudo entrar en algún lugar cómodo en uno de ellos, se le concediera el derecho inalienable de permanecer allí y hacer lo que le plazca.

"El Fantasma De Galileo"[46]
14 de octubre de 1902

Durante muchos años después del final de nuestra Guerra Civil, ciertos políticos, cuando deseaban despertar la pasión a favor de su partido, en lugar de defenderlo con argumentos, fueron acusados

---

[46] McGarvey, **Criticism,** p. 396-397.

de agitar la camisa ensangrentada. De manera similar, ciertos escépticos y medio escépticos constantemente hacen desfilar al fantasma de Galileo para asustar a los hombres que cuestionan sus "avanzadas ideas". Todo dizque "crítico superior" que escribe un artículo para los periódicos en estos días, seguramente le advertirá que no se oponga a la marcha del moderno estudio científico de la Biblia, para que no vuelva a representar a la parte de los que persiguieron a Galileo por decir que el sol se detiene y la tierra gira a su alrededor. De esta manera, el fantasma de Galileo sigue constantemente acechando por las revistas y periódicos, buscando novatos a los que pueda asustar. En "Macbeth", el fantasma de Banquo no "bajaba"; En la comedia de la crítica, el fantasma de Galileo no puede "bajar". Los pequeños críticos no pueden prescindir de él. A veces, cuando no te asustas con Galileo, mencionan a Savonarola y Bruno. La bruja de Endor no estaba "allí", en comparación con estos traficantes de espíritus familiares. ¿Y cuál es el punto en todo esto? Vaya, dijo Bob Ingersoll, ustedes, hombres que todavía creen en la religión cristiana, y claman en mi contra, son como los sacerdotes que persiguieron a Galileo — están obstruyendo las ruedas del progreso, y si no salen del camino, los atropellará. Sí, dice el crítico que se ha acercado a mitad de camino a Bob, soy Galileo; He descubierto una nueva verdad, y me llevas a ser un hereje; solo persigues a Galileo. Por siempre y para siempre las manivelas que han descubierto el nido de una yegua son los Galileos de la época, y los "anticuados" que sostienen que no es más que el nido de una yegua, son los obstruccionistas que se quedan atrás y persiguen a los profetas. Creo que este juego de fantasmas se ha jugado por todo lo que vale; pero mire los papeles y lo verá de nuevo en poco tiempo. Los hombres sin argumentos se ven obligados a usarlo o guardar silencio.

"Cortesía En La Controversia"[47]
28 de enero de 1899

---

[47] McGarvey, **Criticism**, p. 323-324.

El *Christian Oracle* de fecha reciente tiene un artículo editorial titulado "Cortesía en la controversia", que comienza afirmando que "el espíritu del controvertido es casi uniformemente duro, hipercrítico y cruel". Evidentemente, el editor tiene en mente a algunos controversialistas con quienes tuvo una polémica, e ilustra de manera llamativa su acusación contra casi todos los polémicos por la manera en que pone el látigo. Admite que estos antagonistas no son tan crueles como los hombres de su clase, pero dice de ellos: "Un antagonista no quemaría al otro si pudiera, sino que lo perseguiría con marcas de fuego de insinuaciones y tergiversaciones, hasta que lo expulse de las filas de los hermanos. Hay la misma dureza, el mismo concepto erróneo y la misma caracterización enojada del trabajo del otro como destructivo, infiel, diabólico", y agrega que si el antagonista que es asaltado de esta manera, es tan malo como está representado, sería mejor generalato "combatirlo firmemente en lugar de decir mentiras sobre él".

Bueno, si este es el tipo de cortesía hacia aquellos a los que ataca, que el *Oracle* nos recomendaría, creo que debo rechazarlo. No me gusta acusar a la gente de decir mentiras o de perseguir a los hermanos "con marcas de fuego de insinuaciones y tergiversaciones". Este no es el tipo de cortesía que cumple con mi aprobación. Prefiero la vieja máxima, *Suaviter in modo, fortiter in re*. [*Nota del Trad*. Suavemente en el **modo**, fuertemente en la **cosa**. *Locución latina que indica la conveniencia de conciliar la energía con la suavidad en la gestión de los asuntos*].

En la misma editorial, el editor plantea la siguiente pregunta difícil: "Si tenemos entre nosotros estudiantes de carácter intachable y devoción incuestionable, los hombres que, aunque aceptan con gratitud la herencia de los padres, están decididos a ser pioneros en el camino hacia campos más amplios, incluso como lo hicieron los padres en su día, ¿no deberíamos estar agradecidos por ellos? ¿No deberíamos enorgullecernos del agresivo discipulado?" ¿Ser agradecido por ellos? Si; y agradéceles a ellos. ¿Se enorgullecen de ellos? Si; sosténgalos ante la admiración de la nueva generación. Tales hombres son la luz del mundo. ¿Alguien responde de manera diferente? ¿Alguien ha actuado de manera diferente? El editor parece pensar que sí; pero tal vez estaba despertando de un mal sueño cuando escribió el artículo. Ningún cristiano puede negarse a honrar a tales estudiantes. Pero si tenemos entre nosotros un estudiante, por muy intachable que sea su personaje, quien, mientras profesa ser pionero en el camino hacia campos más amplios, salta la cerca exterior y se encuentra con el bosque escéptico del pensamiento escéptico, creo que deberíamos advertir a otros estudiantes contra su ejemplo, construir esa cerca un poco más arriba e intentar mantener los potros ambiciosos dentro. Examine todo y retenga solo lo bueno.

"LIBRE PENSAMIENTO Y LIBERTAD DE EXPRESIÓN"[48]
14 de mayo de 1898

Cuando un predicador o un editor tuercen su enseñanza, y otros lo critican hasta que la opinión pública lo desaprueba, casi siempre grita que es perseguido; que se le están aplicando los tornillos eclesiásticos; y todos los instrumentos de tortura que alguna vez se usaron en la Inquisición española le resultaron familiares. Clama por la libertad de pensamiento y la libertad de expresión; y si la iglesia a la que ha escandalizado se compromete a expulsarlo por negar la verdad, de inmediato es proclamado mártir por una gran cantidad de tipos tan corruptos como él.

Desafortunadamente para estas víctimas de la persecución, sus opiniones sobre el tema de la libertad de expresión son muy unilaterales. Ellos mismos quieren toda la libertad posible, pero no están dispuestos a concedérsela a los del otro lado. Desean enseñar sus teorías heréticas o infieles con perfecta libertad, pero no están dispuestos a ser considerados

---

[48] McGarvey, **Criticism**, p. 246-247.

herejes o infieles por aquellos que los creen así. ¿Por qué no tener libertad de pensamiento y libertad de expresión en ambos lados? ¿Por qué debe considerarse un ejercicio legítimo de la libertad el que un hombre me ridiculice por creer en la Biblia, pero un abuso de ella el condenar y ridiculizar su incredulidad? Por todos los medios tengamos libertad de expresión; pero cuando, por el pleno ejercicio de la misma, algún compañero sea derribado, que lo tome como su parte, y no empiece el cobarde grito de la persecución. Jesús enseñó a sus discípulos a contentarse cuando se les llamaba Belcebú; ¿por qué sus enemigos se creen demasiado buenos o demasiado tiernos para el mismo trato?

Estos artículos ilustran cómo los académicos en la iglesia pueden implementar sus puntos de vista subversivos detrás de una cortina de humo de "erudición" y "competencia exegética". Por favor no lo malinterpreten. No estoy en contra de la educación superior. Tampoco creo que todos los que lo alcanzan estén inevitablemente influenciados de forma negativa. Pero los hechos son los hechos. Jesús dijo: "Por sus frutos los conocerán" (Mat. 7:20). Entonces, ¡mire el fruto! El sistema escolar público estadounidense ahora, es completamente humanista y anti-Dios. Muchas — quizá la mayoría — de las personas que pasan por el sistema, especialmente las escuelas denominacionales teológicamente liberales, están dañadas. No es de extrañar que tantos, muchos padres en Estados Unidos estén abandonando el sistema y optando por la educación en el hogar. No es de extrañar que tantos padres cristianos se nieguen a enviar a sus hijos a universidades cristianas que han permitido a los profesores infectados expresar su error.

SUMARIO DE LA SEGUNDA PARTE

Hemos identificado los factores que están impulsando el cambio en las iglesias de Cristo. Vivimos en una época de **rebelión**. Toda una generación de inconformes que se resisten a la autoridad, ha alcanzado la mayoría de edad. Se caracterizan por un espíritu renegado y un deseo de ser diferentes. Este elemento en la sociedad y en la iglesia ha pasado de la concentración en la sustancia y el contenido de la autoridad, es decir, la ley y los reglamentos, a la **emoción** — la inclinación a sentirse bien y hacer aquellas cosas que cultivan la dimensión emocional del espíritu humano.

Además, algunos han pensado erróneamente que la iglesia no puede ser **restaurada** y, por lo tanto, la iglesia de Cristo no es la iglesia del Nuevo Testamento. Las iglesias han caído presas de una búsqueda frenética del **aumento numérico** bajo la apariencia del crecimiento de la iglesia. Habiendo comprado en el negocio de los números, ese segmento de la iglesia también ha caído en el llamado a la adaptación a la **cultura**. Aquellos que permanecen centrados en la característica central del cristianismo, es decir, la obediencia a Cristo, son calificados como **legalistas** y no dispuestos a cambiar y progresar. El cargo está siendo liderado por la generación más joven que ha sido contaminada por error de la **educación superior**.

Estos siete elementos — rebelión, emoción, restauración, números, cultura, supuesto legalismo y educación superior — se han reunido en una mezcla espiritualmente tóxica. Juntos constituyen el combustible para el cambio, la energía que da impulso a la maquinaria que se está agitando para transformar la iglesia en una organización más, hecha por el hombre, entre muchas otras.

TERCERA PARTE

EL MECANÍSMO PARA EL CAMBIO

LA NUEVA HERMENUTICA

CAPÍTULO 12
AVERSIÓN A LA LÓGICA

¿Qué es la "Nueva Hermenéutica"?

Como ya se comentó en el capítulo 2, la religión cristiana se ha visto afectada de manera espectacular en los últimos cien años por el desafío a la autoridad y la inspiración de la Biblia. Quienes promueven el cambio en las iglesias de Cristo, encubren sus intentos bajo el disfraz de "exégesis responsable, fresca" y la necesidad de interpretar la Biblia correctamente. Están diciendo que hemos malinterpretado la Biblia con el uso de hermenéuticas defectuosas y por ello, hemos llegado a conclusiones doctrinales incorrectas. Dicen que tenemos que desechar nuestra antigua y tradicional hermenéutica para emplear una "nueva hermenéutica".

> *"...remover la autoridad que tiene la razón humana, es dejar sin efecto el instrumento que puede corregir sus prejuicios".*
> — Allan Bloom

Pero, ¿qué es la "Nueva Hermenéutica"? Sus raíces filosóficas y teológicas se entierran profundamente en el suelo de la teología denominacional, específicamente la teología "neo-ortodoxa". Fuera del contexto de las iglesias de Cristo, el término "nueva hermenéutica" se refiere a un enfoque de la interpretación bíblica, formulado en gran medida por Ernst Fuchs y Gerhard Ebeling. Fuchs y Ebeling ampliaron el trabajo de Hans-Georg Gadamer, mientras aprovechaban las ideas de Rudolf Bultmann. Las teorías hermenéuticas de Bultmann surgieron del existencialismo de Martin Heidegger y Soren Kierkegaard, la fenomenología de Wilhelm Dilthey y la epistemología de Friedrich Schleiermacher.[49]

La "nueva hermenéutica", como existe dentro de las iglesias de Cristo tiene cierta afinidad con la "Nueva Hermenéutica" de la Neo-Ortodoxia, pero más en términos de fundamento filosófico que en datos reales.[50] Los que están a la vanguardia de la discusión dentro de las iglesias de Cristo, son extremadamente vagos cuando se trata de identificar con precisión a la "nueva hermenéutica". Uno de sus defensores admitió que las "ramificaciones de este nuevo modelo...no han funcionado sistemáticamente".[51]

La principal preocupación de quienes claman por una "nueva hermenéutica" parece ser el desmantelamiento de la "vieja hermenéutica". Gran parte de sus esfuerzos se han gastado en criticar lo que consideran deficiencias de las prácticas hermenéuticas del pasado, especialmente la tríada "mandamiento, ejemplo, e inferencia necesaria". Poca energía han gastado en proponer una alternativa legítima (porque no la hay).

---

[49] Para discusiones sobre la "nueva hermenéutica" en círculos académicos fuera de las iglesias de Cristo, así como sus fundamentos filosóficos, vea Stanley N. Gundry y Alan F. Johnson, eds., **Tensions in Contemporary Theology** (*Tensiones en la Teología Contemporánea*; Chicago, IL; Moody Press, 1976), p. 108-111; D. A. Carson, **Exegetical Fallacies** (*Falacias Exegéticas*; Grand Rapids, MI; Baker Book House, 1984), p. 128-131; Henry A. Virkler, **Hermeneutics** (*Hermenéuticas*; Grand Rapids, MI: Baker Book House, 1981),p. 70-72; A. C. Thiselton, "The New Hermeneutic" (*La Nueva Hermenéutica*), en **New Testament Interpretation: Essays on Principles and Methods**, I. Howard Marshall, ed. (*Interpretación del Nuevo Testamento: Ensayos sobre Principios y Métodos*; Grand Rapids, MI: Eerdmans, 1977), p. 308-333; F. F. Bruce, "The History of New Testament Study" (*Historia del Estudio del Nuevo Testamento*), in **New Testament Interpretation: Essays on Principles and Methods**, I. Howard Marshall, ed. (*Interpretación del Nuevo Testamento: Ensayos sobre Principios y Métodos*; Grand Rapids, MI: Eerdmans, 1977), p. 21-59; Rudolf Bultmann, **Jesus Christ and Mythology** (*Jesucristo y la Mitología*; New York, NY: Charles Scribner's Sons, 1958), p. 45-59; Bernard L. Ramm, et al., **Interpretation** (*Interpretación*; Grand Rapids, MI: Baker Book House, 1987), p. 130-139;Walter C. Kaiser, Jr., **Toward An Exegetical Theology** (*Hacia Una Teología Exegética*; Grand Rapids, MI: Baker Book House, 1981), p. 23-36.

[50] Estas conexiones se observan en el folleto **The "New Hermeneutic": A Review and Response** (*La "Nueva Hermenéutica: Un Análisis y Una Respuesta*; Bedford, TX: Brown Trail School of Preaching, 1990).

[51] Thomas Olbricht,"Hermeneutics: The Beginning Point (Hermenéutica: El Punto de Partida; Parte 2)", **Image 5** (Oct. 1989): 15. Cf., Michael Casey, "Scripture As Narrative and the Church A Story-Form Community: A proposal For A New Restoration Hermeneutic," (*La Escritura como Narrativa y la Iglesia, Una Comunidad con Forma de Historia: Propuesta para Una Nueva Restauración Hermenéutica*; Malibu, CA: Pepperdine University), p. 3 — "Poco, sin embargo, se ha sugerido un nuevo enfoque".

La "nueva hermenéutica" no es el resultado de un simple estudio de la Biblia y una búsqueda sincera de la verdad. Por el contrario, nace de una tentativa reaccionaria para expresar descontento con el statu quo y por lo tanto, por socavar el pasado. Si se necesitara una nueva hermenéutica hoy para entender la Biblia y vivir la vida cristiana, entonces, los miembros de la iglesia que nos han precedido murieron sin entender la Biblia. Si, por el contrario, los que utilizan la "hermenéutica antigua" fueron capaces de entenderla lo suficiente como para ser salvos, entonces ¿qué necesidad tenemos de una "nueva hermenéutica"? ¿Nos están diciendo que, aunque la Biblia ha existido desde hace 2000 años, recién ahora estamos empezando a interpretarla correctamente?

Se observan varios conceptos específicos que son comunes entre los que están abogando por una nueva hermenéutica. En su mayor parte, estos conceptos se dirigen a los **abusos** de algunos practicantes de la hermenéutica entre las iglesias de Cristo y, por lo tanto, si en realidad no desacreditan principios hermenéuticos anteriores. ¿Qué es lo que están diciendo?

Lógica, Racionalismo y Razonamiento Humano

Lo primero que dicen es que la "hermenéutica antigua" es "racionalista", "forense", y que también depende de la lógica, de la razón humana, y de la inferencia.[52] Citando a un escritor, "Creo que es extremadamente peligroso elevar el razonamiento humano al nivel de mandamiento de Dios" y "no hay doctrina más

---

[52] Thomas Olbricht, "The Rationalism of the Restoration", **Restoration Quarterly** 11/2 (*El Racionalismo de la Restauración*; Publicación Trimestral Restauración; 1968), p. 77; Michael Casey, "The Origins of the Hermeneutics of the Churches of Christ; Part Two: The Philosophical Background", **Restoration Quarterly** 31/4 (*Los Orígenes de la Hermenéutica de las Iglesias de Cristo; Parte Dos: Marco Filosófico*; Publicación Trimestral Restauración; 1989): 195; Olbricht, "Part 2", p. 17; Randy Fenter, "A Hermeneutical Firestorm", **Image 6** (Tormenta de Fuego Hermenéutica; Marzo/Abril 1990): 22; Casey, "Narrative", p. 1, 11; Russ Dudrey, "Restorationist Hermeneutics Among Churches of Christ: Why Are We at an Impasse?" **Restoration Quarterly** 30/1 (*Hermenética Restauracionista Entre las Iglesias de Cristo: ¿Por Qué Estamos en Un Punto Muerto?* Publicación Trimestral Restauración; 1988): 29.

potencialmente peligrosa...que elevar la inferencia necesaria y los ejemplos aprobados al estatus de mandamientos de Dios".[53]

¿Llegó el autor a esta conclusión por medio del razonamiento humano? ¿Es una inferencia necesaria que ha extraído de la Biblia? ¿Dónde está el mandamiento bíblico que autoriza su punto de vista? De hecho, toda la escritura y palabrerío que se hacen en nombre de la "nueva hermenéutica" es producto del razonamiento humano. Estos compañeros ¡**hacen** lo que están **condenando**! Todo su caso se basa en lo que conciben como argumentación lógica, deducción e implicación. Sin embargo, estas son las mismas cualidades que, dicen, hacen que la "antigua hermenéutica" sea irreparablemente defectuosa.

En realidad, todo el mundo razona de la Biblia. La solución no es condenar el razonamiento humano. La solución es promover el razonamiento humano correcto. La misma Biblia exhorta repetidamente a los lectores a utilizar el razonamiento lógico y el pensamiento racional en el manejo de sus contenidos (Isa 1:18; 1 Tes. 5:21; 1 Jn 4:1; Hch 17:3; 18:26; 26:25).[54] Jesús mismo, esperaba que los lectores prestaran atención a las **implicaciones** de las declaraciones explícitas de Dios.[55]

---

[53] Fenter, "Firestorm", (*Tormenta de Fuego*; p. 22; Randy Fenter), "Do Not Go Beyond What Is Written (*No Ir Más Allá de Lo que Está Escrito*; Parte 3)", **Imagen 5** (Oct. 1989): 9-10. Cf., Denny Boultinghouse, "The 'New' Hermeneutic", Imagen 6 (*La "Nueva" Hermenéutica*; Marzo/Abril 1990): 29-"We just shouldn't make human inferences as binding as Scripture" (*Sencillamente no tenemos porqué hacer las inferencias humanas tan obligatorias como la Escritura*); Michael Casey, "The Origins of the Hermeneutics of the Churches of Christ; Part One: The Reformed Tradition", Restoration Quarterly 31/2 (*Los Orígenes de la Hermenéutica de las Iglesias de Cristo; Parte Uno: La Tradición Reformada*, Publicación Trimestral Restauración 1989): 87ss; Casey, "Part Two", p. 203.

[54] Allan Bloom hace la misma observación con respecto a la manera en que Los Estados Unidos se han desplazado hacia el relativismo, hasta el extremo en que ahora "el punto no es corregir los errores y estar realmente en lo cierto; sino que ahora el problema es no pensar que se tiene la razón en absoluto" — **The Closing of the American Mind** (*El Cierre de la Mente Americana*; New York, NY; Simon y Schuster, 1987), p. 26. Para una discusión del papel de la lógica en la correcta interpretación de la Biblia, vea Thomas B. Warren, **Logic and The Bible** (*La Lógica y la biblia*; Jonesboro, AR; National Christian Press, 1982) y Dave Miller, "Logic?" **The Restorer** 8 (*¿Lógica? El Restaurador 8*; Oct. 1988) p. 6-7.

[55] Esto es precisamente lo que hizo Jesús en su intercambio con los Saduceos (Mat. 22:23-33). Cf. David Miller, "Jesus' Own Hermeneutic" en Terry Hightower, ed. **Rightly Dividing The Word**, Vol 1 (*La Hermenéutica Propia de Jesús,* en *Trazando Correctamente la Palabra*; San Antonio, TX: Shenandoah church of Christ, 1990), pp. 204-205; Dave Miller, "Command, Example, and Necessary Inference" (*Mandamiento, Ejemplo, e Inferencia Necesaria*), Documento presentado a la Conferencia de Eruditos Cristianos (Abilene, TX: Abilene Christian University, Julio 1990).

No hay menos confusión en el mundo religioso sobre lo que la Biblia dice explícitamente que sobre lo que dice de manera implícita. Incluso si uno pudiera ignorar consistentemente lo que la Biblia enseña por implicación, la cristiandad todavía estaría irremediablemente dividida sobre lo que la Biblia enseña explícitamente. Después de todo, hay muchas otras razones para creer y practicar que los principios hermenéuticos. Los Campbell reconocieron este punto. Sus advertencias en contra de la "inferencia necesaria" no estaban contra el discernimiento apropiado de lo que implican las declaraciones explícitas de la Biblia. Más bien, denunciaron las inferencias injustificadas y perjudiciales, características de las religiones denominacionales de sus días. Paralela a esta situación sería la denuncia de Jesús de la práctica de los Fariseos de "extender" la Escritura para adaptarla a sus propias inclinaciones y su propensión a obligar las Escrituras a los demás (por ejemplo, Mat. 15:1-9).

Algunos dicen que somos víctimas del "racionalismo" y que nuestra fuerte dependencia de la lógica se debe a nuestras raíces restauracionistas. Dicen que los Campbell fueron fuertemente influenciados por los empiristas británicos y el "sentido común" de los realistas. Dicen que nuestro énfasis en la lógica proviene de Locke y Bacon.[56]

La cuestión no es si existe algún vínculo entre Locke, Campbell, y nosotros. La cuestión es hasta qué punto cualquiera de nosotros refleja con precisión los requerimientos propios de la Biblia relacionados con el uso de la razón. Debemos razonar correctamente acerca de las declaraciones explícitas de la Biblia — no por lo que dijeron Aristóteles, Locke, o Campbell — sino por lo que Dios mismo dijo en la Escritura. Si Campbell y Locke hicieron hincapié en la necesidad de un razonamiento adecuado en el estudio de la Biblia, entonces estaban en sintonía con Dios en ese punto. Los defensores de la "nueva hermenéutica" asumen que si existe un vínculo entre Locke y Campbell, se deduce automáticamente que una hermenéutica que hace hincapié en la razón y la inducción, es errónea. Tal cosa es una suposición falsa. La propia hermenéutica de Jesús se basó en gran medida en la inducción. ¿Será posible que los paralelismos entre Locke y Campbell o entre la Confesión de Westminster y las creencias de

---

[56] Olbricht, "Rationalism", p. 85; (*Racionalismo*) Casey, "Part Two"; Dudrey, p. 21ss.

los Campbell se deban a la evaluación mutua de las Escrituras y no a la dependencia de uno sobre el otro?[57]

Los defensores de la "nueva hermenéutica" hacen la misma presuposición que el evolucionismo darwiniano.[58] Los evolucionistas trazan astutas tangentes y vínculos entre las especies y fósiles con el fin de argumentar a favor de la influencia del pasado sobre el presente, y dicen que las formas biológicas actuales deben sus orígenes a las formas anteriores (por ejemplo, los mamíferos vinieron de los reptiles que vinieron de los peces que vinieron del fango). Así estos historicistas[59] de la "nueva hermenéutica" suponen que identifican las fuentes de las creencias religiosas actuales en los siglos XVIII y XIX con el fin de decir que debemos abandonarlas. Pero al igual que los evolucionistas, su suposición es errónea. Los enlaces son irrelevantes.

¿Qué importancia tiene eso si los seres humanos pueden, en cualquier período histórico, ir a la Escritura y, sin una gran cantidad de "experiencia académica", determinar la forma en que Dios quiere que se comporten? ¿Son nuestras circunstancias y condicionamientos históricos realmente tan determinantes como para que la sencilla evaluación de un hombre honesto, de la Escritura, esté inevitablemente sesgada? La Biblia fue dada por Dios a la humanidad con el propósito de revelar a los corazones sinceros y honestos cómo ser y permanecer salvos. Dios espera que cada individuo use los poderes del razonamiento de su mente divinamente creada para comprender la Biblia. El hecho de que Locke o Campbell destacaran la racionalidad difícilmente anula esa verdad.

¿De dónde surge esta *lógicofobia* (aversión a la lógica)? La aversión a la lógica a lo largo de la historia ha estado

---

[57] Respuesta adicional a esta línea de razonamiento se puede encontrar en Dave Miller, "A Review of The Worldly Church", **The Restorer** 8 (*Un Análisis de la Iglesia Mundana*; El Restaurador; Agosto 1988): 6-12; Dave Miller, "A Review of The Worldly Church", **The Spiritual Sword**, 20 (*Un Análisis de la Iglesia Mundana*; La Espada Espiritual; Octubre 1988): 41-43.

[58] Cf., Douglas A. Downs, "The Future of Rationalist Hermeneutics", (El Futuro de la Hermenéutica Racionalista). Un documento presentado a la Conferencia de Eruditos Cristianos (Malibu, CA:Pepperdine University, 1988),p. 2 — "...el desarrollo evolutivo de la iglesia actual y Bernard Ramm, **Protestant Biblical Interpretation** (*Interpretación Bíblica Protestante*; Grand Rapids, MI: - Baker Book House, 1970), p. 66.

[59] Observe la discusión de Ramm de la práctica del liberalismo de interpretar históricamente — "con una venganza" (**Protestant**, p. 68)

estrechamente asociada con el deseo de ser liberado de la naturaleza limitante de la Palabra de Dios. La "nueva hermenéutica" tiene sus raíces en la subjetividad y el relativismo en cuanto a su enfoque de la Escritura. Su objetivo es dar al hombre más cosas qué decir en su búsqueda religiosa, al mismo tiempo que atribuir tal inclinación subjetiva al Espíritu Santo.[60]

No es coincidencia que los defensores de la "nueva hermenéutica" hablen con tanta frecuencia de "libertad" y "unidad". Hablan de la necesidad de prescindir de los odres viejos para hacerle sitio al vino nuevo.[61] Hablan de la necesidad de una hermenéutica que hará que la Escritura sea más "relevante", y ayude a "acercarnos más a Dios y entre nosotros mismos", a ser "más aceptables en una época que denigra el autoritarismo" y ser capaces de "relacionarnos con personas en donde viven", sin ser "insensibles e impersonales".[62]

---

[60] Gary D. Collier, "Bringing the Word to Life: An Assessment of the Hermeneutical Impasse in Churches of Christ; Part I: The Rationalist/Inductive School", (*Dando Vida a la Palabra: Una Evaluación de la Hermenéutica de Estancamiento en las Iglesias de Cristo; Parte 1; La Escuela Racionalista/Inductiva*). Documento presentado a la Conferencia de Eruditos Cristianos (Malibu, CA: Pepperdine University, Julio 1987): 27 — "una batalla…entre lo objetivo y lo subjetivo"; Casey, "Narrative", p. 16-17, 20 – "La ayuda del Espíritu Santo"; Thomas Olbricht, "Hermeneutics: The Beginning Point" (*Hermenéutica: El Punto de Partida*; Parte 1), Imagen 5 (Oct. 1989); 15 — "un énfasis mayor en Dios, su Hijo, su Espíritu"; C. Leonard Allen, Richard T. Hughes, and Michael R. Weed, **The Worldly Church** (*La Iglesia Mundana*; Abilene,TX: ACU Press, 1988), p. 56-57, 74-77, 92; Bill Swetmon. Un discurso pronunciado en la "Reunión de Nashville" (Nashville, TN, Dic. 1988). En referencia al "movimiento de erudición", Swetmon dijo, "Este movimiento enfatiza la subjetividad del proceso de interpretación del texto bíblico". Sin embargo, en su insistencia de interpretar Cristológicamente, recomienda "el espíritu de Cristo" como criterio para determinar el significado. Cf. Leroy Garrett, "The Basic Principle: The Spirit of Christ", **Restoration Review** 29 (*El Principio Básico: El Espíritu de Cristo*; Publicación Trimestral Restauración; Ene. 1987): 2-6. Ramm equipara con razón tal subjetivismo con el liberalismo clásico y una visión relajada de la inspiración en **Protestant**, p. 65. Véase el capítulo 32 para más información sobre el Espíritu Santo.

[61] Gary D. Collier, "Bringing the Word to Life: An Assessment of the Hermeneutical Impasse in Churches of Christ; Part II: The Scholarship Movement (*Dando Vida a la Palabra: Una Evaluación de la Hermenéutica de Estancamiento en las Iglesias de Cristo; Parte II; El Movimiento de Erudición*). Documento presentado a la Conferencia de Eruditos Cristianos (Malibu, CA: Pepperdine University, Julio 1987), p. 16; Larry James, "The Crisis of Change: Rediscovering 'The Story'", **Imagen 6** (Marzo/Abril 1990): 5; Lynn Anderson, **Navigating the Winds of Change** (*Navegando los Vientos del Cambio*; Abilene, TX: ACU Press, 1994), p. 24, 114, 125, 134. Observe el nombre de la Revista más liberal entre las iglesias de Cristo, editada por Rubel Shelly y Mike Cope: **Wineskins** (*Odres*).

[62] Casey, "Narrative", p. 1; Olbricht, "Part 2", p. 15; Collier, "Part 1", p. 29; Downs, p. 11. Cf., con la noción de "personalismo" de Joseph Fletcher en **Moral Responsibility** (*Responsabilidad Moral*; Philadelphia, PA: The Westminster Press, 1967), p. 33.

Afirman que necesitan una hermenéutica que empiece con Dios, no con la Escritura, que se enfoque en las acciones de Dios en vez de en reglas de lógica y resultados, y que busque el "corazón de Dios" y los "deseos de Dios" — no solo las "instrucciones de Dios".[63] Dicen que debemos enfocarnos en el contenido, no en formas externas, y enfatizar el significado y motivo en vez de "hacer actos correctamente".[64] Dicen que debemos aproximarnos a la interpretación, no como "animales racionales", sino como "animales cuenta-historias".[65]

Estos contrastes no son bíblicos. Son similares a las falsas bifurcaciones de la gracia vs las obras, Cristo vs la iglesia, y "el hombre vs el plan". La Biblia enseña que nos acercamos a Dios **con** reglas y **por medio de** reglas. No podemos amar a Jesús sin su **ley** (Jn. 14:15). Debemos ponerle atención al contenido **y** a las formas, significado/motivo **y** acciones. Llegamos a conocer a Dios **por medio de** la lógica correcta, del razonamiento, y la interpretación. Si el "cuenta-historias" no es **racional**, ¿quién comprenderá lo que se enseña?

El espíritu de la "nueva hermenéutica" está en sintonía con el ambiente que ha prevalecido en nuestra sociedad, al menos desde los años 60's — una mentalidad de "haz lo tuyo", "cree lo que quieras", "no condenes a nadie", "lo que es correcto para ti, puede no serlo para mí". A tal actitud le resulta fácil estigmatizar las prácticas hermenéuticas previas como "legalistas", y "enfoque cognitivo de la Escritura", en el cual "la obediencia a los mandamientos de la Biblia se convirtió en la metáfora dominante o forma de ver el cristianismo".[66]

---

[63] Casey, "Part One", p. 83; Olbricht, "Part 2", p. 17; Collier, "Part II", p. 23-24. Una vez más, este tipo de pensamiento es una peligrosa reminiscencia de la situación ética de Joseph Fletcher. Por ejemplo, p. 239 — "A los cristianos...no se les mandan principios, sino amar a la gente".

[64] Casey, "Narrative", p. 24; Boultinghouse, p. 29; Collier, "Part II", p. 13. Cf., Énfasis equivalente de Fletcher. Por ejemplo: "...los motivos de la conducta sexual son los hechos más importantes" (p. 87)

[65] Casey, "Narrative", p. 15.

[66] Casey, "Narrative", p. 12. Cf. Casey, "Parte Uno", p. 81 — "restitucionalismo legalista". Como una alternativa a su relativismo ético, Fletcher identifica repetidamente el absolutismo ético como "legalismo" (por ejemplo, p. 25). Cf., Dave Miller, "Legalism?" **The Restorer** 9 (*"¿Legalismo?"* El Restaurador; Feb. 1989): 2-3.

Fue la misma actitud que exhibió Saúl cuando quiso disminuir el cumplimiento total de las instrucciones de Dios. Sus motivos eran nobles: sacrificar a Dios y al mismo tiempo llevarse bien con la gente. Sin embargo, Samuel declaró el punto de vista de Dios para todas las generaciones: "Ciertamente el obedecer es mejor que los sacrificios" (1 Sam. 15:22). El perspicaz sabio, Salomón, pronunció que la obediencia es "el todo del hombre" (Ecl. 12:13). Pablo dijo que solo hay dos direcciones en la vida: "pecado para muerte", u "obediencia para justicia" (Rom. 6:16). Jesús es, de hecho, el "autor de eterna salvación para todos los que le obedecen" (Heb. 5:9). La "nueva hermenéutica" busca minimizar las formas externas en deferencia a la mentalidad interna. Significativamente, el desprecio por la lógica viene acompañado de una llamada a más emoción en la práctica religiosa.[67]

LA TRÍADA HERMENÉUTICA: "MANDAMIENTO, EJEMPLO, INFERENCIA NECESARIA"

Pero, ¿qué pasa con la dependencia de las iglesias de Cristo en "mandamiento, ejemplo e inferencia necesaria", el pasado? El uso de la expresión "mandamiento, ejemplo e inferencia necesaria" es una muy desafortunada referencia. Su imprecisión ha generado una cantidad innecesaria de ambigüedad e incomprensión. Una representación más clara de esta afirmación hermenéutica sería decir que la Biblia transmite significados por medio de (1) declaración directa, (2) relatos de la acción, e (3) implicación.[68]

Declaración Directa

En la Biblia aparecen no menos de once diferentes tipos de declaraciones directas, incluyendo declarativas, imperativas, interrogativas, exhortativas y condicionales. El problema para los

---

[67] Olbricht, "Rationalism", p. 82ss; Collier, "Parte II", p. 8; Casey, "Narrative", p. 12; Casey, "Part Two", p. 194. Compare los análisis previamente citados de **The Worldly Church** (*La Iglesia Mundana*) en **The Restorer** (*El Restaurador*) y **The Spiritual Sword**, (*La Espada Espiritual*) así como el capítulo 6.

[68] Para una discusión más amplia de estos términos, vea Thomas B. Warren, **When Is An 'Example' Binding?** (*¿Cuándo es Obligatorio Un 'Ejemplo'?* Jonesboro, AR: National Christian Press, 1975) y Roy Deaver, **Ascertaining Bible Authority** (*Determinando la Autoridad Bíblica*; Pensacola, FL: Firm Foundation Publishing House, 1987). Deaver sin embargo, destaca una cuarta categoría por la que la Biblia establece autoridad para creencia y práctica: la conveniencia.

intérpretes bíblicos es: ¿en qué manera tienen relevancia las declaraciones directas para la gente de hoy?

Si uno apoya el punto de vista de que solo los "mandamientos" son obligatorios para la gente actual, son necesarias dos aclaraciones. Primera, ¿"Mandamiento" se refiere a aquellas declaraciones de la Biblia que aparecen en modo imperativo? Si así es, ¿cuál de los tres tipos de declaraciones en modo imperativo debe incluirse?[69] Segunda, ¿En base a qué podría uno desestimar como irrelevantes las declaraciones encontradas en otros modos? Por ejemplo, la declaración interrogativa, "¿Perseveraremos en el pecado para que la gracia abunde?" (Rom. 6:1), ¿tiene alguna aplicación hoy?

Relatos de Acción

Los documentos bíblicos están repletos de relatos de acción. Un "relato de acción" sencillamente se refiere a lo que algún individuo o grupo hizo o el relato histórico de lo que alguien dijo.[70] El asunto hermenéutico es, ¿cuáles de esos relatos de acción sirven como "ejemplos" para la gente actual? ¿De qué manera los relatos de acción registrados en la Biblia tienen alguna relevancia hoy?

Implicación

La forma número tres en que la Biblia transmite información es por implicación. En realidad, todo lo que la Biblia enseña a la gente actual es por implicación. Porque cada libro de la Biblia desde Génesis hasta Apocalipsis se dirigió específicamente a grupos e individuos que vivieron en diferente tiempo y lugar. Tal es el caso de cada libro del Nuevo Testamento. Lucas-Hechos fueron escritos a Teófilo; Romanos a la iglesia en Roma; Santiago se diseñó para los judíos de la Diáspora; Apocalipsis proporcionó ayuda a las iglesias de Cristo en Asia Menor.

La única manera en que la Biblia tiene algo que decirle a usted o a mí en América, en la actualidad, es por implicación.

---

[69] Deaver, p. 59-60.

[70] Warren, p. 105-106.

Usted y yo debemos inferir que, además de sus destinatarios originales, el Nuevo Testamento también nos habla a nosotros. Pero esa es una **inferencia** de nuestra parte. No hay declaración directa, explícita en la Escritura que diga: "La enseñanza bíblica tiene aplicación para Dave Miller en América, década de los 90's". Por lo tanto, decir que la Biblia no enseña por implicación (con la correspondiente necesidad de que el lector haga las inferencias correctas), es decir que la Biblia no le habla a nadie hoy. Desestimar el papel de la inferencia en la metodología hermenéutica es desestimar la relevancia que tiene la Biblia hoy para nosotros.

La "Implicación" Definida

¿Cuál es el significado de "implicación"? Decir que una declaración implica una segunda declaración significa que si la primera es verdad, la segunda **debe** ser verdadera. Para ponerlo de otra manera. Si ciertas declaraciones explícitas de la Biblia **implican** una declaración adicional, es imposible que las declaraciones explícitas sean verdad y sin embargo la declaración implicada sea falsa. Por ejemplo, si sé que Bill es más alto que Jack y que Jack es más alto que Fred, sé que Bill es más alto que Fred por implicación. Infiero una tercera verdad de las dos previas verdades explícitas. Si sé que tengo 25c en mi mano derecha, y si sé que mi mano derecha está en mi bolsillo, entonces usted inmediatamente infiere una tercera verdad que está implicada por las otras dos: que los 25c están en mi bolsillo.[71]

Es abundantemente claro que la Biblia fue escrita en tal manera que Dios quiso que reconociéramos la función de la implicación. Cuando Ananías le dijo a Pablo que se bautizara para "lavar sus pecados" (Hch. 22:16), si el lector reacciona correctamente a esta información, entonces inferirá que los pecados de Saulo aún no habían sido perdonados. Cuando Pablo escribió que habían sido librados de las tinieblas y trasladados al reino (Col. 1:13), el lector **puede** inferir incorrectamente que el reino todavía es futuro. Pero **debe** inferir que el reino estaba en existencia en ese momento. Col. 1:13 **lo implica** así.

---

[71] Estas dos ilustraciones fueron adaptadas de **La Lógica y la Biblia**, de Warren, p. 28-29. La última ilustración apareció originalmente en Lionel Ruby, **Logic** (*Lógica*; New York: J. B. Lippincott Co., 1960). La cuestión de la implicación se discute ampliamente en el libro de Warren. P. 11, 27-34, 50-70.

El Uso de Jesús de la Implicación

Algunos se incomodan cuando se señala que Jesús era un maestro de la lógica, y que hizo uso constante de penetrante y poderosa argumentación lógica. Jesús constantemente hizo uso de la implicación y esperaba que sus oyentes hicieran las inferencias correctas. En Mateo 22, los Saduceos plantearon una situación en la que confiaban que reafirmara su punto de vista de que no hay tal cosa como una resurrección o vida después de la muerte. Estaban confiados en que su precedente demostraría lo absurdo del caso contrario. Aludiendo a la enseñanza mosaica acerca de la ley del matrimonio por levirato en Deuteronomio 25, describieron un ejemplo en donde una mujer sobrevivió a un total de siete maridos. En lo que ellos debieron haber considerado como una cuestión devastadora, los Saduceos interrogaron, "En la resurrección, pues, ¿de cuál de los siete será ella mujer, ya que todos la tuvieron?"

Observe la hábil destreza hermenéutica de Jesús. Primero va a un **ejemplo**: el estatus marital de los ángeles. Argumenta que después de esta vida, el matrimonio como lo concebimos en la tierra, no existirá. Así que los ángeles sirven como un ejemplo vinculante (autoritativo) en lo que se refiere a nuestro estado civil más allá de esta vida. Habiendo puesto su argumento, Jesús entonces se dirige al asunto más amplio de la vida después de la muerte y la noción de **anastasis**. Para argumentar su punto, se basa en lo que está implícito en las palabras de una afirmación del Antiguo Testamento. "Pero respecto a la resurrección de los muertos, ¿no habéis leído lo que os fue dicho por Dios…" Observe que Jesús dice que el pasaje del Antiguo Testamento que está a punto de citar, les habló **a ellos**. Pero, en el contexto, la declaración se la hizo Dios a **Moisés**. Sin embargo, Jesús esperaba que sus contemporáneos **infirieran**, de lo que Dios le dijo a Moisés siglos antes, que eso también tenía aplicación para ellos (y, nuevamente por implicación, para nosotros, hoy)

Luego, Jesús cita de Éxodo 3:6 — "Yo soy el Dios de tu padre, Dios de Abraham, Dios de Isaac, y Dios de Jacob". Como esta declaración ocurre originalmente en el contexto de Éxodo capítulo 3, era la manera en que Dios se identificaba con Moisés en la zarza ardiente. Era la forma en que Dios se asociaba con el linaje abrahámico y por lo tanto con Moisés. En Éxodo 3:14-16.

Dios usó la misma frase para ayudar a Moisés en responderles a los hijos de Israel cuando le preguntaran acerca de quién lo envió.

Así que en el contexto, las palabras que Jesús citó tienen como propósito explícito mostrar la identidad divina. Sin embargo, Jesús se enfocó en una **implicación** del pasaje que Dios se propuso que los lectores **infirieran**: Que si Dios seguía siendo el Dios de Abraham, de Isaac y de Jacob en los días de Moisés (alrededor del 1500 a. de C.) cuando en realidad el trío hebreo ya había muerto cientos de años antes, entonces Abraham, Isaac y Jacob deben haber estado todavía en existencia más allá de la tumba. Jesús dice, "Dios no es Dios de muertos, sino de vivos". Por **implicación**, entonces, los tres continuaban vivos en los días de Jesús. La noción de vida después de la muerte queda así probada como hecho, y también se establece una tercera implicación — habrá una resurrección de los muertos.

En Mateo capítulo 21, Jesús implicó que Su autoridad se derivaba de la misma fuente que Juan el Bautista. Sin embargo, la jerarquía judía no aceptó a Juan el Bautista. Por implicación, tampoco estaban dispuestos a aceptar a Jesús. Cuando Jesús dijo que contestaría su pregunta si ellos contestaran la suya, no estaba jugando "juegos lógicos" (como algunos les gusta llamarle) con ellos. Estaba confirmando su punto por implicación y esperaba que, aquellos a quienes desafiaba, infirieran lo que Él había implicado. Los principales sacerdotes y ancianos tuvieron el suficiente sentido para **inferir** precisamente lo que Jesús **implicó** y así rehusar contestarle.

En Juan capítulo ocho, la detallada línea de razonamiento culminó en el reclamo, "Antes que Abraham fuese, yo soy". Los judíos correctamente infirieron lo que Jesús estaba implicando — que estaba reclamando ser Dios. En consecuencia, tomaron piedras para lapidarlo. En Juan capítulo diez, Jesús llegó a decir que incluso si sus oyentes escogían no creer las declaraciones explícitas que pronunció, debían aceptar su reclamo de deidad en base a sus acciones. Porque sus acciones **implicaban** su divinidad (Jn. 10:38).

El Mismo Problema

Habiendo definido y establecido la legitimidad de la triada hermenéutica, debemos enfrentar todavía el mismo problema. De hecho, la expresión triple **no** ha sido, "nuestra hermenéutica". Ha sido sencillamente una descripción del cuerpo de información bíblica. La Biblia está compuesta de diferentes declaraciones, relatos de acción, e implicaciones derivadas de ese material explícito. La cuestión sigue siendo: ¿qué declaraciones directas, relatos de acción, y enseñanzas implicadas son obligatorias para la gente actual? La solución a este problema no es negar que la Biblia está compuesta de declaraciones directas, relatos de acción, e implicación. La solución no es requerir una "nueva hermenéutica" que, en la escena contemporánea, tiende a degenerar en subjetivismo.

La solución es persistir en la búsqueda sincera y humilde de interpretación bíblica a pesar del abuso y mal entendimiento que algunos le dan a estos principios hermenéuticos. El hecho de que las prácticas hermenéuticas prominentes en los días de Jesús fueran las empleadas por los escribas, intérpretes de la ley, y fariseos, no justifica el abandono de una sana, sensible y razonable comprensión de la Palabra de Dios.

Los procedimientos hermenéuticos de Jesús consistieron de (1) una fuerte dependencia de la cita bíblica, (2) una aguda utilización de los principios de la lógica y el razonamiento sólido, (3) un reconocimiento de lo que las escrituras hebreas enseñaban tanto implícita como explícitamente, y (4) una visión de la revelación escrita como objetiva, proposicional, y verbalmente inspirada.[72] Jesús nunca hizo un argumento que no fuera válido o sólido.

Al tratar de entender la Biblia, el procedimiento es, dicho de manera sencilla, reunir toda la información pertinente sobre las declaraciones directas, relatos de la acción, y declaraciones implícitas. Estos datos incluyen información gramatical, léxica, sintáctica, analógica e histórica, igual que ponerle atención al

---

[72] Algunos escritores comentan el punto de vista de Jesús sobre la Escritura. Por ejemplo, John W. Wenham, **Christ and the Bible** (*Cristo y La Biblia*; Downers Grove, IL: InterVarsity Press, 1972); Richard Longenecker, **Biblical Exegesis in the Apostolic Period** (*Exégesis Bíblica en el Período Apostólico*; Grand Rapids, MI: Wm. B. Eerdmans Publishing Co., 1975); Benjamin B. Warfield, **The Inspiration and Authority of the Bible** (*La Inspiración y Autoridad de la Biblia*; Philadelphia, PA: The Presbyterian and Reformed Publishing Co., 1948); Walter C. Kaiser, Jr., **The Uses of the Old Testament in the New Testament** (*Los Usos del Antiguo Testamento en el Nuevo Testamento*; Chicago, IL: Moody Press, 1985); et al.

género literario.⁷³ Una vez que se ha reunido toda la información relativa a la enseñanza explícita e implícita de la Biblia, el intérprete debe luego llegar solo a las conclusiones que estén justificadas por la información.⁷⁴

Conclusión

Las iglesias de Cristo, en los 90's, se enfrentan a la misma aversión a la lógica que ha caracterizado a la cultura estadounidense durante tres décadas. El espíritu de insatisfacción e inquietud está en marcha. Al igual que los filósofos atenienses que habían adoptado el estoicismo y las enseñanzas de Epicuro, quienes "en ninguna otra cosa se interesaban sino en decir o en oír algo nuevo" (Hch. 17:9), así la academia actual, se nutre de un proceso que constantemente genera nueva información. Cambio es el nombre del juego. Los puntos de vista y posiciones de moda populares hoy, pronto caerán en descrédito y se convertirán en objeto de burla para los petulantes y condescendientes intelectuales de mañana.

Entre la mayoría de las instituciones de educación superior, la presuposición operativa es que realmente no hay tal cosa como la verdad apodíctica [*Nota del Trad*. Apodíctico *significa, en lógica, algo que expresa o encierra una verdad concluyente o que no deja lugar a duda o discusión*]. La verdad absoluta se considera ahora como una aberración de la ética simplista judeo-cristiana que alguna vez dominó la civilización occidental. La verdad se considera "fluida". En el ámbito académico, lo que es cierto hoy puede no serlo mañana. La mayoría de los académicos sienten que el hombre está "desarrollando" su pensar y "llegando a la mayoría de edad".

Fuera de este medio social han surgido corrientes y tendencias que son operativas dentro de las iglesias de Cristo hoy. Detrás de estas tendencias está la interfaz filosófica de

---

[73] Pese a las afirmaciones actuales de que las iglesias de Cristo han descuidado estos asuntos en su práctica hermenéutica, los dos libros de textos clásicos en el Movimiento de Restauración sobre la hermenéutica, al mismo tiempo que le dan un tratamiento significativo, incluyen el género literario: Clinton Lockhart, **Principles of Interpretation** (*Principios de Interpretación*; Delight, AR: Gospel Light Publishing Co., 1901); D. R. Dungan, **Hermeneutics** (*Hermenéutica*; Delight, AR: Gospel Light Publishing Co., 1888).

[74] Warren le da expresión formal a esto, esencialmente en un proceso de dos pasos, en **La Lógica y la Biblia**, p. 72. Cf. "**¿Cuándo es Obligatorio Un 'Ejemplo'?**" p. 21, 41, 52, 59, 165.

esencialmente tres principios fundamentales: el subjetivismo, el agnosticismo y la misología (odio a la lógica) [*Nota del Trad. término filosófico introducido por Platón, con el cual describía el desprecio hacia los razonamientos*]. La confusión actual sobre la hermenéutica, que está penetrando sectores selectos en la iglesia está, en realidad, incrustada en esta matriz filosófica.

No podemos deteriorar la mentalidad del estudiante que pasó literalmente varios días y noches sin dormir, estudiando detenidamente la esencia de la filosofía Descartiana. En la destilación de la conceptualización de este reconocido "filósofo de la duda", el estudiante de hecho llegó a un punto en el que comenzó a dudar de su propia existencia. En este estado resultante de confusión y desconcierto, con los ojos empañados, y el rostro amarillento, se acercó a su profesor y le preguntó, "dígame, buen Doctor, ¿existo?" A lo que el profesor replicó, "¿Quién quiere saber?"

CAPÍTULO 13
LA "FORMA" DE LA ESCRITURA

Los arquitectos del cambio dicen que la "vieja hermenéutica" no ha sido sensible a la "forma" de la Escritura. Dos cosas se entienden por "forma". Primero, dicen que se ha prestado una atención inadecuada al género, o tipo de literatura, que se encuentra en la Biblia (por ejemplo, poesía, epístola, parábola, apocalíptico)[75] con el supuesto de que esta falta de atención ha llevado a una mala interpretación de la Biblia.

En respuesta, es significativo que tanto Dungan como Lockhart, quienes escribieron los libros de texto definitivos sobre hermenéutica dentro del Movimiento de Restauración, noten las peculiaridades y características del género literario en la literatura bíblica.[76] La crítica es, por lo tanto, una exageración del caso. Además, el impacto del género en la interpretación puede ser mínimo — dependiendo del género. Por ejemplo, la interpretación del libro de Apocalipsis ciertamente depende en gran medida de que uno conozca las características del material apocalíptico. Sin embargo, los evangelios y las epístolas del Nuevo Testamento, de donde el hombre común deriva una comprensión de los detalles del cristianismo, se comprenden fácilmente sin estar familiarizados con las categorías de género complejas formuladas por los teólogos.

En segundo lugar, "forma" se refiere a la afirmación de que nuestra interpretación se ha visto afectada negativamente por nuestra insistencia en ver la Biblia como un modelo, patrón, constitución del

---

[75] Por ejemplo, Thomas Olbricht, "Hermeneutics: The Beginning Point (Part 2)", [*Hermenéutica: El Punto de Partida*] **Imagen** 5 (octubre de 1989), pág. 16, asocia este punto de vista con Leonard Allen. Cf., Leroy Garrett, "In What Way is the Bible Authoritative?" [*¿De Qué Manera Es Autoritativa La Biblia?*] **Restoration Review** 29 (marzo de 1987), pág. 43 — "hay varios tipos de literatura".

[76] D. R. Dungan, **Hermeneutics** (Hermenéutica; Delight, AR: Gospel Light Publishing Company, 1888), págs. 226 y siguientes; Clinton Lockhart, Principios de interpretación (1901; rev. Delight, AR: Gospel Light Publishing Company, 1915), págs. 49-71, 191-221.

reino, resumen legal, ley o libro de códigos[77]. Dicen que hemos interpretado mal la naturaleza de la Biblia tratándola como "proposicional".[78] Dicen que deberíamos haber concebido la Biblia de manera epistolar como una "carta de amor".[79] En otras palabras, la Biblia no es tanto la legislación de Dios, sino una expresión de su amor.

Pero argumentar que el Nuevo Testamento debe interpretarse como una "carta de amor" es engañoso y desastroso.

Es cierto que Dios es amor. Es cierto que los documentos escritos que ha proporcionado son una expresión de su amor por nosotros. Sin embargo, estos documentos no son "cartas de amor" en el sentido establecido por quienes defienden la "nueva hermenéutica". ¿Quién escribió una carta de amor a una novia o novio sobre asuntos tales como la circuncisión, expulsar a un fornicario o comer carne sacrificada a los ídolos? Donde la metáfora de la "carta de amor" se rompe es precisamente en el área que está diseñada para socavar, es decir, que el Nuevo Testamento también, si no principalmente, tiene la

---

[77] Gary D. Collier, "Bringing the Word to Life: An Assessment of the Hermeneutical Impasse in Churches of Christ; Part I: The Rationalist/Inductive School". [*Dando Vida A La Palabra: Una Evaluación Del Impacto Hermenéutico En Las Iglesias De Cristo; Parte I: La Escuela Racionalista/Inductiva*], un documento presentado a la Christian Scholars Conference (Malibu, CA: Pepperdine University, julio de 1987), pág. 28; Kregg Hood, "Establishing Biblical Authority: A Fresh Look at A Familiar Issue (Part 1)," [*Estableciendo La Autoridad Bíblica: Una Nueva Mirada A Un Tema Familiar (Parte 1)*], **Image** 6 (marzo/abril de 1990), p. 9; Randy Fenter, "Do Not Go Beyond What Is Written (Part 3)", [*No Vaya Más Allá De Lo Que Está Escrito* (Parte 3), **Image** 5 (octubre de 1989), pág. 9-10]; Olbricht, Parte 2, pág. 15; Larry James, "The Crisis of Change: Rediscovering 'The Story,'" [*La Crisis Del Cambio: Redescubriendo 'La Historia'*], **Image** 6 (marzo/abril de 1990), pág. 27; Michael Casey, "Scripture As Narrative and the Church A Story-Form Community: A Proposal For A New Restoration Hermeneutic", [*La Escritura Como Narrativa Y La Iglesia Una Comunidad En Forma De Historia: Propuesta Para Una Nueva Restauración Hermenéutica*] (Malibu, CA: Pepperdine University, n.d.), págs. 6,10; C. Leonard Allen, Richard T. Hughes y Michael R. Weed, **The Worldly Church** (*La Iglesia Mundana*; Abilene, TX: ACU Press, 1988), págs. 40, 58-59.

[78] Collier, "Parte I", págs. 19,28; Gary D. Collier, "Bringing the Word To Life: An Assessment of the Hermeneutical Impasse in Churches of Christ; Part II: The Scholarship Movement," [*Dando Vida A La Palabra: Una Evaluación Del Impacto Hermenéutico En Las Iglesias De Cristo; Parte II: El Movimiento Académico*], documento presentado a la Christian Scholars Conference (Malibu, CA: Pepperdine University, julio de 1987), pág. 7; Bill Swetmon, "The Historical Method in Hermeneutics," [*El Método Histórico En Hermenéutica*], **Image** 5 (julio de 1989), pág. 23; Russ Dudrey, "Restorationist Hermeneutics Among Churches of Christ: Why Are We at an Impasse?" [*Hermenéutica Restauracionista Entre Las Iglesias De Cristo: ¿Por Qué Estamos En Un Punto Muerto?*] **Restoration Quarterly** 30/1 (1988), págs. 36, 41; Thomas Olbricht, "The Rationalism of the Restoration," [*El Racionalismo De La Restauración*], **Restoration Quarterly** 11/2 (1968), p. 88.

[79] Olbricht, "Parte 2", pág. 15; Max Lucado en "Minister Teaches Simplicity in Faith", [*Ministro Enseña La Sencillez En La Fe*] de Carolyn Jenkins, **Tulsa World**, 12 de marzo de 1989. Cf., Bernard Ramm, **Protestant Biblical Interpretation** [*Interpretación Bíblica Protestante*] (Grand Rapids, MI: Baker Book House, 1970), pág. 75, quien asocia la lectura de la Biblia como una "carta de amor" con el principio existencial de interpretación de Kierkegaard.

intención de ser instructivo al mostrar cómo los seres humanos deben responder al amor de Dios. En este sentido, el Nuevo Testamento es **ley** y **absoluto** y **vinculante** de una manera que una carta de amor nunca podrá ser.

Denigrar la noción de que la Biblia consiste en una verdad "proposicional" es igualmente desafortunado. Sostener que la Biblia es "proposicional" es decir que las declaraciones explícitas de la Biblia afirman que algo es o no el caso.[80] La realidad de esta afirmación es evidente. Uno solo necesita abrir la Biblia y señalar cualquier declaración para ver que este es el caso. Si la Biblia no consiste en una verdad proposicional, entonces no le dice nada a nadie.

¿De dónde se supone que surgió el énfasis dentro de las iglesias de Cristo sobre la Biblia, como la ley de un reino? ¡Obviamente, de la Biblia misma! ¿Cuántos libros del Nuevo Testamento representan una relación con Dios y con otros cristianos en términos de la metáfora del reino/rey/ley? ¡Todos menos tres de los veintisiete libros![81] De hecho, el Nuevo Testamento está repleto de alusiones a reinar, gobernar y juzgar, así como a la autoridad, majestad, trono, ley y señorío de Cristo. Está claro que Dios pretendía que los lectores del Nuevo Testamento tuvieran la idea de que el cristianismo debe ser concebido ¡como la relación entre un rey y su reino!

---

[80] Por ejemplo, Thomas B. Warren, **Logic and the Bible** [*La Lógica y la Biblia*] (Jonesboro, AR: National Christian Press, 1982), p. 9. Clark Pinnock resume el tema: "La teología cristiana histórica ha utilizado el término 'revelación proposicional' para describir el contenido de la verdad conceptual extraíble de la Sagrada Escritura. La expresión no pretendía implicar que la literatura bíblica consiste en gran parte en afirmaciones simples, negando así la rica multiplicidad de formas literarias en las Escrituras" (p. 4); "La negación de la revelación objetiva y proposicional en la Escritura es profundamente nihilista para la teología. Condena la aventura en sus inicios. La teología que se deleita en ausencia de la verdad final es estrictamente sin sentido. No puede escapar de la justa carga de la pura falta de sentido" (p. 8). (**A Defense of Biblical Infallibility** [*Una Defensa De La Infalibilidad Bíblica*] [Nutley, NJ: Presbyterian and Reformed Publishing Co., 1977]).

[81] Los Evangelios están literalmente plagados de referencias a Cristo como rey y al establecimiento inminente de su reino. Hechos continúa este énfasis. De hecho, "el reino" fue lo que Pablo predicó (20:25; 28:23, 31). ¡Seguramente tal enseñanza impactó sus escritos! De hecho, Rom. 14:17, 1 Cor. 4:20, Gál. 5:21, Efe. 5:5, Col. 1:13, 1 Tes. 2:12, 2 Tes. 1:5, 2 Tim. 4:1, todos hablan explícitamente del reino. La terminología del Reino se ve en 2 Cor. 5:10 — "el tribunal de Cristo", Fil. 2:9-10 — "se doble toda rodilla", y 1 Tim. 6:15 — "Rey de reyes" y 1:8 — "la ley". Solo Filemón y Tito no contienen tales alusiones inmediatas. En material extrapaulino, "reino" se menciona en Sant. 2:5, 2 Ped. 1:11, Heb. 12:28 y Ap. 1:9. 1 Pedro habla de la actividad del reino de "juzga" y "juzga" (1:17; 2:23; 4:5,17). 1 Juan se refiere a la "ley" (3:4), 2 Juan se refiere a los "mandamientos" de Cristo (v. 6), y Judas habla del "juicio" (vs. 6, 15) así como de la "gloria y majestad, imperio y potencia" que pertenecen a Dios (v. 25). Eso deja solo a 3 Juan sin alusión aparente a los conceptos del reino. Sin embargo, los otros cuatro escritos de Juan están fuertemente cargados con la metáfora del reino. La naturaleza y las circunstancias de Filemón, Tito y 3 Juan explican sus omisiones.

Resistirse al énfasis en la Biblia como un "patrón" es igualmente inapropiado. Todo lo que los hermanos han querido decir con el uso de la palabra "patrón" es que los seres humanos están obligados a ir a la Biblia y aprender lo que Dios quiere que sepan y practiquen. Si la Biblia no es un "patrón" en este sentido, entonces la Biblia es completamente irrelevante cuando se trata de cómo las personas eligen vivir sus vidas. En consecuencia, nadie debería interrogar a nadie más, independientemente de lo que alguien crea o practique.

CAPÍTULO 14
EL "EVANGELIO CENTRAL" Y LA "BIBLIA PLANA"

Se acusa a la iglesia de tratar las Escrituras como si fueran "planas"[82]. Cuando se nos dice que nuestra hermenéutica presupone una Biblia "plana", significa que debemos reconocer que no todos los hechos o verdades presentados en la Biblia son de igual importancia. Por ejemplo, si usa un instrumento en la adoración o participa de la Cena del Señor todos los domingos es mucho menos importante que si evangeliza u ora.[83]

Ciertamente, es posible que algunos dentro de las iglesias de Cristo enfaticen demasiado una verdad en detrimento de otra verdad de mayor importancia. Los fariseos lo hicieron. Jesús señaló que los fariseos manifestaron una propensión a enfatizar asuntos de menor peso, **excluyendo** los asuntos de mayor peso. Pero la "Biblia plana" aboga por el mal uso de este pasaje yendo al extremo igualmente no bíblico y opuesto — omitiendo los asuntos menos importantes y basando la comunión únicamente en algunos de los asuntos más importantes. La lista de "asuntos más importantes" de Jesús ni siquiera coincide con los defensores de la "Biblia plana" y el "evangelio fundamental".

En su apuro por evitar tragar camellos, no dudan en colar los mosquitos (Mat. 23:24). Ciertamente, no hay excusa para "colar el mosquito" mientras "tragan el camello". Pero tampoco es

---

[82] Russ Dudrey, "Restorationist Hermeneutics Among Churches of Christ: Why Are We at an Impasse?" [*Hermenéutica Restauracionista Entre Las Iglesias De Cristo: ¿Por Qué Estamos En Un Punto Muerto?*] **Restoration Quarterly** 30/1 (1988), págs. 26,32 y sig.; C. Leonard Allen, Richard T. Hughes y Michael R. Weed, The Worldly Church (*La Iglesia Mundana*; Abilene, TX: ACU Press, 1988), págs. 59,72; Leroy Garrett, "The Basic Principle: The Spirit of Christ", [*El Principio Básico: El Espíritu de Cristo*], **Restoration Review** 29 (enero de 1987), pág. 4. Cf., A. C. Thiselton, "The New Hermeneutic", en **New Testament Interpretation: Essays on Principles and Methods** [*La Nueva Hermenéutica*, en *Interpretación Del Nuevo Testamento: Ensayos Sobre Principios Y Métodos*], I. Howard Marshall, ed. (Grand Rapids, MI: Eerdmans, 1977), pág. 320.

[83] Randy Mayeux, "Letter to the Editor", [*Carta Al Editor*], en **Christian Chronicle** (junio de 1989).

aceptable para Dios estirar el camello mientras se traga el mosquito. La clara enseñanza de Jesús al respecto es que "Esto era necesario hacer, sin dejar de hacer aquello". (Mat. 23:23). Si amamos a Dios y a nuestro prójimo, prestaremos una atención meticulosa a **todo** lo que Dios desea que hagamos (cf. Hch. 20:27).

Además, lo que los seres humanos a veces consideramos como un asunto insignificante, Dios lo considera de suma importancia (Luc. 16:15; Cf., Jer. 10:23; 1 Cor. 1:20). Adán y Eva fueron expulsados permanentemente del Edén por comer la fruta de un árbol (Génesis 3). Nadab y Abiú fueron destruidos por incorporar fuego extraño en su ofrenda de incienso (Lev. 10:1-2). Moisés fue excluido de la entrada a Canaán debido a su único error en Cades (Núm. 20:7-12). Saúl fue depuesto como rey por salvar la vida de un hombre y unos pocos animales de una nación entera (1 Sam. 15). Uza fue muerto de golpe por simplemente alcanzar y estabilizar el arca (2 Sam. 6:6-7). Uzías fue rechazado por Dios porque entró al templo a quemar incienso (2 Crón. 26).

Estos incidentes no son más "técnicos" ni "triviales" que las regulaciones del Nuevo Testamento relativas a la música vocal y verbal en la adoración (Efe. 5:19), pan y fruto de la vid en la mesa del Señor todos los domingos (Mat. 26:26-29; Hch. 20:7), y la iniciación del reino por inmersión en agua (Jn. 3:5; 1 Ped. 3:21). Sería prudente ser extremadamente cautelosos al prescindir de ciertas estipulaciones bíblicas bajo el pretexto de enfatizar supuestos asuntos "de peso" — o un "evangelio central".

EL "EVANGELIO CENTRAL" Y LA COMUNIÓN

En consonancia con la insistencia de que las iglesias de Cristo han tratado la Biblia como si fuera "plana", los agentes de cambio defienden la idea de un "evangelio central". El sentimiento actual dentro de la iglesia sugiere que la unanimidad de las creencias y prácticas doctrinales no debe ser la base sobre la cual se logre la unidad y la comunión. Los defensores de la "unidad en la diversidad" insisten en que nunca lograremos un 100% de acuerdo entre nosotros. Por lo tanto, debemos tener comunión unos con otros basados en nuestros puntos en común — los fundamentos compartidos por todos los que profesan la fe en Cristo.

Esta mentalidad de "vive y deja vivir", "Estoy bien, estás bien", "no seas crítico" — que se ha infiltrado en la iglesia desde la sociedad secular, a su vez ha generado la noción de un "evangelio central". Los defensores del "evangelio central" sostienen que la comunión se puede establecer sobre la base de una breve lista de creencias que todas las facciones dentro de la cristiandad tienen en común. Irónicamente, falta un acuerdo sobre lo que debe incluirse en el "evangelio central". Pero la mayoría parece estar de acuerdo en que creer en Jesús — especialmente su muerte, sepultura y resurrección — es la tesis central sobre la cual debemos estar de acuerdo para tener comunión.

Algunos de los "agentes de cambio" insisten en que solo los "siete" del capítulo cuatro de Efesios califican como pruebas doctrinales de comunión. Sobre esta base, todas las demás preguntas doctrinales quedan relegadas a un estado no esencial. Si un punto de vista particular o un problema doctrinal cae fuera del alcance de los "siete", entonces ese punto de vista debe mantenerse como opinión y no debe obstaculizar la comunión con aquellos que tienen una opinión diferente sobre ese tema. Las doctrinas específicas que, según ellos, no deberían afectar la comunidad incluyen la música instrumental, los solos y los coros, el premilenialismo, el papel de las mujeres y la frecuencia de la Cena del Señor.

Ciertamente podemos apreciar cualquier esfuerzo para acentuar algunas de las características centrales del cristianismo del Nuevo Testamento. Nadie negaría la centralidad de Cristo y su sacrificio expiatorio en las "buenas nuevas" del cristianismo. Sin embargo, debemos objetar fuertemente la conspiración actual. La relegación de cualquiera de las doctrinas de Dios al estado de irrelevancia es una distorsión intolerable del cristianismo. La singularización selectiva de algunas doctrinas desdibuja la importancia de la pureza doctrinal y amplía las fronteras del reino más allá de lo que Dios mismo ha estipulado.

¿Hasta qué punto debería la **doctrina** determinar la comunión? A pesar de la popularidad de la postura de "doctrina central", la Biblia enseña claramente que la corrección doctrinal y la comunión están inseparablemente unidas. Varias observaciones bíblicas están en orden.

El Nuevo Testamento usa el término "comunión" para referirse a la idea de asociación. La comunión consiste en la participación conjunta, el intercambio y la asociación. La comunión bíblica comienza con Dios. Juan dejó esto claro en 1 Jn. 1:3-6. La comunión primero debe establecerse con Dios. Una vez que se logra la comunión con Dios, la comunión resultará naturalmente con otras personas que también han establecido comunión con Dios (1 Jn. 1:7). La única manera para mí de mantener la comunión **bíblica** con otro ser humano es que ambos tengamos **primero** comunión con Dios.

La comunión inicial entre dos personas solo puede ocurrir si ambas han obedecido el plan de salvación del evangelio. Es decir, ambos deben creer (en Dios, Cristo y su palabra), arrepentirse de los pecados, confesar el nombre de Cristo y estar inmersos en agua para la remisión de los pecados (Mar. 16:16; Hch. 2:38; 22:16; Rom 10:9-10; 1 Ped. 3:21). Toda persona que obedece el plan de salvación de Dios según lo estipulado en el Nuevo Testamento entra en comunión con Dios y con todas las demás personas que han hecho lo mismo. Las dos personas son ahora hermanos y parte de la hermandad más grande que incluye a todos los demás que han obedecido el mismo plan de salvación.

Para que dos cristianos continúen en comunión entre ellos, ambos deben permanecer en comunión con Dios. Para permanecer en comunión con Dios, el cristiano debe vivir fielmente, es decir, de acuerdo con las enseñanzas del Nuevo Testamento sobre cómo vivir la vida cristiana. Si una persona interrumpe su comunión con Dios al desobedecer la doctrina de Dios, la interrupción de la comunión con otros cristianos necesariamente sigue. ¿Cómo podríamos permanecer en comunión con alguien con quien Dios ya no tiene comunión (cf. 2 Jn. 10-11)?

¿Cuándo se interrumpe la comunión con Dios? Juan da la respuesta a esa pregunta: "Si decimos que tenemos comunión con él, y andamos en tinieblas, mentimos, y no practicamos la verdad" (1 Jn. 1:6). "Andar en tinieblas" inhibe la comunión con Dios. En contraste, la comunión de un cristiano con Dios y otros hermanos se perpetúa al "andar en luz" (1 Jn. 1:7).

Varias expresiones paralelas en las cartas de Juan aclaran lo que significa "andar en luz": "guardar sus mandamientos" (2:3;

3:22, 24; 5:2, 3); "Guarda su palabra" (2:5); "andar como él anduvo" (2:6); "Hacer la voluntad de Dios" (2:17); "Permanecer en él" (2:28; 3:6); "Hacer justicia" (2:29; 3:7); "Hacer las cosas que son agradables delante de él" (3:22); "Andar en la verdad" (2 Jn. 4; 3 Jn. 3-4); "Andar según sus mandamientos" (2 Jn. 6); "Perseverar en la doctrina de Cristo" (2 Jn. 9).

Entonces, después de convertirse en cristiano, para mantener la comunión con Dios y los demás cristianos, uno debe obedecer los mandamientos de Dios sobre cómo vivir fielmente. Aquí está la única fórmula para mantener la comunión y lograr la unidad. La comunión y la unidad no se deben asegurar sobre la base de elevar algunas de las doctrinas de Dios por encima de las demás y buscar un acuerdo sobre esa breve lista. Más bien, la comunión ocurre cuando las personas se comprometen a **toda** la voluntad de Dios para sus vidas. La unidad debe basarse en la **doctrina**. La conformidad mutua con la **verdad** debe preceder a la comunión.

Aunque algunos insisten en que "el evangelio" solo incluye la doctrina de la muerte, sepultura y resurrección de Cristo, en realidad, toda la Biblia es la doctrina de Dios. Varias expresiones se usan indistintamente en las Escrituras, lo que demuestra que **todas** las palabras de la Biblia constituyen la doctrina divina. Las consideraciones de espacio impiden una lista completa de expresiones y citas, pero considere lo siguiente: la palabra del Señor, la palabra de Dios, la palabra de su gracia, la doctrina de Cristo, la doctrina de los apóstoles, la ley de Cristo, la palabra de la verdad, el nuevo testamento, el evangelio, la fe, la verdad, Jesús, la palabra del reino. Estas y otras expresiones son designaciones paralelas que se utilizan para referirse al mismo cuerpo de información, es decir, la totalidad de la doctrina cristiana.

En 1 Tim. 4:1-4, Pablo identifica dos doctrinas que manifiestan apartarse de "la fe": "prohibir casarse y mandar abstenerse de ciertos alimentos". La adhesión a estas dos doctrinas de ninguna manera infringe los "siete" del capítulo cuatro de Efesios. Sin embargo, "apostatar de la fe" y "escuchar a espíritus engañadores y a doctrinas de demonios" son seguramente asuntos de **comunión**. En 1 Tim. 5:8, Pablo declara que el cristiano que no hace provisión física para sus familiares "ha negado la fe y es peor que un incrédulo". No prestar la atención adecuada a los parientes de sangre no viola ninguno de los "siete" del capítulo cuatro de Efesios. Sin embargo, el tratamiento de Pablo del asunto muestra que la comunión es de magnitud significativa. Obviamente, la comunión no debe limitarse a la expiación y algunos "fundamentos" relacionados.

En Jn. 8:31-32, Jesús enfatizó a sus contemporáneos que deben "permanecer" en su palabra para ser sus discípulos. Tenían que "conocer la verdad" para ser libres. En Jn. 12:44-50, Jesús enfatizó que tenían que escuchar y guardar Sus palabras. Aquellos que se negaron a recibir Sus palabras serían juzgados por esas palabras al final de los tiempos. Las palabras de Jesús incluyeron más que su muerte, sepultura y resurrección. Sus palabras incluyeron: la esencialidad del bautismo (Mar. 16:16; Jn. 3:5); divorcio y nuevo matrimonio (Mat. 19:3-12); resolviendo el pecado entre hermanos (Mat. 18:15-17); obedecer la ley civil (Mat. 17:24-27); La Cena del Señor (Mat. 26:26-29); la segunda venida (Mat. 24:36-25:46); instrucción sobre la oración (Luc. 11:1-13); amar al prójimo (Luc. 10:25-37); uso del dinero (Luc. 12:13-21); y una gran cantidad de otros asuntos. Debemos observar "todas las cosas" que Cristo ha mandado (Mat. 28:20).

En Rom. 16:17-18, Pablo instruye a los cristianos a fijarse en aquellos que causan divisiones y ofensas contrarias a la doctrina que habían aprendido, y evitarlos. Uno no puede limitar con éxito la "doctrina" en este pasaje a algunos principios de la fe cristiana y concluir que todas las demás doctrinas no deben interrumpir la comunión entre los cristianos. La expresión "la doctrina que vosotros habéis aprendido" abarca claramente la totalidad de la enseñanza cristiana incorporada en el Nuevo Testamento.

El "fijarse", es decir, marcar para la observación, y el "evitarlos" se relacionan claramente con la comunión. El Nuevo Testamento contiene expresiones paralelas que implican lo mismo: "que os apartéis" (2 Tes. 3:6); "no os juntéis con él" (2 Tes. 3:14); "a éstos evita" (2 Tim. 3:5); "deséchalo" (Tito 3:10); "no lo recibáis en casa" (2 Juan 10); "el tal sea entregado a Satanás" (1 Cor. 5:5); "Quitad, pues, a ese perverso de entre vosotros" (1 Cor. 5:13). Estas frases muestran que la comunión entre cristianos se puede romper sobre la base de una variedad de asuntos doctrinales más allá de la expiación.

Dos individuos pueden ser hermanos, es decir, ambos han obedecido el plan de salvación del Nuevo Testamento, pero no están en comunión entre sí porque uno es infiel a una de las doctrinas de Cristo. La fraternidad, por lo tanto, no necesariamente implica comunión. Por otro lado, el compañerismo implica aprobación ya que, por definición, significa "participación conjunta" y "asociación".

¿Pero debemos estar de acuerdo en **todo** para estar en comunión unos con otros? La Biblia ciertamente enseña que hay algunas cosas sobre las cuales no necesitamos estar de acuerdo para mantener la comunión entre nosotros. Pero hay muchas cosas sobre las que **debemos** estar de acuerdo para perpetuar la comunión. Por ejemplo, si un individuo viola las enseñanzas de Cristo sobre el divorcio y el nuevo matrimonio (Mat. 19:3-12) y comienza a cometer adulterio, si no se arrepiente, los cristianos fieles deben cortar la comunión con él (1 Cor. 5:1-13); Ap. 21:8; Efe. 5:3-5).

Un cristiano fiel no puede tolerar, apoyar o entrar en una denominación. Las denominaciones existen sin la sanción divina y atraen a las personas lejos de la iglesia de Cristo (Col. 1:18; Hch. 4:12; Mat. 15:13). Un cristiano no puede tener comunión con un individuo que cree que fue salvo antes del bautismo, en el punto de la fe (Mar. 16:16; Hch. 2:38; 19:3-5; 22:16).

Los cristianos no pueden tener comunión con los que adoran en violación de las instrucciones de Dios para la "adoración verdadera" (Jn. 4:23-24). Simplemente pregúntele a Caín (Gén. 4:3-5; Heb. 11:4; 1 Jn. 3:12). Pregúntele a Nadab y Abiú (Lev. 10:1-3). Pregúntele a Saúl (1 Sam. 13:8-14). Pregúntele a Uzías (2 Crón. 26:16-21). Dios no autoriza instrumentos mecánicos de música en adoración a Él (Col. 3:16). Dios no autoriza mujeres líderes o solos/coros en la asamblea de adoración de la iglesia (1 Tim. 2:8-15; Efe. 5:19). Dios no autoriza cambiar el día o los elementos de la Cena del Señor (Mat. 26:29; Hch. 20:7). Los verdaderos adoradores deben necesariamente rechazar la comunión con aquellos que alteran la voluntad de Dios con respecto a la adoración.

Los comentarios de David Lipscomb sobre Rom. 16:17 sirven como una conclusión apropiada:

Todas las adiciones al servicio de Dios son pecaminosas y causan divisiones. Dios ha prohibido que se agregue cualquier cosa a lo que ha requerido. No puede haber ninguna duda, pero el uso de música instrumental en relación con la adoración a Dios, ya sea como parte de la adoración o como un acompañamiento atractivo, no está autorizado por Dios y viola la prohibición repetida de no agregar nada, no quitar nada de los mandamientos del Señor.[84]

De hecho, nuestra comunión está limitada por nuestra fidelidad a la doctrina de Jesús.

---

[84] David Lipscomb, **Commentary on Romans** [*Comentario Sobre Romanos*]; (Nashville, TN: Gospel Advocate Co., 1943), p. 276.

CAPÍTULO 15
CONTEXTO HISTÓRICO E INTERPRETACIÓN "ATOMISTA"

CONTEXTO HISTÓRICO

Dicen que los principios hermenéuticos anteriores no han tenido en cuenta el contexto histórico en la interpretación de las Escrituras. Describen la *"vieja hermenéutica"* como *"racionalista, inductiva, formal"* y la *"nueva hermenéutica"* como *"gramatical-histórica-contextual"*.[85]

> *¿Jesús "atomizó" la Escritura!*

Esta acusación es igualmente falsa e infundada. Los miembros de las iglesias de Cristo en general han abordado su estudio de cada libro de la Biblia con una metodología de "quién,

---

[85] Michael Casey ("Scripture As Narrative and the Church A Story-Form Community: A Proposal For A New Restoration Hermeneutic," [*La Escritura Como Narrativa Y La Iglesia, Una Comunidad En Forma De Historia: Una Propuesta Para Una Nueva Restauración Hermenéutica*], [Malibu, CA: Pepperdine University, nd], p. 12) y Gary D. Collier "Bringing the Word To Life: An Assessment of the Hermeneutical Impasse in Churches of Christ; Part I: The Rationalist/Inductive School," (*Dando Vida A La Palabra: Una Evaluación Del Impacto Hermenéutico En Las Iglesias De Cristo; Parte I: La Escuela Racionalista/Inductiva*, un documento presentado a la Christian Scholars Conference [Malibu, CA: Pepperdine University, julio de 1987], p. 25) ambos consideran la atención pasada a las consideraciones históricas en la interpretación entre las iglesias de Cristo como mero "servicio de labios". Cf., Gary D. Collier, "Bringing the Word To Life: An Assessment of the Hermeneutical Impasse in Churches of Christ; Part II: The Scholarship Movement", [*Dando Vida A La Palabra: Una Evaluación Del Impacto Hermenéutico En Las Iglesias De Cristo; Parte II: El Movimiento Académico*], un documento presentado a la Christian Scholars Conference (Malibu, CA: Pepperdine University, julio de 1987), pág. 8 y Russ Dudrey, "Restorationist Hermeneutics Among Churches of Christ: Why Are We at an Impasse?" [*Hermenéutica Restauracionista Entre Las Iglesias De Cristo: ¿Por Qué Estamos En Un Punto Muerto?*] **Restoration Quarterly** 30/1 (1988), pág. 37; Bill Swetmon (Discurso pronunciado en la "Reunión de Nashville" [Nashville, TN, diciembre de 1988]) da su solución o alternativa a la práctica hermenéutica pasada al decir que debemos interpretar histórica, contextual, gramatical y cristológicamente. ¿Dónde han estado él y estos otros críticos? Estas recomendaciones no son nuevas. Quizá estas recomendaciones son más una indicación de sus propias fallas hermenéuticas que ingenuamente han asumido como características de la hermandad en general.

qué, dónde, cuándo, a quién, por qué". Dungan y Lockhart[86], así como los comentarios estándar afiliados a las iglesias de Cristo, enfatizan la importancia del contexto — ya sea histórico, léxico, sintáctico, contextual o analógico[87]. El hecho de que algunos escritores hayan perdido un punto en un pasaje aquí o allá no es una justificación adecuada para (1) abandonar los únicos principios hermenéuticos legítimos a cambio de lo que ahora se defiende o (2) proponer el análisis contextual como una "nueva hermenéutica", cuando nuestros hermanos han estado participando en la interpretación histórica/contextual todo el tiempo.

INTERPRETACIÓN "ATOMISTA"

Dicen que la "vieja hermenéutica" se acerca a la Biblia "atomísticamente"[88]. Por "atomista" quieren decir que no hemos tratado cada documento bíblico por separado por sus propios méritos cuando introducimos pasajes de otros libros y contextos en el libro que estamos tratando de interpretar. Dicen que no debemos juntar las Escrituras de toda la Biblia para poder discutir. Hacerlo es ser culpable del "pecado imperdonable" de "textos-prueba"[89]. Considere la siguiente declaración:

> Parte de mi problema con la forma en que usamos nuestra hermenéutica para establecer ejemplos es que estamos exigiendo que los cristianos del Nuevo Testamento lean la Biblia y discutan, cuando ellos no tenían un canon recopilado para utilizar. No podrían

---

[86] D. R. Dungan, **Hermeneutics** (*Hermenéutica*; Delight, AR: Gospel Light Publishing Co., 1888), págs. 31-32, 156-171; Clinton Lockhart, **Principles of Interpretation** (*Principios De Interpretación* 1901; rev. Delight, AR: Gospel Light Publishing Co., 1915), págs. 33, 91-101, 229-245.

[87] Por ejemplo, Thomas B. Warren, **Logic and the Bible** (*La Lógica y la Biblia*; Jonesboro, AR: National Christian Press, 1982), p. 72)

[88] Collier, "Parte I", pág. 23; Collier, "Parte II", págs. 8, 20; Douglas Downs, "The Future of Rationist Hermeneutics", [*El Futuro De La Hermenéutica Racionalista*], un documento presentado a la Christian Scholars Conference (Malibu, CA: Pepperdine University, 1988), p. 10; Thomas Olbricht, "The Rationalism of the Restoration", [*El Racionalismo De La Restauración*], **Restoration Quarterly** 11/2 (1968), p. 86; C. Leonard Allen, Richard T. Hughes y Michael R. Weed, **The Worldly Church** (*La Iglesia Mundana*; Abilene, TX: ACU Press, 1988), pág. 58. Cfr., Allan J. McNicol, "Theological Method On the Bible Among Churches of Christ: A Proposal", [*Método Teológico Sobre La Biblia Entre Las Iglesias De Cristo: Una Propuesta*], documento presentado en la Christian Scholars Conference (Malibu, CA: Pepperdine University, 1989). McNicol está en desacuerdo con la concepción de la Escritura como "un cuerpo de doctrina continuo" (p. 4).

[89] Por ejemplo, Downs, págs. 7, 15; Collier, "Parte I", pág. 23)

haber unido Hch. 16:2 [sic] y Hch. 20:7. No tenían un canon compilado. Pero hacemos eso y decimos que estamos restaurando el cristianismo del Nuevo Testamento usando un argumento que ellos no podrían haber elaborado...esta no es la forma en que los primeros cristianos podrían haber argumentado a partir de las Escrituras[90].

Crítico de lo que él llama "formalismo patronista de línea dura", un orador centra su atención en la cuestión del canon:

Nos hemos acercado al campo de la hermenéutica con la idea de que la iglesia primitiva tenía un conjunto completo de documentos que conocemos como el Nuevo Testamento y que buscaron esas Escrituras para determinar el patrón de Dios en la organización, estructura y práctica de la iglesia. Les informo que es una suposición incorrecta[91].

Su punto es que, puesto que el canon no se completó hasta alrededor del año 400 d.C., los primeros cristianos no podrían haber utilizado las Escrituras como lo hacemos nosotros, reuniendo las Escrituras de diferentes libros para sacar conclusiones.

Sin embargo, tal posición malinterpreta la naturaleza de la canonización[92]. La canonización se **basó** y **dependió** del

---

[90] Rick Atchley en Monroe Hawley, "Acts As A Pattern for the Church Today (Part 3)", [*Hechos Como Un Patrón Para La Iglesia De Hoy*] (Parte 3), Casete de audio (Searcy, AR: Harding University Lectures, 1989). Cfr., Kregg Hood, "Establishing Biblical Authority: A Fresh Look at A Familiar Issue (Part 2)", [*Estableciendo La Autoridad Bíblica: Una Nueva Mirada A Un Tema Familiar* (Parte 2)", **Image** 6 (mayo/junio de 1990), págs. 14-15.

[91] Bill Swetmon, "Nashville". Esta argucia "canónica" es común entre los que se oponen al procedimiento hermenéutico tradicional. Por ejemplo, Roy B. Ward, "'The Restoration Principle': A Critical Analysis", [*El "Principio De Restauración": Un Análisis Crítico*], **Restoration Quarterly** 4 (1965), p. 203 ss; Cf., Collier, "Parte II", pág. 5).

[92] Discusiones útiles sobre la canonización bíblica incluyen a F. F. Bruce, **The Canon of Scripture** [*El Canon De Las Escrituras*] (Downers Grove, IL: InterVarsity Press, 1988); Benjamin B. Warfield, "The Formation of the Canon of the New Testament", [*La Formación Del Canon Del Nuevo Testamento*], en **The Inspiration and Authority of the Bible** (La Inspiración y Autoridad de la Biblia; reimp. Filadelfia, PA: The Presbyterian and Reformed Publishing Co., 1948), págs. 411-416; R. Laird Harris, "**Inspiration and Canonicity of the Bible**" (*Inspiración Y Canonicidad De La Biblia*; Grand Rapids, MI: Zondervan Publishing House, 1957).

reconocimiento y uso generalizado de los libros del Nuevo Testamento. Los criterios por los cuales algunos libros fueron cuestionados más tarde son evidencia de que esos libros eran generalmente accesibles para las iglesias de todo el imperio. Las Escrituras fueron copiadas y circuladas entre las iglesias mucho antes de la canonización formal. De hecho, el impulso para la multiplicación de copias de los documentos del Nuevo Testamento existió prácticamente desde el momento en que surgieron de la pluma del escritor inspirado[93].

Incluso en el primer siglo, dentro del Nuevo Testamento, la evidencia sugiere que la accesibilidad a la verdad del Nuevo Testamento en forma escrita estaba en marcha. Pablo les dijo específicamente a los colosenses que se encargaran de que la epístola que les había escrito circulara (Col. 4:16). Cuando Pedro escribió su segunda epístola, las "epístolas" (plural) de Pablo ya se mencionaban como una de las "Escrituras" que estaban disponibles para que los "indoctos" las torcieran (2 Ped. 3:16). Cuando Pablo escribió su primera epístola a Timoteo, el evangelio de Lucas ya era "Escritura" (1 Tim. 5:18). Dejando a un lado las preguntas sobre citas, muy pocos años separaron la escritura de los dos libros.

Considere la situación paralela que existe con el Antiguo Testamento. Los primeros israelitas no tenían acceso a todo el Antiguo Testamento. Sin embargo, Jesús y los escritores del Nuevo Testamento obtuvieron pasajes de varios lugares en el canon del Antiguo Testamento exactamente de la misma manera que lo hacemos con el Nuevo Testamento. Jesús trató el canon del Antiguo Testamento como una totalidad — un cuerpo completo de Escritura. Es culpable de la misma acusación formulada contra la

---

[93] Considere, por ejemplo, Bruce M. Metzger, **The Text of the New Testament**, 2nd ed. (*El Texto Del Nuevo Testamento*; Nueva York, NY: Oxford University Press, 1968), p. 14 — "Debido a que el número de cristianos aumentó rápidamente durante los primeros siglos, los nuevos conversos y las nuevas iglesias buscaron muchas copias adicionales de las Escrituras. Como resultado, la velocidad de producción a veces superaba la precisión de la ejecución". Tenga en cuenta que este estímulo para la proliferación de copias de documentos del Nuevo Testamento se aplica fácilmente al primer siglo mismo. Cf., la conclusión de Warfield: "no debemos confundir las evidencias históricas de la lenta circulación y autenticación de estos libros en la iglesia ampliamente extendida, con la evidencia de la lentitud de la 'canonización' de los libros por la autoridad del gusto de la iglesia misma". (p. 416).

iglesia hoy[94]. Atomizó" las Escrituras como lo hicieron prácticamente ¡todos los escritores del Nuevo Testamento!

Seguramente reconocemos que la iglesia estaba en un estado de infancia por la misma razón que la verdad del Nuevo Testamento estaba en proceso de ser revelada (1 Cor. 13:8-12; Efe. 4:13-16). Los primeros cristianos tenían acceso a una cantidad suficiente de la voluntad de Dios a través de fuentes orales. Los apóstoles habrían podido transmitir cantidades masivas de la verdad del Nuevo Testamento a la luz de toda la enseñanza que se nos dice que hicieron (por ejemplo, Hch. 2:40, 42; 5:42; 20:20, 27, 31). Los primeros cristianos habrían recopilado la enseñanza oral como autoridad para la fe y la práctica de la misma manera que juntamos pasajes escritos.

Sin embargo, el hecho de que vivieron durante un período en que el Nuevo Testamento estaba incompleto de ninguna manera refuta la necesidad de que nos acerquemos a ello como un cuerpo completo de verdad. Tal razonamiento es análogo a aquellos que dicen que no tienen que ser bautizados ya que el ladrón en la cruz no fue bautizado. Nuestra situación no se compara con aquellos que vivieron en un estado espiritual prematuro. No vivimos durante un período de revelación progresiva. Tenemos el corpus completo de material inspirado de Dios y estamos obligados a tomar el todo e interpretarlo en consecuencia.

Parece que los defensores de la "nueva hermenéutica" no han comprendido las implicaciones de su posición en lo que se refiere a la doctrina de la inspiración[95]. Insisten firmemente en que cada libro de la Biblia debe ser examinado por sus propios méritos. sin intrusión de material de ningún otro libro. Hablan de que el Nuevo Testamento es "una colección de cartas" como si los libros de la Biblia estuvieran agrupados casualmente y al azar en

---

[94] Vea la discusión sobre el uso de las Escrituras por parte de Jesús en Dave Miller, "Jesus' Own Hermeneutic", [*La Hermenéutica Propia de Jesús*], en Terry M. Hightower, ed., **Rightly Dividing The Word**, vol. I (*Trazando Bien La Palabra*; San Antonio, TX: iglesia de Cristo Shenandoah, 1990) y Dave Miller, "Command, Example, and Necessary Inference," [*Mandamiento, Ejemplo E Inferencia Necesaria*], un documento presentado a la Christian Scholars Conference (Abilene, TX: Abilene Christian University, julio de 1990).

[95] Bernard Ramm, **Protestant Biblical Interpretation** (*Interpretación Bíblica Protestante*; Grand Rapids, MI: Baker Book House, 1970), p. 93 declaró: "La inspiración divina de la Biblia es el fundamento de la hermenéutica y la exégesis protestante histórica".

un solo volumen[96]. Hablan como si no consideraran los sesenta y seis libros de la Biblia para estar interrelacionados o intencionalmente unidos como un solo cuerpo de verdad — la revelación completa y total de Dios al hombre[97].

Sin embargo, la visión bíblica de la inspiración requiere que, aunque los documentos bíblicos fueron escritos por unas cuarenta personas durante un período de aproximadamente 1600 años, la Biblia en realidad tiene un solo autor — el Espíritu Santo. La Biblia, por lo tanto, está destinada por Dios para ser tomada como una entidad única para comprender Su voluntad para la humanidad. Del mismo modo, Dios tiene la intención de que percibamos las Escrituras como inspiradas verbalmente. Esta visión clásica y estándar de la inspiración, fue en gran medida incuestionable hasta que el liberalismo teológico y su progenie neo-ortodoxa, ejercieron su influencia[98].

Para ver hacia dónde se dirige lógicamente el punto de vista de la "nueva hermenéutica" a este respecto, considere las

---

[96] Randy Fenter, "Do Not Go Beyond What Is Written (Part 2)", [*No Ir Más Allá De Lo Que Está Escrito* (Parte 2)], **Image** 5 (septiembre de 1989), pág. 9, habla del Nuevo Testamento como "una colección de cartas" y cita la alusión de Michael Armour a las Escrituras como "una carta lanzada por un apóstol a una iglesia por la que tiene algunas preocupaciones específicas".

[97] Downs habla con desaprobación de la forma en que las iglesias de Cristo han tratado de "homogeneizar la Escritura en un todo sistemático" por medio de un "enfoque armonizador del texto" (p. 10). McNicol se opone a "una visión de la Escritura como el depositario continuo de la revelación" e insiste en que esta visión de la Escritura está "en el centro de nuestro problema" (p. 4); Dudrey está de acuerdo en que la Escritura no se presta a este modelo de un sistema de doctrina completo, autoconsistente y simétrico y lo identifica con "el modelo de dictado de la inspiración". (p. 38). Durante mucho tiempo ha sido una estratagema de liberales teológicos para castigar y tergiversar la visión conservadora (es decir, bíblica) de la inspiración con etiquetas como "dictado", "literalismo" y "biblicismo" (por ejemplo, Dudrey, p. 24). Cf., R. Laird Harris, **Inspiration and Canonicity of the Bible** (*Inspiración Y Canonicidad De La Biblia*; Grand Rapids, MI: Zondervan Publishing House, 1957), pág. 20; Ramm, pág. 126; Benjamin B. Warfield, "Inspiration and Criticism," [*Inspiración Y Criticismo*], en **The Inspiration and Authority of the Bible** (*La Inspiración Y Autoridad De La Biblia*; reimp. Philadelphia, PA: The Presbyterian and Reformed Publishing Company, 1948), pág. 421; J. I. Packer, **"Fundamentalism" and the Word of God** (*"Fundamentalismo" y la Palabra de Dios*; Grand Rapids, MI: William B. Eerdmans Publishing Co., 1958), págs. 78-79, 178-181; J. W. McGarvey, **Evidences of Christianity** (*Evidencias del Cristianismo*; 1886, 1890; rpt. Nashville, TN: Gospel Advocate Company, 1974), págs. 212-214.

[98] Las discusiones útiles sobre la naturaleza de las Escrituras y la inspiración y su correlación con la interpretación incluyen los trabajos citados anteriormente por Packer, Harris, McGarvey (pp. 171-223) y Warfield, así como; Archibald A. Hodge y Benjamin B. Warfield, **Inspiration** (*Inspiración*; 1881; reimp. Grand Rapids, MI: Baker Book House, 1979). Packer escribe: "El historiador literario ve la Biblia como una biblioteca: un conjunto variado de escritos más o menos ocasionales…Pero es más que una biblioteca de libros de autores humanos; es un libro único con un solo autor" (p. 84).

siguientes declaraciones de alguien que todavía se considera miembro de las iglesias de Cristo:

> No podemos equiparar la autoridad de la Biblia con la autoridad de Dios, como podemos hacerlo con la autoridad de Cristo y Dios, porque la Biblia es un recipiente terrenal. Dios es perfecto, infalible e infinito. La Biblia, como producto humano, no lo es… Si la Biblia nos la hubiera traído un ángel directamente del cielo, habiendo sido dictada palabra por palabra por Dios mismo, para que su contenido sea nada menos y nada más que las palabras reales de Dios, entonces podríamos equiparar la autoridad de la Biblia con la autoridad de Dios. Pero la Biblia claramente no es ese tipo de libro[99].

---

[99] Leroy Garrett, "In What Way is the Bible Authoritative?" [¿*De Qué Manera Es Autoritativa La Biblia?*] **Restoration Review** 29 (marzo de 1987), pág. 43).

CAPÍTULO 16
PRESUPOSICIONES Y CONDICIONAMIENTO CULTURAL

Dicen que la "vieja hermenéutica" no toma en consideración que el intérprete está "moldeado" por sus propias presuposiciones. Dicen que el intérprete ha sido inevitable, si no es que invariablemente, influenciado por condicionamientos culturales, históricos, sociales y religiosos[100].

> ...... *el defecto básico en los hombres puede muy bien ser la voluntad, no la comprensión.*
> — Thomas B. Warren

¿Han sido afectados de manera similar los defensores de la "nueva hermenéutica"? ¿Qué hace que **sus** interpretaciones de

---

[100] Randy Fenter, "Do Not Go Beyond What Is Written (Part 2)", [*No Ir Más Allá De Lo Que Está Escrito* (Parte 2)], **Image** 5 (septiembre de 1989), págs. 8, 10; Bill Swetmon, "The Historical Method in Hermeneutics", [*El Método Histórico En La Hermenéutica*], **Image** 5 (julio de 1989), pág. 23; Douglas A. Downs, "The Future of Rationist Hermeneutics," [*El Futuro De La Hermenéutica Racionalista*], artículo presentado en la Christian Scholars Conference, (Malibu, CA: Pepperdine University, 1988), p. 2 (quien dice que hemos sido "cegados por nuestras propias limitaciones históricas e incapaces de leer las Escrituras con la frescura que exige el verdadero discipulado"); Allan J. McNicol, "Theological Method On the Bible Among Churches of Christ: A Proposal", [*Método Teológico Sobre La Biblia Entre Las Iglesias De Cristo: Una Propuesta*], documento presentado a la Christian Scholars Conference (Malibu, CA: Pepperdine University, 1989), págs. 1,2,5; Michael Casey, "The Origins of the Hermeneutics of the Churches of Christ; Part One: The Reformed Tradition," [*Los Orígenes De La Hermenéutica de las iglesias De Cristo; Primera Parte: La Tradición Reformada*], **Restoration Quarterly** 31/2 (1989), p. 91; Thomas Olbricht, "The Rationalism of the Restoration", [*El Racionalismo De La Restauración*], **Restoration Quarterly** 11/2 (1968), p. 85; C. Leonard Allen, Richard T. Hughes y Michael R. Weed, **The Worldly Church** (*La Iglesia Mundana*; Abilene, TX: ACU Press, 1988), pág. 56. D. A. Carson, **Exegetical Falacies** (*Falacias Exegéticas*; Grand Rapids, MI: Baker Book House, 1984), pág. 128, describe el enfoque de la "Nueva Hermenéutica": "El intérprete del texto, se argumenta, ya trae consigo cierto bagaje cultural, lingüístico y ético". Incluso las preguntas que el intérprete intenta hacer (o no hace) del texto reflejan las limitaciones impuestas por ese equipaje; en cierta medida, estas preguntas conforman las "respuestas" que pueden extraerse del texto y la forma en que el intérprete las entiende".

la Biblia sean inmunes a tal condicionamiento? ¿Qué les da la capacidad de elevarse por encima de **sus** presuposiciones mientras dejan al resto de la hermandad condenada a la interpretación condicionada? ¿Qué condicionamiento cultural, histórico, social y religioso informa **su** pensamiento? ¿Cuáles son **sus** "supuestos filosóficos" que los han formado?[101]

Por supuesto, esta afirmación proviene directamente de los defensores de la "Nueva Hermenéutica" en la teología denominacional. Rudolf Bultmann y otros[102] recalcan mucho este punto, dejando la impresión de que el conocimiento de la verdad objetiva es inalcanzable. Como señaló Liefeld:

> Debajo de gran parte de la discusión está la idea de que nunca podemos llegar al verdadero significado de un texto porque nuestro propio "horizonte" nos impide lograr una percepción no distorsionada del "horizonte" del escritor bíblico.[103]

Tal suposición no solo entra en conflicto directo con la evaluación de la situación por parte de Jesús (por ejemplo, Jn. 8:32), sino que la posición es contradictoria y, por lo tanto, falsa[104]. Ciertamente, debemos ser conscientes de nuestros propios prejuicios y limitaciones personales. cuando nos acercamos al texto. Pero Dios se comunicó claramente con nosotros de tal manera que podemos llegar a saber lo que Él quiere que creamos y hagamos (Heb. 11:6; Jn. 8:24; 12:48). Carson tiene razón cuando dice: "tal relativismo absoluto no solo es innecesario, sino también

---

[101] "Casey's terminology" [*Terminología de Casey*] en "Parte uno", pág. 91)

[102] Por ejemplo, Rudolf Bultmann, **Jesus Christ and Mythology** (*Jesucristo Y La Mitología*; Nueva York, NY: Charles Scribner's Sons, 1958), págs. 48 y sig.; Las opiniones de Ernst Fuchs y Gerhard Ebeling en A. C. Thiselton "The New Hermeneutic", en **New Testament Interpretion: Ensays on Principles and Methods**, [*"La Nueva Hermenéutica", en Interpretación Del Nuevo Testamento: Ensayo Sobre Principios y Métodos*] I. Howard Marshall, ed. (Grand Rapids, MI: Eerdmans, 1977), págs. 308 y siguientes; Cf., Carson, págs. 128 y siguientes; Hans-George Gadamer, **Truth and Method** (*Verdad Y Método*; Londres: Sheed and Ward, 1975); A. C. Thiselton, **The Two Horizons: New Testament Hermeneutics and Philosophical Description** (*Los Dos Horizontes: Hermenéutica y Descripción Filosófica del Nuevo Testamento*; Grand Rapids, MI: Eerdmans, 1980).

[103] Walter L. Liefeld, **New Testament Exposition** (*Exposición del Nuevo Testamento*; Grand Rapids, MI: Zondervan Publishing House, 1984), p. 23)

[104] La autocontradicción se discute en Thomas B. Warren, **Logic and the Bible** (*La Lógica Y La Biblia*; Jonesboro, AR: National Christian Press, 1982), págs. 23-26.

contradictorio; Porque los autores de tales puntos de vista ¡esperan que comprendamos el significado de sus artículos![105]

Sorprendentemente, los defensores de la "nueva hermenéutica" discrepan con el enfoque de los textos bíblicos que percibe que el propósito de la Biblia y la interpretación bíblica es informar a los humanos cómo agradar a Dios[106]. Sin embargo, los propios escritores bíblicos (incluido Jesús) hablan repetidamente de que toda la responsabilidad terrenal del hombre consiste en determinar la voluntad de Dios para sus vidas, a partir de Su revelación ¡para luego hacer lo que Su voluntad requiere! (ej., Ecl. 12:13; Jn. 8:32; 2 Tim. 2:15; Jn. 12:48; Hch. 17:11; 1 Tes. 5:21; Mat. 22:34-40; Deut. 30; Miq. 6:8; et al.). Sin duda sería esclarecedor para uno de los voceros de la "nueva hermenéutica" decirnos con precisión lo que **ellos** conciben como el propósito de la Escritura.

Repartida por todos los escritos de aquellos que promueven la "nueva hermenéutica" hay evidencia de que ven la verdad como relativa, subjetiva e inalcanzable. Parecen estar infectados con los presupuestos de la teología liberal y neo-ortodoxa, así como con la filosofía existencialista y romántica[107].

---

[105] Carson, **Exegetical Falacies** (*Falacias Exegéticas*, pág. 129).

[106] Russ Dudrey, "Restorationist Hermeneutics Among Churches of Christ: Why Are We at an Impasse?" [*Hermenéutica Restauracionista Entre las iglesias de Cristo: ¿Por Qué Estamos En Un Punto Muerto?*] **Restoration Quarterly** 30/1 (1988), (p. 38), critica los métodos hermenéuticos anteriores que "asumen un modelo literario en el que la Biblia contiene respuestas a todas las preguntas necesarias para la vida y la piedad". Gary D. Collier, "Bring the Word To Life: An Assessment of the Hermeneutical Impasse in Churches of Christ; Part II: The Scholarship Movement", [*Dale Vida A La Palabra: Una Evaluación Del Impase Hermenéutico en las iglesias de Cristo; Parte II: El Movimiento Académico*], un documento presentado a la Christian Scholars Conference (Malibu, CA: Pepperdine University, julio de 1987), pág. 18, menosprecia el estudio de las Escrituras desde la perspectiva de "¿Qué nos exige la Biblia?"

[107] Bill Swetmon, Discurso pronunciado en la "Reunión de Nashville" (Nashville, TN, diciembre de 1988), nos dice que necesitamos "conocer a las escuelas del criticismo, como la crítica histórica, la crítica de las formas, la crítica de la fuente, la redacción crítica y la crítica del Midrash". Michael Casey, "Scripture As Narrative and the Church A Story- Form Community: A Proposal For A New Restoration Hermeneutic," [*La Escritura Como Narrativa Y La Iglesia Una Comunidad En Forma De Historia: Propuesta Para Una Nueva Restauración Hermenéutica*] (Malibu, CA: Pepperdine University, s.f., [*sin fecha*]), pág. 15, cita al teólogo neo-ortodoxo H. Richard Niebuhr en apoyo de su posición. Downs (p. 15) nos reprende por ignorar las disciplinas de las formas y la crítica de redacción en nuestro análisis de textos bíblicos.

Con respecto al conocimiento religioso, se nos dice que "la prueba de tal conocimiento está más allá de las fronteras de las herramientas de prueba humanas" y que nuestra "metáfora de mandamiento/obediencia" ha creado "un falso sentido de certeza epistemológica"[108]. Supongo que cuando Jesús dijo: "Conoceréis la verdad" (Jn. 8:32), fue culpable de crear en sus discípulos "¡un falso sentido de certeza epistemológica!" Tal agnosticismo religioso se ve aún más en la afirmación continua de que la "replicación" o la "restauración" de la iglesia del Nuevo Testamento es una "ilusión"[109].

Hablan despectivamente de la suposición de que toda persona razonable puede ver la Biblia por igual[110]. Dicen que debemos contentarnos para vivir con "respuestas meramente provisionales"[111]. Hablan de la necesidad de que cualquier "sistema de hermenéutica" sea "temporal y no permanente" y que hemos llegado a un punto en el que "la interpretación de la Escritura debe ser reposicionada para proporcionar más ayuda" para las preocupaciones personales y sociales[112].

Sin embargo, numerosos textos bíblicos afirman que la verdad es objetiva, absoluta y alcanzable (por ejemplo, Prov. 23:23; Jn. 3:2; 8:32; Hch. 2:22; 1 Jn. 2:3). El conocimiento debe

---

[108] Casey, "Narrativa", págs. 7, 12.

[109] Richard T. Hughes y Leonard Allen, **Illusions of Innocence: Protestant Primitivism in America, 1630-1875** [*Ilusiones De Inocencia: Primitivismo Protestante En Estados Unidos, 1630-1875*] (Chicago, IL: University of Chicago Press, 1988), p. 121; Casey, "Narrativa", págs. 2, 13; Casey, "Primera parte", pág. 81; Dudrey, pp. 27 y ss. Cf., Dave Miller, "The Restoration of Judah Under King Hezekiah" in **The Validity of the Restoration Principle** [*"La Restauración De Judá Bajo El Rey Ezequías"* en *La Validez Del Principio De Restauración*], Eddie Whitten, ed. (Mesquite, TX: Biblical Bookshelf, 1989), págs. 54-63.

[110] Casey, "Narrativa", pág. 11; Michael Casey, "The Origins of the Hermeneutics of the Churches of Christ; Part Two: The Philosophical Background", [*Los Orígenes De La Hermenéutica de las iglesias De Cristo; Segunda Parte: El Trasfondo Filosófico*], **Restoration Quarterly** 31/4 (1989), p. 199; Thomas Olbricht, "Hermeneutics: The Beginning Point (Part 1)", [*Hermenéutica: El Punto de Partida (Parte 1)*] **Image** 5 (septiembre de 1989), pág. 15.

[111] Cita que hace Collier de Allen en "Parte II", pág. 27.

[112] Casey, "Narrativa", pág. 14; Thomas Olbricht, "Hermeneutics: The Beginning Point (Part 2)", [*Hermenéutica: El Punto de Partida (Parte 2)*] **Image** 5 (octubre de 1989), pág. 15.

preceder a la fe (Rom. 10:17; 4:20-21; Jn. 10:24, 25, 38)[113]. La fe es aceptar y actuar sobre lo que uno sabe que es la voluntad de Dios (Heb. 11:6). Pablo declaró que Dios desea que "todos los hombres" lleguen al conocimiento de la verdad (1 Tim. 2:4). Si algunos no lo hacen, no es porque la verdad sea relativa o inalcanzable. Otros factores tienen la culpa, incluida la ausencia de un "corazón bueno y recto" (Luc. 8:15) y "amor de la verdad" (2 Tes. 2:10)[114].

Ni la verdad ni la capacidad fundamental del hombre para aprehender, cambia la verdad. Los enfoques alternativos a la interpretación son superfluos. Cuando Dios dijo: "No hurtarás", nuestra interpretación del significado de esa declaración es la misma que la interpretación de quienes la recibieron originalmente. La única necesidad de una "nueva hermenéutica" radica en la falta de voluntad del hombre para aceptar el significado auténtico que Dios pretendía. No necesitamos una "nueva" interpretación de las palabras de Dios. Simplemente necesitamos restablecer una determinación devota para cumplir con lo que ya entendemos que la Biblia enseña.

Conclusión

Nuestro deseo de una "nueva hermenéutica" revela mucho más sobre la condición de nuestros corazones que sobre nuestra capacidad de comprender los significados originales de Dios. La "nueva hermenéutica" es parte integrante del temperamento espiritual que ha impregnado nuestra sociedad y la iglesia. Es un intento de proporcionar una sanción sofisticada a la perenne inclinación humana de reestructurar y rediseñar las creencias y prácticas religiosas para adaptarlas a sí mismo (Gén. 3:6; Éx. 17:2; Núm. 21:5; Jue. 21:25; 1 Sam 8:19-20; 1 Sam. 13:12; Jer. 6:16; et al.). Es un intento de hacer lo que uno quiera hacer, mientras se mantiene un sentido de religiosidad (Gén. 4:3; Lev. 10:1; 1 Sam. 15:13, 20; 2 Crón. 26:16).

---

[113] Cf., Dave Miller, "Blind Faith", [*Fe Ciega*] **The Restorer** 8 (Sept. 1988), p. 10-11; Thomas B. Warren, **When Is An 'Example' Binding?** [*¿Cuándo Es Obligatorio Un "Ejemplo"?*] (Jonesboro, AR: National Christian Press, 1975), págs. 33 y sigs.

[114] Cf., D. R. Dungan, **Hermeneutics** [*Hermenéutica*] (Delight, AR: Gospel Light Publishing Company, 1888), p. 36-47 — una discusión de cosas que impiden una correcta interpretación de las Escrituras.

La "hermenéutica" que ha estado operativa en general entre las iglesias de Cristo, así como el "fundamento teológico" que sustenta esta "hermenéutica", no son ni erróneos ni anticuados. Ambos están profundamente arraigados en las Escrituras mismas. Las iglesias de Cristo en general han percibido con precisión la voluntad de Dios del libro de Dios. Algunos cristianos eligen seguir esa voluntad, mientras que otros eligen no hacerlo. Así ha sido a lo largo de la historia humana. Todos los esfuerzos para originar alguna "nueva verdad" o algún enfoque alternativo a la sencilla enseñanza bíblica, han quedado en el camino y han sido enterrados bajo las innovaciones de generaciones posteriores. Con respecto a la "nueva hermenéutica" de nuestros días: "esto también pasará".

Si la empresa interpretativa es tan evasiva, enigmática y enredada como lo representan los llamados "eruditos", entonces el miembro promedio de la iglesia, por no hablar del que ni siquiera lo es, no tiene la menor oportunidad para comprender la palabra de Dios y llegar al cielo. Hemos llegado a un punto en la historia de la iglesia donde algunos han sido "educados más allá de su inteligencia".

¿Es realmente difícil determinar y obedecer la voluntad de Dios? La respuesta de Moisés a esa pregunta es tan fácil de entender y relevante hoy como cuando se habló hace más de 3.000 años:

> Porque este mandamiento que yo te ordeno hoy no es demasiado difícil para ti, ni está lejos. No está en el cielo, para que digas: ¿Quién subirá por nosotros al cielo, y nos lo traerá y nos lo hará oír para que lo cumplamos? Ni está al otro lado del mar, para que digas: ¿Quién pasará por nosotros el mar, para que nos lo traiga y nos lo haga oír, a fin de que lo cumplamos? Porque muy cerca de ti está la palabra, en tu boca y en tu corazón, para que la cumplas. (Deut. 30:11-14).

CAPÍTULO 17
PROCEDIMIENTO HERMENÉUTICO CORRECTO

Qué quiere decir la gente con la afirmación "Esa es solo tu interpretación"? Muchos quieren decir: "Usted tiene su punto de vista de lo que significa el pasaje y yo tengo el mío. ¿Quién puede decir que el mío está mal y el suyo está bien? No debemos condenar las opiniones de los demás. Deberíamos permitirnos tener diferentes puntos de vista". ¿Tiene la Biblia algo que decir sobre esta idea?

> *El que quiera hacer la voluntad de Dios, conocerá si la doctrina es de Dios*
> — Jesucristo (Jn. 7:17)

Vivimos en una sociedad "pluralista". "Pluralismo" simplemente significa que se permite que coexistan varias opiniones diferentes, incluso conflictivas. Esta actitud es muy frecuente en el mundo de hoy. Los programas de televisión hablan constantemente de que no hay absolutos. La verdad es subjetiva y relativa a muchas personas. Insisten en que hay muy pocas, si es que hay alguna, definitivas — muy poco blanco y negro, pero mucha área gris. El asunto se complica aún más por el hecho de que en cualquier cuestión religiosa o moral, hay **autoridades** sinceras y conocedoras en ambos lados del tema. La postura general de la mentalidad actual es que, dado que la verdad es tan evasiva, nadie debería juzgar a nadie más; nadie debe ser tan arrogante o dogmático como para insistir en que cierto punto de vista es el único punto de vista correcto.

Sin siquiera examinar la palabra de Dios, deberíamos poder ver que esta actitud y esta posición son contradictorias e inaceptables. ¿Por qué? Porque quienes lo defienden insisten en que están en lo correcto. Son dogmáticos en su insistencia en que nadie debería ser dogmático. Sostienen como verdad absoluta y cierta el hecho de que no hay verdades absolutas. Por lo tanto, tienen que negar su punto de vista ¡para sostenerlo!

Solo en la religión las personas toman la posición necia de que la verdad es esquiva e inalcanzable. Solo en la tarea de interpretar la Biblia la gente toma la posición de que la verdad es relativa, siempre cambia y es algo de lo que nunca podremos estar seguros. Los seres humanos razonamos en religión de una manera que difiere de la forma en que razonamos en cualquier otra faceta de nuestras vidas.

Por ejemplo, cuando vamos al médico porque no nos sentimos bien, le comunicamos nuestros síntomas y esperamos que nos entienda. Esperamos que recopile toda la evidencia relevante (la información verbal que damos, así como los síntomas que manifiestan nuestros cuerpos) y luego interprete adecuadamente esa evidencia para sacar las conclusiones correctas sobre nuestra dolencia y el tratamiento adecuado. Luego escribe una receta que llevamos al farmacéutico y una vez más esperamos que el farmacéutico interprete adecuadamente las instrucciones del médico. Llevamos la receta a casa y leemos la etiqueta, esperando entender las instrucciones. El hecho de que los médicos y farmacéuticos puedan cometer errores al sacar conclusiones injustificadas sobre nuestra condición, no cambia el hecho de que, si reúnen suficiente evidencia y razonan adecuadamente sobre la información, pueden **saber** la verdad sobre nuestra situación.

Cada día que vivimos, interpretamos miles de mensajes con precisión. Leemos el periódico, esperando comprender lo que estamos leyendo. Leemos novelas con la misma expectativa. Miramos las noticias en la televisión, vamos al buzón y sacamos el correo y lo examinamos, esperando interpretar correctamente los mensajes que nos transmiten. El hecho de que a veces se produzca una mala comprensión, no niega la verdad de que se puede examinar más información para sacar las conclusiones verdaderas y llegar a interpretaciones correctas.

Pasamos por este proceso constantemente cada hora del día, día tras día, año tras año. Nos damos crédito por tener la capacidad de operar con sensatez y comunicarnos entre nosotros de manera inteligible. Sin embargo, nos damos la vuelta e insinuamos que el Dios del cielo, el que creó nuestras mentes y nuestra capacidad de pensamiento, el que es infinitamente más sabio y más capaz que los humanos, ¡es incapaz de dar a conocer su voluntad a la humanidad de manera clara y comprensible! Cuando nos acercamos a la Biblia, de repente hacemos una mueca e insistimos en que no podemos estar seguros de cuál es la voluntad de Dios, no podemos ser dogmáticos en la doctrina, debemos permitir opiniones diferentes ¡sobre lo que es espiritualmente correcto e incorrecto!

¿Fue la Biblia escrita por Dios a través de hombres inspirados con el propósito de dar a conocer su voluntad para nosotros? ¿Hizo Dios que la Biblia fuera escrita de tal manera que pudiéramos captar los significados que pretendía transmitir? La Biblia declara que "sí". Dios le ha dado al hombre revelación escrita con el entendimiento de que se puede comprender correctamente. Esto significa que, para cada enseñanza, para cada pasaje, para cada versículo, para cada palabra en la Biblia, hay un significado que Dios originalmente pretendía transmitir. A eso se refería Pedro cuando dijo: "ninguna profecía de la Escritura es de interpretación privada" (2 Ped. 1:20). Lo que quiso decir es que los **hombres** no decidieron qué información incluir en el material inspirado — **Dios** lo hizo. Dios le ha dado a cada ser humano responsable la tarea de determinar esa interpretación correcta. Solo hay una interpretación verdadera para cualquier pasaje — la correcta, ¡la opinión de Dios!

La Hermenéutica Propia De Jesús

Volvamos al Nuevo Testamento y a Jesucristo mismo. Examinemos el enfoque que Jesús tomó para interpretar las Escrituras. Descubramos qué actitud tenía Jesús hacia la verdad y la revelación. Consideremos cómo empleó el Maestro mismo las Escrituras para enfrentar los ataques de aquellos que lo disuadirían de la conformidad con la voluntad de Dios. Entonces, "vayamos y hagamos lo mismo".

La Actitud De Jesús Hacia La Escritura

1. Jesús consideró claramente que las Escrituras son divinamente inspiradas a través de la instrumentalidad humana. Atribuyó las palabras de David en el Sal. 110:1, al Espíritu Santo

(Mar. 12:36). Trató la profecía de Daniel en Dan. 9:27 como una predicción inspirada que ciertamente se haría realidad (Mat. 24:15). El mismo día que visitó la sinagoga en Nazaret y leyó en voz alta el capítulo sesenta y uno de Isaías, declaró que el pasaje se había cumplido en su audiencia (Luc. 4:21). Sostuvo que la afirmación de las Escrituras de que Elías iba a preceder a la aparición del Mesías (Mal. 4:5) fue exactamente lo que sucedió (Mar. 9:11-13).

En su arresto, le hizo dos preguntas a Pedro, la segunda de las cuales confirmó aún más su creencia en la inspiración de la Escritura: "¿Pero cómo entonces se cumplirían las Escrituras, de que es necesario que así se haga?" (Mat. 26:54). Atribuyó su selección de Judas al cumplimiento inevitable del Sal. 41:9 (Jn. 13:18). De hecho, estaba tan seguro de la inspiración del Antiguo Testamento que incluso en su muerte, citó el Sal. 22:1 (Mat. 27:46). Claramente, Jesús reconoció las Escrituras como originadas en el Cielo en la mente de Dios, impartiendo así una unidad controladora a toda la Escritura. Para Jesús, el Antiguo Testamento desde el Génesis hasta Malaquías fue inspirado por Dios.

La concepción de inspiración de Jesús incluía lo que llamamos componentes "verbales" y "plenarios". J. Gresham Machen describió la inspiración "plenaria" cuando escribió:

> ...Los escritores bíblicos...fueron preservados de los errores que aparecen en otros libros y, por lo tanto, el libro resultante, la Biblia, es en todas sus partes la Palabra misma de Dios, completamente cierta en lo que dice con respecto a los hechos y completamente autoritativa en sus mandamientos[115].

Jesús constantemente manifestó simpatía con esta comprensión de la naturaleza de las Escrituras. No solo recibió y usó los elementos predictivos de las Escrituras del Antiguo Testamento, sino que también reconoció la credibilidad de las porciones didácticas e históricas. La historicidad de Daniel (Mar. 13:14), la experiencia de Jonás en el pez (Mat. 12:40), la creación divina de Adán y Eva (Mat. 19:4), la realidad de Noé y el Diluvio

---

[115] J. Gresham Machen, **The Christian Faith in the Modern World** [*La Fe Cristiana En El Mundo Moderno*] (1936; reimp. Grand Rapids, MI: Wm. B. Eerdmans Publishing Co., 1970), págs. 36-37.

(Luc. 17:26-27), Lot y la destrucción de Sodoma, así como el destino de la esposa de Lot (Luc. 17:29,32), la viuda, el hambre y la sequía de los días de Elías (Luc. 4:25-26), y el comandante sirio leproso, Naamán (Luc. 4:27) — todos dan fe del hecho de que, para Jesús, las Escrituras son completamente inspiradas "en todas sus partes". La credibilidad de los escritores inspirados era incuestionable y sus producciones literarias no contenían errores.

La inspiración del Antiguo Testamento, para Jesús, también era **verbal**. Hodge y Warfield, en su magistral tratado sobre la inspiración, describen la inspiración verbal en las siguientes palabras:

> ...la superintendencia divina...se extendió a la expresión verbal de los pensamientos de los escritores sagrados, así como a sus pensamientos mismos...Por lo tanto, en todas las afirmaciones de las Escrituras de todo tipo, no hay más errores en las palabras de los autógrafos originales, que en los pensamientos que fueron elegidos para expresar[116].

Jesús claramente aceptó esta comprensión del asunto. Basó su defensa poderosa y penetrante de la realidad de la resurrección de los muertos en el tiempo de la **gramática** de Éx. 3:6. Si Dios era el Dios de Abraham, Isaac y Jacob en el mismo momento en que le estaba hablando a Moisés, aunque los tres ya habían muerto, entonces todavía debían existir más allá de la tumba (Mat. 22:32)[117]. El argumento **depende** de que Dios haya redactado su declaración para transmitir la contemporaneidad.

Cuando Jesús desafió a los fariseos a aclarar la identidad del Mesías, se enfocó en el uso de David del **término** "Señor" en el Sal. 110:1 — "Pues si David le llama Señor, ¿cómo es su hijo?" (Mat. 22:45). Todo su punto depende de la inspiración

---

[116] Archibald A. Hodge y Benjamin B. Warfield, **Inspiration** (*Inspiración*; 1881; reimp. Grand Rapids, MI: Baker Book House, 1979), pág. 19.

[117] La afirmación de que Jesús hizo un argumento basado en el "tiempo" del lenguaje del Antiguo Testamento necesita aclaración. En realidad, el hebreo no tiene tiempos pasados, presentes o futuros. Por el contrario, se considera que la acción está completa o incompleta, por lo que los verbos aparecen en hebreo perfecto o imperfecto. Ningún verbo ocurre en la declaración de Dios en Éx. 3:6. En consecuencia, el tiempo está implícito más que expresado. En este caso, la gramática hebrea permitiría cualquier tiempo del verbo "ser". Por supuesto, Jesús aclara la ambigüedad inherente al pasaje al afirmar lo que Dios tenía en mente. Mateo preserva el uso de Jesús del tiempo presente griego: "εγω ειμι".

verbal. En otra ocasión, Jesús estuvo a punto de ser apedreado por judíos enojados debido a que se identificó con la deidad. Su defensa se basó en una sola **palabra** del Sal. 82:6 — "dioses" (Jn. 10:34-35). Todo su punto depende de la inspiración verbal.

La alusión de Jesús a la "jota y la tilde" constituía una declaración tácita de creencia en la inspiración verbal (Mat. 5:18). Como Archer observa acertadamente:

> Esto indica que no solo el pensamiento transmitido por la Escritura, sino también las palabras individuales en sí mismas, como vehículos válidos de esos pensamientos y como se explican en letras individuales, poseen una verdad infalible y seguramente encontrarán su cumplimiento y realización[118].

Lo mismo puede decirse de la cita de Jesús de Gén. 2:24 en su discurso sobre el divorcio. Observe la redacción: "¿No habéis leído que el que los hizo al principio, varón y hembra los hizo, y dijo...?" (Mat. 19:4-5). El versículo al que alude Jesús ocurre inmediatamente después de una declaración hecha por Adán. No se da ninguna indicación en el texto de que las palabras son una cita directa de Dios. De hecho, las palabras parecen ser más comentarios autoritativos o narrativos de Moisés, el autor del Pentateuco. Sin embargo, Jesús atribuye las palabras a Dios. En otras palabras, Dios es el autor. Este pasaje no es un **registro** de lo que Dios dijo; **es** lo que Dios dijo.

De la misma manera, todas las Escrituras son palabras de Dios (véase 1 Cor. 6:16 donde "él" = Dios). Como Warfield y Hodge escribieron en 1881: "Las Escrituras no solo contienen, sino que SON, LA PALABRA DE DIOS, y por lo tanto, todos sus elementos y todas sus afirmaciones son absolutamente sin errores"[119]. Jesús claramente consideró la Escritura como Palabra plenaria, y verbalmente inspirada por Dios.

2. Sobre la base de este origen divino, Jesús también demostró claramente su actitud de que las Escrituras tienen

---

[118] Gleason L. Archer, Jr., **A Survey of Old Testament Introduction** (*Introducción Al Estudio Del Antiguo Testamento*; Chicago, IL; Moody Press, 1974), pág. 26.

[119] Hodge y Warfield, pág. 26.

autoridad y que los hombres están obligados a seguir sus preceptos. Cuando describió la conversación de Abraham con el hombre rico en el Hades, citó el comentario de Abraham: "A Moisés y a los profetas tienen; óiganlos" (Luc. 16:29). Al hacerlo, manifestó su gran respeto por la autoridad del Antiguo Testamento como la voz y guía supremas.

Para Jesús, la Escritura era la base de la creencia. Él declaró: "Oh insensatos, y tardos de corazón para creer todo lo que los profetas han dicho" (Luc. 24:25). Les dijo a los judíos: "Examináis las Escrituras porque vosotros pensáis que en ellas tenéis vida eterna...Porque si creyerais a Moisés, me creeríais a mí, porque de mí escribió él. Pero si no creéis sus escritos, ¿cómo creeréis mis palabras?" (Jn. 5:39, 46-47 LBLA). Jesús afirmó que el Antiguo Testamento daba un testimonio divino y autoritativo de sí mismo y, al hacerlo, daba testimonio de la autoridad del propio Antiguo Testamento.

Observe en los siguientes ejemplos, cómo demuestran el reconocimiento de Jesús de la autoridad de la Escritura:

Mat. 12:39-40 — La experiencia de Jonás (Jon. 1:17) prefiguró la sepultura de Jesús: "Porque así como Jonás fue señal a los ninivitas, también lo será el Hijo del Hombre a esta generación" (Lucas 11:30);

Mat. 15:7 y sigs. — Jesús se opuso a las tradiciones judías y al comentario de los escribas por invalidar la palabra de Dios;

Mar. 12:10 — Para confirmar el punto de su parábola, Jesús introdujo una Escritura autorizada con la pregunta retórica, "¿Ni aun esta escritura habéis leído...?"

Luc. 4:21 — Jesús declaró que Isa. 61:1-2 era aplicable a aquellos que estaban en Su presencia en esa ocasión;

Luc. 24:27, 44 — ¿Por qué exponer las Escrituras del Antiguo Testamento o declarar la necesidad de su cumplimiento a menos que tengan autoridad para Sus oyentes?

Jn. 15:25 - Las palabras de un salmo se describen como "ley".

Quizás la prueba más sorprendente de que Jesús veía las Escrituras como autoritativas es la ocasión en que atribuye autoridad legal a la totalidad de las Escrituras — una opinión que también el pueblo sostenía (Jn. 12:34). Al sostener que "la escritura no puede ser quebrantada" (Jn. 10:34-35), Jesús estaba afirmando que su autoridad no puede ser anulada, negada o resistida. La autoridad de las Escrituras es final e irrevocable. Gobierna toda la vida y se cumplirá pase lo que pase. Claramente, la actitud uniforme de Jesús hacia las Escrituras era de completa confianza y seguridad en su autoridad[120].

3. Jesús también vio las Escrituras como **proposicionales**, **absolutas** y **objetivas**. Frases como "está escrito", "Dios dijo", "por medio de los profetas" y "las Escrituras dicen" muestran que Jesús y sus apóstoles estimaron el Antiguo Testamento como divino y consideraron sus preceptos como la verdad absoluta. Su calidad objetiva y absoluta se ve en su frecuente alusión a los escritos judíos como una unidad — una totalidad sagrada bien definida (Mat. 5:17-18; Luc. 24:44; cf., Mat. 24:35). Los apóstoles y los escritores de los evangelios estuvieron de acuerdo con el punto de vista de Jesús de que la Escritura debe cumplirse (cf. Mat. 26:26; Luc. 3:4; 22:37; Jn. 12:38).

Incluso cuando era un niño de doce años, el manejo de las Escrituras por parte de Jesús como un cuerpo objetivo de verdad fue evidente cuando deslumbró a los doctores de la ley con "su inteligencia y sus respuestas" (Luc. 2:47). Esta característica continuó a lo largo de su habitación terrenal. Contradijo a sus antagonistas (por ejemplo, los principales sacerdotes, los escribas y los saduceos) al declarar que la fuente del error religioso era su ignorancia de las Escrituras (Mat. 21:16; [22:29 LBLA]). Incluso les dijo: "Estáis equivocados por no comprender las

---

[120] cf. J. I. Packer, **Fundamentalism and the Word of God** (*El Fundamentalismo Y La Palabra De Dios*; 1958; reimp. Grand Rapids, MI: Wm. B. Eerdmans Publishing Co., 1976), págs. 54-62; Merrill C. Tenney, ed., **The Bible — The Living Word of Revelation** (*La Biblia — La Palabra Viviente De La Revelación*; Grand Rapids, MI: Zondervan Publishing House, 1968), págs. 136-37; D.L. Baker, **Two Testaments: One Bible** (*Dos Testamentos: Una Biblia*; Downers Grove, IL: InterVarsity Press, 1976), pág. 36.

Escrituras" (cf. Mar. 12:24). Exhortó a los fariseos a consultar a Os. 6:6 — "Id, pues, y aprended lo que significa" (Mat. 9:13). Por otro lado, Jesús **conocía** las Escrituras (debía conocerlas, ¡Él las escribió!), Y las usó como la base de la percepción objetiva.

La naturaleza proposicional de la Escritura es particularmente evidente en el uso frecuente de Cristo de declaraciones aisladas del Antiguo Testamento (es decir, proposiciones) para probar varias disputas. Usó el Sal. 110:1 para probar su señorío (Mar. 12:36). Demostró su identidad mesiánica y su resurrección inminente aludiendo a una aparente fusión del Sal. 110:1 y Dan. 7:13 (Mar. 14:62). Probó que su muerte y resurrección eran inminentes al referirse al Sal. 118:22 (Mar. 12:10-22; cf. Hch. 4:11).

Nuestros predicadores mayores se opusieron a la doctrina denominacional y otras formas de error al enseñar, defender y debatir la verdad bíblica. Entendieron completamente que la verdad es objetiva — no subjetiva. En un día en que muchos de nuestros "eruditos" de la hermandad ridiculizan tales creencias y comportamientos, nuestros "eruditos" harían bien en darse cuenta de que nuestros predicadores mayores ¡solo han estado emulando a Jesús! Nadie es un verdadero erudito ¡a menos que piense y actúe como nuestro Señor!

Virkler resume el uso de Jesús del Antiguo Testamento:[121]

> 1. Jesús trató consistentemente las narraciones históricas como registros directos de los hechos. Como señaló Wenham, "es evidente que estaba familiarizado con la mayor parte de nuestro Antiguo Testamento y que lo trataba todo igual, como historia"[122].

> 2. Jesús aceptó las narraciones que los críticos modernos encuentran inaceptables.

> 3. Su aplicación del registro histórico fue normal y literal más que alegórica.

---

[121] El siguiente resumen está condensado de Henry A. Virkler, **Hermeneutics** (*Hermenéutica*; Grand Rapids, MI: Baker Book House, 1981), págs. 32-33, 54-58.

[122] John W. Wenham, **Christ and the Bible** (*Cristo y la Biblia*; Downers Grove, IL: InterVarsity Press, 1972), p. 13.

4. Se opuso a las interpretaciones falaces de los líderes religiosos (por ejemplo, Mat. 15:1-9).

5. Los escribas y fariseos nunca lo acusaron de uso antinatural o ilegítimo de la Escritura (cf. Mat. 7:28-29).

6. En aquellos casos en los que nos parece que estaba usando un texto de forma antinatural, falta nuestra comprensión del idioma o patrón de pensamiento cultural, hebraico o arameo. Por ejemplo, era un procedimiento común agrupar dos o más profecías juntas y atribuirlas al profeta más prominente del grupo (Mat. 27:9-10). La modificación de la redacción de una cita del Antiguo Testamento en el Nuevo Testamento es explicable al menos por tres motivos: las versiones en ese momento variaban en su redacción, los escritores no afirmaban estar citando textualmente, y la paráfrasis es a menudo un signo de dominio del material.

La actitud de Jesús hacia las Escrituras era sólida y normativa. Virkler concluye: "el Nuevo Testamento mismo sienta las bases para el método gramatical-histórico de la hermenéutica evangélica moderna".

El Uso de Jesús De La Escritura

El Nuevo Testamento no solo nos ilumina en cuanto a la actitud de Cristo hacia las Escrituras, sino que también nos da muchas muestras sorprendentes del uso pragmático de Jesús de las Escrituras en la vida cotidiana. Al menos tres observaciones surgen de un examen del manejo real de las Escrituras por parte de Jesús.

1. Confió mucho en las Escrituras. **Citó** del Antiguo Testamento con frecuencia. Constantemente reiteraba a sus discípulos la profunda penetración de la vida por las palabras escritas de Dios (por ejemplo, Luc. 24:27). Constantemente afirmó la certeza del cumplimiento de las Escrituras en el mundo (por ejemplo, Luc. 24:44-46). Poseía un sentido de la unidad de la historia y una comprensión de su amplio alcance (por ejemplo, Luc. 11:50-51).

Los predicadores entre las iglesias de Cristo alguna vez se distinguieron por su enfoque de "predicación de libro, capítulo y versículo"[123]. Esta misma cualidad era típica del enfoque de la vida de Jesús. Sin embargo, nuestros predicadores y miembros hoy están mucho más impresionados con las palabras de Swindoll, Dobson, Stott, Skinner, Kierkegaard y Barth que con las palabras de Juan, Jesús, Pedro, Pablo y Moisés. Hemos abandonado las fuentes **primarias** a cambio de fuentes secundarias, inferiores y, en muchos casos, erróneas. Somos ahora la generación con mayor educación académica que la iglesia haya conocido — sin embargo, somos los más **ignorantes** cuando se trata del conocimiento bíblico claro. Ya es hora de que volvamos a una "Biblia armada", al estilo de vida de las Escrituras citadas. Ya es hora de que volvamos a emular la gran dependencia de Jesús de las Escrituras.

2. Además de una gran dependencia de la cita bíblica, Jesús demostró repetidamente una proclividad increíble a la racionalidad en su uso agudo, potente y penetrante de la lógica y la argumentación sólida. Su primera actividad responsable registrada consistió en un diálogo lógico entre Él y los teólogos judíos ¡a la edad de doce años! Su destreza lógica era evidente no solo para los doctores de la ley, sino también para sus padres (Luc. 2:45-51). Con motivo de su bautismo, razonó con Juan para convencerlo de que se adelantara y lo sumergiera (Mat. 3:13-15). Le propuso una razón lógica para justificar la acción.

Inmediatamente después de este incidente, Jesús se enfrentó a Satanás en el desierto. Satanás planteó tres argumentos, pidiendo a Cristo actuar sobre la base del razonamiento erróneo que Satanás expuso. Observe cuidadosamente la secuencia de la disputa entre los dos, con especial atención al uso superior (es decir, preciso) de la lógica de Cristo para derrotar a su oponente:

MATEO 4:1-11
Argumento #1:
Satán: "Si eres Hijo de Dios, dí que estas piedras se conviertan en pan".

Jesús: "no sólo de pan vivirá el hombre, mas de todo lo que sale de la boca de Jehová vivirá el hombre" (Deut. 8:3). Ofrece Escrituras autorizadas

---

[123] Vea el Capítulo 19 para una discusión sobre la predicación de "libro, capítulo y versículo".

como evidencia para contradecir la conclusión de Satanás. En otras palabras, satisfacer la legítima necesidad del hambre nunca debe prevalecer sobre la necesidad de obedecer a Dios y atender primero las necesidades espirituales.

Argumento #2:

Satán: "Si eres Hijo de Dios, échate abajo". Esta vez Satanás ofrece las Escrituras (Sal. 91:11-12) como evidencia para justificar su propuesta.

Jesús: "Escrito está también: No tentarás al Señor tu Dios" (Deut. 6:16). Jesús responde con una escritura adicional que demuestra la aplicación incorrecta de Satanás del Salmo 91 a la situación en cuestión. En otras palabras. El Salmo 91, aunque tenía la intención de transmitir el cuidado y la preocupación que Dios manifiesta por los fieles, no tenía la intención de que se aplicara para ponerse en peligro deliberadamente y obligar a Dios a rescatarlo. Dios cuidará de mí, sí. Pero si a propósito camino delante de un coche que viene en dirección contraria sólo para ver si Dios evitará milagrosamente que me golpee — ¡me golpeará! En el contexto de Deut. 6:16, Dios se refería al tipo de prueba/incitación que hicieron los israelitas cuando murmuraron, refunfuñaron y desafiaron a Moisés a producir agua — como si Dios no pudiera o no quisiera. Si Jesús hubiera aceptado el desafío de Satanás, se habría puesto en la misma condición que los débiles e incrédulos israelitas que "altercaron" (regañaron, tentaron) con Dios. (cf. Ex. 17:2). La única respuesta lógica a tal desafío es el que Jesús, de hecho, juntó: "¡No tientes a Dios! ¡No lo pongas a prueba ya que eso indica tu propia falta de fe!"

Argumento #3:

Satán: "Todo esto te daré, si postrado me adorares".

Jesús: "Vete, Satanás, porque escrito está: Al Señor tu Dios adorarás, y a él sólo servirás.". Jesús, por tercera vez, reúne pruebas bíblicas para mostrar la falsedad de la posición de Satanás mientras reafirma la verdad. En otras palabras, basado en Deut. 6:13. Sería pecaminoso adorar a Satanás o cualquier otra persona excepto Dios. Solo Él es digno de adoración.

Para resumir este intercambio entre Cristo y Satanás, Jesús usó declaraciones directas, relatos de acción e implicaciones. Su alusión al comportamiento de los israelitas, su uso de declaraciones directas de Deuteronomio y sus aplicaciones implícitas a la situación que enfrentaban — todos demuestran una hermenéutica análoga a la que generalmente funciona entre las iglesias de Cristo.

Este incidente también nos proporciona una maravillosa demostración del dominio de Cristo del debate y la disputa lógica. El ejemplo no es una instancia aislada. Jesús empleó la lógica y la razón durante toda su estancia en la tierra. Respondió constantemente a sus contemporáneos con una lógica penetrante y devastadora. Estaba constantemente asediado con preguntas y pruebas verbales a las que constantemente mostraba una respuesta racional y razonada (Luc. 11:53-54). Considere estos pocos ejemplos:

1. El intercambio con los Fariseos sobre arrancar espigas (Mat. 12:1-9).

2. El diálogo con los principales sacerdotes y ancianos sobre la autoridad (Mat. 21:23-27).

3. La interacción con los Fariseos sobre los impuestos (Mat. 22:15-22).

4. La respuesta a los Saduceos acerca del matrimonio y la resurrección (Mat. 22:23-33).

5. El argumento planteado a los fariseos sobre la identidad del Mesías (Mat. 22:41-46).

6. Las demostraciones de sanidad en sábado (Mar. 3:1-6; Luc. 13:14-16; 14:1-6).

7. La respuesta a los intérpretes de la ley acerca de la fuente de su poder milagroso (Luc. 11:14-26).

8. La respuesta acerca del ayuno (Luc. 5:33-39).

9. El manejo de la descontenta visión de Simón acerca de la mujer pecadora (Luc. 7:36-50).

10. El intercambio con los fariseos sobre su entrada triunfal (Luc. 19:39-40).

11. Los comentarios con motivo de su arresto (Luc. 22:47-53).

Jesús fue tan sensato y racional en su discurso que cuando los judíos de corazón duro lo declararon loco o poseído por el demonio, otros respondieron: "Estas palabras no son de endemoniado" (Jn. 10:21). De hecho, Jesús siempre proporcionó evidencia, incluso evidencia empírica, para corroborar Sus afirmaciones (Jn. 10:24-26,36-38). ¿Cómo podría alguien cuestionar el hecho del uso constante de la lógica y el razonamiento correcto de Jesús? Fue y es el Maestro lógico que creó la mente humana para funcionar racionalmente. Sus inspirados seguidores no tendrían que ser diferentes[124].

3. Estrechamente relacionado con el énfasis de Jesús en la lógica, estaba su uso virtualmente constante de la **implicación**. Los estudiosos modernos seguramente se sienten incómodos con el uso de Jesús de lo que muchos han llamado "inferencia necesaria". De hecho, dentro de las iglesias de Cristo, los gritos que exigen un abandono de la implicación en la interpretación de las Escrituras, son cada vez más fuertes[125]. Este pensamiento no

---

[124] Vea una discusión más extensa sobre este asunto en Dave Miller, "Logic?" [¿*Lógica?*] **The Restorer** 8 (octubre de 1988), 6-7. Cf., Thomas B. Warren, **Jesus — The Lamb Who Is A Lion** (*Jesús — El Cordero Que Es Un León*; Jonesboro, AR: National Christian Press, 1988), págs. 120-126; Thomas B. Warren, **Logic and the Bible** (*La Lógica y la Biblia*; Jonesboro, AR: National Christian Press, Terry Hightower, "'Again It is written...'" ["'*Otra Vez Está Escrito...*'"] **Spiritual Sword** 18 (enero de 1987), 40-42.

[125] Por ejemplo, Randy Fenter, "Do Not Go Beyond What Is Written", [*No Ir Más Allá De Lo Que Está Escrito*], Plática dada en las Conferencias de OCUSA, febrero de 1989; cf., **Image** (septiembre de 1989), 8-11; FLORIDA. Lemley, "The Pattern Concept", [*El Concepto De Patrón*] **Firm Foundation** (17 de septiembre de 1974), pág. 597; Randy Mayeux, "Carta al Editor", **Christian Chronicle** (junio de 1989); Randy Hall, "Carta al Editor", **Christian Chronicle** (junio de 1989); Cf., la confusión de Rubel Shelly en **I Just Want To Be A Christian** (*Yo Solo Quiero Ser Un Cristiano*; Nashville: 20th Century Christian, 1984), págs. 91,113.

solo es contradictorio[126], evidentemente es necio ¡a la luz del uso exacto de la implicación de Jesús![127]

Tenga en cuenta algunas instancias adicionales del uso de la implicación de Jesús. En Mat. 4:1-11, cada caso del uso que hace Jesús de las Escrituras del Antiguo Testamento para contrarrestar los argumentos de Satanás requiere un razonamiento adecuado y sacar conclusiones correctas **implícitas** en las declaraciones explícitas de Jesús. En Mat. 12:1-9, Jesús **implicó** que, si los fariseos aceptaban a David, quien violaba claramente la ley del Antiguo Testamento, no deberían tener problemas para aceptar a los discípulos, que **no** violaban la ley del Antiguo Testamento. En Mat. 22:41-45, en respuesta a la pregunta de Jesús, los fariseos identificaron al Cristo como el hijo de David, sin duda aludiendo a 2 Sam. 7:11-17. Jesús citó el Sal. 110:1 para alentar a los fariseos a unir dos conceptos distintos al razonar correctamente sobre ellos e inferir lo que claramente implican. Note también que el Sal. 110:1 en su contexto original se refiere a la supremacía y la conquista del Mesías sobre el mundo. Pero Jesús se enfocó en una implicación del pasaje — que el Mesías descendería físicamente de David y, sin embargo, sería Señor de David. Dio a entender que sus oyentes judíos se negaban a reconocer su señorío sobre ellos. Al rechazarlo, estaban rechazando al Señor de David, ¡el Hijo de Dios!

Se podrían citar muchos otros ejemplos del uso de la implicación e inferencia de Jesús. Sin embargo, las consideraciones de longitud prohíben esa perspectiva. Del mismo modo, el espacio prohíbe el tratamiento de los siguientes asuntos relacionados: (1) las prácticas hermenéuticas de otros escritores de la Biblia (por ejemplo, Mateo, Marcos, Lucas, Juan, Pablo, Pedro); (2) El uso de las Escrituras del Antiguo Testamento por escritores del Antiguo Testamento; y (3) el uso de la Escritura del Nuevo Testamento por escritores del Nuevo Testamento. En cualquier caso, es evidente que Jesucristo, el Hijo de Dios, demostró varios principios hermenéuticos significativos en su propio uso de las Escrituras. Se acercó a las Escrituras con la

---

[126] Cf., Thomas B. Warren, **When Is An 'Example' Binding?** (*¿Cuándo Es Obligatorio Un "Ejemplo"?*; Jonesboro, AR: National Christian Press, 1975), págs. 87-102.

[127] Para una discusión detallada de este asunto, ver Thomas B. Warren, **Logic and the Bible** (*La Lógica Y La Biblia*; Jonesboro, AR: National Christian Press, 1982), págs. 27-34, 50-70. Consulte también el Capítulo 12 y la discusión sobre la aversión a la lógica.

convicción permanente de que el Antiguo Testamento son las palabras autoritativas, absolutas, proposicionales, plenarias e inspiradas verbalmente de Dios. En su manejo de las Escrituras, se basó en gran medida en la cita extensa de las Escrituras, el razonamiento lógico adecuado y el uso de la implicación.

Principios Hermenéuticos

En vista del tremendo ejemplo de nuestro Señor, pasemos ahora a resumir los principios clave que son indispensables para corregir el procedimiento hermenéutico. Muchos pasajes bíblicos exigen que el lector de la Biblia aplique principios de interpretación simples, pero necesarios, para llegar al significado que Dios pretendía. Enumeramos los siguientes seis principios como fundamentales.

Principio # 1. La verdad absoluta y objetiva existe y se puede alcanzar. La mente humana puede llegar a conocer esa verdad. Muchos teólogos de hoy sostienen que la verdad es subjetiva y relativa. Las personas de la "Nueva Hermenéutica" afirman que se establece un círculo entre el intérprete y el texto, cada uno interpretando al otro en un proceso continuo con las presuposiciones del intérprete que determinan los significados que extrae del texto. Pero, como de costumbre, las complejas teorías del hombre son ridículas en vista de las declaraciones simples y directas de las Escrituras. Jesús dijo en Jn. 8:32: "Conoceréis la verdad". En Mat. 4:4, Jesús dijo que los seres humanos viviremos "de toda palabra que sale de la boca de Dios".

En Mat. 9:13, Jesús les dijo a los fariseos que fueran y aprendieran lo que significa Oseas 6:6. Obviamente, esperaba que tuvieran la capacidad de estudiar el pasaje lo suficiente como para aprender el significado que el texto pretendía transmitir. En Jn. 7:17, Jesús dijo: "El que quiera hacer la voluntad de Dios, conocerá si la doctrina es de Dios, o si yo hablo por mi propia cuenta". En Jn. 6:45, Jesús dijo: "Escrito está en los profetas: Y serán todos enseñados por Dios. Así que, todo aquel que oyó al Padre, y aprendió de él, viene a mí". Muchos otros pasajes declaran claramente que Dios tiene un cuerpo de verdad que ha puesto a disposición de la humanidad y espera que cada persona use facultades mentales y poderes cognitivos para comprender esa verdad.

Principio # 2. Para llegar a la verdad de Dios, **debemos razonar correctamente**. Debemos usar nuestra racionalidad dada por Dios para pensar con claridad, precisión y lógica en nuestro tratamiento de las Escrituras. Pablo le dijo a Festo en Hch. 26:25: "No estoy loco, excelentísimo Festo, sino que hablo palabras de verdad y de cordura". En otras palabras, Pablo afirmó que simplemente estaba declarando hechos que eran verdaderos y sensibles. 2 Tim. 2:15 habla de "usar correctamente" o "manejar correctamente la palabra de verdad". 1 Tes. 5:21 dice que debemos "examinar (o poner a prueba) todas las cosas; retener lo bueno". Los bereanos fueron descritos como nobles porque escudriñaban "cada día las Escrituras para ver si estas cosas eran así" (Hch. 17:11). Pablo dijo en 1 Tim. 1:8: "Pero sabemos que la ley es buena, si uno la usa legítimamente". Estos pasajes enseñan que podemos y debemos determinar el significado correcto de las Escrituras a través del ejercicio adecuado de nuestros poderes de razonamiento.

Principio # 3. La tarea de aprender lo que Dios quiere que sepamos requiere un esfuerzo considerable. Debemos estar dispuestos a dedicar el tiempo y las dificultades para analizar y examinar cuidadosamente, con oración y diligencia las palabras de Dios. Pablo dijo que el proceso requiere "diligencia" (2 Tim. 2:15). Los bereanos se aplicaron a la tarea "escudriñando cada día las Escrituras para ver si estas cosas eran así" (Hch. 17:11). Moisés describió la tarea como una atención constante y diligente (Deut. 6:6-9). La mayoría simplemente está demasiado ocupada o no está dispuesta a gastar el esfuerzo. Pero la Biblia deja en claro que, si deseamos comprender la voluntad de Dios para nuestras vidas, es esencial un esfuerzo arduo para determinar esa voluntad.

Principio # 4. Un cuarto principio hermenéutico encontrado en la Biblia es que debemos reconocer que hay **interpretaciones incorrectas**. Existen falsos maestros que tergiversan la palabra de Dios y engañan a las personas con interpretaciones incorrectas. Pablo habló del potencial para adulterar "la palabra de Dios" (2 Cor. 4:2). Advirtió a los ancianos de Efeso que algunos "se levantarán…que hablen cosas perversas para arrastrar tras sí a los discípulos" (Hch. 20:30). Habló de aquellos que estaban tratando de pervertir el evangelio de Cristo (Gál. 1:7). Algunas personas "siempre están aprendiendo y nunca pueden llegar al conocimiento de la verdad" porque se "resisten a la verdad" (2 Tim. 3:7-8).

Juan advirtió que "no debemos creer en todos los espíritus, sino probarlos si son de Dios: porque muchos falsos profetas han salido al mundo" (1 Jn. 4:1). Pedro etiquetó a algunos como "ignorantes e inestables" y los acusó de "torcer" o distorsionar las Escrituras "para su propia destrucción" (2 Ped. 3:16). Pedro también advirtió: "También hubo falsos profetas entre el pueblo, así como habrá falsos maestros entre ustedes, que secretamente traerán herejías destructivas ..." (2 Ped. 2:1). Jesús mismo dijo: "Guardaos de los falsos profetas, que vienen a vosotros con vestidos de ovejas, pero por dentro son lobos rapaces" (Mat. 7:15). Así que está claro que el Nuevo Testamento advierte de las falsas interpretaciones y tergiversaciones de la palabra de Dios. A los ojos de Dios, sólo existe la **verdad**, por un lado, y luego hay varias desviaciones de esa verdad por otro lado.

Principio # 5. La Biblia también enseña que el intérprete debe permanecer dentro del **marco de las Escrituras**, sin sumar ni restar de la revelación escrita. Moisés declaró hace mucho tiempo: "No añadiréis a la palabra que yo os mando, ni disminuiréis de ella, para que guardéis los mandamientos de Jehová vuestro Dios que yo os ordeno" (Deut. 4:2; 12:32). Salomón dijo: "Toda palabra de Dios es limpia…No añadas a sus palabras, para que no te reprenda, y seas hallado mentiroso" (Prov. 30:5-6). A los corintios, Pablo advirtió: "no pensar más de lo que está escrito" (1 Cor. 4:6); y a los Gálatas escribió: "Estoy maravillado de que tan pronto os hayáis alejado del que os llamó por la gracia de Cristo, para seguir un evangelio diferente. No que haya otro, sino que hay algunos que os perturban y quieren pervertir el evangelio de Cristo. Mas si aun nosotros, o un ángel del cielo, os anunciare otro evangelio diferente del que os hemos anunciado, sea anatema" (Gál. 1:6-8).

Juan fue igualmente estricto cuando escribió: "Cualquiera que se extravía, y no persevera en la doctrina de Cristo, no tiene a Dios" (2 Jn. 9). Más tarde escribió sobre el libro de Apocalipsis: "Yo testifico a todo aquel que oye las palabras de la profecía de este libro: Si alguno añadiere a estas cosas, Dios traerá sobre él las plagas que están escritas en este libro. Y si alguno quitare de las palabras del libro de esta profecía, Dios quitará su parte del libro de la vida…" (Ap. 22:18-19). Estos pasajes dejan en claro que Dios ha definido los parámetros de la verdad moral, espiritual y religiosa para la humanidad. Él espera que nos limitemos a pensar y practicar nuestras instrucciones. (Ver Capítulo 40).

Permanecer dentro del marco de las Escrituras requiere un reconocimiento adecuado del papel del "silencio" de las Escrituras. El malentendido puede ocurrir de dos maneras: (1) algunos razonan que si la Biblia guarda silencio sobre una práctica en particular (y por lo tanto no la condena explícitamente), son libres de participar en ella; (2) otros razonan que, si la Biblia no menciona una práctica, entonces no son libres de participar en ella. Pero ninguno de estos puntos de vista explica adecuadamente el cuadro bíblico. Es posible que la Biblia no mencione expresamente un elemento dado y, sin embargo, autorice su uso.

Por ejemplo, las Escrituras no aluden específicamente a un edificio de la iglesia. Sin embargo, la orden de reunirse en Heb. 10:25 implica y autoriza un lugar de reunión. El silencio de las Escrituras sobre este punto en particular, por lo tanto, es permisivo. Por otro lado, las Escrituras de ninguna manera prohíben inyectar heroína en nuestras venas. Sin embargo, se dan principios que implican que eso estaría mal. El silencio bíblico, por lo tanto, es restrictivo en este caso. Con un estudio diligente y honesto, podemos resolver cada cuestión de autoridad.

Principio # 6. Eso nos lleva a un sexto principio para entender la Biblia. Debemos tener la mentalidad correcta, la actitud correcta, un deseo genuino de conocer la voluntad de Dios y un corazón honesto para aceptar la verdad, sin importar cuán difíciles puedan ser las demandas de esa verdad. Jesús dijo que la persona bienaventurada es la que "tiene hambre y sed de justicia" (Mat. 5:6). Pablo habla de poseer un "amor de la verdad" (2 Tes. 2:10). Lucas dijo que los bereanos debían ser elogiados porque poseían "toda solicitud" (Hch. 17:11), lo que significa que estaban ansiosos por aprender la palabra de Dios y conocer la voluntad de Dios para sus vidas. Jesús declaró que la persona cuya vida se vuelve espiritualmente productiva es la que escucha la palabra con "un corazón bueno y recto" (Luc. 8:15). Estos pasajes dejan en claro que no podemos ir a las Escrituras con el motivo ulterior de seguir nuestro camino o probar nuestra posición. Debemos estar ansiosos por aprender de las Escrituras lo que el Señor quiso que aprendiéramos.

SUMARIO DE LA TERCERA PARTE

Esta discusión extremadamente breve sobre el procedimiento hermenéutico correcto ciertamente no pretende ser completa. Pero muestra cuán simple se presenta la Biblia en términos de principios por los cuales se puede determinar su verdad. Podemos trascender nuestros prejuicios y presuposiciones lo suficiente como para llegar a la verdad de Dios — si realmente lo deseamos. Simplemente no existe tal cosa como "mi interpretación" y "su interpretación". Solo existe la interpretación **de Dios**. Solo existe el significado **de Dios** — y con un estudio diligente y racional, podemos llegar a la verdad sobre cualquier tema que sea vital para nuestro bienestar espiritual.

En lugar de ignorar los puntos de vista y las posiciones en conflicto sobre diversos temas (como el bautismo, la música en la adoración, los milagros, cuántas iglesias pueden existir con la aprobación de Dios, etc.), en lugar de descartar las diferencias religiosas como irremediables, irresolubles e irrelevantes — debemos tratar sobre el asunto de estudiar y buscar en el libro de Dios, absteniéndonos cautelosamente de malinterpretar y usar mal las Escrituras. Si prestamos atención diligente y cuidadosa a la tarea con un corazón honesto, receptivo a la verdad, podemos estar seguros de nuestra capacidad para llegar al conocimiento de la voluntad de Dios. Podemos estar preparados, como dijo Jesús en Jn. 12:48, para estar delante de Dios en el juicio y ser juzgados por sus palabras.

Simplemente no tenemos necesidad de una "nueva hermenéutica". La "nueva hermenéutica" es simplemente una estratagema — un mecanismo — por el cual aquellos que desean un cambio en la iglesia pueden lograr sus objetivos. No debemos caer en el intento de atraparnos y desviarnos de la sencillez de la enseñanza bíblica.

CUARTA PARTE

LOS ESPECÍFICOS DEL CAMBIO

CAPÍTULO 18
EL ATAQUE A LA ADORACIÓN

Gran parte del cambio que se está promoviendo entre las iglesias de Cristo se centra en la adoración, especialmente en las reuniones dominicales de la iglesia. Estos cambios incluyen las áreas de la música, levantar las manos, aplaudir, obras de teatro, liderazgo de mujeres, conmemorar fiestas religiosas, dedicación de bebés, la Cena del Señor, grupos de adoración el domingo por la noche con la participación de niños, el estilo de predicar y el ambiente de la adoración. Cada uno de estos cambios se abordará en los siguientes capítulos. Se puede ver que el objetivo principal de los agentes de cambio es renovar y reestructurar las prácticas de adoración de la iglesia.

> *Vosotros adoráis lo que no sabéis*
>
> — Jn. 4:22

Pero, ¿qué dice la Biblia en relación a la adoración aceptable? ¿Cuál es la voluntad de Dios sobre este asunto? ¿Requiere Dios apego irrestricto a sus instrucciones sobre la adoración? ¿Contiene el Nuevo Testamento leyes y mandamientos relativos a la adoración? El Nuevo Testamento empieza y termina con adoración. En Mat. 4:10, Jesús le dice a Satanás, "Al Señor tu Dios adorarás y a él solo servirás". En Ap. 22:9, el ángel reprendió a Juan, "Adora a Dios". El Nuevo Testamento menciona al menos cuatro clases de adoración: (1) la adoración ignorante (Hch. 17:23); (2) la adoración vana (Mat. 15:9); (3) la adoración voluntaria (Col. 2:23) y (4) la adoración espiritual (Rom. 12:2; Jn. 4:24).

Inherente en cada una de estas clases de adoración está el principio de autoridad. La adoración es aceptable o no dependiendo de la voluntad de Dios. La única adoración aceptable es la que Dios autoriza. Jesús hizo hincapié en la necesidad de uniformidad y de conformidad para todos los adoradores en Jn. 4:23-24:

> Mas la hora viene, y ahora es, cuando los verdaderos adoradores adorarán al Padre en espíritu y en verdad; porque también el Padre tales adoradores busca que le adoren. Dios es Espíritu; y los que le adoran, en espíritu y en verdad es necesario que adoren.

La adoración correcta posee necesariamente a la audiencia correcta — Dios. Jn. 4:23 — "los verdaderos adoradores adorarán al Padre"; "Porque también el Padre tales adoradores busca que le adoren." En Efe. 5:19-20, la adoración con canto se dirige "al Señor" y da "siempre gracias" a "Dios."

La adoración aceptable también posee la actitud adecuada al hacerse "en espíritu." Esta frase se refiere a la disposición de corazón y mente. El adorador debe genuinamente hacer participar su espíritu en la adoración. Debe participar mental y emocionalmente. Debe tener una mente atenta y humilde. Tanto Efe. 5:19 como Col. 3:16 dicen que el canto debe hacerse "en vuestros corazones." 1 Cor. 14:15 dice, "Cantaré con el espíritu… y con el entendimiento." El salmista dijo: "Yo me alegré con los que me decían: A la casa del Señor iremos" (Sal. 122:1). Debemos adorar a Dios "agradándole con temor y reverencia" (Heb. 12:28).

Una vez que tenga las acciones correctas para adorar, el verdadero esfuerzo viene en mantener su corazón y su mente enfocados en lo que está haciendo. Adorar "en espíritu" requiere de esfuerzo — ¡trabajo de verdad! Requiere preparación mental y física. Lamentablemente, el clima actual en la iglesia, tiende a tratar la adoración como un momento de entretenimiento para el adorador y para satisfacer lo que el adorador quiere. En consecuencia, los adoradores han perdido la actitud de reverencia y de profundo respeto y el deseo de agradar a Dios al arribar a la adoración.

Esta actitud laxa es especialmente evidente en el cambio que ha acontecido en muchas congregaciones con respecto a la forma de vestir. Mucha de la ropa casual que se viste en las asambleas de los santos es una manifestación directa de la actitud casual, informal, relajada hacia la adoración. Los adoradores visten ropa casual que no pensarían en usarla para una boda, funeral, para el teatro o incluso para un juicio. La forma de vestir en la cultura actual es generalmente más casual que en las generaciones anteriores lo que ha llevado a un colapso en la disciplina. Sin duda, la forma de vestir refleja una actitud y puede también crear una actitud. ¡Pregúntele a los militares!

Además de la audiencia adecuada y la buena actitud, la adoración correcta requiere de acciones adecuadas. La adoración debe ser "en verdad." Por ejemplo, 1 Cor. 14:40 dice que las acciones en la adoración deben hacerse "decentemente y con orden" mientras que en Heb. 12:28 dice que la adoración debe ser "aceptable" (LBLA). El ataque actual a la adoración incluye un intento por esquivar, soslayar y evitar la clara importancia de la expresión "en verdad." Algunos dicen que adorar "en verdad" no se refiere a que la adoración deba ser de acuerdo a la instrucción divina. Se argumenta que la frase "en espíritu y en verdad" es simplemente un hebraísmo que significa adorar con sinceridad y con devoción. Al parecer no hay límite para los que buscan diligentemente "algo nuevo" (Hch. 17:21) obstaculizando la sencilla comprensión de la verdad.

¿Qué dicen las autoridades en griego con respecto a este asunto? Thayer cita Jn. 4:23 como ejemplo de "verdad" usado de manera objetiva para referirse a "lo que es verdad en cualquier asunto en consideración." De acuerdo a Thayer, "en verdad" en este pasaje significa "de acuerdo a la naturaleza divina." Para comparar cita, entre otros pasajes Mat. 22:16 y Col. 1:16 sin lugar a dudas su significado se refiere a lo bíblicamente válido, divinamente autorizado y objetivamente correcto.[128]

Arndt y Gingrich enlista el uso de "verdad" en Jn. 4:23ss bajo el significado: "contenido del cristianismo como la verdad absoluta" Su usos paralelos son en Jn. 17:17 — "Tu palabra es verdad," Jn. 16:13 — "El Espíritu de verdad, él os guiará a toda la verdad", y Jn. 3:21 — "Más el que practica la verdad."[129] Por lo tanto, una vez más, adorar "en verdad" se refiere a adorar de acuerdo a las instrucciones de Dios.

---

[128] Joseph Henry Thayer, **A Greek-English Lexicon of the New Testament**, (*Léxico Griego-Inglés del Nuevo Testamento*; Grand Rapids, MI: Baker Book House, 1977), p. 220

[129] William F. Arndt and F. Wilbur Gingrich, **A Greek-English Lexicon of the New Testament,** (*Léxico Griego-Inglés del Nuevo Testamento*; Chicago, IL: The University of Chicago Press, 1957), p. 35.

El artículo de Rudolph Bultmann sobre "**aletheia**" en Kittel trata el asunto de forma coincidente con Thayer y Arndt y Gingrich. Señala que "verdad" en Jn. 8:32 se refiere "no a un conocimiento general, sino al conocimiento de la revelación." Establece que, "Debemos entender (Jn. 4:23ss) ...en la misma línea de pensamiento". Al explicar este punto, señala:

> ...tal adoración ocurre según lo determine la revelación dada por Jesús (v. 25ss) y en consecuencia, según lo determinado por el Revelador, quien es el único camino para acceder a Dios.[130]

De esta manera, "verdad" implica la doctrina correcta dada en la revelación.

A. C. Thiselton, en el Diccionario Teológico del Nuevo Testamento de Colin Brown, establece:

> Los que adoran en espíritu y en verdad (4:23, 24) no son los que adoran con sinceridad e introspección. Los samaritanos no fueron criticados por su falta de sinceridad. La verdadera adoración es la que concuerda con la realidad, la que los hombres comprenden basada en la revelación.[131]

El Punto De Vista De Dios Sobre Este Asunto

Por supuesto, nuestro entendimiento del punto de vista de Dios sobre este asunto no depende de los eruditos en griego. Dios siempre ha requerido que el hombre se acerque a Él "en verdad," es decir, de acuerdo a las directrices divinas que Él le ha revelado al hombre. La única adoración que siempre ha sido aceptable a Dios es aquella que se emprende con (1) actitud correcta, adecuado estado de ánimo y disposición propicia a la espiritualidad y (2) fidelidad a los elementos específicos que Dios señaló como actos externos adecuados a llevarse a cabo. Dios

---

[130] Gerhard Kittel, ed. **Theological Dictionary of the New Testament**, (*Diccionario Teológico del Nuevo Testamento*; Grand Rapids, MI: Wm. B. Eerdmans Publishing Co., 1964), pp. 246-247.

[131] Colin Brown, ed., **The New International Dictionary of New Testament Theology**, (*Nuevo Diccionario Internacional de Teología del Nuevo Testamento*; Grand Rapids, MI: Zondervan Publishing House, 1978), Vol. 3, p. 891.

nunca ha aceptado uno sin lo otro. Pero, siempre ha requerido ambos.

Dios siempre ha demandado esencialmente dos facetas de respuesta a su voluntad: la acción correcta con la actitud correcta. Vea la siguiente gráfica:

PASAJE	ACTITUD	ACCIÓN
Jn. 4:24	espíritu	verdad
Jos. 24:14	sinceridad	verdad
Ecl. 12:13	temor a Dios	Guardar sus mandamientos
Hch. 10:35	temerle	hace justicia
Sant. 2:17	Fe	Obra
1 Jn. 3:18	palabra y lengua	hecho y verdad
Deut. 10:12-13	temor/amor — corazón	andar/caminos
Rom. 1:9	con mi espíritu	en el evangelio

Enfatizar una faceta de obediencia sobre la otra es obstaculizar la aceptación de Dios. La historia bíblica está repleta con ejemplos de los que tenían una sin la otra y fueron inaceptables para Dios. Los fariseos (Mat. 23:3), Ananías y Safira (Hch. 5:2-4) y la gente de los días de Amós (Amós 5:21-24) participaban en las formas externas, pero fueron inaceptables debido a su falta de sinceridad. Pablo (Hch. 22:3; 23:1), Cornelio (Hch. 10:1-2) y Uza (2 Sam. 6:6) todos demostraron motivos genuinos, pero fueron inaceptables para Dios debido a que no observaron las formas correctas.

Piense por un momento en muchos durante la historia bíblica que no se acercaron a Dios "en verdad," esto es, se acercaron a Dios, pero lo hicieron sin poner atención suficiente en cumplir los detalles y directrices que Dios había dado. Adán y Eva, independientemente de la condición de su actitud, se les condenó por el acto externo de comer el fruto prohibido (Gén.

2:17; 3:11). De la misma manera, Nadab y Abiú (Lev. 10:1-3), el que quebrantó el sábado (Núm. 15:32-36), Moisés (Núm. 20:11-12), Acán (Jos. 7), Saúl (1 Sam. 13:13, 14; 15:19-23), Uza (2 Sam. 6:1-7; 1 Crón. 15:12, 13), el rey Uzías (2 Crón. 26:16-18) y los contemporáneos de Esdras (Esd. 10) — todos experimentaron el desagrado de Dios por desviarse de las instrucciones divinas.

Dios no ha cambiado su insistencia sobre la obediencia amorosa del hombre a sus instrucciones (Jn. 14:15; 15:14; 1 Jn. 5:3). El Antiguo Testamento fue escrito, entro otras razones, para que los cristianos aprendiéramos del ejemplo de aquellos que se apartaron del camino de Dios (Rom. 15:4; 1 Cor. 10:11). La fe del Nuevo Testamento, la clase de fe que los cristianos deben poseer si desean ser agradables y aceptables a Dios, es confianza obediente — confianza que cumple la voluntad de Dios (Heb. 11; Sant. 2).

El salmista entendió que la verdad de Dios consiste de las palabras escritas por Él (Sal. 119:30, 43, 142, 151, 160). Así lo hizo también Jesús cuando dijo: "Tu palabra es verdad", y declaró que la base del juicio serían las palabras que Él habló (Jn. 14:17; 12:47, 48). Adorar a Dios "en verdad" es equivalente a "hacer la verdad," lo cual implica "obras" o acciones externas que son prescritas por Dios (Jn. 3:19-21; compárese, amar "en verdad" en 1 Jn. 3:18). Cuando Jesús enseñó el camino de Dios "en verdad" (Mat. 22:16), relató información que representaba con precisión la voluntad de Dios. Cuando los colosenses escucharon "la palabra verdadera del evangelio" (Col. 1:5), escucharon dogmas, doctrinas, requerimientos y enseñanzas a las que tuvieron que ajustar sus vidas.

TENDENCIAS ACTUALES DE ADORACIÓN

Algunas iglesias de Cristo están operando sobre la base de objetivos y metas inapropiadas en la adoración, no bíblicas. Algunas iglesias tienen "comités de adoración" o "equipos de alabanza" que aparentemente no tienen idea de cuál es su verdadera responsabilidad: planear y estructurar la adoración de manera que la atención se centre en Dios — ¡no en el adorador! En consonancia con el tono y tenor de nuestra loca cultura por el entretenimiento, algunos en la iglesia sienten que la adoración debe ser entretenimiento — aunque no salgan y describan sus sentimientos en esta forma. Hacen todo lo posible para estimular los gustos y los deseos de la audiencia, lo cual es una admisión tácita que se centra en las personas. ¿Puede imaginar a los cristianos del primer siglo ir a tales extremos para estimular a la multitud? ¿Puede imaginarlos manipulando la iluminación en las catacumbas? ¿O tal vez colocar un grupo coral detrás de una roca para que su canto pudiera hacer eco en una forma misteriosa y escalofriante?

Amigos, ¿no podemos ver que entretenernos a nosotros mismos, satisfacer nuestras necesidades, reactivar nuestro interés para salir del aburrimiento y tratar de atraer a otros con señuelos hechos por el hombre — son simplemente sustitutos antibíblicos, baratos, de menor calidad para una adoración espiritual, sencilla, sin pretensiones y significativa? En la música de la iglesia, hemos invertido mucho tiempo en la hermandad tratando de oírnos bien a nosotros mismos en lugar de sonar bien para Dios, es decir, enfocarnos en Él y en sus deseos. Oírse bien para Dios no tiene nada que ver con la forma en que nos oímos, Él ve nuestro corazón dado que lo externo está en su lugar (1 Sam. 16:7).

En lugar de intentar refrescar la adoración para nuestro beneficio, lo que necesitamos hacer es cultivar nuestro apetito por la adoración pura del Nuevo Testamento. Cuando era niño, no disfrutaba la adoración. ¿Recuerda que su mamá le insistía a comerse los vegetales? Su razonamiento era (1) son buenos para ti (2) debes aprender a que te gusten. Nuestra cultura está perdiendo todos esos pedazos de sabiduría y verdades acerca de la vida, la existencia y el valor moral. Como casi todo lo de valor en la vida, uno debe cultivarlo y desarrollarlo.

Muy pocos esfuerzos que valgan la pena en este mundo vienen en forma natural. Necesita trabajar, sudar, sufrir si su actividad ha de ser valiosa. De la infancia en adelante, el apetito físico y espiritual debe madurarse. La persona debe ser enseñada a aferrarse a ello. Tiene que consumir zanahoria y espinaca para aprender a degustar. El desagrado vale la pena porque los vegetales le permiten al cuerpo recibir la nutrición adecuada.

Así es en el ámbito espiritual. Necesitamos aferrarnos a los sencillos actos de adoración dictados en la Escritura. Necesitamos aprender a que nos gusten — porque son buenos para nosotros. Si nos resistimos a ellos y buscamos formas nuevas y más emocionantes para adorar, simplemente estamos mostrando la misma inmadurez infantil que los niños muestran hacia los alimentos físicos. De hecho, las innovaciones que están causando tanto revuelo en la hermandad son chupones que los infantes espirituales necesitan para mantenerse contentos. En terminología bíblica, están llevando a cabo "culto voluntario" (Col. 2:23).[132]

Estamos viviendo en un tiempo en el que el cambio, el descontento y la inconformidad crecen. La gente se aburre muy fácilmente de lo mismo y rápidamente busca su reemplazo. Este fenómeno se ve con nuestros carros, parejas y casas en que vivimos. Sin embargo, los cristianos no debemos ser tan susceptibles a las tendencias culturales y humanas. Necesitamos "mantener nuestro buen juicio". Gente que se divorcia cuando las

---

[132] Esta tendencia infantil de reestructurar la adoración dándole más importancia a la emoción y llevándola a un estado de desorden se ve en la práctica de dirigirse a Dios como "Papi" o "Papito." El argumento que se da para justificarlo es el término arameo "Abba" que aparece solo en el Nuevo Testamento y únicamente tres veces (Mar. 14:36; Rom. 8:15; Gál. 4:6). Se argumenta que "Abba" es equivalente al término español "Papito" o "Papi" y de esta manera se les hace apropiado para dirigirse a Dios.

Es verdad que "Abba" estaba asociado, en la antigüedad, al uso en la vida familiar, del hijo al padre, (Gerhard Kittel, "Abba," en Gerhard Kittel, ed., Theological Dictionary of the New Testament, vol. 1 [*Diccionario Teológico del Nuevo Testamento*; Grand Rapids, MI: Zondervan Publishing House, 1975], p. 615. Sin embargo, los que defienden su uso no entienden que incluso antes del primer siglo, "Abba" experimentó lo que Otfried Hofius llamó "una considerable extensión de significado:"

> Vino a sustituir no solo la forma más antigua y común en el hebreo y arameo bíblico, 'abi', mi padre, sino también términos descriptivos del Arameo para 'el padre' y 'mi padre'…El efecto de la ampliación de significado fue que la palabra 'abba,' como una manera de dirigirse al padre, ya no se limitó a los niños, sino que también era usado por hijos adultos. El carácter infantil de la palabra ('papito' o 'papi') se desvaneció y 'abba' adquirió el sonido familiar y cálido que sentimos en la expresión "querido padre" (Hofius, New International, p. 614).

Lo anterior ayuda a explicar por qué los comentaristas y traductores recomiendan en forma uniforme representar "Abba" por el uso del término español "Padre" — no "Papi" ni "Papito" (por ejemplo, Arndt y Gingrinch, Lexicon, p. 1; Thayer, Lexicon, p. 1).

Si bien nuestro término español "Papito" o "Papi" transmite la misma idea de calidez y afecto que el de "Abba", aun así, lleva un equipaje adicional más allá del significado bíblico de "Abba." "Papi" y "Papito" son los preferidos de los agentes del cambio porque coincide con su alejamiento del significado y de la presión de cumplir con los mandamientos de adoración bíblica. Referirse en la adoración a Dios como "Papi" o "Papito" facilita el esfuerzo de crear un sentido de auténtica espiritualidad que le permite a la persona sentir seguridad. Se lleva a Dios a un nivel más informal, de "cuate," "colega," "compadre," y "camarada" lo que permite al adorador sentirse menos limitado y restringido.

Por otro lado, "Querido Padre" capta la esencia de "Abba" al retener la intimidad y la calidez que la palabra sugiere, sin introducir matices adicionales de significado que tienen nuestras palabras "Papi" y "Papito." Usarlas para referirse a Dios, lleva connotaciones que colindan con la irreverencia y falta de respeto. Éstas moldean al adorador al papel de un adolescente inmaduro quitándole al adulto su sentido de responsabilidad personal. No es coincidencia que los nacidos durante la explosión de la natalidad (1946-1964) tienden a ser parte de una generación de niños mimados que parecen necesitar afecto y confianza de una figura paterna que les brinde un sentido de seguridad.

cosas se ponen un poco difíciles, gente que se cambia de una casa a otra o de un carro a otro o de un trabajo a otro, tiene un problema de actitud. Tienen un problema interno que no se resuelve después de hacer cambios en su entorno.

Así es en la iglesia. Si la adoración se hace aburrida y un miembro no le encuentra significado hasta el punto que siente la necesidad de cambiar de iglesia o darle vida a la adoración con un ambiente teatral, tiene un problema espiritual, interno — un problema de corazón. Su descontento es un reflejo de su condición espiritual más que de la adoración congregacional. La nieve Blue Bell, las Coca-Colas y las Big Macs todos comparten en común el hecho de que usted no quiere que cambien. Usted espera que el sabor sea el mismo — ¡cada vez que le da un bocado o un sorbo!

Por lo tanto, lo repetitivo y la monotonía no son inherentemente malos. Dios ha ordenado la repetición y la falta de cambio en muchas áreas y espera que nosotros lo sigamos de esa manera. ¡Su pareja espera lo mismo! Qué pena para el hombre que repudia a la mujer de su juventud debido a que está envejeciendo y ella es la misma mujer con la que se casó hace veinte o treinta años. De la misma manera, que pena con el cristiano que repudia la sencilla adoración del Nuevo Testamento porque siempre es lo mismo. Solo porque una acción sea la misma y predecible, no es necesariamente aburrida. Eso depende de la actitud del individuo.

Cuando salimos de las aguas del bautismo y cantamos "Feliz momento" o "Es muy dulce fiar en Cristo y cumplir su voluntad" — ¿Estábamos felices y emocionados? ¿Quién ha cambiado? Manipular artilugios externos no revivirá una actitud para adorar genuina y sinceramente. Debemos cambiar nuestro corazón — sensibilizarlo, suavizarlo. Tenemos un problema en el corazón y nos toca a nosotros cambiarlo (es decir, arrepentirnos).

Nuestra adoración hacia Dios debe ser como su misericordia y compasión hacia nosotros — "Nuevas son cada mañana" (Lam. 3:23). Si queremos llenar nuestras necesidades, si realmente queremos lograr un contentamiento y satisfacción personal, la única forma segura de lograrlo es por medio de cumplir la voluntad de Dios.

Conclusión

Las voces del antinomianismo están creciendo gradualmente, cada vez más fuerte. La adoración ha estado bajo el ataque de los agentes del cambio.[133] No debemos caer presa de esas voces y sucumbir al problema perene de la humanidad: resistirse a las instrucciones de Dios e intentar suavizar y oscurecer la clara llamada de Dios a rendirse en obediencia a sus indicaciones. Al examinar los temas específicos de cambio en los capítulos que siguen, se le anima al lector a tener en mente las sencillas verdades respecto a la adoración aceptable. Dios nos ayude a adorarle con corazones llenos de sinceridad y seriedad. De la misma manera, ¡que Dios nos ayude a adorarle de acuerdo a su Palabra!

---

[133] Por ejemplo, Lynn Anderson, ed., **In Search of Wonder** (*En Pos del Milagro*; West Monroe, LA: Howard Publishing Co., 1995).

CAPÍTULO 19
NUEVO ESTILO DE PREDICACIÓN

A la luz de la ofensiva sobre la adoración, en nuestro análisis de los cambios específicos, nos dirigimos primero a temas relacionados con la adoración de la iglesia. De los catorce puntos identificados en la parte IV, diez tienen que ver con la adoración congregacional. Sin duda, el servicio de adoración es el principal objetivo de los agentes del cambio.

> *"Porque no nos predicamos a nosotros mismos, sino a Jesucristo como Señor,..."* 2 Corintios 4:5

El primer cambio evidente que se ha apoderado de la iglesia, desarrollado lentamente y surgido en los últimos treinta años, es el nuevo estilo de predicación. La Escritura solía ser la sustancia de nuestro material para el sermón. Acostumbrábamos literalmente saturar nuestra predicación con Biblia. Nuestra predicación se identificaba fácilmente por su lógica y buen sentido — como la de Pablo (Hch. 26:25). Ese ya no es el caso en muchos sectores de nuestra hermandad. Nuestros jóvenes y muchos hermanos inconformes han asistido a escuelas del mundo o se han detenido en la librería denominacional y comprado libros y manuales de teología, absorben todo lo que pueden retener ¡y se enamoran de ello! Ahora nuestra predicación está dominada por la psicología y las percepciones falibles del hombre acerca de sus propias necesidades. Nuestros materiales educativos y de predicación están llenos de filosofía humanista.

Ahora nuestra predicación se enfoca más en el predicador que en el mensaje. Donde una vez los "grandes nombres" de la hermandad eran populares y conocidos por la nitidez, profundidad y por lo bíblico de su predicación, ahora los oradores son famosos por su carisma, personalidad agradable y su dinamismo. Su capacidad para entretener, emocionar y deslumbrar los hace populares.

Esta nueva generación de predicadores son maestros en hacer que la congregación los exalte **más a ellos** que a Jesús y a la palabra de Dios. La sustancia bíblica ha sido reemplazada por la estimulación emocional con el pretexto de la "espiritualidad" y el "amor." Las denominaciones siempre han girado y se han centrado en su predicador. Pero las iglesias de Cristo siempre se han centrado en Cristo, su iglesia y en la verdad. Nos estamos vendiendo al denominacionalismo y adoptamos su enfoque.

El mismo cambio vino sobre el estilo de predicación en el siglo pasado cuando la iglesia se dividió. El antiguo estilo era atractivo por su buen sentido, la Escritura y lo lógico.[134] El nuevo estilo de predicación implicaba "espectacularidad" y se buscaba que fuera "entretenida" "animosa" y "más emocionante." Estaba dominada por anécdotas, incidentes y numerosas referencias a la vida personal del propio predicador.[135] El nuevo estilo reducía las alusiones a los textos bíblicos y la eliminación de la profundidad en el estudio textual. Cuando se hacía referencia a la Escritura, se citaba fuera de contexto y simplemente era una cubierta para introducir lo que el predicador quería discutir apartado de lo que la Biblia tiene que decir al respecto. El subyacente propósito encubierto de la predicación era más para "añadir emoción o entusiasmo."[136]

LA FALACIA DE LAS "NECESIDADES PALPABLES"

El nuevo estilo de predicación y el cambio en el contenido del sermón se ha producido en gran parte como resultado de la preocupación por el crecimiento numérico discutido en el capítulo 7. El deseo de atraer gente se acompaña con la insistencia de que la predicación debe ajustarse y adaptarse a la cultura. Durante la historia, muchos predicadores denominacionales han ensalzado las virtudes de darle forma a la predicación alrededor de las "necesidades palpables" de la audiencia. Por medio de "necesidades palpables" se quiere decir que el oyente posee apreciaciones específicas de lo que necesita,

---

[134] Earl West, **Elder Ben Franklin**: **Eye of the Storm** (Indianapolis, IN: Religious Book Service, 1983), p. 276.

[135] West, **Franklin**, pp. 304, 305.

[136] West, **Franklin**, pp. 304, 305.

desea o quiere. Por lo tanto, se le recomienda al predicador determinar en qué lugar se encuentra el **oyente**, cuáles son **sus** preocupaciones en ese momento de la vida y **qué está** experimentando. Tal "tarea" se calcula para darle al predicador la sustancia del contenido de su sermón, maximizando así la probabilidad de generar una respuesta positiva a su predicación. En consecuencia, sus sermones se llenan con las preocupaciones populares actuales (por ejemplo, cáncer, soledad, vejez, estrés, sentirse bien con uno mismo, etc.).

Vea que este enfoque, por definición, le permite al hombre poner la agenda de temas a tratar. Sin embargo, si algo nos muestra la historia bíblica, es que "el hombre no es señor de su camino, ni del hombre que camina es el ordenar sus pasos" (Jer. 10:23; comp. Prov. 14:12; 20:24; 1 Cor. 1:25). Lo que los hombres con frecuencia anhelan, claman, ruegan o se alimentan e incluso oran, **no** es lo que real y verdaderamente **necesitan** (Sant. 4:3; compárese Gén. 3:6; 13:10-11; 2 Rey. 20:1-3). Solo **Dios** conoce lo que en realidad es bueno para el hombre. Solo Dios conoce realmente lo que el hombre **necesita**. Debemos dejar que sea **Él** quien ponga la agenda para la predicación. Debemos **verlo** para determinar cuáles son las preocupaciones reales de la existencia humana.

Nosotros, los humanos, tendemos a centrarnos en nosotros mismos de forma egoísta, en nuestros propios deseos y necesidades que percibimos. Históricamente, la humanidad ha girado en torno a todo lo que hay debajo del sol, excepto a aquellas cosas que son fundamentales para lo que realmente importa y de lo que realmente tiene **necesidad**. Con frecuencia, nos desviamos a fin de evitar el punto importante del asunto — nuestra necesidad de obedecer a Dios. Cuando Saúl quiso hablar del sacrificio, necesitó hablar de la obediencia (1 Sam. 15). Cuando Caín quiso debatir los méritos relativos de la filosofía "guarda del hermano," tuvo que enfrentarse al pecado de homicidio y a su actitud desafiante a Dios (Gén. 4:9-10). Cuando los fariseos quisieron hablar del ritualismo religioso de "Corbán," Jesús se enfocó en el tema importante — la genuina aceptación de las responsabilidades bíblicas (Mar. 7:9-13).

Predicación bíblica — es la predicación centrada en lo que **Dios** dice que son las necesidades del hombre más que en lo que las recientes investigaciones "científicas," "sociológicas" o "psicológicas" dictan como las "modernas necesidades palpables" — quizá no va a ser popular, "actual," agradable, ni tampoco interesante. Ciertamente no va a aportar grandes cifras que naturalmente resultan de la clase de predicadores y de predicación de darle a la gente lo que quiere y piensa que necesita (Isa. 30:30; 1 Rey. 22:13-14; Núm. 22:15-18; Amós 7:10-13; 2 Tim. 4:3-4; 1 Ped. 3:20; Luc. 13:23-24; Jn. 6:66; Mat. 22:14). Pero la predicación centrada en la Biblia **agradará** a Dios (nuestra **principal** preocupación — comp. 1 Cor. 6:20; 10:31; 1 Ped. 4:11; Col. 3:17). La predicación bíblica **llenará** la necesidad de aquellos que la acepten. Esa predicación suplirá todas sus necesidades (Deut. 8:1-9; Sal. 119:143-144, 165; Mat. 6:33; Jn. 8:32; Efe. 4:15-16; 2 Tim. 3:16-17).

En lugar de emplear mucho tiempo y dinero exponiendo los temas recientes del mundo religioso, la gran **necesidad** actual y en todas las generaciones es la simple y directa proclamación de la Biblia — largas secciones de la Escritura, todos los sesenta y seis libros. En vez de enfatizar y especializarse en la moderna "comezón de oír" (2 Tim. 4:3) y de darle a la gente lo que **quiere**, tenemos que darle lo que en realidad **necesita** — una amplia exposición a "todo el consejo de Dios" (Hch. 20:27). Necesitamos huir de la sabiduría del hombre con respecto a lo que predica y volver a la sabiduría de Dios (1 Cor. 1:20-21) presentada sin temor y sin preferencia.

Todo esto no quiere decir que debemos ser insensibles a nuestra audiencia (comp. 1 Cor. 9:19-22) o no estemos dispuestos a adaptarnos a las características de una determinada predicación. Sin embargo, no tenemos autoridad para manipular la sustancia del mensaje si queremos permanecer fieles como heraldos de Dios. Nos equivocamos gravemente cuando sucumbimos a la tentación sutil de predicar de acuerdo a lo que el público quiere o desea. Debemos seguir esparciendo el cristianismo de acuerdo "a la fe una vez dada" (Judas 3), convencidos plenamente que, si nuestros oyentes ingieren **estas** verdades divinas, sus "necesidades aparentes," quedarán de hecho, satisfechas. La audiencia se hará fuerte, cimentada y bien equipada para sortear las tormentas de la vida sin los engaños de la solución rápida de los hombres (Hch. 20:32; Rom. 16:25; Col. 2:7).

Predicación Balanceada

Cuando dejamos los numerosos manuales de predicación de los hombres y recurrimos a la PRIMERA y ÚNICA autoridad para la comprensión de la homilética bíblica, nos sorprende que el contraste pueda ser tan obvio. Un ejemplo de este contraste se ve en el hecho de que algunos dicen que el predicador nunca debería bajo ninguna circunstancia lastimar o crear división por medio de su vida o enseñanza. Por supuesto, algunos predicadores, pueden hacerlo de manera indebida. Por otro lado, el predicador que está modelando su vida y enseñanza hacia **Jesús**, lo hará inevitablemente.

En el caso de Jesús, "Y había gran murmullo acerca de él entre la multitud" (Jn. 7:12). Una y otra vez, la doctrina de Jesús y las acciones valerosas alborotaban a la audiencia hacia la disensión: "Hubo entonces disensión entre la gente a causa de él" (Jn. 7:43; compárese Jn. 10:19; 1 Cor. 11:19). El estado de ánimo que prevalece ahora en la iglesia es de "paz a toda costa" y "suavízalo" y "hagas lo que hagas, no provoques división." Nadie quiere dividir, pero nos perdemos un elemento extremadamente importante de la religión bíblica si no escuchamos las palabras de nuestro Maestro cuando declaró: "¿Pensáis que he venido para dar paz en la tierra? Os digo: No, sino disensión" (Luc. 12:51).

Otro contraste entre la predicación bíblica y la predicación con ideas humanas se ve entre nuestros hermanos más sofisticados que sugieren que no es apropiado para el predicador decir "nombres" o hablar tan directamente de una doctrina falsa, de un maestro falso o de una iglesia falsa. El "razonamiento" detrás de este punto de vista sugiere que tal enfoque solo sirve para alejar a la gente. Por supuesto, la discreción humana necesita ejercerse para evitar antagonismo **innecesario**. Pero ¿esta premisa tiene apoyo bíblico?

Si es así, ¿cómo se explica el hecho de que Juan el Inmersor y Jesús etiquetaron a contemporáneos con más que nombres directos (por ejemplo, "raza de víboras," "insensatos," "guías de ciegos," "hipócritas," "hijo del infierno," "serpientes," que pertenecían a su "padre el diablo" — Mat. 3:7; 12:34; 23:15-17, 33; Jn. 8:44)? ¿Cómo se explica el hecho de que Pablo públicamente señaló a personas — por nombre — por sus errores (por ejemplo, Demas, Himeneo, Alejandro, Fileto, Pedro, Alejandro el calderero — Gál. 2:11-14; 1 Tim. 1:20; 2 Tim. 2:17-18; 4:10, 14)? ¿Por qué Juan citó el nombre de Diótrefes (3

Jn. 9, 10)? ¿Por qué Juan hizo lo mismo al citar el nombre de un falso grupo religioso (Ap. 2:6, 15)? El señalar públicamente a personas, grupos y doctrinas es una actividad bíblica cristiana si se realiza de forma adecuada.

También se escucha mucho en estos días acerca de la necesidad de tener "predicación balanceada." Lo que con frecuencia se entiende por esta advertencia es que el predicador debe abstenerse de ser "negativo." Por supuesto, debemos de "hablar la verdad en amor" (Efe. 4:15). Nuestro enfoque en la vida y en la predicación no debería ser dominado por una actitud crítica, poco amable, severa (Gál. 6:1; Col. 4:6; 1 Tes. 2:7; 2 Tim. 2:24-25). Pero la Biblia repetidamente da a entender que la mente humana tiene una necesidad frecuente de corrección y disciplina — lo cual es negativo. Al predicador inspirado Jeremías se le dijo que su tarea consistía de seis actividades: arrancar, destruir, arruinar, derribar, edificar y plantar (Jer. 1:10). Note que cuatro de las seis son conductas negativas. Cuando el joven rico preguntó respecto a la vida eterna, Jesús delineó seis mandamientos, cuatro de los cuales son negativos (Mat. 19:16-19). Cuando Pablo le dijo a Timoteo en qué consistía la tarea del predicador del Nuevo Testamento, resumió: "redarguye, reprende, exhorta" (2 Tim. 4:2). Dos de los tres son negativos.

La conclusión es difícil de aceptar para muchos: la predicación bíblica — la predicación que es balanceada — es divisiva, ofensiva y con frecuencia negativa. La proclamación de la verdad de Dios es como un martillo que rompe piedra en pedazos (Jer. 23:29). Para muchos, es locura (1 Cor. 1:18). Sus duros corazones con frecuencia se sienten ofendidos por ella (Mat. 15:12-14). Pero debemos reconocer que las cualidades divisivas y negativas, se acentúan solo en la mente de los desobedientes (Hch. 7:51). Para los que la reciben con humildad, ¡sus almas serán salvas! (Sant. 1:21).

LIBRO, CAPÍTULO Y VERSÍCULO

Otra faceta del nuevo estilo de predicación es la insistencia de que el citar explícitamente libro, capítulo y versículo en el púlpito es de alguna manera no refinado, no efectivo o no apropiado. Con esta mentalidad emergente, se ha reducido dramáticamente tanto la cantidad de Biblia incorporada en el sermón, como, y en cierta medida incluso, que el tema del sermón se derive directamente de textos bíblicos. Muchos predicadores ahora rellenan sus sermones citando a modernos "expertos" en teología, psicología y sociología. Se enorgullecen de estar al tanto del "último pensamiento" disponible de la comunidad académica y del uso de esta información como fuente de material. Nos hemos "colocado nosotros mismos" en una circunstancia enormemente peligrosa y espiritualmente destructiva que históricamente ha anunciado la decadencia de la nación espiritual de Dios (por ejemplo, Deut. 6:6-9; Jos. 1:8; Sal. 1:2; Oseas 4:6).

Por favor considere el por qué los predicadores del Evangelio deben dar a sus oyentes citas bíblicas:

1) Esta práctica ayuda a los oyentes a aprender de la Biblia. Innumerables son las veces que una persona comprende cuando se le facilita el contenido y la estructura de la Biblia conociendo precisamente dónde se enseña una determinada doctrina, principio o verdad en la Escritura. Uno aprende y memoriza pasajes al leer y meditar por uno mismo (Hch. 17:11; Luc. 16:29; 1 Tim. 4:13).

2) Citar la Biblia minimiza la tendencia a hacer vaga alusión a la Escritura y así, excluir el contexto. Con frecuencia el error es imperceptible cuando se disfraza con el ropaje de algunas palabras bíblicas que suenan familiares o frases sacadas del contexto original, incluso cuando los escritores inspirados se abstuvieron de dar una fuente específica del Antiguo Testamento, fueron cuidadosos de citar el pasaje textualmente (compárese Heb. 2:6ss; 4:4-7; 5:6). Los engaños doctrinales se imponen constantemente sobre el simple y el inocente (Rom. 16:18) por las denominaciones y los falsos hermanos, al evadir el contexto decisivo y definitivo para apoyar sus puntos de vista erróneos. Muchos desacuerdos y conceptos erróneos se terminarían y aclararían si las personas no justificaran sus puntos de vista religiosos por medio de decir, "En algún lugar en la Biblia dice…"

3) El citar la Escritura directamente anima a confirmar en forma continua la autoridad y prioridad de las palabras de Dios. Impresiona al oyente que el predicador no esté hablando "de sí mismo" (compárese Jn. 7:16; 8:28; 14:10), o que haga valer sus propias ideas (1 Ped. 4:11; 2 Ped.

1:20-21), sino que más bien esté permitiendo que sea Dios el que esté hablando. Al decir a la audiencia en forma clara dónde se encuentran las palabras en la Escritura, les enfatiza que son responsables ante Dios — no ante el predicador. Que sus Palabras (no las del predicador) son "poderosas" (Rom. 1:16; Heb. 4:12) y capaces de salvarlos (Sant. 1:21). Además, incluso el mundo académico sostiene que es justo y ético dar toda referencia cuando se aluda a la obra de otra persona.

4) Por último, es apropiado darles a los oyentes información suficiente para localizar un pasaje ya que Jesús y otros hicieron esencialmente la misma cosa. Por supuesto, las divisiones en capítulos y versículos no estaban disponibles en tiempos apostólicos. Sin embargo, los predicadores fieles daban suficientes indicaciones para que sus afirmaciones pudieran verificarse. Aunque ocasionalmente un orador introducía su cita bíblica con la fórmula "escrito está" (Mat. 4:4, 7), usualmente incluía más detalles que le permitían al oyente enfocarse en el texto específico. Estudie cuidadosamente los siguientes pasajes y vea cómo el orador inspirado daba pistas de la fuente específica identificando el libro del Antiguo Testamento o al autor o la división canónica (por ejemplo, ley, Salmos o profetas): Mat. 3:3; 12:39; 13:14; 15:7; 24:15; Mar. 7:6; Luc. 20:42; 24:44; Jn. 1:23; Hch. 1:20; 2:16, 25; 3:22; 13:33, 35, 40; 15:15; 28:25.

Por supuesto, los cristianos de ahora están en una circunstancia histórica diferente. No nos estamos dirigiendo a judíos que estaban muy familiarizados con el Antiguo Testamento. Nos estamos dirigiendo a las denominaciones y a los que no tienen iglesia — ambos, lamentablemente son ignorantes de las Escrituras. Razón de más para especificar nuestra fuente bíblica.

¿Por qué algunos son tan reacios a dar libro, capítulo y versículo en su predicación? Quizás algunos se sienten intimidados debido a que su conocimiento de la Escritura es inferior a aquellos que son capaces de hacerlo. O, tal vez, algunos han acogido falsas doctrinas que no pueden permitir el escrutinio directo de la Escritura. No dar la cita explícita de la Escritura facilita la seducción o engaño religioso. O, quizá para ellos el citar constantemente la Escritura no encaja bien con el enfoque moderno, "sofisticado," "educado," "tolerante." Tal "educación" es similar a lo que Pablo llamó "falsa ciencia" (1 Tim. 6:20, NC). Tal "tolerancia" suena como las "cosas halagüeñas" que Isaías denunció (Isa. 30:10).

OMISIÓN DE LA INVITACIÓN

Con el cambio en el estilo de la predicación llegó una tendencia en minimizar e incluso omitir la invitación en el sermón. Algunos insisten que la invitación tiene su origen en el protestantismo y no en la Biblia. Dicen que la invitación es simplemente una tradición que ha evolucionado con el tiempo.

En algunas ocasiones justifican un cambio al ofrecer lo que llamamos "invitación", pero tales ocasiones son difíciles de imaginar. Por ejemplo, si solo cristianos están presentes, alentar a los oyentes a rendirse a la obediencia al plan de salvación parecería inútil. Sin embargo, los niños están obligados a estar presentes, algunos están a punto de convertirse o necesitan que se les dé una idea de su futura sumisión a ese plan.

Cualquiera que pudiera ser la historia de la invitación, existe una justificación bíblica para tener una invitación después que se predique cada sermón en la reunión de la iglesia. Una característica central de la iglesia y de la adoración del Nuevo Testamento fue la de predicar la Palabra de Dios. La Palabra de Dios siempre ha tenido como propósito modificar el comportamiento humano, cambiar a las personas en seguidores obedientes (Rom. 10:14-17; 12:2). Cuando la palabra de Dios se presenta, siempre lleva con ella una llamada implícita a reaccionar (Jn. 6:45). Jesús no predicó a la gente solo para intrigarlos. Quería una obediencia a las exigencias de su mensaje. Del mismo modo, la predicación del Evangelio por todo el libro de Hechos, siempre se planeó para obtener una respuesta. Cuando la gente escuchaba la Palabra de Dios, el Señor quería que la obedecieran, que actuaran, que la **hicieran** (Sant. 1:21-25).

En vista de esta faceta inconfundible de la predicación, a lo largo de la historia bíblica, parece lógico dar una oportunidad para expresar una respuesta. La evidencia bíblica de tales oportunidades abunda. Por ejemplo, en el monte Carmelo, Elías invitó a sus oyentes a que se alinearan a Dios. Su respuesta fue lamentable (1 Rey. 18:21). Moisés invitó a su audiencia al pie del monte Sinaí, lo que resultó en la muerte de unos tres mil oyentes que no respondieron (Éx. 32:26). En el sermón de despedida de Josué pidió una respuesta de sus oyentes (Jos. 24:15). La llamada de Esdras para cumplir con la enseñanza bíblica sobre el matrimonio fue acompañada de una invitación (Esd. 10:10-11).

Cuando uno va al libro de los Hechos, donde se predicó el Evangelio en el primer siglo, se ve el mismo patrón. El predicador anuncia el Evangelio y explícitamente pide una respuesta o implícitamente espera una. Después de todo, ¡esto es por lo que se hace la predicación! El predicador está tratando de provocar una respuesta por parte del oyente. Examine los siguientes versículos para ver este principio en acción: Hch. 2:36-37, 40-41; 3:19; 4:4, 13-18; 5:33, 40; 6:11; 7:52, 54: 8:5-6, 12-13, 22-24, 36; 9:18, 29; 10:47-48; 11:21, 23-24; 13:41-43, 46; 14:1, 18, 21; 16:5, 14-15, 32-33; 17:4, 11-12, 32-34; 18:5-6, 8; 19:5, 8-9, 18-19; 20:36; etc.

Un análisis del libro de Hch. revela que cuando el mensaje del Evangelio fue predicado, se manifestaron tres posibles reacciones visibles. Muchas veces (tal vez la más frecuente) la reacción a la invitación fue el rechazo, la hostilidad y la violencia (por ejemplo 17:5). En algunas ocasiones, la respuesta fue el propósito de conversión (por ejemplo, 18:8). En otras ocasiones, los cristianos respondían con el propósito de restauración, es decir, arrepentirse y corregir su comportamiento pecaminoso (por ejemplo 8:24). Una respuesta no visible o silenciosa a la palabra predicada era la edificación, ser confirmados en la fe (por ejemplo, 16:5). Otra respuesta en el Nuevo Testamento que las iglesias de Cristo a menudo incluyen en la invitación del sermón como un asunto de conveniencia, pero que puede hacerse en cualquier momento, es la "identificación" de un cristiano con la iglesia local para ser miembro (por ejemplo, 9:26-27).

En consecuencia, cuando predicamos el Evangelio en nuestras reuniones públicas, lo hacemos específicamente para provocar que se cumpla la Palabra de Dios. Es natural para nosotros darle a la asamblea una oportunidad inmediata para hacer eso. Para los no cristianos que están presentes, deberíamos querer animarlos a manifestarse y a obedecer el sencillo plan de salvación. Para los cristianos que están presentes, deberíamos querer instarlos a corregir sus vidas para que puedan estar en armonía con la palabra predicada. También, se les da la oportunidad para hacer las correcciones en presencia de los hermanos cristianos que pueden orar con y por ellos (Sant. 5:16; I Jn. 1:9; Hch. 8:24).

Las circunstancias son tales en muchas iglesias ahora, que una persona posiblemente podría estar convencida de lo dicho por el predicador en su sermón. Pero sin una invitación y una clara articulación de cómo responder bíblicamente, la persona se iría pensando que todo lo que tiene que hacer es **aceptar** la enseñanza — **estar de acuerdo** con ella. Tal como aquellos en Pentecostés (Hch. 2:37), el tesorero etíope (Hch. 8:36) y Saulo (Hch. 9:5-6), hoy, la gente necesita que se le **diga** qué hacer para responder al mensaje predicado.

Sospecho que la tendencia de los predicadores a dejar de invitar para instar a los oyentes a obedecer es el resultado natural del cambio que ha ocurrido en el contenido y en el estilo de predicación. En otras palabras, los predicadores ya no invitan porque ya no están dando las demandas puras, no diluidas del Evangelio. La predicación actual está llena con llamamientos a sentirse bien, a las necesidades palpables más que en el énfasis bíblico al arrepentimiento del pecado y a obedecer el Evangelio. La omisión de la invitación en nuestros sermones es otro paso en la dirección equivocada. Un paso para alejarse de la Biblia.

Conclusión

Uno de los cambios que afectan a la iglesia actualmente es el dejar de predicar la Biblia desde nuestros púlpitos como se hacía antes. Solo le toma una generación de no hacerlo para cosechar el torbellino de ignorancia y la apostasía generalizada. Los predicadores que, en los últimos veinte o treinta años, son responsables de dejar la clara predicación bíblica serán responsables en la eternidad de pavimentar el camino para que los agentes del cambio actual hagan su trabajo destructivo.

Hermanos, nunca llegará el momento en que la circunstancia cultural o histórica justifique dejar la proclamación directa de citar la Palabra de Dios. No nos avergoncemos de la Biblia (Rom. 1:16). Presentémosla fielmente a la humanidad perdida y hagamos todo lo que podamos para animarlos a que noblemente la "escudriñen" (Hch. 17:11; 1 Tes. 5:21).

Mientras predicaba en Ardmore, Oklahoma recientemente, un hombre amable y grande de edad se acercó a mi después de los servicios y me expresó su acuerdo de que muchos de nuestros predicadores ya no predican la simple verdad bíblica. Comparó el nuevo estilo de predicación a una declaración que le fue hecha a él por su hermano mayor en la década de 1940. Viviendo en un área rural de Oklahoma, él y su hermano mayor se fueron del pueblo para averiguar cuál era todo ese alboroto respecto a la "soda mezclada con helado." El hermano mayor puso su dinero sobre el mostrador y pidió su orden, animando a su pequeño hermano a esperar que él la probara antes de que gastara su dinero. Conforme el hermano pequeño esperaba pacientemente el sabio consejo de su hermano mayor, éste último probó la nueva invención. Viendo a su pequeño hermano, negó con su cabeza y le dijo: "Guarda tu dinero, hermano, es solo aire dulce."

Triste comentario sobre gran parte de la predicación en nuestro día.

CAPÍTULO 20
LA MÚSICA EN LA IGLESIA

EL segundo cambio específico en la iglesia tiene que ver con la música. La música instrumental siempre parece vislumbrarse en el fondo. Sin duda, si hoy se hiciera una encuesta entre los jóvenes de las iglesias de Cristo el resultado mostraría que no consideran que los instrumentos en la adoración sean algo objetable. Voces prominentes dentro de los agentes del cambio han declarado que la música instrumental no debe tratarse como un problema para tener comunión. Sin embargo, esta posición lógicamente equivale a aprobar el uso de instrumentos musicales.[137]

> *"los que el Señor ha redimido; entrarán en Sión con cantos de alegría,..." Isaías 35:10*

Sin embargo, la antigua generación hizo un trabajo encomiable al destacar el carácter inaceptable de la música

---

[137] Ejemplos de los que no creen que la música instrumental debería ser una prueba de comunión incluyen a: Rubel Shelly, **I Just Want To Be A Christian** (*Solo Quiero Ser Cristiano*; Nashville, TN: 20th Century Christian, 1984), pp. 47-49, 64, 113-114; Larry James, "When Traditions Collide", [*Cuando Chocan Las Tradiciones*] **Image** 2 (1 de Nov. 1986):16-17; Max Lucado, "Eternal Truth: A Dream Worth Keeping Alive" (*Verdad Eterna; Sueño Que Vale La Pena Mantener Vivo*; Malibu, CA: Peperdine Bible Lectures, 1995). Vea los comentarios de Steven Polk y Eddy Ketcherside de la iglesia de Cristo Farmers Branch y de Jeff Nelsen de la iglesia de Cristo Preston Road en Dallas como también el comentario anónimo: "La prohibición de los instrumentos musicales es más una tradición que algo basado en las Escrituras", en el artículo de Helen Parmley publicado en el periódico **Dallas Morning News**, titulado "Vientos de cambio: La iglesia de Cristo Explora El Uso De Instrumentos Musicales En La Adoración", en la sección G. del sábado 3 de junio de 1995. Para análisis excelentes del tema de los instrumentos musicales, ver **The Highers-Blakely Debate on Instrumental Music** (*El Debate Highers —Blakely Sobre Los Instrumentos Musicales*; Denton, TX: Valid Publications, 1988) [*Nota del Trad.*, lo puede descargar, en español, en el siguiente enlace: https://andandoenlaverdad.files.wordpress.com/2018/10/el-debate-highers-blakely-sobre-los-instrumentos-musicales-en-la-adoracic3b3n.pdf]; Roy Deaver, **The Problem of Instrumental Music** (*El Problema De La Música Instrumental*, manuscrito no publicado; Bedford, TX: Escuela de Predicación de Brown Trail, sin fecha; Mark Swindall, **Why We Sing and Do Not Play** (*Por Qué Cantamos Y No Tocamos*; Charleston, SC: Logos Productions, 1990; **Boswell-Hardeman Discussion** (*El Debate Hardeman—Boswell*; 1923; reimpreso Fairmont, IL: Guardian of Truth Foundations Publications, 1981); Dave Miller, "Solos y Coros En la Asamblea de Adoración", **La Espada Espiritual** 25 (Oct. 1993): 26-31. [*Nota del Trad.*, puede descargar, en español, otras revistas de La Espada Espiritual sobre temas similares, en el siguiente enlace: https://andandoenlaverdad.files.wordpress.com/

instrumental al grado que la mayoría de la generación joven no ha mostrado voluntad para hacer de la música instrumental una lucha. En su lugar, los agentes del cambio han dirigido su atención a la esfera de la "música especial," es decir, solistas, tríos y coros.[138]

Hace siglo y medio, las iglesias de Cristo disfrutaban de la paz y armonía que surgían de la unidad doctrinal. Entonces los inquietos agentes del cambio forjaron la nueva práctica de adoración (es decir, la música instrumental) y empezaron a promover sus puntos de vista por toda la hermandad. A los que se opusieron al cambio se les acusó de problemáticos. Se les presentó como hacedores de leyes humanas y obstaculizadores del noble esfuerzo de hacer más significativa la adoración. Se les acusó de ser legalistas, divisivos y responsables de la existencia de facciones dentro de la iglesia.

La historia se repite. Un observador objetivo, sin duda, debiera admirarse. Durante muchos años, las iglesias de Cristo han gozado de paz y armonía en su adoración. Quienes están promoviendo la "música especial" son claramente los divisivos y perturbadores. Sin embargo, son unos maestros en actuar inocentemente en este sentido, mientras culpan a sus oponentes. De la misma manera son especialistas en cambiar del discurso de "el Nuevo Testamento **permite** la música especial" a "el Nuevo Testamento **promueve** la música especial". El **activismo** con el que los innovadores están avanzando en su agenda es perturbador y doloroso.[139]

1 CORINTIOS 14:15, 26

---

[138] Para un análisis completo de la vialidad bíblica de solistas y coros, vea Dave Miller, **Singing and New Testament Worship** (*El Canto Y La Adoración Del Nuevo Testamento*; Abilene, TX: Quality Publishing, 1994); Dave Miller, "*Solos Y Coros En El Servicio De Adoración*", **La Espada Espiritual** 25 (Octubre 1993):26-31; Dave Miller, "*La Música Especial En Las Reuniones De La Iglesia*", **First Century Christian** (*El Cristiano Del Primer Siglo*, 17; Junio 1995): 8-15).

[139] Dos de los principales proponentes del uso de solistas y coros en las reuniones de la iglesia son Calvin Warpula y Lynn Anderson. Warpula ha presentado sus puntos de vista en una de las conferencias de nuestras universidades cristianas ("Haciendo Significativa La Adoración", Oklahoma Christian University of Science and Arts Lectureship, Enero de 1992). Su más grande salida para difundir sus ideas han sido las páginas de las revistas más liberales de la hermandad ("¿Música Especial? Si", **Image**, 8/2 [Marzo/Abril, 1992]:19, 27. 30; "Música Especial En Las Reuniones De La Iglesia", **Image**, [Nov/Dic., 1994]:19-21; "El Nuevo Testamento Alienta A La Música Especial En La Adoración", **Wineskin**s, [*Odres;* Marzo, 1993]:26-30).

Algunos argumentan que encuentran autoridad para la música especial en 1 Cor. 14. Pero quien insista que Pablo se está refiriendo a cantar con solistas en 1 Cor. 14; 15, 26 no podría probarlo aun si su vida dependiera de ello. Hay al menos cuatro diferentes interpretaciones igualmente válidas que encajan en el contexto. "Cada uno de vosotros tiene salmo" puede referirse a: (1) el canto con un solista inspirado que finalizó con todos los otros dones milagrosos; (2) directores de canto; (3) recitar un salmo inspirado (es decir, un poema); y (4) escritores de himnos enseñando a la congregación un nuevo himno. La evidencia de escritores de himnos en la iglesia primitiva aparece en las referencias de Justino Mártir (**Apology**, V, 28), Tertuliano (**De Anima**, c.9) y Eusebio (**Ecclesiastical History**, V, 28). Respecto a esta última referencia, M´Clintock y Strong dicen:

> Aquí no solo tenemos el testimonio del uso de cantos espirituales en la Iglesia Cristiana desde la más remota antigüedad, sino también que había escritores de himnos en la iglesia apostólica y que sus obras se recolectaban para su uso en esa época de la iglesia cristiana.[140]

Una alusión ambigua a los cristianos "cada uno…tiene salmo" es una débil y peligrosa justificación para promover la música especial en la iglesia actual. La persona imparcial no permitirá que un pasaje no concluyente (1 Cor. 14:26) altere los pasajes más claros (Efe. 5:19; Col. 3:16) — aunque los "eruditos" denominacionales expresen sus opiniones sin prueba textual o contextual para sus puntos de vista.

Por cierto, los eruditos del Nuevo Testamento **no** "están de acuerdo por unanimidad" en que 1 Cor. 14:15, 26 apruebe los solistas. Por ejemplo, Lightfoot parafrasea el sentido como "Cuando os juntáis en un lugar, es para pasar tiempo y adorar principalmente cantando salmos, predicando, etc".[141] Barrett considera que la referencia es a "una composición nueva, quizás

---

[140] John M´Clintock y James Strong, **Cyclopaedia of Biblical, Teological y Ecclesiastical Literature**, vol. 6 (*Enciclopedia de Literatura Bíblica, Teológica y Eclesiástica*; 1876; repr. Grand Rapids, MI: Baker Book House, 1969), p. 757.

[141] John Lightfoot, **A Commentary on the New Testament from the Talmud and Hebraica**, vol. 4 (*Comentario sobre el Nuevo Testamento del Talmud y la Hebraica*1859; repr. Grand Rapids, MI: Baker Book House, 1979), p. 266.

espontánea, no un salmo del Antiguo Testamento".[142] Macknight dice: "Los salmos inspirados de los que habla el apóstol, no son composiciones métricas, sino composiciones que se distinguían de la prosa".[143] Vincent insiste en que el uso de un salmo "no está restringido al canto".[144]

De esta manera, la palabra "salmo" simplemente se refiere a una **escritura** con autoridad — "una palabra incorporada al estilo de Salmodia".[145] "Salmo" es una forma de escritura inspirada, es decir, Escritura (compárese Hch. 13:33; Luc. 24:44) y por lo tanto podría ponérsele finalmente música o no. Cuando la palabra "salmo" no se refiere a un himno para ser cantado (sino simplemente leído o estudiado), el término en sí mismo no indica bajo qué circunstancia deba cantarse.[146] Los agentes del cambio actúan como si el pasaje debiera traducirse "¡cada uno cante solo!"

Si bien personas en forma individual componían el salmo, no hay justificación contextual o lingüística para asumir que solistas cantaran el salmo excluyendo a toda la iglesia. En todo caso, "por inspiración decían oraciones y salmos en los que la iglesia se unía a ellos".[147] Así, el pasaje se refiere a una persona que, por inspiración, compone un himno adecuado para la adoración. Ha llegado el momento para que, los que valientemente afirman que 1 Cor. 14:26 se refiere a cantar con solistas, lo **prueben** — o dejen de esparcir su propaganda. El citar simplemente a los que están de acuerdo con lo que una persona concluye, no hace válidas tales conclusiones.

---

[142] C. K. Barrett, **The First Epistle to the Corinthians** (*La Primera Carta a Los Corintios*; New York, NY: Harper & Row, Publishers, 1968), p. 327.

[143] James Macknight, **Apostolical Epistles** (*Epístolas Apostólicas*; reimp. Grand Rapids, MI: Baker Book House, s.f.), p. 195.

[144] Marvin R. Vincent, **Word Studies in the New Testament,** vol. 3 (*Estudio de Palabras del Nuevo Testamento*; New York, NY: Charles Scribner´s Sons, 1906), p. 507.

[145] Gerhard Delling, "humnos" en **Theological Dictionary of the New Testament**, vol. 8 (*Diccionario Teológico del Nuevo Testamento*; Grand Rapids, MI: William B. Eerdmans Publishing Co., 1972), pp. 499 (note 73), 500.

[146] K. H. Bartels, "Salmos" en Colin Brown, ed., **The New International Dictionary of New Testament Theology**, vol. 3 (*Nuevo Diccionario Internacional de Teología del Nuevo Testamento*; Grand Rapids, MI: Zondervan Publishing House, 1978), pp. 671-672.

[147] Macknight, p. 193

COLOSENSES 3:16

Para apreciar plenamente el significado de Col. 3:16, deben entenderse ciertas características gramaticales del idioma griego. En primer lugar, los participios funcionan, en cualquier oración, en relación al verbo principal. Los participios presentes indican que la acción es simultánea o coincidente con la acción del verbo principal.[148] El verbo principal en la oración provee la estructura temporal que rige las frases con participio. En este caso, **enoikeito** ("more") es un verbo presente activo imperativo que obliga a la iglesia en Colosas a tener la Palabra de Cristo morando en ella plenamente. Esta idea central se explica por los tres participios presentes "enseñándoos," "exhortándoos," y "cantando". Los participios "describen la forma en que la palabra mora entre ellos".[149]

Un segundo principio gramatical que da luz sobre el significado de Col. 3:16 es el uso del caso dativo. Los términos "salmos, himnos y cánticos espirituales" son dativos asindéticos (es decir, no unidos por conjunciones) que define el significado a ser usado — el vehículo a través del cual se transmiten la enseñanza y la amonestación.[150]

---

[148] Ray Summers, **Essentials of New Testament Greek** (*Fundamentos del Nuevo Testamento Griego*; Nashville, TN: Broadman Press, 1950), p. 89-99; Boyce W. Blackwelder, **Light From the Greek New Testament** (*Luz del Nuevo Testamento Griego*; 1958; reimp. Grand Rapids, MI: Baker Book House, 1976), p. 100.

[149] Otto Schomoller, **The Epistles of Paul to the Colossians** (*La Carta de Pablo a Los Colosenses*; repr. Grand Rapids, MI: Zondervan Publishing House, 1960), p. 71. Cf., Kenneth S. Wuest, **Word Studies in the Greek New Testament**, vol. 1 (*Estudio de Palabras en el Griego del Nuevo Testamento*; Grand Rapids, MI: William B. Eerdmans Publishing Co., 1966), p. 128-129, sobre Efe. 5:18-21 donde los cinco participios ("hablando", "cantando", "alabando", "dando", y "someteos") definen la vida llena del Espíritu. También el señalamiento de Bartels sobre "dando siempre gracias" en Efe. 5:20 "sin duda retoma los versículos del 18 en adelante a modo de resumen" (p. 675). Compárese, John Eadie, A **Commentary on the Greek Text of the Epistle of Paul to the Ephesians** (*Comentario Sobre El Texto Griego de la Carta de Pablo a Los Efesios*;1883; reimp. Grand Rapids, MI: Baker Book House, 1979), p. 404.

[150] Schmoller, p. 71. Cf., C. F. D. Moule, **An Idiom-Book of New Testament Greek** (*Libro de Frases del Griego del Nuevo Testamento*; Cambridge: Cambridge University Press, 1959), p. 45.

En tercer lugar, mientras que los participios son neutrales en términos de su modo,[151] en una oración como Col. 3:16, los participios toman una fuerza imperativa.[152] Al hacerlo, manifiestan más la influencia predominante del verbo.

En cuarto lugar, algunas veces se identifica a Col. 3:16 como una especie de "participio anacoluto".[153] Anacoluto se refiere a una ruptura dentro de la oración en la que el autor termina su oración de una forma complementaria, de manera más directa. Específicamente en referencia a Col. 3:16, las cláusulas del participio apoyan y amplían el verbo imperativo y el adverbio "en abundancia".[154] Como tal, los participios tienen una interrelación íntima entre sí.

A partir de estos principios gramaticales, se pueden extraer las siguientes observaciones y conclusiones. El "enseñándoos", "exhortándoos" y el "cantando" no son actividades separadas, no relacionadas. Las tres clarifican cómo debe llenarse con la Palabra de Cristo y son, por lo tanto, coincidentes una con las demás. Cuando los cristianos se reúnen y cantan juntos, en ese acto están igualmente enseñando y exhortándose unos a otros. La referencia de Pablo a "cantando" es su forma de **completar** y **clarificar** sus instrucciones iniciales

---

[151] A. T. Robertson, **A Grammar of the Greek New Testament in the Light of Historical Research** (*Gramática del Griego del Nuevo Testamento a La Luz de La Investigación Histórica*; Nashville, TN: Broadman Press, 1934), p. 1133.

[152] A. T. Robertson, **Word Pictures in the New Testament,** vol. 4 (*Imágenes Verbales del Nuevo Testamento*; Grand Rapids, MI: Baker Book House, 1931), p. 505; Wuest, p. 227; Vincent, p. 506; Moule, p. 31, 105; Ver también el estudio de David Daube en el que atribuye a la influencia hebrea el uso del participio para el imperativo, más que a un desarrollo helenístico: "Participio e Imperativo en 1 Pedro" en E. G. Selwyn, **The First Epistle of St. Peter** (*La Primera Carta de Pedro*; London: MacMillan and Co., 1949), p. 481-482; W. Robertson Nicoll, **The Expositor´s Greek Testament**, vol. 3 (*El Testamento Griego del Expositor*; Grand Rapids, MI: William B. Eerdmans Publishing Co., s.f.), p. 541; F. F. Burce, **The Epistle to the Colossians, to Philemon and to the Ephesians** (*La Carta a Los Colosenses, a Filemón, y a Los Efesios*; Grand Rapids, MI: William B. Eerdmans Pub. Co., 1984), p. 158 (Note 152); Robertson, **Grammar,** (*Gramática*; p. 440, 946, 1133. Compárese Efe. 5:19 en R. C. H. Lenski, **The Interpretation of St. Paul´s Epistles to the Galatians, to the Ephesians and to the Philippians** (*Interpretación de las Cartas de Pablo a Los Gálatas, a Los Efesios, y a Los Filipenses*; Minneapolis, M.N: Augsburg Pub. House, 1937), p. 619.

[153] Robertson, **Grammar,** (*Gramática*; p. 435-436, 439-440, 944-946, 1133-1134); Robertson, **Pictures,** p. 505; Nicoll, p. 541; John Eadie, **A Commentary on the Greek Text of the Epistle of Paul to the Colossians** (*Comentario Sobre El Texto Griego de La Carta de Pablo a Los Colosenses*; 1884; reimp. Grand Rapids, MI: Baker Book House, 1979), p. 246.

[154] Vincent, p. 506.

respecto a "enseñándoos" y "exhortándoos". Como Schlier señala: "en los **odai** [cánticos] la comunidad se instruye mutuamente y se exhorta a sí misma".[155] Comentando sobre el pasaje paralelo en Efe. 5:19, Eadie señala que: "Su hablar debía ser el canto" y "**lalountes** [hablando] se define por **adontes** [cantando]"[156] Lenski está de acuerdo.[157]

En vista de estos detalles gramaticales, la puntuación de Col. 3:16 en la **New Revised Standard Version** es inaceptable por al menos tres razones. En primer lugar, "salmos, himnos y cánticos espirituales" se relaciona de forma más natural con "enseñándoos y exhortándoos" de acuerdo a Alford,[158] Wuest,[159]

---

[155] Heinrich Schlier, "ode" en Gerhard Kittel, ed., **Theological Dictionary of the New Testament**, vol. 1 (*Diccionario Teológico del Nuevo Testamento*; Grand Rapids, MI: William B. Eerdmans Pub. Co., 1964), p. 165.

[156] Eadie, **Ephesians**, p. 402.

[157] Lenski (p. 620) señala que "No hay **kai** delante del segundo participio. El segundo y el tercer participio definen al primero". La misma observación aplica para Col. 3:16.

[158] Henry Alford, **The Greek Testament**, vol. 3 (*El Testamento Griego*; Chicago, IL: Moody Press, 1958), p. 237. Alford da dos razones para este vínculo: (1) el dativo decisivo más natural enlaza a "enseñándoos y exhortándoos" como en Efe. 5:19 y (2) "cantando" ya tiene dos cláusulas calificativas, una antes ("con gracia") y una después ("en sus corazones").

[159] Wuest, p. 227 — "Esta enseñanza y exhortación debía ser en forma de salmos, himnos y cánticos espirituales". Compárese p. 228.

Lenski,[160] Henry,[161] Schomoller,[162] Bruce,[163] Barnes,[164] y Lenski[165] El intento de separar la "enseñanza y la exhortación unos a otros" del "canto" hasta el punto de no tener relación es contrario a las características gramaticales del versículo.

En segundo lugar, la **NRSV** crea tres oraciones diferentes y por lo tanto aísla las cláusulas interrelacionadas de la oración griega cambiando los participios a verbos — ignorando completamente los matices gramaticales que establecen el significado del pasaje.

En tercer lugar, el pronombre recíproco, reflexivo (que se discutirá más tarde en este capítulo), si estuviera limitado a la primera cláusula del participio ("enseñando y exhortando"), necesitaría que la enseñanza la hiciera toda la congregación **junta**. Sin embargo, la Biblia prohíbe que dos o más individuos enseñen **juntos** al mismo tiempo (1 Cor. 14:29-33). La única forma en que dos o más cristianos pudieran enseñar **juntos** es si están **cantando** las palabras **juntos**. De modo que la **NRSV** no manifiesta la sensibilidad de varios aspectos gramaticales de Col. 3:16. Los tres participios ("enseñándoos, exhortándoos" y "cantando") son acciones que indiscutiblemente se sobreponen en importancia.

---

[160] R. C. H. Lenski, **The Interpretation of St. Paul´s Epistles to the Colossians, to the Thessalonians, to Timothy, to Titus and to Philemon** (*Interpretación de Las Cartas de Pablo a Los Colosenses, a los Tesalonicenses, a Timoteo a Tito, y a Filemón*: Minneapolis, MN: Augsburg Publishing House, 1937), p. 177.

[161] Matthew Henry, **Commentary on the Whole Bible** (*Comentario Sobre Toda la Biblia*; reimp. Grand Rapids, MI: Zondervan Publishing House, 1961), p. 1874.

[162] Schmoller, p. 71.

[163] Bruce, p. 158 — "Cualquiera que sea el punto de vista se toma de la puntuación o de la construcción de la frase, la colocación de las dos cláusulas del participio (como están en el texto griego), 'enseñar e instruir...' y 'cantar'...,' sugiere que el canto podría ser el medio de la edificación mutua, así como el medio de alabanza a Dios".

[164] Albert Barnes, **Notes on the New Testament: Ephesians, Philippians, and Colossians** (*Notas Sobre El Nuevo Testamento; Efesios, Filipenses Y Colosenses*; Grand Rapids, MI: Baker Book House, 1949), p. 279 — "sus salmos e himnos debían considerarse como un método de 'enseñanza' y "amonestación.'" Además, "al que se le permite hacer los himnos de una iglesia...moldeará [sic] más eficazmente los sentimientos de la iglesia que los que predican".

[165] Nicoll, p. 541. Después de insistir que "salmos, himnos y cánticos espirituales" está relacionado con la "enseñanza y amonestación" en lugar de "cantar", Nicoll resume: "La palabra de Cristo debe morar en ellos abundantemente para que encuentre la expresión espontánea en el canto de las reuniones cristianas" — p. 541-542.

Sugieren diferentes facetas de la misma actividad: el ofrecer adoración musical colectiva.[166]

Es interesante que el texto griego más importante que la erudición moderna ha producido demuestra que Efe. 5:19 no permite separar "hablando entre vosotros" y "con salmos, con himnos y cánticos espirituales".[167] El mismo texto indica que no hay interrupción en Col. 3:16 entre "enseñándoos y exhortándoos unos a otros" y "con salmos e himnos y cánticos espirituales".[168] El equipo de puntuación identifica las siguientes traducciones y ediciones del Griego del Nuevo Testamento que no apoyan la puntuación hecha por la **NRSV:** Westcott y Hort, **KJV, ERV, ASV, Die Heilige Schrift, Das Neue Testament** de Martin Lutero y **Le Nouveau Testament**. Incluso en aquellos textos griegos fundamentales que indican una separación de puntuación entre las cláusulas del participio, la ruptura se identifica como "menor," es decir, no más grande que una coma. La ruptura principal de la **NRSV** no se justifica ni gramatical ni lingüísticamente.

El Nuevo Testamento es en realidad mucho más específico en lo que respecta al canto de lo que muchos creen. Además de autorizar solo el canto congregacional, Col. 3:16 y Efe. 5:19 pone restricciones en el formato de música (es decir, vocal, verbal), el estilo de música (salmos, himnos y cánticos espirituales), el objeto de la música (a Dios), la actitud del que canta (con gratitud) y la condición del que canta (en el corazón).

En resumen, el escenario de Col. 3:16 es una adoración congregacional: los participios son plurales; "en vosotros" es plural, refiriéndose al cuerpo en su conjunto; el pronombre

---

[166] Wuest, p. 227 resume la interrelación de los tres participios cuando dice, "en el canto congregacional, aún seguimos la costumbre".

[167] Kurt Aland, Matthew Black, Carlo Martini, Bruce Metzger y Allen Wikgren, **The Greek New Testament** (*El Griego Del Nuevo Testamento*, 2nd ed New York, NY: United Bible Society, 1968), p. 676.

[168] Aland y colaboradores, p. 700.

recíproco, reflexivo implica pluralidad.[169] Pablo le está indicando a la congregación que canten juntos cuando se reúnan a adorar. Los himnos que cantan deberían enseñar y exhortar unos a los otros mientras ofrecen alabanza a Dios desde su corazón.

"Unos A Otros"

Aquellos que apoyan la música especial en la asamblea, típicamente representan a quienes no están de acuerdo con ellos como defensores del canto congregacional "simultáneo". Por "simultáneo" quieren decir que al cantar cada miembro habla las mismas palabras al mismo tiempo. No solo es inexacta esta caracterización, sino que pasa por alto el hecho que muchos de los himnos entre las iglesias de Cristo no implican a todos cantando las mismas palabras al mismo tiempo. Altos, tenores y bajos con frecuencia hacen eco de las partes del soprano. Así que uno puede rechazar a los solistas y a los coros sin respaldar únicamente "el canto congregacional simultáneo". La congregación completa puede cantar **junta** sin que cada persona cante las mismas palabras al mismo tiempo.

Los defensores de la música especial no alcanzan a comprender la importancia del pronombre reflexivo griego que se usa en forma recíproca.[170] Un error que comenten es no reconocer la relación entre la reciprocidad y el "sujeto plural" de la oración. El sujeto plural en Efe. 5:19 es la congregación entera — no solo una porción de la congregación. El uso del pronombre recíproco exige que la congregación entera (el sujeto plural) participe en la acción dada del verbo ("ser llenos"). Los participios — "hablando", "cantando", etc. — explican la acción del verbo. En consecuencia, la reciprocidad que ordena el pasaje requiere que la congregación entera participe en el intercambio del canto. Los

---

[169] Se da documentación detallada para esta afirmación en **Singing and New Testament Worship** (*El Canto Y La Adoración Del Nuevo Testamento* de Dave Miller; Abilene, TX: Quality Publications, 1994), p. 15, 22 (notas 2, 3, 6). Añadir a estas citas Schmoller, p. 71 — "en vosotros como iglesia"; T. K. Abbott, **A Critical and Exegetical Commentary on the Epistles to the Ephesians and Colossians** (*Comentario Crítico Y Exegético Sobre Las Cartas A Los Efesios Y Colosenses*; reimp. Edinburgh: T. & T. Clark, 1979), p. 290 — "en vosotros como un cuerpo"; Bruce, p. 157 — "el sentido colectivo podría ser más importante a la vista del contexto"; Alford, p. 237 — "Bien podría significar la comunidad entera — vosotros, como iglesia". Además de toda esta evidencia, considere el hecho de que Pablo se refiere a su audiencia en el versículo previo de Col. 3:16 como "fuisteis llamados en un solo cuerpo".

[170] Para una extensa discusión del pronombre reflexivo, recíproco como se usa en Efe. 5:19 y Col. 3:16, ver **Cantar** de Dave Miller, páginas 16-23, 32-33.

solistas y los coros, por definición, excluyen al resto de la congregación del intercambio.

En segundo lugar, "hablando entre vosotros" **no** significa que algunos miembros están escuchando en silencio mientras otros están cantando. La reciprocidad exige que los que escuchan también estén participando en el canto. Los defensores de la música especial intentan justificar el coro, haciendo hincapié en la importancia de escuchar en silencio, mientras otros están cantando — incluso insisten en que es "grosero hablar cuando alguien más me está hablando".[171] Si es así, entonces ¡todo el canto congregacional es **grosero**! De hecho, el canto coral es grosero y **solamente** el canto de solista debería hacerse en la iglesia. Una falsa posición siempre se doblega por sí misma.

De hecho, el asunto es que, hablando (es decir, oraciones públicas, predicación, lectura de la Biblia) en la asamblea se **debe** hacer solo uno a la vez (1 Cor. 14:26-33). Pero el **canto** (la clase de hablar de acuerdo a Efe. 5:19) se **puede** hacer todos juntos sin ser groseros o no bíblicos. Efe. 5:19 y Col. 3:16 exigen cantar, eso que nos enseña a nosotros mismos y a todos los demás que también están participando en el canto. En el canto congregacional, todos **podemos** cantar juntos y aprender y escuchar al mismo tiempo.

El extra que se está colocando sobre escuchar es erróneo por cinco razones: (1) Efe. 5:19 y Col. 3:16 no incluye "escuchando" como uno de los participios; (2) los miembros de un coro están cantado al mismo tiempo y así, de acuerdo a los agentes del cambio, no se pueden escuchar los unos a los otros; (3) solo los solistas podrían calificar para cantar en las reuniones de la iglesia a fin de escapar del mal de escuchar que los agentes del cambio presentan; (4) el canto congregacional debería eliminarse por completo dado que cuando la congregación entera está cantando, todo participante está impedido de escuchar a los

---

[171] Lynn Anderson, **Navigating the Winds of Change** (*Navegando En Los Vientos Del Cambio*; West Monroe, LA: Howard Publishing Co., 1994), p. 128.

demás; y (5) simplemente **no es verdad** que cantar juntos evita no escuchar a los demás que también están cantando.[172]

Nadie sugiere que no sea espiritual a veces "adorar escuchando". Claramente hacemos así en las oraciones públicas, sermones y las lecturas bíblicas. También escuchamos **cuando** cantamos. Pero el punto es que en los pasajes donde Dios ha legislado su voluntad en relación a la música, nos ha instruido a cantar **juntos**. Sobre esta base, **escuchar** a los demás cantar sin unirse en el canto, simplemente no está autorizado.

En tercer lugar, algunos no malinterpretan la naturaleza de la reciprocidad en pasajes tales como 1 Cor. 6:7; Heb. 3:13; y Efe. 4:32.[173] El pronombre reflexivo se usa en estos pasajes en lugar del pronombre recíproco.[174] Al hacerlo, la acción descrita implica al grupo como **un todo**. La reciprocidad implica la noción de intercambio — "expresándose las dos partes, se influyen mutuamente".[175] Como tal, "la misma acción debe hacerse por cada uno sobre el otro".[176] Debería quedar claro que los solistas y

---

[172] Lenski (**Colosenses,** pp. 177-178) señala el hecho que cuando todos cantamos juntos, nuestras palabras tienen tres enfoques: a nosotros mismos, a quienes cantan con nosotros y a Dios. Nos instruimos y nos exhortamos a nosotros mismos, como también a los demás en los temas doctrinales que compartimos en común. Literalmente nos estimulamos unos a otros cuando escuchamos a nuestros compañeros creyentes uniendo sus voces a la nuestra en alabanza a la Deidad. Schlier (pp. 164-165) insiste que los **odai** (cánticos) "no deben cantarse por una persona, sino todos juntos para alabar" y en consecuencia, "no excluir la participación de todos los miembros. Por el contrario, Cristo encuentra expresión en los corazones de los miembros de la congregación (**adontes en tais kardiais humon to theo**) [cantando en vuestros corazones a Dios] la cual expresa con sus labios lo que dice Él en el corazón"; "en **odai** la congregación en forma solidaria se instruye y se exhorta a sí misma". Macknight (p. 393) añade: "Por medio de escuchar estos salmos e himnos recitados o cantados, se promueve su conocimiento y su gozo". Así que simplemente no es verdad que el cantar juntos impida que simultáneamente nos escuchemos unos a otros.

[173] Ver **Cantar,** Miller, pp. 19-20, 34.

[174] Charles J. Ellicott, **Carta de San Pablo a los Efesios** (London: Longman, Green, Lonman, Roberts & Green, 1864), p. 124; Santiago H. Moulton, **Gramática Del Griego Del Nuevo Testamento**, vol. 3, **Sintaxis** (Edingurh: T. & T. Clark, 1963), p. 43; H.C.G. Moule, **Estudios sobre Efesios** (London: Hodder & Stoughton, 1902), p. 236, quien comenta sobre Efe. 4:32 — "Difiere de la misma construcción con **alelois** sólo por acentuar un poco la 'solidaridad' de las partes involucradas; el perdón circularía por así decirlo dentro del conjunto 'propio de la comunidad profundamente unida'"; Friedrich Blass, **Gramática Del Griego Del Nuevo Testamento** (New York, NY: The Macmillan Co., 1898), p. 169-170. Ver tambier, **Cantar,** Miller, p. 17.

[175] William E. Jelf, **Gramática Del Idioma Griego,** vol. 1 (London: Parker & Co., 1881), pp. 152-153.

[176] Jelf, p. 356

los coros no cumplen con Efe. 5:19 y Col. 3:16. La reciprocidad en esos pasajes incluye a la congregación entera con la misma acción (cantando) hecha por cada uno sobre los demás. Los solistas y los coros por definición excluyen a algunas de las partes que se supone, deben participar en el intercambio por medio del canto.

Algunos no pueden ver cómo los solistas y los coros violan el principio de participación/interacción del pronombre recíproco. Piensan que después de cantar, el resto de la congregación podría (después de que el coro ha actuado) hacer la acción recíproca. Pero la idea griega de la reciprocidad no permite este entendimiento. Para una mayor clarificación de la esencia de la reciprocidad, muchos eruditos en griego y comentaristas recomiendan consultar a una sola fuente. Estos incluyen Arndt y Gingrich,[177] Thayer,[178] Blass y Debrunner,[179] Lightfoot,[180] Liddell y Scott,[181] Nicoll,[182] y Moulton y Milligan.[183] La fuente a la que hacen referencia a fin de entender el pronombre griego recíproco es "Kuhner".

Cuando uno examina a Kuhner, ve por qué tantos reconocidos eruditos de los últimos 125 años, hacen referencia a esta fuente. Es capaz de establecer en pocas palabras la esencia exacta de la reciprocidad del griego. Después de aludir a la

---

[177] William F. Arndt y F. Wilbur Gingrich, **Léxico Griego-Inglés Del Nuevo Testamento** (Chicago, IL: The University of Chicago Press, 1957), p. 211.

[178] Joseph H. Thayer, **Léxico Griego-Inglés Del Nuevo Testamento** (1901; reimp. Grand Rapids, MI: Baker Book House, 1977), p. 163.

[179] F. Blass y A. Debrunner, **Gramática Griega Del Nuevo Testamento,** trans. y rev. por Robert Funk (Chicago, IL: The University of Chicago Press, 1961), p. 150.

[180] J. B. Lightfoot, **Cartas de San Pablo a los Colosenses y Filemón** (New York, NY: Macmillan & Co. 1879), p. 221.

[181] Henry G. Liddell y Robert Scott, **Léxico Griego-Inglés** (New York, NY: Harper & Brothers, Publishers, 1854), p. 69.

[182] Nicoll, p. 349.

[183] James H. Moulton y George Milligan, **El Vocabulario Del Testamento Griego** (1930; repr. Grand Rapids, MI: William B. Eerdmans Publishing Co., 1982), p. 177 — que refiere a Lightfoot, quien se refiere a Kuhner.

construcción gramatical exacta que encontramos en Efe. 5:19 y Col. 3:16,[184] Kuhner hace la siguiente observación:

> Tanto el pronombre **recíproco**, como el **reflexivo**, se usan cuando la acción se refiere a un objeto que ha sido mencionado. En consecuencia, ambos expresan una idea **reflexiva** y están relacionados como la especie y el género, puesto que ahora el género incluye a la especie, así el reflexivo tomaría el lugar del recíproco, en los casos donde se percibe rápidamente que varias personas hacen una cosa juntos es que la acción aparece como recíproca.[185]

Vea cuidadosamente la palabra "juntos". Cuando el pronombre reflexivo, recíproco se usa en una oración en griego, las partes especificadas en la oración deben así participar en la acción que se menciona, haciendo parecer que están haciendo la acción **juntos**. Claramente, un coro no se percibe como cantando con el resto de la congregación **junta**. Si lo fuera, ¡ya no sería más un coro!

Vea cómo la reciprocidad no necesariamente implica que aquellos que participan en la acción hagan todo **simultáneamente**. Sin embargo, tienen que estar participando en la acción que todos perciben fácilmente como participar en la acción en **conjunto**.

Por ejemplo, si un miembro de un grupo denominacional (uno que usa coros en sus reuniones) entrara a una de nuestras reuniones de adoración "contemporánea" donde se usa un coro, inmediatamente distinguiría entre esa actividad y aquella por la que las iglesias de Cristo han sido históricamente conocidas — el canto congregacional. Si la misma persona entrara a una de nuestras reuniones donde no se usa un grupo coral, inmediatamente llegaría a la conclusión que estamos cantando congregacionalmente — aunque los himnos que cantamos involucraran alto o bajo y voces que hacen eco una con otra (como el coro "Nuestro Dios vive"). El observador denominacional sin duda ¡**no** concluiría que estamos usando "música especial"!

---

[184] Ralphael Kuhner, **Gramática Del Idioma Griego,** 8th ed., por B. B. Edwards y S. H. Taylor (New York, NY: D. Appleton & Co., 1872), p. 455 — "El pronombre reflexivo se usa muy a menudo en lugar del pronombre recíproco, en todas las personas".

[185] Kuhner, p. 455.

El mismo principio de reciprocidad es evidente en 1 Cor. 6:7; Heb. 3:13; y Efe. 4:32. En 1 Cor. 6:7, El uso de Pablo de "vosotros" no está intentando incluir a todo miembro de la iglesia en Corinto. Sin embargo, su uso del reflexivo como recíproco, demanda que cualquiera que él **esté** incluyendo en el "vosotros" está **participando junto** en la acción descrita. La exhortación de Heb. 3:13 y el perdón de Efe. 4:32 se están refiriendo a la acción colectiva, mutua. El uso del reflexivo, recíproco indica que el escritor tenía en mente la **unión** de la acción descrita. Se refiere a la conducta que debe ser exhibida por **todas** las partes a las que se alude. Los lectores a los que Pablo escribe, deben comprometerse de tal manera en las acciones especificadas (exhortar y perdonar) que parezcan hacerlo **juntos**.

LA MÚSICA DE LA IGLESIA Y NUESTRA CULTURA

A pesar de la claridad con la que Dios ha presentado su voluntad sobre este tema, los agentes del cambio insisten que, en algunas iglesias, para conectarlas culturalmente, requieren del uso de un "equipo de alabanza" con solistas ocasionales o grupos de canto.[186] Por "equipo de alabanza" se refieren a hombres y mujeres que se sitúan al frente de la asamblea o se dispersan por todo el auditorio con sus propios micrófonos. Pero esta invención del hombre va en contra de los principios de adoración aceptable.

Un líder de canto está autorizado por la Biblia en base a que el canto congregacional requerido debe implementarse en armonía por al menos los siguientes principios: (1) la actividad congregacional debe ser "decentemente" y "con orden" sin crear confusión y distracción (1 Cor. 14:33, 40); (2) solo los varones deben desempeñar este liderazgo (1 Cor. 14:33-35; 1 Tim. 2:8-15); (3) la adoración debe dirigirse a Dios y abstenerse de hacer una "espectáculo" hacia otros adoradores o que llamen la atención a su capacidad de líderes en la adoración (Mat. 6:1ss; 23:5-7). El que dirige el canto sirve para un propósito útil, valido escrituralmente, en armonía con estos y otros principios bíblicos. Sin embargo, por otro lado, múltiples directores de canto, sirven no para un propósito necesario o justificable, sino que solo introducen

---

[186] Lynn Anderson, **Navegando En Los Vientos De Cambio** (West Monroe, LA: Howard Publishing Co., 1994), p. 84, 189. Los números de página entre paréntesis en los párrafos subsecuentes se refieren al mismo libro.

factores adicionales a la adoración, es decir, actuación y entretenimiento.

Anderson intenta validar tales facetas de representación y entretenimiento en la adoración bajo la etiqueta de "formatos" los cuales subdivide en "participación" y "presentación". Los solistas y los coros son "de presentación" mientras que el canto congregacional es "de participación" (124). En su intento de disminuir las connotaciones negativas de entretenimiento (p. 131-133), no comprende el hecho de que el canto con solista y coral, a diferencia de un predicador, maestro o líder de oración, **inherente y necesariamente** incluyen atributos de presentación/ entretenimiento. Si la Palabra de Dios y el enfoque de la adoración deben estar sobre Dios, no así en el "captar la atención" y el "interés", el recurrir a actuaciones de entretenimiento baratas como muletas y substitutos, no ayudará a la verdadera espiritualidad.

Incluso con respecto a los predicadores y líderes de canto, si los "preferimos" debido a su capacidad y su habilidad para mantener nuestra atención, nuestra adoración es **vana**. Su único propósito es señalarnos a Dios, Cristo y su mensaje — nada más. En el momento en que ellos nos llaman más la atención hacia sí mismos, están compitiendo con Dios por nuestra atención, nos distraen de nuestro verdadero propósito. Pablo ciertamente no encajaría en la agenda de Anderson de los "superdotados comunicadores musicales" (p. 134) — 1 Cor. 2:1, 3-5; 2 Cor. 10:10; 11:6. Dios no ha dado más "superdotados comunicadores musicales al cuerpo" que lo que ha dado de terapistas físicos, barberos y actores. La cuestión no es — ¿Qué don tienes para ser usado en la adoración? El tema es — ¿Qué nos ha indicado Dios hacer para adorar en espíritu y en verdad? El simple hecho que Anderson aluda a que algunos son más "dotados" que otros, demuestra que su criterio se refiere a lo que los **humanos** creen que es bueno — lo que rara vez es paralelo a los que Dios piensa que es bueno (1 Sam. 16:7).

Anderson va más lejos cuando declara que "en lugar de prohibir los grupos de canto en la adoración, la Escritura de hecho los impone" (p. 129). Si esta afirmación fuera cierta, el que las iglesias de Cristo no los hayan usado todos estos años ha sido en violación directa de la voluntad de Dios. En su evidente prisa y afán de justificar conclusiones a las que ya había llegado, lo ha manejado mal y distorsionado completamente 1 Cor. 14:26; Efe. 5:19 y Col. 3:16. Su afirmación de que "la música contemporánea en nuestras reuniones es la forma más efectiva para atraer a los incrédulos" (p. 211) es igualmente ridícula. Las denominaciones han tenido grupos de canto por siglos. Sin embargo, los cristianos genuinos del Nuevo Testamento no se dejan impresionar por los avances de las denominaciones. De hecho, si estas tácticas han tenido crecimiento numérico, el crecimiento claramente sería ilícito y no bíblico (Compárese Mat. 23:15).

Conclusión

Después de toda la gramática que se ha examinado y después de todos los argumentos que se han presentado, permanece un hecho poderosamente claro: Una lectura simple, no imparcial de Efe. 5:19 y Col. 3:16 deja al lector con la clara sensación de que Dios quiere que la iglesia se **junte** y que cante **junta**. El lector sin prejuicios ciertamente no tendrá la impresión de que ¡Pablo estaba promoviendo el uso de solistas y coros!

Considere el siguiente paralelo. Una simple lectura del Nuevo Testamento lo deja a uno con la clara sensación de que el bautismo es para perdón de pecados. En un esfuerzo por evadir esta obvia conclusión y oscurecer la sencillez de la verdad del Nuevo Testamento, los denominacionales han creado argumentos complejos y retorcidos. Por ejemplo, han insistido en que la preposición griega **eis** en Hch. 2:38 es causal, haciendo que el perdón de pecados preceda al bautismo en agua. Han cuestionado la integridad textual de Mar. 16:9-20. Han sostenido que "el agua" en Jn. 3:5 se refiere al líquido que acompaña el proceso del parto natural. Estas sofisticadas sutilezas enturbian el agua y crean dudas en las mentes de las personas respecto a la sencillez de la verdad del Nuevo Testamento. Dan la impresión que el hombre común no puede entender la Palabra de Dios sin la ayuda de un Doctorado en Filosofía y de los Teólogos.

Sin embargo, para permanecer fiel a Dios, debemos estudiar su Palabra más profundamente (incluyendo los idiomas por medio de los cuales Él determinó difundirla) y abordar las estratagemas ingeniosas que se inventan para "tirar suciedad al aire" y desviar la atención de la sencillez de la verdad de Dios. Pero no debemos perder de vista el hecho de que la voluntad de Dios — tanto el bautismo como el canto en la adoración — es simple y evidente en una lectura superficial de los pasajes pertinentes.

Cuando los progresistas introdujeron la música instrumental en la adoración de la iglesia hace alrededor de cien años, aquellos hermanos fieles que se opusieron a la innovación fueron acusados de ser "legalistas, divisivos y responsables de todo el sectarismo que existe". Aquellos que se resisten a la introducción de solistas y coros a la adoración de la iglesia son de la misma forma etiquetados como problemáticos. Sin embargo, la eternidad confirmará a los verdaderos problemáticos del pueblo de Dios (1 Rey. 18:17).

Calvin Warpula dice que las iglesias de Cristo han optado por el canto congregacional porque se ha "desarrollado en nuestra tradición".[187] No es cierto por dos razones. El referirse a la iglesia del Nuevo Testamento — la iglesia de Cristo — como "nuestra tradición" es sectario, infame y bíblicamente inexacto. El referirse a nuestra adoración como habiendo "evolucionado" es igualmente erróneo. La sencilla adoración "de cinco puntos" de las iglesias de Cristo fue obtenida directamente del texto bíblico y sigue siendo la realidad indiscutible de la "adoración verdadera" — a pesar de los recientes ataques de los defensores de la "Nueva hermenéutica" entre nosotros.

¿Por qué algunos miembros quieren la "música especial"? ¿Qué razón podría tener una persona para querer apartar a un grupo especializado de cantantes y que actúen por su cuenta en la asamblea? Todos los beneficios **legítimos** ya están disponibles por medio del canto congregacional. John T. Hinds fue al grano allá por 1932: "…el hecho es que siempre seleccionan para el cuarteto a los que tienen las mejores voces, lo cual de hecho es una concesión virtual de que se trata de un esfuerzo para entretener más que para adorar".[188] Cuando con honestidad admitimos este hecho, nos sentiremos menos obligados a buscar una justificación bíblica para la "música especial".

---

[187] Calvin Warpula, "Música Especial En La Asamblea", **Image** Nov./Dic., 1994): 21. A pesar de su alusión a los "respetados líderes del pasado" que "aprobaron la música especial", esta declaración es una admisión de que las iglesias de Cristo han practicado generalmente el canto congregacional y rechazado la "música especial".

[188] John T. Hinds, "Canto por cuarteto", **Gospel Advocate** 74 (Mayo 12, 1932):584.

Que Dios nos ayude a resistir el bombo y platillo tan característicos de nuestro día — lo emocionalmente estimulante, las distracciones agradables a la vista que crean una sensación superficial, artificial de espiritualidad. Que Dios nos ayude a resistir el impulso de cambiar con los tiempos, en un esfuerzo por permanecer culturalmente notables. Que Dios nos ayude a encontrar contentamiento y satisfacción en la sencilla adoración, sin pretensiones del Nuevo Testamento. Que podamos redescubrir la emoción genuina que solo puede venir de la simple sumisión a las palabras de nuestro gran Dios y Padre.

CAPÍTULO 21
LEVANTANDO LAS MANOS

Una de las últimas modas que rondan a las iglesias de Cristo es la práctica de levantar los brazos en la reunión de adoración. Esta práctica es sin duda un síntoma de la insatisfacción con la situación actual y la determinación contemporánea de etiquetar interpretaciones previas de la Escritura como "tradición" con el objetivo de fabricar prácticas religiosas de acuerdo a sus propios deseos (Isa. 30:9-10; 2 Tim. 4:3). Pero ¿qué enseñan las Escrituras respecto a levantar los brazos en la adoración?

> *"Levantar las manos en los 90's es como el cabello largo en los 60's"*

POSTURAS BÍBLICAS PARA ORAR

Se observan al menos siete posturas diferentes para orar en la Biblia. **Arrodillarse** es una forma sobresaliente para orar (Dan. 6:10; Luc. 22:41; Hch. 7:60; 9:40; 20:36; 21:5; Efe. 3:14). El arrodillarse específicamente transmite humildad ante Dios — una disposición a doblegarse a la voluntad de la persona a la que se acerca. En el mundo griego, el arrodillarse era lo que un esclavo haría delante de su amo o lo que un adorador haría delante de sus dioses. Por lo tanto, arrodillarse en los tiempos bíblicos significaba sumisión, humillación, rebajamiento, respeto y admiración.[189] El arrodillarse se hace en al menos tres formas: con la cabeza inclinada (Sal. 95:6), con los brazos en alto (1 Rey. 8:54; 2 Crón. 6:13; Esd. 9:5) y postrado, es decir, las rodillas metidas en una

---

[189] John M'Clintock y James Strong, **Cyclopedia of Biblical, Theological and Ecclesiastical Literature**, vol. 8 (*Enciclopedia de Literatura Teológica y Eclesiástica*; 1879; repr. Grand Rapids, MI: Baker Book House, 1970), p. 474; H. B. Hackett, ed., Smith's **Dictionary of the Bible**, vol. 3 (1870; repr. Grand Rapids, MI: Baker Book House, 1971), p. 2573.

posición de acuclillas con la cabeza o la frente tocando el suelo (1 Rey. 18:42; Mat. 26:39).

Estar de pie es otra postura que sobresale para orar (1 Sam. 1:26; Mat. 6:5; Mar. 11:25).[190] El estar de pie mientras se oraba también tiene al menos tres formas en la Biblia: con la cabeza inclinada (Gén. 24:26; 48; Neh. 8:6; Luc. 18:13), con los ojos mirando hacia arriba (Luc. 18:11) y con los brazos levantados (1 Rey. 8:22; Neh. 8:6). Levantar las manos extendidas expresaba el hecho de que se estaba haciendo una petición. Los brazos se extienden con las palmas de la mano hacia arriba abiertas, símbolo del acto de recibir.[191]

La séptima postura para orar que se insinúa en las Escrituras es boca abajo en el suelo (Jos. 7:6, 10). El término "postrado" algunas veces podría usarse para referirse a esta postura dado que el término viene del latín **prosternere** que significa "tirarse delante". Cuando se alude a la oración, las Escrituras no siempre describen completamente las posiciones corporales precisas del adorador. El cuadro siguiente resume la evidencia bíblica relacionada con la postura para orar.

---

[190] Emory Bucke, ed., **The Interpreter´s Dictionary of the Bible,** vol. K-Q (*Diccionario del Intérprete de la Biblia*; Nashville, TN: Abingdon Press, 1962), p. 866.

[191] George Buttrick, ed., **The Interpreter´s Bible**, vol. 11 (*El Intérprete de la Biblia*; Nashville, TN: Abingdon Press, 1955), p. 404; William Hendriksen, **New Testament Commentary** (*Comentario de Nuevo Testamento*; 1957; reimpr. Grand Rapids, MI: Baker Book House, 1983), p. 104).

POSTURAS PARA ORAR EN LA BIBLIA

Postura	De Pie	De Rodillas	No Especificado
Cabeza inclinada	Gén. 24:26, 48 Neh. 8:6 Luc. 18:13	Sal. 95:6	Ex. 12:27; Ex. 34:8; 2 Crón. 29:30; Gén. 24:52
Ojos levantados	Luc. 18:11		Jn. 17:1; Jn. 11:41
Brazos levantados	1 Rey. 8:22 Neh. 8:6	1 Rey. 8:54 2 Crón. 6:13 Esd. 9:5	Ex. 9:29,33 Sal. 28:2; Sal. 63:4; Sal. 134:2; Sal. 141:2; Lam. 2:19; Lam. 3:41; Job 11:13; Isa. 1:15
Postrado		Mat. 26:39 1 Rey. 18:42	Jos. 7:6, 10; Núm. 16:45; Esd. 10:1
No especificado	1 Sam. 1:26 Mat. 6:5 Mar. 11:25	Dan. 6:10 Luc. 22:41 Hch. 7:60; 9:40; Hch. 20:36; 21:5 Efe. 3:14	

Actitud Y Motivación

Si bien, de pasada se describen varias posturas para orar en el registro divino, el énfasis se da más y de forma abrumadora sobre la actitud[192] de la persona al orar y de lo apropiado del pensamiento de la oración en sí misma (por ejemplo, Mat. 6:1-15; Luc. 18:1; 1 Jn. 5:14). La postura de la oración parece ser de preocupación mínima y esencialmente opcional. Sin embargo, tanto la Escritura como el sentido común dictan que la postura para orar debería fluir en forma natural de un corazón sincero, no corrupto por intenciones ocultas.

La adoración en el Nuevo Testamento es evidentemente sencilla y sin pompa, sin rituales externos y tan característicos de la religión pagana, del catolicismo, pentecostalismo e incluso del judaísmo (compárese Jn. 4:19-24). Dios le ha quitado a la adoración elementos potenciales de interés propio y diseñados para impresionar a los participantes más que para centrarse en Dios.

Con razón Jesús repetidamente criticó a los líderes religiosos de su día por su atención persistente a lo externo, a las apariencias, al espectáculo y al bombo (por ejemplo, Mat. 6:5; 23:5-7, 25-30; Luc. 18:11). No es de extrañar que, a la mujer samaritana, le desviara la atención de un lugar (Jn. 4:21). No en vano exhortó a lo modesto en la práctica religiosa (Mat. 6:1-6, 16-18).

Aunque la Biblia describe el "levantar las manos" como una postura autorizada para orar, la tendencia creciente para hacerlo así entre las iglesias de Cristo no es claramente el resultado de un estudio cuidadoso de la Biblia, ni tampoco de un deseo para implementar una enseñanza bíblica. Mas bien, la evidencia sugiere que los promotores del cambio, en este sentido, simplemente están siendo influenciados por las denominaciones (compárese 1 Sam. 8:20). El sostener los brazos en las reuniones y el balancearse de un lado a otro es una conducta extremadamente

---

[192] Samuel Fallows, ed., **The Popular & Critical Bible Encyclopedia & Scriptural Dictionary**, vol. 2 (*Enciclopedia Bíblica Popular y Crítica y Diccionario Bíblico*; Chicago, IL: The Howard-Sevevance Co., 1902), p. 1366: "lo más importante es el marco **reverencial** de la mente".

pasajera y mediática en las transmisiones religiosas por todo el país y en los círculos de la "iglesia comunidad".

Las personas nacidas entre 1946 y 1964, los babyboomers, los innovadores entre nosotros, están simplemente perpetuando su mentalidad rebelde de los años de 1960. El sostener los brazos, el aplaudir, etc. en los 90´s son como el cabello largo y los símbolos de paz en los 60´s — forma rebelde de hacer una declaración deliberada y apartarse del statu quo para ser diferente, saciando su sed de auto estimulación de llamar la atención de los demás.

Si los "agentes del cambio" estuvieran realmente tratando de llevar a cabo la adoración bíblica para agradar a Dios, ¿por qué no le dan una atención igual a las **otras** posturas bíblicas para orar? ¿Por qué todo el enfoque es sobre el levantar las manos? ¿Es mera coincidencia que el impulso de levantar las manos entre las iglesias de Cristo sea paralelo al mismo énfasis en las denominaciones?

Los que presionan para el cambio en la postura para orar deberían responderse ellos mismos con honestidad la simple pregunta: "¿Por qué?" Esta repentina necesidad de incitar al cambio no se basa en la Escritura. La verdadera motivación no puede ser el hacer la adoración más "espiritual" dado que la postura física y el ambiente externo no determinan la autenticidad espiritual. Si una persona no **siente** que la adoración sea significativa en una reunión donde no se levanten las manos, el problema está **en el interior** de ese individuo.

La renovación, la autenticidad, la sinceridad y el entusiasmo para adorar deben venir de dentro y no de una manipulación externa. La reverencia y la actitud adoradora surge del conocimiento de Dios y de lo que Él ha hecho por nosotros (Sal. 95:6-7; 1 Cor. 6:20; Ap. 14:7). Si el conocimiento del omnipotente y amoroso Señor del universo no despierta la adoración genuina, sincera, llena de energía — entonces el estímulo artificial como el levantar los brazos y el atenuar luces o las actuaciones musicales son superfluas y triviales. Son sustitutos baratos, como los narcóticos para el adicto, los que le permiten temporalmente al alma atormentada simular lo que significa la vida.

Si siempre vamos a tener que estar haciendo algo diferente para mantener la adoración "agradable", no sólo no habrá final para el desfile perpetuo de las prácticas no bíblicas que han sido impuestas sobre la iglesia, sino que también será evidente la anemia espiritual de los que dependen de hacer cambios continuamente. Si sentimos que el cambio es necesario para impactar a la sociedad que nos rodea con el fin de atraer multitudes, entonces hemos concedido que el poder de Dios para salvar a la gente reside en algo más que su Evangelio (Rom. 1:16; Heb. 4:12).

¿1 TIMOTEO 2:8?

"¿Pero qué de 1 Tim. 2:8? ¿No dice ese versículo que levantemos nuestras manos en la reunión de adoración?" La frase "levantando manos santas" en 1 Tim. 2:8 es de hecho la figura de lenguaje conocida como metonimia en la que el escritor sustituye una palabra asociada por lo que quiere decir en realidad. En este caso, la postura para orar se menciona en lugar de la oración en sí misma. El versículo no está hablando literalmente de levantar los brazos. Más bien, Pablo está haciendo hincapié en la necesidad de que las oraciones públicas vayan acompañadas de vidas santas. La oración es efectiva solo si uno está en paz con sus compañeros cristianos (Mat. 5:23-24; 6:14).

Una situación comparable se ve con respecto al "ósculo santo.[193]" Pablo no está mandando el acto de besar a la iglesia. Simplemente está regulando lo que ya se está practicando culturalmente, al insistir que el acto debe mantenerse **santo**. Ni el besar (Rom. 16:16) ni el levantar las manos (1 Tim. 2:8) se promueve en el Nuevo Testamento. Los pasajes respectivos están simplemente abogando por una conducta santa. Los saludos culturales deben mantenerse puros y santos; las oraciones deben salir de corazones y vidas santas.

En relación a 1 Tim. 2:8, es especialmente notable el hecho de que el pasaje ordena a los **varones** de la congregación hacer el trabajo de levantar las manos (es decir, el líder de oración). A los que le gusta usar 1 Tim. 2:8 como su justificación

---

[193] Ver el capítulo 8 — "Confusión sobre la restauración" — para una discusión adicional sobre la antigua costumbre de los saludos con beso.

para levantar las manos en la adoración, deben ser coherentes, deben limitar esta actividad a los varones de la congregación.[194]

INCONSISTENCIAS

Mientras que un cristiano debe ser muy cauteloso en cuestionar los motivos de los demás, ya que sólo Dios puede discernir los pensamientos (por ejemplo, Mat. 9:4; Luc. 5:22), uno no puede dejar de hacerse las siguientes observaciones. Si los motivos son puros en el asunto de levantar las manos cuando la iglesia está reunida ¿levantará esa misma persona las manos en la adoración privada en el hogar? Si la persona levanta las manos solo en la adoración congregacional, parecería que la presencia de otros adoradores — las apariencias — es motivo de preocupación. De este modo, el motivo no es sincero pues no se centra en Dios.

Una segunda observación que expone los motivos no puros y ocultos en el asunto de levantar las manos es si la persona levanta las manos solo al **orar**. Ya se ha hecho mención de la inconsistencia de no levantar las manos en otras posturas bíblicas de oración (por ejemplo, de rodillas). Observe que los que están abogando por levantar las manos son más propensos a hacerlo durante el canto y en la oración. Sin embargo, las Escrituras son explícitas al identificar la elevación de las manos como una postura de **oración**. El sostener las manos durante el canto no tiene precedente bíblico. Una vez más, el observador honesto no puede dejar de sospechar que la práctica de levantar las manos se ha originado en alguna fuente diferente a la Escritura.

Una tercera inconsistencia entre los que defienden el levantar los brazos es la tendencia a balancear los brazos de un lado a otro mientras los tienen arriba. Esta acción tampoco cuenta con sustento bíblico y una y otra vez, lleva al observador imparcial a sospechar que el comportamiento del adorador no es, en lo absoluto, lo que se propone en sí mismo. Si uno sostiene los brazos en forma sincera, en una forma bíblica, es decir, para llevar a cabo una petición a Dios con la esperanza de recibir, no colocaría las manos con las palmas hacia arriba como un acto de petición, tampoco los brazos se moverían de un lado a otro. ¿Qué hijo, cuando deja sus brazos arriba para que su padre lo levante,

---

[194] Compárese, el comentario de Hendriksen en las páginas 102, 103 — "Permite que se hagan oraciones: sin embargo, no por **las mujeres** sino por **los hombres**"; "En cuanto a **los hombres**, ellos son los que deberían orar…"

mueve sus brazos de un lado a otro? Pensaríamos que tal niño está distraído con otra cosa que por un deseo sincero de recibir la atención de su padre. El niño estaría actuando ya sea para alguien más o para él mismo.

Una cuarta inconsistencia al abogar por levantar las manos es la insistencia de que las pasadas generaciones entre las iglesias de Cristo han sido formales, frías, muertas y sin vida en su adoración. La nueva generación pretende ser genuina en su adoración como lo demuestra la introducción de estas nuevas modas como el levantar las manos. Sin embargo, admiten que uno puede adorar a Dios de una manera aceptable **sin** levantar las manos. Vea el dilema: si uno puede adorar sin levantar las manos, entonces, la pasada generación **adoró** de forma verdadera y no hay necesidad de introducir estímulos artificiales como el levantar las manos en la adoración. Si la verdadera adoración es posible sin levantar las manos, hacerlo implica admitir que se preocupan por algo más que espiritualidad.

Conclusión

La cultura americana ha experimentado un cambio fundamental en la orientación social por tres décadas. Cambiar es el nombre del juego. En medio de estas corrientes culturales, algunos hermanos se han contaminado con la misma pasión secular de forjar nuevas doctrinas y reemplazar las antiguas verdades con nuevas prácticas. El nuevo pensamiento se está desarrollando. El ridículo y la burla se amontona sobre aquellos que no están dispuestos a cambiar con los tiempos y a dejar la "tradición".

Sin embargo, nuestro día no es tan nuevo y único para derribar todo eso que antes fue. Nuestros tiempos no son tan diferentes de los tiempos que nos precedieron. La gente en cada periodo de la historia humana ha percibido sus tiempos como "modernos". Necesitamos una buena dosis de perspectiva bíblica:

> ¿Qué es lo que fue? Lo mismo que será. ¿Qué es lo que ha sido hecho? Lo mismo que se hará; y nada hay nuevo debajo del sol. ¿Hay algo de que se puede decir: He aquí esto es nuevo? Ya fue en los siglos que nos han precedido (Ecl. 1:9-10).

En realidad, las verdades de Dios son nuevas y relevantes para nuestro día (Salmo 119). Pero no debemos estar tan ansiosos por seguir los pasos de las denominaciones (1 Sam. 8:20) o para "oír algo nuevo" (Hch. 17:21) que pasemos por alto el hecho de que las verdades de Dios son también "antiguas" (Jer. 6:16). El hombre voluble es el que cambia (Prov. 24:21). No nos atrevamos a etiquetar como "tradición" y proceder a cambiar lo que Dios ha decretado como inmutable (Mal. 3:6; Sant. 1:17; Sal. 111:7-8; 1 Ped. 1:25). Dios continúa buscando personas fieles que tengan sus pensamientos cimentados — no en la investigación social de la sabiduría humana — sino en la roca sólida de la verdad bíblica (Luc. 6:48). Aun se complace con el que se mantiene firme ante los vientos de la falsa doctrina (Luc. 7:24; Efe. 4:14).

CAPÍTULO 22
EL APLAUDIR

A medida que las iglesias de Cristo continúan experimentando el conflicto transicional, se desvanece el compromiso fundamental a la autoridad bíblica y se imponen el gusto personal y la creatividad afectiva. Nuestro entorno social actual y el clima cultural exacerban y refuerzan esta mayor confianza sobre uno mismo y sobre la opinión personal como un estándar legítimo de autoridad. A pesar de la loca carrera hacia la izquierda en la política, en la religión y en lo moral, el cristiano fiel es aquel que permanece inconmovible a los vientos del cambio (Mat. 11:7; Efe. 4:14). Conforme los agentes del cambio con orgullo y en forma desafiante orquestan la restructuración de valores y principios fundamentales, el fiel seguidor de Jesucristo reafirma constantemente las antiguas verdades de la religión bíblica.

> *"Porque así ha dicho Jehová el Señor: Por cuanto batiste tus manos...extenderé mi mano contra tí"*
>
> — Ez. 25:6-7

Como se indicó previamente, el promotor del cambio es más visible en su incansable ataque a la adoración pura — típica estratagema permanente de Satanás (por ejemplo, Gén. 4:3, 5); 1 Jn. 3:12; Éx. 32:8; Lev. 10:1-3; 1 Sam. 13:9-13; 1 Rey. 12:28-30; 18:4; 2 Rey. 22:17; 2 Crón. 26:16-18; Sal. 78:58). Dado que, por definición, los cambios en la adoración no surgen ni están autorizados por la Escritura, entonces ¿de dónde surgen tales innovaciones? Obviamente, si estos cambios no tienen su origen en el cielo, deben tener su origen en el hombre (Mat. 21:23-25). El corazón humano, sin restricciones y sin la guía divina, inevitablemente seguirá comportamientos y prácticas que sacien sus apetitos carnales.

La cultura actual nos ha preparado y condicionado para ser entretenidos. La televisión y el cine se han desarrollado tanto en su sofisticación que son capaces de estimularnos y mantener nuestra atención con poco o nada de esfuerzo de nuestra parte. Como Neil Postman describe en su bestseller **Amusing Ourselves To Death** (Divirtiéndonos hasta la muerte)[195], hemos permitido que nos alejen de la evaluación racional de la verdad a cambio de la estimulación emocional sin sustancia. Así en la práctica religiosa, los adoradores son impulsados por eso que "se siente mejor de lo que se dice".

El Aplauso Como Acompañamiento Musical

Un cambio que se ha abierto camino en las reuniones de adoración es el acto de golpear ambas palmas de la mano, una con otra.[196] Lo anterior ocurre en dos formas: como aplauso y como acompañamiento rítmico en el canto. Esta última práctica es claramente inaceptable bíblicamente dado que es un uso paralelo a hacerlo con cualquier otra parte del cuerpo o con un dispositivo mecánico que pueda usarse para complementar la música vocal.

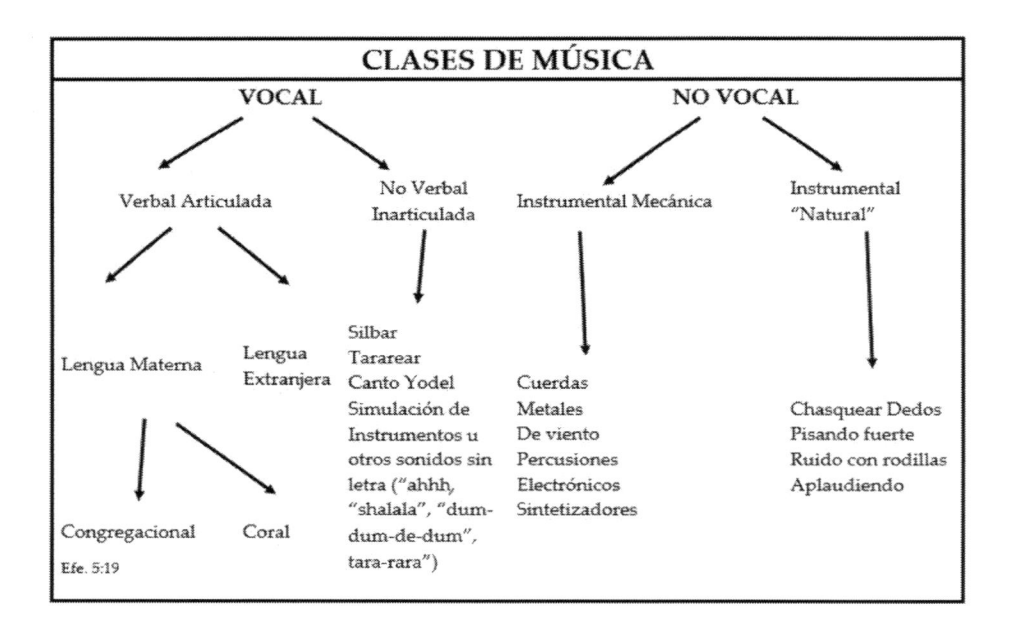

```
                        CLASES DE MÚSICA
            VOCAL                         NO VOCAL

    Verbal Articulada    No Verbal      Instrumental Mecánica    Instrumental
                         Inarticulada                             "Natural"

                         Silbar
                         Tararear
  Lengua    Lengua       Canto Yodel    Cuerdas
  Materna   Extranjera   Simulación de  Metales
                         Instrumentos u De viento                Chasquear Dedos
                         otros sonidos  Percusiones              Pisando fuerte
                         sin letra      Electrónicos             Ruido con rodillas
                         ("ahhh,        Sintetizadores           Aplaudiendo
 Congregacional  Coral   "shalala",
                         "dum-dum-de-dum",
 Efe. 5:19               tara-rara")
```

---

[195] Neil Postman, **Amusing Ourselves to Death** (*Divirtiéndonos Hasta La Muerte*; New York, NY: Penguin Books, 1985), pp. 49-63.

[196] Ver la defensa del aplauso de Howard Norton en "Los extremistas tienden a borrar las fronteras bíblicas", **La Crónica Cristiana**, 49/6 (Junio 1992).

Batir palmas, chasquear dedos o golpear con los dedos una mesa o tambor es lógicamente equivalente al instrumento mecánico de música — todos los cuales carecen de autorización divina en el Nuevo Testamento. Dios autoriza y ordena a los adoradores a cantar palabras con significado y hacer música en el corazón (Efe. 5:19; Col. 3:16). Los adoradores simplemente carecen de aprobación bíblica para añadir otras formas de acompañamiento musical. Estudie cuidadosamente el cuadro anterior y podrá ver que el aplaudir no es una acción aceptable en el contexto de la adoración.

El Golpear Las Manos Como Aplauso

El golpear las manos también se ha estado introduciendo a las reuniones de adoración en la forma de aplausos. La congregación es llevada a aplaudir en bautismos, sermones y otras actividades de adoración. Probablemente la mayoría de los defensores — como también de los oponentes — del aplauso en nuestras reuniones de adoración basan su opinión en motivos extrabíblicos. Los que están a favor del aplauso dicen: "¿Qué hay de malo con ello? ¡Me gusta! Es solo una forma moderna, actualizada de decir, 'Amén'". Los que están en contra del aplauso dicen: "Nunca lo hicimos, me siento incómodo con ello. Se degrada la solemnidad". Sin duda, es necesaria una crítica al aplauso que se base más en la Biblia.

¿Cuál es el significado del aplauso en la cultura americana? La función primaria del aplauso es indicar **aprobación** personal.[197] Aplaudimos a los jugadores de fútbol, béisbol y basquetbol. Aplaudimos a los músicos en los conciertos. Aplaudimos a los actores y actrices en las representaciones teatrales. Aplaudimos en tales ocasiones porque nos gusta lo que vemos y escuchamos. Personalmente disfruto y estamos de acuerdo con lo que observamos. Aplaudir es una forma para validar y afirmar abiertamente nuestra opinión de la actuación.

Estrechamente relacionado a mostrar la aprobación está la función de mostrar **reconocimiento**. Al aplaudir artistas, expresamos nuestro reconocimiento por su destreza, capacidad y

---

[197] **Webster's New Twentieth Century Dictionary**, 2nd ed. (New York, NY: The World Pub. Co., 1965) — "aplaudir" significa "mostrar placer o aprobación de" (p. 333); "aclamar" significa "alabanza o mostrar aprobación de un espectáculo, elogiar" (p. 89).

talento. Estamos diciendo: "¡Felicidades! ¡Eres bueno! Lo has hecho bien. Reconozco tu talento".

Una tercera función del aplauso es expresar **emoción**. Algunas veces estallamos en un aplauso espontáneo porque estamos personalmente emocionados, conmovidos y encantados por una actuación. En este caso, aplaudir es una salida, un medio de catarsis, una forma de lograr una liberación emocional y expresar gozo.

Una cuarta función del aplauso es para manifestar **cortesía**. Por ejemplo, los académicos aplauden al terminar de leer la disertación de un erudito — no necesariamente transmite o implica que se está de acuerdo o que se aprueba — sino el ser educado y cortés. Los políticos en el senado aplauden al Presidente por su informe del estado de la nación. Claramente, este aplauso es una demostración de protocolo — no de aprobación.

¿Cómo se correlaciona el aplauso en la cultura americana con la adoración bíblica? Para responder esta pregunta, deben hacerse dos preguntas adicionales y responderse: (1) ¿Es el aplauso un sustituto legítimo o alternativo para decir "Amén"? y (2) independientemente de si el aplauso parece ser paralelo al "amén", ¿Dios **aprueba** su uso en la adoración?

El Uso Del "Amén" En La Biblia

Nuestra palabra española "amén" es una transliteración de una palabra hebrea que significa "firme".[198] La raíz significa "mostrarse firme y seguro; conocerse uno mismo para estar seguro, tener fe". Por lo tanto, el término significa "cierto o verdadero". El israelita diría "amén" con el objetivo de confirmar o identificarse él mismo con una declaración verbal en particular.[199] "Amén" servía para afirmar una declaración como

---

[198] Joseph H. Thayer, **A Greek-English Lexicon of the New Testament** (*Léxico Griego-Inglés del Nuevo Testamento;* 1901; repr. Grand Rapids, MI: Baker Book House, 1977), p. 32; H. E Dana y Julius R. Mantey, **A Manual Grammar of the Greek New Testament** (Toronto: The Macmillan Company, 1927), p. 259.

[199] Colin Brown, ed., **Dictionary of New Testament Theology**, vol. 1 (*Diccionario de Teología del Nuevo Testamento;* Grand Rapids, MI: Zondervan Publishing House, 1975), p. 97.

cierta, válida y obligatoria.[200] Jepsen resume el uso del término en el Antiguo Testamento cuando describe la palabra como "un reconocimiento de que la palabra divina es una fuerza activa: Que sucederá de esa manera".[201] Del mismo modo, "amén" tiene referencia a las palabras y a los hechos de Dios a los que el orador se somete.[202] La Septuaginta a menudo traduce la palabra hebrea "amén" como "**genoito**" ("puede ser") que significa lo que perdura o es verdad, la Palabra de Dios hablada en el sentido de su firmeza.[203]

Hackett establece que "amén" en el Antiguo Testamento era "una palabra usada en aseveraciones fuertes, puesta como si fuera la estampa de la verdad sobre la afirmación que la acompaña y haciéndola obligatoria como un juramento".[204] Así que "amén" tuvo esencialmente dos usos en el Antiguo Testamento. Primero, significaba la aceptación de la persona (incluso jurada) de la declaración (por ejemplo, Núm. 5:22). En Deuteronomio capítulo veintisiete, la aprobación la dan personas en condiciones bajo las cuales corrían el riesgo de ser castigadas con una serie de maldiciones por la desobediencia. En segundo lugar, "amén" implica veracidad (1 Rey. 1:36). Jesús usó el término en este sentido como un preludio a sus comentarios, traducidos en LBLA como "En verdad, en verdad" (Jn. 3:3, 5, 11).

En el Nuevo Testamento, "amén" se encuentra 126 veces [(sic) *Nota del Trad., el Nuevo Testamento de la RV1960, lo contiene 46 veces, según el esword*]. Dos términos griegos adicionales se usan para representar el mismo concepto. Los tres se traducen "que así sea, en verdad, en verdad".[205] Jesús con

---

[200] Brown, p. 98.

[201] G. Johannes Botterweck y Helmer Ringgren, eds., **Theological Dictionary of the Old Testament**, vol. 1 (*Diccionario de Teología del Nuevo Testamento*; Grand Rapids, MI: Wm. B. Eerdmans Publishing Co., 1974), p. 321.

[202] Botterweck y Ringgren, p. 321.

[203] Gerhard Kittel, ed., **Theological Dictionary of the New Testament**, vol. 1 (*Diccionario de Teología del Nuevo Testamento*; Grand Rapids, MI: Wm. B. Eerdmans Publishing Co., 1964), p. 336.

[204] H. B. Hackett, ed., **Smith´s Dictionary of the Bible**, vol. 1 (Boston, MA: Houghton, Mifflin and Co., 1896), p. 82.

[205] W.F. Arndt y F.W. Gingrich, **A Greek-English Lexicon of the New Testament** (*Léxico Griego-Inglés del Nuevo Testamento;* Chicago, IL: The University of Chicago Press, 1957), p. 45.

frecuencia decía: "De cierto, de cierto" o "En verdad, en verdad" como prefacio a sus comentarios. De este modo, afirmaba que sus dichos eran confiables y verdaderos, válidos y ciertos.[206] Resumiendo la evidencia del Nuevo Testamento, "amén" era un medio vocal por el que una persona afirmaba la certeza, la veracidad y la fiabilidad de la Palabra de Dios. Decir "amén" era confirmar la naturaleza vinculante de esas verdades. En menor medida, el orador estaba expresando una aprobación y respaldo con la intención de someterse a la verdad de Dios.

Observaciones Y Comparaciones

Note que las funciones del aplaudir en la cultura americana no corresponden a la función bíblica asociada al decir "amén". El aplaudir en nuestra cultura lleva un bagaje adicional al que lleva "amén" en la Biblia. El aplauso en nuestra sociedad es una respuesta a una actuación para **entretener**. Nuestro aplauso se enfoca más en el actor o intérprete. Mostramos nuestra **aprobación** y **reconocimiento** al talento del actor al tiempo que expresamos nuestro placer y emoción personal. Examine los comentarios de William Grove, Obispo de la Iglesia Metodista Unida de Charleston, West Virginia que considera el aplauso como inapropiado en la adoración pues convierte a la iglesia en un teatro y confunde a la gente sobre el enfoque de la adoración.[207]

En marcado contraste con este énfasis, el uso del "amén" en la Biblia se centra sobre el mensaje más que en la persona que presenta el **mensaje**. "Amén" permite al orador afirmar públicamente la veracidad de la palabra hablada. "Amén" no está diseñado en ninguna manera para confirmar o ratificar al orador y por lo tanto colocarlo en la posición de ser un artista. De hecho, no debemos ensalzar o llamar la atención sobre el talento superficial del predicador ni alabar su capacidad de "actuación". Dios quiere que nuestra atención se centre en el hecho de que la Palabra **de Dios** está siendo declarada y — a diferencia de la palabra del hombre — es notable y única en su veracidad, certeza y exactitud.

Vea también que "amén" no está realmente diseñado para transmitir la idea de "Estoy de acuerdo con eso" o "Me gusta eso".

---

[206] Kittel, p. 338. Compárese, Brown, p. 99.

[207] Tomado del **Clarion-Ledger**, Jackson, MS (Mayo 30, 1992), D1 citado en el **Preacher Talk**, 8/6 (Junio 1992), p. 3.

En realidad, bíblicamente no importa si estoy o no de acuerdo con la Palabra de Dios. La Palabra de Dios es verdadera, segura, autoritativa y vinculante y merece ser afirmada como tal. Por lo tanto, aplaudir en la cultura americana no es una alternativa o un sustituto adecuado de "Amén".

¿DEBE LA ADORACIÓN SER AUTORIZADA?

Quizá yendo más al grano en esta discusión, la verdadera cuestión es ¿somos libres de hacer lo que queramos en la adoración? Desde Génesis hasta Apocalipsis, Dios insiste que todas nuestras acciones deben ser autorizadas, aprobadas y sancionadas por Él. (Ver el Capítulo 40). El aplauso en la adoración para bautismos o para sermones no es más que una expresión cultural de hoy para expresar emoción. Aplaudir es nuestra forma de decir: "¡Realmente me emocioné por eso!"

Debemos avergonzarnos por incluso tratar de defender tales exclamaciones como si fueran originadas de Dios o aprobadas por Él. Si somos libres de aplaudir en la adoración cuando estamos emocionados, entonces tenemos la libertad para gritar, llorar y aullar; para dar volteretas en el pasillo, para pararnos en las bancas y zapatear encima de ellas; y tenemos la libertad para brincar y saludar golpeando nuestras manos como el saludo de los atletas (en la posición "dame esos 5". Del mismo modo, somos libres para abuchear y silbar o tirar tomates si no nos gustó lo hecho en la adoración.[208] Todos esos comportamientos, aunque aceptables en un contexto secular de entretenimiento, en la religión son invenciones no autorizadas y originadas en la mente

---

[208] Curiosamente, el Antiguo Testamento se refiere algunas veces al aplauso. (Tenga en cuenta actualmente que no podemos tomar autoridad del Antiguo Testamento para aplaudir en la adoración más de lo que podemos para otras prácticas, incluyendo el baile, la música instrumental y la quema de incienso. Sin embargo, los que se aferran a justificar sus innovaciones argumentan lo mismo para el aplaudir que para la música instrumental — vea el razonamiento de J. Carroll Stark durante su debate con Joe Warlick en 1903 en Henderson, Tennessee en el libro de William Woodson **Standing For Their Faith** [*En Defensa De Su Fe*; Henderson, TN: J. & W. Publications. 1979], p. 90). El aplaudir algunas veces ocurrió en el Antiguo Testamento como una expresión cultural (no religiosa). Por ejemplo, en una coronación (2 Rey. 11:12) o una victoria militar lograda por la nación por Dios (Sal. 47:1) — ninguno de los cuales da apoyo para la adoración cristiana. Usado en sentido figurado, incluso los ríos y árboles aplauden (Sal. 98:8; Isa. 55:12). Sin embargo, el uso más importante del aplauso en el Antiguo Testamento es una manifestación de desprecio, repudio y mala voluntad (Job 27:23; 34:37; Lam. 2:15; Ez. 25:5; Nah. 3:19). ¿Los defensores del aplauso en la adoración desearían este uso del aplauso, junto con abucheos, silbidos y rechiflas? Compárese James Orr, ed., **International Standard Bible Encyclopedia**, Vol. 1 (*Enciclopedia Bíblica Estándar Internacional*; Grand Rapids, MI: Wm. B. Eerdmans Pub. Co., 1939), p. 665.

de los hombres. No respetan, ni honran, ni santifican a Dios como Él lo indica (compárese Lev. 10:3). Revelan nuestro interés en formular un comportamiento en la adoración de acuerdo a nuestros propios deseos.

Conclusión

El aplaudir existía en el mundo greco-romano del primer siglo. Constituía un ritual entre varios (es decir, el chasquear dedos y el pulgar, agitar la solapa de la toga o un pañuelo, etc.) por el que se expresaban grados de aprobación. Considere el efecto de esta costumbre cultural en el cristianismo, en vista de la siguiente observación:

> Cuando el cristianismo se puso de moda, las costumbres en el teatro se trasladaron a la iglesia. Pablo de Samosata animaba a la congregación a aplaudir su predicación por medio de agitar ropas de lino. El aplauso del discurso de los predicadores populares se convirtió en una costumbre destinada a desaparecer bajo la influencia de un espíritu más reverente.[209]

Pablo de Samosata fue un anciano en la iglesia de Antioquía alrededor del 260 d.C. Finalmente censurado por su práctica. Él hizo por la iglesia de su día lo que los agentes del cambio están haciendo en la iglesia hoy. Introdujo una acción no bíblica ni autorizada a la adoración — una acción que no tiene un valor espiritual genuino pero que en la actualidad promueve un enfoque secular, carnal para adorar. La historia se repite en sí misma.

> ...Porque amaban más la gloria de los hombres que la gloria de Dios (Jn. 12:43). ¿Cómo podéis vosotros creer, pues recibís gloria los unos de los otros y no buscáis la gloria que viene del Dios único? (Jn. 5:44).

Que Dios nos ayude a encontrar contentamiento y satisfacción con las formas sencillas de Dios expresadas en la Biblia. Que podamos sentir la obligación de tener un

---

[209] "Aplausos", **Encyclopedia Britanica**, vol. 2 (*Enciclopedia Británica*; Chicago, IL: Encyclopedia Britannica, Inc., 1957), p. 138.

comportamiento en la adoración en estricto cumplimiento a la instrucción divina. Que podamos amarlo lo suficiente para dejar a un lado las preferencias personales y someter la inclinación emocional de cambiar las estimulantes, fascinantes y emocionantes instrucciones delineadas de la Escritura. Que sus palabras estén siempre en nuestros corazones y en nuestras lenguas. Amén.

CAPÍTULO 23
EL DRAMA Y LA LECTURA DRAMÁTICA

Los que abogan por el cambio insisten que la actuación es un medio apropiado bíblica y culturalmente para comunicar el mensaje de Dios.[210] La lectura dramática requiere que un miembro de la congregación esté de pie delante de la iglesia y lea una pieza literaria que él o algunas otras personas no inspiradas han compuesto. El drama se refiere a una representación de una obra por parte de actores y actrices disfrazados. Esta práctica se combina a menudo con la observancia de fiestas religiosas, por ejemplo, la Navidad y la Pascua (ver el capítulo 25).

> *"Id por todo el mundo y ¿ACTUAR el evangelio a toda criatura?"*

LA LECTURA DRAMÁTICA

Esta actividad es simplemente extraña en el Nuevo Testamento y no autorizada (ver el capítulo 40 con respecto a lo esencial de la autoridad). Como todas las invenciones hechas por el hombre en la religión, las lecturas dramáticas desplazan al adorador de la esfera de la objetiva verdad bíblica al ámbito de la experiencia humana subjetiva; de "lo que Dios y la Biblia **dicen**" a "lo que la religión significa para **mí**". Como tal, la lectura dramática es solo un indicador más del abandono de la confianza en las palabras de Dios por la inclinación humana.

Las lecturas dramáticas se asemejan a la práctica denominacional de dar testimonios y ofrecer experiencias personales. Bíblicamente, esta práctica tiene fallos y es vana. La autenticidad de la religión cristiana está enraizada y se basa en lo que Dios ha hecho en la eternidad y en la historia. La fe de una

---

[210] Lynn Anderson es quizás el portavoz principal en las iglesias de Cristo que promueve el uso del drama en la adoración. Consulte su libro **Navigating The Winds of Change** (*Navegando Los Vientos Del Cambio*; Abilene, TX: ACU Press, 1994), p. 84, 201).

persona debe inicialmente generarse y ser perpetuada por las verdades bíblicas asociadas con las acciones redentoras de Dios. La fe viene por el oír la Palabra de Dios (Rom. 10:17). En consecuencia, cuando otra persona me dice lo que Dios significa para **él** o lo que Dios ha hecho en **su vida**, podría apreciar su actuación y darle gracias a Dios que esta persona se dirija al cielo, pero en cuanto a **mi** fe, sus palabras **no** tienen valor.

El que testifica puede estar engañado y tener una fe falsa, una religión vana. Aunque su experiencia religiosa sea bíblicamente genuina, mi fe debe descansar en mi propia comprensión de lo que Dios ha hecho en Cristo. Mi fe depende por completo de los escritos del Nuevo Testamento.[211] Mi fe no tiene absolutamente ninguna necesidad de testimonios orales dados por simples hombres que tratan de interpretar su propia experiencia subjetiva.

DRAMA

El uso del drama en la adoración de la iglesia es otra práctica que no encuentra autoridad en el Nuevo Testamento. El drama, fue sin duda, un medio incuestionablemente disponible, "culturalmente relevante" en el primer siglo del mundo greco-romano.[212] A los griegos se les ha atribuido históricamente el desarrollo del teatro. Fueron los maestros en esta rama. Toda actuación y todo drama desde ese tiempo es simplemente una variación de lo que ellos originaron. El drama fue un modo importante de comunicación en el primer siglo, el mundo de Jesús y de la iglesia primitiva. Si el drama hubiera sido una herramienta adecuada espiritualmente para comunicar la palabra de Dios, Jesús y los apóstoles fácilmente podrían haber aprovechado esa

---

[211] Vea la elaboración de esta distinción en Edwart C. Wharton, **Christianity: A Clear Case of History!** (*Cristianismo: ¡Un Caso Claro De Historia!* West Monroe, LA: Howard Book House, 1977).

[212] Para discusiones del drama y usos relacionados del teatro en la antigüedad, ver el artículo sobre "Teatro" en John M'Clintock y James Strong, eds., **Cyclopaedia of Biblical, Theological and Ecclesiastical Literature**, vol. 10 (*Enciclopedia de Literatura Bíblica Teológica y Eclesiástica*; 1881; repr. Grand Rapids, MI: Baker Book House, 1970), pp. 302-304; El artículo de William T. Smith sobre "Juegos" en James Orr, ed., **International Standard Bible Encyclopedia**, Vol. 2 (*Enciclopedia Bíblica Internacional Estándar*; Grand Rapids, MI: Wm. B. Eerdmans Pub. Co., 1939), p. 1173. Los escritores de la iglesia primitiva fueron muy severos en sus denuncias al teatro y de cualquier persona que lo frecuentara. El posterior desarrollo de las representaciones teatrales **religiosas**, estuvieron asociadas a la iglesia apóstata y formas corrompidas de la religión cristiana.

herramienta y alentar a sus descendientes espirituales a hacer lo mismo.

Sin embargo, "agradó a Dios salvar a los creyentes por la locura de la predicación". (1 Cor. 1:21). La "Gran Comisión" no dice, "Id por todo el mundo y **ACTUAR** el evangelio a toda criatura". Ni tampoco incluye parodias dramáticas en la adoración de la iglesia como un medio de adoración a Dios. No tenemos más libertad para crear nuevas formas de adoración a Dios de la que tuvieron los sobrinos de Moisés para incorporar fuego extraño a su adoración (Lev. 10:1-3).

La Biblia presenta por doquier que Dios comunica su palabra por medio de predicadores — no actores. Dios quiere que su palabra sea presentada de manera sencilla por medio de la proclamación verbal sin las distracciones e invenciones del hombre (1 Cor. 2:1-5). Aquellos que tratan de imponer el drama en la adoración de la iglesia están esencialmente declarando a Dios que su forma de comunicar es inadecuada, defectuosa y culturalmente obsoleta. El efecto final de esta alteración será una devaluación de la predicación. El papel crucial de la predicación inevitablemente será minado y el impacto que Dios intenta que la predicación tenga sobre la iglesia se verá obstaculizado.

Conclusión

El drama no contribuye con ningún elemento positivo a la comunicación — excepto con la dimensión de entretenimiento y actuación humana. El drama no eleva la espiritualidad del adorador. Todo lo que Dios quiere se logra a través de la sencilla predicación de su palabra. En última instancia, el drama le resta importancia al evangelio. Transforma la proclamación del evangelio en un deporte para espectadores.

Las palabras de Pablo a Timoteo proveen un resumen apropiado de la manera que Dios quiere que sus palabras sean diseminadas y se encuentran en un marcado contraste con la actuación que acompaña el drama:

> Te encarezco delante de Dios y del Señor Jesucristo, que juzgará a los vivos y a los muertos en su manifestación y en su reino, que prediques la palabra; que instes a tiempo y fuera de tiempo; redarguye,

reprende, exhorta con toda paciencia y doctrina. Porque vendrá tiempo cuando no sufrirán la sana doctrina, sino que teniendo comezón de oír, se amontonarán maestros conforme a sus propias concupiscencias y apartarán de la verdad el oído y se volverán a las fábulas. Pero tú sé sobrio en todo, soporta las aflicciones, haz obra de evangelista, cumple tu ministerio (2 Tim. 4:1-5).

Simplemente no hay lugar para el drama, actuaciones y obras de teatro en la adoración de la iglesia.

Capítulo 24
LIDERAZGO FEMENINO

Otro cambio específico — una manifestación más del cambio en lo fundamental entre las iglesias de Cristo — es el alboroto en algunos sectores de la hermandad por cambiar el papel de la mujer en la adoración. Muchos cristianos se alarmaron cuando se les permitió a las mujeres enseñar clases mixtas en el Jubileo de Nashville en 1989.[213] Sin embargo, eso fue solo una señal más de una ruptura cada vez mayor que ha estado ocurriendo dentro de las iglesias de Cristo en las últimas dos décadas. La magnitud de la escisión se ve en el hecho que mientras algunos se sorprendieron de que las mujeres enseñaran clases mixtas, muchos otros se sorprendieron de que a muchos no les molestara ese suceso. Desde entonces, otros acontecimientos dentro de la hermandad han servido para confirmar la evidente dirección que marcó el Jubileo.

> *"...y tu deseo será para tu marido,[a] y él se enseñoreará de ti". — Génesis 3:16*

El 31 de Julio de 1988, los ancianos de la iglesia de Cristo Bering Drive en Houston, Texas anunciaron su intención de promover "la expresión de los dones de la mujer" en los servicios de adoración congregacional. Para 1992, las mujeres ya estaban dirigiendo oraciones, leyendo las Escrituras y sirviendo la Mesa del Señor en la adoración de la iglesia. En enero de 1990, los ancianos de la iglesia de Cristo Cahaba Valley en Birmingham, Alabama anunciaron su decisión de incluir, gradualmente, a la mujer en funciones de liderazgo. Desde entonces, han sido nombradas diaconisas y dirigen oraciones, sirven la comunión y leen las Escrituras durante el servicio de adoración.[214]

---

[213] Los eventos en el Jubileo están completamente documentados en un paquete de información preparado por Don McWhorter de Fayette, Alabama.

[214] Documentos escritos están disponibles de estas dos congregaciones que delinean sus puntos de vista y actividades. Llamadas telefónicas a las oficinas de estas iglesias confirmaron estas prácticas.

En el Foro de 1990 para evangelistas y obreros de Freed-Hardeman University se trató el tema del papel de la mujer. Dos de los cuatro oradores abiertamente defendieron ampliar las funciones de liderazgo a la mujer.[215] En las conferencias de 1991 en Lubbock Christian University se dio la oportunidad a que se presentaran dos puntos de vista opuestos sobre el papel de la mujer.[216] Robert H. Rowland escribió un libro revolucionario en el que concluye que la mujer está restringida en el Nuevo Testamento de servir o liderar solamente en un área — como anciano.[217] En 1992, la **Crónica cristiana** dio el siguiente anuncio:

> D´Esta Love, directora de estudiantes en Pepperdine University, hizo la primera oración en una ceremonia el 31 de agosto. De acuerdo a **El Gráfico**, el periódico estudiantil de Pepperdine, la universidad decidió, al principio de este año, utilizar a las mujeres completamente en todas las asambleas públicas de la institución.[218]

Estos pocos ejemplos entre muchos otros deben de alertar a una hermandad adormecida al grado que las iglesias de Cristo están enfrentando una división de la magnitud de una que ocurrió en el último siglo. La queja de los que están presionando con la agenda feminista es que las iglesias de Cristo han restringido a las mujeres en el papel de liderazgo y adoración en el pasado, simplemente por la cultura y por errores en principios hermenéuticos. Dicen que somos el producto de una sociedad dominada por el hombre y como consecuencia, se ha malinterpretado el significado contextual de los pasajes bíblicos relevantes.

Si alguien estudia el texto bíblico y concluye que la mujer **no** está restringida en la adoración, se aclama a esta **persona** por

---

[215] Los materiales presentados en el foro han sido colocados en el libro: **Gender and Ministry** (*Género Y Ministerio*; Huntsville, AL: Publishing Designs, Inc., 1990)

[216] Las cintas del intercambio entre el profesor de ACU Tom Geer y su servidor pueden obtenerse de Tullstar, 504 Cosgrove, San Antonio, TX 78210.

[217] Robert H. Rowland, **"I Permit Not A Woman…" To Remain Shackled** (*"No Permito A La Mujer…" Permanecer En Sujeción*; Newport, OR: Lighthouse Publishing Co., 1991), p. 161-62.

[218] "Partners' Progress", **Christian Chronicle** (Nov. 1992), p-4.

aportar una "exégesis erudita novedosa". Sin embargo, el que estudia el texto y concluye que Dios tiene la intención de que la mujer esté subordinada al liderazgo masculino en la adoración, se le acusa de prejuicioso y de estar indebidamente influenciado por la "tradición de la iglesia de Cristo" o de "antecedentes culturales". ¿Cómo es posible que la práctica y la interpretación de la Escritura del primero esté, de alguna manera, curiosamente exenta de absorber el espíritu de una época en la que la ideología feminista ha permeado virtualmente todo segmento de la sociedad americana?

Principios Bíblicos Relevantes

Un estudio de los textos bíblicos relevantes en un capítulo de un libro es imposible. Sin embargo, la Palabra de Dios es esencialmente sencilla en cualquier tema importante en la Biblia. Son los "eruditos" que han surgido recientemente con sus complejidades intelectuales y sesgo importado de seminarios, los que han contribuido a la confusión sobre este tema.[219]

Los capítulos 11 y 14 de 1 Corintios constituyen un contexto que trata con los desórdenes en la adoración congregacional.[220] Pablo establece el principio transcultural para todas las personas a lo largo de la historia en el 11:3. "Cabeza" claramente se refiere no a la "fuente" sino a la "autoridad". Por lo tanto, Dios quiere que las mujeres estén subordinadas a los hombres en la adoración. Las mujeres en Corinto obviamente

---

[219] Por ejemplo, Carrol Osburn se ha convertido en el proponente principal para ampliar los roles de la mujer en la adoración. Vea el libro que editó — **Essays On Women in Earliest Christianity**, (*Disertaciones Sobre La Mujer En El Cristianismo Primitivo*, vol. 1 (Joplin, MO: College Press Publishing Co., 1993) y su propio libro, **Women in the Church** (*La Mujer En La Iglesia*; Abilene, TX: Restoration Perspectives, 1994). En este último volumen, concluye su discusión de 1 Tim. 2 — "Simplemente, cualquier mujer que tenga información suficiente y precisa puede enseñar esa información con un espíritu afable a cualquier persona, en cualquier situación en que esa persona esté". (p. 115). En contraste, varias obras excelentes han sido escritas para contrarrestar el punto de vista feminista y exponer una interpretación correcta de los pasajes bíblicos, incluyendo: Jim Laws, ed., **Women To The Glory of God** (*Mujer Para La Gloria De Dios*; (Memphis, TN: Getwell Church of Christ, 1994); Jack Cottrell, **Feminism and the Bible** (*El Feminismo Y La Biblia*; Joplin, MO: College Press Pub. Co., 1992); John M. Hicks and Bruce L. Morton, **Woman's Role in the Church** (*El Papel De La Mujer En La Iglesia*; Shreveport, LA: Lambert Book House, 1978); Thomas B. Warren, ed., "La Mujer — A La Vista De Dios", **La Espada Espiritual** 6/4 (Julio, 1975); Alan E. Highers, ed., "El Papel De La Mujer En La Iglesia", **La Espada Espiritual** 22/2 (Ene., 1991). Ver también Dave Miller, "Actitudes Feministas Hacia la Biblia", **La Espada Espiritual** 27/2 (Ene., 1996).

[220] Toda la sección de 11:2—14:40 trata la adoración congregacional, es decir, "cuando os reunís" (compárese 11:17, 18, 20, 33; 14:23-26).

estaban quitándose sus velos y dando un paso adelante en la asamblea para dirigir con sus capacidades milagrosas impartidas por el Espíritu Santo, es decir, la profecía (12:10; 14:31) y la oración (14:14-15). Tal actividad era una violación directa al principio de la subordinación, aunque Pablo no lo afirma hasta el capítulo catorce. En lugar de ello, limita sus indicaciones respecto al liderazgo femenil en la adoración en el capítulo once, al decoro de la mujer de quitar el símbolo cultural de sumisión.

Las mujeres se estaban quitando sus velos porque entendían que ponerse de pie y ejercer un don espiritual en la asamblea era un acto autoritativo de liderazgo. Ponerse un símbolo de sumisión a la autoridad (el velo) y al mismo tiempo conducirse de una manera autoritaria (para dirigir en la adoración) era contradictorio en sí mismo. La insistencia de Pablo de que la mujer mantuviera sus velos durante la adoración equivale a un mandamiento implícito para abstenerse de dirigir en la asamblea. Las alusiones a la ley de la creación (11:7-9; compárese 14:34) subrayan el hecho de que Pablo ve que las restricciones sobre la mujer están basadas en la orden de la creación. También, Pablo deja claro que tales restricciones aplican por igual a todas las iglesias de Cristo (11:16).

En el capítulo catorce, Pablo se dirige además a la confusión sobre los dones espirituales y regresa específicamente a la participación de la mujer en el ejercicio de esos dones en la asamblea. Otra vez enfatiza la práctica universal de las iglesias de Cristo: "como en todas las iglesias de los santos" (14:33).[221] La mujer que poseía dones milagrosos no debía ejercerlos en la adoración en la iglesia. Hacerlo, era deshonroso — "es indecoroso" (14:35). Insistir en hacerlo era equivalente a (1) jactarse de ser el autor de la Palabra de Dios y (2) suponer que los estándares de Dios no aplicaban a todos (14:36).

Por supuesto, los capítulos once y catorce de Primera a los Corintios abordan esta situación. Después de todo, los dones espirituales ya no están vigentes para la iglesia (1 Cor. 13:8-11) y los velos ya no son un símbolo cultural de la sumisión cristiana. Sin embargo, ambos pasajes demuestran la aplicación clara del principio transcultural (la subordinación de la mujer en la

---

[221] Gramaticalmente, "todas las iglesias de los santos" está unido a "vuestras mujeres callen en las congregaciones". Compárese, la BLS, TLA, RV1995, RV1989, NVI, etc.

adoración) para una específica circunstancia cultural. El principio de la sumisión subyacente permanece intacto como un elemento inherente al orden de la creación.

La Escritura Central

El pasaje principal en el Nuevo Testamento que trata el rol de mujer en la adoración es 1 Tim. 2:8-5.[222] El contexto distante del libro es el comportamiento adecuado en la vida de la iglesia (1 Tim. 3:15). El contexto inmediato del capítulo dos es la adoración, específicamente la oración (1 Tim. 2:1, 8). El contexto **no** se limita a la adoración en la reunión de la iglesia, sino incluye la vida de la iglesia en general.

Pablo afirma que los hombres (**andras**) deben dirigir las oraciones en cualquier lugar donde la gente se reúna para adorar. "Levantando manos santas" es una figura retórica, metonimia, en la que una postura de oración es puesta en lugar de la oración misma. Sus oraciones deben acompañarse de una vida santa. Por otro lado, a las mujeres se les amonesta a enfocarse en vestir en forma adecuada y en tener una actitud sumisa. Vea el contraste creado en el pasaje: Los hombres necesitan ser santos, líderes espirituales en la adoración mientras que las mujeres necesitan ser decorosas y modestas. "Silencio" y "sujeción" en este pasaje se relacionan específicamente con el ejercicio de la autoridad espiritual sobre los hombres adultos en la iglesia. Así, las mujeres no deben enseñar en ninguna manera teniendo autoridad sobre los hombres en la adoración.

¿Por qué? ¿Por qué un apóstol inspirado coloca tales limitaciones sobre la mujer cristiana? ¿por la cultura de esa época? ¿Estaba Pablo simplemente adaptando un ambiente hostil, sin instrucción, ganando tiempo hasta que él les pudiera enseñar el Evangelio? ¡Por supuesto que no! El Espíritu Santo da la razón de las limitaciones y la razón trasciende todas las culturas y regiones. Pablo dice que la mujer no debe ejercer autoridad espiritual sobre el hombre **porque** Adán fue creado antes que Eva. Aquí se nos da el corazón y el centro de la voluntad de Dios con respecto a cómo el hombre y la mujer deben funcionar y relacionarse entre sí.

---

[222] Este análisis de 1 Timoteo capítulo dos es un resumen en gran medida de un tratado más extenso que puede encontrarse en dos fuentes: del volumen citado anteriormente **Mujer para la gloria de Dios**, pp. 273-297; "Exégesis de 1 Tim. 2:11-15 (Parte 1) y (Parte 2)", **El Restorer** 14/3 y 14/4 (Marzo y Abril, 1994), p. 12-16 y pp. 9-14

Pablo está diciendo que el diseño original de Dios para la raza humana implica que la creación del hombre **primero** es una indicación de su responsabilidad de ser el líder espiritual del hogar. Fue creado para funcionar como el jefe o el líder en el hogar y en la iglesia. Ese es su propósito funcional. Por otro lado, la mujer fue diseñada específicamente y creada para el propósito de ser una asistente subordinada.

Esto explica por qué Dios le dio enseñanza espiritual a Adán antes que Eva fuera creada, implicando que Adán tenía la responsabilidad de enseñar a su esposa (Gén. 2:15-17). Además, esto nos dice el porqué se establece dos veces que la mujer ha sido creada para ser "ayuda idónea para él", es decir, una ayuda adecuada para el hombre (Gén. 2:18-20). Esto explica por qué el texto de Génesis indica claramente que, en un sentido único, la mujer fue creada para el hombre y no al revés. Esto explica por qué Dios trajo la "mujer al hombre" (Gén. 2:22), nuevamente, ella fue hecha "para él" — no al revés. Adán confirma este entendimiento al decir, "la mujer que me diste por compañera" (Gén. 3:12). Esto explica el argumento de Pablo sobre esto: "Y tampoco el varón fue creado por causa de la mujer, sino la mujer por causa del varón" (1 Cor. 11:9).

Además, esto explica la autoridad implícita del hombre sobre la mujer al **darle nombre** (Gén. 2:23; 3:20). Los judíos entendían esto como un orden diseñado divinamente que se demostraba por medio de la práctica de la primogenitura — el varón primogénito. Dios pudo haber creado al hombre y a la mujer **al mismo tiempo**. Pero crear al hombre primero se pensó específicamente para comunicar el orden autoridad/sumisión de la raza humana (compárese 1 Cor. 11:8).

Pablo explicó este principio en 1 Tim. 2:14 al señalar un ejemplo de lo que puede suceder cuando los hombres y las mujeres alteran las intenciones originales de Dios. Cuando Eva tomó la iniciativa por encima de su marido y Adán no tomó la decisión y no ejerció la autoridad espiritual sobre su esposa, Satanás fue capaz de ocasionar estragos en el hogar e introducir el pecado al mundo (Génesis 3). Pablo no está sugiriendo que las mujeres sean más ingenuas que los hombres. Está mostrando que cuando los hombres y las mujeres no se apegan al orden divino y alteran los roles, las consecuencias serán la vulnerabilidad espiritual al pecado.

La valoración de Dios del asunto se ve cuando confronta a la pareja. Primero habla con la cabeza del hogar (Gén. 3:9). Su declaración a Eva reafirma el hecho de que no debe tomar la iniciativa en asuntos espirituales. Más bien, tiene que someterse al esposo (Gén. 3:16; compárese 4:4). Cuando Dios le dice a Adán: "Por cuanto obedeciste a la voz de tu mujer…" (Gén. 3:17), le estaba llamando la atención al hecho de que Adán había dejado de ejercer el liderazgo espiritual y de ese modo soslayó el arreglo divino de las relaciones hombre-mujer.

Pablo concluye sus instrucciones al señalar cómo pueden protegerse las mujeres de caer en la misma trampa de asumir un mando no autorizado. "Pero se salvará engendrando hijos" (1 Tim. 2:15). "Engendrando hijos" es una figura de lenguaje conocida como sinécdoque en la una parte se toma por el todo. Así, Pablo se refiere a toda la responsabilidad de la mujer. Las mujeres pueden evitar caer en una función ilícita por medio de concentrarse en la función que Dios les asignó, llevada a cabo con fe, amor y santificación, con modestia (es decir, dominio propio).

Algunos argumentan que este texto aplica a los esposos y esposas más que a los hombres y mujeres en general. Sin embargo, el contexto de 1 Timoteo no es el hogar, sino la iglesia (1 Tim. 3:15). De la misma manera, el uso del plural con la ausencia del artículo en 2:9 y 2:11 sugiere a las mujeres en general. Nada en el contexto lo llevaría a uno a concluir que Pablo se está refiriendo solo a las esposas y esposos. Además, ¿Restringiría Pablo del liderazgo en la iglesia a las esposas para luego permitir a las solteras dirigir?

DIACONISAS

Un área en la que los agentes del cambio están intentando ampliar el rol de la mujer en la iglesia es con respecto a la supuesta existencia de diaconisas en el Nuevo Testamento. Solo dos pasajes insinúan tal oficio: **Rom. 16:1-2** y 1 Tim. 3:11. En Rom. 16:1, el término traducido "diaconisa" es la palabra griega **diakonos**, un término que significa "alguien que sirve o ministra". Es de género común (es decir, podría referirse a hombres o mujeres) y ocurre en los siguientes versículos: Mat. 20:26; 22:13;

23:11; Mar. 9:35; 10:43; Jn 2:5, 9). 12:26; Rom. 13:4; 15:8; 1 Cor. 3:5; 16:1; 2 Cor. 3:6; 6:4; 11:15, 23; Gál. 2:17; Efe. 3:7; 6:21; Fil. 1:1; Col. 1:7, 23, 25; 4:7; 1 Tes. 3:2; 1 Tim. 3:8, 12; 4:6.

El término se usa en el Nuevo Testamento en dos sentidos. En primer lugar, se usa como un término **técnico** para un oficio formal en la iglesia al que uno puede ser designado mediante el cumplimiento de ciertos requisitos. En segundo lugar, se utiliza como un término **no técnico** para una actividad informal de servir o ayudar. Otras palabras en el Nuevo Testamento tienen las mismas facetas técnicas y no técnicas las cuales incluyen "apóstol", "anciano" y "pastor". Para ser justo en un análisis propio del asunto, uno debe llegar a aquellas conclusiones que son garantizadas por la evidencia. En el asunto de las diaconisas, solo deberíamos concluir que se está refiriendo a una diaconisa cuando el contexto claramente muestra que se está considerando el oficio.

En Rom. 13:4, se dice que el gobierno civil es diácono de Dios. En Rom. 15:8, se dice que Cristo es diácono de los judíos. En 2 Cor. 3:6 y 6:4, se dice que Pablo es diácono del Nuevo Pacto y diácono de Dios. Apolos aparece con Pablo como diácono en 1 Cor. 3:5. Obviamente, todos estos son usos no técnicos del término que se refiere al servicio o a la ayuda que prestan.

Nada en el contexto de Rom. 16:1 garantiza la conclusión de que Pablo estaba describiendo a Febe como una funcionaria nombrada — una diaconisa. "Nuestra hermana" designa su membrecía en la iglesia y "sierva" o "diaconisa" especifica su ayuda especial a la iglesia en Cencrea donde era un miembro activo. Ser "diaconisa de la iglesia" no implica un nombramiento formal más de lo que lo hace la expresión en Col. 1:25 donde se dice que Pablo es ministro de la iglesia.

Algunos han insistido que el término en Rom. 16:2 traducido "ayudado" implica un uso técnico. Es verdad que **prostatis** puede significar una ayudadora en el sentido de presidir con **autoridad**. Sin embargo, esta palabra lleva la misma falta de claridad incorporada que tiene **diakonos** en un sentido formal e informal. Pero puesto que el versículo explícitamente afirma que Febe era una "ayudadora" para Pablo, el uso no técnico está a la vista. Ella no habría ejercido **autoridad** sobre Pablo. Ni siquiera sus compañeros apóstoles lo hicieron, ya que él ejercía una autoridad superior directamente del Señor (1 Cor. 14:37-38; Gál. 1:6-12; 2 Tes. 3:14). Solo Cristo ejercía autoridad sobre Pablo.

Rom. 16:2 de hecho, está empleando un juego de palabras. Pablo les dice a los romanos que "ayudaran" (**paristemi**) a Febe dado que ella había sido "ayudadora" (**prostatis**) a muchos, incluyendo a Pablo mismo. Mientras el sustantivo masculino **prostates** puede significar "líder", el sustantivo femenino **prostatis** significa "protectora, ayudante".[223] Pablo está diciendo, "Ayuda a Febe como ella ha ayudado a otros y a mí". Ella ha sido una dedicada contribuyente a la obra del Señor, generosa y hospitalaria. Pablo le estaba haciendo un enorme tributo y expresando públicamente el honor que merece. Sin embargo, no estaba reconociéndola como alguien que tuviera un cargo en la iglesia.

El segundo pasaje al que algunos han apelado con el fin de aprobar las diaconisas en la iglesia es **1 Tim. 3:11**. En medio de una lista de requisitos para los diáconos, Pablo se refiere a la mujer. ¿Qué mujer? ¿Está Pablo refiriéndose a las esposas de los dirigentes de la iglesia o se está refiriendo a mujeres nombradas, es decir, diaconisas? Una vez más, el término griego subyacente no nos ayuda, puesto que **gunaikas**, de **gune**, también tiene un sentido técnico y uno no técnico. Puede significar "esposa" o simplemente "fémina" o "mujer". Se usa en ambas formas en 1 Timoteo: "mujeres" (2:9-12, 14); "esposa" (5:9).

Cinco observaciones contextuales nos ayudan a determinar el sentido del pasaje. En primer lugar, una mujer no puede ser "marido de una sola mujer" (3:12). En segundo lugar, en una discusión sobre los diáconos varones de 3:8-13, sería inusual cambiar a los diáconos mujeres a la mitad de un versículo sin alguna aclaración. En tercer lugar, en referencia a las esposas de los líderes de la iglesia sería apropiado, ya que la conducta familiar es un interés requisitado (3:2, 4-5, 12). En cuarto lugar, "asimismo" (3:11) podría simplemente significar que las esposas deben tener virtudes similares a los diáconos sin implicar que compartan el mismo oficio (compárese 1 Tim. 5:25; Tito 2:3). En quinto lugar, la falta de un genitivo posesivo con **gunaikas** ("de diáconos") o "de ellos" no excluye a las esposas de los diáconos,

---

[223] William F. Arndt y F. Wilbur Gringich, **A Greek-English Lexicon of the New Testament** (*Léxico Griego-Inglés del Nuevo Testamento*; Chicago, IL: The University of Chicago Press, 1957), p. 718.

ya que no se usa en otros casos donde los hombres/mujeres son descritos como esposas/esposos (Col. 3:18-19; Efe. 5:22-25; 1 Cor. 7:2-4, 11, 14, 33; Mat. 18:25; Mar. 10:2).

Existe evidencia textual insuficiente para garantizar la conclusión de que el oficio de diaconisa sea referido en el Nuevo Testamento. Fuera del Nuevo Testamento, Plinio, Gobernador de Bitinia, escribió una carta al Emperador Trajano alrededor del 110 d.C. refiriéndose en latín a dos **ministrae**. Este término tiene la misma ambigüedad que tiene **diakonos**. Podría estar refiriéndose a personas nombradas oficialmente o simplemente a siervos. Por supuesto, una mención de pasada para un no cristiano desinformado es difícilmente una evidencia confiable de cualquier manera. Las fuentes históricas cristianas de ese mismo periodo no hacen referencia a la existencia de nombramientos de mujeres a pesar de tratar la organización de la iglesia.

No fue sino hasta finales del siglo III en la **Didascalia** siria que encontramos referencias a las diaconisas. Su trabajo consistía en ayudar en el bautismo de mujeres, yendo a las casas de los paganos donde vivían mujeres creyentes y visitar al enfermo (sirviéndoles y bañándolos). No aparece una lista de diaconisas hasta los siglos cuarto y quinto. Nuevamente, sus responsabilidades consistían en cuidar las puertas, ayudar en bautismos femeninos y hacer otros trabajos con las mujeres. Las que dentro de la iglesia actualmente están presionando para el nombramiento de diaconisas difícilmente estarán contentas con esta clase de tareas.

Incluso si las mujeres eran diáconos en el Nuevo Testamento, no habrían funcionado en ningún tipo de liderazgo o posición de autoridad sobre los hombres. No podían ser nombradas ancianos. Si Hechos 6 describe a los diáconos (la forma verbal usada), todos ellos eran masculinos y su tarea específica implicada era la distribución de asistencia física a las viudas.

La evidencia es simplemente insuficiente. La existencia de un diácono mujer dentro del Nuevo Testamento no puede demostrarse. Los que insisten en establecer tal oficio lo hacen sin la autoridad de las Escrituras.[224]

Es necesario decir finalmente una palabra respecto al hecho de que tanto hombres como mujeres deben recordar que la enseñanza bíblica sobre la diferencia del papel en ninguna manera implica una diferencia en dignidad, valor o capacidad. Gál. 3:28 ("no hay varón ni mujer"), 1 Tim. 2:15 ("se salvará engendrando hijos") y 1 Ped. 3:7 ("coherederas de la gracia de la vida") todo muestra que las mujeres y los varones son iguales en cuanto a persona y en cuanto a la salvación se refiere. Las mujeres no son inferiores a los hombres más de lo que Cristo es inferior a Dios, o de lo que los ciudadanos son inferiores al Presidente, o de lo que los miembros de la iglesia son inferiores a los ancianos. La diferenciación es puramente una cuestión de función, de tareas asignadas y de su esfera de responsabilidad. La cuestión para nosotros es: "¿Qué tan dispuestos estamos para ajustarnos al arreglo de Dios?"

Conclusión

El tremendo auge del feminismo en nuestro país está afectando virtualmente cada esfera de la cultura americana. Como es usual, la iglesia de nuestro Señor está sintiendo los efectos de este escenario. A quienes se resisten a estas innovaciones humanas, se les considera ligados a la tradición, resistentes al cambio, de mente estrecha, etc., como si no se mantuvieran en sus convicciones sobre estos asuntos. Yo, por ejemplo, estaría dispuesto a que las mujeres tengan acceso completo a los papeles de liderazgo en la iglesia. Muchas mujeres, talentosas, temerosas de Dios, tienen capacidades y talentos que les permiten superar a muchos de los hombres que dirigen la adoración actualmente. Sin embargo, la Biblia permanece como una declaración eterna e inalterable de la voluntad de Dios sobre este asunto. Por esas palabras seremos juzgados (Jn. 12:48). Que todos nos inclinemos humilde y sumisamente ante el Dios de los cielos.

---

[224] Para una discusión útil de las diaconisas, ver Jack Lewis, **Exegesis of Difficult Passages** (*Exégesis De Pasajes Difíciles*; Searcy, AR: Resource Publications, 1988), pp. 105-109.

CAPÍTULO 25
DÍAS ESPECIALES

Otro cambio que se está implementando en las iglesia y creciendo en popularidad es la observancia de días festivos, especialmente Navidad y Pascua.[225] Las iglesias ahora ponen árboles de Navidad en sus edificios. Se predican sermones sobre Navidad y las congregaciones cantan villancicos en la asamblea regular de adoración de la iglesia. Servicios al amanecer — a menudo en conjunto con iglesias denominacionales.[226] Las obras de teatro con frecuencia entran en escena con iglesias que ofrecen amplias funciones navideñas y actuaciones completas con actores, vestuario y producciones corales.

---

[225] Por ejemplo, "Libro de historias de Navidad para la familia presentado por Infinity con Cindy Lou y The Richland Hills Family Singers, el domingo 20 de diciembre de 1992 a las 6:00 pm en el auditorio de la Iglesia de Cristo de Richland Hills de North Richland Hills, Texas; o "The Richland Hills Family Singers First Light Productions y el Ministerio de Dram presentan el estreno del drama musical "La Segunda Reunión de los pastores, el domingo 19 de diciembre de 1993 a las 6:00 pm en el auditorio de la iglesia de Cristo Richland Hills;" la misma iglesia vende "Cristo el Mesías" — un "Álbum de Navidad por Richland Hills Family Singers"; o "El Coro Altamesa presentará un concierto de Navidad después de la reunión de las 6:00 pm de la iglesia de Cristo de Altamesa, Fort Worth, Texas" (**The Family News**, vol. 8 No. 48, 13 de diciembre de 1992); o "Preparaciones para el musical titulado "Oh noche santa" presentado en la iglesia de Cristo Quaker, Ave. De Lubbock. El musical será el 11 y 12 de diciembre a las 8 pm. cada noche. Estarán participando cerca de 80 personas de la congregación actuando, cantando y dirigiendo, como también en vestuario, escenario y efectos especiales" (**Southwest Christian News**, vol. 1 ejemplar 6, diciembre de 1992). Estos ejemplos podrían multiplicarse mucho más.

[226] Por ejemplo, la iglesia de Cristo Golf Course Road en Midland, Texas tuvo un "Servicio Comunitario al amanecer" en la "Mañana de Pascua," el 11 de abril de 1993 y el 3 de abril de 1994 a las 7:00 am. Estas incluyeron "música especial," "servicio de comunión" y "un mensaje de esperanza y celebración" (**The Christian Caller**, vol. 19, no. 13 y vol. 20, no. 13). La misma iglesia participó en una "Celebración Comunitaria de Acción de Gracias" el domingo por la noche del 21 de noviembre de 1993 a las 7:30 pm. en el auditorio de la Preparatoria Midland. El maestro de ceremonias para la ocasión fue Randy Fenter, el predicador de Golf Course Road; El orador que abrió el evento fue un profesor del Seminario Teológico Bautista del Sureste; el orador del "mensaje especial" fue el pastor de la Iglesia Bautista Crestview; y el "ministro de música" de Golf Course Road, Ken Young, dirigió el "canto especial" con el "Coro de la Gran Comunidad." Todo el evento fue publicitado con las siguientes palabras: "Esta única celebración es patrocinada y coordinada por la Iglesia de Cristo Golf Course Road de Midland" (**The Christian Caller**, vol. 19, no. 45, Nov. 10, 1993). La Iglesia de Cristo Woodmont en donde predica Rubel Shelly participó en un "servicio de adoración comunitario post-Pascua" en el auditorio principal de la Iglesia Cristiana Woodmont junto con las Iglesias Bautista Woodmont, Pacto Presbiteriano, Metodista San Pablo del Sur, Trinidad Presbiteriana y la Metodista Unida Calvario el 10 de Abril de 1994 (**Love Lines**, Nashville, TN: Boletín de la Iglesia de Cristo, 13 de Abril de 1994).

> *" Ustedes celebran ciertos días, meses, fechas y años... 11 ¡Mucho me temo..."* — *Gálatas 4:10-11*

Como muchas otras prácticas, la observancia de festividades en el contexto de la iglesia como actividad religiosa es una innovación reciente entre las iglesias de Cristo. Manifiesta la convergencia de varias prácticas de adoración que son ajenas al Nuevo Testamento: coros, dramas, liderazgo femenino en la adoración y fiestas religiosas.

Como lo abordaremos en el capítulo 40, en el corazón de este cambio y de todos los demás, está la cuestión de la autoridad. ¿Debemos tener la aprobación explícita o implícita de Dios para lo que hacemos en religión? ¿Quiere Dios que celebremos el nacimiento de Cristo? ¿Quiere Dios que observemos en un sentido religioso la resurrección de Cristo en un domingo en particular de primavera? Obviamente, Dios no lo ha indicado. Por otro lado, sí quiere que conmemoremos la muerte de Cristo cada domingo (ver capítulo 27 sobre la Cena del Señor). El ambiente actual en la iglesia es tal que al cuestionar la práctica de la observación de las fiestas religiosas equivale a relegarse uno mismo al papel de Scrooge [*Nota del Trad., Alguien que gasta la menor cantidad de dinero posible y no es generoso. Scrooge es un personaje que odia gastar dinero pero aprende a ser generoso, en el libro "A Christmas Carol" de Charles Dickens*].

Claramente, Dios tiene la intención de que la Biblia dirija el comportamiento diario de los seres humanos porque su Palabra contiene los principios de los cuales podemos aprender cómo agradarle. En consecuencia, antes de participar en una determinada acción, el cristiano debería ser cuidadoso de evaluar la actividad con las palabras de Dios. Hace tiempo, los cristianos entendían que Dios permite que se participe en días festivos nacionales siempre y cuando no entre en ellos una actividad religiosa no autorizada.

Una de estas prácticas es el Halloween. Algunos hermanos han investigado las antiguas raíces de esta observancia festiva. Encuentran algunos aspectos que están asociados a ciertas ideas paganas, supersticiosas. Luego concluyen que los cristianos deben abstenerse de participar con el Halloween debido a ello. Sin embargo, esta línea de razonamiento es deficiente y anti bíblica. Los cristianos no están sujetos a las connotaciones asociadas con los orígenes de una determinada práctica. Más bien, somos responsables ante Dios por las actuales connotaciones culturales.

Un ejemplo de este principio en la Escritura se ve en Éx. 23:19 (cf., Éx. 34:26; Deut. 14:21). El mandato mosaico que prohibía cocer a un cabrito en la leche de su madre ha desconcertado a los estudiantes de la Biblia por siglos. ¿Por qué haría Dios tal regla? Literatura Ugarítica desenterrada en Ras Shamra y que data del siglo quince antes de Cristo, ha revelado finalmente la respuesta. Los documentos mencionan el rito de culto pagano de cocer a un hijo en la leche de su madre ¡como una forma aceptable de acercarse a un dios! Para el pueblo de Dios participar en tal práctica se habría identificado con la práctica pagana, dando crédito a los dioses paganos y al mismo tiempo asociando al Dios de los cielos con los dioses falsos de los hombres.

Cocer a un cabrito en la leche de su madre no sería una violación a la voluntad de Dios actualmente porque la Ley de Moisés no es obligatoria y porque tal práctica no está asociada en nuestra cultura con la adoración de dioses. Poner en la estantería una botella de colonia de Avon en forma de un becerro de oro no sería pecado actualmente por la misma razón. Sin embargo, para un israelita en el siglo 1500 a.C. habría sido desastroso. Otro ejemplo de este principio aparece en Lev. 19:27 (cf. Jer. 9:26; 25:23; 49:32). Los gentiles eran conocidos por cortar su cabello como un rito religioso en honor a un ídolo. En consecuencia, el pueblo de Dios en esos días necesitaba estar consciente de su práctica frente a la falsa religión.

El principio para nosotros en este tiempo se refiere a la corriente cultural actual de cualquier práctica dada. No hay diferencia en lo que podríamos descubrir cuando nos remontamos a una determinada práctica a través de los tiempos, si, de hecho, esa práctica ya no tiene esas connotaciones. Si rastreamos los orígenes a través de los siglos, literalmente de decenas de actividades diarias veremos que son extrañas e incluso impactantes. Por ejemplo, las bodas de junio se remontan a las mujeres romanas que decidían casarse en junio debido a la diosa Juno que era guardián del sexo femenino. Casarse en junio garantizaba bendiciones de la diosa patrona.

La palabra "Jueves" se deriva del latín "Jovis dies" (día de Júpiter). El hecho de que nuestra palabra "jueves" tenga sus raíces en la consagración de un día de la semana para el dios "Júpiter" ¡no me hace dejar de usar el término o que observe ese día de la semana! Saber el origen de las bodas de junio no hace que me oponga a ellas. Dios no nos hace responsables por tales vínculos antiguos. La cuestión que le preocupa es el significado que tiene esa actividad, práctica y observancia, para la sociedad actual.

¿Qué significa el Halloween para nuestra cultura? El Halloween para el americano promedio es un momento en que los niños, visten disfraces, van a las casas, toman sidra de manzana caliente y tallan calabazas. Halloween es el único día del año cuando un niño puede tocar la puerta de un total extraño ¡y esperar recibir un dulce! Algunos han investigado la práctica del "truco o trato" "caramelos o travesuras" "broma u obsequio" hasta Irlanda al tiempo de la cosecha. Los pobres iban con los ricos y pedían comida. Si no recibían lo que pedían amenazaban: "truco o trato" (*trick or treating*). Ahuecaban las papas, les colocaban una vela y las usaban para alumbrar su camino.

Sin embargo, tales orígenes son actualmente irrelevantes. El significado atribuido en nuestra cultura para cualquier observancia dada se convierte en la clave para determinar si la práctica está autorizada por los principios de las Escrituras. Incluso el aumento de la brujería y el satanismo no está de hecho directamente relacionado con el Halloween. Sin embargo, el eventual desarrollo de posibles vínculos tiene alguna consideración por medio del discernimiento cristiano. Deberíamos tratar a otros días festivos con la misma perspectiva. Navidad y Pascua tienen connotaciones religiosas para algunos. Sin embargo, el árbol de navidad, el pavo y el aderezo, el intercambio de regalos y Santa Claus son actividades neutrales religiosamente. El conejo de Pascua y la caza de huevos son igualmente inofensivos y no asocian automáticamente al cristiano que la practica con la religión falsa.

Específicamente con respecto a la Navidad, existen dos extremos entre los creyentes. Algunos afirman que Cristo debe reintroducirse en la Navidad. Otros seriamente se oponen al uso del árbol de navidad o de cualquier otra señal de participación.

Dos principios bíblicos deben guiar nuestro pensamiento. En primer lugar, como discutimos arriba, Dios siempre ha estado preocupado con las implicaciones *religiosas* de las prácticas que el creyente adopta. Dios quiere que nos abstengamos de participar en actividades religiosas que se equiparen con la religión falsa. En segundo lugar, Dios desea que participemos solo en aquellas prácticas religiosas que están **autorizadas** (1 Cor. 4:6; Col. 3:17; 2 Jn. 9). Si la actividad religiosa no está acorde con la revelación escrita, es pecaminosa (Lev. 10:1-3; 1 Crón. 15:13; Gál. 4:8-11).

¿Cuáles son las implicaciones de estas dos directrices divinas? En primer lugar, los cristianos no debemos observar Navidad como una festividad **religiosa**. Como día religioso, no está autorizado. Las Escrituras repetidamente enfatizan la observancia de la muerte de Cristo (Luc. 22:19; Hch. 2:42; 1 Cor. 11:26), sin embargo, no estipula la observancia del nacimiento de Cristo. Observar la Navidad como una actividad religiosa es identificarse uno mismo con los grupos religiosos que adoran a Dios en vano (Mat. 15:9). Dios quiere que su pueblo aparezca ante el mundo separado y distinto a la religión falsa (2 Cor. 6:16-17).

En segundo lugar, si bien los cristianos evitan el uso de símbolos que asocian la temporada festiva con actividad religiosa no autorizada (como los ángeles y los nacimientos), pueden tener la libertad de observar la Navidad como un día festivo nacional (Rom. 14:5-6). Decorar árboles, dar regalos y cosas semejantes, no están necesariamente asociados con la observancia religiosa de la Navidad, como es evidente a partir del hecho que miles de personas no religiosas, ateos y también judíos observan la temporada festiva con toda la cultura de decoración (luces, árboles, regalos, etc.), lo hacen así sin darle un significado "cristiano" a la práctica. A la luz de la enseñanza bíblica, los cristianos deben considerar las connotaciones culturales de cualquier actividad dada.

Estrechamente asociada con esta discusión es la tendencia de aislar en la Escritura varias prácticas culturales y asignarles connotaciones religiosas a ellas. Saludos de beso, el uso del velo por las mujeres, ayuno y el lavado de pies a los invitados son actividades que eran comunes mucho tiempo antes de que llegara el cristianismo. Sin embargo, algunos ahora sostienen que estas eran prácticas religiosas deben reintegrarse al ritual de la iglesia. Tal punto de vista simplemente no hace una diferencia bíblica entre la acción religiosa que es ordenada y las cuestiones sociales culturales. (Consulte para más comentarios sobre este asunto el capítulo 8).

Otro punto que merece atención. Algunos son propensos a aplicar 1 Tes. 5:22 a estos asuntos, argumentando que la observancia de Halloween, Navidad y otras fiestas podrían no estar mal en sí mismas, no obstante, el riesgo parece estar equivocado. Con todo, tal razonamiento está, una vez más, simplemente mal informado respecto a la enseñanza bíblica. El término "apariencia" en 1 Tes. 5:22 (RV1865) tiene un significado completamente diferente de la que transmite esta versión antigua. La palabra sería mejor traducida por "forma" (como en la LBLA, VM). El versículo está simplemente advirtiendo a los cristianos a abstenerse de toda clase de mal o de pecado en cualquier forma que ocurra.

Conclusión

No tenemos más autorización de parte de Dios para participar en la observancia religiosa de la Navidad y la Pascua en nuestras iglesias, de la que tenemos para observar cualquier otro evento o momento de la vida de Cristo. ¿Deberíamos empezar a "celebrar" en nuestras iglesias el evento de la vida de Cristo que ocurrió cuando tenía doce años de edad? (Luc. 2:41-50) ¿Tenemos el día de "los negocios de mi Padre"? ¿Qué con el momento en su vida cuando limpió el templo de los cambistas? (Luc. 19:49-46) ¿Deberíamos celebrar el día de "la limpieza del templo? Una vez que la inclinación humana se convierte en el determinante, las posibilidades son infinitas.

Que Dios nos ayude a rechazar las observancias religiosas de los días de fiesta en nuestras iglesias. Que Dios nos ayude a sopesar su Palabra cuidadosamente y aplicarla con precisión a cada situación que enfrentemos en nuestra vida. Que nos abstengamos de hacer leyes donde Dios no las ha hecho. Pero que podamos resistir la tendencia ilícita de disfrazar nuestro apetito por la estética y nuestra sed de entretenimiento por una preocupación piadosa por lo espiritual. Que poseamos la actitud que demuestra disposición para sacrificar cualquier práctica que se encuentre fuera de la armonía de la voluntad de Dios.

CAPÍTULO 26
LA DEDICACIÓN DE BEBES

Muchas iglesias alientan a las parejas jóvenes a pasar con sus recién nacidos al frente del auditorio durante la reunión regular de adoración de la iglesia. El predicador toma al niño en sus brazos frente a la iglesia junto con sus padres. Dice unas palabras afectuosas de agradecimiento por el niño y expresa el sentimiento de todos de que al crecer el niño sea cristiano. Exhorta a los padres a que cumplan con su responsabilidad de criar al niño con el adecuado entrenamiento espiritual. O también expresa la esperanza de que Dios bendiga a los padres y al niño. Quizás haga una oración ante la congregación en beneficio de la pareja y de su hijo.

> *"Es verdad que tales cosas pueden parecer sabias, porque exigen cierta religiosidad..."* — Colosenses 2:23

Note que el acto de orar por los padres y el hijo es una práctica perfectamente bíblica. Nuestras iglesias han participado en esta práctica por mucho tiempo. La oración es una actividad de adoración autorizada, ordenada por Dios en la asamblea de adoración de la iglesia. Por mucho tiempo hemos estado orando uno por otros — por las madres, padres, hijos, por el pobre, viudas y por los que están en los hospitales, etc. No se puede justificar la dedicación de bebés basándose en que Dios nos autoriza orar en la adoración. Si es así, el mismo niño debería ser traído ante la asamblea repetidamente a lo largo de la vida. Pero en realidad, las oraciones por el bienestar físico y espiritual del niño deberían empezar cuando la pareja se entera que van a tener un niño y las oraciones deberían continuar todos los días a partir de entonces.[227]

Uno no puede recurrir a las Escrituras para justificar de esta práctica. La iglesia primitiva sin duda podía haber practicado la dedicación de bebés si Dios hubiera querido que lo hicieran. Pero no lo hizo. No existían factores culturales entonces y no

---

[227] Glenn Colley, "¿Qué Está Mal Con Tener Servicios De Dedicación De Bebés?" **The Southwesterner** (26 de Febrero de 1995):3.

existen ahora que justifiquen o garanticen la introducción de la práctica. Los relatos de Simeón y Ana (Luc. 2:25-38) ciertamente no dan autoridad para la dedicación de bebés por al menos tres razones: (1) vivieron antes del cristianismo y de la adoración de la iglesia del Nuevo Testamento; (2) ambos eran personas inspiradas bajo la guía directa de Dios; (3) tampoco dedicaron al niño Jesús, sino que simplemente aprovecharon la oportunidad para ver al Mesías por quién habían esperado con ansias por muchos años.

Dedicar bebés introduce un formato que va más allá de la simple oración. La dedicación de bebés crea un nuevo acto de adoración que es completamente extraño al Nuevo Testamento. La dedicación de bebés son ceremonias formales que siguen el modelo de la práctica denominacional del bautismo infantil. Gran parte del mundo religioso cree que los bebés nacen pecadores, habiendo heredado el pecado de Adán.

En un esfuerzo por evitar las implicaciones de esta doctrina en lo que respecta al nacimiento de Jesús, en 1854 el Papa Pío IX emitió el pronunciamiento de la "Inmaculada Concepción" de María. Jesús podía nacer sin la herencia del pecado si su madre había sido concebida sin pecado, así que ella no heredó pecado y por lo tanto tampoco podía transmitirlo. En 1910, el Metodismo oficialmente repudió la práctica del pecado heredado y por lo tanto transformaron el bautismo infantil (es decir, por aspersión) a simplemente una ceremonia de dedicación de bebés.[228] Ahí descansa el catalizador de la dedicatoria de bebés entre las iglesias de Cristo.

La dedicación de bebés entre las iglesias de Cristo no ha surgido de un cuidadoso análisis de las Escrituras. Más bien, unos cuantos hermanos han explorado con ansias el panorama religioso en un esfuerzo por encontrar algo nuevo que pueda usarse para "mejorar" o "refrescar" el servicio de adoración. Aunque por el momento no han defendido el pecado innato ni el rociamiento, si están simplemente reflejando la religión falsa. Con tal enfoque, el cielo es el límite. Como los escribas y los fariseos del tiempo de Jesús, están inventando actividades religiosas vanas (Mat. 15:1-9). Pablo se enfrentó con la misma cosa en la iglesia de Cristo en Colosas (Col. 2:16-23).

---

[228] Para una excelente discusión de estos asuntos, ver el artículo de Hugo McCord, "*La Ceremonia De Dedicación De Bebés*", en **Vigil** 22 (Octubre 1994): 78-80.

La conclusión de este asunto es que Dios no nos ha indicado participar en ceremonias de dedicación de bebés. Hacer eso es "ir más allá de lo que está escrito" (1 Cor. 4:6). Se dirá más respecto al principio de autoridad en el capítulo 40. Que Dios nos ayude a amoldarnos a sus instrucciones, siempre poniendo atención a la profunda advertencia del hombre sabio: "No añadas a sus palabras, para que no te reprenda, y seas hallado mentiroso" (Prov. 30).

CAPÍTULO 27
LA CENA DEL SEÑOR

Otra parte de la adoración que está recibiendo atención de los que abogan por el cambio es la Cena del Señor. Algunos han afirmado que los elementos específicos usados — el pan y el jugo de uva — podrían cambiarse. Sienten que este cambio haría más significativa y disminuiría lo monotonía de la práctica. Después de todo, razonan, es el **pensamiento** lo que cuenta. Si bien este punto ha sido impulsado más en el mundo denominacional, no ha recibido una gran atención de las iglesias de Cristo.

> *"Porque yo recibí del Señor lo que también os he enseñado"* — *1 Corintios 11:23*

En donde la Cena del Señor ha sido atacada desde dentro de la iglesia es en el área de la frecuencia. Las denominaciones siempre han pensado que la frecuencia no importa. Uno puede participar de la Cena del Señor una vez al mes, cada trimestre o una vez al año. Nuestros hermanos, de acuerdo con la Escritura, han señalado el error de esta clase de pensamiento.[229] Han reiterado la posición bíblica de que Dios quiere que la iglesia observe la Cena del Señor **cada** semana. Los proponentes del cambio le han dado otro giro a la situación. Están insistiendo que la Cena del Señor puede observarse en otros días de la semana además del domingo.[230]

CONSIDERACIONES PRELIMINARES

---

[229] Por ejemplo, Leroy Brownlow, **Why I Am A Member of the Church of Christ** (*Por Qué Soy Miembro De La Iglesia De Cristo*; Fort Worth, TX: Brownlow Publishing Co. 1945), p. 168-175.

[230] Por ejemplo, Rick Atchley desafía la forma en que los hermanos han llegado a la conclusión respecto a la frecuencia de la observación de la Cena del Señor al vincular 1 Cor. 16:2 y Hch. 20:7 en "Hechos como patrón para la iglesia actual (Parte 3)", Audio casete (Searcy, AR: Harding University Lectures 1989) por Monroe Hawley. Cf., Kregg Hood, "*Estableciendo La Autoridad Bíblica: Una Mirada Nueva A Un Tema Familiar* (Parte 2)", **Imagen** 6 (Mayo/Junio 1990), p. 15. También compare el esfuerzo por clasificar consistentemente la observancia dominical de la Cena del Señor como un asunto trivial por Randy Mayeux en "Carta al editor", la **Crónica Cristiana** 46/6 (Junio 1989).

Poco antes de su muerte, Jesús celebró la fiesta del Antiguo Testamento de los panes sin levadura. En el proceso, instituyó la Cena del Señor (1 Cor. 11:20) y les dijo a sus discípulos que esta "comunión" (1 Cor. 10:16) sería observada en el reino (Mat. 26:29). El pan y el fruto de la vid debían funcionar como símbolos del cuerpo y la sangre de Jesús que fueron ofrecidos en la cruz como sacrificio por el mundo. ¿**Cuándo** debe hacerse la observación de esta práctica, la Cena del Señor? ¿El **domingo**? ¿**Todo** domingo? ¿**Solo** el domingo?

Para responder estas preguntas, abordaremos las Escrituras con el fin de determinar lo que enseñan. Sin duda, una consideración relevante es ¿cuál era la práctica de la iglesia primitiva bajo la guía de los apóstoles? Cuando leemos a través del Nuevo Testamento, vemos lo que los cristianos en realidad practicaron con respecto a la Cena del Señor y vemos de esta manera lo que los apóstoles autorizaron.

Un segundo factor clave tiene que ver con la importancia del día **domingo**. La resurrección de Jesús sucedió en domingo (Mar. 16:1; Luc. 23:1; Jn. 20:1). Jesús se reunió con sus discípulos después de la resurrección el domingo (Jn. 20:19, 26). Pentecostés fue un día de fiesta judía (Lev. 23:15ss), y fue en este día de fiesta, diez días después de la ascensión de Jesús, que la iglesia fue establecida, que fue domingo. La iglesia del Nuevo Testamento se reunía el domingo (Hch. 20:7; 1 Cor. 16:2). La Cena del Señor era observada ese día (Hch. 20:7). Ciertamente, el día domingo está impregnado con un considerable significado religioso.

Otro factor a considerar es el hecho de que el Nuevo Testamento no dice nada del sábado respecto a que tenga un significado especial para el cristianismo del Nuevo Testamento. Aparte del domingo, el sábado es el único competidor serio para el día de adoración. Lo mismo es cierto con respecto a la historia de la iglesia primitiva. Aunque ciertamente no es el factor decisivo para los cristianos del Nuevo Testamento, la historia de la iglesia muestra que Hechos 20:7 no es una referencia incidental. La observancia de la Cena del Señor en **domingo** refleja la práctica general de las iglesias del Nuevo Testamento.[231]

---

[231] Por ejemplo, la **Didaché**, escrita por el 120 d.C. menciona que los cristianos se reunían cada día del Señor y partían el pan. Justino Mártir escribió en su **Apología** (I, 67), **circa** 152 d.C., de la reunión de los cristianos en domingo y participar de la comunión.

¿Cuál es la relación **doctrinal** entre la Cena del Señor y el domingo? La muerte y resurrección de Jesús estuvieron íntimamente ligadas a la observancia de la Cena del Señor el domingo (1 Cor. 11:26). No podemos argumentar a favor de una asamblea dominical sin discutir la comunión dominical. En Deut. 5:12-15, el sábado conmemoraba el Éxodo — cuando los judíos fueron liberados de la esclavitud egipcia. El domingo, de igual manera, es el día de la liberación cristiana. La Cena del Señor está asociada con esta redención y la naturaleza de la iglesia. Es un acto en conjunto — llevado a cabo de esta manera por todos los miembros cuando se reúnen el domingo. La Cena del Señor en cualquier otro día debilita su importancia doctrinal.[232]

ESCRITURAS ESPECÍFICAS[233]

HECHOS 2:42, 46

En Hch. 2:42, el uso del artículo "el" (en el griego) indica que un evento particular está bajo consideración, comparado a una comida común (cf. 1 Cor. 10:15). "Partimiento del pan" aparece con otras actividades religiosas hechas por la iglesia. La frase, "perseveraban" (tiempo imperfecto) indica una práctica habitual, acostumbrada, aunque la frecuencia no se da aquí. Sin embargo, la iglesia primitiva obviamente participó con más frecuencia que una vez al año, dado que no había pasado ni un año desde el establecimiento de la iglesia.

Pero ¿qué pasa con Hch. 2:46? ¿No sugiere la observancia de la Cena del Señor en un día que no sea el domingo? A fin de usar Hch. 2:46 para apoyar y defender la observancia **diaria** de la Cena del Señor, una persona tendría que probar los siguientes puntos improbables: (1) Que "cada día" es un modificador adverbial temporal que altera necesariamente la frase "partiendo el pan en las casas", (2) Que "partiendo el pan en las casas" se refiere a la Cena del Señor **solamente**".

---

[232] Everett Ferguson, "*La Cena Del Señor Y La Hermenéutica Bíblica*", **Misión** (Septiembre, 1976), p. 59-62.

[233] Para un excelente trato analítico de los pasajes de la Escritura que inciden en la cuestión de la Cena del Señor, ver Thomas B. Warren, **When Is An 'Example' Binding?** (*¿Cuándo Es Obligatorio Un "Ejemplo"?;* Jonesboro, AR: National Christian Press, 1975), p. 148-156.

Uno tendría que **conocer** estas dos cosas antes de concluir que Dios autoriza participar de la Cena del Señor en un día diferente al domingo. Pero uno no puede conocer o probar estos dos puntos. De hecho, la evidencia gramatical señala en la dirección opuesta. El uso de la conjunción correlativa en el versículo cuarenta y seis ("**te**")[234] sirve como una interrupción de pensamiento — un contraste — para protegerse de dar la impresión de que los discípulos se quedaban en el templo las veinticuatro horas del día (cf., la **NVI**). El pensamiento o idea paralela se transmite por el doble uso de "**te**", evidente en todo el contexto, es la **unidad o la convivencia** que disfrutaban los discípulos. En otras palabras, participaban juntos en sus actividades religiosas, pero también seguían juntos en sus actividades no religiosas, las sociales o domésticas.

Lucas nos está informando que los discípulos permanecían alrededor del templo casi siempre después de los eventos trascendentales de Pentecostés, sin duda no querían perderse nada de las tremendas actividades relacionadas con el establecimiento de la iglesia. Sin embargo, se iban a sus hogares con el fin de hacer la rutina asociada con las comidas comunes. Por lo tanto, "partiendo el pan", en este versículo se refiere, no a la Cena del Señor, sino a una comida común. El término "comían" ("tomaban su alimento", NC) es un término que nunca se usó para referirse a la Cena del Señor, es explicativo de la expresión "partiendo el pan" — además prueba que una comida normal está bajo consideración.[235]

No hay evidencia suficiente para justificar la conclusión de que la iglesia puede participar de la Cena del Señor en cualquier día diferente al domingo. Hch. 2:46 no da autoridad para

---

[234] Arndt y Gringrich se refieren a "**te**" como una partícula enclítica, ocurre con mayor frecuencia en el Nuevo Testamento en el libro de Hechos, la cual aparece en Hch. 2:46 para transmitir la idea de "no solo...sino también" — William F. Arndt y F. Wilbur Gingrich, **Lexico Griego-Inglés del Nuevo Testamento**, 2ª ed. (Chicago, IL: The University of Chicago Press, 1979), p. 807; Cf., A.T. Robertson, **Gramática Del Griego Del Nuevo Testamento A La Luz De La Investigación Histórica** (Nashville, TN: Broadman Press, 1934), p. 1179 — "Pero **te**...**te** es estrictamente correlativa"; Thayer identifica el término como una partícula enclítica copulativa que transmite una relación íntima con lo que precede. Por lo tanto, el doble uso del término en la misma oración, en este caso de Hch. 2:46 presenta ideas paralelas o coordinadas — tanto como, que...o, y...y — Joseph H. Thayer, **Léxico Griego-Inglés del Nuevo Testamento** (1901; repr. Grand Rapids, MI:Baker Book House, 1977), pp. 616-617.

[235] Wayne Jackson, "La Cena del Señor en la iglesia primitiva", **El edificador** 11 (28 de Noviembre de 1991), p. 3.

participar de la Cena del Señor en cualquier día que no sea el domingo.

HECHOS 20:7

En Hechos capítulo veinte, encontramos información considerable respecto al manejo de la iglesia de la Cena del Señor. Nada en este o en cualquier otro contexto indica que "las muchas luces" o el "aposento alto" tengan algo que ver con la Cena del Señor. De esta manera, el lugar y la parafernalia que la rodea son convenientes. Como tales son **permanentemente opcionales**.[236]

"Partir el pan" es una figura para comer, que llegó a tener la aplicación técnica de la Cena del Señor. El término "partir el pan" es en primer lugar un aoristo infinitivo. Los infinitivos en el griego y el español denotan el **propósito** de la acción del verbo principal. Por lo tanto, un propósito principal de la asamblea era el participar de la Cena del Señor. Esta conclusión también se implica en 1 Cor. 11:20.

"Cuando" ("Cuando estábamos reunidos para", LBLA) es una señal con estilo que expresa un procedimiento regular que el lector esperaría y entendería.[237] Pablo pasó una semana en Troas, a pesar de su apretada agenda (20:16), a fin de compartir la Cena del Señor. De repente, su adoración fue interrumpida por la caída de Eutico de la ventana. Sin embargo, después que fue milagrosamente revivido por Pablo, fueron capaces de completar su adoración participando de la Cena del Señor. ¿Por qué habló Pablo hasta la medianoche? Porque necesitaba partir tan pronto como fuera posible (20:7). De esta manera la predicación antes de media noche de Pablo correspondió a nuestro sábado por la noche (es decir, 6:00 pm-12 pm) lo cual era el **domingo** de ellos. La participación de la cena del Señor después de la media noche fue nuestro domingo por la mañana.

Vea cuidadosamente la terminología de Lucas en Hch. 20:11. Detalla cinco actividades que siguieron el reavivamiento de Eutico: En seguida (es decir, regresando al tercer piso), rompieron el pan, comieron, hablaron largamente y partió. El "partir el pan"

---

[236] Ver Warren, **Ejemplo**, p. 140.

[237] Ver la excelente discusión de este recurso literario que usa Lucas en "Meditaciones sobre Hch. 20:7", **El restaurador** por Steve Gibson, 10 (Ene, 1990). p. 4-5

en este versículo se refiere a participar de la Cena del Señor, tal como la expresión se usa en el versículo siete. En ambos lugares, el griego coloca el artículo antes de "pan" — "**el** pan". Por otro lado, "comer" se refiere a una comida común que Pablo comió **después** de que la Cena del Señor fuera conmemorada antes de su partida.[238] En cualquier caso, la Cena del Señor se observó en domingo.

1 Corintios 11:23-39 y 16:1-2

El principal propósito de 1 Cor. 11:23-29 se refiere a el **cómo** de la Mesa del Señor, no al **cuándo**. Sin embargo, la frecuencia y la consistencia en participar de la Mesa del Señor está implicada en palabras tales como "haced esto" (vs. 24, 25), "todas las veces" (vs. 25, 26), "hasta" (vs. 26), "cuándo" (vs. 33).

En 1 Cor. 16:2, el término "**kata**" es distributivo y significa "cada". Así Pablo está pidiendo **semanalmente** contribuciones para las iglesias: "Cada primer día de la semana". De forma similar, los judíos entendían que la observancia del sábado — "Acuérdate del día de reposo para santificarlo" — aplicaba para **cada** sábado. Pablo establece que dio este mismo mandamiento a las iglesias de Galacia (v. 1).

Conclusión

La conclusión de esta información es definitiva e incuestionable. Dado que los cristianos se reúnen **cada** domingo (1 Cor. 16:2) y el propósito de tales asambleas era para participar de la Cena del Señor (Hch. 20:7), se concluye que la iglesia primitiva participaba de la Cena del Señor cada domingo. Uno debe considerar todo lo que el Nuevo Testamento dice sobre el asunto y luego adaptarlo en forma lógica. La Biblia enseña claramente que los cristianos del Nuevo Testamento participaban de la Cena del Señor **cada** domingo y **solo** en domingo. Si quiero

---

[238] Cf., Guy N. Woods, **Interrogantes y Respuestas** (Henderson, TN: Freed-Hardeman College, 1976), p. 350-351.

ser cristiano del Nuevo Testamento, haré lo mismo. Evitaré la tentación de manipular las instrucciones sencillas de Dios.

CAPÍTULO 28
VARIEDAD EN LOS FORMATOS DE REUNIÓN

Además de los capítulos anteriores que tratan con los cambios en asuntos de la adoración, necesitamos dar atención a los cambios que han sucedido en años recientes con respecto a los formatos de adoración. Tres de estas variaciones se abordarán en este capítulo. Los grupos de domingo por noche, los servicios de adoración "contemporánea" y la adoración infantil.

> *"Cuando, pues, os reunís vosotros…"*
> — 1 Corintios 11:20

Grupos De Domingo Por La Noche

Una gran cantidad de iglesias ha implementado una variación en sus servicios nocturnos del domingo en la que la congregación se divide en varios grupos. Reuniéndose cada grupo en forma separada en los hogares para servicios nocturnos dominicales. Cuando hay una oposición significativa a este cambio, algunas iglesias optan por continuar teniendo una reunión en el edificio de la iglesia para los que no desean participar en los grupos.

Como todos los cambios a la sencilla adoración del Nuevo Testamento, el interés en los grupos o células se ha derivado de fuentes seculares donde la teoría del grupo pequeño es de hecho la moda. Por ejemplo, La justificación argumentada por Lynn Anderson insistiendo que "el crecimiento espiritual se nutre con mayor eficacia en las relaciones en grupos pequeños que bajo la predicación poderosa.[239] Esta ansiedad con los grupos pequeños

---

[239] Lynn Anderson, **Navigating the Winds of Change** (*Navegando Los Vientos Del Cambio*; West Monroe, LA: Howard Publishing Co., 1994), p. 203.

es el resultado de la investigación sociológica humana — no de la Biblia. Está en conflicto directo con el papel divinamente asignado de la predicación a través de la era cristiana (1 Cor. 1:18-2:13; Mat. 28:18-20; Rom. 1:15-17; 10:14-17; Efe. 3:6-10).

Las "iglesias en casa" en el Nuevo Testamento no son paralelas a los grupos o células del domingo por la noche en la que una congregación se divide por separado de la reunión de adoración.[240] En el primer siglo las "iglesias en casa" eran congregaciones autónomas, independientes (por ejemplo, Rom. 16:3-5; 1 Cor. 16:19). Los cristianos sin duda están autorizados a reunirse en casas para adorar y tener comunión, etc. Pero es un disparate afirmar que si la iglesia no deja su reunión del domingo por la noche y la reemplaza por pequeños grupos o alguna otra opción, esas iglesias están culturalmente fuera de la realidad ¡y condenadas a un "eventual olvido"! Sean realistas.

Anderson argumenta que los servicios del domingo por la noche se originaron en el siglo diecinueve cuando la gente del campo acudía al pueblo para ver las luces de gas y esto facilitaba la predicación evangelística.[241] Esta historia entra en conflicto con la explicación alterna de que los cristianos del campo tenían que viajar muchos kilómetros para la adoración del domingo por la mañana y así, después de adorar permanecían juntos para "comer en el mismo terreno". Después de la comida, los cristianos adoraban juntos nuevamente antes de emprender el largo viaje de regreso a sus hogares.

Cualquiera que sea la explicación correcta es irrelevante. Los cristianos actuales se reúnen dos veces el domingo y una vez el miércoles a fin de tener oportunidades múltiples para adorar juntos y estar en presencia con toda la iglesia. Por lo tanto, la práctica es, ¡"culturalmente relevante" para ellos! Nuestra reunión regular del domingo por la noche es especialmente relevante en un día en el que los cristianos están constantemente rodeados por un ambiente no cristiano, mundano. Necesitamos de toda oportunidad posible para estar con la iglesia entera y recibir los beneficios que llegan de estar con el cuerpo. Reducir el número de veces en que

---

[240] Como Anderson sostiene en **Navegando**, p. 84, 207, 216.

[241] Anderson, **Navegando,** p. 213.

la iglesia entera se reúne cada semana es un paso en la dirección equivocada. Necesitamos estar juntos **más**, no menos.

En realidad, la cultura occidental no posee un factor peculiar que haga a los servicios del domingo por la noche culturalmente irrelevantes para los "inconversos" — excepto por la misma razón que los servicios del domingo por la **mañana** no serían culturalmente irrelevantes. La única razón de que **algún** servicio de la iglesia fuera irrelevante para el mundo que nos rodea es el hecho de que ¡no se reúnan y no sean espirituales! La frecuencia y el tiempo de adoración no tienen que ver con la cultura. Si una persona está interesada en las cosas espirituales, estará feliz y dispuesta a ajustar su estilo de vida a fin de poner a Dios en primer lugar y buscar las cosas espirituales (Mat. 6:33).[242]

Un punto final respecto a estos grupos o células. Ponen una situación potencialmente peligrosa. Los ancianos pierden su capacidad para apacentar a muchos grupos diferentes de cristianos. Estos grupos históricamente han sido la fuente de una variedad de ideas fuera de lo común y de rotundos errores doctrinales.[243] Alimentados en este entorno aislado sin ser detectados por los pastores, las ideas se arraigan y se esparcen antes que puedan ser abordadas y neutralizadas en forma efectiva.

En realidad, se puede argumentar bíblicamente que el dividir la iglesia en pequeños grupos crea una situación poco

---

[242] Una de las señales de los tiempos es la forma en que las congregaciones ajustan los tiempos de adoración para evitar que se junte o se traslape con el Superbowl. ¿Tienen los ancianos autoridad para decidir el horario de adoración el domingo? Si. Las Escrituras especifican el día de adoración sin especificar una hora en particular. La hora en que la iglesia se reúna el domingo es un asunto opcional decidida por los líderes y lo dicta la conveniencia.

Sin embargo, alterar una hora de adoración previamente designada para acomodarla al Superbowl manda un mensaje inequívoco a la iglesia y al mundo: lo mundano tiene prioridad sobre los asuntos espirituales. Los miembros se quedan con la impresión de que las obligaciones para con Dios puede reorganizarse para que encajen con la diversión y el placer carnal. Ajustar la hora de adoración para los fanáticos del Superbowl es simplemente un ejemplo más entre muchos de los apetitos carnales altamente refinados que los cristianos han cultivado. Hemos perdido nuestro equilibrio espiritual y pasado una cantidad excesiva de tiempo para alimentar los apetitos sensuales. Ésta bien ver el Superbowl. ¡Pero dame chance! ¡Es solo un juego! Se olvidará tan pronto como termine. La preocupación por los deportes no merece el estatus elevado que le hemos dado. Cuando degradamos la adoración a Dios por debajo del Superbowl, le otorgamos un valor que no merece y en el proceso, le quitamos valor y trivializamos la adoración a Dios.

[243] Por ejemplo, en la década de 1970, el movimiento discipular Crossroads/Boston hizo un importante uso de pequeños grupos en hogares — conocidos como "platicas del alma" — para impulsar su agenda a espaldas de los líderes de la iglesia local.

saludable espiritualmente. Se podría argumentar que lo que hace tan popular a los pequeños grupos o células en la cultura actual es el hecho de que se alimentan las emociones más que el intelecto. A las personas simplemente les gusta el **sentimiento** que obtienen de un pequeño grupo — la calidez emocional, la cercanía, la sensación de seguridad. Probablemente la gente responde mejor en un entorno de un grupo pequeño a los puntos de vista que son presentados. Pero su respuesta se debe — no al poder del Evangelio o de la verdad de las Palabras de Dios — sino a la dinámica del grupo, el fuerte impacto emocional inherente en un grupo pequeño. La teoría de los grupos pequeños tiene sus raíces en el humanismo y en la evolución. Se basa en la idea de que los seres humanos, como los animales, podemos ser manipulados para responder de acuerdo a los deseos del manipulador mediante el control del entorno.

A la luz de estas observaciones, los grupos del domingo por la noche son simplemente una indicación más de nuestra actitud loca hacia el cambio en la vida. No conforme con la sencillez del mensaje de Dios y de su adoración, nos interesamos con algo nuevo que capture nuestro interés. Sin embargo, si simplemente adorar con la iglesia entera no nos gusta, estamos condenados a una vida de descontento y a la búsqueda perpetua de baratijas y chucherías que nunca llenarán o sustituirán la verdadera espiritualidad.

SERVICIOS DE ADORACIÓN "CONTEMPORÁNEA"

Un segundo cambio que ha ocurrido en los formatos de reunión es la incitación de servicios adicionales el domingo por la mañana con un punto de vista enfocado a atraer los diferentes gustos. Una reunión alterna como esa se inició con el propósito de ofrecerles a las personas incrédulas una reunión dónde se sientan más cómodos. Sin embargo, las reuniones más alternativas se diseñan para darle a la generación de jóvenes un entorno de adoración donde puedan participar en todo cambio ya tratado en los capítulos anteriores. Quieren un servicio más "alegre" en lugar de uno aburrido, sombrío, formal, que sienten que es típico de sus padres.[244]

---

[244] Por ejemplo, Lynn Anderson argumenta el uso de "dos clases de reuniones" el domingo por la mañana — "un servicio contemporáneo y otro tradicional" — **Navegando**, p. 91.

Sin embargo, no existe ninguna justificación bíblica legítima para tener "dos clases de reuniones" el domingo por la mañana. ¿Quiere decir que los cristianos, independientemente de su edad, no pueden adorar juntos sin que ocurra alguna discrepancia? ¿No pueden los cristianos invitar a inconversos a la misma adoración para que experimenten la sencilla adoración del Nuevo Testamento? ¿Puede imaginarse a los cristianos del primer siglo teniendo dos servicios el domingo por la mañana — uno "contemporáneo" y otro "tradicional"? La idea misma es errónea. Si la adoración es bíblica y por lo tanto agrada a Dios, entonces, **todos** — independientemente de la edad o cultura — deben ser capaces de adorar **juntos** de manera significativa.

La idea de que necesitamos ofrecer reuniones alternas que funcionen de forma evangelística para los inconversos es también errónea.[245] En primer lugar, el evangelismo entre las iglesias de Cristo en las generaciones previas con frecuencia venía de la predicación directa en nuestras asambleas. Esto se lograba sin ofrecer reuniones separadas para los "inconversos". En segundo lugar, el propósito primordial de la adoración es adorar a Dios. Al margen de si la adoración funciona para evangelizar a los externos, el camino para evangelizar a la gente en **cualquier** periodo de la historia sea dentro o fuera de las reuniones es simplemente ¡enseñarles! ¡Predicarles! ¡Expresar verbalmente el mensaje! No necesitamos reestructurar la adoración bíblica o actualizarla para los "inconversos" ni emplear prácticas "contemporáneas" que contaminen la verdadera adoración del Nuevo Testamento.

Sin embargo, los agentes del cambio nos dicen que nuestra adoración está fuera de la realidad con la cultura actual y que los inconversos no pueden integrarse a nuestras reuniones de adoración. Insisten que la cultura actual ha condicionado a la gente a experimentar la música como "observadores y oyentes, pero no como participantes".[246] Vea que esta observación es una concesión a que la gente está acostumbrada a funcionar como espectadora que ansía el entretenimiento. No obstante, este estado de cosas difícilmente significa que deberíamos satisfacer su condicionamiento ilícito. La solución bíblica es el

---

[245] Anderson, **Navegando**, p. 92, 93.

[246] Nuevamente, el lenguaje de Anderson en **Navegando**, p. 136.

reacondicionamiento de ellos con las líneas divinas, es decir, enseñarlos acerca de la clase de adoración que Dios quiere de ellos (Jn. 4:24). No necesitamos servicios alternativos de adoración para lograr ese reacondicionamiento. La adoración a Dios debe mantenerse pura y no permitir que sea afectada por el error de la gente mundana de no apreciarla.

ADORACIÓN INFANTIL

Muchas iglesias ofrecen un servicio de adoración separado para los niños — una práctica que surge principalmente como resultado de ministerio del autobús enfocado al evangelismo en los años 60's y 70's. La idea básica para tales reuniones alternas es darles a los niños un ambiente de aprendizaje más propicio a su edad por su falta de acoplamiento al entorno formal de adoración.

Aquí algunas observaciones — las cuales revelan la falacia de tal pensamiento. En primer lugar, las generaciones pasadas crecieron asistiendo a la adoración con sus padres. Su experiencia testifica el hecho de que la "adoración infantil" era innecesaria para su desarrollo y preparación para la edad adulta como cristiano. En segundo lugar, los adultos que se requieren para dirigir la "adoración infantil" deben abandonar la adoración de la iglesia. En tercer lugar, la idea que dice — los niños necesitan su propio servicio dado que no aprovechan nada de la adoración con los adultos ya que solo interrumpen — es simplemente una idea errónea. Los niños pueden y deberían ser disciplinados para permanecer sentados y mostrar respeto en la adoración. Tal disciplina es un ingrediente necesario en su preparación como adulto responsable.

En cuarto lugar, la forma en que los niños aprenden a relacionarse en la adoración con los adultos es estando **en** la adoración. Ponerlos en un entorno casual de "diversión y juegos" solo agrava el problema al ser condescendiente con el infantilismo lo cual la adoración regular a su tiempo lo corregirá y madurará. De hecho, la adoración infantil le da validez al nivel de inmadurez de espiritualidad. En quinto lugar, la clase bíblica antes de la adoración hace todo eso que la adoración infantil afirma hacer. Las clases bíblicas les enseñan el cómo adorar en forma adecuada. Entonces, en la reunión formal es donde sus padres y la iglesia atestiguan de primera mano, la implementación de la enseñanza bíblica aprendida en las clases bíblicas.

En sexto lugar, ¿Dónde autoriza la Biblia dividir la adoración? ¿Dividió la iglesia primitiva la adoración en reuniones por separado? ¿Dividiremos a la congregación en grupos de acuerdo a la edad? ¿Qué acerca de dividir la iglesia por otras causas — como por género, el conocimiento espiritual o por clase social? Este pensamiento lógicamente lleva a la disolución de la reunión de adoración de la iglesia. Promueve facciones y el aislamiento entre los miembros.

Conclusión

Cuando la iglesia se reúne para adorar, Dios quiere que la iglesia entera se junte y unifique sus expresiones de adoración hacia Él (1 Cor. 11:20). Apartar a nuestros hijos de nuestra adoración a Dios es otro paso en la dirección contraria. Dividir la iglesia en grupos aislados, no supervisados para adorar tiene más cosas negativas que positivas. Lo mismo podría decirse de la introducción de los servicios de adoración "contemporánea".

Ninguna de estas invenciones humanas nos ayuda con nuestra obediencia a Dios. Más bien, son cambios que están diseñados para satisfacer el razonamiento y el deseo humano. Surgen de la insatisfacción con la adoración sencilla, sin pretensiones que se enfoca estrictamente en Dios sin tener en cuenta la inclinación humana.

CAPÍTULO 29

ACEPTANDO EL DENOMINACIONALISMO

Un cambio devastador que se ha apoderado de la iglesia actualmente, con enormes implicaciones, es la nueva actitud hacia la posición que guardan las denominaciones. Históricamente, las iglesias de Cristo han visto a estos grupos religiosos como iglesias falsas engendradas en la mente de los hombres. La misma existencia de una denominación, a pesar de tener algunas creencias correctas, se consideraba que estaba fuera de armonía con la voluntad revelada de Dios. Las denominaciones eran consideradas como una violación directa de la oración de Jesús por la unidad (Jn. 17:20-23) y de la doctrina bíblica de la singularidad y eternidad de la iglesia (Dan. 2:44; Mat. 16:18; Efe. 3:10; 4:4).

> *"Anteriormente, Herodes y Pilato no se llevaban bien, pero ese mismo día se hicieron amigos"* — Lucas 23:12

En los últimos años ha tomado forma una conspiración generalizada que diluye la distinción entre la iglesia de Cristo — la iglesia del Nuevo Testamento — y las falsificaciones espurias hechas por el hombre, es decir, las denominaciones. Las iglesias de Cristo están siendo bombardeadas con propaganda para inducir a la aceptación y comunión con las denominaciones. Bajo el disfraz de la "unidad", estamos siendo incitados a una postura tolerante y permisiva de ambigüedad que es contraria a la reflexión perspicaz, a la diligencia juiciosa y a la claridad espiritual asociada con la fidelidad a Dios.

Cuatro doctrinas bíblicas específicas han sido objeto de ataques en el intento de crear credibilidad para el denominacionalismo y lograr un vínculo entre los las denominaciones y la iglesia de Cristo; la comunión, la unidad, la gracia y el bautismo. La comunión se trató ampliamente en el capítulo 14 en relación con el uso de la nueva hermenéutica del "evangelio central". El presente capítulo discutirá la naturaleza del denominacionalismo y luego tratará los asuntos específicos de la unidad, el bautismo y la gracia en relación con la amenaza general del denominacionalismo y la comunión.

EL DENOMINACIONALISMO DEFINIDO

¿Qué es el denominacionalismo? ¿Aprueba Dios las denominaciones? ¿Es bíblico el denominacionalismo? Cuando vamos al Nuevo Testamento y examinamos la Palabra de Dios con miras a determinar cuál es Su voluntad con respecto a la religión, descubrimos un sistema religioso claramente definido, la religión de Dios, revelada en el Nuevo Testamento. El cristianismo es esa religión. También encontramos que Satanás hace todo lo que puede para difuminar, desvanecer, borrar las diferencias que Dios quiere señalar. No debería sorprendernos. Algunos engaños realmente grandes han sido perpetrados sobre la humanidad en nombre de la religión. Literalmente miles de millones de personas han aceptado el Budismo, Hinduismo, Zoroastrismo y otros "ismos". Para los que han examinado la verdad objetiva, estos sistemas de pensamiento son simplemente falsos. Sin embargo, un gran número de personas se adhieren a estos puntos de vista. Muchísimas personas creen en los principios de estas religiones.

La Biblia advierte que Satanás está tratando de aprovecharse de la gente y que no deberíamos dejar que Satanás gane ventaja sobre nosotros "pues no ignoramos sus maquinaciones" (2 Cor. 2:11). La palabra "maquinaciones" puede traducirse fácilmente por "esquemas". Se refiere a estratagemas, tácticas, maniobras engañosas que Satanás usa en un esfuerzo por engañar a la gente haciéndole creer y practicar algunas cosas que simplemente no son verdad. En una declaración similar, la Biblia advierte de las "asechanzas del diablo" (Efe. 6:11). La mayoría de la gente es ajena a este hecho real. Mucha gente incluso no cree que Satanás exista, más de lo que creen que Dios existe. Sin embargo, los creyentes en la enseñanza del Nuevo Testamento deben reconocer que Satanás existe y que hará todo lo que puede para engañar a la gente, para mentirle. Quiere borrar las diferencias que Dios ha señalado — diferencias que son escriturales, bíblicas.

Durante los últimos siglos, una de las armas más poderosas de Satanás ha sido el denominacionalismo. Vea como los diccionarios definen los términos, "denominación", "denominar" y "denominacional". El **Diccionario Webster** define "denominar" como "designar, nombrar". "Denominación" es un "grupo que tiene un nombre; una secta; uno de una serie de unidades nombradas en forma separada". "Denominador" significa "la parte de una fracción simple que muestra en cuantas partes está dividida una cosa". El **Diccionario Americano Oxford** define "denominador" como "el número escrito debajo de la línea en una fracción. Por ejemplo, el número 4 en ¾ muestra en cuántas partes se divide el entero". El **Diccionario Enciclopédico** define "denominar" como "el acto de nombrar o llamar por medio de un nombre". "Denominacionalismo" es "una disposición a dividir o formar denominaciones".

La misma palabra **denominación** significa una división designada o nombrada. Son personas o grupos religiosos que se forman a sí mismos, agrupándose, sobre la base de diferentes designaciones, diferentes nombres, con diferentes doctrinas y diferentes afiliaciones eclesiásticas.

Sin embargo, este escenario está en conflicto con la oración de Jesús por la unidad en Juan capítulo 17, en donde Él ora contra eso y le pide a Dios que los creyentes en Cristo estén unidos. Del mismo modo, el denominacionalismo está en conflicto directo con la declaración de Pablo a la iglesia de Cristo en Corinto en los 50´s d.C. — "que habléis todos una misma cosa, y que no haya entre vosotros divisiones" (1 Cor. 1:10). Aquí está un pasaje que dice que el denominacionalismo no debe ni siquiera existir.

Si Pablo dijo: "Que no haya entre vosotros divisiones", y, por definición, una denominación es una **división**, entonces las denominaciones no son bíblicas. Están en contra de la voluntad de Cristo. La división de la que Pablo habla es sin duda una división **doctrinal** porque la división tuvo que ver con lo que estaban "hablando". Cuando dice, "sino que estéis perfectamente unidos en una misma mente y en un mismo parecer", obviamente se está refiriendo a sus acuerdos sobre puntos de vista doctrinales.

Sin disponer de un sesgo o prejuicio contra cualquier grupo religioso en particular, estamos obligados a ir a la Escritura y evaluar objetivamente la verdad del Nuevo Testamento. Pasajes como los mencionados anteriormente demuestran que el denominacionalismo, aunque visto en forma inocente por miles y millones de personas en todo el mundo, no está en armonía con las enseñanzas del Nuevo Testamento. Dios no quiere que exista el denominacionalismo. Quiere que vayamos al Nuevo Testamento y examinemos las verdades que contiene y luego llevar nuestras vidas en conformidad con esas verdades. Él quiere que toda la gente someta su espíritu a Su voluntad y a su Hijo, Jesucristo. Cuando una persona hace eso, sin sumarle ni quitarle, no estará en alianza con alguna denominación.

CRISTIANISMO NO DENOMINACIONAL

Cuando uno va a la Escritura sin ninguna idea preconcebida y pondera la información bíblica, llegará a las siguientes conclusiones. En primer lugar, la intención eterna de Dios, manifestada en la profecía del Antiguo Testamento y llevada a buen término en el Nuevo Testamento, fue establecer su iglesia en el año 30 a.C. en la ciudad de Jerusalén en Pentecostés. El Judaísmo y el Patriarcalismo fueron eliminados en la cruz de Cristo. La iglesia fue comprada por la sangre de Cristo derramada en la cruz. En segundo lugar, todos los seres humanos en la tierra, a fin de ser salvos después de la cruz, deben obedecer el único plan de salvación dado por Dios y predicado por los apóstoles, es decir, escuchar, creer, arrepentirse, confesar y ser bautizado.

En tercer lugar, los que cumplan con estos prerrequisitos son puestos por Cristo en su cuerpo, la iglesia de Cristo — no en una denominación. En cuarto lugar, este grupo de gente está organizada de acuerdo a una estructura específica compuesta de diáconos, predicadores, maestros de clase bíblica y otros miembros, todos funcionando bajo la dirección y guía de los ancianos que se someten a la autoridad de Cristo. En quinto lugar, como un cuerpo legal, solo usa designaciones bíblicas (es decir, iglesia de Cristo, templo de Dios, cuerpo de Cristo, etc.), lo cual necesariamente significa que rechazan el uso de designaciones no bíblicas tan típico del denominacionalismo. En sexto lugar, como miembros, usan solo designaciones bíblicas (es decir, creyente, santo, discípulo, etc.), dando la más alta prioridad a simplemente el nombre "cristiano" (Isa. 62:2; Hch. 11:26; 1 Ped. 4:16).

En séptimo lugar, este grupo de gente, con el fin de permanecer fieles como iglesia de Cristo, adoran de acuerdo con los actos específicos de adoración designados en el Nuevo

Testamento como apropiados para la iglesia de Cristo (es decir, cantar, orar, ofrendar, enseñar/estudiar y participar de la Cena del Señor). En octavo lugar, la iglesia reconocerá que Cristo ha especificado los parámetros de actividad en que la iglesia debe participar (resumido por los términos de evangelismo, benevolencia y edificación).

Vea cómo el Nuevo Testamento simplemente presenta la voluntad de Cristo respecto a su iglesia. Es solo la maraña y la maleza del denominacionalismo lo que confunde a la gente, nubla su pensamiento religioso y los lleva a dejar la sencillez del cristianismo del Nuevo Testamento.

Hubo un tiempo entre las iglesias de Cristo cuando había un **entendimiento hablado** de que los miembros de las denominaciones estaban perdidos puesto que no eran miembros de la iglesia descrita en el Nuevo Testamento. Con el tiempo, pasamos a un periodo de **entendimiento no dicho**. Todos sabían la condición de las denominaciones; se entendía. Sin embargo, dejamos de expresarlo, "para no ofender". Trágicamente, la generación que creció con tal silencio marcó el comienzo de una nueva etapa que implicaba un **malentendido tácito**. No fueron enseñados (Deut. 6:7). Confundieron el silencio de sus padres con la indiferencia y la aprobación.

Ahora estamos cosechando las consecuencias de esas deficiencias. Ahora hemos llegado a un periodo de absoluto **malentendido tácito**. Hermanos que declaran abiertamente que la iglesia de Cristo es simplemente una denominación entre muchas y que los que están en las denominaciones son cristianos salvos.[247] Afirman que enseñanzas como "el pecado de la música instrumental" y "el bautismo **para** remisión de pecados" son triviales en comparación con la necesidad de "compañerismo" y "unidad" con las denominaciones.

¡NO OTRA VEZ!

Sin duda debemos encontrar este estado de cosas increíblemente irónicas en vista del hecho de que hace cien años, las iglesias de Cristo estuvieron experimentando lo mismo. El ignorar nuestro pasado nos condena a repetirlo. Los mismos ruidos se estaban haciendo a finales del siglo XIX y llevaron a la apostasía que devastó a la iglesia en ese tiempo. Los mismos sonidos orgullosos, insensatos que se han hecho a través de la historia humana y siempre han evidenciado la misma condición — desobediencia y rebelión contra el Dios del cielo. Una vez más estamos al umbral del desastre debido a la "falta de conocimiento" (Oseas 4:6). Grandes segmentos de la iglesia ignoran lo que la Biblia enseña y lo que la iglesia del Señor ha sostenido firmemente en el pasado.

---

[247] Rubel Shelly quizás tenga la mayor responsabilidad en nuestros días de abrir las compuertas de afiliación con y la aprobación de las denominaciones, empezando a principios de los 1980´s cuando dijo: "hay cristianos sinceros, conocedores y devotos, dispersos entre las distintas denominaciones" (**I Just Want To Be A Christian**; *Solo Quiero Ser Cristiano* [Nashville, TN: 20th Century Christian, 1984], p. 132). Desde entonces se le ha unido un coro estruendoso de voces, incluidos los siguientes.

Randy Mayeux quien declaró su convicción de que la Madre Teresa y Billy Graham son cristianos y que el "Reino de Dios es más amplio que la iglesia de Cristo". Desde entonces, dejó la iglesia e inició su propia denominación en Dallas la cual dio origen después a la Iglesia Comunitaria en Willow Creek de Bill Hybels en el sur de Barrignton, Illinois (Daniel Cattau, "Preacher Follows Own Conscience" (*Predicador Sigue Su Propia Consciencia, Inicia Iglesia*), **The Dallas Morning News** [Sábado 21 de Septiembre de 1992]. 38A).

Larry James es igualmente ecuménico en su perspectiva: "No creemos ni por cinco segundos que seamos los únicos en ser el pueblo de Dios" (Steve Blow, "El ministro pone en fax el uso de buenas noticias", **The Dallas Morning News** [Miércoles 1 de Junio de 1994], 25A).

Jeff Nelson expresó su agrado en participar en una "Marcha por Jesús" en el centro de Dallas que incluía "cristianos de todas partes de la ciudad" y "quince diferentes ministros representantes de muchas iglesias" ("Y sabrán que somos cristianos por nuestro hablar", **Wineskins**, [*Odres*] p. 18-20).

Lynn Anderson, que describió a la iglesia del Señor en 1973 como una "gran denominación enferma", ha encontrado un lugar de importancia en este estado actual de cosas y continúa reafirmando su sentimiento original: "¿Considero a 'nuestra hermandad' (iglesias de Cristo no instrumentales) como una denominación? Si. …Bien, ¿Acepta usted el denominacionalismo? No, Oh no. Yo apoyo a Jesús. Y a los hermanos y hermanas en Jesús dispersos por la mayoría de las denominaciones" ("La gran denominación enferma: Repaso", **Wineskins**, [*Odres*] vol. 2, No. 10, p. 36).

Estos pocos ejemplos pueden repetirse muchas veces.

En la década de 1840, cuando Walter Scott empezó a desviarse en sus primeros escritos y sermones al promover la aceptación y la unión con las denominaciones, hermanos preocupados cuestionaron el significado de esta nueva actitud. Reafirmaron el hecho que la única base sobre la que la genuina unidad puede lograrse es la verdad del Evangelio. Sin embargo, "la respuesta lacónica de Scott fue que él no veía diferencia en lo que decía y lo que predicaba antes".[248]

Esta actitud presagiaba lo que aún estaba por llegar a la iglesia. Por la década de 1860, la hermandad estaba "tomando rápidamente la forma de una denominación en un mundo de denominaciones".[249] Benjamin Franklin, predicador fiel del Evangelio y editor de la **Revista Cristiana Americana**,

> ...se encontró a sí mismo apartado al nuevo liderazgo de la iglesia [el cual] vio a Franklin como ya no representativo del pensamiento de la iglesia. Su publicación necesitó ser reemplazada por una con más cultura y sofisticación y en sintonía con los tiempos de cambio.[250]

Acompañando a esta nueva falsa sofisticación vino la creciente "inclinación a aceptar el dogma denominacional por medio de admitir que todas las personas en las denominaciones eran cristianas en un sentido aceptable junto con la música instrumental".[251] Como Franklin explicó a un cristiano:

> El gran corazón de la hermandad es sano, sin embargo, algunos quieren modificar el terreno, popularizando la causa y haciéndola aceptable al mundo y a las otras denominaciones. Piensan que si las reconocemos como cristianas los podemos convertir, pero solo podemos tener éxito manteniendo nuestra integridad al

---

[248] Earl West, **Elder Ben Franklin: The Eye of the Storm** (*Anciano Ben Franklin: El Ojo De La Tormenta*; Indianápolis, IN: Religious Book Service, 1983), p. 58. Rubel Shelly hizo la misma afirmación cuando empezó su travesía a la izquierda a principios de la década de 1980.

[249] West, **Franklin,** p. 190.

[250] West, **Franklin**, p. 190. Compare publicaciones más antiguas (por ejemplo, **Gospel Advocate**, **Firm Foundation**, etc.) con las nuevas publicaciones (es decir, **Image** y **Wineskins**).

[251] West, **Franklin**, p. 219.

Señor y en ninguna otra forma — no podemos tener éxito como secta y sería inútil si pudiéramos, porque hay suficientes sectas ahora y muy buenas.[252]

Aunque no podríamos usar la terminología de Franklin acerca de "otras" denominaciones, es claro que no quería implicar que somos tan sectarios como ellos. A lo que Franklin se oponía era a que nos clasificaran con los demás. Parte del problema era el deseo de algunos de ser como todas las naciones (1 Sam. 8:20). "Ganarse el respeto en el ojo público". ¿Cómo pensaban lograrlo estas personas? Por un lado, "debe reconocerse que los amigos en los cuerpos protestantes eran tan cristianos como los relacionados con el movimiento de restauración"[253] Negar que hubiera "cristianos entre las sectas" era poseer "un formalismo frío y muerto".[254]

UNIDAD

Así que hemos estado aquí antes. Este impulso hacia el denominacionalismo es evidente especialmente en un clamor casi ensordecedor de "unidad".[255] Irónicamente, los que proponen la unidad declaran su compromiso con la "unidad" aun cuando sus esfuerzos fomentan lo contrario — la desunión, la división y la diversidad. Esta "meta-unidad" no es más que hablar **de** unidad sin un compromiso real con las exigencias y requisitos de la unidad bíblica, la aprobada por Dios. Es una unidad que va **más allá** de la unidad, una unidad que trasciende la verdadera unidad — enfocarse demasiado en la unidad y al mismo tiempo darle vuelta y rodear para no enfrentarse con la verdadera unidad bíblica. Una obsesión e intoxicación simplemente con la **idea** de paz, armonía y unión a toda costa (Jer. 6:14).

---

252 West, **Franklin**, p. 222.

253 West, Franklin, p. 233.

254 West, Franklin, p. 239.

255 Lo típico del clamor y del catalizador inicial en el movimiento actual, fue el "Foro de la Restauración" en 1984 celebrado en Joplin, Missouri, el primero de una serie que se han hecho en todo el país, con la participación de representantes de las iglesias de Cristo como también de la Iglesia Cristiana Independiente. Uno de los propósitos de este evento ha sido el explorar la posibilidad de la unificación.

El compromiso frente a la verdad divina es al mismo tiempo intransigente y evidente cuando los miembros deben apoyar la clase de división que Dios aprueba y espera. Después de todo, fue Jesús mismo el que declaró:

> ¿Pensáis que he venido para dar paz en la tierra? Os digo: No, sino disensión. Porque de aquí en adelante, cinco en una familia estarán divididos, tres contra dos, y dos contra tres. Estará dividido el padre contra el hijo, y el hijo contra el padre; la madre contra la hija, y la hija contra la madre; la suegra contra su nuera, y la nuera contra su suegra (Luc. 12:51-53).

De vez en cuando, surgen hombres dentro de la iglesia que buscan que el pueblo de Dios tenga compañerismo con los de afuera de la iglesia.[256] Una de las actitudes implícitas que subyacen al "movimiento de unificación" es la mentalidad tolerante, permisiva que ha llegado a caracterizar a la sociedad americana especialmente desde los sesenta al presente. La mayor parte de la población y aparentemente muchos en la iglesia del Señor, están dominados en pensamiento y acción por la idea de que nadie debe oponerse o decirle a los demás cómo deberían vivir o qué deberían creer.

Donde una vez los estándares claros estaban intactos respecto a lo que es bueno y malo, moral e inmoral, ahora la moral, los sistemas de creencias y las percepciones de la verdad se ven como cambiantes y sujetos a alteración y replanteamientos constantes. Nuestra cultura pluralista dicta que todos son libres de creer, practicar y seguir cualquier estilo de vida que uno elija. Aunque podríamos no estar de acuerdo o decidir emular eso, todos tienen el derecho a enfrentar a la vida según sus propios deseos. ¡Increíble! Uno no puede encontrar un paralelo más claro a la situación impía que la que existió en Jueces cuando los estándares de Dios y su marco espiritual fueron dejados a un lado y suplantados por el sentimiento prevaleciente: "cada uno hacía lo que bien le parecía" (Jue. 17:6; 21:25).

---

[256] Para un excelente estudio de los "movimientos de unificación" que han surgido durante el siglo veinte en nuestra hermandad, vea **Non-Denominational Christianity: Is Unity Possible?** [*Cristianismo No-Denominacional: ¿Es Posible La Unidad?*], obra de Bert Thompson (Montgomery, AL: Apologetics Press, Inc., n.d.), y de Alan E. Highers **How Do You Spell (F)(f)ellowship?** [*¿Cómo deletrea (C) (c)omunión?*] (Henderson, TN: Alan E. Highers, 1985).

Cuando el miembro promedio de la iglesia adopta esta postura filosófica, sea consciente o inconscientemente, encontrará aceptable la idea de tener comunión con los que estaban previamente excluidos de ello. Incluso, considerará que el cambio de postura es "algo amoroso y maduro". Esta persona reconocerá a los que evitan la integración y a los que son rígidos en su pureza de la vida cristiana (lo que la Biblia demanda) como inmaduros, cerrados, intolerantes, extremistas, mezquinos, derechistas y ultraconservadores. Esta persona rechazará cualquier esfuerzo que lleve a la confrontación directa a las doctrinas y a las personas que las promueven. Se sentirá muy incómodo con cualquier cosa que no sea un tipo de "paz" superficial que ve en peligro por los que ve como "juiciosos" y "críticos". Sin embargo, los seguidores fieles del mensaje salvador de Dios no deben permitirse ser disuadidos a imitar el comportamiento piadoso de los fervorosos defensores de la verdad que los precedieron (como Noé, Elías, Habacuc, Juan el Inmersor y Judas).

Los temas centrales inherentes a la cuestión de la unidad y la comunión han sido resumidos antes.[257] El problema **no** es si puede haber cristianos en algunas denominaciones. Hay dos posibilidades. Una es que miembros de la iglesia dejan su primer amor y se unen a una denominación. Otra posibilidad (aunque extremadamente rara[258]) es que una persona podría estudiar la Biblia, conocer la verdad, obedecer el plan de salvación, el Evangelio, pero luego inmediatamente asociarse a una denominación. En ambos casos, tenemos "cristianos en las denominaciones". ¡Pero eso no es el problema! La cuestión es: ¿Son estas personas aceptables a Dios **mientras** estén en la denominación? ¿Su condición es salva mientras sean miembros de una denominación?

---

[257] Por ejemplo, Thompson, **Non-Denominational**, [*No Denominacional*], p. 11 ss; Thomas B. Warren, **The Bible Only Makes Christians Only and the Only Christians** (*La Biblia Sólo Hace Cristianos Y Los Únicos Cristianos* (Jonesboro, AR: National Christian Press, 1986).

[258] La probabilidad de que haya muchos, si es que los hay, que realmente hayan obedecido el **Evangelio,** el plan de salvación en un contexto denominacional, es increíblemente remota. El hecho que estén en esta situación significa que estarán infectados por la peculiar visión denominacional de la salvación. El predicador denominacional está perdido (2 Cor. 11:13). La posibilidad de que funcione como un conducto a través del cual pueda trasmitirse el plan de salvación del Nuevo Testamento, es muy dudosa. Las probabilidades son abrumadoras de que, si fueron bautizados en un contexto denominacional, lo hicieron con un entendimiento que de alguna manera coincide con las ideas falsas de esa denominación.

La cuestión **tampoco** es si una persona debe ser bautizada por un cristiano. La Biblia no da los requisitos para el bautizador. Tampoco la cuestión es si una persona es bautizada en un edificio propiedad de los miembros de la iglesia o no. Estos son asuntos irrelevantes. ¿Cuáles son, entonces, los verdaderos problemas con respecto al compañerismo, unidad y denominacionalismo?

I. El Bautismo Y El Plan De Salvación

El intenso deseo de respeto y credibilidad que nos rodea actualmente con el mundo religioso lleva a ajustes en el plan de salvación. ¿Por qué? Porque una característica común del denominacionalismo ha sido su comprensión inexacta del plan de salvación. En consecuencia, el llamado a la unidad y la comunión ha sido acompañado con el replanteamiento del papel del bautismo en la salvación.

Dado que la gran mayoría del mundo denominacional no considera el bautismo como esencial para la salvación, la doctrina bíblica del bautismo debe ajustarse de alguna forma para que legitime el bautismo denominacional. La misma maniobra tuvo lugar en el siglo pasado. Los hermanos liberales insistían:

> "Debemos callar nuestra infantil forma de hablar del 'bautismo para perdón de pecados' — todas estas expresiones deben ser desechadas porque pertenecen al lenguaje de nuestro período de la infancia".[259]

La manipulación en nuestros días ha llegado en la forma de lo que el individuo debe **entender** cuando es bautizado. Los agentes del cambio están expresando su insistencia en que la persona no necesita entender que su bautismo es para la remisión

---

[259] West, **Franklin**, p. 299.

de los pecados.[260] ¿Qué debe **entender** la persona para ser cristiano del Nuevo Testamento?

Si una persona no tiene que entender que el bautismo es **el punto** en el que el pecado se perdona, entonces se deduce que puede creer que es salvo **antes** del bautismo y aun ser cristiano. Por lo tanto, se deriva que gran parte del mundo denominacional está compuesto de personas que son nuestros hermanos ya que la mayoría de todas las denominaciones afirman la deidad de Cristo y administran el bautismo "para obedecer a Dios".

En realidad, todas las razones dadas en el Nuevo Testamento del propósito del bautismo se reducen al **mismo punto**: el bautismo es la línea divisoria entre el estar perdido y estar salvo. Si el que recibe el bautismo no **entendió** eso, no ha sido bautizado de la forma que agrada a Dios. Considere la siguiente tabla:

---

[260] Ruben Shelly inició el movimiento en esta dirección al establecer que, quien es sumergido en un contexto denominacional necesita solo entender que su bautismo fue a fin de obedecer a Dios: "Lo que he dicho es que no es necesario que la persona reciba el bautismo con la formulación verbal **'para el perdón de los pecados'** ante él o en su conciencia". "'Para perdón de los pecados' es un **propósito** asignado al bautismo en el Nuevo Testamento. Los creyentes no obedecen propósitos; obedecemos **mandamiento**s". "No veo razón para pensar que uno deba entender "para el perdón de los pecados", para ser bautizado bíblicamente, porque no creo que exista UNA razón correcta para ser bautizado" (**I Just Want To Be A Christian**, *Solo Quiere Ser Cristiano*, p. 142-144). Shelly no reconoce que todo pasaje que alude al propósito del bautismo, da el mismo propósito en diferentes palabras. Cada grupo religioso que incluye el bautismo como parte de su teología estaría de acuerdo en que el bautismo debe hacerse "para obedecer a Dios". Pero la gran mayoría de estos grupos rechaza la idea de que el bautismo es **necesario** para y **precede** a la salvación. Cuando Shelly pregunta, "¿Cuánto piensa usted que la gente de Pentecostés entendió del bautismo?" (p. 143), prueba el mismo punto que niega, puesto que a los de Pentecostés se les **dijo** ¡qué debían ser bautizados "para el perdón de los pecados"! Tampoco se ayuda al afirmar: "Suponga que alguien tiene solo el Evangelio de Mateo. ¿Podría ser bautizado bíblicamente?" (p. 143-144). La respuesta obvia es "¡Sí!" En Mat. 28:19, a fin de que una persona se haga discípulo, debe ser bautizado. Si una persona piensa que es discípulo de Jesús antes de ser bautizado, no ha cumplido con lo que Mateo enseñó del bautismo. Pero, Mateo no fue realmente diseñado para explicarle a la gente cómo hacerse cristiano y entrar a la iglesia de Cristo. Los cuatro escritores de los evangelios tienen como su objetivo primario demostrar **quién** es Jesús y **por qué** vino a la tierra. Uno debe ir a Hechos para ver la **respuesta** adecuada al Evangelio. Ningún libro del Nuevo Testamento transmite todo lo que uno necesita saber para satisfacer a Dios.

Otro hermano que ha ayudado al movimiento hacia la aceptación del bautismo denominacional es Jimmy Allen en su libro, **Rebaptism?** [*¿Rebautismo?*] (West Monroe, LA: Howard Publishing Co., 1991); cf., Kregg Hood, "¿Rebautismo? Por Jimmy Allen", **Imagen** 8/2 (Marzo/Abril 1992):24-25.

Perdido	**B**	Salvo (1 Ped. 3:21)
Desnudo	**A**	Vestido (Gál. 3:27)
No perdonado	**U**	Perdonado (Hch. 2:38)
En el mundo	**T**	En la iglesia (Jn. 3:5)
Muerto	**I S**	Nueva Vida (Rom. 6:4)
Mala conciencia	**M**	Cerca de Dios (Heb. 10:22)
Desobediente, Sirviendo a los deseos	**O**	Salvado/Renovado (Tito 3:5).

Aunque el Nuevo Testamento usa una variedad de terminología para describir la naturaleza y rol del bautismo, en cada caso el lenguaje deja claro que el bautismo separa al perdido del salvo. Los que reciben el bautismo en el Nuevo Testamento entienden esa distinción.

Dios siempre ha exigido que las personas posean la actitud correcta y el estado mental con respecto a sus mandamientos. Obedecer las formas externas no acompañadas por una adecuada mentalidad es inaceptable (p. ej. Am. 4:4-5; 5:21-23; Mat. 23:25-28). Esto es el por qué los que se bautizaron con Juan el Bautista después de la cruz, tuvieron que bautizarse nuevamente con el entendimiento adecuado (Hch. 18:24-19:5). La acción externa tanto del bautismo de Juan como del bautismo del Nuevo Testamento es la **misma**. La única diferencia entre las dos está en el **propósito** y lo que la persona **entiende** del propósito.

El propósito detrás de una acción, la **razón** de hacerla, es tan importante para Dios como la acción misma. Ese es el caso de todos los aspectos de la adoración. Cuando ofrendamos al tesoro de la iglesia, Dios quiere que el acto se haga con amor y una mente dispuesta (2 Cor. 8:12; 9:7). En la Cena del Señor se debe participar de una manera digna con la mente enfocada en el sacrificio de Cristo y la condición espiritual de la persona (1 Cor. 11:27-29). El cantar debe hacerse en el corazón como también con la boca (Efe. 5:19; Col. 3:16). Escuchar la predicación y el estudio bíblico también debe hacerse con la consideración interna y recibirse con "disposición" y "mansedumbre" (Hch. 17:11; Sant. 1:21).

Con respecto al bautismo, la mayoría de las veces, los miembros de la iglesia encuentran en sus esfuerzos evangelísticos a personas con poco estudio, que se sienten seguros de que fueron bautizados adecuadamente (es decir, para remisión de pecados). Sin embargo, cuando se les hacen las preguntas correctas y se hace que la persona reflexione sobre su "conversión", empieza a recordar el momento de su bautismo. Con un poco de ayuda, puede darse cuenta que su bautismo denominacional ocurrió **después** que fue convencido de que tenía que "aceptar a Jesús como su Salvador". De esta manera creyó que ya había sido perdonado y salvo antes de su bautismo. El bautismo denominacional simplemente no es un sustituto del bautismo del Nuevo Testamento.

II. El Estatus En Una Denominación

Un segundo tema clave que es crítico para resolver la cuestión de los "cristianos en las denominaciones" es: ¿Puede un cristiano estar en una denominación y al mismo tiempo ser salvo? La respuesta bíblica es — "no". Uno no puede estar en una condición salva al estar en una denominación porque uno está practicando doctrinas no bíblicas, adoración vana (Mat. 15:9) y apoyando a un grupo religioso que nubla la verdad y compite con la iglesia de Cristo por las almas de los hombres. Mientras tenga la membresía en un contexto religioso falso, es un hijo de Dios **infiel y errado**. Estando en esa condición, ¡está perdido! No tiene el conocimiento suficiente para sostener una relación correcta con Dios. Debe salir de la denominación antes de morir para ser salvo eternamente. Su ignorancia no lo eximirá de la necesidad de arrepentirse de su falso compañerismo religioso (Hch. 17:30).

Se deduce que los cristianos fieles no pueden tener comunión con tal persona mientras él continúe en medio del error denominacional (Efe. 5:11; Rom. 16:17; 2 Tes. 3:6; 1 Tim. 5:22; 1 Jn. 1:6-7; 2 Jn. 9-11). La Biblia enseña que un cristiano infiel debe tratar el error de dos maneras: (1) el error que existe solo en la mente de la persona y (2) el error que una persona pone en práctica por una conducta manifiesta. En términos generales,[261] los errores en la mente no deben provocar una ruptura de la comunión. Sólo cuando la persona, que ha aceptado el error en su mente, comienza a **practicarlo** o a **enseñarlo** debe "tapársele la boca" (Tito 1:11) o retirársele la comunión (Tito 3:10).

Mientras el error de la persona no lo lleve a la **acción** que viole la voluntad de Dios, la comunión con él puede mantenerse para buscar instruirlo. Pero, las creencias erróneas (por ejemplo, música instrumental, divorcio/segundas nupcias, consumo de alcohol e incluso el compañerismo en sí mismo) a menudo conducirán a acciones externas pecaminosas (p. ej. usar el instrumento o animar a otros a hacerlo, violar las leyes de Dios del matrimonio, beber alcohol y tener comunión con los que no se arrepienten). En ese punto, para permanecer fiel a Dios, debe implementar su voluntad respecto a la restauración o el rechazo final.[262]

III. Pasajes Sobre La Unidad Y El Compañerismo Usados Incorrectamente

La siguiente cuestión que debe abordarse es el uso real de la Escrituras que han acomodado en años recientes en un esfuerzo para apoyar el cambio de actitud hacia el denominacionalismo. ¿Apoyan estas Escrituras la actitud ecuménica que se ha desarrollado? ¿Enseñan que las iglesias de Cristo deberían tener comunión con los miembros de las denominaciones como si fueran cristianos?

Marcos 9:38-41

Nunca deja de sorprenderme cómo los defensores del cambio buscan un solo y oscuro pasaje y extraen un significado de ese pasaje que lo pone en conflicto con un montón de otros textos

---

[261] Obviamente, hay **cosas** que deben creerse en la mente para ser aceptable a Dios (p. ej. Heb. 11:6).

[262] Hay muchas obras disponibles que describen el protocolo bíblico para restaurar a los hermanos que están errados o el retirarles la comunión de la iglesia. Por ejemplo, Robert Usrey, **Church Discipline for Caring Christians** [*La Disciplina Congregacional Para El Cuidado De Los Cristianos*] (Searcy, AR: Resource Publications, 1983).

y todo el tenor de la Biblia. Marcos 9 es uno de ellos.[263] No obstante, incluso una lectura superficial de este pasaje revela que el hombre en cuestión no es miembro de una denominación. Si lo hubiera sido, Jesús no dio ninguna indicación que debería animársele a salir. En consecuencia, si este texto es paralelo a los de las denominaciones ahora, no deberíamos hacer ningún esfuerzo para sacarlos del denominacionalismo sino en su lugar, deberíamos verlos como "de nosotros" y apoyarlos. Si "hay cristianos en todas las denominaciones", entonces esas personas, siendo cristianas, están en el cuerpo, el reino. Si están en el reino, entonces no hay una razón lógica, consistente para corregirlos o sacarlos.

En realidad, Marcos 9 simplemente enfatiza el mismo punto que los judíos repetidamente necesitaban: que sus sentimientos de exclusividad, egocentrismo y envidia eran injustificados e impropios. Necesitaban reconocer que otros podían obedecer a Dios y ser aceptables tanto como ellos (cf. Jonás 4; Núm. 11:24-29; Luc. 9:54; Hch. 10:34-35). J. W. McGarvey hizo este comentario en relación a este pasaje:

> La expresión "él no nos sigue", significa que él no era uno de los inmediatos de Jesús. Ver a ese hombre echando fuera demonios excitó los celos de Juan, porque pensaba que ningún otro que los doce elegidos debían ser honrados con este poder. Esos celos respecto a las prerrogativas oficiales es una pasión muy común y una contra la que los hombres que ocupan puestos de autoridad y confianza deberían estar constantemente en guardia.[264]

El pasaje no es paralelo a nadie de los que están en las

---

[263] Rubel Shelly recurrió a Marcos capítulo 9 desde que inició su viraje a la izquierda: "La aplicación actual que veo para este episodio es en relación a la forma en que tratamos a la gente que no son miembros de la iglesia de Cristo. Algunos de ellos son nuestros hermanos en Cristo…Si alguien en la Iglesia Católica, Bautista o de la Iglesia Pentecostal creen y practican la verdad en cualquier asunto, puede ser el punto de partida para ayudarla a llegar a un conocimiento más completo de la verdad" (**I Just Want**; *Solo Quiero*, p. 138). Para ver el resultado final de este punto de vista, compare el discurso que dio el 13 de abril de 1994, en la Conferencia Santidad Pentecostal, en la iglesia de Cristo en Nashville, Tennessee. Otro agente del cambio que ha recurrido a Marcos 9 para apoyar su punto de vista ecuménico es Max Lucado en su exposición "Verdad eterna: Un sueño que vale la pena mantener vivo" en las Conferencias Bíblicas de la Universidad Pepperdine en 1995.

[264] J. W. McGarvey, **A Commentary on Matthew and Mark** (*Comentario sobre Mateo y Marcos*; Delight, AR: Gospel Light Publishing Co., n.d.), p. 321.

denominaciones ahora. El hombre a que se refirió Jesús estaba siguiendo la voluntad de Dios:

> Obviamente, el hombre que vio Juan era un **siervo fiel del Señor** y estaba haciendo la misma obra que el Señor le había autorizado a hacer y que Él le había dado el poder para hacer. Lo que hizo, lo hizo "**en el nombre del Señor**" — lo que significa, por la autoridad del Señor, como lo autorizó el Señor. El hombre no solo tenía **derecho** a hacer lo que estaba haciendo, sino que estaba obligado a hacer lo que el Señor le había autorizado a hacer. El error básico de Juan era el pecado del **anti-ismo** — el pecado de prohibir lo que el Señor ha autorizado.[265]

Por lo tanto, el pasaje no tiene relevancia para la cuestión del denominacionalismo. Por definición, si un individuo está en una denominación, no está siguiendo la voluntad de Dios. La aplicación del pasaje se refiere al tipo de actitud que debe prevalecer entre los miembros de las iglesias de Cristo.

ROMANOS 14

Otro pasaje al que algunos apelan en un esfuerzo por fomentar la comunión con el denominacionalismo y la práctica denominacional es el capítulo 14 de Romanos. Afirman que no debe permitirse que las creencias y prácticas denominacionales con las que las iglesias de Cristo no están de acuerdo afecten la comunión. Por ejemplo, insisten en que la música instrumental en la adoración es estrictamente una cuestión de preferencia y tradición[266] personal. Declaran que el asunto debe resolverse en forma personal en base a la conciencia. Se recurre al capítulo 14 de Rom. para equiparar el uso del instrumento con el consumo de carne. Luego se argumenta que los que son más maduros espiritualmente pueden usar el instrumento en su adoración a Dios. A aquellos cuyas conciencias les impiden usar el instrumento son libres de abstenerse de hacerlo. Sin embargo, ellos son el "hermano más débil" y no deben negar la comunión con los que sí usan el instrumento.

---

[265] Roy Deaver, "Christians Only and the Only Christians", **Biblical Notes**, 17 (June/July 1983), p. 20

[266] Vuelva a examinar la nota al pie de la primera página en el Capítulo 20.

En respuesta a esta línea de pensamiento, debe señalarse que la enseñanza de Rom. 14 se aplica solo a asuntos de indiferencia y no a asuntos de fe o doctrina. En su comentario sobre Romanos, Moses Lard reconoció este punto cuando escribió: "En materia de indiferencia, cada hombre es una ley para sí mismo" (p. 412). Además, afirmó que "muestra la libertad que tenemos en ausencia de mandamiento divino" (p. 412). En su comentario sobre Romanos, David Lipscomb entendió el capítulo 14 de Romanos de la misma manera.

Vea a lo que se refiere "asuntos de indiferencia". "Asuntos de indiferencia" se refiere a aquellas prácticas que son indiferentes para **Dios,** no para el individuo. Obviamente, el individuo que cree que no debe comer carne ve su posición como un asunto "doctrinal" serio y, por lo tanto, difícilmente "indiferente". Rom. 14 habla de los asuntos que actualmente son indiferentes ante los ojos de Dios. Por ejemplo, Dios ha ordenado a los cristianos que difundan el evangelio. El cómo de esta acción, ya sea por radio, televisión o automóvil, es indiferente para Dios. Él nos autoriza a usar diversos medios basados en nuestro propio sentido, nuestras propias conciencias.

Es un mal uso de Rom. 14 aplicar su enseñanza a cualquier asunto que no sea indiferente a Dios. Por ejemplo, Dios ha especificado que para que una persona se haga cristiana, debe ser bautizada en agua. Supongamos que un hombre cree que el bautismo puede ser por inmersión, rociamiento o vertimiento. Para él, la persona que limita el "modo" del bautismo a la inmersión estricta es "estrecha" y "débil en la fe". Sostendría que está bien que su crítico se sumerja si así lo desea, pero este "hermano más débil" no debe imponer su opinión sobre los que son "más fuertes" al insistir en que solo con los que son sumergidos pueden tener comunión. Este "más fuerte" podría incluso apelar a Rom. 14 como apoyo para su postura.

Sin embargo, lo que este compañero no se daría cuenta es que Rom. 14 se aplica a asuntos de opción que son indiferentes a Dios. Donde Dios ha dado Sus pautas, todos deben cumplir con esas especificaciones. El bautismo, a los ojos de Dios, es estrictamente por inmersión. Los que insisten en obedecer a Dios en este sentido no son "hermanos más débiles". Más bien, son hermanos **fieles**, y los que difieren son **infieles** a Dios.

Tal como Dios ha especificado la acción y el diseño del bautismo, también ha sido muy específico con respecto a la acción de la música en la adoración. Si el uso del instrumento mecánico en la adoración a Dios fuera opcional, es decir, si Dios dejara a las personas en libertad de ofrecer la adoración musical en cualquier forma que eligieran, entonces Rom. 14 sería un pasaje que estaría relacionado con esta discusión de la comunión y las denominaciones. Pero Dios no ha dejado la música en la adoración sin abordar (ver Capítulo 20). Tampoco ha dejado sin respuesta la cuestión de la legitimidad de las denominaciones. El denominacionalismo representa una desviación de la simple voluntad de Dios para su iglesia. Rom. 14 no cambia eso.

1 CORINTIOS 1:10-17

Algunos argumentan que los corintios se encontraban en una condición dividida y errónea en muchos puntos de doctrina y aun así eran salvos y considerados como la iglesia de Cristo. De esta manera, razonan que los cristianos en las denominaciones de hoy todavía pueden estar en estado de gracia mientras se encuentren en ellas. Pero este pensamiento pierde el punto central de la primera carta a los Corintios. Si los corintios permanecían en su condición dividida, se perderían. La carta les fue escrita para corregir sus errores. Se les advertía que se arrepintieran, sin lo cual, la gracia no podía permanecer (2 Cor. 12:20-21).

> La carta en ninguna parte contempla la tolerancia y la aceptación de una situación que estuviera pasando en Corinto. Aplicarlo a un escenario en la que los hermanos han estado enseñando y practicando doctrinas falsas durante décadas, sin ninguna mejora, es ciertamente una perversión de su propósito.[267]

1 Corintios 1 ni siquiera es aplicable a la cuestión del denominacionalismo. Los que estaban en la iglesia en Corinto habían obedecido el plan de salvación del evangelio y, por lo tanto, habían sido bautizados correctamente para convertirse en cristianos (1 Cor. 1:13). La división descrita en el pasaje ocurrió después de su conversión genuina y estuvo limitada dentro de una

---

[267] Alan E. Highers, **How Do You Spell (F) (f)ellowship?** [*¿Cómo Deletrea (C) (c)omunión?*] Henderson, TN: Alan E. Highers, 1985, p. 34.

sola congregación local de la verdadera iglesia. Asumir que el pasaje tiene relevancia para el denominacionalismo es evadir el tema. Por definición, el denominacionalismo no aboga por el plan bíblico de salvación que produce cristianos del Nuevo Testamento.

Incluso si se pudiera establecer que un miembro ocasional de una denominación obedeciera el único plan verdadero de salvación y se convirtiera en cristiano, ¿en qué medida se debe tener comunión con tal persona? La Biblia enseña que los diferentes niveles de crecimiento cristiano continúan siendo cubiertos por la gracia de Dios mientras la persona esté "andando en la luz" (1 Jn. 1:7). Pero la Biblia también enseña que un cristiano puede **caer** de la gracia. Como cristiano, puede pecar y apartarse de la gracia de Dios (Gál. 5:2-4; 2 Ped. 2:20-22). Un ejemplo de esta condición sería el hecho de no adorar a Dios correctamente en espíritu y en verdad (ver Capítulo 18). La falta de conocimiento no lo excusa (Oseas 4:6; Luc. 12:48; 2 Tes. 1:8). En consecuencia, los cristianos fieles se negarán a tener comunión con tal individuo hasta que pueda ser enseñado y llevado al arrepentimiento.

Consideremos por un momento el denominacionalismo moderno a la luz del capítulo uno de 1 Corintios. El Nuevo Testamento enseña que el "un cuerpo" está compuesto universalmente de todos los redimidos. Sin embargo, este "cuerpo" se manifiesta en forma concreta por medio de numerosas congregaciones individuales que están organizadas de acuerdo al patrón del Nuevo Testamento. Así, en el primer siglo, cada persona sacada del mundo era un cristiano miembro de una iglesia de Cristo local y visible (por ejemplo, en Corinto, Colosas, Tesalónica, Roma, Éfeso, etc.).

De la misma forma es en el siglo XX. Cada persona que es sacada del mundo es un cristiano que es miembro de una iglesia de Cristo local y visible (ya sea en Dallas, Ciudad del Cabo, Singapur o Kiev). Esto no quiere decir que cada persona que es miembro de una iglesia de Cristo sea salvo. Pero se debe decir que no hay individuos salvos **fuera** de las iglesias de Cristo.

Las denominaciones no encajan dentro del modelo bíblico. Son cuerpos religiosos únicos agrupados alrededor de nombres, doctrinas, creencias y practicas no bíblicas, visiblemente manifestadas en forma de numerosas iglesias individuales. Cada iglesia local es simplemente una manifestación visible de una organización denominacional más grande con la que está afiliada. Las "iglesias comunitarias" están en la misma condición, aunque no están vinculadas a alguna jerarquía oficial. También han surgido como resultado de la concepción confusa y no bíblica de un solo individuo de la religión cristiana y de la iglesia de Cristo.

Las denominaciones existen de forma incongruente por una de dos razones. En primer lugar, en un intento por ser religioso y al menos estar asociado en forma burda con la religión bíblica, las personas han originado grupos religiosos que no se ajustan al prototipo del Nuevo Testamento y, por lo tanto, son organizaciones no autorizadas. Estos grupos religiosos no son iglesias de Cristo. En segundo lugar, personas que alguna vez fueron miembros de la iglesia de Cristo y se han "apartado de la fe" (1 Tim. 4:1) y que "salieron de entre nosotros" (1 Jn. 2:19). Estos cristianos apartados se unen a un grupo denominacional o forman el suyo. El resultado es un grupo religioso que difiere de la iglesia del Nuevo Testamento en nombre, adoración, organización, etc.

Estas "iglesias" no son iglesias del Nuevo Testamento. Son falsificaciones, no autorizadas o apóstatas. Son casi equivalentes a lo que habría existido en la ciudad de Corinto si la facción que se identificaba con Apolos (1 Cor. 1:12) se hubiera separado de la iglesia del Señor, se hubiera ido al otro lado de la ciudad y establecido la "Iglesia de Apolos" con sus propios requisitos únicos de ingreso, organización y prácticas de adoración. Los fundadores de la iglesia, habiendo obedecido originalmente el plan bíblico de salvación, serían cristianos errados en una condición infiel y perdida. Pero luego los que ingresaran a esta nueva iglesia cumpliendo con los nuevos requisitos de ingreso ni siquiera serían cristianos, sino simplemente miembros de una organización religiosa hecha por el hombre, una denominación. Como lo expresó el elocuente H. Leo Boles en 1939:

> La "Iglesia cristiana" es una denominación, confesa e históricamente registrada, sin un credo, sin un objetivo. Predica débilmente la unidad, pero con audacia y abiertamente practica la división como una denominación; ha estropeado el movimiento por la unidad por sus actitudes y prácticas denominacionales.

No puede haber unidad hasta que deje de ser una denominación. Cuando cese de ser una denominación, entonces, y solo hasta entonces, habrá unidad entre estos grandes cuerpos en este punto.[268]

Uno no puede ser miembro fiel de la iglesia del Nuevo Testamento si al mismo tiempo mantiene su membresía y comunión con una denominación. Satanás usa a las denominaciones en nuestros días para hacer que las personas se sientan religiosas y aceptables para Dios, al igual que ha engañado a personas a lo largo de la historia bíblica con prácticas religiosas pervertidas (por ejemplo, Caín, Uzías, etc.).

2 Juan 9

Otro pasaje que a veces se usa para fomentar la comunión con las denominaciones es 2 Jn. 9. La expresión "doctrina de Cristo" se ha interpretado típicamente como la totalidad de la doctrina cristiana (conocida en griego como genitivo subjetivo). Consecuentemente, no debe extenderse la comunión a los que se desvían en algún punto de la doctrina de Cristo. Sin embargo, los que promueven el cambio en la iglesia insisten en que "doctrina de Cristo" se refiere específica y exclusivamente a la única doctrina **acerca** de Cristo (genitivo objetivo) que algunos negaban, a saber, que Cristo había venido en la carne. Razonan que la única base sobre la cual se puede interrumpir la comunión entre los cristianos es cuando un individuo niega la encarnación o a la persona de Jesús. Dicen que no se debe romper la comunión por otros asuntos como el uso de música instrumental en la adoración, mujeres predicadoras, etc.

El fallo abrumador de los eruditos es que la frase "doctrina de Cristo" en 2 Jn. 9 se refiere a **toda** la doctrina cristiana.[269] Arndt y Gingrich categorizan la expresión con pasajes

---

[268] H. Leo Boles, "The Way of Unity Between 'Christian Churches' and Churches of Christ", [*El Camino De La Unidad Entre Las 'Iglesias Cristianas' y Las Iglesias de Cristo*] folleto reimp. (Memphis, TN: Getwell church of Christ, 1982), p. 16.

[269] J. W. Roberts, **The Letters of John** (*Las Cartas de Juan*; Austin, TX: R. B. Sweet Co., 1968), p. 164 — "Sin duda la mayoría de los comentaristas están del lado del genitivo subjetivo".

donde se hace referencia a lo que enseña **el** maestro.[270] Thayer dice que la expresión se refiere a "la doctrina que tiene a Dios, a Cristo, al Señor, por su autor y sustentador".[271] Klaus Wegenast está de acuerdo. Después de citar Jn. 7:16 y Jn. 18:19, donde lo que Jesús enseñó está bajo consideración, declara:

> El mensaje Juanino en la boca de Jesús se describe como una enseñanza que proviene del Padre. Este mensaje de "Jesús" en 2 Jn. 9ss llega a ser la **didaché Iesou Christou** [doctrina de Jesucristo], pero el contenido de ambos es idéntico.[272]

Después de examinar el uso de la palabra "doctrina" en el Nuevo Testamento, Wegenast hace la siguiente profunda evaluación:

> Por lo tanto, para resumir: en el NT, la **didache** (doctrina) expresa el mensaje de Cristo (con su llamado al arrepentimiento y la fe) y la predicación cristiana primitiva en el sentido más amplio. Es sorprendente que no se haga una distinción explícita entre un cuerpo fijo de doctrina (transmitido por la tradición) y el mensaje predicado en un momento dado.[273]

Vicent insiste en que la expresión se refiere "no a la enseñanza **sobre** Cristo, sino a la enseñanza de Cristo mismo y de sus apóstoles".[274] El comentario de Alford sobre la expresión es: "es decir, es la doctrina de Cristo — esa verdad que Cristo mismo

---

[270] William F. Arndt and F. Wilbur Gingrich, **A Greek-English Lexicon of the New Testament** (*Léxico Griego-Inglés del Nuevo Testamento*; Chicago, IL: The University of Chicago Press, 1957), p. 191

[271] Joseph H. Thayer, **A Greek-English Lexicon of the New Testament** (*Léxico Griego-Inglés del Nuevo Testamento*, 1901; reimp. Grand Rapids, MI: Baker Book House, 1977), p. 144.

[272] Colin Brown, ed., **The New International Dictionary of New Testament Theology**, vol. 3 (*Nuevo Diccionario Internacional de Teología del Nuevo Testamento*; Grand Rapids, MI: Zondervan Publishing House, 1978), p. 769-770.

[273] Brown, **International**, p. 770.

[274] Marvin R. Vincent, **Word Studies in the New Testament**, vol. 2. (*Estudio de Palabras en El Nuevo Testamento*; 1889; reimp. Grand Rapids, MI: Wm. B. Eerdmans Pub. Co., 1946), p. 396.

enseñó. Esto es más probable que el genitivo sea objetivo".[275] Rengstorf lo expresa de esta manera:

> Cuando los sinópticos hablan de la **didache** de Jesús...no se refieren a un dogma o ética en particular, sino a toda su **didaskein**, su proclamación de la voluntad de Dios en cuanto a forma y contenido. También en Juan la **didache** comprende a toda la **didaskein** de Jesús...Lo mismo se aplica a la literatura Juanina, tanto cuando se refiere al **didache tou Christou**, a la forma tradicional y familiar de hablar de Cristo (2 Jn. 9 ss.), y cuando se refiere a la **didache de Balaam** (Ap. 2:14), a la **didache de los nicolaítas** (Ap. 2:15) y al **didache de Jezabel** (Ap. 2:24).[276]

Barnes reconoce la ambigüedad del lenguaje, pero concluye:

> Macknight entiende por ello la doctrina **enseñada** por Cristo y sus apóstoles. Parecería muy probable que este sea el sentido del pasaje, pero luego incluiría, por supuesto, todo lo que Cristo enseñó respecto a sí mismo, así como sus otras instrucciones.[277]

Estos pocos ejemplos de comentaristas y eruditos lingüísticos podrían multiplicarse muchas veces más.[278] En las iglesias de Cristo, el tratamiento del pasaje es igualmente unilateral. H. Leo Boles escribió:

---

[275] Henry Alford, **Alford's Greek Testament**, vol. 4 (*Testamento Griego de Alford*, 1875; reimp. Grand Rapids, MI: Baker Book House, 1980), p. 520

[276] Karl H. Rengstorf, "didache" en Gerhard Kittel, ed., **Theological Dictionary of the New Testament**, vol. 2 (*Diccionario Teológico del Nuevo Testamento*; Grand Rapids, MI: Wm. B. Eerdmans Pub. Co., 1964), p. 164.

[277] Albert Barnes, **Barnes' Notes on the New Testament** (*Notas De Barnes Sobre El Nuevo Testamento*, Grand Rapids, MI: Kregel Publications, 1962), p. 1503.

[278] Por ejemplo, J. R. Stott, **The Epistles of John** (*Las Epístolas de Juan*, Grand Rapids, MI: Wm. B. Eerdmans Pub. Co., 1964), p. 212; A. T. Robertson, **Word Pictures in the New Testament,** vol. 6 (*Imágenes Verbales del Nuevo Testamento*, Nashville, TN: Broadman, 1933), p. 254; Alfred Plummer, **The Epistles of St. John** (*Las Epístolas de San Juan*, Cambridge: Cambridge University Press, 1886), p. 139; R. C. H. Lenski, **The Interpretation of the Epistles of St. Peter**, **St. John and St. Jude** (*Interpretación De Las Epístolas de Pedro, Juan y Judas*; Minneapolis, MN: Augsburg Publishing House, 1966), p. 568.

> Esta Escritura hace referencia a la enseñanza de Cristo como opuesta a las doctrinas y mandamientos de los hombres en los asuntos religiosos. Enseña que no debemos alentar el error en ninguna forma. Nadie puede ser fiel a las enseñanzas de Cristo y alentar el error.[279]

Guy N. Woods comentó con las siguientes palabras:

> La "enseñanza de Cristo" aquí no es la enseñanza sobre Cristo, o la enseñanza que es cristiana en sustancia o naturaleza; Es la enseñanza que Cristo hizo personalmente y por medio de aquellos a quienes inspiró. Es la enseñanza de Cristo, porque en última instancia, Él es su autor y Él la emitió.[280]

Muchos otros predicadores y escritores entre las iglesias de Cristo tienen el mismo entendimiento del pasaje.[281]

Independientemente de lo que digan otros hombres, ¿qué evidencia existe dentro de la Biblia misma para ayudar a entender el significado de la expresión "doctrina de Cristo"? El término **didache** se usa treinta veces en el Nuevo Testamento.[282] La forma genitiva subjetiva más común es "la doctrina de él", es decir, "su

---

[279] H. Leo Boles, **Questions and Answers, Sermon Outlines and Bible Study Notes** (*Interrogantes y Respuestas, Bosquejos de Sermones Y Notas de Estudio Bíblico*, Nashville, TN: Gospel Advocate Co., 1985), p. 71.

[280] Guy N. Woods, **A Commentary on the New Testament Epistles of Peter, John, and Jude** (*Comentario del Nuevo Testamento sobre las Epístolas de Pedro, Juan y Judas*; Nashville, TN: Gospel Advocate Co., 1962), p. 347.

[281] Alan E. Highers, "The Living Message of Second John", **The Spiritual Sword**, 14/4 (*El Mensaje Viviente de Segunda de Juan*; July, 1983),p. 39-40; Garland Elkins, "'Receive Him Not' - 2 Jn. 9-11", **The Spiritual Sword**, 5/2 (*No Lo Recibáis*; Ene., 1974), p. 32; Tom L. Bright, "Difficult Passages in 1, 2, 3, John" in Dub McClish, ed., **Studies in 1, 2, 3 John** (*Pasajes Difíciles en 1, 2, 3 de Juan*: Denton, TX: Valid Publications, 1987), p. 409-416; J. Burton Coffman, **Commentary on James, 1 & 2 Peter, 1,2 & 3 John, Jude** (*Comentario Sobre Santiago, 1 & 2 de Pedro, 1, 2, & 3 de Juan, Judas*; Austin, TX: Firm Foundation Publishing House, 1979), p. 490; Goebel Music, **A Crucial Study of a Critical Subject - Fellowship** (*Estudio Crucial De Un Tema Crítico — La Comunión*; Colleyville, TX: Goebel Music Publications, 1989), pp. 18-3I.

[282] W. F. Moulton, A. S. Geden, and H. K. Moulton, **A Concordance to the Greek New Testament** (*Concordancia Para El Griego Del Nuevo Testamento*; 1897; 5th ed. Edinburgh: T. & T. Clark, 1978), p. 210-Mat. 7:28; 16:12; 22:33; Mar. 1:22, 27; 4:2; 11:18; 12:38; Luc. 4:32; Jn. 7:16, 17; 18:19; Hch. 2:42; 5:28; 13:12; 17:19; Rom. 6:17; 16:17; 1 Cor. 14:6,26; 2 Tim. 4:2; Tito 1:9; Heb. 6:2; 13:9; 2 Jn. 9,10; Ap. 2:14, 15, 24.

doctrina" (cf. "mi doctrina" y "su doctrina"). La "doctrina de Cristo" también es paralela a "la doctrina de los apóstoles" (Hch. 2:42) y "la doctrina del Señor" (Hch. 13:12). El mismo genitivo subjetivo se ve en las expresiones "la doctrina de los fariseos y saduceos" (Mat. 16:12), "la doctrina de Balaam" (Ap. 2:14) y "la doctrina de los nicolaítas" (Ap. 2:15). Estos dos últimos son ejemplos adicionales del uso del genitivo subjetivo específicamente en la escritura de Juan. Todos estos ejemplos son paralelos a la expresión "doctrina de Cristo" y se refieren a la totalidad de la enseñanza de lo que la persona enseñó.

Muy semejante a la expresión "doctrina de Cristo" para referirse a todas las enseñanzas de Cristo, existen una variedad de otras frases del Nuevo Testamento que incluyen "la palabra de Dios" (1 Tes. 2:13), "la doctrina de Dios" (Tito 2:10), "el evangelio de la gracia de Dios" (Hch. 20:24), "la palabra de su gracia" (Hch. 20:32), "la verdad" (Gál. 3:1), "la verdad del evangelio" (Gál. 2:5, 14), "la palabra de verdad" (Efe. 1:13), "el evangelio" (1 Cor. 1:17), "el evangelio de Cristo" (Rom. 1:16), "el evangelio de Dios" (Rom. 1:1), "el evangelio de la paz" (Rom. 10:15), "el evangelio del Señor Jesús" (Hch. 11:20), "Cristo" (Hch. 8:5), "la palabra de Dios" (Hch. 8:25), "el evangelio de Jesús" (Hch. 8:35), "ley de Cristo" (Gál. 6:2), "el nuevo pacto" (2 Cor. 3:6), "la palabra" (Hch. 17:11), "las palabras de esta vida" (Hch. 5:20), "el camino del Señor" (Hch. 18:25), "la fe" (Gál. 1:23), "el reino de Dios" (Hch. 28:31). Todas estas frases se usan como sinónimos en el Nuevo Testamento para referirse a todo el cuerpo de la doctrina cristiana.

Un buen ejemplo del uso intercambiable de tales expresiones se ve en el capítulo trece de Hechos. El procónsul romano Sergio Paulo quiso escuchar "**la palabra de Dios**" (Hch. 13:7). Pero Elimas intentó evitar que el procónsul tuviera acceso a "**la fe**" (Hch. 13:8). Elimas no logró impedir que Pablo predicara al procónsul, quien, a su vez, estaba asombrado ante "**la enseñanza del Señor**" (Hch. 13:12). Al menos tres de estas expresiones se refieren al mismo cuerpo de doctrina.

Incluso si la "doctrina de Cristo" no se refiriera a todas las enseñanzas de Cristo en 2 Jn. 9, los agentes de cambio aún no tendrían ninguna base para restringir el compañerismo a uno o unos pocos "elementos esenciales". Muchos otros pasajes enseñan lo mismo en contextos que claramente pertenecen a doctrinas que van mucho más allá de la simple persona/deidad de Cristo (compárese con el Capítulo 14). Un ejemplo de muchos sería el capítulo cinco de 1 Corintios, donde Pablo insiste en que la comunión entre los cristianos debe interrumpirse en asuntos tales como la fornicación, la codicia, la extorsión y la embriaguez (1 Cor. 5:10-11). Ninguno de estos asuntos tiene que ver con la persona de Cristo. Sin embargo, están claramente tratados en las Escrituras como asuntos de fe que afectan la unidad.

JUAN 17

Con frecuencia, los agentes del cambio recurren a la oración de Jesús por la unidad hecha cerca del final de su vida en la tierra. Insisten en que la unidad era más importante para Jesús que cualquier otra cosa. Sienten que estar unidos, lograr la **unión,** debe tener prioridad sobre la doctrina. Su punto de vista de "Unidad en la Diversidad" se refiere a que no se debe permitir que la diversidad en la doctrina impida la unidad y la comunión con todos los "creyentes". Los "creyentes" son aquellos que profesan verbalmente la aceptación del Señorío de Jesús.

La interpretación que se le da a este pasaje, en realidad, le asigna un lugar de preeminencia por encima de todos los demás pasajes, lo que lo pone en contradicción con el resto de la Biblia. Jesús no pudo haber ordenado la unidad a toda costa. En otra parte, enfatizó que tal unidad nunca sucederá (Mat. 10:34-36; Luc. 12:49-53; Mat. 7:13-14). Jesús mismo no pudo sofocar, reprimir la división y lograr la unidad que los agentes de cambio dicen que es posible (Jn. 7:12,43; 9:16; 10:19; 12:42; et al.), cualquier interpretación de un pasaje que contradiga muchos otros pasajes claros es una interpretación falsa y una distorsión de las Escrituras (Mat. 15:1-9; Mar. 7:1-13; 2 Ped. 3:16).

De hecho, el capítulo 17 de Juan contiene al menos tres indicadores contextuales que eliminan el sesgo que le imponen los agentes de cambio. En primer lugar, Jesús dio un fuerte énfasis en la esencialidad de la obediencia como requisito previo para la unidad. Seis veces en su oración, recalcó que les había dado las palabras de Dios o la verdad. Señaló que los discípulos "han guardado tu palabra" (v. 6); "Porque las palabras que me diste, les he dado; y ellos las recibieron" (v. 8); "Yo les he dado tu palabra" (v. 14); "Santifícalos en tu verdad; tu palabra es verdad" (v. 17); "Para que también ellos sean santificados en la verdad" (v. 19).

¡Qué perspectiva y énfasis tan diferente a los agentes de cambio! **Antes** de que Jesús hablara sobre la unidad, habló de la obediencia. Se refirió repetidamente a la importancia de la palabra de Dios, la verdad de Dios, que debe ser "recibida" (es decir, obedecida) si se quiere lograr la santificación. Por lo tanto, contextualmente, la unidad que Jesús ordenó en los vs. 20-21 es la unidad que se produce cuando las personas se conforman a la doctrina de Dios.

En segundo lugar, en los mismos versículos donde Jesús ora por la unidad de los creyentes, identifica cómo lograr esa unidad. Los agentes de cambio insisten en que la unidad está asegurada al abstenerse de basar la unidad en doctrina. Dicen que nuestra afirmación común del Señorío de Jesús trasciende nuestra diversidad doctrinal. Por lo tanto, no se debe permitir que los diferentes puntos de vista doctrinales interrumpan la comunión y la aceptación de cualquiera que afirme a Jesús como Señor. En marcado contraste, Jesús reveló que la unidad se logra de la misma manera que se genera la creencia: "por la palabra de ellos" (v. 20).

Cuando las personas escuchan la Palabra de Dios (que incluye mucho más que solo el Señorío de Cristo), creerán o no creerán. Si realmente creen, obedecerán el plan de salvación del evangelio y armonizarán sus vidas con la enseñanza bíblica (Rom. 10:14-17; Mar. 16:16; Mat. 24:13; Sant. 1:12; 2:18 Heb. 11:6; 2 Ped. 1:5-11; Gál. 5:6). Los que aceptan mutuamente los principios doctrinales de la religión cristiana en la fe serán automáticamente uno, unificados en Cristo y en plena comunión unos con otros y con Dios y Cristo (1 Jn. 1:3, 6-7).

En tercer lugar, la oración de Jesús fue pronunciada en nombre de la iglesia — no del mundo (v. 9, 16). La unidad de la que habló Jesús fue la unidad entre los cristianos del Nuevo Testamento: los que obedecen el plan de salvación del evangelio (Jn. 3:5; Mar. 16:16; Mat. 28:19-20; Hch. 2:38; 22:16). Pero, como se mostró anteriormente en este capítulo, una denominación no es la iglesia de Cristo del Nuevo Testamento. Los que entran en una denominación, cumpliendo con el característico plan de salvación de esa denominación, no se han convertido en cristianos en el sentido del Nuevo Testamento (vea el Capítulo 14). No han llegado a creer en Cristo a través de la palabra de Sus portavoces fidedignos (Jn. 17:20). Más bien, se han adherido a las palabras de simples hombres. Se han inscrito en una iglesia falsificada y en "un evangelio diferente" (Gál. 1:6-9).

Los agentes del cambio están abusando completamente del capítulo 17 de Juan. Lo están aplicando al denominacionalismo y asignando un significado no bíblico al término "creyente" (por ejemplo, Sant. 2:19-26). En realidad, Jesús estaba dirigiendo sus esperanzas de unidad a los cristianos del Nuevo Testamento. Estaba pidiendo unidad entre las iglesias de Cristo. Cuán increíblemente irónico es que, el pasaje al que apelan los agentes de cambio en un esfuerzo por promover su agenda de cambio, encuentre su aplicación más pertinente en nuestros días ¡**EN ELLOS**! Son **ellos** quienes actúan en oposición directa a la oración de Jesús. Son **ellos** los que están creando división y dividiendo el cuerpo de Cristo en partes. Son **ellos** los que están inquietando a la iglesia al dejar los mandamientos del Señor (1 Rey. 18: 17-18).

IV. ¿Somos Salvos Por Gracia — Solamente?

El mundo denominacional sostiene casi universalmente que la salvación del pecado y la acción de convertirse en cristiano se logra únicamente sobre la base de la gracia de Dios, separada de la obediencia del hombre. El mundo denominacional ha mantenido esta concepción desde la época de los reformadores, en gran parte como una reacción a las tendencias romanas hacia una "salvación de obras". En los últimos años en las iglesias de Cristo, las voces han captado estos sentimientos y están acusando a la iglesia de no haber creído ni predicado la gracia. Dicen que estamos "justo ahora descubriendo la gracia". Considere las siguientes citas:

> Pasé muchos años de mi vida cristiana sin saber qué era la **gracia**. Lo único que sabía con certeza era que 'nosotros' no creíamos en eso.[283]

> A pesar de los años de predicación negativa, legalista y de "culpa", ¡descubrí la GRACIA! ¡No tuve

---

[283] Jim Hackney, "Let's Change Our Emphasis!" [¡*Cambiemos Nuestro Énfasis!*] Church Bulletin, Fort Worth, TX: Midtown Church of Christ, Jan. 1991.

absolutamente nada que ver con mi propia salvación![284]

Nadie tiene derecho a predicar otra cosa que no sea el Evangelio de la gracia pura. Somos salvos por la gracia y nada más. Usted es salvo por la fe. No hay nada que pueda hacer para ser salvo. No hay reglas; No hay regulaciones en servir a Jesucristo.[285]

Es una mentira escandalosa e indignante enseñar que la salvación surge de la actividad humana. No contribuimos en un ápice a nuestra salvación.[286]

Para mí, durante años, el cristianismo fue un código moral. Ahora se está convirtiendo en una historia de amor. Durante años hubo reglas y regulaciones, ahora, es una relación.[287]

Creo profundamente que el Nuevo Testamento enseña que la salvación es un regalo gratuito de Dios. Eres salvo solo por gracia.[288]

No hay parte humana de la salvación.[289]

La gracia y la ley son mutuamente excluyentes.[290]

Una implicación de tal pensamiento es que todos los que

---

[284] Citado en **The Handley Herald**, Fort Worth, TX, 13/5 (May 30, 1984).

[285] Glen Owen, Sermón en Midtown Church of Christ, Fort Worth, TX, 1982.

[286] Rubel Shelly, "Arbeit Macht Frei!" **Lovelines** (Nashville, TN: Woodmont Hills Church of Christ), Oct. 31, 1990, p. 3.

[287] Max Lucado en "Minister Teaches Simplicity in Faith" [*El Ministro Enseña Sencillez En La Fe*] por Carolyn Jenkins, **Tulsa World**, March 12, 1989.

[288] Randy Mayeux, 21st Annual Youth Minister's Seminar, Oct. 16-19, 1989 at Lubbock Christian University, Lubbock, TX.

[289] Randy Mayeux, "Saved by Christ", [*Salvo Por Cristo*] **Image 7** (Jan./Feb. 1991), p. 5, 12

[290] Charles Hodge, **Amazing Grace** (*Sublime Gracia*; Nashville, TN: 20th Century Christian, 1984), p. 97. Agregue a estas referencias Milton Jones, **Grace, the Heart of the Fire** (*Gracia, El Corazón Ardiente*; Joplin, MO: College Press Publishing Co., 1992).

nos han precedido y no han podido "descubrir" la gracia como estas personas afirman haberlo hecho, están perdidos en su ignorancia. De lo contrario, el presente "descubrimiento" es innecesario e irrelevante. No obstante, por el contrario, los restauradores y predicadores pioneros entre las iglesias de Cristo conocieron y predicaron la doctrina de la gracia y es presuntuoso e insultante sugerir lo contrario.

La realidad de los hechos es, como veremos en las sencillas enseñanzas bíblicas, que quienes en la actualidad afirman haber descubierto la gracia, de hecho, han descubierto una gracia barata que distorsiona y neutraliza la verdad de la palabra de Dios con respecto al plan de salvación. Su postura sobre la gracia es simplemente una herramienta más que están utilizando para lograr la comunión con las denominaciones. Bajo el pretexto de evitar el "legalismo", "la salvación por obras" y "lograr la perfección", enfatizan la gracia de tal manera que la obediencia se minimiza claramente. Al hacerlo, crean una atmósfera en la que el ser humano promedio se despoja, evade la responsabilidad personal, no persigue la autodisciplina para ser puro y limpio ante Dios, y se siente justificado en su condición.

Nadie que estudie la Biblia a fondo negaría que somos salvos por gracia. Lo que negamos es que somos salvos solo por gracia o solo por fe. Las Escrituras en ningún lugar dicen que somos salvos por "gracia sola" o por "fe sola". Si solo se fuera salvo por gracia, entonces todos en la tierra serían salvos porque Tito 2:11 dice: "Porque la gracia de Dios se ha manifestado para salvación a todos los hombres". Sin embargo, la mayoría de las personas **no** serán salvas (Mat. 7:13-14). Pablo simplemente le está diciendo a Tito que la gracia de Dios se ha manifestado a todos los hombres en el sentido de que Cristo murió en la cruz y derramó Su sangre por toda la raza humana: "Y él es la propiciación por nuestros pecados; y no solamente por los nuestros, sino también por los de todo el mundo" (1 Jn. 2:2). Dios estaba siendo amable con todo el mundo al hacer la provisión por los pecados de la humanidad al enviar a Su Hijo. Sin embargo, obviamente no todos serán salvos. Por lo tanto, se requiere algo por parte del hombre para que el individuo se apropie de los beneficios de la gracia de Dios.

Por supuesto, si Dios no hubiera tomado la iniciativa de proporcionarle al hombre una salida a su problema de pecado, el hombre no tendría esperanza. En ese sentido, somos completamente dependientes de la gracia y del favor de Dios. Pero **no** significa que el hombre no tenga acciones que ejecutar ni mandatos que obedecer **antes** del perdón real del pecado. Ciertamente existe el peligro de que algunas personas piensen que se **ganan** la salvación o que logren su salvación a través de sus acciones meritorias. Pero no se debe permitir que este peligro oculte el hecho de que existen condiciones previas dadas divinamente que los seres humanos deben hacer para que Dios otorgue gratuitamente los beneficios de la sangre de su hijo.

En realidad, las Escrituras identifican **varios** elementos que se dice que "salvan" a una persona: 1 Ped. 1:18-19 (rescatados con la sangre de Jesús); 2 Cor. 7:10; Hch. 11:18 (el arrepentimiento es para salvación/vida); Sant. 2:24 (justificado por obras); Rom. 5:1 (justificado por la fe); Tito 3:5 (la misericordia nos salvó); Tito 3:7 (justificado por gracia); 1 Ped. 3:21 (el bautismo salva). Si la Biblia dice que cada uno de estos elementos tiene un papel que desempeñar en nuestra salvación, entonces es simplemente erróneo decir que cualquiera de estos elementos **solo**, por sí solo, salva.

En pocas palabras, "gracia" es una palabra que se refiere a un "favor inmerecido". En lo que se refiere a Dios y la salvación, la "gracia" es simplemente la aprobación que Dios ofrece o extiende a los seres humanos, aunque los seres humanos no merecen Su bondad (Rom. 5:8). De acuerdo con la Biblia, cuando Dios ofrece su gracia, esa aprobación divina puede ser asegurada, recibida o aceptada si la persona cumple con las **condiciones** que Dios especifica.

Considere dos ilustraciones simples. Supongamos que les digo que le voy a dar mi Cadillac (prueba de que esto es una ilustración hipotética) como un regalo gratis, un acto de gracia de mi parte que usted no merece y no se ha ganado. Todo lo que tiene que hacer es creerme o confiar en mí, hacer el cambio de título necesario, y venir a mi casa y tomar las llaves. ¿Aceptaría esa oferta? ¿Cumpliría con entusiasmo las estipulaciones que describí como **requisitos previos** para recibir el automóvil? Después de cumplir con esos requisitos, ¿sentiría que usted se **ganó** el auto o todavía consideraría al auto como un regalo gratuito y no merecido?

Otra ilustración: supongamos que va en un crucero y, a mitad del camino, en ese viaje, se cae por la borda y se queda en las aguas del Atlántico. Lo dejan solo en medio de la nada sin la esperanza de ser salvado. Justo cuando ya no puede más, ve un barco de pesca. A medida que se acerca, un pescador de pie en el bote le lanza una cuerda con un anillo salvavidas atado al final. Se sujeta frenéticamente al anillo salvavidas y lo pone sobre sus brazos y su cabeza. Luego el hombre lo arrastra, lo mete al bote y lo salva.

¿Cómo se salvó? ¿Por la bondad y el favor inmerecido del pescador? ¿O fue el barco en el que estaba el pescador? ¿Y qué hay de la cuerda y el anillo salvavidas? ¿Fueron necesarios para su salvación? ¿Qué hay de su propio esfuerzo para asirse de la cuerda, agarrar el anillo, pasarlo sobre su cabeza y colgarse mientras lo metían al bote? Sin embargo, ¿diría por algún momento que se salvó por usted? ¿No sería mejor ensalzar la gracia y la bondad del pescador (sin las cuales no podría haberse salvado) y, no obstante, reconocer que su **sola** gracia no lo salvó? Hay varias variables, elementos involucrados en el evento de salvación.

Así está en la Escritura. La gracia de Dios es insondable e indispensable. Sin la gracia de Dios, los seres humanos no tendríamos esperanza ni perspectiva de salvación. De una manera muy práctica y concreta, la gracia de Dios consistió en enviar a Jesús para expiar el pecado de la humanidad en su muerte en la cruz. Su gracia también se ve en el hecho de que nos dio la Biblia que nos describe su plan de redención y nos dice qué debemos hacer para corresponder a ese plan divino.

Pablo resume el plan dual de salvación en Efe. 2:8-9: "Porque por gracia sois salvos por medio de la fe; y esto no de vosotros, pues es don de Dios; no por obras, para que nadie se gloríe". Observe que la "gracia" resume la actividad redentora de Dios para hacer que las personas se salven. "Fe" en este pasaje se refiere a la respuesta que debemos hacer los seres humanos sin pensar que estamos ganando nuestra salvación o que de alguna manera nos ponemos en igualdad a la contribución de Dios al proceso de salvación. "Gracia" incluye todo lo que Dios ha hecho para nuestro beneficio y "fe" incluye todo lo que el hombre debe hacer en respuesta a la gracia de Dios para poder recibir la oferta de salvación en Cristo. Como dice Rom. 5:1-2: "Justificados, pues, por la fe, tenemos paz para con Dios por medio de nuestro Señor Jesucristo; por quien también tenemos entrada por la fe a esta gracia en la cual estamos firmes, y nos gloriamos en la esperanza de la gloria de Dios".

Cada vez que el Nuevo Testamento habla de ser salvo "por fe", se refiere a una fe que incluye cualquier acción que Dios especifique según sea necesario. Santiago deja esto claro en Sant. 2:22: "¿No ves que la fe actuó juntamente con sus obras, y que la fe se perfeccionó por las obras?" Y vea sus comentarios finales en Sant. 2:24, 26: "Vosotros veis, pues, que el hombre es justificado por las obras, y no solamente por la fe. Porque como el cuerpo sin espíritu está muerto, así también la fe sin obras está muerta".

Estas declaraciones armonizan con muchos otros pasajes que ponen de relieve la responsabilidad de los seres humanos para hacerse de la gracia de Dios y de las bendiciones espirituales mediante la obediencia a los requisitos previos estipulados por Dios. Después de probar que Jesús es el Señor y el Cristo predicado en el Antiguo Testamento, Pedro ordenó a los individuos que se arrepintieran y fueran bautizados para el perdón de los pecados (Hch. 2:38). Luego los instó a "Sed salvos de esta perversa generación" (Hch. 2:40). Más tarde resumió la obediente respuesta del hombre al evangelio en Hch. 10:34-35: "Entonces Pedro, abriendo la boca, dijo: En verdad comprendo que Dios no hace acepción de personas, sino que en toda nación se agrada del que le teme y hace justicia". Pablo instruyó a los cristianos en Filipos: "Por tanto, amados míos, como siempre habéis obedecido, no como en mi presencia solamente, sino mucho más ahora en mi ausencia, ocupaos en vuestra salvación con temor y temblor" (Fil. 2:12).

Considere el sermón de Pedro en Hch. 2. Después de predicar el evangelio, muchos se sintieron tan condenados hasta el punto de preguntar: "Varones hermanos, ¿qué haremos?" (Hch. 2:37). Si la salvación es solo por gracia, Pedro debería haber dicho: "¡No hay nada que puedas hacer! La salvación no depende de la actividad humana. La gracia de Dios los salva sin ninguna acción de su parte". ¡Pero Pedro no dijo eso! En cambio, identificó acciones específicas que los presentes tenían que **hacer.** Así fue con Saulo en Hch. 22:10 cuando le preguntó a Jesús: "¿Qué haré, Señor?" ¡Ese era el momento perfecto para aclarar a todos con respecto a la salvación solo por gracia! Sin embargo, le dijo a

Saulo que tendría que ir a escuchar a un predicador inspirado que le daría instrucciones. Esas instrucciones incluían: "Levántate y bautízate, y lava tus pecados, invocando su nombre" (Hch. 22:16). Vea que Saulo tuvo que levantarse y hacer algo antes de que la gracia de Dios lavara sus pecados.

Considere estas Escrituras adicionales: "No todo el que me dice: Señor, Señor, entrará en el reino de los cielos, sino el que hace la voluntad de mi Padre que está en los cielos" (Mat. 7:21). "Y aunque era Hijo, por lo que padeció aprendió la obediencia; y habiendo sido perfeccionado, vino a ser autor de eterna salvación para todos los que le obedecen" (Heb. 5:8-9). "En llama de fuego, para dar retribución a los que no conocieron a Dios, ni obedecen al evangelio de nuestro Señor Jesucristo" (2 Tes. 1:8). Todos estos pasajes muestran que, si bien la gracia de Dios hace posible que una persona sea salva, no obstante, para que uno sea salvo inicialmente y para **permanecer** salvo, uno debe obedecer los mandamientos de Dios; y la obediencia del hombre no anula la gracia de Dios.

Vea otros pasajes: "Pero si andamos en luz, como él está en luz, tenemos comunión unos con otros, y la sangre de Jesucristo su Hijo nos limpia de todo pecado" (1 Jn. 1:7). "Sé fiel hasta la muerte, y yo te daré la corona de la vida" (Ap. 2:10). "Así, pues, nosotros, como colaboradores suyos, os exhortamos también a que no recibáis en vano la gracia de Dios" (2 Cor. 6:1). "De Cristo os desligasteis, los que por la ley os justificáis; de la gracia habéis caído" (Gál. 5:4). "Mirad bien, no sea que alguno deje de alcanzar la gracia de Dios; que brotando alguna raíz de amargura, os estorbe, y por ella muchos sean contaminados" (Heb. 12:15). "Porque sol y escudo es Jehová Dios; Gracia y gloria dará Jehová. No quitará el bien a los que andan en integridad" (Sal. 84:11). Una vez más, estos pasajes muestran que hay condiciones — requisitos previos — para recibir la gracia y mantener la gracia de Dios.

Las condiciones no anulan la gracia de Dios. La gracia de Dios y la sangre de Cristo constituyen los **fundamentos** de nuestra salvación, pero los actos de obediencia (como el bautismo) constituyen las **condiciones** de nuestra salvación.

V. Contribuyentes Significativos A Las Tendencias Denominacionales

Antes de cerrar este capítulo, se debe prestar atención a cinco casos en los que los miembros de las iglesias de Cristo están aceptando abiertamente el denominacionalismo. Se podrían dar muchos ejemplos adicionales. Ejemplos de comunión con las denominaciones son ahora una legión entre nosotros. Los cinco que han sido seleccionados son representativos de todos los demás, pero destacan por su gran influencia sobre la iglesia.

1. El 5 de enero de 1986, William Banowsky habló en la Primera Iglesia Metodista Unida en el centro de Fort Worth. Habiendo sido el presidente de Pepperdine University y de Oklahoma University, era entonces presidente de Gaylord Broadcasting, cuya emisora afiliada en el área metropolitana de Dallas-Fort Worth, KTVT, transmitía el servicio de adoración metodista todos los domingos. Lo que sorprendió a tantos hermanos fueron las obvias tendencias ecuménicas de Banowsky. Expresaba su aprecio por estar en presencia de "esta gran hermandad histórica, hermosa y profundamente significativa". Elogió al pastor metodista por su trabajo y exhortó a la congregación a continuar transmitiendo sus servicios de adoración en vista del gran bien que estaba haciendo.

> Estoy muy feliz de que tengamos el Canal 11 para llevar a Barry Bailey a la gente del centro de Texas. Lo más importante que pueden hacer es mantenerlo en la televisión…Manténgalo encendido porque creo que nada es más efectivo para alcanzar a las personas. Después de todo, esto es solo un hospital y aquellos de ustedes que están aquí, que se han analizado, están en muy buena forma. Es la gente que todavía tiene que venir, quienes están allí [apuntando a la cámara] y que están hoy en sus hogares.[291]

Todo fue una demostración modelo de la tendencia entre las iglesias de Cristo a aceptar el denominacionalismo manifestado por un representante prominente y altamente visible.

2. Un segundo indicador generalizado del viaje hacia el

---

[291] Transcrito de la cinta de video. Barry Bailey es el pastor metodista que se opuso al esfuerzo de mover al metodismo en la dirección de un enfoque más literal y fundamentalista de la Biblia, con menos confianza en la experiencia y la tradición. Él no cree que Dios ordenaría el asesinato de los filisteos: "...la razón y la experiencia me dicen que Dios no es así" — Jim Jones, "Ministro metodista se opone a la primacía de la Biblia", **Fort Worth Star-Telegram** (domingo, abril 24, 1988), sec. 1, p. 8.

denominacionalismo ha sido el énfasis dado a evadir el nombre de "iglesia de Cristo". Al manifestarse en una variedad de formas, la aparición más sorprendente de este cambio se observa cuando un grupo liberal progresista finalmente abandona una congregación, habiendo fracasado en hacer cambiar a la mayoría a su punto de vista. Comienzan a anunciar la nueva iglesia que se han formado bajo nuevos nombres. A veces, la palabra "comunidad" se incorpora al nuevo nombre, un intento obvio de imitar el fenómeno de la iglesia comunitaria que se ha extendido por todo el país. A veces, se selecciona un término que identifica al grupo con una configuración regional particular y se coloca antes de la palabra "iglesia". Por ejemplo, la "Iglesia de Southern Hills".[292] Algunas de estas iglesias colocan letras más pequeñas debajo del nombre: "una familia de la Iglesia de Cristo". Este cambio ha salido directamente del denominacionalismo, no de la Biblia. Es un intento adicional de buscar respetabilidad y compañerismo con el mundo religioso en general.

3. Una tercera evidencia de las fuertes conexiones que se están forjando con el denominacionalismo es la participación de muchos de ellos con Promise Keepers.[293] El propósito superficial de la organización es ciertamente digno de elogio, es decir, motivar a los hombres estadounidenses a ser mejores esposos y padres. Sin embargo, todo el movimiento está permeado por la marca denominacional del cristianismo. Sin dar una crítica

---

[292] Carolyn Jenkins, "Congregation Severs Ties With Church of Christ", [*Congregación Corta Relaciones Con Las Iglesias de Cristo*] **Tulsa World**, Saturday, July 22, 1995, Living 5.

[293] Ver, por ejemplo, el artículo de Lora Postelwait, "The Men's Movement: Becoming Men of Integrity", [*Movimiento De Los Hombres: Convertirse En Hombres Íntegros*] **The Christian Chronicle** 52 (Aug. 1995): 14-15 y la defensa del artículo, de Howard Norton, en "Editor Defends **Chronicle's** Promise Keepers Centerspread", [*Editor Defiende El Artículo Central del Chronicle Sobre los Guardadores De Promesas*] **The Christian Chronicle** 52 (Sept. 1995): 18. También la publicación de Richland Hills Church of Christ (Fort Worth) — "Ministers of RHCC Attend Promise Keepers **Fan Into Flame** 1996 Clergy Conference", [*Ministros del RHCC Asisten A La Conferencia de Ministros de Los Guardadores De Promesas 1996, Reavivar*] **Men of Promise** 3/1 (*Hombres De Promesa*; March, 1996):3.

completa de los Cumplidores de Promesas,[294] pueden hacerse las siguientes observaciones que exponen sus atributos no bíblicos. Promueve la organización eclesial no bíblica. Promueve una visión calvinista y pentecostal de la obra del Espíritu Santo. Defiende que la salvación se produce por "fe sola". Promueve comportamientos de adoración que entran en conflicto con la adoración del Nuevo Testamento que Dios autoriza. Aboga por un enfoque denominacional y ecuménico del cristianismo, en lugar de la enseñanza de la Biblia de un solo cuerpo. Flournoy concluye:

> **Promise Keepers** es en realidad una organización interdenominacional que promueve doctrinas denominacionales en nombre de ayudar a los hombres a cumplir sus compromisos. Puede parecer atractivo a simple vista, pero en realidad está lleno de falsas doctrinas.[295]

4. Un cuarto indicador significativo de afiliación con el denominacionalismo ha sido el comportamiento de Rubel Shelly. Su cambio a la izquierda comenzó a principios de los años ochenta. Poco a poco se fue moviendo más y más hacia el denominacionalismo. Su predicación, escritura y viaje aparentemente han influido en muchos otros para que lo acompañen. Muchos ejemplos están disponibles para documentar su viaje. Solo se mencionará uno: el sermón que presentó el 13 de abril de 1994 a la Conferencia de Santidad Pentecostal en la Iglesia de Cristo en Nashville, Tennessee. En este sermón, felicitó al predicador pentecostal por su "pastoreo" y "ministerio". En tono de broma, comentó: "¿Notaron todos durante el tiempo de adoración y alabanza de hace un rato, que yo estaba cantando acappella?" También declaró:

> Venimos de diferentes orígenes y tradiciones y, a veces, esos antecedentes y tradiciones se vuelven tan

---

[294] Para una crítica del movimiento de Promise Keepers, ver el folleto de Dan Flournoy, "Beware of Promise Keepers" (*Cuidado Con Los Guardadores de Promesas*1202N. Beltline Rd.; Irving, TX 75061): Lynn Sebourn, "What Max Lucado Said At The PK Rally In Washington", [*Lo que Max Lucado dijo en el Rally PK en Washington*] **The Searcher** (Southaven, MS: Southaven Church of Christ, Oct. 26, 1997); B.J. Clarke, "A Closer Look At Promise Keepers — (Parts 1-7)", [*Un Vistazo Más Cercano A Los Guardadores De Promesas*] **Power** (P.O. Box 128, Southaven, MS 38671), Feb.-Sept. 1997; David Tarbet & Kerry Holton, Promise Keepers: What Are The Issues? (*Guardadores De Promesas: ¿Cuál Es El Problema?* P.O. Box 180274; Dallas, TX 75218).

[295] Flournoy, "Beware", [*Tenga Cuidado*] p. 11.

importantes para nosotros que olvidamos realmente que el reino de Dios es más amplio, más profundo, más grande, que cualquiera de esas corrientes o tradiciones particulares. Los arroyos y afluentes van hacia el reino más grande de Dios, por lo que haríamos bien en no construir presas en los pequeños riachuelos. Así que quiero ser parte de cualquier cosa y de todo lo que considero santo y de Dios y quiero animar a sus ministerios y poder deleitarme con el estímulo que ya he recibido de poder estar aquí. Pero lo terrible de una conferencia en su ciudad natal, es tener realmente muy pocas oportunidades de participar en ella. Ojalá pudiera participar toda la semana.[296]

Esta descripción de las denominaciones como corrientes que fluyen hacia el río más grande del reino es simplemente una versión actualizada de la vieja idea de que "todos nos dirigimos al mismo destino, solo que por diferentes rutas".

5. Una manifestación final y significativa del respaldo total al denominacionalismo que ocurre entre las iglesias de Cristo es la obra de Max Lucado. Ha interactuado con las denominaciones en forma de apoyo durante varios años.[297] Los libros de Lucado son extremadamente populares en el mundo denominacional. ¿Por qué? Porque presenta una marca de cristianismo diluido, es decir, el denominacionalismo. No enseña todo el consejo de Dios con respecto a la religión cristiana. No menciona la esencialidad del bautismo. No presenta a sus lectores el retrato bíblico de la única iglesia de la Biblia. No insiste en los requisitos del Nuevo Testamento con respecto a la verdadera adoración.

Como escritor, Max manifiesta una gran cantidad de

---

[296] Transcrito de una cinta de audio.

[297] Por ejemplo, considere lo siguiente: participando en un servicio con católicos romanos en la iglesia St. John Neumann el 4 de diciembre de 1989 en San Antonio, Texas, llamando al sacerdote "padre", tomándose de la mano y cantando con instrumentos; hablando en el Trinity Church Family Center, con un grupo carismático en San Antonio, el 6 de abril de 1990; coautor del libro **Cristo En La Pascua: Celebración Familiar De La Semana Santa**, junto con los denominacionalistas Billy Graham y Charles Colson; en abril de 1995, Max compartió púlpito con el predicador de la Iglesia Bautista de la Trinidad en San Antonio, llamando al evento "una declaración de aceptación" — Ron Wilson, "Par de predicadores planean intercambiar sus púlpitos el 2 de abril", **San Antonio Express Noticias** (25 de marzo de 1995), pág. 9B.

habilidad literaria y talento para expresarse. Pero la esencia y el atractivo de los libros de Lucado se encuentran más allá del mero estilo de escritura. Crean dentro del lector una **experiencia** que se siente mejor que si se dijera. El contenido real de sus libros es extremadamente light. Enfatiza temas amplios como Jesús, el amor de Dios y la cruz. Pero su tratamiento de estos temas bíblicos es superficial y carece de sustancia. El efecto práctico de sus libros es hacer que el lector **sienta** que se acerca más a Jesús, a tener una sensación de cercanía y conexión personal con Él. Pero aquí radica la falla fatal en su escritura. La cercanía a Dios se define en las Escrituras en términos del cumplimiento de la voluntad de Dios (Sal. 145:18; Isa. 55:6; Sant. 4:8; Mat. 7:21-23; Luc. 6:46-49; Heb. 5:9).

El simple hecho de lograr que las personas se sientan bien con respecto a Jesús no las convence de la necesidad de someterse y conformarse a su voluntad. Los libros de Max están dirigidos a despertar emociones. Su empuje básico es evocar buenos sentimientos con respecto a Jesús. Pero no convencen al lector de pecado. No crean en el lector un profundo sentimiento de que está perdido y de la necesidad de perdón. No le señalan específicamente al lector la necesidad de obedecer las palabras de Cristo. En consecuencia, sus libros solo sirven para desdibujar la realidad y hacer que las personas se **sientan** religiosas. Sus libros le dan a la gente una falsa sensación de seguridad (Jer. 6:14).

Una técnica inherente a los libros de Max es la forma en que se fabrican los detalles para llenar los espacios en blanco en las narraciones bíblicas. Sugerir a la imaginación del lector detalles que el escritor inspirado no reveló, sirve para estimular emociones y estimular el interés estético. Aleja al lector del impulso de las Escrituras (es decir, cómo se debe responder a Dios). En cambio, el lector es tratado como un sentimental revolcándose en las agradables sensaciones que ha despertado la técnica literaria. La esencia y el objeto de la religión que se crea es sentirse bien en lugar de agradar a Dios. Esto explica por qué los libros de Lucado son tan populares en el mundo denominacional en general. El denominacionalismo, por definición, opera más por emoción que por razón y por una evaluación precisa de las palabras de Dios (ver Capítulo 6).

La visión denominacional del cristianismo de Max quedó muy clara en su exposición en las Conferencias Bíblicas de la

Universidad de Pepperdine de 1995:

Bueno, lo mejor que puedo imaginar la situación es algo como esto. Dios nos ha alistado en su marina. Nos han llamado para servir en un barco. No es un crucero, sino un acorazado. No es un barco de confort, sino un barco de guerra. Cada uno de nosotros tiene diferentes responsabilidades en este barco. Algunos de nosotros somos llamados a servir en los cañones de alabanza y oración. Otros estamos buscando diligentemente en el mar a los que se pierden. Otros más están dedicados a la alimentación y dirección de la tripulación.

Pero, aunque todos tenemos diferentes dones y habilidades en esta nave, todos compartimos un momento común. Un momento muy tierno en el que el capitán de la nave nos encontró desanimados y solos en una choza en la costa, y nos invitó a dar la espalda a la ciudad y abordar la nave, subir por la rampa de Su gracia y dejar que nos transportara a casa. Eso es lo que tenemos en común. Hay un barco. Hay un capitán. Hay un destino. Solo uno.

Respecto a la navegabilidad del buque, no nos preocupa. Él dijo que las puertas del infierno no prevalecerán contra ella. El capitán es fuerte. El capitán es digno. No nos preocupa que esta nave llegue a su destino. De eso no tenemos absolutamente ninguna preocupación. Pero con respecto a la armonía de la tripulación — tenemos **gran** preocupación.

No sé si lo haya notado o no, pero no todos en este barco son como usted. Si ha estado a bordo de esta embarcación por mucho tiempo, ha hurgado en suficientes esquinas y cabinas, y ha explorado suficientes cubiertas para descubrir que no todos piensan de la forma en que usted piensa. No todo el mundo viste como usted viste. No todos actúan como usted actúa. Y quizás haya tomado el valor suficiente para acercarse a alguien y decir: "¿por qué es tan diferente?" Y su respuesta fue: "Estaba a punto de preguntarte lo mismo".

Y oh, cómo tendemos a agruparnos en esta nave. Oh, cómo tendemos a encontrar personas que piensen como pensamos y disfrutar de su presencia. Hay diferentes opiniones en este barco. Hay un grupo de personas a bordo que piensan que la verdadera espiritualidad se mide de lo que hace y cómo trabaja, y si es diligente en la oración y solemne al expresarse. Por esa razón, tienden a congregarse alrededor de la parte de la nave conocida como la popa. Todavía hay otros que tienen muchas opiniones con respecto al tipo de oración. Sienten que la oración se experimenta verdaderamente solo de rodillas. Así que disfrutan estar alrededor de la proa.

Si ve hacia abajo, hay quienes estudian seriamente las tuercas y los tornillos de esta nave. Se sienten incómodos con otros en el barco que disfrutan morando en puesto del vigía, sintiendo y respirando los aromas. Los de arriba dicen: "lo que sientes es más importante que lo que sabes"; los de abajo dicen, "Lo que sabes es más importante que lo que sientes". Y, oh, cómo tendemos a agruparnos.

Hay personas a bordo de esta nave que dicen que una vez que se sube a ella, nunca podrá bajarse sin importar lo que hagas. Y luego hay otros — estudiantes también muy serios — que dicen que bajarse sería tonto y fatal, pero la decisión siempre es suya. Me he dado cuenta que en este barco hay quien dice que está aquí sin que lo haya decidido, que estaba predestinado a ser un marinero; No todos lo eran, pero usted sí. Y luego están los que dicen, no, Dios es un Dios de elección y Él solo dejaría esa elección a nosotros.

Hay quienes dicen que antes de que este barco atraque, habrá una gran y poderosa tribulación. Hay quienes dicen, sí, habrá una gran y poderosa tribulación, pero eso sucederá después de que esta nave llegue a la costa con seguridad. Y, oh, cómo tendemos a agruparnos.

Y luego está el asunto de la reunión semanal en la que nos juntamos para leer las palabras del capitán y agradecerle. Todos estamos de acuerdo en que es necesario, pero ese es el alcance de nuestro acuerdo. Hay quienes dicen que debería ser solemne; Otros que dicen que debería ser espontáneo. Hay quienes dicen que ciertos sexos deberían estar callados; Y que otros deben hablar en voz alta. Hay quienes dicen que deberíamos tocar la trompeta y luego están los que dicen: no, mi voz es simplemente la trompeta. Y, oh, cómo tendemos a agruparnos.[298]

En esta ilustración, Max está incluyendo inequívocamente como parte de la iglesia de Cristo — cristianos — a los que son miembros de las denominaciones. Se refiere a los que no creen que uno puede caer de la gracia (es decir, los bautistas). Se refiere a los que creen en la predestinación (es decir, presbiterianos). También muestra que considera el uso de la música instrumental en la adoración, el premilenialismo y el liderazgo femenino en la adoración como asuntos triviales que no deben interrumpir la armonía y la comunión. Reitera aún más esta actitud ecuménica en la misma conferencia.

Por esa razón, debemos decir con absoluta confianza que cuando vemos a alguien que con el corazón puro llama a Dios padre, el que con corazón puro llama a

---

[298] Max Lucado, "Eternal Truth: A Dream Worth Keeping Alive", [*La Verdad Eterna: Un Sueño Que Vale La Pena Mantener Vivo*] Pepperdine Bible Lectures (Malibu, CA: Pepperdine University, 1995).

Jesús salvador, vemos a un hermano o una hermana. ¡No tenemos elección! (aplausos).[299]

En otras palabras, el único criterio de reconocer a Dios y a Cristo — creer en ellos y aceptándolos en la mente de uno — es suficiente para que la persona sea cristiana y tenga comunión con todos los demás cristianos. Tal forma de pensar es incluso más liberal y más distante que muchos de los pensadores entre las denominaciones.

---

[299] Todos los agentes de cambio están diciendo lo mismo — muchas veces con las mismas expresiones. Por ejemplo, la idea de que todas las personas que simplemente reconocen a Jesús como Señor son cristianos y, por lo tanto, nuestros hermanos y hermanas, fue repetida como loro por Mark Henderson, quien habló sobre el tema "La gente necesita una iglesia comprometida con la unidad" en las Conferencias de la Universidad Abilene Christian de 1996:

> Hermanos y hermanas, no tenemos que vivir alejados y asilados de los que honestamente difieren de nosotros dentro o fuera de nuestra comunidad. No tenemos que estar de acuerdo con ellos en todos los puntos ni tenemos que convencerlos de que estén de acuerdo con nosotros en todos los temas. Todo lo que tenemos que hacer es ver a nuestra izquierda, a los que han sentido el aguijón de nuestro rechazo, y en todas partes vemos a uno que ha comprometido su corazón y su vida al Señorío de Jesucristo, podemos regocijarnos de haber encontrado un hermano o hermana. Y podemos extender a ese hijo de Dios la misma mano de gracia y aceptación que nosotros mismos hemos recibido del Señor Jesús.

Esta insistencia en que no tenemos que estar de acuerdo en cada punto significa que solo tenemos que estar de acuerdo en UN punto, es decir, el Señorío de Jesús. ¡Eso quiere decir que no se debe permitir que nada más afecte la comunión! ¡Incluso si una persona ha sido rociada en lugar de bautizada y cree que el Papa es el representante de Cristo en la tierra, debemos estar en plena comunión y ¡aceptarlo como un hermano! Henderson describió su participación en una reunión de oración de predicadores denominacionales:

> Lo que hacemos en esas reuniones de oración es que reconocemos que nuestro compromiso común con el Señorío de Jesucristo y nuestra esperanza común de que su reino venga con más fuerza, incluso como lo es en el Cielo, es mayor que las cosas que nos dividen. Así que nos unimos con una sola voz para librar la batalla contra el enemigo.

El discurso de Henderson recibió una ovación de pie. Cf., Roy Jones, "Ex predicador de Abilene pide que las iglesias reflejen la vida real", **Abilene Reporter News** (martes, 20 de febrero de 1996), A1. Cf., "Los ministros de la RHCC asisten a la Conferencia de Ministros de los Guardadores de Promesas 1996 **Fan Into Flame**", **Men of Promise** 3/1 (*Reavivar, Hombres de Promesa*, marzo, 1996):3, que comenta acerca de la charla de Max Lucado sobre "El Pastor y la Armonía Denominacional" — "Creo que a Dios le gustaría tener como base de la comunión, el Señorío de Cristo". Si la aceptación de Cristo como Señor es todo lo que se necesita para convertir a uno en cristiano y llevarlo a la comunión con todos los demás cristianos, ¿qué hacen los agentes de cambio con esas feministas evangélicas que reconocen indiscutiblemente el Señorío de Cristo — pero que son abiertamente lesbianas reconocidas?

Compare también el discurso de Rubel Shelly "Dios pide la unidad de su cuerpo", presentado en el evento interdenominacional, Conferencia de Renovación Espiritual, en Florence, Alabama, el 19 de abril de 1996. En su discurso, se refirió a varios de los temas tratados en este capítulo que se utilizan para fomentar la comunión con las denominaciones: Efe. 4:4-6 como "la plataforma doctrinal para la unidad"; Jn. 17 y la oración de Jesús por la unidad; el valor de los Promise Keepers; la "doctrina fundamental" o "verdad meta"; y Rom. 14 como justificación para excluir la doctrina como criterio, para lograr la unidad. Incluso insiste en que todos pueden conservar su afiliación denominacional siempre que consideren que todas las demás denominaciones son parte de la más grande familia de Cristo.

Después de describir la brecha que existía entre el ladrón en la cruz y el Dios del cielo, Lucado preguntó:

> ¿Qué haría Jesús para extender la mano que es mucho más grande que un cañón entre un Bautista y uno de la Iglesia de Cristo o un Metodista y uno de la Iglesia de Cristo? ¿Qué haría Jesús para extender Su mano, que nunca ha pecado al que no ha hecho nada más que pecar? ...Mucho más grande que cualquier cañón que usted o yo alguna vez tengamos que tender es el cañón que Cristo hizo...Y mi pregunta es esta: Si Cristo puede hacer todo eso para aceptarnos, ¿no podemos hacer algo para aceptar a sus otros hijos? ...¿No nos acepta Cristo con todas nuestras malas interpretaciones doctrinales, curiosidades y peculiaridades y desigualdad? ¿No podemos hacer lo mismo por los demás? ...Es por eso que debemos aceptarnos unos a otros. No porque ellos tengan razón; no porque tengamos razón; sino porque Él tiene razón.

Estas nociones surgen de un concepto distorsionado de Dios.

Resumen

La confusión que existe dentro de las iglesias de Cristo con respecto a la doctrina correcta y su conexión con una relación correcta con Dios y el prójimo es muy lamentable. Si Satanás puede convencer a la gente de que están espiritualmente en una condición correcta cuando no lo están, ha logrado su objetivo. No servirá acusar a los que se esfuerzan por cumplir con las instrucciones de Dios de ser orgullosos, celosos, inseguros o protectores de lealtades solo porque se oponen a la unión con los que no están de acuerdo. La diferencia entre los que urgen la comunión con las denominaciones y nosotros, que nos oponemos a tal comunión no es que "dibujemos líneas". ¡Ambos lados dibujan líneas! Cada maestro falso dibuja líneas. La diferencia se reduce a dónde se dibujarán las líneas.

Las líneas que Dios quiere dibujar están oscurecidas por el razonamiento actual que insiste en que "todos tenemos peculiaridades doctrinales, por lo tanto, debemos aprender a aceptarnos unos a otros sobre una base distinta a la doctrina o al menos sobre la base de solo unas pocas doctrinas". Tal pensamiento nubla el hecho de que el Nuevo Testamento transmite esencialmente dos puntos clave que aclaran la confusión. En primer lugar, la Biblia enfatiza el hecho de que solo los que han obedecido genuinamente el plan de salvación del evangelio, han estado en contacto con la sangre de Cristo y, por lo tanto, son cristianos. Esto significa que solo los que por fe se sumergieron en agua para la remisión de sus pecados son cristianos. Por lo tanto, podemos **saber** quién es cristiano y quién no lo es. Cualquier persona que afirme ser cristiano y que sea muy religiosa en muchas áreas de su vida, pero que no haya obedecido el único plan verdadero de salvación, no debe ser considerada como cristiana.

En segundo lugar, el Nuevo Testamento es igualmente claro con respecto a lo que se necesita para vivir la vida cristiana, es decir, permanecer fieles y en una condición de salvación ante Dios. En la medida en que podamos saber si una persona se está comportando fielmente como cristiano, en esa medida estamos obligados a aplicar la voluntad de Dios con respecto a la comunión. Si un cristiano deja de vivir fielmente y se niega a arrepentirse de esa condición infiel, otros cristianos están obligados por Dios a tomar medidas que finalmente cortarán la comunión con la persona que no se arrepiente.

Sobre estos dos puntos bíblicos, la cuestión del estado de las denominaciones es clara. La gran mayoría de los que están en las denominaciones nunca han obedecido el único plan verdadero de salvación que Dios dio para limpiarlos de su pecado. Si bien pueden ser sinceros, religiosos e involucrados en muchas obras encomiables, permanecen en una condición de no salvos. Aquellos pocos que bien pudieron haber obedecido el plan bíblico de salvación y estar en contacto con la sangre de Cristo están, sin embargo, viviendo infieles a Dios al adorar en error y tener comunión con la religión falsa. En consecuencia, están en una condición de no salvos y están separados de la comunión de cristianos fieles. Necesitan nuestra enseñanza y nuestro estímulo para salir de su condición perdida. Sin duda, no necesitan que les digamos que "nadie de nosotros es perfecto", que "no podemos estar de acuerdo en la doctrina en todas formas" y que "Dios nos aceptará si somos sinceros en nuestro amor y fe por Él".

CONCLUSIÓN

Qué trágico, que en el momento en que nuestra nación necesita tener la verdad de Dios claramente expresada, muchas iglesias de Cristo están vendiendo y difuminando la distinción entre las religiones falsas del hombre y la religión de Dios. Aquellos dentro de las iglesias de Cristo que están aceptando a las denominaciones y trabajando arduamente para lograr que otros hagan lo mismo, en realidad, participan con Satanás para engañar a las personas a que piensen que son aceptables para Dios cuando no lo son. De todos los cambios que enfrentan actualmente las iglesias de Cristo, seguramente esta comunión con el denominacionalismo es el más siniestro, el más destructivo y el más trágico en sus implicaciones para el futuro de la iglesia y para la eternidad. Padre, perdónalos, porque no saben lo que hacen.

CAPÍTULO 30
LA AUTORIDAD DE LOS ANCIANOS

La cuestión de si los ancianos poseen aprobación bíblica para actuar con autoridad en el desempeño de sus responsabilidades de pastoreo ha recibido una atención considerable en los últimos años. Algunos han tomado la posición de que los ancianos no ejercen más poder en la iglesia local que el poder de su ejemplo.[300] En otras palabras, los ancianos pueden intentar ejercer influencia sobre los miembros de la iglesia por sus vidas y por su propia conducta, pero no tienen permiso bíblico para tomar decisiones **vinculantes** para los miembros de la iglesia — decisiones que los miembros estén obligados a cumplir.

> *"Y pondré sobre ellas pastores que las apacienten;..."*
> — Jeremías 23:4

Dios ciertamente es libre de estructurar su iglesia, sin embargo, Él es quién decide. Si tuvo la intención de establecer Su iglesia de tal manera que la membresía operara democráticamente a través del gobierno de mayoría, que así sea. Pero, por otro lado, si Él quiso que la iglesia local fuera administrada, dirigida y gobernada por una pluralidad de hombres imperfectos que han

---

[300] Si bien existe cierta confusión con respecto a si los hermanos se están entendiendo entre sí, la controversia sobre si los ancianos tienen autoridad fue encabezada por Reuel Lemmons en la década de los 70's en las páginas de la **Firm Foundation**. Consulte, por ejemplo, los siguientes artículos: Reuel Lemmons, *"¿Quién Está Al Mando?"* **Firm Foundation** 94 (2 de agosto de 1977): 482; Reuel Lemmons, *"Más Sobre Quién Está Al Mando"*, **Firm Foundation** 94 (15 de noviembre de 1977): 722; Reuel Lemmons, *"Aún Más Sobre Quién Está Al Mando"*, **Firm Foundation** 95 (31 de enero de 1978): 66; David Desha, *"Los Ancianos Y La Autoridad"*, **Firm Foundation** 94 (15 de noviembre de 1977): 725, 732; James C. Caveman, *"¿Autónomos?"* **Firm Foundation** 95 (31 de enero de 1978): 70; Jay Smith, *"¿Enseña La Biblia Un Liderazgo Autoritario?"* **Firm Foundation** (95 de enero de 1978): 67, 75; Waymon Miller, **El papel de los ancianos en el Nuevo Testamento** (Tulsa, OK: Plaza Press, 1980); Lynn Anderson, **Navegando por los vientos del cambio** (Abilene, TX: ACU Press, 1994), pp. 39, 79, 86, 146, 203, 247. En contraste, compare a Roy H. Lanier, Sr., *"Los Ancianos"* **Firm Foundation** 94 (15 de noviembre de 1977): 724; y Dub McClish, *"Respuesta A '¿Quién Está Al Mando?'"* **Firm Foundation** 94 (15 de noviembre de 1977): 726, 731.

alcanzado calificaciones específicas, deberíamos estar dispuestos a ajustar nuestras voluntades a esa intención divina. Incluso cuando los seres humanos, con buenas o malas intenciones, desechan las intenciones de Dios, o abusan del sistema y lo utilizan para promover su propia agenda mezquina y egocéntrica, no debemos abandonar el sistema que Dios pretendía. El mal uso o abuso de la autoridad no es un argumento en contra de su uso apropiado (por ejemplo, 1 Sam. 8:1-8).

Sin duda, existe un vínculo entre la inclinación generalizada a rebelarse contra la autoridad (ver el Capítulo 5) y el movimiento conspirativo dentro de las iglesias de Cristo para desafiar la autoridad de los ancianos. Anteriormente se hizo referencia al hecho de que la generación más joven, los "babyboomers" están forjando y liderando el cambio en la iglesia. Son los más responsables de borrar y transformar a la iglesia en una copia denominacional. La mayor cantidad de resistencia a esta transformación ha venido de la generación anterior. ¿Por qué? ¿Será porque las personas mayores simplemente son "inflexibles"?, o "¿naturalmente resistentes al cambio?" o "¿viejitos, anticuados y chapados a la antigua"? ¡No! Es porque hace mucho tiempo fueron realmente atrapados por el mensaje bíblico del cristianismo del Nuevo Testamento. Hace mucho tiempo que entraron en contacto con la singularidad y exclusividad de la iglesia de Jesucristo. Hace mucho tiempo pasaron por el proceso que resultó en su propio rechazo del denominacionalismo.

Ahora que las personas más jóvenes se han enamorado del brillo y el glamour de la religión falsa y, en esencia, están promoviendo un retorno al producto denominacional que las personas mayores dejaron hace mucho tiempo, la generación más joven está encontrando una fuerte resistencia por parte de las personas de más edad. Dado que, según la definición de las Escrituras, los ancianos de una congregación son **hombres mayores**, los agentes de cambio juveniles han encontrado repetidamente oposición a sus cambios por parte de los **ancianos**. Estas dos fuerzas — la gran tendencia cultural a rebelarse contra la autoridad y la irritación de los agentes de cambio con el frecuente obstáculo planteado por los ancianos a sus esfuerzos — se han combinado para crear un clima propicio para socavar la autoridad de los ancianos.

En general, la simple observación de la civilización humana revela que las personas mayores son más sabias y tienen más experiencia que las personas más jóvenes. Las excepciones a esta observación general ciertamente existen, pero la mayor parte del tiempo, con la edad, viene la percepción y la conciencia que faltan en la juventud. Cuando Dios eligió colocar dentro de su iglesia una pluralidad de hombres mayores para que funcionaran como ancianos, obviamente intentó que estos hombres fueran escuchados, atendidos y respetados (1 Tes. 5:12-13; Heb. 13:7, 17). Estas intenciones divinas requieren inherentemente el ejercicio de la autoridad por parte del anciano.

De hecho, a lo largo de la historia bíblica, los líderes designados por Dios siempre poseían la autoridad adecuada para cumplir su responsabilidad. Quizás se necesita una breve explicación para aclarar qué se entiende por "autoridad". Cuando Dios seleccionó individuos en la historia de la Biblia con el propósito de funcionar como líderes (por ejemplo, Moisés, Aarón, Josué, Samuel), eso significaba que el líder debía liderar. Debía interactuar con la gente de tal manera que debía dirigir, gobernar, gestionar o modificar su comportamiento. Las personas tenían la obligación divina de seguir su ejemplo. Debían ser respetuosos de su posición como líder. Debían prestar atención a sus instrucciones y someterse a las instrucciones que él les daba.

Es posible que las personas hayan optado por resistir, rechazar o rebelarse contra la autoridad de sus líderes en la medida en que el líder es impotente o ineficaz para provocar la obediencia. Sin embargo, a los líderes de Dios se les envistió con el **derecho** (es decir, el poder, la autoridad) de regular el comportamiento de la gente. Las personas tenían la obligación divina de someterse a su dirección. Coré es ciertamente un excelente ejemplo de no someterse a la autoridad de los líderes de Dios (Números 16; Judas 11). Aarón y Miriam también sirven como graves recordatorios de la seriedad de desafiar la autoridad del líder designado de Dios (Números 12).

Las consideraciones de espacio prohíben un análisis exhaustivo de lo que la Biblia enseña acerca de la autoridad de los ancianos. Para obtener información más detallada, se recomienda al lector que consulte la documentación para las afirmaciones que siguen.[301] Los pasajes que se refieren a los ancianos en el Nuevo Testamento indican explícita o implícitamente que los ancianos ejercen la autoridad. Estos pasajes incluyen Hch. 20:28-31; 1 Tes. 5:12-13; 1 Tim. 3:4-5; Tito 1:7; Heb. 13:17; 1 Ped. 5:1-4. Los términos utilizados para designar a los ancianos en el Nuevo Testamento implican autoridad: **episkopos** (traducido "supervisor" o "obispo"); **poimen** (traducido "pastor" o "pastor"); **presbuteros** (traducido "anciano" o "presbítero"); **oikonomos** (traducido "mayordomo"). Las descripciones en el Nuevo Testamento de su trabajo implican autoridad: pastorear, cuidar o alimentar, observar, gobernar, cuidar, amonestar. Las instrucciones a los miembros de la iglesia que describen su responsabilidad hacia los ancianos implican autoridad: obedecer, someter, estimar.

Algunos han señalado el hecho de que Jesús dijo que toda autoridad le pertenece a Él (Mat. 28:18) y que Sus discípulos no ejercerían autoridad como los Gentiles (Mat. 20:26). Sin embargo, estas declaraciones no eliminan la autoridad del anciano más de lo que eliminan la autoridad apostólica. Jesús delegó la autoridad a una variedad de entidades, incluidos los padres y los gobiernos (Efe. 6:1-4; Rom. 13:1-3; 1 Ped. 2:13-14). La autoridad delegada por Cristo es diferente a la autoridad humana en términos del

---

[301] Guy N. Woods, **Questions and Answers** (*Interrogantes Y Respuestas*; Henderson, TN: Freed-Hardeman College, 1976), pp. 242-244; Roy Deaver, "*El Desafío De Reconocer La Autoridad De Los Ancianos En Cuestiones De Conveniencia*", **La Espada espiritual** 12 (octubre de 1980): 9-12; Thomas B. Warren, "*Los Ancianos 'Toman Las Decisiones' En Asuntos De Conveniencia*", **La Espada espiritual** 9 (abril de 1978): 0-4; J. Noel Merideth, "*Los Ancianos No Tienen Autoridad Para Hacer Opcional Un Asunto Obligatorio*", **La Espada Espiritual** 9 (abril de 1978): 18-19; Malcolm Hill, "*Los Ancianos No Tienen Autoridad Para Hacer Opcional Un Asunto Obligatorio*", **La Espada espiritual** 9 (Abril, 1978): 19-21; Dub McClish, "*Los Ancianos No Son 'Señores De La Herencia De Dios'*", **La Espada Espiritual** 9 (abril de 1978): 23-25; Howard Parker, "*Autoridad De Los Ancianos, No De Toda La Iglesia*", La **Espada espiritual** 9 (abril de 1978): 25-6; Roy Deaver, "*El Señor Tiene Autoridad Para Delegar Autoridad*", **La Espada espiritual** 9 (abril de 1978) : 31-32; Neale Pryor, "*Hebreos 13:17 y la Autoridad de los Ancianos*", **La Espada Espiritual** 9 (abril de 1978): 34-35; Robert Taylor, Jr., "*Algunos Conceptos Paulinos Relativos A Los Ancianos Y Su Autoridad*", **La Espada espiritual** 9 (abril de 1978): 35-38; J. W. McGarvey, **The Eldership** (1870; reimp. Murfreesboro, TN: DeHoff Publications; 1962), por ejemplo, p. 17 — "Encontraremos que los ancianos o supervisores de la iglesia están encargados de tales deberes, y se les confía la autoridad que los hace oficiales de la iglesia en el sentido más completo del término"; p. 20 — "los que gozaban del título ejercían autoridad ... a los que se les aplicaba eran gobernantes en la iglesia"; James D. Cox, **With the Bishops and Deacons** [*Con Los Obispos Y Diáconos*] (Tustin, CA: James D. Cox, 1976), p. 57ss, 345ss; Bobby Duncan, **The Elders Which Are Among You** [*Los Ancianos Que Están Entre Ustedes*] (Huntsville, AL: Publishing Designs, Inc., 1989), páginas 91-95.

estándar de grandeza — no en términos del ejercicio de la autoridad misma.[302]

Otros han argumentado que el término **hegeomai** en Heb. 13:7, 17, 24 no conlleva la idea de autoridad. Sin embargo, un análisis cuidadoso revela que en efecto, el término sí incluye la noción de autoridad dominante.[303] En última instancia, todo intento de suavizar los términos que se refieren a los ancianos y su autoridad es un intento de "juego de palabras" y "buscarle pelo al huevo" o "la quinta pata al gato" — una cuestión de semántica. Si los ancianos no poseen la autoridad que requiere que los miembros presten atención exclusiva a su consejo, entonces los ancianos no son diferentes de cualquier otro miembro de la iglesia encargado de la responsabilidad de mostrar amorosa preocupación por los demás. La idea misma de un anciano se vuelve superflua.

Conclusión

Como se sugirió anteriormente, dos factores han contribuido a la tendencia de diluir la autoridad de los ancianos: el espíritu general de rebelión contra la autoridad que existe en la cultura americana y la tendencia natural de que los ancianos son obstáculos para los esfuerzos de los agentes de cambio. Quizá se deba agregar un factor adicional a estos dos. Históricamente, las personas se vuelven inquietas y frustradas cuando el sistema no funciona correctamente, es decir, cuando individuos prominentes abusan del sistema al usarlo para sus propios fines egoístas. Las personas tienden a reaccionar de forma exagerada al derrocar a todo el sistema en lugar de simplemente hacer ajustes correctivos al mismo.

Sin lugar a dudas, algunos ancianos en nuestros días, tal vez incluso **muchos** en nuestros días, no han podido comprender la enseñanza bíblica con respecto a su trabajo y responsabilidad. Han manifestado una actitud y una conducta autoritaria: comportándose como dictadores. Se han concebido a sí mismos como **principales** de la toma de decisiones, en lugar de pastores, apoyadores, alentadores y asesores accesibles. Se han preocupado por asuntos materialistas mezquinos, como la alfombra y el aire

---

[302] Ver la discusión de este punto en Roy Deaver, "Preguntas — Respuestas Bíblicas," **La Espada Espiritual** 12 (Abril, 1981):37-38.

[303] Steve Williams, "El significado de **Hegemoai**," **La Espada Espiritual** 9 (Abril, 1978):38-41

acondicionado, en lugar de cuidar las almas y ayudar a los miembros a enfrentar las dificultades espirituales y de la vida. Han fallado en funcionar como líderes, mejorando a la congregación para la acción evangelística, el servicio benévolo y la vida cristiana entusiasta. Han malgastado los recursos físicos y espirituales de la iglesia simplemente "cuidando la casa" y "manteniendo la fortificación" (Mat. 25:18, 24-30).

Sin embargo, estas circunstancias no justifican un cambio en la organización bíblica de la iglesia. Simplemente necesitamos abordar y corregir los abusos. La Biblia incluso describe cómo corregir la situación (1 Tim. 5:17-20). Aunque tengamos que soportar a hombres pequeños en lugares altos durante un período de tiempo, debemos confiar en que Dios se ocupará de ellos a su manera en Su propio tiempo (1 Sam. 2:25; 1 Rey. 21:19-23; 22:1; 2 Rey. 9:33-36). Incluso los ancianos dictadores, no calificados, no pueden impedir ocuparnos y hacer nuestro trabajo personal para el Señor. Pero si nos detenemos en sus defectos y nos dejamos obsesionar con la injusticia de su estado, nos desviaremos de las responsabilidades que tenemos sobre nosotros. Podemos sucumbir a la tentación de dejar que nuestra frustración se exprese contra tales hombres, solo para enterarnos en la eternidad, que también nos rebelamos contra Dios (1 Sam. 8:7).

CAPÍTULO 31

TEMAS MORALES

Otra indicación de un cambio no bíblico dentro de la iglesia es la mundanalidad que están manifestando muchos miembros. La ruptura de la fibra moral de nuestra nación y el rechazo de los "valores familiares tradicionales de los Estados Unidos" están afectando a los miembros de la iglesia. Los cristianos están dejando que la misma mentalidad permisiva y las mismas actitudes liberales que existen en el mundo, se infiltren en sus pensamientos y en su vida.[304] El amoldarse al mundo en una serie de cuestiones morales se ha hecho cada vez más evidente.

> *"¿Se han avergonzado de haber hecho abominación? Ciertamente no se han avergonzado, ni aun saben tener vergüenza"* — Jeremías 6:15

Cuando uno se relaja en sus convicciones doctrinales, la tentación es igualmente fuerte para debilitar sus puntos de vista y su comportamiento con respecto a lo que llamamos generalmente temas morales. Junto con el debilitamiento generalizado de la convicción doctrinal dentro de la iglesia por los que quieren el cambio, viene la tendencia a suavizarse y a ser "de mente abierta" en cuestiones morales. En este capítulo se analizan cinco: el aborto, la homosexualidad, los juegos de azar (es decir, la lotería), el divorcio y segundas nupcias y la vestimenta modesta.

El Aborto

---

[304] Por ejemplo, vea el artículo de Mike Cope "Jesus Might Fit in Cheers", **Abilene Reporter News** (domingo 16 de mayo de 1993) en el que fantasea con la aparición de Jesús en el último episodio y "camina por las escaleras de la casa, pasa por la puerta" y tiene un asiento en el taburete adyacente a Norm". La bebida social y el consumo de alcohol es otra manifestación del cambio en el comportamiento moral. Rubel Shelly ahora considera que beber vino y cerveza es algo indiferente, como en Romanos 14, y no debe ser un tema para la comunión, ni los cristianos deben juzgar a los que elijan beber (Rubel Shelly, "Dios llama a la unidad a su cuerpo", Un discurso pronunciado en la Conferencia de Renovación Espiritual en Florence, Alabama (el 19 de abril de 1996).

Más de 4,400 bebés son abortados en este país todos los días. Cada año, 1.600.000 niños son asesinados por los médicos del aborto. Desde 1973, cuando se le solicitó a la Corte Suprema la legalización del aborto, unos 31,000,000 de bebés han sido asesinados. ¿Está consciente de que en dos décadas hemos destruido a toda una generación de niños? De hecho, el treinta por ciento de todos los bebés concebidos en este país son asesinados antes de que vean la luz — y la matanza continúa.

Un número importante de americanos considera el aborto como opción aceptable. No importando los argumentos sociales, políticos y médicos, los argumentos espirituales tienen prioridad. ¿Cómo se siente **Dios** con el aborto? ¿Cuál la opinión **de Él** sobre ello? Por favor, examine conmigo lo que dice la **Biblia** sobre el aborto.

La civilización americana está sufriendo una revolución cultural radical. El marco de referencia moral estadounidense se está reestructurando y las raíces religiosas y la perspectiva espiritual de este país se están modificando. Los padres fundadores y la población americana del primer siglo y medio de nuestra existencia no habrían tolerado muchas de las creencias y prácticas que se están volviendo aceptables para la sociedad. La lista de prácticas incluiría juegos de azar (es decir, lotería, carreras de caballos, casinos, etc.), divorcios, alcohol y embriaguez pública, homosexualidad, embarazos fuera del matrimonio, revistas y películas pornográficas. Estas conductas simplemente no habrían sido toleradas por la mayoría de la sociedad americana desde un principio y hasta la Segunda Guerra Mundial. Pero los fundamentos morales y religiosos de nuestra nación están experimentando trastornos fatales. La práctica generalizada del aborto es simplemente una señal entre muchas de estos cambios culturales en nuestro país.

Pero aún hay un Dios en el cielo — el omnipotente y omnisciente Creador del universo. Él se ha comunicado con el hombre por medio de la Biblia y ha declarado que un día llamará a todos los seres humanos que han vivido para que le rindan cuentas y sean juzgados por su comportamiento en la tierra. Por lo tanto, cada persona es responsable de estudiar cuidadosamente la Palabra de Dios, determinar cómo quiere Él que nos comportemos y luego cumplir con esas instrucciones. Es así de simple y es así de cierto.

Si bien la Biblia no habla directamente sobre la práctica del aborto, sí proporciona suficiente material relevante para que podamos conocer la voluntad de Dios sobre el tema. En Zac. 12:1, se dice que Dios no solo es el Creador de los cielos y la tierra, sino que también "forma el espíritu del hombre dentro de él". De esta manera, Dios es el dador de la vida. Eso hace que la vida humana sea sagrada. Dios es responsable de implantar el espíritu humano dentro del cuerpo. Nosotros no tenemos derecho a terminar con la vida del hombre — a menos que Dios nos autorice a hacerlo. Pero de acuerdo a la Biblia, el tomar la vida de un ser humano debe ser en base al comportamiento de esa persona. Quitarle la vida a un bebé solo por nacer no se basa en la conducta moral de él. Entonces, si Dios coloca el espíritu humano en un ser humano mientras esa persona está en el vientre de la madre, para terminar esa vida, usted debe ir directamente contra la acción de Dios de "formar el espíritu del hombre dentro de él".

Pero, ¿**cuándo** es que entra el espíritu al cuerpo humano y, por lo tanto, le da vida al ser humano? ¿Cuándo pone Dios el alma en el cuerpo — al nacer o antes del nacimiento? La Biblia proporciona abundante evidencia para responder a esa pregunta. Por ejemplo, Salomón dijo en Ecl. 11:5:

> Como tú no sabes cuál es el camino del viento, o cómo crecen los huesos en el vientre de la mujer encinta, así ignoras la obra de Dios, el cual hace todas las cosas.

Vea que Salomón compara el desarrollo fetal con la actividad de Dios. Job describe el mismo proceso en Job 10:11-12. Allí le atribuye a Dios su crecimiento prenatal. David es aún más específico en Sal. 139:13-16.

> Porque tú formaste mis entrañas; Tú me hiciste en el vientre de mi madre. Te alabaré; porque formidables, maravillosas son tus obras; Estoy maravillado y mi alma lo sabe muy bien. No fue encubierto de ti mi cuerpo, bien que en oculto fui formado, entretejido en lo más profundo de la tierra. Mi embrión vieron tus ojos y en tu libro estaban escritas todas aquellas cosas que fueron luego formadas, sin faltar una de ellas.

David insiste en que su desarrollo como ser humano, su personalidad, fue hecho **por Dios**, **antes** de su nacimiento, mientras estaba en el vientre de su madre.

Alguien dice: "Pero Eclesiastés, Job y Salmos son poesía". Mi respuesta a eso es, "Cierto". Nunca deja de sorprenderme la facilidad con que las personas descartan la Biblia con tácticas tan poco informadas, ¡como si el lenguaje poético no tuviera sentido! Salomón, Job y David atribuían claramente su personalidad antes del nacimiento a la actividad creadora de Dios.

Considere la afirmación de Jeremías respecto a los planes de Dios para él. En Jer. 1:4-5, él declara.

> Vino, pues, palabra de Jehová a mí, diciendo: Antes que te formase en el vientre te conocí, y antes que nacieses te santifiqué, te di por profeta a las naciones. Y yo dije: ¡Ah! ¡ah, Señor Jehová! He aquí, no sé hablar, porque soy niño.

Compare esta afirmación con la afirmación equivalente de Pablo en Gál. 1:15, donde dice que Dios lo apartó para realizar su ministerio apostólico incluso cuando estaba en el vientre de su madre. Isaías hizo la misma afirmación:

> Oídme, costas, y escuchad, pueblos lejanos. Jehová me llamó desde el vientre, desde las entrañas de mi madre tuvo mi nombre en memoria (Isa. 49:1).

Estos pasajes no enseñan la predestinación. Jeremías y Pablo podrían haber ejercido su libre albedrío y rechazado la voluntad de Dios para sus vidas, en cuyo caso Dios habría encontrado a alguien más para hacer el trabajo. Pero estos pasajes sí enseñan que Dios trata a las personas como seres humanos incluso **antes** de que nazcan. Estos pasajes muestran que un bebé prematuro es una **persona** — un bebé humano. No hay una diferencia significativa entre un ser humano un minuto **antes** del nacimiento y ese mismo ser humano un minuto **después** del nacimiento. Y ese estado como ser humano se aplica a la persona a lo largo de su desarrollo prenatal desde el momento de la concepción.

En Lucas 1, María, la madre de Jesús, visitó a Isabel, la madre de Juan el Bautista. Ambas mujeres estaban embarazadas en ese momento. Note la ocasión:

> En aquellos días, levantándose María, fue de prisa a la montaña, a una ciudad de Judá; y entró en casa de Zacarías, y saludó a Elisabet. Y aconteció que cuando oyó Elisabet la salutación de María, la criatura saltó en su vientre; y Elisabet fue llena del Espíritu Santo, y exclamó a gran voz, y dijo: Bendita tú entre las mujeres, y bendito el fruto de tu vientre. ¿Por qué se me concede esto a mí, que la madre de mi Señor venga a mí? Porque tan pronto como llegó la voz de tu salutación a mis oídos, la criatura saltó de alegría en mi vientre (Luc. 1:39-44).

Vea que el bebé de Elizabeth antes de nacer está presentado como un ser humano vivo. Vea que el término "bebé" usado en los vs. 41 y 44 para referirse a Juan antes de nacer es exactamente el mismo término que se usa en el capítulo dos para referirse a Jesús **después** de su nacimiento cuando yacía en el pesebre (Luc. 2:12, 16). Entonces, a la vista **de Dios**, ya sea que una persona esté en su estado de desarrollo previo al nacimiento o en un estado de desarrollo posterior al nacimiento — ¡esa persona es todavía un **bebé**! En Luc. 1:36, a Juan el Bautista se le refiere como un "hijo" desde el momento mismo de la **concepción**. Todas las tres fases de la vida humana se enumeran en orden inverso en Oseas 9:11 — nacimiento, embarazo y concepción.

Si el aborto no está mal, ¡María hubiera tenido dentro de sus derechos morales y espirituales el abortar al niño Jesús, el divino Hijo de Dios! Alguien dice: "Pero eso es diferente ya que Dios tenía un plan especial para ese niño". Pero la Biblia enseña que Dios tiene planes especiales para **cada** ser humano. Cada vida humana es preciosa para Dios, tanto que una sola alma es más significativa que todas las demás cosas del mundo juntas (Mat. 16:26). Dios sacrificó a su propio Hijo por **cada** ser humano. Cada vida humana es igualmente valiosa para Dios.

Otro pasaje sorprendentemente relevante es Éx. 21:22-25. Este pasaje describe qué acción se debía tomar bajo la Ley de Moisés en caso de lesión accidental a una mujer embarazada.

Si algunos riñeren, e hirieren a mujer embarazada, y ésta abortare, pero sin haber muerte, serán penados conforme a lo que les impusiere el marido de la mujer y juzgaren los jueces. Más si hubiere muerte, entonces pagarás vida por vida, ojo por ojo, diente por diente, mano por mano, pie por pie, quemadura por quemadura, herida por herida, golpe por golpe.

Este pasaje ha sido traducido mal en algunas versiones. Por ejemplo, algunas versiones usan la palabra "aborto natural" en lugar de traducir literalmente la frase hebrea, "para que salgan sus hijos". El texto imagina una situación en la que una persona que está embarazada es herida accidentalmente por dos hombres que pelean. La lesión hace que la mujer comience el trabajo de parto prematuro, lo que resulta en un nacimiento prematuro de su hijo. Si ni la mujer ni el niño son perjudicados, entonces la ley de Moisés imponía una pena al que causó el nacimiento prematuro. Pero si la pelea provocaba lesiones o incluso la muerte, entonces la ley imponía un castigo paralelo: si el bebé prematuro moría, el que causaba el nacimiento prematuro debía ser ejecutado, vida por vida. Este pasaje considera claramente que el infante antes de nacer es un ser humano y que causar la muerte de un infante antes de nacer era homicidio bajo el Antiguo Testamento — punible con la muerte.

Tenga en cuenta que este reglamento bajo la ley de Moisés tenía que ver con lesiones causadas **accidentalmente**. El aborto es una terminación **deliberada** e **intencionada** de la vida de un niño. Si Dios lidió severamente con la muerte **accidental** de un bebé antes de nacer, ¿cómo cree que se siente con respecto al asesinato **deliberado** del nonato por un médico abortista? La Biblia responde a esa pregunta. Éx. 23:7 dice: "Y no matarás al inocente y justo; porque yo no justificaré al impío". Según Prov. 6:17, una de las cosas que Dios **odia** son las "manos derramadoras de sangre inocente".

El asunto del aborto es un asunto serio para Dios. Debemos basar nuestros puntos de vista en **la voluntad de Él** — no en la voluntad de los hombres. El corazón y el alma de nuestra nación están siendo arrancados por prácticas no éticas como el aborto. Debemos volver a la Biblia como nuestro estándar de comportamiento antes de que sea demasiado tarde.

De manera interesante, cuando una madre asesina a sus hijos pequeños conduciendo su automóvil hacia un lago; o una madre abandona a su bebé recién nacido en un contenedor de basura; o un padre deja a sus hijos en la casa para correr a la tienda solo para regresar y encontrar la casa en llamas — la sociedad se indigna por tal comportamiento tan terrible, irresponsable e insensible. Sin embargo, la misma sociedad que se indigna por tal comportamiento está perfectamente satisfecha de que los mismos padres hayan asesinado a los mismos niños si simplemente hubieran elegido hacerlo unos minutos o unos meses antes de que esos niños realmente nacieran.

Otra terrible y trágica inconsistencia e incongruencia existe en nuestro país. Si una persona toma un huevo de águila calva americana y lo destruye previo al nacimiento, destruyendo así al bebé águila que se está desarrollando en su interior, esa persona puede ser multada con una gran cantidad de dinero e incluso podría estar sujeta a una acción criminal y tiempo en prisión — **¡por matar un pájaro!** Sin embargo, la misma persona puede tomar a un bebé **humano** en su ambiente antes del nacimiento y no solo asesinar a ese niño, ¡sino también recibir fondos del gobierno por hacerlo! ¿Qué ha pasado con nuestra sociedad? Esto no puede ser armonizado de una manera consistente. La ética que se encuentra detrás de este estado de cosas es absolutamente extraña. Mostramos más preocupación por las marsopas, las ballenas, los búhos moteados y las selvas tropicales que por los seres humanos.

Una vez más, la confusión y la hipocresía que prevalece en nuestra sociedad se ve en el hecho de que los delincuentes pueden cometer varios crímenes atroces, asesinar a varias personas, violar y asesinar a mujeres y hacer todo tipo de acciones inimaginables y horribles. Sin embargo, una parte considerable de nuestra ciudadanía está en contra de invocar la pena de muerte por ese comportamiento depravado. Sentirían que estos adultos malvados que han participado en actividades atroces y destructivas no deberían ser ejecutados, un punto de vista contrario directamente a lo que la Biblia enseña (Rom. 13:1-6; 1 Ped. 2:13-14). Dios quiere que los malhechores de la sociedad sean castigados, incluso hasta el punto de la pena capital. **No** ejecutamos criminales culpables, curtidos. ¡Pero **ejecutamos** bebés inocentes! ¿Cómo puede uno justificar esta terrible disparidad?

La Homosexualidad

Otra área de adaptación con el mundo, que resulta en un cambio en la iglesia, es la homosexualidad. Si bien el elemento liberal en la iglesia no ha sido arrastrado hacia un mayor respaldo a la homosexualidad, filosóficamente, la mentalidad liberal inevitablemente relajará su oposición a los que insisten en su derecho a participar en la homosexualidad. Ya se han sembrado semillas para lograr ese fin.[305]

¿Cuál es la voluntad de Dios con respecto a la sexualidad humana? Esa voluntad se demostró por primera vez en la creación de los primeros seres humanos: "Varón y hembra los creó" (Gén. 1:27). Dios no creó a Adán y a Adrián; ni creó a Eva ni a Elba. La decisión de Dios de crear una contraparte femenina para el hombre no fue casual. La mujer cumplía de manera única los siguientes criterios: (1) "No es bueno que el hombre esté solo" (Gén. 2:18); (2) Se necesitaba una ayuda **adecuada** para él (Gén. 2:18, 20); (3) La raza humana debía perpetuarse a través de su unión sexual (Gén. 1:28). Tanto Jesús como Pablo reiteran este mismo entendimiento en Mat. 19:4-6 y 1 Cor. 7:2. Vea entonces que la mujer era el antídoto divino para la soledad de Adán, su necesidad de una ayuda **idónea** para él y la propagación de la raza humana. Ese es el arreglo divino para la especie humana.

No mucho después de que Dios puso en marcha el orden creado, lo declaró "bueno en gran manera" (Gén. 1:31), el hombre comenzó a manosear la voluntad divina y alteró las intenciones originales de Dios con respecto a la sexualidad humana en Gén.

---

[305] En 1979, se formó en Houston, Texas, una organización conocida como "Coro Acappella", afirmaba ser una "comunidad" de "gays y lesbianas de las iglesias de Cristo del área de Houston". Un folleto publicado por el grupo le pide a la iglesia "reevaluar su actitud hacia la homosexualidad en el contexto más amplio de toda la gama de temas relacionados con la sexualidad humana". El folleto indica que se envía por correo un boletín mensual a los "miembros gays de la iglesia en 27 estados, Sudáfrica y Micronesia" y que "se han iniciado otros grupos en Los Ángeles, Nashville y Seattle". Compare a Tracy Everbach, "La Política de brazos abiertos de la Iglesia", **The Dallas Morning News** (jueves 10 de septiembre), págs. 29A, 36A, en el que se citó al predicador de la iglesia de Cristo Richardson East, Larry James, en referencia a ministrar a personas con SIDA: "No creo que debamos seguir un patrón de condena. Eso no es lo que hizo Jesús". El artículo continúa diciendo:

Muchas de las personas con SIDA que han acudido al Sr. James para recibir asesoramiento han sido hombres homosexuales. El ministro dijo que no cree que la homosexualidad sea un pecado, "es un hecho, las personas no lo eligen conscientemente". Sin embargo, dijo que cree que está mal actuar sobre esos sentimientos. La iglesia opera un programa para hombres homosexuales que no se sienten bien y quieren llevar una vida célibe o heterosexual, dijo. Sin embargo, los que se sienten cómodos con sus vidas, él los deja así.

4:19; 12:10-12; y 16:1-16. Estas acciones eran obviamente contrarias al ideal de Dios de una conducta sexual sana y normal. Entonces, aparece Génesis 19.

> Llegaron, pues, los dos ángeles a Sodoma a la caída de la tarde; y Lot estaba sentado a la puerta de Sodoma. Y viéndolos Lot, se levantó a recibirlos, y se inclinó hacia el suelo y dijo: Ahora, mis señores, os ruego que vengáis a casa de vuestro siervo y os hospedéis, y lavaréis vuestros pies; y por la mañana os levantaréis, y seguiréis vuestro camino. Y ellos respondieron: No, que en la calle nos quedaremos esta noche. Mas él porfió con ellos mucho, y fueron con él, y entraron en su casa; y les hizo banquete, y coció panes sin levadura, y comieron. Pero antes que se acostasen, rodearon la casa los hombres de la ciudad, los varones de Sodoma, todo el pueblo junto, desde el más joven hasta el más viejo. Y llamaron a Lot, y le dijeron: ¿Dónde están los varones que vinieron a ti esta noche? Sácalos, para que los conozcamos. Entonces Lot salió a ellos a la puerta, y cerró la puerta tras sí, y dijo: Os ruego, hermanos míos, que no hagáis tal maldad. He aquí ahora yo tengo dos hijas que no han conocido varón; os las sacaré fuera, y haced de ellas como bien os pareciere; solamente que a estos varones no hagáis nada, pues que vinieron a la sombra de mi tejado. Y ellos respondieron: Quita allá; y añadieron: Vino este extraño para habitar entre nosotros, ¿y habrá de erigirse en juez? Ahora te haremos más mal que a ellos. Y hacían gran violencia al varón, a Lot, y se acercaron para romper la puerta. Entonces los varones alargaron la mano, y metieron a Lot en casa con ellos, y cerraron la puerta. Y a los hombres que estaban a la puerta de la casa hirieron con ceguera desde el menor hasta el mayor, de manera que se fatigaban buscando la puerta (Gén. 19:1-11).

Moisés había descrito la condición espiritual de los habitantes de Sodoma como "malos y pecadores contra Jehová en gran manera" (Gén. 13:13). Dios mismo declaró que su pecado se había "agravado en extremo" (Gén. 18:20). La actividad específica descrita en el capítulo 19 involucró el deseo de los hombres de Sodoma de "conocer" a los tres visitantes de Lot. El término hebreo **yada** aquí se usa eufemísticamente para denotar relaciones sexuales (cf., Gén. 4:1; 19:8; Núm. 31:17, 35; Jue. 11:39; 21:11).

Tenga en cuenta que el crimen que se condena en este pasaje **no** es el hecho de que los sodomitas estaban siendo violentos y obligaban a alguien a hacer algo en contra de su voluntad. Judas lo deja claro cuando identifica el pecado de ellos como "se corrompieron y siguieron carne extraña" (Judas 7, LBLA). Pedro repite el mismo pensamiento:

> Y si condenó por destrucción a las ciudades de Sodoma y de Gomorra, reduciéndolas a ceniza y poniéndolas de ejemplo a los que habían de vivir impíamente, y libró al justo Lot, abrumado por la nefanda conducta de los malvados (porque este justo, que moraba entre ellos, afligía cada día su alma justa, viendo y oyendo los hechos inicuos de ellos), sabe el Señor librar de tentación a los piadosos, y reservar a los injustos para ser castigados en el día del juicio; y mayormente a aquellos que, siguiendo la carne, andan en concupiscencia e inmundicia, y desprecian el señorío. Atrevidos y contumaces, no temen decir mal de las potestades superiores (2 Ped. 2:6-10; cf. Jer. 23:14).

El término "sodomía" ha llegado al idioma español debido a la actividad sexual practicada en Sodoma. Un diccionario estándar define "sodomía" como "relaciones sexuales no naturales, especialmente entre personas masculinas o entre un ser humano y un animal". Este incidente histórico demuestra claramente que la homosexualidad no es natural y viola el orden creado por Dios. Afirmar esto a menudo atrae la crítica de que tal punto de vista es condenatorio o muy moralista. Sin embargo, vea que cuando Lot instó a los sodomitas a no hacer "tal maldad", los hombres lo acusaron de ser crítico (Gén. 19:9; cf., Deut. 23:17-18).

Además para el período pre-mosaico de la historia, Dios dejó en claro su voluntad sobre este asunto cuando entregó la ley de Moisés. En un capítulo que trata casi exclusivamente de regulaciones sexuales, sus palabras son explícitas e inconfundibles:

No te echarás con varón como con mujer; es abominación. Ni con ningún animal tendrás ayuntamiento amancillándote con él, ni mujer alguna se pondrá delante de animal para ayuntarse con él; es perversión. En ninguna de estas cosas os amancillaréis; pues en todas estas cosas se han corrompido las naciones que yo echo de delante de vosotros, y la tierra fue contaminada; y yo visité su maldad sobre ella, y la tierra vomitó sus moradores. Guardad, pues, vosotros mis estatutos y mis ordenanzas, y no hagáis ninguna de estas abominaciones, ni el natural ni el extranjero que mora entre vosotros (porque todas estas abominaciones hicieron los hombres de aquella tierra que fueron antes de vosotros, y la tierra fue contaminada); no sea que la tierra os vomite por haberla contaminado, como vomitó a la nación que la habitó antes de vosotros. Porque cualquiera que hiciere alguna de todas estas abominaciones, las personas que las hicieren serán cortadas de entre su pueblo. Guardad, pues, mi ordenanza, no haciendo las costumbres abominables que practicaron antes de vosotros, y no os contaminéis en ellas. Yo Jehová vuestro Dios (Lev. 18:22-30). Si alguno se ayuntare con varón como con mujer, abominación hicieron; ambos han de ser muertos; sobre ellos será su sangre (Lev. 20:13).

Una persona necesitaría de ayuda para malinterpretar estos mandatos.

Otro relato gráfico se da en el capítulo 19 de Jueces. El período de los jueces fue una época de depravación y decadencia espiritual y moral, la Edad Oscura de la historia judía. "Hombres perversos", es decir, malvados, inicuos, depravados rodeaban una casa donde los viajeros se habían refugiado durante la noche. Como en Sodoma, ellos deseaban "conocer" al huésped masculino (Jue. 19:22). El anfitrión, como Lot, sabía exactamente lo que querían decir, como lo demuestra el hecho de que, como Lot, les ofreció una alternativa sexual. También etiquetó su deseo sexual como "malvado", "locura", "vil" y "lascivia" (Jue. 19:23, 24).

Durante el período de los reyes, Josías instituyó amplias reformas morales y religiosas. Estas reformas incluyeron derribar las casas de los sodomitas (2 Rey. 23:7).

El Nuevo Testamento es igualmente definitivo en su implacable e incuestionable condena de la homosexualidad. Pablo resume la "impiedad e injusticia" (Rom. 1:18) de las naciones y declara:

> Por esto Dios los entregó a pasiones vergonzosas; pues aun sus mujeres cambiaron el uso natural por el que es contra naturaleza y de igual modo también los hombres, dejando el uso natural de la mujer, se encendieron en su lascivia unos con otros, cometiendo hechos vergonzosos hombres con hombres, y recibiendo en sí mismos la retribución debida a su extravío. Y como ellos no aprobaron tener en cuenta a Dios, Dios los entregó a una mente reprobada, para hacer cosas que no convienen; estando atestados de toda injusticia, fornicación, perversidad, avaricia, maldad; llenos de envidia, homicidios, contiendas, engaños y malignidades; murmuradores, detractores, aborrecedores de Dios, injuriosos, soberbios, altivos, inventores de males, desobedientes a los padres, necios, desleales, sin afecto natural, implacables, sin misericordia; quienes habiendo entendido el juicio de Dios, que los que practican tales cosas son dignos de muerte, no sólo las hacen, sino que también se complacen con los que las practican (Rom. 1:26-32).

Este pasaje usa los términos griegos que los lexicógrafos Arndt, Gingrich y Thayer definen como deseo prohibido, impureza, vicio antinatural, pasiones vergonzosas que no están de acuerdo con la naturaleza, individuos del mismo sexo inflamados con deseo sensual y sexual el uno para el otro. Observe que el último versículo muestra que Dios está igualmente disgustado con los que apoyan y aprueban la homosexualidad, aunque ellos mismos no se involucren personalmente en tal comportamiento (v. 32).

A la iglesia en Corintio, Pablo preguntó:

> ¿No sabéis que los injustos no heredarán el reino de Dios? No erréis; ni los fornicarios, ni los idólatras, ni los adúlteros, ni los afeminados, ni los que se echan con varones, ni los ladrones, ni los avaros, ni los borrachos, ni los maldicientes, ni los estafadores, heredarán el reino de Dios. Y esto erais algunos; mas ya habéis sido lavados, ya habéis sido santificados, ya habéis sido justificados en el nombre del Señor Jesús, y por el Espíritu de nuestro Dios (1 Cor. 6:9-11).

El término "afeminado" es un uso metafórico de un término griego que significa literalmente "suave" y, cuando se refiere a las personas, se refiere a hombres que se dejan usar sexualmente por otros hombres. Tanto Thayer como Arndt y Gingrich aplican el término a la persona que es un "catamita", es decir, un hombre (específicamente, un joven) que somete su cuerpo a otros hombres para tener sexo.

La frase "ni los que se echan con varones" es una traducción del término **arsenokoitai**. Viene de dos palabras: **arsein** (un hombre) y **koitei** (una cama) y se refiere a alguien que tiene relaciones sexuales con un hombre como con una mujer, un sodomita. Pablo usó el mismo término cuando escribió a Timoteo e identificó algunas conductas que son "contrarias a la sana doctrina" y que son características de la persona que no es "justa" (1 Tim. 1:9-10).

Cuando Pablo dice "y esto erais algunos", prueba no solo que los involucrados pueden ser perdonados, sino que pueden dejar esa actividad. Debemos concluir que la actividad sexual entre personas del mismo sexo no es una cuestión de genética. Es un fenómeno de comportamiento asociado a factores ambientales.

Resumen

El sexo ilícito es solo una desviación más de la voluntad de Dios que enfrenta la sociedad estadounidense. Los cristianos que respiran los vientos de cambio y adoptan una mentalidad flexible, laxa y tolerante son vulnerables y susceptibles a suavizar su oposición a la inmoralidad sexual. Pero de todos los tiempos en la historia reciente, los cristianos deben destacarse en la sociedad y proclamar la visión de Dios acerca del sexo. No debemos rendirnos al enfoque liberal que dice que la homosexualidad es un "estilo de vida alternativo". No debemos enseñar a los niños a participar en "relaciones sexuales seguras" ni a ser parte de ningún programa que promueva la distribución de condones en nuestros sistemas escolares.

De todas las personas en la tierra, nosotros los cristianos debemos decir públicamente de la insistencia de Dios en el autocontrol, la autodisciplina, la responsabilidad y la moralidad. Debemos condenar la satisfacción inmoderada de los deseos con el mismo fervor de los profetas del Antiguo Testamento. Debemos declarar que las personas tienen la obligación divina de poner restricciones y controles sobre sus impulsos y pasiones sexuales. Dejar de estar firmes con el estándar objetivo moral de la Biblia es fomentar solo más promiscuidad, más homosexualidad y más enfermedades de transmisión sexual. El único "sexo seguro" a los ojos de Dios es el sexo que está en el matrimonio según la Biblia.

¿Qué le ha pasado a nuestra nación cuando, en nuestras escuelas públicas, es legal que los funcionarios escolares distribuyan condones a los estudiantes, pero por otro lado, es ilegal distribuir Biblias o enseñar principios bíblicos? Ha llegado el momento de que nuestra nación y la iglesia se despierten. La libertad sin restricciones, los derechos sin responsabilidad, las decisiones sin consecuencias, el placer sin dolor, son ajenos a la Biblia.

¿Qué pasó con 1 Cor. 6:18? "¡Huid de la fornicación!" No existe tal cosa como la fornicación "segura", el pecado "seguro", la inmoralidad "segura". Dios nos dice que huyamos de él, que lo resistamos, que lo rechacemos. 1 Tim. 5:22 dice: "Consérvate puro". Heb. 13:4 nos dice que el lecho matrimonial debe mantenerse sin mancha y que a los adúlteros y fornicarios los juzgará Dios. Efe. 5:3 dice que no debería haber ni un indicio de inmoralidad sexual entre los cristianos. Necesitamos amar a todos los pecadores y tratar de alertarlos sobre la voluntad de Dios para sus vidas "arrebatándolos del fuego" (Judas 23) y eso "salvará de muerte un alma, y cubrirá multitud de pecados". (Sant. 5:20).[306]

El pecado sexual, sin duda, pasará a la historia como uno de los principales contribuyentes al deterioro moral y espiritual y

---

[306] Para obtener ayuda útil sobre el tema general de la homosexualidad y cómo ayudar a una persona que está involucrada en este pecado, vea Bill Flatt, Jack Lewis y Dowell Flatt, **Counseling Homosexuals** (*Aconsejando A Los Homosexuales*; Jonesboro, AR: National Christian Press, 1982).

al declive de la sociedad americana. Uno se pregunta cuánto tiempo más puede continuar esa falta de castidad generalizada en nuestra tierra antes de que Dios "visité su maldad sobre ella, y la tierra vomitó sus moradores" (Lev. 18:25). De hecho, a la luz de tal confusión moral, nuestra sociedad no puede continuar sobreviviendo indefinidamente en el futuro — a menos que, por supuesto, Dios esté preparado para disculparse por lo de Sodoma y Gomorra.

La Lotería

Las loterías se han convertido en grandes eventos sociales. Cada vez más personas participan con la esperanza de convertirse en millonarios. ¿Qué dice la Biblia acerca de la lotería? ¿Qué piensa Dios? Curiosamente, la historia de los Estados Unidos confirma el hecho de que, hasta hace poco, se consideraba que los juegos de apuestas de cualquier forma eran pecaminosos e inmorales para la mayoría del público americano. Aunque surgieron los tiempos en que los juegos de azar se generalizaban, el sentimiento general del público desaprobaba la práctica. El juego era generalmente ilegal en nuestra sociedad. La palabra "apuesta" era un término del argot que manifestaba reproche. Las personas educadas, que tenían convicciones virtuosas y morales, entendían que el juego era un vicio inaceptable e inapropiado. Los que participaban en tales prácticas eran reconocidos como elementos degradados en la sociedad que solo servían para debilitar la sensibilidad social.

Sin embargo, ahora las pistas de carreras de caballos y de perros y los casinos están surgiendo en todo el país. Varios gobiernos estatales incluso patrocinan loterías estatales con campañas publicitarias masivas. Estamos viendo un cambio dramático en el orden social. A medida que la fibra moral de la sociedad se deteriora y se desechan los valores bíblicos, las actividades que antes se consideraban **perjudiciales** para la sociedad ahora se están volviendo aceptables. El juego de azar se ha convertido en una forma viable de esparcimiento y entretenimiento para millones de americanos con miras a enriquecerse rápidamente. Aquellos dentro de las iglesias de Cristo que han relajado sus puntos de vista doctrinales sobre otros asuntos les resulta difícil ver algo malo en la lotería o en participar en otras formas de juego.

A muchas personas ya no les importa lo que Dios piensa y lo que la Biblia enseña. Sin embargo, hay un Dios en el cielo que nos ha dado Su Palabra escrita. Esa Revelación está diseñada para gobernar nuestro comportamiento. Debemos enfrentarnos a los efectos sociales y espirituales destructivos del juego.

Efectos Sociales

Una fuente estima que hay ochenta millones de jugadores en los Estados Unidos.[307] Eso es aproximadamente uno de cada tres estadounidenses. Para finales de la década de 1980, el Consejo Nacional de Juego de Azar Compulsivo estimó que entre cuatro y seis millones de jugadores sufren un trastorno adictivo que amenaza sus vidas y las de sus seres queridos.[308] Ahora, los investigadores del juego dicen que al menos ocho millones de estadounidenses son jugadores compulsivos, de los cuales un millón son adolescentes.[309] La tasa de suicidio entre los jugadores activos (especialmente las mujeres) es la más alta de todas las enfermedades.[310]

Los expertos han expresado su alarma ante el creciente número de adolescentes que están apostando. Se refieren a los juegos de azar como "la creciente adicción de la década de 1990" y predicen que les causará a los adolescentes más problemas durante la próxima década que las drogas ilegales.[311] En los primeros diez días de la Lotería de Texas, los consejeros que operan la línea directa del Consejo de Texas para Problemas de Compulsión en los Juegos de Azar informaron de historias alarmantes de adolescentes sobre el juego:

---

[307] Tomado del artículo "Juego compulsivo" de Robert L. Custer, M.D. que apareció originalmente en **The Psychiatric Times.**

[308] R. Edwin Chamberlain, "Juegos De Azar: Ideas Del Nuevo Testamento Para Una Antigua Adicción", **Professional Counselor** (Nov/Dec 1988):37

[309] Richard Chavira, "El Surgimiento De Los Juegos De Azar En Los Adolescentes", **Time** (25 de Febrero de 1991):78.

[310] De un material disponible por medio de Hospital Charter de Las Vegas (P.O. Box 80418, Las Vegas, NV 89180).

[311] George McCabe, "Demasiado Joven para Jugar", **Las Vegas Review-Journal** (14 de Junio de 1990): 7D.

Un empleado de una tienda de conveniencia de dieciocho años llamó el segundo día de la lotería informando que había raspado cientos de boletos que pertenecían a la tienda y dijo: "Pensé que era seguro que ganaría lo suficiente no solo para pagarle a la tienda el costo de los boletos, sino que me quedaría un montón de dinero";

Un joven adinerado de dieciséis años de edad, de un vecindario suburbano de lujo informó que había perdido "una suma considerable de dinero" en la lotería. Al darse cuenta de que tenía menos de la edad legal para comprar boletos, les pidió a sus amigos más viejos que le compraran los boletos. Admitió que jugó mucho en los baños de la escuela;

El padre de un niño de diecinueve años de un pueblo rural al este de Texas estaba angustiado porque su hijo jugaba a las cartas y a los dados y había gastado su cheque semanal en la lotería.[312]

El director del Centro Nacional para el Juego Patológico hizo esta pertinente observación: "Usted tiene gobiernos estatales que promueven las loterías. El mensaje que transmiten es que el juego no es un vicio sino una forma normal de entretenimiento".[313]

Una encuesta publicada a principios de 1993 por la Comisión de Texas sobre el abuso de alcohol y drogas reveló que el 1.3 por ciento de los adultos de Texas eran probables jugadores patológicos de por vida y otro 3.5 por ciento eran jugadores con problemas de por vida. Esto se traduce en que entre 540,000 y 670,000 adultos de Texas han tenido graves problemas relacionados con el juego durante su vida. Con el advenimiento de la lotería de Texas, los datos sin duda mostrarán que estas cifras se dispararán.

En 1957, se formó Jugadores Anónimos y desde entonces ha crecido a más de 800 sucursales en los Estados Unidos y más

---

[312] De un folleto titulado "La Adicción De Los Adolescentes A Los Juegos De Azar" dado por Texas Council on Problem and Compulsive Gambling, Dallas, Texas.

[313] Chavira, p. 78.

de 1,400 reuniones en todo el mundo. El juego compulsivo está siendo comparado por los expertos con la adicción al alcohol y las drogas. La posición oficial de Jugadores Anónimos es la promoción de la abstinencia del juego como algo esencial para la recuperación de una persona. Como es de esperar, su grupo más fuerte y activo está en Las Vegas.

La Enseñanza De La Biblia

Si la Biblia enseña que algo está mal, para ser aceptable ante Dios, uno debe abstenerse de ese comportamiento. Para Dios, no existe el "juego moderado", como tampoco lo es la "fornicación moderada" o el "consumo moderado de alcohol" o el "consumo moderado de cocaína".

¿Qué entendemos por "juego de azar"? Diferentes diccionarios definen el juego como "jugar juegos de azar por dinero", "arriesgar dinero con ganancias inciertas", "apostar o arriesgar dinero, etc. con la esperanza de obtener grandes ganancias". El juego, por definición, incluye los siguientes componentes: (1) la creación artificial de un riesgo de perder una propiedad; (2) un intento por medio de la oportunidad de obtener la posesión del otro; (3) Ambos no pueden ganar — alguien debe perder.

Los juegos de azar se manifiestan en una variedad de formas en nuestra sociedad: juegos de cartas, tirar dados, máquinas tragamonedas, apostar en carreras de caballos o perros, participar en sorteos o boletos para una rifa, apostar en eventos deportivos, comprar boletos de lotería, jugar al bingo por dinero o premios, incluso volados con monedas. La persona que no se toma el tiempo para estudiar la Palabra de Dios y luego pensar en estas actividades bien puede considerarlas como formas inofensivas de entretenimiento. Pero simplemente debemos pensar y meditar sobre lo que Dios nos dice en Su Palabra. Por favor considere los siguientes principios bíblicos:

1. Las Escrituras identifican tres formas aceptables de transferir objetos de valor de una persona a otra. Uno puede trabajar y recibir un pago a cambio (Mat. 10:10; Luc. 10:7; Efe. 4:28; 1 Tim. 5:18). O uno puede vender bienes, posesiones y recibir un pago a cambio (Mat. 13:46; Hch. 2:45; 4:34; 5:4; Sant. 4:13). En tercer lugar, uno puede simplemente hacer una

ofrenda voluntaria o una donación sin esperar nada a cambio (Luc. 6:30, 34, 35; 10:33-35; Hch. 20:35; 2 Cor. 8:9). Ya que los cristianos son los que regulan sus vidas estrictamente sobre la base de lo que Dios les autoriza a hacer, los juegos de azar se omiten en la vida del cristiano. Los juegos de azar no encajan en ninguna de estas categorías bíblicas que rigen la transferencia de objetos de valor.

2. Un segundo principio dado por la Biblia se relaciona con el hecho de que los juegos de azar implican que dos o más personas compitan entre sí para tomar el dinero del otro. Los que participan en cualquiera de las formas de juego de azar mencionadas anteriormente quieren el dinero de la otra persona, pero no están dispuestos a donar su dinero a los demás. Todos los que apuestan esperan ganar dinero de otros y nadie quiere perder el dinero que apuestan. Esta faceta fundamental del juego está en conflicto directo con el corazón y el núcleo del cristianismo como lo afirma Jesús en Mat. 7:12.

Por definición, el jugador está tratando a los demás de la forma en que no le gustaría ser tratado. Desea tomar el dinero de otros, pero no quiere que ellos tomen su dinero. Vea que al igual que la prostitución es fornicación por consentimiento mutuo, y las peleas a muerte, asesinato por consentimiento mutuo, los juegos de azar son robo por consentimiento mutuo. Incrustados en el corazón del juego están los motivos pecaminosos del egoísmo, el egocentrismo y los celos/envidia.

3. Una tercera consideración bíblica es el hecho de que los juegos de azar entran en conflicto con la ética del trabajo que se enseña muy claramente en la Palabra de Dios. Dios quiere que trabajemos, que trabajemos con nuestras manos, que trabajemos con el sudor de nuestra frente (Hch. 20:35; Efe. 4:28; 2 Tes. 3:8-12; cf., Gén. 3:19). El juego es un intento obvio por evitar el trabajo y pone en cortocircuito el principio del trabajo para fines nobles. La ética de trabajo ha recibido una verdadera paliza en este país desde la Segunda Guerra Mundial. Nuestra sociedad ya no disfruta de la idea del trabajo duro y honorable. Si podemos participar en algún plan rápido para hacernos ricos, creemos que deberíamos ir por él. Sin embargo, nuestros antepasados, siguiendo el ejemplo de la Biblia, comprendieron que las labores domésticas y el trabajo arduo son virtuosos, terapéuticos y no deben rechazarse.

4. Un cuarto concepto bíblico se refiere a la envidia o la codicia. Dios quiere que trabajemos para asegurar la financiación de la vida diaria para nosotros mismos, la familia y los necesitados (1 Tim. 5:8; Gál. 6:10). Pero "ganar dinero para vivir" es muy diferente a "vivir para ganar dinero". Dios nos advierte repetidamente a través de la historia humana que eliminemos de nuestras mentes la codicia, el deseo por las cosas, la ambición por acumular las riquezas de este mundo (Mat. 6:19-21; Luc. 12:15-21; Efe. 5:3; 3:1-5; 1 Jn. 2:15-17). Pablo habló de los que "quieren enriquecerse", que tienen "amor al dinero" y que ponen "la esperanza en las riquezas que son inciertas" (1 Tim. 6:9, 10, 17). Incluso si uno tiene la intención de utilizar la riqueza acumulada para la obra del Señor, el deseo de enriquecerse está plagado de trampas sutiles y ocultas. Independientemente de las buenas intenciones que puedan existir, la condición subyacente de poner la mente y el corazón en la riqueza es en sí misma una conducta cristiana errónea e inadecuada.

OBJECIONES

La Biblia contiene principios adicionales que se relacionan con los juegos de azar, pero estos cuatro son suficientes para ver la voluntad de Dios sobre el asunto. Considere algunas objeciones que podrían surgir en un esfuerzo por aprobar los juegos de azar.

1. Alguien puede decir que está bien apostar ya que "toda la vida es una apuesta". Si bien la vida implica riesgos, no coincide con los componentes característicos de los juegos de azar que hemos estado discutiendo. Cuando un agricultor siembra un cultivo, por ejemplo, actúa en armonía con la ética de trabajo. Si su cosecha falla, nadie más pierde. No está tratando de tomar por casualidad las posesiones de los demás. No está creando artificialmente el riesgo de perder sus posesiones.

Considere esta comparación. Si va a través de una transitada calle con los ojos vendados durante la hora pico, está creando un riesgo artificial y apostando con su vida en un esfuerzo por recibir emociones baratas. Si, por otro lado, va por una intersección principal, usando el semáforo, mira a ambos lados y obedece la ley, no está jugando con su vida, aunque enfrentaría un cierto riesgo asociado con la vida normal.

El inversionista que pone dinero en una corporación lo está haciendo para ayudar a la corporación a tener éxito. No está tratando de tomar lo que pertenece a los demás. Se están proporcionando productos y servicios para la comunidad. De ninguna manera el inversionista está tratando de tomar dinero sin dar algo a cambio.

2. Alguien más puede decir que los fondos recaudados por la lotería se destinan a pagar la educación pública y otras causas dignas. Personalmente, soy muy escéptico con respecto a las afirmaciones de que los fondos se están utilizando para ayudar con nuestros gastos sociales. Después de todo, seguimos escuchando a los políticos reclamar aumentos de impuestos para pagar las mismas cosas que afirman que una lotería financiaría. También estoy convencido de que las estadísticas muestran que en todos los lugares donde se ha legalizado el alcohol, las drogas, la pornografía, la prostitución y los juegos de azar, se han producido una serie de efectos adversos que han creado problemas económicos y sociales mucho mayores. Los países que legalizan el comportamiento ilícito solo agravan sus problemas y contribuyen a la caída de su sociedad.

En cualquier caso, el razonamiento que dice que el dinero va a causas valiosas es erróneo. La Biblia enseña que el fin no puede justificar los medios (Rom. 3:8). Si la educación pública es una causa valiosa y debe ser financiada, ¡solo donemos el dinero y eliminemos el juego! ¿Por qué apelar a la codicia humana? ¿Por qué nutrir la filosofía de "algo por nada"? ¿Debemos legalizar cada vicio y práctica inmoral imaginable sobre la base de que podemos usar los ingresos para financiar causas dignas? Si una causa no es digna de ser financiada sin apelar a la codicia, entonces debe disolverse.

3. Otra persona puede pensar que jugar a la lotería o ir a un casino no es más que una forma de placer, entretenimiento o recreación, como ir a Six Flags o al zoológico. Pero, ¿quién ha oído de perder dinero por "recreación"? ¡Perder dinero no es divertido! Las probabilidades contra los jugadores son

literalmente astronómicas. En realidad, la emoción que proviene del juego es una sensación ilícita que no debe confundirse con la recreación. La recreación se puede lograr simplemente jugando un juego de cartas o viendo carreras de caballos, sin apostar dinero. Obviamente, la codicia del dinero es algo más que el aspecto legítimo del placer y la recreación. Donar dinero a una causa valiosa le da placer al donante (Hch. 20:35), ¡pero perder dinero al apostar no es nada placentero!

RESUMEN

La lotería, como todas las formas de juego, es ante todo una cuestión moral. Hubo un tiempo en la sociedad americana cuando la mayoría de la gente entendía que cosas como bailar, beber, fumar, maldecir y apostar estaban mal. Obviamente, los tiempos, las circunstancias y la cultura han cambiado. Pero Dios y su Palabra no han cambiado. Su Palabra nos advierte que, si no respetamos su voluntad, sino que optamos por vivir según nuestros deseos, pasaremos la eternidad en los fuegos del infierno (Ap. 21:8). Los cristianos pueden ganarse la vida honestamente con trabajo duro sin tener que recurrir al juego. Los cristianos pueden divertirse bien y divertirse sin tener que recurrir a formas ilícitas de estimulación como el juego.

DIVORCIO Y SEGUNDAS NUPCIAS

El divorcio está desenfrenado en nuestra sociedad. Algunas estadísticas dicen que uno de cada dos matrimonios termina en divorcio. El tema del divorcio y las segundas nupcias no es agradable para los que se ven afectados negativamente por la enseñanza bíblica. Nuestro país no solo está profundamente involucrado en el rechazo permanente de la voluntad de Dios con respecto al matrimonio, sino que las iglesias de Cristo están experimentando dificultades significativas y generalizadas con el tema. Los agentes de cambio son conocidos por su aceptación de parejas casadas y divorciadas de manera no bíblica.[314]

¿Qué es lo que Dios quiere respecto al matrimonio? El capítulo dos de Génesis sienta las bases para todo el asunto. Una declaración muy simple y breve de Dios mismo establece el tono y el tenor para toda la humanidad para todos los tiempos. El contexto es la creación de la raza humana. Dios creó a Adán y luego dijo: "No es bueno que el hombre esté solo" (2:18). Así que creó para Adán un ayuda que fuera idónea para el hombre (2:21-22). Le presentó esta mujer a Adán, quien hizo la declaración: "Esto es ahora hueso de mis huesos y carne de mi carne; ésta será llamada Varona, porque del varón fue tomada" (2:23). Fíjese en lo que Dios concluye: "Por tanto, dejará el hombre a su padre y a su madre, y se unirá a su mujer, y serán una sola carne" (2:24).

Aquí, en una simple declaración, está la voluntad de Dios para todos los seres humanos en la faz de la tierra con respecto al matrimonio. Dios quiere que un hombre se case con una mujer de por vida. Esa es la ley general de matrimonio según Dios. Esta ley ha estado intacta desde el principio de la creación cuando colocó a los primeros seres humanos en la tierra en el jardín del Edén. Si solo nuestro país y nuestras iglesias entendieran que la voluntad de

---

[314] Una serie de libros y sermones han surgido en los últimos años que promueven opiniones poco convencionales con respecto al divorcio y el nuevo matrimonio. Estos puntos de vista difieren del punto de vista bíblico con el que se han identificado las iglesias de Cristo en general, entre ellos James D. Bales, **Not Under Bondage** (*No Bajo Esclavitud*; Searcy, AR: J. D. Bales, 1979); John L. Edwards, **An In-Depth Study of Marriage and Divorce** (*Un Estudio En Profundidad Sobre El Matrimonio Y El Divorcio*; St. Louis, MO: John L. Edwards, 1985); Olan Hicks, **What the Bible Says about Marriage, Divorce & Remarriage** (*Lo Que Dice La Biblia Sobre El Matrimonio, El Divorcio Y Las Segundas Nupcias*; Nashville, TN: Christian Family Books, 1985): Olan Hicks, **Divorce, Repentance, and the Gospel of Christ** (*El Divorcio, El Arrepentimiento Y El Evangelio De Cristo*; Searcy, AR: Gospel Enterprises, 1981); Rubel Shelly, "El Sermón del Monte #7", un sermón predicado en la Iglesia de Cristo Ashwood, Nashville, Tennessee, el 28 de marzo de 1988. En contraste con estos, consulte a Andrew Connally y Olan Hicks, **El Debate Connally-Hicks Sobre Divorcio Y Segundas Nupcias** (Jonesboro, AR: National Christian Press, 1979); Olan Hicks y Jim Waldron, **El Debate Olan Hicks Contra Jim Waldron Sobre El Divorcio**: (Fort Worth, TX: Star Bible & Tract Corp., 1977); Roy Lanier, Sr., **Marriage-Divorce-Remarriage** (*Matrimonio, Divorcio, Segundas Nupcias*; Shreveport, LA: Lambert Book House, n.d.): James Baird, **And I Say Unto You** (*Pero Yo Os Digo*; Oklahoma City, OK: B y B Bookhouse, 1981); Wayne Jackson y Truman Scott, **Divorce and Remarriage: A Study Discussion** (*Una Discusión Sobre El Divorcio Y Segundas Nupcias*; Stockton, CA: Courier Publications, 1990); Thomas B. Warren, **Keeping the Lock in Wedlock** (*Manteniendo Seguro el Matrimonio*; Moore, OK: Nat'l. Christian Press, 1980); Thomas B. Warren, **Under Bondage To the Law of Christ** (*Bajo La Esclavitud De La Ley De Cristo*; National Christian Press, 1989); Earl Edwards, "Exégesis de Mateo 19:3-12", en Winford Claiborne, ed., **Building Stronger Christian Families** (*Edificando Familias Cristianas Más Fuertes*; Henderson, TN: Freed-Hardeman University, 1992).

Dios para los seres humanos, en lo que se refiere al sexo y al matrimonio, es que un hombre se case con una mujer y los dos permanezcan casados todos los días de sus vidas. La única manera de ser verdaderamente feliz y estar contento, en lo que respecta al matrimonio, es conformarse a esta simple enseñanza. Para ser realmente felices y evitar el dolor, la desesperación y la infelicidad causada por las relaciones sexuales ilícitas, debemos escuchar con atención lo que Dios quiere que hagamos.

La voluntad ideal de Dios es que una persona soltera (es decir, nunca antes casada) se case con otra persona soltera (es decir, nunca antes casada). Él quiere que los dos, hombre y mujer, permanezcan casados el resto de sus vidas. Un hombre para una mujer para toda la vida. Qué simple es la voluntad de Dios para los humanos. Si queremos ser felices y si queremos agradar a Dios, respetaremos esa simple pero profunda ley del matrimonio dada por Dios mismo.

Se pueden extraer principios adicionales del Antiguo Testamento relacionados con el matrimonio. Por ejemplo, en los capítulos 9 y 10 de Esdras, los hijos de Israel salieron del cautiverio babilónico y regresaron a su tierra natal. Esdras demostró gran preocupación por las relaciones matrimoniales que habían formado mientras estaban en la esclavitud babilónica. Se habían casado con pueblos paganos. Si bien Dios nunca se ha opuesto al matrimonio interracial, siempre ha estado en contra de que su pueblo esté contaminado por falsos puntos de vista religiosos y espirituales. Bajo la ley de Moisés, realmente prohibió a los israelitas casarse con los que pertenecían a otros grupos religiosos.

Estas personas habían hecho eso (Esd. 9:2). Al formar matrimonios no estando en armonía con la voluntad de Dios, solo había una solución:

> Entonces respondió Secanías hijo de Jehiel, de los hijos de Elam, y dijo a Esdras: Nosotros hemos pecado contra nuestro Dios, pues tomamos mujeres extranjeras de los pueblos de la tierra; mas a pesar de esto, aún hay esperanza para Israel. Ahora, pues, hagamos pacto con nuestro Dios, que despediremos a todas las mujeres y los nacidos de ellas, según el consejo de mi señor y de los que temen el

mandamiento de nuestro Dios; y hágase conforme a la ley (Esd. 10:2-3).

En otras palabras, al formar matrimonios que no estaban en armonía con la voluntad de Dios, la única manera de que el pueblo estuviera bien con Dios, de que volviera a su favor, era disolver esos matrimonios ilícitos. El 8 de diciembre del 457 a.C. fue un día triste, sombrío y lluvioso cuando la población en llanto se reunió para cumplir con la enseñanza divina (Esd. 10:9ss). Sin embargo, su devoción a Dios y su fe en la Palabra de Dios les permitió someter su dolor de corazón lo suficiente para cumplir la tarea y ser restaurados al favor de Dios.

Aquí aprendemos un segundo principio del Antiguo Testamento concerniente al matrimonio. Dios no solo quiere que nos casemos en forma permanente, quiere que nos casemos correctamente. Quiere que tengamos cuidado con quién nos casamos. De hecho, si un matrimonio es contraído no estando en armonía con la voluntad de Dios, Dios desea que esa relación matrimonial termine.

También se puede sacar otro principio respecto al matrimonio del profeta Malaquías. Los hombres de su época se divorciaban de sus esposas y se casaban con mujeres más jóvenes. Dios denunció que este es un comportamiento "desleal" con la esposa de su juventud (Mal. 2:14, 15, 16). Malaquías acusó a estos hombres de una ofensa contra Dios y declaró: "Porque Jehová Dios de Israel ha dicho que él aborrece el repudio" (Mal. 2:16).

Dios no quiere que las personas se divorcien de su pareja original en esta vida. No quiere que disuelvan su matrimonio original. Quiere que el matrimonio sea permanente. Nuestra nación y nuestras iglesias podrían ahorrarse mucho dolor y pena si las personas reconocieran y honraran este principio fundamental de la existencia humana dado por Dios mismo.

El divorcio desenfrenado está causando un costo catastrófico en los niños de nuestra sociedad. Muchos, muchos niños sufren profundas cicatrices emocionales, psicológicas y espirituales. Están sufriendo el daño permanente que generan las mamás y los papás egoístas e irreflexivos que optan por terminar sus matrimonios a pesar de que su matrimonio inicial es correcto con Dios.

En el Nuevo Testamento, Jesús respondió directamente a la pregunta: "¿Es lícito al hombre repudiar a su mujer por cualquier causa?" (Mat. 19:3). La respuesta de Jesús a esa pregunta fue simple, sin embargo, regresó al mismo pasaje con el que comenzamos: Gén. 2:24. Se refirió al pasaje para dar una respuesta negativa a la cuestión del divorcio. Jesús estaba diciendo: "No, no es lícito que una persona se divorcie de su pareja por cualquier motivo". Aclara y elabora esa respuesta diciendo: "Y yo os digo que cualquiera que repudia a su mujer, salvo por causa de fornicación, y se casa con otra, adultera; y el que se casa con la repudiada, adultera". Esta es la palabra de Jesús al respecto.

Jesús indicó que estaba de acuerdo con lo que Dios dijo en Génesis. Estaba diciendo que ésta siempre ha sido la voluntad de Dios. Él siempre ha querido que un hombre permanezca casado con su primera esposa de por vida. La única excepción, la única concesión hecha por Dios en la que un hombre puede divorciarse de esa primera esposa y formar un segundo matrimonio es, si y solo si, la primera esposa de ese hombre comete fornicación. Sobre esa base, y solo esa — Dios y Cristo permiten que una persona forme un segundo matrimonio.

A la inversa, este pasaje dice que si usted se divorcia de su pareja por algún motivo que no sea la fornicación y se casa nuevamente, es culpable de cometer adulterio. La Biblia es muy clara en relación a los que cometen adulterio y continúan haciéndolo. Los que eligen vivir en una relación adúltera — una relación matrimonial en la que no tienen derecho a contraer o persistir en ella — están pecando y se perderán en la eternidad (Heb. 13:4; Ap. 21:8).

¿Qué es la fornicación? El término "fornicación" en el griego original es el término **porneia** y se refiere a relaciones sexuales ilícitas de todo tipo. Jesús está diciendo que, si la pareja de una persona le es infiel sexualmente, al formar una unión sexual con otra persona, ya sea hombre o mujer, esa persona es culpable de fornicación. La parte inocente tiene el derecho de las Escrituras, si decide ejercerlo, a divorciarse de esa pareja por motivo de esa infidelidad sexual y luego contraer un segundo matrimonio legítimo y bíblico. Por supuesto, la persona no está obligada a ejercer ese derecho escritural. Podría ejercer los principios igualmente bíblicos de perdón, paciencia y longanimidad. Pero, Jesucristo otorga la oportunidad de un segundo matrimonio, aunque solo por motivos de fornicación.

La enseñanza adicional del Nuevo Testamento respecto al matrimonio se ve en la referencia paralela de Pablo, al hablar de la relación del cristiano con la Ley de Moisés. Hizo una analogía en el sentido de que una mujer está libre de la relación matrimonial con su esposo y es libre para formar otra relación matrimonial si su esposo muere. Si su primer esposo está muerto, ella queda libre de esa relación matrimonial y, por lo tanto, está libre para formar una segunda unión sin cometer adulterio (Rom. 7:1-3).

Otro pasaje en el Nuevo Testamento que discute el matrimonio fue escrito a los corintios. Cuando Pablo escribió: "Pero a los que están unidos en matrimonio, mando, no yo, sino el Señor", se refería al hecho de que el Señor mismo ya había abordado este asunto durante su ministerio terrenal. Luego dijo: "Que la mujer no se separe del marido; y si se separa, quédese sin casar, o reconcíliese con su marido; y que el marido no abandone a su mujer". Aquí, nuevamente, está la ley general de matrimonio de Dios, articulada en Gén. 2:24 y reiterada por Jesús en Mat. 19:4-6. Dios quiere la permanencia en la relación matrimonial original del esposo y la esposa. Si se produce una ruptura, no debe formarse un nuevo matrimonio. En su lugar, cada uno debe permanecer soltero o reconciliarse con el cónyuge original. Cristo dio la única excepción a esta regla general en Mat. 19:9.

El escritor hebreo agrega más información al escribir: "Honroso sea en todos el matrimonio, y el lecho sin mancilla" (Heb. 13:4). Esta declaración es una advertencia y una amonestación para que observemos la voluntad de Dios con respecto al matrimonio, el divorcio y las segundas nupcias. Si una persona se casa en violación de esa voluntad divina y muere en esa condición, enfrentará la ira de Dios en la eternidad: "Pero a los fornicarios y a los adúlteros los juzgará Dios".[315]

---

[315] Este resumen de la enseñanza bíblica sobre el divorcio y el nuevo matrimonio es muy breve. Para obtener información adicional, consulte las siguientes obras: Thomas B. Warren, **Your Marriage Can Be Great** (*Su Matrimonio Puede Ser Grandioso*; Jonesboro, AR: National Christian Press, 1978); Jim Laws, ed., **Marriage, Divorce, and Remarriage** (*Matrimonio, Divorcio Y Segundas Nupcias*; Memphis, TN: Getwell church of Christ, 1992); Dave Miller, el folleto "To Be o 'Knot' To Be", (Bedford, TX: Iglesia de Cristo de Brown Trail, 1986).

Resumen

La Biblia enseña muy claramente que todo ser humano en la faz de esta tierra que elige casarse debe hacerlo con una pareja elegible. Los dos deben permanecer casados toda la vida. La única manera en que Dios permitirá que uno termine ese matrimonio y forme una segunda relación matrimonial mientras el primer compañero aún está viviendo es si el compañero es infiel sexualmente. Sobre esa base, y solo por ese motivo, Dios permite que la pareja inocente rechace a la pareja culpable y se case con una segunda pareja elegible. Esta enseñanza se aplica a todos los seres humanos en la faz de la tierra — cristianos y no cristianos.

¿Qué deben hacer las personas cuando han violado esta enseñanza? Deben librarse de la relación ilícita. Recuerde, Dios juzgará a los fornicarios y a los adúlteros (Heb. 13:4). Los fornicarios tendrán su lugar en el lago que arde con fuego y azufre (Ap. 21:8). Este es un asunto extremadamente serio que va más allá del placer o la conveniencia momentánea de esta vida. Debemos abordar este asunto en vista de la eternidad.

El pueblo americano, incluidos muchos en las iglesias de Cristo, prácticamente han ignorado la voluntad de Dios para el matrimonio. Las personas se han sentido libres para casarse, divorciarse, volverse a casar, divorciarse y volverse a casar por varias razones que permite la ley de la tierra, pero que Dios mismo no permite. Pero, ¿queremos ir al cielo? ¿Queremos ir al cielo más que nada en esta vida? ¿Queremos ir al Cielo incluso al punto de negarnos y privarnos de placeres matrimoniales momentáneos en esta vida? Dios requiere ese tipo de sacrificio. Simplemente no debemos permitir que nuestras elecciones matrimoniales y nuestro deseo de relaciones sexuales interfieran con nuestra relación con Dios y con la esperanza del Cielo.

No hacemos ningún bien a las personas ni a la iglesia al comprometer la enseñanza clara de la Palabra de Dios en este asunto. Sin duda, nos angustiamos, nos lamentamos y nos entristecemos con los que han vivido sus vidas sin estar en armonía con las leyes que Dios ha dado con respecto al matrimonio. Pero no debemos dejar que el trauma emocional o físico obstaculice nuestro cumplimiento de la voluntad de Dios. A lo largo de la historia humana, a menudo se requieren sacrificios profundos y dolorosos por los que desean obedecer a Dios y agradarle. Moisés escogió "antes ser maltratado con el pueblo de Dios, que gozar de los deleites temporales del pecado" (Heb. 11:25). Es muy posible que tengamos que vivir un estilo de vida no agradable, no disfrutando de los beneficios del matrimonio, para estar bien con Dios y vivir eternamente con Él.

Ese es el punto que Pablo planteó a los corintios. Varios cristianos de esa ciudad habían sido fornicarios antes de la conversión. Habían sido adúlteros y homosexuales, involucrándose en relaciones sexuales que eran ilegales a los ojos de Dios. Sin duda estas relaciones incluían vínculos emocionales extremadamente fuertes. ¿Qué debían hacer para convertirse en cristianos? La Biblia dice: "Y esto **erais** algunos" (1 Cor. 6:11). Es decir, terminaron esas relaciones inicuas. Pusieron fin a esas relaciones sexuales ilícitas y se pusieron bien con Dios. Pablo pudo decir: "mas ya habéis sido lavados, ya habéis sido santificados, ya habéis sido justificados en el nombre del Señor Jesús". Todas las personas hoy en día son susceptibles a la misma norma. Deben salir de las relaciones pecaminosas.

La voluntad de Dios para todos los seres humanos con respecto al matrimonio es relativamente simple. La desobediencia humana es responsable de complicar la situación. Sin embargo, podemos restablecer la enseñanza de Dios en nuestras iglesias. Podemos resistir la presión de cambiar con los tiempos y amoldarnos al mundo. Pero requerirá de valor, fortaleza espiritual, resistencia y determinación (Jos. 1:6-9; 1 Cor. 16:13).

Es imperativo que amemos a Dios lo suficiente como para obedecer su voluntad. Obedecer a Dios no siempre es fácil. Jesús dijo que esto podría significar tener que dar la espalda a nuestros padres, a nuestros hijos, a nuestros esposos o esposas (Mat. 10:34-37; Luc. 14:26). ¿Pero es mucho pedir para poder vivir con Dios para siempre? ¿Es mucho pedir a la luz del gran sacrificio que Él hizo por nosotros?

VESTIMENTA

Un cambio extremadamente visible que se ha producido en Estados Unidos es la diferencia en la forma en que las personas se visten. La indumentaria en este país es sin duda más reveladora del cuerpo — tanto en términos de exposición de la piel como de acentuación de la forma — que en cualquier momento del pasado reciente. Todo, desde jeans y camisetas hasta trajes de baño, se han rediseñado para reflejar nuestro interés con el sexo.

La generación más joven en general, y los babyboomers en particular, tienen una definición completamente diferente de "modestia" que la generación anterior. A las personas mayores entre las iglesias de Cristo se les enseñó que los cristianos no participan en el "baño mixto", es decir, nadar en presencia del sexo opuesto. Se les enseñó que los cristianos no usan pantalones cortos en público. Pero la generación más joven dentro de la iglesia rechaza estos puntos de vista como anticuados, mojigatos y reprimidos. Después de haber vivido la década de los sesenta cuando se promovió y practicó abiertamente el "amor libre" y la desnudez, la generación más joven se ha visto fuertemente influenciada por el radical cambio cultural que ha tenido lugar con respecto a las percepciones del cuerpo humano.

La gente más joven ve las restricciones en la ropa como el resultado de "complejos" de los padres y de la sociedad. No es que no vean una conexión entre la vestimenta escasa y la estimulación de los apetitos sexuales. Simplemente se sienten más cómodos expresando su sexualidad. Creen que el sexo fuera del matrimonio es aceptable si las parejas tienen sentimientos genuinos el uno por el otro.

¿Cuál ha sido el fruto de esta circunstancia? Los delitos sexuales, el embarazo en la adolescencia, el divorcio y la violencia sexual íntimamente asociados con el sexo están en su punto más alto en este país. Existe un vínculo directo entre la vestimenta y el comportamiento. La Biblia enseña que los cristianos ponen especial atención a la forma en que presentan su apariencia a otras personas.

Lo mismo ocurre con la moda en general. Miles de millones de dólares se gastan cada año en la promoción de la moda y el estilo de ropa en Estados Unidos. Los cristianos no deben caer en la trampa de intentar constantemente mantenerse al día con las últimas modas. Los jóvenes son los destinatarios de una enorme presión de sus compañeros para que usen los últimos y más caros estilos de zapatos, camisas, chaquetas y vaqueros. Los padres, también, se rascan y arañan para permitirse trajes, zapatos, joyas y vestidos.

En contraste, la Biblia enfatiza que nuestra ropa debe evitar dos cosas: el atractivo sexual y el materialismo. Las mujeres son amonestadas a desestimar la belleza externa (Prov. 31:30; 1 Ped. 3:3-5). La amonestación de Pablo a las mujeres incluye el uso de términos que apelan a su sentido de vergüenza y virtud (1 Tim. 2:9-10). Indica que las mujeres cristianas deben vestirse de tal manera que un buen hombre no sea alentado a un acto indigno. Las mujeres deben vestirse con discreción, propiedad y decencia. Se vestirán de manera moderada, sensata y respetable, mostrando buen juicio y castidad. La elección de la ropa debe tener en cuenta, ante todo, los principios bíblicos relacionados con la lujuria, la pasión, la seducción, el gasto y la mundanalidad.

Dios mismo, estuvo insatisfecho con la vestimenta de Adán y Eva tanto que tuvo que rediseñar sus ropas que ellos se habían hecho en base a su sentido de vergüenza recién despertado (Gén. 3:7, 21). De manera similar, Dios hizo hincapié en que los sacerdotes del Antiguo Testamento usaran suficiente ropa para evitar la exposición al subir los escalones del altar (Éx. 20:26; 28:42-43). Si bien David era responsable de mantener sus propios apetitos sexuales bajo control, Betsabé seguramente contribuyó a la situación al exponerse a la vista del público (1 Sam. 11:2). La reina Vasti se negó a dejarse exhibir públicamente con el propósito de dejar boquiabiertas a las personas ante su belleza física (Est. 1:10-12).

La sociedad bien puede ridiculizar la moral cristiana como "puritana" y "pasada de moda". Pero ha llegado el momento de que las madres y los padres enseñen a sus hijos los estándares adecuados de vestimenta y modestia. Las niñas necesitan que se les enseñe el decoro en su ropa y sus movimientos, acentuando su feminidad y absteniéndose de atraer a los hombres por insinuaciones sexuales. Los padres deben enseñar a los niños que las mujeres deben ser respetadas, tratadas con amabilidad y consideración, y no vistas como objetos sexuales para descargar las pasiones masculinas.

Conclusión

A medida que la sociedad cambia a maneras que están en conflicto con la Palabra de Dios, los cristianos deben abstenerse de reflejar al mundo. No debemos dejarnos influir por las fluctuaciones morales de la humanidad no regenerada. A medida que la civilización continúa su inevitable impulso hacia el declive moral y espiritual, los cristianos aparecerán ante el mundo, y tal vez para ellos mismos, como extrañas reliquias del pasado. Por lo tanto, debemos recordar continuamente la evaluación **de Dios** sobre este punto. Debemos buscar **agradarle** y seguir nuestro comportamiento moral según **Sus** instrucciones. No nos atrevamos a cambiar la enseñanza de la Biblia para adaptarnos a las divagaciones morales de los hombres.

Que Dios nos ayude a estar firmes. Los cristianos fieles deben levantarse juntos, anclados en los estándares morales absolutos de la Palabra de Dios, y posicionarse contra la inmoralidad de nuestros días:

> Y no participéis en las obras infructuosas de las tinieblas, sino más bien reprendedlas; porque vergonzoso es aun hablar de lo que ellos hacen en secreto (Efe. 5:11-12).

Amados, les ruego como extranjeros y peregrinos, a abstenerse de los deseos carnales que luchan contra el alma (1 Ped. 2:11).

CAPÍTULO 32
EL ESPÍRITU SANTO

Las iglesias de Cristo han permanecido aparte de la mayoría del mundo denominacional en su visión del Espíritu Santo. Esencialmente dos líneas de pensamiento han caracterizado el denominacionalismo. Por un lado, muchos grupos religiosos han sido influenciados por el calvinismo. Calvino enseñó que, debido al pecado original, el pecado heredado de Adán, los humanos son totalmente depravados y corrompidos espiritualmente. Como resultado, necesitan una intervención directa y milagrosa de Dios para ser salvos. De esta manera, según Calvino, Dios envía al Espíritu Santo para operar milagrosamente en los corazones de "los elegidos" (aquellos predestinados para salvación), regenerando sus corazones e inculcando la fe dentro de ellos. Para el calvinista, la declaración de Pablo, "y esto no de vosotros, pues es don de Dios" (Efe. 2:8), se refiere tanto a la **fe** como a la gracia y la salvación. Asimismo, el calvinismo enseña que el cristiano necesita el Espíritu Santo para que lo "ilumine" en las Escrituras y pueda comprenderlas mientras las lee.

> *"Quiero que el Señor me toque…y tiene que ser un toque sobrenatural"*

Por otro lado, con el inicio del moderno Movimiento Pentecostal en 1900 (con Amy Semple McPherson), el Espíritu Santo recibió un nuevo énfasis y un nuevo rol en el denominacionalismo. De repente, las tendencias carismáticas comenzaron a extenderse por encima de las líneas denominacionales e infiltrarse en las prácticas religiosas de muchos grupos. Al principio, este movimiento se limitaba en gran medida a las clases más bajas y sin educación de la sociedad rural estadounidense, conocidas por su credulidad y sus tendencias supersticiosas. Las manifestaciones del pentecostalismo durante los años 1920s, 1930s y 1940s incluían movimientos frenéticos del cuerpo, lo que les dio a sus practicantes la etiqueta despectiva — "fanáticos religiosos".

Con el tiempo, los principales defensores del pentecostalismo (por ejemplo, Oral Roberts) lo suavizaron y se envolvieron en un aire de respetabilidad y autenticidad académica (por ejemplo, la Universidad de Oral Roberts). Su llamamiento comenzó a extenderse a personas religiosas más importantes, generando una variedad de grupos carismáticos no tradicionales (por ejemplo, las iglesias "Cuadrangulares", las iglesias del "Evangelio Completo" y, más recientemente, las iglesias "comunitarias" que han surgido por todo el país). Ahora, los grupos pentecostales (por ejemplo, las Asambleas de Dios) han "cruzado las vías" y han construido edificios costosos y modernos, que atraen a un gran número de seguidores.

Estas dos corrientes de pensamiento — el calvinismo y el pentecostalismo — ejercen una influencia considerable sobre las iglesias de Cristo en la actualidad. El gran énfasis sobre conocer la Biblia y confiar en la naturaleza objetiva de las Escrituras nos ha aislado de las tendencias subjetivas e irracionales del pentecostalismo. Pero a medida que más y más de nuestros hombres jóvenes se han expuesto a la teología calvinista (por ejemplo, Charles Swindoll) y la práctica pentecostal (por ejemplo, Willow Creek en Chicago), las iglesias de Cristo se han convertido en víctimas de la contaminación espiritual. Una serie de libros, seminarios y sermones se han desatado sobre la hermandad que promueven la propaganda pentecostal.[316]

Hasta hace poco, esencialmente dos puntos de vista del Espíritu Santo han prevalecido y han coexistido pacíficamente dentro de las iglesias de Cristo. Un punto de vista ha sido que el Espíritu Santo mora personalmente en el cuerpo del cristiano. Muchos líderes cristianos afamados y fieles han sostenido este punto de vista.[317] El otro punto de vista ha sido que el Espíritu Santo mora en el cristiano solo a través de la palabra. Muchos líderes cristianos conocidos y fieles también han mantenido este punto de vista.[318] Si bien se ha generado una considerable discusión entre los hermanos sobre estos dos puntos de vista básicos, ambos lados han aceptado virtualmente de manera universal que el Espíritu Santo no hace milagros ni hace nada que el cristiano pueda **sentir**. Quienes sostienen una morada personal han sostenido consistentemente que la única forma en que saben

---

[316] Por ejemplo, Joe Beam, **Seeing the Unseen** (*Viendo Lo Invisible*; West Monroe, LA: Howard Publishing Co., 1994), pp. 269ss; Terry Rush, **The Holy Spirit Makes No Earthly Sense** (*Lo Que Hace El Espíritu Santo No Tiene Sentido Terrenal*; West Monroe, LA: Howard Publishing Co., 1987); Rubel Shelly, **In Step With the Spirit** (*Andando Con El Espíritu*; (Nashville, TN: 20th Century Christian, 1987); Roy Jones, "ACU Cambia su enfoque hacia la juventud, Conferencias sobre el Espíritu" **Abilene Reporter News** (Feb. 25, 1993); Roy Jones, " Jóvenes ministros exploran la presencia del Espíritu Santo en los adolescentes", **Abilene Reporter News** (Feb. 26, 1993). En 1988, los autores de **The Worldly Church** (*La Iglesia Mundana*; Abilene, TX: ACU Press, 1988), pág. 74), pidieron "una nueva apertura al poder del Espíritu Santo". Aludieron indiscriminadamente a pasajes de las Escrituras que se relacionan al Espíritu Santo, dando la impresión de que todos los cristianos pueden recibir las mismas capacidades milagrosas que el Espíritu Santo otorgó en el primer siglo a los apóstoles y cristianos selectos. Sus advertencias pentecostales no fueron útiles ni apropiadas. Alentar a los cristianos a la búsqueda de sentimientos, a que permanezcan alertas a algunas indicaciones internas que pueden atribuirse al Espíritu, simplemente allana el camino para la subjetividad en la práctica religiosa. En todos los tiempos en la historia de la iglesia del Señor, nunca necesitamos este tipo de pensamiento confuso que solo fomenta la dependencia de la inclinación subjetiva y la imaginación humana. Apoya el rechazo irracional de la razón que caracteriza nuestros días. Vea a Dave Miller, A Review of **The Worldly Church** (*Revisando A La Iglesia Mundana*; **The Restorer** 8 (agosto de 1988): 6-12. Vea también los comentarios de Joe Beam en una publicación de la Iglesia de Cristo de Richland Hills (Fort Worth): "Retiro de hombres: Escuchando al Espíritu Santo", **Hombres de promesa** 3/1 (marzo de 1996) - "Les presento un desafío. Hagan un servicio de sanación una vez al mes en su iglesia. Inviten a la comunidad a presentarse, que confiesen el pecado, a orar por ellos y decirles que se orará para que Dios los sane… dígales que los ancianos estarán allí para orar y ungir con aceite".

[317] Por ejemplo, Gus Nichols, **Lectures on the Holy Spirit** (*Conferencias Sobre El Espíritu Santo*; Plainview, TX: Nichols Bros. Publishing Co., 1967). Cf., M. Norvel Young, ed., "El Espíritu Santo vive en los cristianos", **20th Century Christian** 29/2 (noviembre de 1966), en el que múltiples escritores delinean el punto de vista personal de la morada. Ver también **The Restorer** 7/1 (enero de 1987).

[318] Por ejemplo, Guy N. Woods, "Cómo mora el Espíritu Santo en el cristiano", Tract (Shreveport, LA: Lambert Book House, 1971

que el Espíritu Santo está dentro de ellos es "porque la Biblia me lo dice".

Ninguno de estos dos puntos de vista ha tenido un efecto adverso sobre la doctrina y la práctica religiosas. Ninguna de las dos visiones interfiere con la implementación de la enseñanza bíblica en la vida y la adoración. Sin embargo, la generación más joven, dirigida por los que promueven el cambio, se le ha forjado una visión diferente de la obra del Espíritu Santo. Esta visión está afectando profundamente la doctrina y la práctica. Por ejemplo, considere los siguientes extractos de boletines de la iglesia:

> Me encanta contar historias como esta porque resaltan lo que se puede hacer si seguimos la guía del espíritu de Dios dentro de nuestros corazones.[319]

> Mi ministerio aquí ha sido muy satisfactorio y gratificante, pero siento que es hora de hacer un cambio. Honestamente creo que el Espíritu me ha guiado a llegar a esta convicción.[320]

> El Espíritu se está moviendo en esta iglesia. Y nos guste o no, cuando Dios se mueve, así debemos hacerlo nosotros.[321]

> Estoy muy agradecido de ver la creciente pasión en esta iglesia…Sé que el Espíritu nos está moviendo y nos fortalecerá para el trabajo que se aproxima… Espero que muchas personas más utilicen nuestros momentos de reunión para compartir grandes decisiones en sus vidas con Cristo. Mientras esto ocurre, quiero animar a los miembros de la familia y amigos especiales de aquellos que responden a unirse con ellos pasando al frente…Si el Espíritu lo exhorta a

---

[319] Randy Fenter en **The Christian Caller** 20/16 (20 de abril de 1994), iglesia de Cristo Golf Course Road, Midland, Texas.

[320] Robert Parham en **The Christian Caller** 18/44 (28 de octubre de 1992), iglesia de Cristo Golf Course Road, Midland, Texas.

[321] Brian Herrian en **The Pipeline** (7 de febrero de 1993), iglesia de Cristo Pipeline, Hurst, Texas.

unirse a alguien que está respondiendo, no se resista, solo hágalo.[322]

¿Sientes la presencia renovadora de Dios en nuestra iglesia?...Esté abierto a la guía del Espíritu Santo en su vida. No hay placer en la vida comparable al placer del Señor.[323]

Le exhortaría a que agradezca que el Espíritu de Dios lo haya puesto en su corazón para darse cuenta de lo que Él está haciendo entre su pueblo.[324]

Todos los cristianos han sido dotados por el Espíritu Santo para servir en la iglesia. ¿Sabe cuál es su don espiritual?[325]

¡Continúe orando conmigo para que dejemos que el Espíritu de Dios arda entre nosotros! Para que podamos avivar aún más la llama de fuego del Espíritu...[326]

Ore para que el Espíritu viva en mi alma; Pido oraciones para tener un avivamiento del Espíritu Santo; La llama del Espíritu Santo arde con fuerza dentro de mi alma y ahora estoy listo para dejar que el Espíritu Santo me guíe. Ore para que me centre en lo que él puede hacer a través de mí y que su "empujón" me lleve a hacer lo que Él quiera.[327]

---

[322] Ken Young en **The Brownfield Builder** (1987), iglesia de Cristo Brownfield, Brownfield, Texas.

[323] Randy Fenter en **The Reminder** 33/2 (15 de enero de 1992), iglesia de Cristo MacArthur Park, San Antonio, Texas.

[324] Dale Hukle en **Broadway** 58/40 (7 de octubre de 1990), iglesia de Cristo de Broadway, Lubbock, Texas

[325] Terry Bell en **Broadway** 58/10 (11 de marzo de 1990), iglesia de Cristo de Broadway, Lubbock, Texas.

[326] Lonnie Gentry en **The Reminder** 35/11 (15 de marzo de 1994), MacArthur Park Church of Christ, San Antonio, Texas.

[327] Comentarios de varios miembros que respondieron en un servicio dominical en **The Reminder** 35/11 (15 de marzo de 1994), Iglesia de Cristo MacArthur Park, San Antonio, Texas.

Para algunos de nosotros la invitación es un momento muy espiritual, muy emotivo. Jesús parece estar más cerca, el Espíritu parece actuar más y entonces nos sentimos más cerca de Dios. Este es un estado de ánimo frágil y a menudo se rompe por algún acto de pensamiento de algún amigo en la banca que nos distrae. No creo que estos hermanos y hermanas pretendan apagar al Espíritu, simplemente están demasiado preocupados con sus propias agendas.[328]

Comentarios como estos son comunes en muchas iglesias de Cristo. Delatan un movimiento inequívoco a la arena del subjetivismo y el emocionalismo, atribuido erróneamente a la influencia del Espíritu Santo. Sorprendentemente, estos sentimientos demuestran un cambio entre las iglesias de Cristo que se asemeja mucho a la actividad carismática y pentecostal de las últimas décadas. De hecho, las iglesias de Cristo simplemente están siendo influenciadas por las mismas corrientes pentecostales que han estado dando vueltas y filtrándose en las denominaciones durante los últimos treinta años. El aire de respetabilidad y credibilidad que se ha logrado es especialmente evidente cuando el estímulo lo dan los intelectuales de entre nosotros que supuestamente representan la "erudición" académica.[329]

Para ver hacia dónde se dirige lógicamente esta tendencia, considere lo que sucedió con un predicador y su

---

[328] Las advertencias de un anciano, Ben Clements, en **The Reminder** 35/11 (15 de marzo de 1994), MacArthur Park Church of Christ, San Antonio, Texas. Compare este pensamiento confuso con un artículo típico de una revista que nos exhorta a "estar abiertos" a "la presencia del Espíritu" - Kelly Carter, "Mirada positiva al Espíritu", **Image** (septiembre de 1987): 16-17.

[329] Por ejemplo, Carroll Osburn, hablando en la Conferencia de la Universidad Cristiana de Abilene el 24 de febrero de 1992 sobre el tema "Lo perfecto", hizo la siguiente declaración indignante:

Como ya lo he dicho, ahora pienso muy cuidadosamente, no estoy abogando por lo carismático. A lo largo de toda mi carrera, siempre he tratado con personas que son carismáticas como personas aberrantes y ese comportamiento no es de Cristo. Ahí es donde he tenido que cambiar de opinión. Aún no lo veo como algo esencial para la vida cristiana. Pero ya no estoy dispuesto a decir que cualquiera que hable en lenguas no tenga una experiencia que no sea de Dios. Ya no puedo juzgar la experiencia de esa persona. No lo entiendo. Realmente en el fondo no lo aprecio. No me relaciono con eso. Pero ya no estoy dispuesto a ver a esa persona y decir: "Ese comportamiento no es cristiano". Si en la iglesia de Corinto, Pablo dijo: "No prohíban el hablar en lenguas", ya no estoy dispuesto a prohibir el hablar en lenguas.

esposa.[330] Aparecieron como invitados en una estación de TV religiosa del Metroplex Dallas-Fort Worth, la pareja dio su "testimonio" sobre la secuencia de eventos que los llevaron a una nueva comprensión de la influencia del Espíritu Santo en sus vidas. La pareja atribuyó su cambio a que estuvieron en contacto con John Elliot, quien los introdujo a las prácticas de adoración "contemporáneas" y, en el proceso, les relató un incidente en el que afirmó que ocurrió una curación milagrosa:

> Al reflexionar en ello, creo que esas dos cosas — la apertura a la alabanza y la adoración y luego, en segundo lugar, algunos que comparten cómo el Señor los ha sanado de manera milagrosa — Dios solo empieza a facilitarnos este pequeño camino.

El "pequeño camino" los ha llevado a una aceptación completa de la postura pentecostal — el bautismo del Espíritu Santo y la recepción de dones sobrenaturales. El predicador insistió en que su nueva comprensión de la obra del Espíritu Santo era correcta, ya que ahora ha experimentado personalmente la intervención sobrenatural del Espíritu Santo:

> Le pedimos a John Elliot que viniera a hacer una pequeña velada de alabanza para un grupo…y esa noche vi dos palabras de conocimiento, con mis propios ojos vi a John Elliot recibir dos palabras milagrosas, y fue entonces cuando supe que esto es de verdad.

> El Señor sigue abriendo nuevas cosas. En diciembre del año pasado, me dio esto — realmente creo que fue una palabra de sabiduría, si lo entendí correctamente — en la que Él, en un momento, me dio la idea de este ministerio y yo lo escribí — creo que te lo envié en forma de testimonio pequeño.

La esposa del predicador fue aún más reveladora — no solo por lo lejos que esta pareja ha ido en su pensar — sino por el verdadero origen de sus nuevas creencias.

---

[330] Kregg Hood y su esposa Karen aparecieron en el programa carismático de televisión "Celebration" en KMPX TV, canal 29 el 28 de noviembre de 1995. Hood predicó para la iglesia de Cristo de South MacArthur en Irving, Texas, desde 1989 hasta julio de 1995.

Estaban sucediendo cosas en el corazón al mismo tiempo que en la cabeza y, para mí, creo que en mi andar con el Señor quería más que solo saber de Él, quería que me tocara — sabía todo acerca de Él, crecí en una familia de ministro. Quería que el Señor me tocara; Quería saber sin lugar a dudas que Él me amaba, que había afecto de Él para mí; y sabía que ese afecto tenía que venir, no solo a la cabeza, tenía que venir al corazón y tenía que ser un contacto sobrenatural.

Cuando las propias palabras de Dios sobre un asunto son insuficientes para una persona en la medida en que exige "un contacto sobrenatural", uno puede estar seguro de que la persona lo recibirá y se convencerá de que el "contacto" vino de Dios. Cuando el "corazón" tiene prioridad sobre la "cabeza", cuando la experiencia tiene prioridad sobre las Escrituras, todo es posible. Después de todo, la inclinación y la subjetividad humana son impredecibles y capaces de generar una poderosa forma de autoengaño (2 Tes. 2:11).

Una vez que los individuos se liberan de las declaraciones objetivas de las Escrituras para ir por el camino de lo que piensan o sienten que Dios los está guiando a hacerlo, otras doctrinas claras de la Biblia seguramente serán desechadas. En el mismo programa, la esposa del predicador cantó un solo religioso con el acompañamiento de música instrumental. El predicador describió su comunión con una variedad de denominaciones en la observancia de la "Semana Santa". También dio a entender que los que han sido bautizados en el Espíritu Santo son cristianos fieles, incluso si no han sido bautizados en agua para el perdón de los pecados. En otras palabras, esta obsesión recién descubierta del Espíritu Santo lo ha llevado a negar y dejar doctrinas claras, simples y concretas ¡como la única iglesia, el único plan de salvación y la verdadera adoración!

La Enseñanza Bíblica

Cuando una persona evita los efectos narcóticos de la emoción humana y la inclinación subjetiva y, en vez de eso, se dedica a una evaluación honesta de lo que realmente enseña la Biblia, se encontrará "sentado, vestido y en su juicio cabal" (Mar.

5:15). Debemos examinar las Escrituras — no nuestros **sentimientos** volubles, no lo que alguien **dice** que le sucedió, no nuestra propia **experiencia**. El único enfoque seguro es: ¿qué enseña la Biblia? Para ser aprobados por Dios, debemos manejar "con precisión la palabra de verdad" (2 Tim. 2:15, LBLA). Debemos recibir "la palabra con toda solicitud, escudriñando cada día las Escrituras para ver si estas cosas eran así" (Hch. 17:11).

La Definición De Milagros

Tres términos se usan en la Biblia para referirse a la manifestación sobrenatural (versus natural) de Dios: "maravillas", "prodigios" y "señales". Los tres términos aparecen juntos en Hch. 2:22, Heb. 2:4 y 2 Cor. 12:12. Como se usan en la Biblia, estos términos son esencialmente sinónimos. Se refieren a la suspensión momentánea de las leyes de la naturaleza. Por lo tanto, lo milagroso en la Biblia no era simplemente un evento sorprendente o increíble (por ejemplo, el nacimiento de un bebé o evitar por muy poco margen un accidente). Un milagro era innegable, una prueba divina de que había ocurrido lo sobrenatural, que había ocurrido un evento contrario al curso normal de la naturaleza.

El Diseño De Los Milagros

Los milagros en el Nuevo Testamento sirvieron a la función divina de la confirmación. Cuando un orador inspirado declaraba la palabra de Dios, Dios validaba o respaldaba sus dichos al permitirle realizar milagros. Muchos pasajes del Nuevo Testamento subrayan este punto. Por ejemplo, Mar. 16:20 dice: "Salieron y predicaron en todas partes, el Señor trabajó con ellos y confirmó la palabra a través de las señales que lo acompañaban". Heb. 2:3-4 dice: "¿cómo escaparemos nosotros, si descuidamos una salvación tan grande? La cual, habiendo sido anunciada primeramente por el Señor, nos fue confirmada por los que oyeron, testificando Dios juntamente con ellos, con señales y prodigios y diversos milagros y repartimientos del Espíritu Santo según su voluntad".

Lucas registró en Hch. 8:6, "Y la gente, unánime, escuchaba atentamente las cosas que decía Felipe, oyendo y viendo las señales que hacía". En Hch. 4:29-30, Lucas también registró: "...y concede a tus siervos que con todo denuedo hablen tu palabra, mientras extiendes tu mano para que se hagan sanidades y señales y prodigios".

Vea el estrecho vínculo entre lo milagroso y la palabra predicada en estos versículos. Estos pasajes (y muchos otros — Hch. 14:3; 15:12; Rom. 15:18-19; 1 Cor. 12:4; 1 Tes. 1:5) muestran que el propósito de los milagros era legitimar la palabra dicha como siendo la Palabra de Dios. Los milagros legitimaban la enseñanza de los mensajeros **de Dios** en contra de los muchos falsos maestros (como Simón en Hechos 8) que intentaban engañar a la gente.

Incluso los milagros que realizó Jesús fueron diseñados para respaldar su palabra, su afirmación oral de ser deidad. Jn. 2:23 dice: "...muchos creyeron en su nombre, viendo las señales que hacía". Jn. 3:2 registra la observación perspicaz de Nicodemo: "Rabí, sabemos que has venido de Dios como maestro; porque nadie puede hacer estas señales que tú haces, si no está Dios con él". Compare cuidadosamente Jn. 5:36; 6:14; 7:31; 10:41; 20:30-31; Hch. 2:22.

Una vez que la enseñanza inspirada fue entregada en forma escrita (en la forma del Nuevo Testamento), la necesidad de confirmación milagrosa de la palabra oral se disolvió. Ahora las personas pueden sentarse con la palabra escrita de Dios y con un estudio honesto y diligente llegar a la conclusión de que es la Palabra de Dios. Muchos predicadores y maestros hoy nunca entienden este punto. En cambio, dicen que existen otras razones para la sanidad divina y el hablar en lenguas. Dicen, por ejemplo, que hablar en lenguas es una señal de que las personas que lo hacen, son súper-espirituales. Dicen que la sanidad milagrosa sirve para que el creyente pueda aliviar su dolor y sufrimiento. Indican que Dios no quiere que suframos y, por lo tanto, nos sanará solo para aliviar nuestro dolor en esta vida.

No dudo que la sanidad divina en el Nuevo Testamento demostraba la compasión de Dios. Sin duda, el alivio del sufrimiento habría sido un beneficio secundario de ser sanado. ¡Pero aliviar el sufrimiento no era el propósito de la sanidad divina en el Nuevo Testamento! Tal propósito contradiría la naturaleza de este mundo creado como un lugar donde existen dificultades para prepararnos para la eternidad (por ejemplo, Fil. 1:29; 2 Tim. 2:3,9; Heb. 11:25; 1 Ped. 2:19-21).

Si los milagros fueran solo para mejorar la salud o la condición física del receptor, entonces Jesús y los apóstoles fracasaron porque dejaron sin tocar a muchas personas enfermas y moribundas. Alguien dice: "Pero eso es porque esas personas enfermas no tenían fe". Esta objeción no armoniza con la Biblia. Si bien algunas personas fueron elogiadas por su fe antes de recibir un milagro, a muchas otras no se les exigía que tuvieran fe como requisito previo.

Por ejemplo, los muertos que resucitaron obviamente no tenían fe. Tampoco los que poseían los demonios tenían fe antes de ser sanados. Muchos textos indican que los que recibieron los beneficios de los milagros no necesariamente tenían fe. Lea Luc. 9:42; 11:14; 13:12; 14:4. Vea Jn. 20:30-31: "Hizo además Jesús muchas otras señales en presencia de sus discípulos, las cuales no están escritas en este libro. Pero éstas se han escrito para que creáis que Jesús es el Cristo, el Hijo de Dios, y para que creyendo, tengáis vida en su nombre".

Juan dice que la fe **viene** como resultado del milagro — ¡no **antes** para ser beneficiario del milagro! El Nuevo Testamento enseña lo contrario de los que dicen que actualmente hay milagros. Afirman que debes tener fe antes de poder recibir un milagro. El Nuevo Testamento enseña que se realizaban milagros para legitimar el mensaje y la identidad del orador. El mensaje a su vez generaba fe en el oyente. Incluso el hablar en lenguas estaba diseñado para convencer al oyente de que prestara atención al mensaje.

Un buen ejemplo de estos factores que operan entre sí se ve en el caso del procónsul romano Sergio Paulo. Cuando Elimas intentó desviar la atención del procónsul del evangelio, Pablo realizó un milagro al castigar a Elimas con ceguera. Este milagro, aunque casualmente castigaba a Elimas por su oposición a los caminos de Dios, tenía como propósito atraer la atención del procónsul al mensaje del evangelio, es decir, confirmar el origen divino de la palabra. Observe el inspirado resumen de Lucas: "Entonces el procónsul, viendo lo que había sucedido, creyó, maravillado de la doctrina del Señor" (Hch. 13:12).

Aquí está la secuencia divina que aclara la interacción genuina entre lo milagroso, el mensaje y la respuesta humana: se realizaba un milagro para autenticar el mensaje divino; asombrado por el sello divino de aprobación del mensaje, el oyente honesto le da una gran consideración al mensaje divino; este mensaje crea asombro en el oyente honesto haciendo que crea (Rom. 10:17).

LA DURACIÓN DE LOS MILAGROS

Quizás el más largo trato de los milagros (por ejemplo, hablar en lenguas, sanar, profetizar) en el Nuevo Testamento es 1 Corintios, capítulos 12, 13 y 14. Estos tres capítulos fueron escritos para los cristianos en Corinto porque se estaba abusando de los milagros y estaban siendo mal utilizados. En el capítulo 12, Pablo argumenta que el cuerpo (la iglesia) debe funcionar en armonía al usar sus dones milagrosos en forma correcta. En el capítulo 13, Pablo sostiene que el amor es una herramienta más excelente que los dones milagrosos. Después de todo, los dones milagrosos (es decir, la profecía, el hablar en lenguas, el conocimiento sobrenatural, etc.) iban a dejar de existir, cesar, esfumarse y desaparecer (13:8).

Estos dones milagrosos se identifican como "en parte" (13:9), lo que significa que proporcionan una imagen incompleta o parcial del cristianismo. Lo "en parte" (lo milagroso) terminaría cuando llegara lo "perfecto". La palabra griega para "perfecto" es **teleos** y no se refiere a la ausencia de pecado, a Jesús, al amor o al cielo. Más bien, **teleos** denota lo que es maduro, completo, pleno o adulto. Por lo tanto, lo "perfecto" se refiere, no al canon, sino a la revelación completa o las Escrituras del Nuevo Testamento totalmente reveladas. Esta condición fue cumplida hasta el 100 d.C.

Cuando la iglesia poseía solo fragmentos de la voluntad de Dios al estarse revelando a través de dones milagrosos dispersos, no podía ser madura y, por lo tanto, era como un niño (13:11). Cuando se reveló toda la voluntad de Dios para la era del Nuevo Testamento, la iglesia tenía los medios disponibles para ser "un hombre". Una vez que la iglesia tuvo acceso a toda la Palabra de Dios, los medios por los cuales se dio la palabra (es decir, los dones milagrosos) serían obsoletos e inútiles y, por lo tanto, "eliminados".

En el 13:12, la existencia de lo milagroso para obtener la palabra de Dios se compara con el ver a través de un espejo oscurecido. Una vez que el Nuevo Testamento estaba completo y disponible en forma escrita ya no se necesitaban los dones milagrosos, era como estar cara a cara con alguien en lugar de mirar a través de un espejo poco claro. En consecuencia, los dones milagrosos en la iglesia del primer siglo eran como andamios que se erigen temporalmente mientras se construye una superestructura. Pero una vez que la estructura está terminada, el andamio se retira y se desecha.

En Efe. 4:13, Pablo señala lo mismo que hizo en 1 Corintios 13. Los milagros durarían hasta (conjunción de tiempo) "la unidad de la fe y del conocimiento del Hijo de Dios". La unidad de la fe en el sentido de un acuerdo entre los creyentes nunca sucederá. Este versículo se refiere a la unidad de LA fe, es decir, cuando el Nuevo Testamento completo estuvo disponible para el hombre. En ese momento, los humanos tenían el potencial de crecer y madurar espiritualmente.

Hablar En Lenguas

En 1 Corintios 14, ocurren varios puntos relevantes con respecto al don de hablar en lenguas:

1. El término "extraña" está en cursiva en la Versión King James porque no aparece en el texto griego original (14:2, 4, 13, 14, 19, 27).
2. Hechos 2 deja en claro que hablar en lenguas no implica más que la capacidad de hablar un idioma que no se había estudiado (por ejemplo, latín, chino, ruso).
3. La Biblia en ninguna parte se refiere a la existencia de una supuesta "expresión extática". El hablar en lenguas de 1 Corintios capítulo 14 era un idioma humano conocido.
4. El hablar en lenguas era una señal para los incrédulos y, por lo tanto, debía hacerse en **su** presencia para convencerlos de la verdad (14:22).
5. El poseedor de un don milagroso podía controlarse a sí mismo. No se sentía agobiado por el Espíritu Santo, para que comenzara a balbucear o agitarse o sacudirse (14:32).

Actualmente, la afirmación de muchos de poder hablar en lenguas es simplemente ajena a la enseñanza del Nuevo Testamento. Cualquiera puede balbucear e inventar sonidos y reclamar el don de hablar en lenguas. Pero esa práctica no constituiría prueba de autenticidad divina. En el Nuevo Testamento, nadie cuestionó la autenticidad de hablar en lenguas. ¿Por qué? Porque el hablante se expresaba en un lenguaje humano conocido, que podía ser entendido por los que sabían ese idioma pero que sabían que el hablante no lo había estudiado. Cuando los que se autoproclaman hablar en lenguas actualmente, demuestren **ese** don genuino del Nuevo Testamento, podemos aceptar que su mensaje proviene de Dios. Pero hoy nadie tiene ese don genuino del Nuevo Testamento.

El Bautismo Del Espíritu Santo

Pero ¿qué pasa con el bautismo del Espíritu Santo? La primera alusión del Nuevo Testamento al bautismo del Espíritu Santo es la declaración de Juan: "Yo a la verdad os bautizo en agua para arrepentimiento; pero el que viene tras mí...él os bautizará en Espíritu Santo" (Mat. 3:11). Solo a partir de esta declaración, podría sentirme tentado a concluir que los cristianos en general serían bautizados en el Espíritu Santo. Pero los destinatarios específicos de esta promesa se aclaran en pasajes posteriores.

Justo antes de su ascensión, Jesús les dijo a los apóstoles que esperaran en Jerusalén hasta que "seáis investidos de poder desde lo alto" (Luc. 24:49). En los capítulos 14 al 16 de Juan, Jesús hizo varias promesas específicas a los apóstoles con respecto a la venida del Espíritu sobre ellos para empoderarlos a hacer el trabajo propio de un apóstol (es decir, recordar las palabras que Jesús les había hablado, hablar y escribir por inspiración, etc.). Si estos versículos se aplican a todos los cristianos, entonces todos los cristianos deberían ser guiados personalmente "a toda verdad" (Jn. 16:13) y no necesitan absolutamente ninguna Escritura escrita (Jn. 14:26). Pero, en contexto, estos versículos se refieren claramente al oficio apostólico.

Jesús aclaró aún más la aplicación del bautismo del Espíritu Santo cuando les dijo a los apóstoles que la declaración anterior, hecha en Luc. 24:49 se aplicaba a ellos y que se produciría "dentro de no muchos días" (Hch. 1:4-5). Jesús también dijo que el "poder" que recibirían sería el Espíritu Santo que les permitiría dar testimonio al mundo de lo que habían experimentado al estar con Jesús (Hch. 1:8).

Todo lo que hay que hacer es darle vuelta a la página para ver que la promesa del bautismo del Espíritu Santo llegó a su cumplimiento en forma espectacular y culminante en el capítulo 2 de Hechos, cuando el Espíritu fue derramado **solo** sobre los apóstoles. El antecedente de "todos" en Hch. 2:4 son "los apóstoles" en Hch. 1:26. Los apóstoles eran los únicos que hablaban en lenguas y enseñaban a la gente. El v. 7 dice: "...¿no son galileos todos estos que hablan?" — una referencia obvia a los Doce. El v. 14 dice "Entonces Pedro, poniéndose en pie con los once", y el v. 37 dice: "y dijeron a Pedro y a los otros apóstoles". En el v. 16, Pedro citó Joel 2:28-32 y lo aplicó a esa ocasión. El texto incluso establece explícitamente que las señales y maravillas fueron "hechas por los apóstoles" (2:43; estudie también Hch. 5:12; 15:12). Entonces, la primera instancia del bautismo del Espíritu Santo en el Nuevo Testamento sucedió a los apóstoles.

La siguiente alusión al bautismo del Espíritu Santo consiste en que Pedro describe la experiencia de los gentiles en Hechos 10, como comparable a la experiencia de los apóstoles en Hechos capítulo 2 (Hch. 11:15-17). El significado de "toda carne" de Joel no significa "todos los humanos" o "todos los cristianos", sino todas las nacionalidades. La Biblia divide a la humanidad en dos grupos raciales: judío y no judío o gentil (cf., Luc. 2:10; 3:6; Rom. 10:11-12). Así, los apóstoles judíos recibieron el bautismo del Espíritu Santo en Hechos 2 para equiparlos a establecer la iglesia y escribir, hablar y confirmar la verdad inspirada. La familia gentil de Cornelio recibió el bautismo del Espíritu Santo en Hechos 10 para convencer a los cristianos judíos de que los gentiles eran receptores adecuados del evangelio y eran candidatos válidos para ingresar al reino (Hch. 10:34-35,45; 11:18). La declaración de Joel de que Dios derramaría Su Espíritu sobre "toda carne" aplicaba al derramamiento sobre los judíos en Hechos 2 y a los gentiles en Hechos 10. Aunque Pablo debió haber recibido la capacidad para hacer milagros directamente de Dios, su recepción fue obviamente única ya que (1) no era un apóstol cuando los Doce recibieron el Espíritu y (2) era "un abortivo" (1 Cor. 15:8).

Ese es el alcance de la enseñanza del Nuevo Testamento sobre el tema del bautismo del Espíritu Santo. "¿Pero muchos otros no hicieron milagros y hablaban en lenguas en el Nuevo Testamento?" Sí, pero la única otra forma de recibir la capacidad de hacer milagros era a través de la imposición de las manos de los apóstoles. Solo los apóstoles poseían la capacidad de transferir la capacidad milagrosa a otro.

Hch. 8:17-21 clarifica este punto:

> Entonces les imponían las manos, y recibían el Espíritu Santo. Cuando vio Simón que por la imposición de las manos de los apóstoles se daba el Espíritu Santo, les ofreció dinero, diciendo: Dadme también a mí este poder, para que cualquiera a quien yo impusiere las manos reciba el Espíritu Santo. Entonces Pedro le dijo: Tu dinero perezca contigo, porque has pensado que el don de Dios se obtiene con dinero. No tienes tú parte ni suerte en este asunto, porque tu corazón no es recto delante de Dios.

Pasajes adicionales confirman esta única alternativa para el bautismo del Espíritu Santo. La capacidad de Felipe de realizar milagros en Hch. 8:6, 13 se derivó de la imposición de las manos de los apóstoles en Hch. 6:5-6. Los cristianos en Éfeso que podían hablar en lenguas recibieron la capacidad de las manos del apóstol Pablo (Hch. 19:6). Timoteo recibió su don de la misma manera (2 Tim. 1:6).[331]

Ya que no hay apóstoles viviendo hoy y puesto que el bautismo en el Espíritu Santo era exclusivo de los apóstoles (Hechos 2) y de los primeros gentiles convertidos (Hechos 10), las

---

[331] Algunos piensan que 1 Tim. 4:14 proporciona pruebas de que la habilidad milagrosa podía recibirse por otros medios además de las manos apostólicas y los dos casos del bautismo del Espíritu Santo. El versículo dice que el don de Timoteo fue dado "con la imposición de las manos del presbiterio". Sin embargo, los que argumentan así no ven la diferencia inspirada indicada por el uso de diferentes preposiciones. En 2 Tim. 1:6, Pablo usó la preposición **dia** que significa "a través" o "por medio de". Pero en 1 Tim. 4:14, Pablo usó la preposición **meta** que significa "con" en el sentido de expresar las circunstancias relacionadas o conjuntas. Por lo tanto, Pablo nos está diciendo que él, como apóstol, impartió el don milagroso a Timoteo. Al mismo tiempo, el ancianato puso sus manos sobre Timoteo **con** Pablo para indicarle su apoyo simultáneo y su acreditación conjunta. Ver A. T. Robertson, **Gramática del Nuevo Testamento griego a la luz de la investigación histórica** (Nashville, TN: Broadman, 1934), p. 611; William Arndt y F. Wilbur Gingrich, **Léxico griego-inglés del Nuevo Testamento** (Chicago, IL: The University of Chicago Press, 1958), pág. 509.

Escrituras no dan apoyo para el bautismo del Espíritu Santo en la actualidad. Ninguna curación divina ocurre hoy. No se habla en lenguas actualmente. El acceso a la madurez espiritual a través de la revelación escrita de Dios para el cristiano del primer siglo era parcial e imperfecto (1 Cor. 13:8-13). Pero la vida cristiana de hoy tiene todo lo que se necesita para estar completo y disfrutar la plenitud de la existencia cristiana por medio del Nuevo Testamento escrito (2 Tim. 3:16-17; 2 Ped. 1:3; Efe. 4:14).

CONCLUSIÓN

El cambio que se ha producido en la iglesia respecto al Espíritu Santo es simplemente otra manifestación de la tendencia liberal a evadir la responsabilidad personal de los propios pensamientos y conductas. Es una muleta para los inmaduros emocionalmente que se aferran en forma desesperada a la seguridad emocional y la realización espiritual. Distorsionar la enseñanza de la Biblia con respecto al papel del Espíritu Santo no es la respuesta. Atribuir pensamientos que surgen en la mente del Espíritu Santo, o sentir que el Espíritu Santo está guiando a alguien a hacer algo, son formas de conveniencia para hacer lo que uno quiere hacer y así sentirse justificado. Acreditar al Espíritu Santo los pensamientos y actos de una persona, le permite al individuo sentir que sus decisiones están fuera de su control y bajo la guía del Espíritu. La euforia y el sentido de libertad resultantes son una receta para el desastre. Una por una, las claras enseñanzas de la Biblia se desvanecerán en insignificancia e irrelevancia.

Gus Nichols debatió en una ocasión con un predicador pentecostal quien comenzó a citar una Escritura, fingiendo olvidarla para luego pedirle ayuda al Espíritu Santo, se detenía esperando la ayuda del Espíritu y luego la citaba como si el Espíritu se la hubiera dado allí mismo. Nichols vio al público profundamente influido por esta inteligente estrategia. El hombre lo intentó con demasiada frecuencia, pero Nichols ya estaba alerta y listo. El hombre citó mal el pasaje después de pasar por su procedimiento emocional. Nichols le dijo a la audiencia del evidente error y citó el pasaje correctamente. Luego le dijo a la sorprendida audiencia que **no** era el Espíritu Santo quien le ayudaba al hombre, sino uno de los espíritus engañadores a los que se hace referencia en 1 Tim. 4:1.[332]

Otro ejemplo astuto de cómo los cristianos fieles del pasado han contrarrestado los puntos de vista falsos con respecto a la obra del Espíritu Santo es el de George DeHoff:

> Estaba predicando en una gran carpa de una campaña en Lepanto, Arkansas…Una noche después de la oración, estábamos parados cantando y un hombre vino por el pasillo central, vestido con un traje de tres piezas. Vino directamente al estrado, me estrechó la mano, se presentó y dijo: "El Señor me habló y me dijo que viniera a predicar esta noche". Le dije, bueno, por supuesto, eso me molesta. Aquí los hermanos me pidieron que llevara a cabo esta campaña y resulta que el Señor consiguió a alguien más. Le pregunté: "¿A qué hora te habló el Señor?" Él respondió: "Esta tarde". Yo le dije: "¿A qué hora esta tarde?" Él dijo: "Uh, uh, alrededor de las tres en punto". Bueno, yo dije: "Mi amigo, simplemente siéntate y olvídalo porque Él me habló a las siete en punto y me dijo que había cambiado de opinión, que continuara predicando y que te ignorara".[333]

Los que vivimos actualmente hemos sido precedidos por grandes hombres cristianos bien informados, que efectivamente han expuesto el error y han presentado con precisión la verdad sobre el Espíritu a muchos. Qué tragedia eterna que tantos miembros de las iglesias de Cristo estén sufriendo ahora por los mismos trucos y travesuras que estos hombres destruyeron de manera efectiva y competente — estratagemas que han sido engendradas por la misma comprensión absurda del Espíritu Santo.

Los seres humanos siempre estamos buscando algo nuevo, algo emocionante y llamativo. Buscamos lo atractivo y lo

---

[332] Referenciado por Robert Taylor, Jr., en su libro **La Iglesia y el Movimiento de Restauración**, p. 95.

[333] Referenciado en el almuerzo "Honor a quien honor merece" durante las Conferencias de Fort Worth de 1988 en el edificio de la iglesia de Cristo Brown Trail, Bedford, Texas.

conmovedor. Queremos la salida fácil. Queremos algo que nos haga sentir religiosos y seguros sin tener que enfrentar nuestras responsabilidades.

El cristianismo genuino de hoy consiste simplemente en tomar la palabra escrita de Dios y estudiarla cuidadosamente para aprender lo que Él espera de nosotros. La espiritualidad proviene de la simple meditación y reflexión de la palabra de Dios, sin bandas de música o teatro de circo — sin destellos de luz, sueños o visiones — sin ataques repentinos atribuibles al Espíritu Santo. El camino al cielo consiste de una investigación honesta e intensiva de la revelación escrita y una vida de diligente autodisciplina y abnegación que se esfuerza por incorporar atributos espirituales en nuestras vidas — como paciencia, compasión, bondad, humildad, perdón, honestidad, integridad, paz del alma, alegría, vida moral limpia.

No hay un atajo para la espiritualidad. Lo milagroso no es la respuesta; Los milagros, incluso en el primer siglo, nunca fueron diseñados para desarrollar estos atributos (Luc. 16:31). Solo las palabras de Dios nos equiparán y nos prepararán para la eternidad. Como Pedro le dijo a Jesús: "Señor, ¿a quién iremos? Tú tienes palabras de vida eterna" (Jn. 6:68). Jesús le dijo al Padre: "Santifícalos por tu verdad. Tu palabra es verdad" (Jn. 17:17). Cuando Satanás le pidió a Jesús que hiciera un milagro, Jesús respondió: "Escrito está: No sólo de pan vivirá el hombre, sino de toda palabra que sale de la boca de Dios" (Mat. 4:4).

RESUMEN DE LA CUARTE PARTE

Los detalles específicos del cambio son numerosos. Los promotores del cambio están atacando al cuerpo de Cristo a lo largo de un frente amplio. Los cambios comparten en común un abandono del principio bíblico de autoridad (Capítulo 40). También son paralelos entre sí en su rechazo común a la racionalidad (Capítulo 12) a fin de aceptar el emocionalismo (Capítulo 6). Los que promueven el cambio están enfocando gran parte de su desestabilización a la asamblea de adoración. Además, se esfuerzan por socavar el fundamento mismo del cristianismo del Nuevo Testamento al asociar a la iglesia con la religión hecha por el hombre, es decir, el denominacionalismo.

Los cristianos fieles resistirán y confrontarán estas innovaciones. Debemos rechazar ser atrapados en toda la exageración y excitación superficial generada por el cambio ilícito. No debemos convertirnos en "una caña sacudida por el viento" (Mat. 11:7). Antes bien, "ya no seamos niños fluctuantes, llevados por doquiera de todo viento de doctrina, por estratagema de hombres que para engañar emplean con astucia las artimañas del error, sino que siguiendo la verdad en amor, crezcamos" (Efe. 4:14-15).

QUINTA PARTE

EL OBJECTIVO DEL CAMBIO

CAPÍTULO 33

EL ORGULLO — EL PROBLEMA PERENNE DE LA HUMANIDAD

¿Por qué? ¿Por qué están desgarrando el precioso cuerpo de Cristo? ¿Por qué? ¿Por qué están tratando de reestructurar y cambiar la iglesia? ¿Qué los motiva? ¿Qué es lo que los lleva a creer y hacer lo que hacen? — ¿qué es lo que los impulsa? La Parte V llamará la atención sobre algunas razones que da la Biblia sobre por qué las personas optan por actuar en forma deliberada fuera de la armonía con la voluntad de Dios.

> *"Cuando viene la soberbia, viene también la deshonra; Mas con los humildes está la sabiduría."*
>
> — *Salomón (Prov. 11:2)*

Pero, considere primero estas preguntas. En política, ¿qué motivó a Lenin a promover el comunismo socialista en Rusia a principios de siglo? ¿Qué motivó a Hitler a promover el nacionalsocialismo en Alemania en la década de 1930? En religión, ¿a qué atribuimos el comportamiento de los que promueven el budismo, el hinduismo, el confucianismo y el zoroastrismo en todo el mundo oriental y más allá? ¿Qué hay detrás de la promoción del islam en todo el Medio Oriente? ¿Qué motivó a José Smith en 1830 a anunciar al mundo su posesión del Libro de Mormón y su papel como profeta de Dios de los últimos días? En ciencia, ¿qué llevó a Darwin, y a los miles de evolucionistas que desde entonces siguieron su ejemplo, a sacar conclusiones falsas con respecto a los datos científicos relacionados con la Creación?

¿Están en lo **correcto** estas personas en sus puntos de vista? Si no, ¿llegaron y sostuvieron sus puntos de vista totalmente por convicciones honestas y sinceras? ¿Estaban convencidos de que sus puntos de vista constituían una verdad absoluta? ¿La mentalidad de "no juzgar," el rechazo de la certeza epistemológica y la naturaleza absoluta de la verdad, nos ha hecho dudar y ser renuentes en evaluar las opiniones de las personas en términos de lo correcto o lo incorrecto, lo verdadero o lo falso? ¿Hemos llegado a un punto en el que estamos ciegos a la explicación más común dada en la Biblia para la diversidad en la doctrina y la práctica: un rechazo deliberado de Dios y a su verdad para complacernos a **nosotros mismos**?

La conclusión, la causa principal de la desviación de la voluntad de Dios es el **orgullo** humano. El orgullo es el atributo de pensar en conceptos más altos de uno mismo (Rom. 12:3). El orgullo es egocentrismo. Es abordar la vida desde la perspectiva del deseo **personal** — ¿qué **quiero**? ¿Qué **me** hará feliz? ¿Qué reforzará **mi** estatus? ¿Qué mejorará **mi** condición? El egoísmo es la esencia del orgullo.

Juan resumió la naturaleza de lo mundano en términos de las tres vías a través de las cuales Satanás busca subvertir a las personas: los deseos de la carne, los deseos de los ojos y la vanagloria de la vida (1 Jn. 2:16). Tenga en cuenta que los dos primeros, los deseos de la carne y los ojos, son en realidad manifestaciones adicionales de la tercera — el orgullo. Cuando nuestra carne y nuestros ojos desean algo que no deberíamos tener, la motivación detrás del deseo carnal es el deseo de mejorarnos a **nosotros mismos**.

Con la excepción de Satanás y sus ángeles (1 Tim. 3:6; 1 Jn. 3:8; 2 Ped. 2:4; Judas 6), Eva fue el primer ejemplo de lo que el orgullo le hace a una persona. Ella escuchó el razonamiento de Satanás quien le aseguró que podía ser como Dios — un obvio atractivo para el orgullo. Ella también vio que el fruto era visualmente atractivo y bueno para comer — apelando a su vanidad que prometía superación personal (Gén. 3:5-6). Estos señuelos seductores acariciaron el orgullo de Eva, convenciéndola de que su estado y posición en la vida mejorarían. Su sensibilidad espiritual y compromisos doctrinales se vieron afectados por su orgullo.

Muchas personas en la historia de la Biblia dejaron que su orgullo se interpusiera en el camino de la pureza doctrinal. El estatus elevado de David, su popularidad y sus logros dignos de alabanza facilitaron un espíritu altivo que se convirtió en adulterio y asesinato (2 Sam. 11). Su orgullo era lo contrario de lo que más tarde se dio cuenta que necesitaba: un corazón contrito y humillado (Sal. 51:17). El rey Saúl era un hombre extremadamente orgulloso que relegó repetidamente el estricto cumplimiento doctrinal por debajo de su deseo de hacer lo que él quería (1 Sam. 13:8-14; 15:10-11). Samuel señaló el problema de Saúl como rebelión y obstinación (1 Sam. 15:23). La laxitud doctrinal de Saúl, su disposición **a cambiar** las instrucciones de Dios, fue el resultado directo de su arrogancia, su orgullo. Su incapacidad para dominar su orgullo lo llevó a un final trágico y triste: un intento desesperado de suicidio y, finalmente, la eutanasia (1 Sam. 31:3-4; 2 Sam. 1:5-10).

El rey Uzías, asimismo, muestra la estrecha correlación entre el orgullo y la tendencia a diluir la doctrina. Su largo reinado lo mantuvo en el centro de atención, lo que le permitió lograr muchas grandes hazañas. Pero su poder lo condujo al orgullo, mismo que provocó ajustes en la doctrina de adoración (2 Crón. 26:16). Cuando un sacerdote conservador (es decir, fiel) se enfrentó al rey y desafió sus desviaciones doctrinales, el rey se enfureció. Este obstinado y orgulloso desafío a las estipulaciones doctrinales de Dios resultó en la pérdida del reinado y contrajo la lepra que lo llevó a la cuarentena perpetua (2 Crón. 26:17-23).

Dios odia el orgullo y la arrogancia (Prov. 6:17; 8:13). El orgullo oscurece la capacidad humana de ver la necesidad de la pureza doctrinal (Prov. 11:2; 15:33; 16:18; 21:24; 29:23; Dan. 4:37). Los agentes del cambio son imprudentes e irresponsables en su trato con la doctrina y la necesidad de obediencia a los detalles doctrinales. Este descuido ha señalado históricamente un problema de actitud, un problema de orgullo, pensando en uno mismo más de lo que uno debería pensar (Rom. 12:3). Los que permanecen puros en la doctrina ciertamente no están exentos de caer presas del orgullo. Pero los que ignoran el ser correctos doctrinalmente, ciertamente han sucumbido al orgullo humano — el problema perenne de la humanidad.

CAPÍTULO 34
POPULARIDAD — LA BÚSQUEDA DE CREDIBILIDAD

El orgullo humano a menudo se revela en términos de un deseo de obtener la aprobación de las personas, ser querido y admirado. La necesidad de aceptación, por lo demás normal y sana, puede permitirse que se salga de control y prevalezca sobre la conformidad con las reglas de Dios. Los intentos de cambiar la iglesia pueden ser nada más que un esfuerzo para llamar la atención y atraer seguidores. Pero tratar de complacer a las personas y mostrar más preocupación por lo que otros piensan que por lo que Dios piensa, son más manifestaciones de orgullo y egoísmo. En la historia bíblica, cuando se siguió este curso, invariablemente siguió la aberración doctrinal.

> *"...confiase el evangelio, así hablamos; no como para agradar a los hombres...ni buscamos gloria de los hombres"*
>
> — *Pablo (2 Tes. 2:4-6)*

El obstinado orgullo de Saúl se mostró de esta manera. Dio su razón para alterar las instrucciones divinas, "porque temí al pueblo y consentí a la voz de ellos" (1 Sam. 15:24). Su miedo no era miedo al daño físico. Después de todo, él era el rey y tenía un poder absoluto sobre la vida de las personas. Más bien, temía perder el favor y la aprobación del pueblo. Quería su aceptación. Quería ser popular con ellos (cf. 1 Sam. 18:7-8). Su deseo de popularidad era simplemente evidencia de un problema más profundo: el orgullo.

Aarón estuvo infectado con la misma enfermedad. Su deseo de agradar al pueblo llevó a la fabricación del becerro de oro, alterando así las normas de adoración dadas por Dios (Éx. 32:1-5). Ciertamente logró su objetivo. El pueblo lo trató como una figura de autoridad y disfrutó la aceptación de ellos. Pero este deseo de gozar de aceptación solo lo llevó a la desgracia de Dios. Moisés no podía creer que su hermano pudiera ser tan vulnerable a la codicia del público. Le dijo a Aarón: "¿Qué te ha hecho este pueblo, que has traído sobre él tan gran pecado?" Aunque se excusó e intentó minimizar su papel en el asunto, fue culpable de violar la voluntad de Dios debido a su anhelo de adaptarse a los deseos del pueblo.

Jesús encontró la misma característica mientras anduvo sobre la tierra. Durante los días previos a la Pascua y su muerte inminente, tuvo ocasión de dirigirse a una multitud. Aunque había realizado señales milagrosas ante ellos, autenticando su reclamo de deidad, se negaban a creer. Por otro lado, varios funcionarios de alto rango estaban convencidos de la identidad de Jesús en la medida en que **creían** en Él. Ese tipo de convicción normalmente sería encomiable. Pero no en este caso. Estos principales no estaban dispuestos a confesar abiertamente, a reconocer públicamente, sus verdaderas convicciones. ¿Por qué? Si es verdad, ¿por qué una persona optaría por seguir una dirección diferente? Si uno **sabe** que cierto punto de doctrina es correcto, ¿por qué esa persona no estaría dispuesta a reconocerlo, admitirlo y comprometerse con él? Escuche al escritor inspirado:

> Con todo eso, aun de los gobernantes, muchos creyeron en él; pero a causa de los fariseos no lo confesaban, para no ser expulsados de la sinagoga. Porque amaban más la gloria de los hombres que la gloria de Dios (Jn. 12:42-43).

Este pasaje prueba que las personas pueden acoger o aceptar la religión falsa basándose en algo diferente a la ignorancia o la falta de conciencia. Estos caballeros sabían quién era Jesús ¡y aceptaban ese hecho! Sin embargo, optaron por seguir un curso religioso diferente, ¿por qué? "Por los fariseos". Pero ¿por qué preocuparse por lo que pensaban los fariseos? Porque los fariseos tenían el poder de expulsar a la gente de la sinagoga. Pero, ¿qué importa si lo sacan de la sinagoga? Porque en ese entorno y en esa posición, estos hombres estaban recibiendo notoriedad, aprobación, aceptación, prestigio, fama, posición y atención. Estaban disfrutando mucho los elogios del pueblo. Esa gratificación inmediata y continua significaba más para ellos que la seguridad oral de la aprobación de Dios ofrecida a quienes actúan según lo que saben que es la verdad.

Mientras participaba en esfuerzos evangelísticos en Samaria, Felipe realizó milagros para confirmar su mensaje. "Así que había gran gozo en aquella ciudad" (Hch. 8:8). Un personaje interesante en la audiencia de Felipe fue Simón, un hombre cuya carrera se había dedicado a la hechicería y las artes mágicas. Este hombre era lo suficientemente competente en sus habilidades como para ser capaz de deslumbrar y sorprender a toda la población de la ciudad, mantuvo este lugar de preeminencia durante un largo período de tiempo (Hch. 8:11).

Usted y yo sabemos, tal como Simón sabía, que no había nada en sus "poderes". Era falso, una estafa ¿Por qué? ¿Por qué tomaría una profesión que sabía que era puramente imaginaria, engañosa y una farsa? Lucas nos dice que Simón estaba "haciéndose pasar por algún grande" (Hch. 8:9). Aquí estaba su motivación. Estaba quedándose sin popularidad y reconocimiento. Quería ser muy observado y respetado por la gente.

Mucha gente debe haberse sorprendido cuando Simón mismo se hizo cristiano (Hch. 8:13). Había sido un individuo tan prestigioso a los ojos de tanta gente. Su sumisión a la predicación de Felipe debe haber sido una gran sorpresa. Sin embargo, cuando Felipe solicitó la ayuda de los apóstoles, Pedro y Juan llegaron de Jerusalén para imponer sus manos sobre los nuevos conversos y conferirles una habilidad milagrosa. Felipe poseía un poder milagroso, pero no tenía la capacidad de impartir ese poder a los demás. Cuando Simón vio que los apóstoles poseían esta capacidad superior para transferir el poder milagroso, intentó sobornarlos para que le dieran el mismo poder.

Si la conversión de Simón fue genuina, entonces volvió a sus andanzas previas. Una vez más, estaba operando por un deseo de lograr el reconocimiento. Sabiendo que sus propias prácticas hechiceras eran ficticias, le sorprendió la autenticidad de los milagros de Felipe (8:13) y ahora las acciones aún más poderosas de los apóstoles. Su antiguo deseo de aclamación pública resurgió y tomó el control. Pedro lo reprendió: "Tu dinero perezca contigo…tu corazón no es recto delante de Dios" (Hch. 8:20-21). Su motivación interna era ilícita, lo que lo llevó a acercarse a su religión como un medio para atraer la atención de las personas. Su única esperanza era arrepentirse de esta "maldad" (Hch. 8:22).

Cuando Pablo llegó a la ciudad costera de Mileto en su tercer recorrido evangelístico, envió un comunicado a los ancianos de la iglesia de Cristo en Éfeso, solicitando que se reunieran con él. Llegaron, y Pablo derramó su corazón hacia ellos, divulgando su profunda preocupación por su bienestar espiritual y el futuro de la iglesia bajo su supervisión. Fue una reunión emocional que terminó en lágrimas y conscientes de que nunca volverían a ver a Pablo.

Una exhortación que dio a los ancianos equivalía a una solemne advertencia. Sabía con certeza que después de su partida, personas entrarían a la iglesia y promoverían el cambio doctrinal. Les advirtió que incluso dentro de ellos mismos, algunos promoverían ideas erróneas. ¿Pero por qué? ¿Qué podría motivar a los miembros o predicadores o incluso a los ancianos a perturbar la paz y la armonía de la iglesia al presentar un cambio en la doctrina o la práctica? ¿Podría ser que tales artistas del cambio estén genuinamente motivados por la sincera preocupación por la **verdad**?

Pablo nos dice cuál sería la fuerza impulsora detrás de sus esfuerzos: "para arrastrar tras sí a los discípulos" (Hch. 20:30). Pablo estaba diciendo que un hombre en una posición de liderazgo puede enamorarse de su estatus en el centro de atención, y orquestar cambios doctrinales para mantener e intensificar su posición. Incluso dividirá a la iglesia para asegurar seguidores. Aquellos que se sienten atraídos y caen en su carisma simplemente están cumpliendo el propósito involuntario de alimentar su ego y hacerlo sentir importante.

Cuando Juan le escribió una carta a Gayo, comentó sobre un miembro en particular, Diótrefes, y señaló el propósito principal de ese hombre: "Al cual le gusta tener el primer lugar entre ellos" (3 Jn. 9). Esta compulsión interna se manifestó en la doctrina y en los hechos (3 Jn. 10-11).

¡Qué contraste: Gayo y Diótrefes! Ambos eran cristianos. Ambos estaban activos en la iglesia local. Gayo era conocido por su conservadurismo, es decir, su compromiso con la corrección doctrinal (3 Jn. 3-4) y su amor y hospitalidad (3 Jn. 5-6). Pero

Diótrefes era conocido por su ambición personal: su deseo de ser reconocido como una figura destacada en la iglesia. Mantuvo este estado hablando mal del elemento conservador en la congregación y presionando para que simplemente se fueran (3 Jn. 10). Este escenario se ha repetido muchas veces en la hermandad de nuestros días, a medida que los agentes de cambio se han confabulado y manipulado para sacar a los fieles y tomar el control de la iglesia.

Conclusión

Un catalizador principal que se encuentra detrás del impulso por el cambio es esta incesante hambre de prestigio y poder que busca la aceptación y el elogio de las personas. Pero Jesús todavía dice: "¡Ay de vosotros, cuando todos los hombres hablen bien de vosotros!" (Luc. 6:26). Todavía nos advierte: "El que ama a padre o madre más que a mí, no es digno de mí; el que ama a hijo o hija más que a mí, no es digno de mí" (Mat. 10:37). El intento de acoger a las denominaciones (Capítulo 29) es una manifestación evidente de esta búsqueda frenética de credibilidad.

Debemos purificar nuestros motivos y asegurarnos de que Cristo y su voluntad tengan prioridad sobre nuestro deseo de agradar a las personas. Debemos dejar de lado nuestros egos y volcar nuestras energías en agradar a Dios, quedando contentos con los sencillos preceptos de la religión bíblica. Quienes están diseñando un cambio ilícito en la iglesia deben preguntarse honesta y genuinamente: "¿Cuál es mi motivo? ¿Estoy **realmente** convencido de que lo que estoy promoviendo es la voluntad de Dios según la Biblia? ¿O es el cambio simplemente una cortina de humo para lograr un nombre para mí y disfrutar de la aprobación y elogios de la gente?" Dios conoce las verdaderas respuestas a estas preguntas — ya sea que los agentes de cambio estén o no dispuestos a enfrentarlas.

CAPÍTULO 35
POSESIONES — EL DESEO DE LAS COSAS

Vivimos en el apogeo de la prosperidad en una nación que ha alcanzado el más alto nivel de vida para la mayoría de sus ciudadanos que el mundo haya visto. En ningún otro momento en la historia de la raza humana, una civilización ha alcanzado un nivel tan alto de éxito económico y bienestar material generalizado. Debido a esta increíble circunstancia, Estados Unidos es literalmente la envidia del mundo. Personas de prácticamente todos los países y culturas están literalmente entrando en América por todos los medios legales e ilegales con la esperanza de agarrar un pequeño pedazo del pastel. La brecha económica que existe entre los EE. UU. Y la mayoría del resto del mundo es casi insondable. La mayoría de la población de la tierra considera que **todos** los estadounidenses son **ricos**.

> *"...el cual codiciando algunos, se extraviaron de la fe, y fueron traspasados de muchos dolores".*
> — 1 Timoteo 6:10

Tan bendecidos como somos y tan agradables y cómodas como nuestras vidas se han convertido, el Caballo de Troya del materialismo ha traído consigo una carga oculta. A lo largo de la historia bíblica, la prosperidad ha creado un clima social antagónico a la espiritualidad. Es por eso que Moisés le advirtió a la nación israelita que una vez que Dios les diera la Tierra Prometida y les permitiera prosperar y alcanzar el éxito material, estarían propensos a olvidar al Señor al relajar los compromisos doctrinales (Deut. 6:10-18). Una atmósfera de prosperidad financiera puede generar un mayor deseo por el dinero, las posesiones, los placeres y otros deseos pecaminosos como el sexo ilícito, la gula y el alcohol.

Muchas Escrituras ilustran este motivo básico como el estímulo subyacente para la desviación doctrinal y el cambio. El orgullo de Eva, su deseo de mejorar a su persona, se vio reforzado por el atractivo visual del fruto prohibido y del valor como alimento (Gén. 3:6). Su deseo, su apetito, fue estimulado por percepciones visuales y carnales. Este deseo facilitó su desobediencia. Mientras que para Eva una fruta era visualmente seductora, para David el ver a una mujer desnuda despertó los antojos pecaminosos (2 Sam. 11:2). En ambos casos, el deseo por las cosas condujo a ajustes en la práctica doctrinal.

¿Qué estaba detrás del comportamiento sensual de los israelitas al pie del monte Sinaí? ¿Qué los motivó a dejar el liderazgo de Moisés y el cumplimiento de las normas doctrinales de Dios? El texto señala a su comida y bebida, su "parranda" (es decir, juerga) y su canto y baile como factores clave asociados con su infidelidad (Éx. 32:6, 18-19). En otras palabras, la rigurosidad doctrinal fue suplantada por el deseo, simple y llanamente, dieron rienda suelta a pasiones pecaminosas y antojos ilícitos. Aunque Dios estaba tratando de elevar espiritualmente a las personas, ellos dejaron que su "amor al mundo" (1 Jn. 2:15) tuviera prioridad sobre la lealtad doctrinal.

El "hijo pródigo" cayó preso de las mismas inclinaciones internas. Quería que su padre le otorgara su herencia prematuramente. ¿Por qué? ¿Qué lo motivó a tomar las decisiones que tomó y hacer las cosas que hizo? Fue atraído por el atractivo del país lejano (Luc. 15:13). El potencial para saciar su apetito carnal lo atrajo y le hizo darle la espalda a su padre y a su sistema de valores. Demas hizo lo mismo. Abandonó a Pablo "amando este mundo" (2 Tim 4:10).

Santiago da una descripción gráfica de esta misma fuerza impulsora detrás del cambio en la iglesia:

> ¿De dónde vienen las guerras y los pleitos entre vosotros? ¿No es de vuestras pasiones, las cuales combaten en vuestros miembros? Codiciáis, y no tenéis; matáis y ardéis de envidia, y no podéis alcanzar; combatís y lucháis, pero no tenéis lo que deseáis, porque no pedís. Pedís, y no recibís, porque pedís mal, para gastar en vuestros deleites (Sant. 4:1-3).

Los trastornos en la iglesia pueden ser el resultado directo de unos pocos miembros que desean avivar sus pasiones, codicia y ansia de placer (cf. Heb. 11:25-26). Los agentes de cambio están literal y realmente involucrados en una guerra consigo mismos, atrapados por su propio anhelo de cosas.

Jesús identificó a la lujuria o el deseo por las cosas como una espina que ahogará la palabra de Dios directamente en una persona (Mar. 4:19). Además, caracterizó esta espina como las "riquezas y los placeres de la vida" (Luc. 8:14). Pablo dio más detalles sobre este punto. Habló de los que tienen "mentalidad de ser ricos", es decir, aquellos que tienen como objetivo primordial la ganancia financiera y el aumento de las cosas materiales. Estas personas inevitablemente caen en la tentación, en una trampa y en muchas lujurias insensatas y dañinas. Terminan desviándose de la fe (1 Tim. 6:9-10).

Cuando un cristiano tiene en su interior el deseo de aumentar su propio bienestar físico, ya sea por dinero, posesiones materiales o incluso gratificación sexual, naturalmente considera conveniente alterar la doctrina y promover el cambio en la iglesia. La piedad, es decir, la participación en la religión, para tal persona es simplemente un medio para obtener ganancias financieras (1 Tim. 6:5).

La gente de los días de Jeremías se desvió de los "sendas antiguas" (Jer. 6:16) porque "cada uno sigue la avaricia" (Jer. 6:13). Los líderes religiosos (sacerdote y profeta) quedaron atrapados en la situación y acomodaron la codicia de la gente con la doctrina falsa.

Esta motivación fundamental se refleja generalmente en la embestida para el cambio en la iglesia. Pero se ve más específicamente en forma concreta en los ingresos generados por el sector liberal. Los predicadores doctrinalmente laxos predican para iglesias liberales numéricamente grandes y reciben salarios lucrativos: $70,000 a $100,000 dólares al año. Tal remuneración es un fuerte incentivo para predicar un mensaje diluido. Un evangelio aguado agrada a las personas y se adapta al deseo de cambio en forma de restricciones relajadas.

Los agentes de cambio están imprimiendo libros y otra literatura que genera millones de dólares. Cobran cuotas caras para asistir a sus seminarios y talleres. Grupos de canto cobran por actuar en concierto. Las congregaciones liberales construyen extravagantes edificios tipo catedral, "centros de vida familiar" y gimnasios que cuestan millones de dólares y reflejan los deseos mundanos de la carne y los ojos.

Los liberales tienden peligrosamente a enfatizar la imagen y la apariencia. Quieren que su apariencia física sea atractiva y bien arreglada. Quieren que los edificios de sus iglesias sean magníficos. Quieren que su ropa sea cara y contemporánea. Quieren que sus autos sean nuevos y deportivos. Quieren que sus hogares estén amueblados con buen gusto y estén impecables. Quieren que sus predicadores den una imagen con su vestimenta de "acéptalo". Algunos en los días de Jesús también estuvieron consumidos y obsesionados con la imagen (cf. Mat. 23:27). Estas tendencias egocéntricas son simplemente apelaciones a los deseos de la carne, los deseos de los ojos y a la vanagloria de la vida. Disuaden a las personas del rumbo y meta apropiados en la vida. Borran, transforman y destruyen la iglesia.

Nunca olvidaré el día en que me encontré con un viejo compañero de clase de la universidad cristiana a quien no había visto en más de una década. Yo había estado lejos de Texas haciendo estudios de posgrado en Tennessee e Illinois. Este compañero de clase predicaba para una gran congregación liberal en el metroplex de Dallas-Fort Worth. Se enteró que me había mudado a la zona y quería reunirse conmigo para almorzar. Llegó al edificio de la iglesia para recogerme y conducía un Mercedes. No pensé en ello, aunque generalmente un predicador no es alguien que pueda permitirse ese tipo de automóvil. Pero esa no era mi preocupación y considero que no estoy en posición de juzgar a ningún cristiano en función de la marca del automóvil que elija conducir.

Él debió sentirse incómodo con su elección porque se sintió obligado a ofrecer una palabra de explicación no solicitada. Me dijo que siempre había querido ver cómo se sentiría poseer un símbolo de estatus. Su posición lucrativa en la gran congregación hizo realidad ese deseo. Involuntariamente había revelado su verdadera motivación, una motivación de la que uno sospecha que puede ser el objetivo de aquellos que presionan por el cambio en la iglesia: dinero, posesiones y el deseo por las cosas.

CAPÍTULO 36
PERMISIVIDAD — LA LIBERTAD DE RESTRICCIONES

Además del orgullo, la popularidad y las posesiones, los seres humanos estamos sujetos a un deseo de ser liberados de los dictado por una autoridad superior. Tendemos a querer ser libres para hacer lo que queramos hacer. Esta actitud se extendió entre los babyboomers durante la década de los 60's. Las expresiones que eran comunes en ese momento incluían: "Haz lo que quieras" y "Sé té sin inihibiciones". Estos simples lemas dan una idea profunda de lo que realmente estaban impulsando las fuerzas del cambio en ese momento. Debajo de los objetivos establecidos de amor, paz y hermandad estaba el motivo real de la autocomplacencia y la libertad de las restricciones. Estamos experimentando las consecuencias de la década de 1960 en la iglesia de la década de 1990.

> "...como libres, pero no como los que tienen la libertad como pretexto para hacer lo malo". — 1 Pedro 2:16

Los israelitas en el monte. Sinaí estaban en el mismo bote. Su deseo desenfrenado, señalado en el último capítulo, se manifestó cuando dejaron de lado la moderación. Éx. 32:25 dice que estaba "desenfrenado" (RV1960), "desnudo" (OSO), "fuera de control" (DA) o "sin freno" (SN-MN). El "hijo pródigo" se apoderó de esta misma mentalidad de "pachanga". ¡Se fue al país lejano a la fiesta! ¡Vive el momento! ¡Desinhíbete! Allí se entregó al desenfreno, totalmente libre y sin restricciones en lo que sus apetitos carnales lo instaran a hacer (Luc. 15:13).

A pesar de toda su alta y santa insistencia en que sus acciones están divinamente aprobadas y que son el resultado de un profundo deseo de hacer la voluntad de Cristo y salvar almas,

¿podría ser que los agentes de cambio estén, en realidad, implementando su agenda de cambio simplemente para librarse de las restricciones bíblicas? ¿Es pura coincidencia que los predicadores liberales hayan estado ansiosos y dispuestos a aceptar el clamor de una predicación "no negativa, toda positiva"? ¿Es completamente accidental y ajeno que muchas voces minimicen la estricta obediencia bajo la apariencia de "legalismo", "no estamos bajo la ley, sino bajo la gracia" y somos "libres en Cristo"?[334]

No, estas circunstancias no son coincidencia ni son ajenas. Son calculadas y conspiradoras. Los agentes de cambio han respirado las mismas corrientes que han llevado a la profesión psicológica de la sociedad secular a considerar la culpa como destructiva y la responsabilidad personal como "co-dependencia". Han adoptado la misma lógica subjetiva y egocéntrica que ofrece la sociedad secular para rechazar los requermientos simples de las Escrituras y hacer lo que ellos quieren: "¡Dios quiere que yo sea feliz!"

LIBERTAD EN LA BIBLIA

La Biblia habla de la maravillosa libertad que uno puede disfrutar en Cristo. Pero la libertad bíblica está muy lejos de la liberación de la restricción y del control promovida por los agentes de cambio anti ley. Con una terminología amplia y precisa en el capítulo ocho de Juan, Jesús articuló la suma y la sustancia de lo que significa ser libre en Cristo. En un contexto en el que defendió la validez de su propio testimonio (Jn. 8:12-59), declaró la única base sobre la cual un individuo puede ser su discípulo. Para ser discípulo de Cristo, uno debe "permanecer" en Su palabra (v. 31). Es decir, uno debe vivir una vida de obediencia a la voluntad de Cristo. El verdadero discipulado se mide por la persistencia de uno en cumplir con las palabras de Jesús.

La libertad en Cristo está integral e inseparablemente unida a este énfasis en obedecer a Dios. Si bien, en última instancia, son Dios y Cristo quienes otorgan la libertad de la condenación a las personas, lo hacen estrictamente a través de las palabras escritas de inspiración (v. 32). La "la perfecta ley, la de la

---

[334] Por ejemplo, **Free In Christ** [*Libres en Cristo*] de Cecil Hook (New Braunfels, TX: Cecil Hook, 1985).

libertad" (Sant. 1:25) es la ley que da libertad a quienes son "hacedores de la palabra" (Sant. 1:22). Estas mismas palabras funcionarán como juez al final de los tiempos (Jn. 12:47-48).

Por lo tanto, resulta extremadamente esencial para las personas "conocer la verdad" para que la verdad los haga libres. ¿Qué quiere decir Jesús con "la verdad"? "La verdad" es sinónimo de (1) el evangelio (Gál. 2:14; Col. 1:5-6 — genitivo de aposición o identificación), (2) la palabra (Jn. 17:17; 2 Tim. 2:15; Heb. 4:2), (3) la fe (Hch. 14:21-22), y (4) sana doctrina (1 Tim. 1:10-11). En otras palabras, "la verdad" es el contenido de la religión cristiana. Es el Nuevo Testamento: la doctrina de la única religión verdadera (cf., Sant. 5:19).

Para que una persona "conozca" la verdad, debe comprenderla y someterse a ella. Las enseñanzas de Cristo deben convertirse en la ley suprema de la vida diaria. El siervo debe conocer la voluntad de su amo y estar en armonía con esa voluntad (Luc. 12:47).

La libertad que Jesús ofrece a través de la obediencia a su verdad se observa en su intercambio con los judíos sobre la esclavitud. Los que pecan (es decir, transgreden la voluntad de Dios — 1 Jn. 3:4) son esclavos que pueden ser liberados solo al permitir que las palabras de Cristo fluyan libremente dentro de ellos (Jn. 8:34-37). Este tipo de libertad es la única libertad verdadera. La libertad genuina se logra por medio de la "obediencia para justicia" (Rom. 6:16). La libertad del pecado y la muerte espiritual solo es posible obedeciendo las palabras de Dios (v. 51).

Sin embargo, estos judíos — aunque eran creyentes (vs. 30-31) — no estaban dispuestos a obedecer la voluntad de Cristo y servir de manera fiel como lo había hecho Abraham (v. 39). En consecuencia, Jesús los calificó como hijos del Diablo (v. 44). No eran de Dios porque no estaban dispuestos a escuchar las palabras de Dios, es decir, cumplir con ellas (v. 47). Aunque creían, no obedecían la verdad. "Ira y enojo" les espera a los que no "obedecen a la verdad" (Rom. 2:8).

J. W. McGarvey resumió la interpenetración de la libertad, la obediencia y el conocimiento de la verdad:

La libertad consiste en estar de acuerdo con lo que, en el ámbito del intelecto, se llama verdad, y en el ámbito de la moral, ley. La única forma en que conocemos la verdad es obedeciéndola, y la verdad de Dios libera del pecado y de la muerte.[335]

La Mujer Adúltera

"¿Pero qué pasa con la mujer que fue llevada a Jesús para evaluar su condición moral? ¿No fue Jesús tolerante y perdonador en la medida en que la liberó de las estrictas restricciones de la ley bíblica que pedían su ejecución? ¿No le concedió su **libertad**? ¿Y no son los 'conservadores' de nuestros días, quienes se oponen a los agentes de cambio, como los escribas y fariseos legalistas que acusaban a la mujer y la quisieron tratar estrictamente de acuerdo con la Ley Mosaica?" Un estudio cuidadoso de Jn. 8:1-11 arroja al menos tres ideas que ayudan a aclarar la confusión inherente a tales preguntas.

En primer lugar, las regulaciones mosaicas establecían que una persona podía ser ejecutada solo si había dos o más testigos del crimen (Deut. 19:15). Un testigo era insuficiente para invocar la pena de muerte (Deut. 17:6). Según los informes, la mujer en cuestión fue atrapada en el acto, pero no se dice nada sobre la identidad de los testigos. Puede ser que solo hubiera uno.

En segundo lugar, incluso si hubiera dos o más testigos presentes para verificar el pecado de la mujer, el Antiguo Testamento era igualmente explícito sobre el hecho de que tanto la mujer como el hombre debían ser ejecutados (Lev. 20:10; Deut. 22:22). ¿Dónde estaba el hombre? Esta situación inventada obviamente no se ajustaba a las condiciones mosaicas previas para invocar la pena capital. La obediencia a la ley de Moisés en este caso en realidad significaba dejar ir a la mujer.

Una tercera consideración que los liberales pasan por alto con respecto a este pasaje es el significado preciso de la frase "El que de vosotros esté sin pecado sea el primero en arrojar la piedra". Si la declaración se toma como una prohibición general contra la disciplina o el castigo del cristiano que peca y que se

---

[335] J. W. McGarvey, **The Fourfold Gospel** (*El Evangelio Cuádruple*; Cincinnati, Oh: The Standard Publishing Foundation, n.d.), p. 457.

niega a arrepentirse, entonces este pasaje contradice rotundamente una gran cantidad de otros pasajes (p. Ej., Rom. 16:17; 1 Cor. 5; Gál. 6:1; 2 Tes. 3:6, 14; Tito 3:10; 2 Jn. 9-11). Es más probable que Jesús esté aquí diciendo lo que dijo Pablo en Rom. 2:1-4: "tú que juzgas haces lo mismo". Una vez que se le aclara la vista a una persona, se encuentra en la posición adecuada "para sacar la paja del ojo de tu hermano" (Mat. 7:5).

Es el hermano o hermana "espiritual" quien puede restaurar a los rebeldes (Gál. 6:1). Jesús sabía que los acusadores de la mujer eran culpables de aquello por lo que la querían "acabar". Jesús pudo hacerles ver su culpa al provocar que se dieran cuenta de que **sabía** que eran culpables de lo mismo. La Ley Antigua dejaba claro que los testigos del crimen debían lanzar las primeras piedras (Deut. 17:7). Jesús estaba dando directamente al hecho de que estos testigos no eran elegibles para cumplir este papel, ya que eran culpables del mismo pecado.

Jesús fue la única persona que cumplió la legislación mosaica a la perfección. Cualquier interpretación de cualquier pasaje que describa a Jesús como violando la ley de Dios para perdonar o adaptarla al hombre es una interpretación falsa. Cualquier interpretación de cualquier pasaje que contradiga la enseñanza de otros pasajes claros también es falsa. En este caso, Jesús no simpatiza con la mentalidad permisiva de los agentes de cambio actuales que suavizan la doctrina en nombre de la "libertad".

El Campo De Maíz

"Pero, ¿qué hay de ese momento en que los fariseos reprendieron a los discípulos de Jesús por recoger grano y comer en el día de reposo? ¿No fue ese incidente un caso claro de Jesús defendiendo la libertad de la 'letra de la ley' para mantener el 'espíritu de la ley'? ¿No estaba Jesús autorizando violaciones ocasionales de la ley para servir al bien superior de la necesidad humana y la libertad espiritual?"

Muchas, muchas voces dentro de las iglesias de Cristo insisten en que Mateo capítulo doce está, de hecho, abogando por la libertad cristiana y la prioridad de ésta, sobre el guardar las reglas.[336] Curiosamente, este mismo punto de vista se basa en las fuentes teológicamente más liberales imaginables, desde el padre de la ética situacional hasta los principales denominacionalistas.[337] Este tipo de inclinación humanista constituye una gran amenaza para la estabilidad de la iglesia. Además, fomenta el cambio hacia los sentimientos emocionales y la percepción subjetiva (ver Capítulo 6).

Cuando los discípulos recogieron y consumieron unas pocas espigas del campo de un prójimo, estaban haciendo lo que era perfectamente legal (Deut. 23:25). Trabajar habría sido una violación de la ley sabática. Si hubieran sacado una hoz y hubieran comenzado a cosechar el maíz, habrían violado la ley del sábado. Sin embargo, estaban recogiendo estrictamente con el propósito de comer de inmediato — en completa armonía con la ley mosaica ("lo que cada cual haya de comer" — Éx. 12:16).

La acusación de los fariseos de que los discípulos estaban haciendo algo "no lícito" en sábado era simplemente ¡una acusación errónea! (cf. Mat. 15:2). Jesús respondió a su imputación con una lógica magistral y penetrante. Primero llamó la atención sobre el caso de David (12:3-4). David claramente violó la ley en 1 Samuel capítulo veintiuno, pero los fariseos no lo condenaron. Condenaron a los discípulos de Jesús que eran inocentes pero defendían y veneraban a David, quien era culpable. Su inconsistencia expuso su falta de sinceridad.

---

[336] Por ejemplo, **¿Existe Dios?**, John Clayton (Ene/Feb., 1991): 21-22; "Cosas alentadoras que veo", Richard Rogers, **Imagen** 5/1 (Ene., 1989):14-15; "Dando vida a la palabra: una evaluación del impacto hermenéutico en las iglesias de Cristo; Parte II: "El movimiento erudito", Gary D. Collier, Un artículo presentado a la Conferencia Cristiana de Eruditos (Malibu, CA:Pepperdine University, Julio de 1987):24-28; "Cuando la religión va mal", Max Lucado, sermón en la iglesia de Cristo Oak Hills, San Antonio, Texas, 29 de Octubre de 1989; James Woodruff en Thomas B. Warren "Graficas que usted puede usar en la predicación, enseñanza y estudio del divorcio y segundas nupcias", (Jonesboro, AR: National Press, 1978), pp. 198-200; "Direcciones futuras de la educación religiosa", David Wray, **Direction In Ministry** (*Dirección En El Ministerio* ¼ Otoño, 1992), College of Biblical Studies, Abilene Christian University, p. 1.

[337] **Moral Responsibility** (*Responsabilidad Moral*), Joseph Fletcher, (Philadelphia, PA: The Westminster Press, 1967), p. 15, 17 — Jesús "puso su sello de aprobación en la translegalidad de la acción de David, en el paradigma del pan del altar;" El ministro de la Primera Iglesia Metodista Unida de Fort Worth, Barry Bailey, estableció: "En lugar de poner las Escrituras primero, debemos poner a Dios primero" — "El ministro metodista se opone a dirigirse hacia la primacía de la Biblia", **Fort Worth Star-Telegram** (Domingo 24 de Abril de 1988), sec 1, p. 8.

Por otro lado, los sacerdotes que trabajan en el templo lo hacen en sábado (12:5). No obstante, no son culpables de violar la ley del sábado porque su trabajo está autorizado a realizarse ese día. La ley del sábado no significaba que todos debían sentarse y no hacer nada. La Ley otorgaba el derecho de hacer varias cosas que no constituían una violación de la regulación del sábado. Los ejemplos de dicha autorización incluyen comer, servicio en el templo, circuncisión (Jn. 7:22, 23) y extender la amabilidad o ayuda a los necesitados (Deut. 22:1-4; Mat. 12:10-12; Luc. 13:14-16; 14:1-6).

Además, Jesús es Dios (12:6). Si podía instruir a los sacerdotes para llevar a cabo el servicio del templo en sábado, seguramente sabía si sus discípulos estaban autorizados a comer en sábado (en armonía con la ley). Después de todo, ¡Jesús es más grande que el templo donde se realizaba el servicio autorizado!

Luego penetró por debajo del argumento superficial que los fariseos plantearon enfocándose en sus corazones (12:7). No estaban realmente interesados en obedecer la ley de Dios. Estaban disfrazándose bajo esa pretensión (cf., Mat. 15:1-9, 23:3). Pero su problema no estaba en una actitud de desear el cumplimiento meticuloso de la ley de Dios. Más bien, su entusiasmo por el cumplimiento de la ley era hipócrita y no estaba acompañado por (1) la obediencia de ellos mismos y (2) su preocupación por los demás. Estaban más preocupados por atacar a las personas que por las aplicaciones sinceras y genuinas de las pautas de Dios para el bien de la humanidad.

Habían neutralizado la verdadera intención de las regulaciones divinas, anulando la palabra de Dios (Mat. 15:6). Habían ignorado y pasado por alto las leyes importantes que ordenaban la justicia, la misericordia y la fe (Mat. 23:23). En consecuencia, aunque su atención a los detalles legales era loable, su aplicación incorrecta de la misma, así como su negligencia y rechazo de algunos aspectos, los hizo promulgadores inapropiados e incompetentes de ella.

De hecho, simplemente ni siquiera entendieron la enseñanza de Os. 6:6 y Miq. 6:6-8. En ambos contextos del Antiguo Testamento, Dios atacó la mera observancia ritual y externa de algunas leyes, descuidando la atención genuina, sincera y humilde a otras leyes y el tratar a las personas adecuadamente.

Samuel se dirigió a esta misma actitud mostrada por Saúl: "¿Se complace Jehová tanto en los holocaustos y víctimas, como en que se obedezca a las palabras de Jehová? Ciertamente el obedecer es mejor que los sacrificios, y el prestar atención que la grosura de los carneros" (1 Sam. 15:22).

Si los fariseos hubieran entendido estas cosas, no habrían acusado a los discípulos de violar la ley cuando los discípulos, en realidad, no lo habían hecho. "No condenaríais a los inocentes" (Mat. 12:7).

Finalmente, Jesús de nuevo ratificó la precisión de su manejo de todo este asunto al reafirmar su deidad y, por lo tanto, sus credenciales y credibilidad autorizada para hacer una aplicación precisa de la Ley Antigua (12:8).

El capítulo doce de Mateo no enseña que Jesús apruebe la violación de sus leyes bajo circunstancias atenuantes. Sus leyes nunca son opcionales ni tampoco no vinculantes aunque el hombre a menudo encuentre la voluntad de Dios incómoda y difícil (por ejemplo, Jn. 6:60; Mat. 11:6). La verdad del asunto es que si nuestros corazones son receptivos a la voluntad de Dios, su voluntad es "fácil" (Mat. 11:30), "no es demasiado difícil" (Deut. 30:11), y "no son gravosos" (1 Jn. 5:3). Si, por otro lado, resistimos su voluntad y no queremos cumplirla, esa voluntad es "ofensiva" (Mat. 15:12), "dura" (Jn. 6:60), "estrecha" (Mat. 7:14) y "aplastante" (Mat. 21:44; Jer. 23:29).

Los agentes de cambio continuarán inventando formas de eludir la intención de las Escrituras. Continuarán "torciendo" (2 Ped. 3:16) y "adulterando la palabra de Dios" (2 Cor. 4:2). Pero el "corazón bueno y recto" (Luc. 8:15) prestará atención a "cómo oís" (Luc. 8:18). El buen corazón "lee…oye…y guarda las cosas en ella escrita" (Ap. 1:3).

Conclusión

La mentalidad del agente de cambio de hoy no es nueva. Cuando la iglesia se enfrentaba a cambios similares hace cien años, quienes impulsaban el cambio promovieron su agenda de manera similar. Por ejemplo, con frecuencia insistían en que aquellos que desean apegarse a la Escritura están "colgados" de la "letra de la ley" en lugar de ser guiados por el "espíritu de la ley".

El 3 de abril de 1897, J. W. McGarvey respondió a esta mentalidad de "libertad" en un artículo titulado, "La letra que mata":[338]

> Solo una vez en el curso de sus escritos, Pablo declara que "la letra mata, mas el espíritu vivifica" (2 Cor. 3:6); y ninguna observación que él haya hecho alguna vez se ha aplicado tanto en forma no autorizada. Si un hombre insiste en preservar alguna ordenanza en la forma misma de su cita original, por ejemplo, una ordenanza como el bautismo o la Cena del Señor, se le acusa de contender por la letra que mata, mientras que el hombre que hace la acusación, y quien cambia la ordenanza, afirma que está siguiendo el espíritu que da vida. Toda los de esa gran clase de escritores que se liberan las Escrituras mientras afirman reverenciar su autoridad, emplean este estrategia para defender sus desviaciones de la Palabra de Dios, mientras que quienes los objetan son denunciados como literalistas o fanáticos de la letra que mata, en todos estos casos parece afirmarse que si se mantiene en la ordenanza como Cristo la dio, **matará** a alguien. El último ejemplo que atrajo mi atención fue en relación con el número de ancianos que deberían ser nombrados en una iglesia. El escritor dice: "Se ha pensado que es un mal mayor tener una congregación sin una pluralidad de ancianos que tenerlos sin los requisitos estipulados"; y agrega: "Esto es violentar el espíritu del Nuevo Testamento en un esfuerzo por ser fiel a su letra". Pero, ¿cuál, en este caso, es la **letra** y cuál es el **espíritu**? Tener una pluralidad de ancianos es ciertamente la letra del Nuevo Testamento; es decir, es el requisito literal; y el requisito literal también es tener ancianos con lo requisitos prescritos. ¿Dónde, entonces, se distingue el espíritu de la letra? El eco responde: ¿Dónde? El escritor tenía tanta costumbre de usar esta expresión favorita donde deseaba justificar un alejamiento del precedente de las Escrituras, que evidentemente la aplicó en este caso por puro hábito y sin pensar. El lector atento habrá visto muchos ejemplos de este tipo.

---

[338] J. W. McGarvey, **Biblical Criticism** (*Criticismo Bíblico*; Cincinnati, OH: The Standard Publishing Co., 1910), p. 160-161.

Pero, ¿qué quiere decir Pablo con la declaración en cuestión? Solo tenemos que echar un vistazo a la conexión en la que ocurre para darnos cuenta. Dice: "el cual asimismo nos hizo ministros competentes de un nuevo pacto, no de la letra, sino del espíritu; porque la letra mata, mas el espíritu vivifica. Y si el ministerio de muerte grabado con letras en piedras fue con gloria, tanto que los hijos de Israel no pudieron fijar la vista en el rostro de Moisés a causa de la gloria de su rostro, la cual había de perecer, ¿cómo no será más bien con gloria el ministerio del espíritu?" Aquí está perfectamente claro que por la letra que mata se refiere a la ley de Moisés, que, como había argumentado abundantemente en otra parte, no podía dar vida, sino que condenaba a los que estaban bajo ella; y que por el Espíritu quiere decir el nuevo pacto en Cristo, que solo puede dar vida, los hombres que son maestros en Israel deben saber esto, y deben dominarse a sí mismos en consecuencia. Deben dejar de inmediato el hábito de pervertir aplicando mal este lenguaje del apóstol.

Resumen de la Quinta parte

¿Por qué? ¿Qué buscan los agentes de cambio y qué motiva a quienes los siguen con entusiasmo? Simplemente se dedican a fortalecer su orgullo, popularidad, posesiones y permisividad. No me atrevo a señalar a ningún individuo y atribuirle alguno o todos estos motivos, solo Dios conoce los corazones humanos y las motivaciones internas (Mat. 9:4; 12:25; Mar. 2:8; Luc. 6:8; 9:47; Ap. 2:23). Pero Dios nos instruye muy claramente que cuando las personas organizan cambios en la práctica doctrinal, como lo están haciendo los agentes de cambio en las iglesias de Cristo, están motivados por uno o más de estos objetivos implícitos.

Muy pocas personas identifican conscientemente su verdadero motivo para sus acciones. Los seres humanos tendemos a atribuir la mayor parte de nuestro comportamiento a propósitos elevados y sagrados. Por lo general, no enfrentamos el hecho de que muchas de nuestras acciones se llevan a cabo por intereses propios — el orgullo. El orgullo es la tierra de la cual crece el deseo de popularidad, posesiones y libertad sin restricciones. Sin embargo, a lo largo de la historia de la Biblia, la gente se ha resistido a las instrucciones de Dios, afirmando desafiantemente su **propia** voluntad.

Los agentes de cambio en las iglesias de Cristo se han alineado con la misma actitud mostrada por los contemporáneos de Jeremías. Jeremías los exhortó a prescindir de su inclinación a promulgar su propia voluntad y a pararse "en los caminos, y mirad, y preguntad por las sendas antiguas, cuál sea el buen camino, y andad por él, y hallaréis descanso para vuestra alma" (Jer. 6:16). Su respuesta refleja bien la actitud evidente en nuestros días: "No andaremos…No escucharemos" (Jer. 6:16-17). Estaban llenos de orgullo y de sus enfermedades relacionadas.

Si tan solo los agentes de cambio pudieran reaccionar y de alguna manera ser estimulados a enfrentar los motivos ilícitos que los impulsan a promover un cambio no bíblico en las iglesias de Cristo. Hugo McCord lo dijo muy bien en una conversación que tuvo hace unos años con un joven predicador que desde entonces se ha convertido en un destacado defensor del cambio.[339] Con su sabiduría extremadamente penetrante, perspicaz y su rara habilidad para dejar al descubierto la verdadera esencia de un asunto, ofreció este sabio consejo al joven como una estrella polar para guiar sus actividades religiosas: "Joven, el Señor no puede usar a un hombre que esté lleno de sí mismo".

---

[339] Relatado a mí en marzo de 1996 en Neosho, Missouri por Don Deffengbaugh, quien personalmente escuchó la conversación entre el hermano McCord y Mike Cope.

SEXTA PARTE

EL ANTÍDOTO PARA EL CAMBIO

CAPÍTULO 37

LA INTEGRIDAD DE DIOS Y LA BIBLIA

Pasemos ahora al antídoto para el cambio. ¿Cómo podemos salir del desastre que los agentes de cambio han creado? ¿Cómo podemos volver a encarrilar a las personas y prepararlas para la eternidad? La respuesta es simple: tenemos que volver a la Biblia. Específicamente, debemos recapturar las doctrinas fundamentales que sustentan una vida espiritual exitosa. ¡Definitivamente necesitamos un **cambio**! ¡Estoy a favor del cambio! ¡Un buen cambio! Cambiar de nuevo en la dirección de Dios y su voluntad. La Parte VI identifica estas verdades fundamentales que deben ser recuperadas y aceptadas si queremos sobrevivir a la ola de cambio ilícito que está arrasando la iglesia y a nuestro país.

> *... las diferencias reales entre los hombres se basan en diferencias reales sobre las creencias fundamentales en cuanto al bien y el mal, sobre lo más elevado, sobre Dios.*
> — Allan Bloom
> **EL CIERRE DE LA MENTE AMERICANA**

El punto de partida para recuperar nuestro camino es una creencia inquebrantable en la existencia de Dios y la inspiración de la Biblia. Quizá esté pensando que no necesitamos abordar estas dos doctrinas porque los agentes de cambio ya las aceptan. Sin embargo, es bíblicamente posible prestar atención a una creencia en una doctrina particular sin realmente abrazarla por completo (por ejemplo, Sant. 2:19). La sociedad estadounidense ha recibido muchos desafíos por creer en Dios y la Biblia en las últimas tres décadas. Muchas personas dicen que todavía creen en Dios y en la Biblia, pero sus convicciones se han debilitado significativamente. Su confianza ha sido sacudida y su certeza minada. El cambio a la emoción (Capítulo 6) ha servido para eliminar la evaluación racional de la realidad de Dios y Su palabra. Muchas personas **sienten** vagamente la existencia de Dios sin poseer un **conocimiento** genuino y vibrante de su presencia.

Cualquier vacilación o incertidumbre, cualquier duda, sobre nuestra creencia en la realidad de Dios y su palabra, naturalmente llevará a un ablandamiento o debilitamiento de nuestras convicciones doctrinales. Por lo tanto, es fundamental que volvamos a establecer las doctrinas fundamentales de la existencia de Dios y la inspiración de la Biblia. Los cristianos necesitan que se les recuerde y se les muestre que podemos estar absolutamente seguros de que Dios existe. La existencia de Dios es un hecho demostrable. La autenticidad e inspiración de la Escritura también puede ser firmemente verificada.

¿Podemos SABER Que Dios Existe?

Nuestro mundo está lleno de una multiplicidad de sistemas de creencias. Algunas personas (como el ateo y el humanista) están convencidas de que no existe un Ser Supremo y que este universo es todo lo que hay para la realidad. Otros (como los hindúes) creen en muchos dioses. Aún otros (como los budistas) creen que cada criatura, desde la hormiga hasta la humana, posee divinidad. Todos estos sistemas de creencias comparten en común el hecho de que rechazan la idea de un Ser Supremo que es trascendente del universo. Rechazan la existencia de un Ser Espiritual todopoderoso y omnisciente que es eternamente autoexistente. No creen que Dios creó el universo material de la nada, y que por su Palabra lo trajo a la existencia en seis días literales, incluido el primer hombre y la mujer de quienes todos los demás seres humanos han descendido.

La cultura estadounidense, con su sensibilidad al multiculturalismo y al pluralismo, está aumentando gradualmente su resistencia a conceptos tan fundamentales — a pesar del hecho de que este país se fundó sobre estos puntos de vista. La Declaración de Independencia habla abiertamente del Dios de la Biblia en frases como "Dios de la naturaleza", y los hombres están "dotados por su Creador", y "apelan al Juez Supremo del mundo", y "con una firme confianza en la Protección de la Divina Providencia". La Constitución impide al gobierno prohibir el libre ejercicio de la **religión** — que para nuestros padres fundadores era la religión de la Biblia. Era el Dios de la Biblia en el que creían y al que buscaban agradar.

Estamos enfrentando tiempos peligrosos en nuestra historia como nación. Necesitamos volver a investigar los principios y las premisas sobre las cuales se fundó nuestra nación para que no se produzca la disolución de nuestro pueblo al abandonar la clave de nuestra supervivencia. ¿Cuántos de nuestros ciudadanos se suscriben honestamente a las palabras de la Promesa de lealtad: "una nación bajo Dios"? ¿Cuántos estadounidenses todavía creen realmente en el Dios de la Biblia, como dice la canción, el "Dios de nuestros padres"? Esta confusión y desorientación a nivel nacional y cultural se está mostrando en la iglesia en forma de cambio doctrinal debido a convicciones relajadas de que Dios es real. Sin embargo, la evidencia está disponible para probar la existencia de Dios.

La Prueba Cosmológica

La existencia de Dios se puede probar decisivamente sobre la base de la existencia del universo. El universo está aquí y tuvo que venir de alguna parte. El universo no siempre ha estado aquí y no es eterno. Las leyes de la termodinámica demuestran que el universo se está agotando y, por lo tanto, debió haber tenido un comienzo. Teorías como el "Big Bang" no son razonables y no explican adecuadamente la existencia del universo. Tales teorías simplemente hablan de que la materia se expande a otras formas. Pero la materia tuvo que haber sido creada inicialmente "ex nihilo", de la nada, por alguna fuerza superior, eterna y omnipotente. Tuvo que haber una primera causa sin causa, un motor inmóvil. La existencia del universo es una prueba positiva de la existencia de un creador. La Biblia afirma muy simple y confiadamente en sus comentarios iniciales: "En el principio, Dios creó los cielos y la tierra" (Gén. 1:1).

Se cuenta que cuando el famoso estadista estadounidense Benjamin Franklin fue embajador de los Estados Unidos en Francia, en París, se convirtió en miembro de un club literario, social y científico de élite. Durante una de sus sesiones, se expresaron sentimientos ateos en el sentido de que sólo los supersticiosos e ignorantes seguían creyendo en Dios como el creador del universo. En la siguiente reunión, Franklin trajo un modelo bellamente diseñado y meticulosamente ejecutado del sol y de todo nuestro sistema solar. Cada planeta estaba apropiadamente proporcionado y posicionado en relación al sol y otros planetas — una obra maestra. Uno de los sofisticados intelectuales preguntó, "¿Quién lo hizo?" Sin siquiera sonreír, Franklin respondió: "Nadie. Simplemente sucedió".

La Prueba Teleológica

La prueba de la existencia de Dios se aprecia no solo en el hecho de que el universo existe, sino también en el hecho de que el universo exhibe diseño, orden y propósito. El salmista reconoció esta observación lógica cuando dijo: "Los cielos declaran la gloria de Dios; y el firmamento anuncia la obra de sus manos" (Sal. 19:1). Estaba señalando el hecho de que las características del diseño en el universo, demuestran la existencia de un Diseñador.

El escritor a los Hebreos señaló lo mismo: "Porque toda casa es hecha por alguno; pero el que hizo todas las cosas es Dios" (Heb. 3:4). Si las casas no pueden suceder o evolucionar durante millones de años, ¿cómo podrían los mundos? Si un reloj no puede ocurrir por casualidad, tampoco pueden los cronómetros sistemáticos del universo. Su precisión geométrica es tan superior a la invención humana que se pueden predecir eclipses, movimientos planetarios y otros fenómenos astronómicos con siglos de anticipación. El universo es literalmente una máquina organizada y finamente sintonizada.

No es de extrañar que el salmista escribiera: "¡Oh Jehová, Señor nuestro, cuán glorioso es tu nombre en toda la tierra! Has puesto tu gloria sobre los cielos…Cuando veo tus cielos, obra de tus dedos, la luna y las estrellas que tú formaste, digo: ¿Qué es el hombre, para que tengas de él memoria, y el hijo del hombre, para que lo visites?" (Sal. 8:1-4). Si reconocemos fácilmente que la planificación inteligente está detrás de todo diseño ordenado, ¿cómo podrían las intrincadas redes de la naturaleza no tener un planificador? Observar el diseño fantástico en la naturaleza y luego concluir que no hay un Diseñador Supremo es comportarse irracionalmente. La evidencia que nos rodea en el universo material exige la conclusión de que Dios existe.

El apóstol Pablo argumentó: "Porque las cosas invisibles de él, su eterno poder y deidad, se hacen claramente visibles desde la creación del mundo, siendo entendidas por medio de las cosas hechas, de modo que no tienen excusa". (Rom. 1:20). Simplemente **no tenemos excusa** para rechazar a Dios cuando estamos rodeados por una muestra tan abrumadora de prodigios y maravillas en el orden creado.

¿Los autos simplemente suceden? Por supuesto que no. Hay una mente detrás del auto. Sin embargo, en comparación con el universo, o en comparación con el cuerpo humano, o incluso en comparación con el funcionamiento interno de la hoja de un árbol, un automóvil es un mecanismo burdo y primitivo. Si la creación de un automóvil exige la existencia de la notable mente humana, ¿qué se debe requerir para la creación de la mente humana? Obviamente, se necesitaría algo o alguien muy superior a la mente humana para su creación. Ese alguien es el Dios poderoso y trascendente de la Biblia.

El salmista también declaró: "Te alabaré; porque formidables, maravillosas son tus obras; estoy maravillado, y mi alma lo sabe muy bien" (Sal. 139:14). De hecho, el propio cuerpo humano es prueba suficiente de la existencia del Creador Divino. En este momento, su cuerpo está realizando increíbles hazañas de ingeniería, química y física que ninguna máquina diseñada por el hombre puede duplicar. Las grandes mentes humanas se han aplicado a la tarea de duplicar las diversas capacidades del cuerpo humano. Se han logrado algunas cosas increíbles en sus esfuerzos por copiar la creación de Dios, pero simplemente no se pueden comparar con la maravilla del diseño de Dios.

Por ejemplo, el desarrollo de la cámara se basó en el ojo humano. Sin embargo, con todo y lo que hemos logrado con videos y sofisticados equipos fotográficos, el sistema óptico vivo y a todo color del ojo humano, es insuperable. Usted posee un sistema de curación auto restaurador y auto reparador; un sistema auditivo estereofónico sensible; incansables sistemas de tejido muscular y conector; una estructura esquelética bien diseñada; un cerebro de banco de memoria computarizado; una envoltura de piel con aislamiento de ventilación que constituye un eficiente sistema de enfriamiento de dos mil poros por pulgada cuadrada de piel. Ni siquiera podemos comenzar a transmitir la gran cantidad de evidencia disponible que tenemos. La evidencia de la obra maravillosa y creativa de Dios es simplemente asombrosa.

Entonces el cuerpo humano es prueba de Dios. El ateísmo no puede explicarlo. La evolución no puede explicarlo lógicamente. Los científicos aún no lo han entendido completamente. La única explicación razonable y racional de la existencia de seres humanos en este planeta es Dios. El sorprendente diseño en todo el universo es una prueba de Dios.

La Prueba Moral

Otra prueba de la existencia de Dios es el hecho de que existe un valor moral objetivo. Si Dios no existe, todo valor moral, toda ética, todos los puntos de vista de lo correcto y lo incorrecto son puramente **subjetivos**. Eso significa que la moralidad es simplemente el producto de que los seres humanos decidan arbitrariamente lo que está bien y lo que está mal. En palabras del filósofo existencialista francés Jean-Paul Sartre, si no hay Dios, todo está permitido[340].

Un grupo de seres humanos puede muy bien reunirse y decidir por sí mismos qué estándar de moralidad los gobernará. Pero tendrían que admitir que tal estándar sería totalmente subjetivo y no vinculante para nadie más. Una sociedad puede prohibir el asesinato, mientras que otra sociedad puede legalizar el asesinato y nadie puede criticar a ninguna de las sociedades, ya que no existe un poder superior por el cual alguno de los estándares pueda ser evaluado objetivamente.

Esto es precisamente lo que sucedió durante la Segunda Guerra Mundial. Cuando el genocidio nazi finalmente llegó a su fin y los líderes nazis sobrevivientes fueron llevados a juicio en Nuremberg, su defensa se centró en el hecho de que el resto del mundo no tenía derecho a juzgar su comportamiento. Después de todo, simplemente obedecían la ley alemana. Cuando los nazis torturaron, atormentaron y exterminaron a seis millones de hombres, mujeres y niños judíos, simplemente estaban cumpliendo con las leyes de la tierra. Argumentaron que los Aliados no tenían más derecho a juzgar a los nazis sobre la base de la ley estadounidense, británica o rusa que los nazis tendrían el derecho de juzgar a los ciudadanos estadounidenses o ciudadanos británicos de acuerdo con la ley alemana. Heinrich Himmler

---

[340] Tomado de "Existentialism and Humanism" [*Existencialismo Y Humanismo*] en Leonard M. Marsak, ed., **Filósofos Franceses De Descartes A Sartre** (Meridian Books, 1961), p. 485.

insistió específicamente en la corte, que los nazis tenían el derecho moral y el deber de destruir a los judíos[341].

Si no existe Dios, los nazis tenían razón. Es posible que no estemos de acuerdo con sus puntos de vista y comportamientos, que no nos gusten, que no escojamos seguirlos, pero no tenemos una base objetiva o una plataforma legítima sobre la cual apoyarnos y declarar que sus puntos de vista están equivocados. Ni siquiera podrían ser juzgados objetivamente culpables sobre la base del "derecho internacional" por dos razones: (1) no existe tal cosa como "derecho internacional" (incluso las Naciones Unidas no representan a todas las naciones en la tierra); y (2) incluso si pudiera reunir un organismo internacional oficial de buena fe, ¿qué derecho tendrían para determinar el bien del mal para todos los demás? Sus distinciones morales seguirían siendo puramente subjetivas y sus sucesores podrían revertir fácilmente todas las leyes y regulaciones anteriores. En el caso de los nazis, un futuro cuerpo de legisladores podría declarar a los nazis inocentes y morales. Esa determinación sería tan correcta como la decisión anterior de condenar a los nazis.

Entonces, ¿sobre qué base se podría juzgar legítimamente a los nazis culpables de un error moral? En su discurso de clausura en los juicios de Nuremberg, el juez de la Corte Suprema Robert H. Jackson, quien se desempeñó como fiscal en los juicios, hizo la siguiente declaración que pone el asunto en un foco muy claro: "Estos hombres deberían ser juzgados sobre esta base, en un nivel superior, una ley superior que se eleve por encima de lo provincial y lo transitorio". Jackson decía que existe una ley superior que gobierna todas las áreas geográficas y todos los períodos de la historia. Esa ley solo puede ser la ley de Dios. Él es el único que trasciende todos los tiempos y lugares y es el único que tiene derecho a legislar el valor moral para todos los pueblos.

Si no hay Dios, si todos somos simplemente el resultado de la evolución — de las fuerzas mecanicistas y fortuitas de la naturaleza — entonces la vida humana no tiene más valor que la vida animal. Una vaca es tan valiosa como una persona. Podría colocar sobre una mesa una roca, una cucaracha, una rata y un bebé humano y luego bajar por la hilera de objetos golpeándolos con un martillo. Si Dios no existe, no habría una diferencia o

---

[341] Documento de Nuremberg 1,919-PS.

importancia última en sus acciones. Dicha actividad se reduciría a preferencias personales y gustos individuales, mera subjetividad humana.

Pero la Biblia enseña que Dios no solo creó la raza humana, sino que también nos dio un estándar moral por el cual debemos vivir. Por lo tanto, los seres humanos están en condiciones de conocer la verdad absoluta — el bien y el mal objetivos. Si ordenamos nuestras vidas de acuerdo con ese estándar divino, nuestra sociedad y la iglesia experimentarán bienestar, armonía y orden. Si, por otro lado, elegimos rechazar el marco moral de Dios y hacer nuestras propias normas y promover la flexibilidad con respecto a lo correcto y lo incorrecto, entonces el caos y el crimen se intensificarán y finalmente destruirán la sociedad — que es exactamente lo que estamos experimentando en la cultura americana.

Notará que todos aquellos que están trabajando febrilmente en nuestro país para derrocar el tejido religioso y moral de la civilización estadounidense quieren vivir aquí. No quieren vivir en países y culturas de todo el mundo que creen en muchos dioses o en ninguno. No quieren vivir en una sociedad donde el crimen es desenfrenado y la ley y el orden no prevalecen. Sin embargo, están haciendo todo lo que pueden con su filosofía atea, humanista y sus valores liberales para destruir el marco mismo que ha liberado a nuestra nación de estas condiciones destructivas. Los agentes de cambio están haciendo lo mismo en el atuendo religioso. Al socavar las demandas de la Escritura en asuntos como la adoración, en última instancia están socavando el teísmo y el marco bíblico en su conjunto.

La Conciencia

La cuestión del valor moral sugiere una cuarta prueba de la existencia de Dios: la conciencia. Dentro de cada ser humano, existe una sensibilidad moral, una capacidad de distinción moral. Esta capacidad dentro de los seres humanos se llama "conciencia". La conciencia es un sentido interno o mecanismo que nos lleva a actuar en armonía con nuestro propio sistema de creencias. La conciencia no nos proporciona el contenido de nuestro sistema de creencias. Nuestros valores y creencias provienen de fuentes externas como padres, escuela, iglesia, lectura, etc. Los valores morales, creencias sobre lo correcto y lo incorrecto, se **enseñan**. Son aprendidos.

Pero todos poseemos dentro de nosotros una conciencia — un sentido de deber. Si creo que cierto comportamiento es incorrecto, y sigo adelante y participo en ese comportamiento, hay una parte de mí que se sentirá culpable y, por lo tanto, llamará la atención sobre el hecho de que fui en contra de lo que creía. Tenga en cuenta que, aunque los seres humanos tienen creencias contradictorias sobre lo que está bien y lo que está mal, todos poseemos esta cualidad innata que sustenta nuestro sistema de valores. C. S. Lewis ilustró este concepto describiendo una situación en la que un individuo está parado en la orilla del río y nota que alguien está siendo arrastrado por el río a punto de ahogarse. Dos impulsos se registran inmediatamente en el espectador: (1) sumergirse y salvar a la persona que se está ahogando o (2) evitar arriesgar la propia vida. Pero luego opera un tercer impulso dentro de nosotros: una sensación de deseo que nos dice que debemos seguir el impulso para ayudar y suprimir el impulso para evitar el peligro y escapar. Ese tercer impulso que juzga a los otros dos, es la conciencia.

Pero la conciencia es prueba de Dios. La evolución no puede explicarlo. Una conciencia no podría evolucionar a partir de rocas y tierra. Una conciencia es una cualidad espiritual que fue creada y colocada dentro de nosotros por el Creador (cf. Hch. 23:1; 1 Tim. 4:2).

Hay montañas de evidencia adicional disponibles para probar la existencia del Dios de la Biblia. Pero estas cuatro son suficientes: la existencia del universo; el hecho de que este universo manifiesta diseño, orden y propósito; la existencia de valor moral objetivo; y la presencia de la conciencia humana. Si los cristianos revitalizan su confianza en la realidad de Dios, estarán en el camino correcto para escapar de los efectos mortales del cambio ilícito en la iglesia.

La Inspiración De La Biblia

Los Padres Fundadores de América creían en la Biblia como la palabra de Dios. Sin duda, estarían profundamente perturbados por el cambio que se ha producido en nuestra nación y nuestras iglesias. Históricamente, la sociedad estadounidense en su conjunto se ha caracterizado por su compromiso con la Biblia como la palabra inspirada de Dios. Nuestra cultura, nuestro sistema educativo, nuestras instituciones políticas y nuestro marco judicial han sido profundamente influenciados por la Biblia como la expresión auténtica de la voluntad del Dios del Cielo.

La influencia de la Biblia es evidente en nuestros documentos políticos fundacionales. Se ve en nuestra literatura y poesía. Es evidente en nuestra música y formas de arte. Nuestras instituciones de educación superior fueron fundadas por aquellos que creían en la Biblia. De hecho, Harvard, Princeton, Yale y una serie de otras universidades de élite se establecieron ¡para entrenar a predicadores! Eruditos como Allan Bloom, en su éxito de ventas **The Closing of the American Mind**, [*El Cierre De La Mente Americana*] han documentado de manera convincente que la Biblia ha ejercido una profunda influencia en la cultura estadounidense desde el principio — una influencia tan extensa y tan profunda que los Estados Unidos de América han sido reconocido en todo el mundo como una "nación cristiana".

Tal ya no es el caso. Los últimos cuarenta años han traído un cambio catastrófico en nuestra orientación como pueblo. Nuestra inteligencia en Estados Unidos se ha alejado en gran medida de la creencia en la Biblia. Nuestras universidades estatales ya no basan la instrucción en la verdad de la Biblia. De hecho, se han convertido en centros de filosofía atea, socialismo, comunismo y humanismo. ¡Qué situación tan extraña se ha desarrollado en la tierra de los peregrinos!

En consecuencia, la religión cristiana ha recibido una paliza en este país. A medida que la cultura se ha alejado de los principios y verdades fundamentales de la Biblia, los representantes y portavoces del pensamiento religioso han diluido tanto el cristianismo del Nuevo Testamento que la verdadera religión de la Biblia ha sido abandonada. El ecumenismo es un intento frenético de crear una ilusión de credibilidad a través de la pseudo-unidad en medio de la confusión y la incredulidad. Dentro de las iglesias de Cristo, el ecumenismo es la herramienta más destacada utilizada por los agentes de cambio (ver Capítulo 29).

La negación de la Biblia ha llevado a la sociedad estadounidense a una serie de problemas sociales y morales que prácticamente han llevado al mundo occidental al borde de la desesperación. El alejamiento de la Biblia en nuestros días es la causa raíz del caos social y el colapso moral que estamos experimentando. También es una causa clave de la decadencia espiritual en la forma de cambio entre las iglesias de Cristo.

No se ha permitido que la palabra de Dios reciba una audiencia justa entre las generaciones más jóvenes. No se les ha dado la oportunidad de escuchar la evidencia que existe para probar la credibilidad de la Biblia. A nuestros jóvenes se les ha engañado con las corrientes teológicas liberales que han estado girando alrededor de nuestro país durante casi un siglo. Se les ha hecho sentir que las personas inteligentes, las personas informadas, ya no creen que la Biblia sea una expresión literal y sin errores de la verdad del Dios que realmente existe. Aquellos que creen tal cosa son vistos como ignorantes, de mente cerrada, sin educación e ingenuos.

Para la persona imparcial y honesta, la evidencia de la credibilidad de la Biblia es abrumadora. Demasiados de nuestros "eruditos" se han infectado con la noción de que la Biblia no es ni verbalmente inspirada ni inerrante. No creen que la Biblia incluso afirme estar inspirada como inerrante. Consideran que la Biblia es una expresión por parte de seres humanos imperfectos de sus percepciones del reino espiritual. Cuando este tipo de laxitud prevalece en una institución de educación superior, la fe de los jóvenes inevitablemente se dañará y su resistencia espiritual se debilitará gravemente[342]. De hecho, la Biblia establece afirmaciones audaces e inconfundibles de inspiración.

Afirmaciones Bíblicas De Inspiración

En 2 Tim. 3:16, Pablo afirmó: "Toda la Escritura es inspirada por Dios". El término griego que subyace a la palabra "inspiración" significa "soplado por Dios". Pablo estaba afirmando que la Escritura, específicamente el Antiguo Testamento, es el producto del aliento de Dios. Dios realmente exhaló las Escrituras.

---

[342] Uno apenas puede creer que las opiniones relajadas de inerrancia e inspiración se hayan infiltrado en las escuelas y portavoces afiliados a las iglesias de Cristo. Pero, de hecho, ha sucedido. Por ejemplo, Joel Williams, "Inerrancy, Inspiration, and Dictation", [*Inerrancia, Inspiración Y Dictado*], **Restoration Quarterly** 37/3 (3rd Quarter, 1995); Carroll D. Osburn, **The Peaceable Kingdom** (*El Reino Apacible*; Abilene, TX: Restoration Perspectives, 1993), págs. 57 y sig.; Lynn Anderson, **Freshness for the Far Journey** (*Frescura Para El Viaje Lejano*; Abilene, TX: Abilene Christian University Press, 1992), págs. 75 y siguientes.

La Biblia son las palabras **de Dios** — no las del hombre. Tres versículos después (4:2), Pablo declaró: "que prediques la palabra…" ¿Por qué? Porque es la palabra **de Dios**. Así como el aliento de Dios hizo que el universo existiera (Sal. 33:6), la Biblia es el resultado de la exhalación de Dios.

En 2 Ped. 1:19-21, Pedro aludió a la ocasión trascendental de la transfiguración de Cristo cuando Dios literalmente habló desde el cielo directamente a Pedro, Santiago y Juan. Dios había expresado oralmente su insistencia de que Jesús es su Hijo amado y que a los seres humanos se les ordena escucharlo (Mat. 17:5). Pedro luego declaró: "Tenemos también la palabra profética más segura…entendiendo primero esto, que ninguna profecía de la Escritura es de interpretación privada". Pedro dijo que las Escrituras que nos dieron los profetas son tan ciertas y autorizadas como la voz de Dios que habló en el monte de la transfiguración.

Explicó además que la palabra profética, que significa la totalidad de las Escrituras del Antiguo Testamento, no se originó en las mentes de quienes escribieron (el significado de "interpretación privada"). La escritura no vino de "voluntad humana". La escritura no es el resultado de la búsqueda o la investigación humana de la naturaleza de las cosas. Las Escrituras no son producto del propio pensamiento de su escritor. Entonces, ¿de dónde vino la Escritura? Pedro afirmó, "sino que los santos hombres de Dios hablaron siendo inspirados por el Espíritu Santo". La palabra "siendo" en el idioma original significa "llevado" o "traído". Pedro estaba afirmando que el Espíritu Santo, en esencia, recogió a los escritores, los profetas, y los llevó a la meta de su elección. Eso significa que las Escrituras, aunque escritas por medio de instrumentos humanos, fueron tan supervisadas por Dios que los escritos resultantes son verdaderamente de Dios.

Este escritor es el mismo Pedro que, mientras esperaba la venida del Espíritu en Hechos capítulo dos en Pentecostés, se puso de pie entre sus compañeros discípulos y declaró: "Varones hermanos, era necesario que se cumpliese la Escritura en que el Espíritu Santo habló antes por boca de David acerca de Judas" y luego citó los Salmos (Hch. 1:16 ss). Pedro creía que el Espíritu Santo gobernaba lo que David escribió y los resultados de esa acción se denominan "Escritura".

Este mismo Pedro, en 1 Ped. 1:10-12, explicó (1) que los portavoces inspirados en el Antiguo Testamento no siempre entendieron toda la información dada por Dios a través de ellos; era el Espíritu de Cristo el que operaba en ellos; esta misma información inspirada fue presentada en los días de Pedro por los apóstoles; y (4) el mismo Espíritu Santo estaba dirigiendo sus declaraciones. Eso significa que los hombres inspirados tenían sus propias mentes ocupadas mientras producían material inspirado, pero el producto era de Dios ya que no siempre captaban todo el significado de sus producciones.

Pedro también, en 2 Ped. 3:15-16, se refirió a "nuestro amado hermano Pablo" como "os ha escrito". Luego señaló: "casi en todas sus epístolas, hablando en ellas de estas cosas; entre las cuales hay algunas difíciles de entender, las cuales los indoctos e inconstantes tuercen, como también las otras Escrituras, para su propia perdición". Note que Pedro dejó en claro que (1) Pablo escribió epístolas; (2) esas epístolas se clasifican como parte de "las otras Escrituras" — por lo que las cartas de Pablo son Escrituras tanto como el Antiguo Testamento y otros escritos del Nuevo Testamento; y (3) estos escritos deben ser autoritarios y divinos, ya que Pedro dijo que torcerlos es invitar a la "destrucción" — una referencia obvia a la desaprobación de Dios — el daño espiritual y eterno que resulta de desobedecer las palabras de Dios.

En Jn. 10:34-35, Jesús entabló un intercambio con algunos judíos que lo acusaron de blasfemia. Repelió su acusación citando el Sal. 82:6, refiriéndose al pasaje como "ley". Podría referirse a un salmo como "ley" en el sentido de que los salmos son parte de las Escrituras. De este modo, Jesús atribuía autoridad legal a todo el corpus de la Escritura. Hizo lo mismo en Jn. 15:25. Pablo citó los Salmos, Isaías y Génesis y se refirió a cada uno como "la Ley" (1 Cor. 14:21; Rom. 3:19; Gál. 4:21).

Después de que Jesús citó un salmo y lo llamó "ley", agregó, "y la Escritura no puede ser quebrantada". Al hacerlo, estaba equiparando "ley" con "Escritura", usando los términos como sinónimos. Cuando declaró que "Ley" o "Escritura", "no puede ser quebrantada", estaba señalando que es imposible anular la Escritura, negar su autoridad o resistir su verdad. Jesús consideró cada parte de la Escritura, incluso sus frases más casuales, como la palabra autoritativa de Dios.

Esta actitud hacia la Escritura como documento autorizado también está insinuada por la fórmula habitual "Escrito está". Por ejemplo, cuando se enfrentó a Satanás, Jesús repelió sus ataques las tres veces con un simple "Escrito está", que fue suficiente para establecer credibilidad autorizada (Mat. 4:4, 7, 10). Satanás ni siquiera intentó cuestionar la autoridad de las Escrituras. En cambio, trató de copiar a Jesús a este respecto (Mat. 4:6).

Después de su resurrección, en Luc. 24:44-46, Jesús equiparó todo el Antiguo Testamento (es decir, la ley de Moisés, los profetas y los salmos) con "Escritura" y nuevamente señaló "está escrito". Insistió enfáticamente en que "todo lo que está" en las Escrituras acerca de Sí mismo "era necesario que se cumpliese". Anteriormente en el capítulo (vs. 25-27), comparó a "Moisés y todos los profetas" con "las Escrituras".

No es de extrañar que Jesús reprenda a sus retadores religiosos con frases como "¿Nunca leísteis en las Escrituras?" (Mat. 21:42; cf., Mar. 12:10); o "Erráis, ignorando las Escrituras" (Mat. 22:29); o "Y si supieseis qué significa..." (Mat. 12:7); o "Id, pues, y aprended lo que significa..." (Mat. 9:13). El pensamiento subyacente en tales declaraciones es que la verdad de Dios se encuentra en las Escrituras y si usted ignora las Escrituras, es susceptible de error.

Por lo tanto, Jesús afirmaba que Dios es el autor de las Escrituras. En Mat. 19:4-6, Jesús asignó las palabras de Gén. 2:24 a Dios como autor. Sin embargo, si vuelve y lee Gén. 2:24, no se le dará ninguna indicación de que Dios esté hablando. Más bien, las palabras son simplemente comentarios narrativos escritos por el autor humano Moisés. Al atribuir las palabras a Dios, Jesús dejó en claro que toda la Escritura está escrita por Dios. Pablo trató el asunto de la misma manera (1 Cor. 6:16).

Una y otra vez, los apóstoles y escritores del Nuevo Testamento hicieron lo mismo que Jesús — se refirieron a las Escrituras de tal manera que está claro que consideraron que eran las palabras autoritativas e inspiradas de Dios (por ejemplo, Hch. 8:35; 17:2; 18:28; 26:22; Rom. 12:19; 1 Cor.15:3-4; 1 Ped. 1:16;

Sant. 2:8). Quizás Hch. 17:11 resume bien la mentalidad prevaleciente: "...recibieron la palabra con toda solicitud, escudriñando cada día las Escrituras para ver si estas cosas eran así". Lo que dice la Escritura, lo dice Dios.

Compare Rom. 9:17 ("Porque la Escritura dice a Faraón") y Gál. 3:8 ("Y la Escritura...dio de antemano la buena nueva a Abraham"). Pero la Escritura no le habló a Faraón y la Escritura no le predicó el evangelio a Abraham. Más bien, Dios lo hizo. ¡Entonces la palabra de la Escritura es la palabra de Dios! Los escritores inspirados del Nuevo Testamento consideraban que "Dios" y "Escritura" estaban tan estrechamente vinculados que naturalmente podían hablar de "Escritura" haciendo lo que la Escritura registra que Dios hizo.

Funciona a la inversa también. Se dice que Dios dice ciertas cosas que, en su entorno original, son meras palabras de las Escrituras. Por ejemplo, Heb. 3:7 dice: "Por lo tanto, como dice el Espíritu Santo ..." y luego se cita el Sal. 95:7. En Hch. 4:25, se dice que Dios habló por el Espíritu Santo a través de la boca de David las palabras del Sal. 2:1. En Hch. 13:34, se representa a Dios diciendo las palabras de Isa. 55:3 y el Sal. 16:10. En cada uno de estos casos, las palabras atribuidas a Dios no son específicamente Sus palabras, sino simplemente las palabras de la Escritura misma. Entonces, los escritores del Nuevo Testamento a veces se referían a las Escrituras como si fueran Dios y a veces se referían a Dios como si Él fuera la Escritura. La Biblia, por lo tanto, se presenta como las mismas palabras de Dios.

Estudie cuidadosamente Heb. 1:5-13 donde el escritor cita del Sal. 2:7; 2 Sam. 7:14; Deut. 32:43; Sal. 104:4; Sal. 45:6-7; Sal. 102:25-27; y Sal. 110:1. El escritor atribuye cada uno de estos pasajes a Dios como el hablante. Sin embargo, si regresa y examina estos pasajes en su contexto original en el Antiguo Testamento, a veces Dios es el orador, mientras que otras veces no lo es y, de hecho, se le habla o se habla de él. ¿Por qué el escritor hebreo asignaría indiscriminadamente todos estos pasajes a Dios? Porque todos tienen en común el hecho de que son las palabras de las Escrituras y, como tales, son las palabras de Dios.

Lo mismo es cierto con Rom. 15:9-12 donde Pablo cita del Sal. 18:49; Deut. 32:43; Sal. 117:1; e Isa. 11:10. El primero lo introduce con la fórmula "como está escrito"; el segundo es introducido por "y otra vez dice"; el tercero con simplemente "y otra vez"; y el cuarto está precedido por "y otra vez dice Isaías". Sin embargo, en el contexto del Antiguo Testamento, solo el pasaje de Isaías es específicamente Dios hablando, y Pablo asigna esas palabras a Isaías. Así que "como está escrito", "y otra vez dice" e "Isaías dice" son diferentes maneras de decir lo mismo, es decir, "Dios lo dice".

Algunas veces los escritores del Nuevo Testamento asignaron las Escrituras a sus autores humanos. Sin embargo, está claro que cuando los escritores dijeron: "Moisés dijo" o "David dijo", esa era simplemente otra forma de decir "La Escritura dice", que era lo mismo que afirmar "Dios dice".

La inspiración que la Biblia reclama para sí misma es la inspiración "verbal". En Gál. 3:16, Pablo basó su argumento en un sustantivo plural e insistió en que Dios quería que la palabra se entendiera en su sentido singular. Notamos anteriormente cómo Jesús apostó su argumento sobre la forma verbal precisa de las Escrituras en Jn. 10:34. Basó su punto en una palabra particular en Mat. 22:43, en un tiempo particular en Mat. 22:32 e incluso en las letras y sus pequeños trazos en Mat. 5:17-18. En el último pasaje, Jesús dijo que Éx. 3:6 fue hablado a los saduceos con quienes estaba conversando — aunque el contexto original de Éx. 3:6 ¡tenía a Dios hablando con Moisés! Eso prueba que Jesús espera que todas las personas en la tierra entiendan que la Biblia está escrita para todos nosotros y que tiene la intención de ser autoritativa para nuestras vidas.

Pablo también afirma la inspiración verbal en 1 Corintios capítulo dos. En el v. 4 afirmó que su discurso y su predicación no eran "palabras persuasivas de humana sabiduría". Más bien, sus palabras fueron "con demostración del Espíritu". En el v. 7, afirmó que él y sus compañeros apóstoles estaban hablando la sabiduría de Dios. En el v. 10, afirmó que las cosas que habían estado hablando les fueron reveladas por Dios a través del Espíritu Santo. En el v. 13, lo dijo claramente: "lo cual también hablamos, no con palabras enseñadas por sabiduría humana, sino con las que enseña el Espíritu". Entonces la inspiración involucra las **palabras** mismas y eso la convierte en inspiración verbal.

La mayoría de los pasajes que hemos examinado hasta ahora son referencias del Nuevo Testamento a la inspiración del

Antiguo Testamento. Los estudiosos liberales han afirmado que el Nuevo Testamento no hace la pretensión de inspiración por sí mismo. Eso no es verdad. Ya hemos notado 2 Ped. 3:16 donde Pedro clasificó las epístolas de Pablo como "Escritura" y como portando tal autoridad divina que aquellos que las tuercen serán destruidos. También hemos notado el vínculo de los apóstoles con los profetas del Antiguo Testamento de Pedro en 1 Ped. 1:10-12. Y acabamos de examinar el reclamo comparable de Pablo en 1 Corintios capítulo dos.

A medida que uno lee el Nuevo Testamento, está claro que los escritores hicieron la extensión de la inspiración del Antiguo Testamento a sus propios escritos. Ni por un momento se consideraron — los ministros del nuevo pacto (2 Cor. 3:6) — menos en posesión del Espíritu de Dios que los ministros del antiguo pacto. Jesús, sin duda, declaró la inspiración inminente de los autores del Nuevo Testamento. En Mat. 5:17-20, y los paralelos en Mar. 13:11 y Luc. 12:12, Jesús explicó a los apóstoles que el Espíritu Santo dirigiría sus actividades verbales en términos de **cómo** y **de qué** hablaran. Reiteró lo mismo en Luc. 21:12-15, exhortándolos a no preocuparse de cómo defenderse cuando se les llevara ante las autoridades, ya que les proporcionaría "palabra y sabiduría" que sus adversarios no podrían resistir.

Luego tenemos las promesas dadas en los capítulos catorce, quince y dieciséis de Juan. La alusión a solo uno de estos será suficiente. En Jn. 16:12-13, Jesús prometió a los apóstoles lo siguiente: "Aún tengo muchas cosas que deciros, pero ahora no las podéis sobrellevar. Pero cuando venga el Espíritu de verdad, él os guiará a toda la verdad; porque no hablará por su propia cuenta, sino que hablará todo lo que oyere, y os hará saber las cosas que habrán de venir". En Hch. 1:5, Jesús prometió a los apóstoles el inminente bautismo del Espíritu Santo que, según el v. 8, les permitiría ser testigos de Cristo en todo el mundo. Esta promesa comenzó a cumplirse en Hechos capítulo dos cuando los apóstoles fueron bautizados con el Espíritu Santo y con el poder de predicar el mensaje que Dios quería predicar.

Numerosos pasajes indican el cumplimiento de estas promesas a los apóstoles en la medida en que las palabras que pronunciaron fueron las palabras de Dios (Hch. 4:8, 31; 5:32; 15:8, 27-28; 16:6-8). Ya hemos aludido a 1 Corintios capítulo 2 donde Pablo reclamó la guía directa del Espíritu Santo para las palabras que pronunció. Hace lo mismo en Gál. 1:12. En Efe. 3:1-5, afirmó que su mensaje se le dio a conocer por revelación junto con los otros apóstoles y profetas. Otros pasajes reflejan el mismo punto (1 Tim. 4:1; Gál. 2:2; 2 Cor. 12:7; 1 Tes. 2:13).

Un buen resumen de los reclamos de inspiración de Pablo se ve en 1 Cor. 14:37 — "Si alguien se cree profeta o espiritual, reconozca que lo que os escribo son mandamientos del Señor". Su inspiración se extendió tanto a sus expresiones orales como a sus escritos (2 Tes. 2:15; 3:6,14; cf., 1 Tes. 4:2, 15; Gál. 1:7-8). En 1 Tim. 5:8, Pablo citó Luc. 10:7 y se refirió a él como "Escritura". Entonces el evangelio de Lucas ya estaba disponible y clasificado con el canon inspirado de las Escrituras.

Uno puede ver fácilmente que la Biblia afirma para sí misma el estado de "inspiración" — habiendo sido exhalada por Dios mismo. Esa inspiración implica tal superintendencia de Dios que incluso las palabras han quedado bajo su influencia. Los cristianos que no están infectados por la teología liberal y la propensión a cambiar sin vacilar afirman que la Biblia está "**verbalmente** inspirada". No estamos insinuando que los escritores fueron simples robots que tomaron el "dictado". Más bien, la Biblia indica que Dios adaptó su actividad inspiradora al temperamento individual, vocabulario e idiosincrasias estilísticas de cada escritor.

También afirmamos que la Biblia es "infalible", ya que es incapaz de engaño o equívoco. Por lo tanto, es completamente fidedigna y confiable. La inspiración "plenaria" significa que la inspiración se extiende a todas sus partes. Así, la Biblia está completamente inspirada.

La Biblia también es "inerrante", lo que significa que está libre de errores. Dios usó a los seres humanos para escribir la Biblia, y al hacerlo, les permitió dejar su huella, pero sin cometer ninguno de los errores que los escritos humanos tienden a cometer. Dios se aseguró de que las palabras producidas por los escritores humanos estuvieran libres de los errores y equivocaciones característicos de los escritores no inspirados. Esta influencia incluso se extendió a cuestiones de ciencia, geografía e historia.

Pruebas Bíblicas De Inspiración

Cualquier libro puede reclamar ser inspirado. ¿Qué prueba existe para demostrar que la afirmación bíblica de inspiración es verdadera? Se invita al lector a considerar el siguiente breve análisis de algunas de las pruebas objetivas e independientes que existen para probar que la Biblia es lo que dice ser: la palabra de Dios infalible, plenaria, inerrante e inspirada verbalmente.

Una prueba obvia de inspiración es el hecho de que la Biblia no se contradice a sí misma. Ningún error genuino o discrepancia ha sido sostenido, aunque los críticos lo han intentado durante siglos. El hecho de que la Biblia no contenga errores demuestra su origen divino y la coloca en una clase por sí misma — ya que todas las producciones escritas de simples humanos tienen errores.

Una segunda prueba de la integridad de la Biblia es su asombrosa y extraordinaria precisión en detalles históricos y geográficos. Los libros de historia **humana** siempre han requerido corrección y actualización. No es así con la Biblia. Los críticos una vez se burlaron de la alusión de la Biblia a los hititas ya que ninguna fuente histórica conocida hacía referencia alguna a ese pueblo (por ejemplo, Gén. 23:10; 26:34). Pero de repente, la pala del arqueólogo descubrió en la antigua Boghazkoy, en la Turquía moderna ¡una civilización hitita entera! La Biblia tenía razón mientras que sus críticos estaban equivocados.

A finales de 1800, Sir William Ramsey, un erudito que era escéptico sobre la autenticidad del libro de los Hechos. Se embarcó en una expedición arqueológica en Asia Menor con el propósito específico de refutar la historicidad y la precisión de la narrativa de Lucas. Después de años de investigación y exploración, Ramsey se vio obligado a concluir que Hechos era históricamente exacto. En Hechos, Lucas se refiere a treinta y dos países, cincuenta y cuatro ciudades y nueve islas mediterráneas. Se refiere a noventa y cinco personas, sesenta y dos de las cuales no se mencionan en ninguna otra parte del Nuevo Testamento. Se ha demostrado que cada alusión, donde es comprobable, es absolutamente precisa. Solo como un ejemplo, cuando Lucas menciona en Hch. 13:7 que Sergio Paulo era un "procónsul" en Chipre, los estudiosos estaban seguros de que la Biblia tenía que estar equivocada ya que Chipre era una provincia imperial y el título apropiado para su gobernante sería "propraetor" Pero luego se descubrió que para los días de Pablo se había convertido en una provincia senatorial y el título de Lucas era absolutamente correcto.

Otra muestra de la precisión histórica de la Biblia se ve en Isa. 20:1, donde se menciona a Sargón como rey de Asiria. Críticos como Eichhorn, Grocio y Michaelis denostaron la Biblia como inexacta e insistieron en que se refería a otro rey asirio. Pero luego, en 1843, Paul Emil Botta, cónsul francés en Mosul, en el Iraq moderno, en excavaciones arqueológicas en la orilla este del río Tigris, a catorce millas al noreste del antiguo Nínive, descubrió Khorsabad — el sitio de un elaborado y magnífico palacio construido por Sargón II en 706 a. C. El palacio cubría un área de veinticinco acres [*Nota del Trad. Poco más de 10 Hectáreas*] — un espacio más grande que muchas ciudades contemporáneas en Palestina hoy. Las instancias de la precisión histórica de la Biblia podrían multiplicarse muchas veces.

Otra prueba de la inspiración de la Biblia es su elemento de profecía predictiva. Los astrólogos, psíquicos, adivinos y autoproclamados profetas en nuestros días son vagos y poseen solo un grado de precisión. No son más talentosos que los pronosticadores deportivos que simplemente hacen conjeturas educadas y fallan sus predicciones tan a menudo como le atinan. Pero los profetas inspirados de la Biblia fueron 100% acertados. Sus profecías están literalmente llenas de minuciosos detalles y sus predicciones a menudo pertenecen ¡a eventos separados de sí mismos por **cientos** de años!

Por ejemplo, en 2 Rey. 18:13, se nos dice que Senaquerib, el rey de Asiria, se enfrentó a las ciudades fortificadas de Judá y las tomó. Los registros asirios corroboran este hecho e indican que se capturaron cuarenta y seis ciudades. Sin embargo, se profetizó que las fuerzas de Senaquerib no podrían tomar la ciudad de Jerusalén en 2 Rey. 19:32-34. Efectivamente, el ejército de Senaquerib llegó a Jerusalén y sus anales se jactan de que encerró al rey de Judá, Ezequías, "como un pájaro en una jaula". Pero por alguna razón inexplicable, ¡la ciudad nunca fue tomada! ¿Por qué? Los registros asirios no lo dicen. Pero la Biblia explica en 2 Rey. 19:35 ss que Dios intervino y ¡destruyó a 185,000 soldados asirios en una noche! La Biblia predijo además que Senaquerib regresaría a su propia tierra y allí caería por la espada (2 Rey. 19:7). Unos veinte años después, fue asesinado por sus propios hijos, quienes lo arrojaron a la espada mientras estaba adorando en su templo pagano (Isa. 37:37-38).

Además de los cientos de profecías en toda la Biblia que se relacionan con personas individuales, eventos y naciones enteras, la Biblia contiene más de trescientas profecías mesiánicas, es decir, predicciones relacionadas específicamente con la persona de Jesucristo. Con asombrosa precisión, los escritores de la Biblia predijeron en detalles minuciosos los eventos de la vida terrenal de Jesús cientos de años antes de que ocurrieran. Por ejemplo, se predijo más de mil años antes de que sucediera que Jesús descendería de Abraham (Gén. 22:18; Luc. 3:34), a través de la tribu de Judá (Gén. 49:10; Heb. 7:14), a través de la familia real de David (2 Sam. 7:12; Luc. 1:32), de la virgen María (Isa. 7:14; Mat. 1:22). Todo sucedió según lo previsto.

Cristo debía aparecer durante la época del imperio romano (Dan. 2:44; Luc. 2:1), mientras que Judá todavía tuviera su propio rey (Gén. 49:10; Mat. 2:22). Sería traicionado por un amigo (Sal. 41:9) por treinta piezas de plata (Zac. 11:12) y así sucedió (Jn. 13:18; Mat. 26:15). Sería escupido y golpeado (Isaías 50:6) y sus manos y pies serían perforados en la muerte (Sal. 22:16) — que es precisamente lo que ocurrió (Mat. 27:30; Luc. 24:39). A pesar de que lo matarían, también se predijo que su cuerpo físico no se descompondría, ya que resucitaría de entre los muertos (Sal. 16:10; Hch. 2:22 ss). Estos increíbles detalles simplemente no podrían haberse anticipado sin la ayuda directa de Dios.

Otra evidencia más de la inspiración de la Biblia es su fantástico conocimiento previo de la verdad científica. Los escritores de la Biblia simplemente no cometen los errores científicos que cometen sus contemporáneos. En Job 26:7, ¿cómo sabía Job que Dios suspendió la tierra sobre nada? Los hombres de toda la antigüedad pensaban que Atlas sostenía la tierra, o tal vez cuatro elefantes parados sobre una tortuga gigante.

¿Cómo sabían Moisés (Gén. 15:5) y Jeremías (33:22) que las estrellas son literalmente innumerables, como los granos de arena en la orilla del mar? A los astrónomos de la mayor parte de la historia del mundo se les ocurrieron cifras que van desde los cientos hasta alrededor de mil (Hiparco - 150 a.C. — 1.026 estrellas; Ptolomeo — 150 d.C.— 1.056 estrellas; Kepler — 1600 d.C. — 1.005 estrellas). Todos estos hombres vivieron antes de la invención del telescopio y, por lo tanto, dependían de la vista humana. Los astrónomos ahora saben que hay miles de millones de estrellas y el conteo continúa. ¿Cómo pudieron los escritores de la Biblia haber sabido que el número de estrellas era innumerable?

Los críticos de la Biblia se han burlado del Sal. 19:6 como un ejemplo de geocentricidad, es decir, la creencia de que el sol gira alrededor de la tierra. El pasaje dice del sol — "su salida es desde el fin del cielo y su circuito hasta los extremos del mismo". Pero solo recientemente se descubrió que el sol, de hecho, se está moviendo a través del espacio. Se estima que se mueve a través del espacio a aproximadamente 600,000 millas por hora, en una órbita tan grande que tomaría aproximadamente doscientos millones de años completar solo una órbita. ¿Cómo sabía el salmista que el sol se movía — excepto que sus escritos fueron guiados por Dios?

Luego está el descubrimiento de la circulación oceánica por Matthew Fontaine Maury, quien inició su investigación después de encontrarse con el Sal. 8:8 que habla de los "senderos del mar". Hoy es reconocido como el padre de la oceanografía y el libro que escribió sigue siendo un texto clásico en el campo.

La Biblia habla de "las fuentes del océano" y "los rincones del abismo" en Job 38:16 [NVI-1984]. No fue sino hasta el siglo XIX, cuando la tecnología había progresado lo suficiente, que los científicos comenzaron a descubrir rincones increíbles en el fondo del océano. En 1873, un equipo de científicos británicos, iniciando la exploración en aguas profundas, encontró una zanja en el fondo del Océano Pacífico que tiene más de cinco millas de profundidad. En 1960, el batiscafo "Trieste" llegó al fondo de la Fosa de las Marianas a 35,800 pies — ¡más de seis millas de profundidad! ¿Cómo sabía el escritor de Job que el océano poseía rincones?

En el campo de la física, se alude tanto a la Primera como a la Segunda Ley de la Termodinámica en la Biblia. La Primera Ley establece que la materia no se crea ni se destruye, que es lo que la Biblia afirma en Gén. 2:1 cuando dice que Dios "terminó" Su actividad creativa, es decir, la completó de una vez por todas. La segunda ley de la termodinámica (o la ley de la entropía) establece que el universo se está agotando y la energía se está convirtiendo en formas menos utilizables. Pero pasajes como Isa. 51:6; Sal. 102:26 y Heb. 1:11 hace mucho tiempo indicaron que la tierra y los cielos se están desgastando y comparan el proceso con la ropa que se desgasta. Estas dos leyes han sido reconocidas recientemente por la comunidad científica. Sin embargo, los escritores de la Biblia sabían estas cosas hace mucho tiempo.

En el campo de la medicina, la Biblia hace mucho tiempo afirmó que "la vida de la carne en la sangre está" (Lev. 17:11-14). Sin embargo, durante siglos, el mundo médico ha practicado el "derramamiento de sangre" con la teoría de que las dolencias y las enfermedades son el resultado de "humores" en la sangre. Cuando nuestro primer presidente, George Washington, se enfrentaba a la muerte, los médicos que lo atendieron contribuyeron a su condición agotada al eliminar una porción de la cantidad de su sangre. Por supuesto, ahora sabemos que la sangre es la clave de la vida y administramos transfusiones de sangre y tomamos varias medidas para reforzar el estado de la sangre. ¿Cómo sabía Moisés que la sangre es la clave central de la vida?

Otro hecho médico fascinante asociado con la Biblia es la referencia repetida a la circuncisión y la insistencia de Dios de que el procedimiento se realice al octavo día (por ejemplo, Gén. 17:12; Lev. 12:3). ¿Por qué el **octavo** día? En 1935, el profesor H. Dam propuso el nombre de "vitamina K" para el factor en los alimentos que ayudaba a prevenir la hemorragia en los pollitos. Ahora sabemos que la vitamina K es responsable de la producción de protrombina por el hígado. Si la vitamina K es deficiente, habrá una deficiencia de protrombina y pueden producirse hemorragias. Aquí es donde se pone interesante. La vitamina K comienza a producirse en el varón recién nacido solo del quinto al séptimo día de vida. Y es **solo** en el **octavo** día que el porcentaje de protrombina sube por encima del 100%. ¡El único día en toda la vida del recién nacido que la protrombina del elemento de coagulación de la sangre está por encima del 100% es el día ocho! El octavo día es, por lo tanto, el mejor día para realizar la circuncisión. ¿Cómo sabía Moisés esto?

Luego contemple la increíble unidad de las Escrituras. La Biblia es en realidad una compilación de sesenta y seis libros escritos por unas cuarenta personas diferentes que abarcan 1600 años (desde 1500 a. C. hasta 100 d. C.).

Otra evidencia fascinante exhibida por la Biblia es el hecho de que a los escritores humanos se les permitió imprimir el texto con su propio estilo natural. Sin embargo, el Espíritu Santo — siendo el autor supremo de toda la Biblia — dejó **su** impronta evidente a partir de una serie de similitudes estilísticas.

Existe el hecho de que los escritores informan el comportamiento y las actividades de sus personajes sin expresar su aprobación o desaprobación o participar en el análisis de personajes, algo tan típico de los historiadores humanos.

Existe el hecho de una imparcialidad sin paralelo por parte de los escritores inspirados. Divulgan los pecados de ellos mismos y de sus amigos tan directamente como lo hacen con sus enemigos. Por ejemplo, la negación de Pedro de Cristo se presenta tan simplemente como la crueldad y el odio de la jerarquía judía.

Una tercera cualidad estilística es la increíble calma con la que se informan los eventos. Registran el evento más emocionante y conmovedor con la misma manera desapasionada que cuentan una trivialidad. El sufrimiento y la muerte de Jesús se exponen con el mismo desapego objetivo que usan al notar que Jesús se sienta en un bote de pesca para dirigirse a una multitud. Es como si los escritores estuvieran funcionando bajo la restricción de un poder sobrenatural que les impedía dar rienda suelta natural a los intensos sentimientos y emociones que habrían estado ardiendo dentro de ellos. Es como si estuvieran elevados por encima de sus inclinaciones humanas normales.

¿Y qué hay de la extraña brevedad de la Biblia? Tanto en el Antiguo como en el Nuevo Testamento, los libros de la Biblia son increíblemente breves — totalmente diferentes al autor humano promedio. Por ejemplo, Mateo, Marcos, Lucas y Juan tienen la increíble responsabilidad de informar al mundo para todas las edades los acontecimientos trascendentales que rodean la vida del Hijo de Dios. Juan incluso admitió que había tantas actividades en la vida de Jesús que "si se escribieran todas, supongo que incluso el mundo mismo no podría contener los libros que deberían escribirse" (Jn. 21:25). Lucas escribió Hechos y, al hacerlo, preservó para siempre los primeros treinta años de la historia de la iglesia y la difusión del cristianismo. Con un tema tan cataclísmico e impactante, ¿cómo produjeron estos autores historias tan sucintas, condensadas y concisas que constan de solo unas pocas páginas? La respuesta: el poder sobrehumano y dominante y la influencia del Espíritu Santo estaba con ellos.

Su brevedad es especialmente evidente en su informe de incidentes específicos. El bautismo de Jesús es contado en doce líneas por Mateo y en seis líneas por Marcos y Lucas. De las doce apariciones de Jesús posteriores a la resurrección, dos son señaladas por Mateo, tres por Marcos y Lucas, y cuatro por Juan. En Hechos, la muerte del apóstol Santiago, que debe haber sido un tremendo golpe para la iglesia primitiva de la magnitud del asesinato de Kennedy a los estadounidenses, se observa con once palabras. Se han escrito volúmenes enteros sobre la muerte de JFK.

Estas observaciones conducen a otro atributo maravilloso de la Biblia: las omisiones que hacen los escritores. ¿Qué clase de autor, al hablar de Jesús, el Hijo de Dios, omitiría los primeros treinta años de su vida — como lo hacen Marcos y Juan? Mateo y Lucas reportan solo su nacimiento y un solo evento que ocurrió a la edad de doce años antes de pasar a su trigésimo año. Hechos guarda silencio casi total sobre las actividades de diez de los apóstoles. Las actividades de Pablo se describen y, sin embargo, muchos de los eventos más emocionantes en su trabajo se omiten en Hechos y solo se mencionan de paso por Pablo en 2 Corintios capítulo doce. ¿Por qué un simple autor humano nos da una descripción detallada del viaje de Pablo a Roma — y luego omite el juicio ante Nerón, el César sobre todo el Imperio Romano? Estas notables omisiones son explicables solo porque los autores estaban limitados por un poder superior.

Un atributo estilístico final de la Biblia es el aire de infalibilidad que los escritores asumen. Abordan temas que han desconcertado a las mentes más grandes de la historia humana, como la naturaleza de Dios, la eternidad, la naturaleza y el propósito de la existencia humana, la fuente y el significado del sufrimiento humano, la vida futura, el futuro de la tierra, el destino final de hombre. Sin embargo, los escritores no ofrecen especulaciones; Hablan sin dudar, con confianza real y no admiten ninguna posibilidad de error. Son los engañadores más arrogantes e intrigantes (junto a Jesús mismo) — SI ES QUE NO fueron inspirados.

Conclusión

Estas pruebas son solo una pequeña porción de la voluminosa evidencia que existe para corroborar y verificar la existencia de Dios y la autenticidad de la Biblia como la palabra inspirada de Dios. Si se familiariza con la prueba, estará absolutamente emocionado y lleno de energía. Verá que la verdad de la Biblia está tan abrumadoramente establecida, que querrá dedicar su vida a lograr que otros acepten su verdad y comprometan sus vidas a Jesucristo como el Señor Soberano del universo. También estará motivado para resistir los esfuerzos actuales por cambiar la iglesia.

La Biblia es diferente a cualquier otro libro sobre la faz de la tierra. De hecho, la Biblia es la única y auténtica expresión del Dios del Cielo. La Biblia es nuestra única guía confiable en la vida. Es la única fuente de información divina en el mundo. Toda persona en el mundo puede saber que la Biblia es la palabra de Dios, así como toda persona puede saber que Dios existe[343].

Algunos, quizás muchos, de los cristianos, están siendo víctimas de los agentes del cambio con sus relajados puntos de vista doctrinales. Pero los diversos ingredientes del antídoto están disponibles para todos los que se beneficiarán de la cura. La evidencia está disponible para convencer plenamente a la persona de corazón honesto de que Dios existe y que la Biblia es su palabra autoritativa. Estar completamente convencido de estas dos verdades ejercerá un profundo impacto en la mente y ayudará a aislar al individuo de la influencia mortal del cambio que actualmente afecta a la iglesia.

---

[343] Para más material excelente que corrobore la existencia de Dios en un debate público con un ateo de renombre, ver Thomas B. Warren, **The Warren-Flew Debate** (*El Debate Warren-Flew*; Jonesboro, AR: National Christian Press, 1977).

CAPÍTULO 38
LA PRIORIDAD DE LA VERDAD

En agosto de 1984, un miembro de la iglesia del Señor defendió públicamente la verdad de Dios en el programa nacional Phil Donahue citando Escritura tras Escritura para corroborar el hecho de que la iglesia había seguido el curso de acción bíblico apropiado al disciplinar a un miembro descarriado. Su persistente apelación a la Biblia parecía antagonizar e irritar a muchos miembros de la audiencia. Sus sentimientos se resumen en las palabras de una mujer que se puso de pie y, cuando el Sr. Donahue sostuvo el micrófono para ella, declaró con aparente frustración y exasperación: "Al estar aquí hoy, siento que la Biblia los ciega. ¡No ven nada más que la Biblia!"[344]

> *y conoceréis la verdad, y la verdad os hará libres*
> — Jesucristo

Sin darse cuenta, este individuo rindió un tremendo tributo a las iglesias de Cristo. Fue evidente para la audiencia que los miembros de la iglesia del Señor están tan obsesionados con la palabra de Dios y tan preocupados por determinar la autoridad bíblica para cada acción, que simplemente no podemos ver nada más. Estamos **cegados** — no por el razonamiento humano, no por las consecuencias legales o judiciales, ni por el consenso social actual — ¡sino por la Biblia!

Trágicamente, los agentes de cambio son aquellos que han recuperado la vista. En lugar de saturar sus mentes y las mentes de sus oyentes con las palabras **de Dios**, se han enamorado de nuevos programas y métodos, nuevas doctrinas y filosofías. Han abandonado el enfoque bíblico en el que las palabras de Dios

---

[344] Transcripción # 09284 Donahue, (Cincinnati, OH: Multimedia Entertainment, Inc., 1984), pág. 20.

se presentan como preeminentes. Donde una vez las mentes estaban tan absortas con la Biblia que la boca apenas podía abrirse sin que se citara la Escritura, ahora los predicadores y los miembros prestan un mero comentario a la Escritura y la necesidad de hacer cosas "bíblicamente", cuando en realidad su educación religiosa se basa en libros, escritos y enseñanzas que provienen de la psicología moderna, la sociología y la teología denominacional.

En algún lugar a lo largo de la línea, la iglesia se desvió de la predicación y las enseñanzas claras y directas que produjeron un pueblo arraigado y fundamentado en la Biblia (Capítulo 19). A cambio, prevalece la actitud "yo estoy bien, tú estás bien". Los púlpitos se han convertido en plataformas para una especie de porristas religiosos que se alejan de todo lo que incluso remotamente insinúa negatividad. Los cristianos del primer siglo ofendieron a muchos **por su mensaje** (Mat. 15:12; Jn. 6:60-61) y provocaron abusos verbales y físicos (Hch. 28:22).

Pero los agentes de cambio se caracterizan por una pseudo-sofisticación no confrontativa, no ofensiva, "suavizada". Su fingida "alegría" confunde la ausencia de conflicto con la verdadera paz, todo el tiempo disfrazados de "maduros", "espirituales", "amorosos" y profundamente preocupados por las almas (Mat. 23:15). Al no estar ya "cegados por la Biblia", su capacidad de ver es similar a la de aquellos que "viendo, no ven", ya que espiritualmente "han cerrado los ojos" (Mat. 13:13, 15).

Los agentes de cambio han suplantado la verdad y la doctrina correcta con la unidad como objetivo último. Están más interesados en promover la **fraternidad** y la comunión que en obedecer a Dios conforme a los dictados de la verdad. Su obsesión con la paz y la armonía se asemeja a la de los días de Jeremías que gritaban: "¡Paz, paz!" cuando no había paz (Jer. 6:14). ¿Por qué no se podía tener paz? Por la sencilla razón de que habían rechazado la verdad. Se estaban especializando en promover la armonía superficial y la aceptación superficial. Dios no estaba impresionado. Pronunció juicio sobre ellos.

Conclusión

Jesús todavía dice: "conoceréis la verdad, y la verdad os hará libres" (Jn. 8:32). Pablo todavía insiste en que debemos recibir "el amor de la verdad" (2 Tes. 2:10). Dios todavía quiere que nos fortalezcamos "para la verdad" (Jer. 9:3), que sigamos "la verdad en amor" (Efe. 4:15). El antídoto contra esta terrible enfermedad del cambio debe incluir un retorno a la prioridad de la **verdad**. La verdad debe prevalecer sobre todo lo demás — unidad, paz, armonía, cálidos sentimientos de fraternidad y compañerismo.

Debemos recuperar la pasión que el salmista tenía por las palabras, leyes, estatutos, ordenanzas y reglamentos de Dios, quien reconoció que la ley de Dios es la verdad (Sal. 119:142). Debemos unir nuestras voces con las suyas y exclamar: "¡Oh, cuánto amo yo tu ley!" (Sal. 119:97). Debemos volver a una preocupación saludable por las Escrituras. Solo por un compromiso serio con la verdad podemos lograr la unidad que Dios quiere que tengamos. Solo de una lealtad profunda y permanente a la verdad, podemos asegurar la paz y la comunión entre nosotros y con Dios. Es hora de que abramos los ojos y una vez más nos "ciegue la Biblia".

CAPÍTULO 39
EL PROPÓSITO DE LA EXISTENCIA Y LA PERSONA DE CRISTO

Una vez que hemos captado completamente la realidad de Dios, la certeza de su palabra escrita y la prioridad de la verdad al dirigir el comportamiento humano, debemos comprender el propósito central de la existencia humana. ¿Por qué estamos vivos? ¿Por qué existimos? ¿Por qué estamos aquí en este planeta?

> *porque esto es el todo del hombre*
> – Salomón

La mayoría de los más de cinco mil millones de personas en la tierra no podrían proporcionar la respuesta definitiva a esta pregunta. La mayoría de las personas deambulan sin rumbo por un laberinto de motivaciones y objetivos conflictivos y confusos. La mayoría tiene objetivos inmediatos que intentan alcanzar frenéticamente: conseguir comida, acumular riqueza, hacer carrera, hacer amigos, casarse, tener hijos. Estos objetivos sirven para definir temporalmente una porción de la existencia de una persona, proporcionando cohesión momentánea a la vida hasta que aparezca el próximo objetivo inmediato.

De esta manera, la gran mayoría de la raza humana opera diariamente sin poder "ver el bosque por culpa de los árboles". La mayoría de las personas nunca descubren una perspectiva más amplia que les permita explorar el horizonte de la existencia humana con la amplitud y profundidad disponibles en la Biblia. La mayoría de las personas vive día a día, año tras año, con quizás algunas vagas intenciones en mente antes de que la vida llegue a su fin. Pero las preocupaciones inmediatas de lidiar con la vida diaria, desplazan cualquier sentido más amplio o más alto del significado de la vida.

Dentro de las iglesias de Cristo, la oleada de emoción generada debido a la lucha por lo sensacional y lo caprichoso, la búsqueda en la religión de lo momentáneo, lo que gratifica, lo que cambia, ha facilitado una pérdida de perspectiva. El cambio a la emoción (Capítulo 6) y la preocupación por complacerse a uno mismo (Parte V) han oscurecido seriamente la conciencia de la realidad espiritual. Los atrapados en el proceso de cambio no pueden ver la premisa fundamental de la existencia humana — de qué se trata la vida.

Un día, un escriba le hizo una pregunta a Jesús: "¿Cuál es el primer mandamiento de todos?" Él respondió citando Deut. 6:5 que requería que las personas amaran a Dios con todo su ser. Luego agregó Lev. 19:18 a su respuesta, lo que requería que la gente amara a su prójimo. Llegó a la conclusión de que ningún otro mandamiento es mayor que estos y que de estos dos mandamientos depende toda la Ley y los Profetas (Mar. 12:28-31; Mat. 22:36-40). ¡Qué momento tan impactante! ¡Tener al Hijo de Dios, coautor del Antiguo Testamento, para resumirlo en su totalidad, para encapsular la religión del Antiguo Testamento en un solo mandamiento! Uno podría esperar que señalara uno de los Diez Mandamientos. Pero no lo hizo. Cortó todas las regulaciones y responsabilidades de la humanidad para señalar la preocupación número uno, la tarea final de todo ser humano: **obedecer amorosamente a Dios**.

Moisés ofreció el mismo resumen a la gente de su época:

> Ahora, pues, Israel, ¿qué pide Jehová tu Dios de ti, sino que temas a Jehová tu Dios, que andes en todos sus caminos, y que lo ames, y sirvas a Jehová tu Dios con todo tu corazón y con toda tu alma; que guardes los mandamientos de Jehová y sus estatutos, que yo te prescribo hoy, para que tengas prosperidad? (Deut. 10:12-13)

Este mismo llamado a la sincera obediencia fue reiterado por Moisés una y otra vez al pueblo: "Mira, yo he puesto delante de ti hoy la vida y el bien, la muerte y el mal; porque yo te mando hoy que ames a Jehová tu Dios, que andes en sus caminos, y guardes sus mandamientos, sus estatutos y sus decretos..." (Deut. 30:15-16). Después de exhortar al pueblo a poner sus corazones en todas las palabras de Dios y ordenar a sus hijos que tuvieran cuidado de observar todas las palabras de la ley de Dios, agregó: "Porque no os es cosa vana; es vuestra vida" (Deut. 32:46-47).

Este enfoque apasionado sobre la estricta obediencia amorosa a las reglas de Dios se muestra repetidamente teniendo prioridad, incluso sobre los sinceros intentos humanos de ser religiosos y adoradores de Dios — cuando esos intentos no se ajustan a las especificaciones divinas. Cuando Saúl sostuvo el noble propósito del sacrificio ofrecido a Dios como justificación para ajustar las instrucciones de Dios, Samuel pronunció una sentencia de juicio sobre él con estas palabras solemnes, palabras que resuenan en los pasillos del tiempo hasta nuestros días: "¿Se complace Jehová tanto en los holocaustos y víctimas, como en que se obedezca a las palabras de Jehová? Ciertamente el obedecer es mejor que los sacrificios, y el prestar atención que la grosura de los carneros". (1 Sam. 15:22).

Cuando Uza intentó estabilizar el arca del pacto para evitar que se cayera, Dios lo mató a pesar de que estaba junto al propiciatorio — el punto focal del perdón bajo la economía mosaica (2 Sam. 6:7). ¿Por qué? ¿Qué era más importante para Dios que incluso las buenas intenciones? David articuló la respuesta: "...Jehová nuestro Dios nos quebrantó, por cuanto no le buscamos según su ordenanza" (1 Crón. 15:13). (El elemento liberal en la iglesia de hoy ¡ni siquiera cree que haya un "orden apropiado"!) Cuando el rey Uzías entró al templo para quemar incienso a Dios, perdió su lugar de honor con Dios y fue golpeado por la lepra. ¿Por qué? Quiero decir, al menos se estaba involucrando en un ritual religioso — adoración a Dios. ¿Por qué Dios no estaría complacido? Porque no obedeció de acuerdo con las reglas (2 Crón. 26:16-19).

Los profetas del Antiguo Testamento enfatizaron el mismo concepto crucial. Miqueas lo expresó de esta manera: "Oh hombre, él te ha declarado lo que es bueno, y qué pide Jehová de ti: solamente hacer justicia, y amar misericordia, y humillarte ante tu Dios". (Miq. 6:8). Jeremías resumió la perspectiva de Dios desde el principio de su relación con la nación de Israel: "Mas esto les mandé, diciendo: Escuchad mi voz, y seré a vosotros por Dios, y vosotros me seréis por pueblo; y andad en todo camino que os mande, para que os vaya bien" (Jer. 7:23). Habacuc lo expresó de esta manera: "el justo por su fe vivirá" (Hab. 2:4). Es decir, la persona justa es aquella que vive, funciona y sobrevive al ser fiel y amorosamente obediente a Dios. Amós lo expresó aún más sucintamente: "Pero así dice Jehová a la casa de Israel: Buscadme, y viviréis" (Amós 5:4).

Con la llegada del Nuevo Testamento, este énfasis en la obediencia se mantuvo igual. Jesús dijo: "Si me amáis, guardad mis mandamientos" y "Vosotros sois mis amigos, si hacéis lo que yo os mando" (Jn. 14:15; 15:14). Después de todo, Jesús mismo describió su papel y propósito en esta tierra como uno de completa sumisión y total obediencia a Dios. Dijo: "Porque he descendido del cielo, no para hacer mi voluntad, sino la voluntad del que me envió"; "…porque yo hago siempre lo que le agrada"; "…he acabado la obra que me diste que hiciese" (Jn. 6:38; 8:29; 17:4). El escritor hebreo resumió la existencia terrenal de Jesús: "Y aunque era Hijo, por lo que padeció aprendió la obediencia; y habiendo sido perfeccionado, vino a ser autor de eterna salvación para todos los que le obedecen" (Heb. 5:8-9).

Pedro resumió la única vía a través de la cual se podría asegurar el favor de Dios: "sino que en toda nación se agrada del que le teme y hace justicia" (Hch. 10:35). Pablo distinguió entre los dos únicos enfoques en la vida: el pecado que resulta en muerte o la obediencia que resulta en justicia (Rom. 6:16; cf., 2:6-10). No es de extrañar que Pedro declarara de manera radical que el alma humana se purifica "por la obediencia a la verdad" (1 Ped. 1:22). Y no es de extrañar que Pablo advirtiera que la venganza eterna se infligirá contra aquellos que no "obedecen al evangelio de nuestro Señor Jesucristo" (2 Tes. 1:8).

La primacía de la obediencia se ve más en la alusión bíblica a "glorificar" a Dios. "Glorificar" significa mostrar honor o respeto. Mostrar honor o respeto a Dios, por definición, significa ajustarse precisamente a sus instrucciones. Por eso Jesús dijo que había glorificado a Dios en la tierra (Jn. 17:4). Había hecho todo lo que Dios le dijo que hiciera. Cuando Pablo advirtió a los cristianos corintios contra el uso de sus cuerpos para el pecado sexual, dio su justificación, "Porque habéis sido comprados por precio; glorificad, pues, a Dios en vuestro cuerpo" (1 Cor. 6:20). En otras palabras, use su cuerpo para el propósito previsto — obedecer a Dios. La fórmula "a Dios sea la gloria" significa que todo en la vida se centre en complacerlo (Rom. 11:36; 16:27; Efe. 3:21). Pedro dio como objetivo final del ministerio cristiano, "…para que en todo sea Dios glorificado por Jesucristo" (1 Ped. 4:11). Cuando nos abstenemos de la desobediencia y, al vivir la vida cristiana, nos convertimos en objetos de sufrimiento, debemos "glorificar a Dios" (1 Ped. 4:16; cf. 2:9-12).

"Pero, ¿no es todo este énfasis en la obediencia algo negativo, restrictivo, legalista y espiritualmente sofocante?" Es cierto que los humanos generalmente no consideramos las reglas y regulaciones como fenómenos positivos. Por lo general, los percibimos como infracciones de nuestra libertad — intentos arbitrarios de restringir nuestro comportamiento (ver Capítulo 36). En vista de la demanda de obediencia de la Biblia, podemos tener una tendencia a mostrar resentimiento y un espíritu rebelde. Podemos sentir la tentación de sentir que Dios está cargando innecesariamente nuestras vidas con restricciones al azar e insignificantes. Pero la persona de mentalidad espiritual que está profundamente dedicada a Jesús con un corazón lleno de amor y un ardiente deseo de agradar, ve las cosas de manera diferente.

De hecho, la Biblia enseña que las regulaciones de Dios para la humanidad no son "gravosas" (1 Jn. 5:3) ni están fuera de nuestro alcance (Deut. 30:11). En realidad, las leyes de Dios son muy deseables y de buen gusto (Sal. 19:10; 119:103). Mientras los israelitas estaban ocupados en su campamento final en las llanuras de Moab antes de entrar a la Tierra Prometida, Moisés articuló el principio crítico: "Y nos mandó Jehová que cumplamos todos estos estatutos…para que nos vaya bien todos los días". (Deut. 6:24; cf., 10:13).

Verá, ¡Dios no nos está pidiendo que hagamos nada que nos sea perjudicial! No nos restringe y ejerce su autoridad en nuestras vidas para hacernos infelices. ¡Todo lo contrario! ¡Cumplir con Sus deseos nos hará felices! (Jn. 13:17; Sant. 1:25) Por nuestra obediencia "tendremos justicia" (Deut. 6:25; cf., Rom. 6:16; 1 Jn. 3:7) Nuestra sumisión nos traerá una amistad genuina con Jesús (Jn. 15:14) Nuestra obediencia nos permitirá disfrutar de la salvación eterna y la exaltación (Heb. 5:9; Sant. 4:10) Si hacemos la voluntad de Dios, seremos sabios (Mat. 24:45-46; 7:24). De hecho, las palabras de Dios son nuestra VIDA (Deut.

32:47; cf., 8:3; Sal. 119:93). Solo a través de la instrumentalidad de las palabras de Dios podemos llevar "cautivo todo pensamiento a la obediencia a Cristo" (2 Cor. 10:5). Por lo tanto, nuestro objetivo es "…serle agradables" (2 Cor. 5:9). "Si, pues, coméis o bebéis, o hacéis otra cosa, hacedlo todo para la gloria de Dios" (1 Cor. 10:31).

La Persona De Jesús

La Biblia entera puede resumirse en dos temas de fondo. El mensaje completo de la Biblia se puede resumir en dos puntos que abarcan los sesenta y seis libros, condensados en dos palabras: gracia y obediencia. La "gracia" se refiere a los increíbles esfuerzos que Dios ha orquestado para hacer posible que los seres humanos sean perdonados del pecado y se les permita vivir eternamente con Él. Amaba tanto al mundo que dio a su único Hijo para expiar los pecados de la humanidad. ¡Aquí está lo más importante del mundo entero!

El segundo punto clave de la Biblia es la esencialidad de la obediencia humana — la respuesta correcta a Dios. De hecho, la mayor parte del contenido de la Biblia expone este tema. La mayor parte de la información en la Biblia detalla cómo han respondido los seres humanos a las instrucciones de Dios. Lamentablemente, la Biblia nos informa que la mayoría de las personas ha optado por no obedecer la voluntad de Dios.

El clima actual entre el elemento liberal en la iglesia es tal que se está poniendo un énfasis considerable en la persona de Jesús[345]. Si bien este enfoque normalmente sería correcto y encomiable, el énfasis en Jesús resulta ser una farsa. El intento superficial de recordarle a la gente el Quién de la religión es digno de elogio. Pero el intento no representa a Jesús con precisión. Los agentes de cambio presentan un Jesús a la iglesia que no coincide con el retrato que Jesús presentó de sí mismo.

Los agentes de cambio insisten en la persona de Jesús de tal manera que crean un sentido superficial de apego sentimental. Uno recuerda al predicador pentecostal estereotipado de ojos salvajes con su cabello peinado hacia atrás y su acento sureño

---

[345] Observe, por ejemplo, algunos de los títulos de los libros de Max Lucado: **Dios Se Acercó, Aplauso Del Cielo, Seis Horas De Un Viernes, Y Los Ángeles Guardaron Silencio, Todavía Remueve Piedras, Con Razón Lo Llaman El Salvador**.

repitiendo sin pensar: "¡Je-esús, Je-esús, Je-esús!" Es posible despertar emociones y sentimientos y luego dirigirlos hacia un vago sentido de la persona de Jesús que "es mejor sentido que hablado". Un ejemplo de este tipo de religión se ve durante la temporada navideña. Muchas personas de repente se vuelven religiosas y poseen sentimientos cálidos por el "niño Jesús". Pero no muestran interés en obedecer a un Salvador resucitado o en concebir a Jesús como su Juez (Hch. 10:42; 17:31; 2 Tim. 4:1, 8).

Los liberales tienden a modelar su contenido de predicación para que consista en la repetición constante del gran amor de Cristo por nosotros y su gracia y perdón a través de la Cruz. Al detenerse únicamente en estos aspectos de la religión bíblica, en descuido del resto del evangelio, la palabra de Dios se distorsiona y su voluntad se frustra y se contrarresta esencialmente.

De esta manera, los agentes de cambio usan a Jesús como un talismán, un encanto, que tiene un poder místico y mágico en la mera asociación con el artefacto. La persona de Jesús se convierte en un objeto que les da una sensación de seguridad a medida que se revuelcan en los sentimientos y las sensaciones sentimentales que surgen simplemente al pensar en Su persona. Uno recuerda la adicción emocional comparable de los judíos al Templo, la ciudad de Jerusalén e incluso el nombre de Dios (Jer. 7:4; 5:2; Miq. 3:11; Hch, 7:48-49). Isaías dijo que "hacen mención del Dios de Israel, pero no en la verdad o en la justicia" (Isa. 48:1). El servicio de labios que le pagaron a Dios y las cosas espirituales era solo un apego exterior y superficial que los hacía sentir bien acerca de su condición religiosa. A los espectadores les deben haber parecido como muy religiosos y dedicados a Dios, al igual que los fariseos de los días de Jesús. Pero su manejo superficial de la verdad de Dios era inadecuado y anémico.

Así es entre los agentes de cambio en las iglesias de Cristo. Acusan al elemento más conservador de la iglesia de no enfatizar la centralidad de Cristo. Sin embargo, su frecuente énfasis en "Jesús" está privado del significado bíblico de la persona y a obra de Jesús. Jesús vino a la tierra para obtener obediencia amorosa de la gente. Quería que las personas dieran fiel conformidad a las especificaciones divinas. Ciertamente, no llegó a evocar un mero apego sentimental y al garabato liberal que se manifiesta en ejercicios sin sentido, como fabricar calcomanías de parachoques que dicen: "Toca el claxon si amas a Jesús". El tratamiento del agente de cambio hacia Jesús es un mero simbolismo sobre la sustancia.

Los agentes de cambio han creado un Jesús a su propia imagen. Su retrato está en conflicto directo con el Jesús revelado en las Escrituras. El Jesús de la Biblia era amoroso, piadoso y contemplativo (Jn. 15:13; Mat. 14:23; 14:13). Pero también fue directo (Mateo 23), lógico (Mateo 4), citó las Escrituras repetidamente (Mat. 27:46), minimizó la emoción (Juan 8), confrontó y corrigió el error, mientras que a menudo participaba en controversias y debates (Mat. 15:3-9), a menudo creaba división (Jn. 7:12, 43; 9:16; 10:19), y fue rechazado por más personas de las que lo aceptaron (Jn. 6:66). Este Jesús no es el Jesús presentado a la iglesia por los agentes de cambio hoy. Lo han empeñado en una iglesia desprevenida, una persona que no juzga, no condena, es flexible, una persona para la que todo vale. Pero el Jesús de la Biblia amaba tanto a la humanidad que insistió en que lo obedecieran o fueran juzgados por sus palabras y rechazados en la eternidad (Jn. 14:21, 23-24; 12:48).

Conclusión

Salomón era un hombre a quien Dios otorgó "un corazón sabio y entendido". Él fue tan esclarecedor y perspicaz que Dios dijo: "…no ha habido antes de ti otro como tú, ni después de ti se levantará otro como tú" (1 Rey. 3:12). Con este tipo de visión sin precedentes, Salomón escribió el tratado de Eclesiastés en doce capítulos. En él exploró los parámetros de la existencia y el logro humanos. Inspeccionó todas las actividades posibles a las que los seres humanos pueden dedicarse en esta vida. Declaró que la vida emprendida aparte de Dios es "vanidad" (es decir, inútil y sin sentido) y un "aferrarse al viento".

Los franceses tienen una expresión que utilizan para señalar la esencia del propósito: **raison d'etre**. La expresión significa "razón de ser". Después de examinar todas las actividades a las que las personas se aplican en esta vida — actividades que él mismo había llevado a cabo en su propia vida — Salomón articuló la **raison d'etre** de cada persona que haya vivido en esta tierra. Dijo, en esencia, lo he visto todo, lo he hecho todo, lo he adquirido todo; Me he sumergido completamente en todo lo que esta vieja vida tiene para ofrecer a la raza humana y aquí está mi conclusión: "Teme a Dios, y guarda sus mandamientos; porque esto es el todo del hombre" (Ecl. 12:13).

Salomón no nos estaba diciendo lo que hacemos; nos decía quiénes somos. En otras palabras, usted y yo estamos en este planeta ocupando espacio y respirando el aire de Dios por una sola razón. Estamos aquí, existimos, con el único propósito de obedecer a Dios. Esta gran razón de ser es toda nuestra esencia.

Pero aquellos que están promoviendo la agenda liberal en un intento de reestructurar la iglesia están fuera de contacto con este propósito central de la existencia humana. La postura liberal, de hecho, neutraliza y difunde la razón fundamental del ser. Cambia el enfoque de los seres humanos lejos de Dios y la humilde sumisión a Él y, en cambio, alienta a las personas a centrarse en sí mismas, sentirse bien consigo mismas y perseguir intereses religiosos en línea con el deseo humano.

La postura liberal ha convertido a Dios en una adorable figura del abuelo que no exige nada a nadie y que simplemente quiere que las personas se sienten, se relajen, disfruten de apetitos emocionales gratificantes y lo adoren de maneras que tengan sentido para el individuo. Pero solo cuando las personas vuelvan a comprender claramente de qué se trata la vida, reconociendo que todas las demás preocupaciones deben incluirse bajo el objetivo de agradar a Dios, tendremos a nuestra disposición un ingrediente clave en el antídoto para cambiar.

CAPÍTULO 40
EL PRINCIPIO DE AUTORIDAD

Quizás ninguna otra doctrina se enfatice con tanta frecuencia como el principio de autoridad. Las Escrituras aclaran que, desde el principio de la historia humana, Dios ha requerido que las personas estructuren su comportamiento en función de la voluntad de Él. Los seres humanos no tenemos **derecho** a formular nuestras propias ideas sobre la verdad religiosa. Debemos tener la aprobación de Dios para todo lo que hacemos. Pablo articuló este principio extremadamente importante, de manera muy clara en Col. 3:17 — "Y todo lo que hacéis, sea de palabra o de hecho, hacedlo todo en el nombre del Señor Jesús…". ¿Qué quiso decir el apóstol con esa declaración? ¿Cuál es el significado de la expresión "en el nombre del Señor"?

> *Me esforcé, pues, y ofrecí holocausto*
> *– Saúl (1 Sam. 13:12)*

Lucas nos da la respuesta. Las autoridades religiosas estaban extremadamente molestas porque los apóstoles estaban defendiendo los conceptos cristianos. Trajeron a Pedro y a Juan a su asamblea y exigieron saber: "¿Con qué potestad, o en qué nombre, habéis hecho vosotros esto?" (Hch. 4:7). La palabra "potestad" se refiere a la **autoridad**. Los líderes judíos exigían saber con qué autoridad estaban actuando. ¿Quién les estaba dando el **derecho** de enseñar lo que estaban enseñando? ¿Qué fuente autorizada **aprobó** o **sancionó** sus acciones particulares? La respuesta de Pedro fue "en el nombre de Jesucristo". En otras palabras, los apóstoles no habían estado defendiendo sus propias ideas. Simplemente presentaban lo que Jesús les había autorizado previamente a presentar (cf. Mat. 16:19; 18:18).

Piense por un momento en las enormes implicaciones de este principio bíblico. Ningún ser humano tiene **derecho** a introducir en la práctica religiosa una actividad para la cual las Escrituras no proveen aprobación. Los seres humanos simplemente no somos libres a la vista de Dios para modelar la religión y la moralidad de acuerdo con nuestros propios deseos. Caín aprendió eso de la manera difícil cuando no ofreció el sacrificio preciso que Dios había designado (Gén. 4:5-7; Heb. 11:4; 1 Jn. 3:12). Las vidas de Nadab y Abiú fueron apagadas por Dios debido a un pequeño ajuste en su ofrenda (Lev. 10:1-2). Esta pequeña desviación de las especificaciones precisas de Dios "no fue autorizada". El cambio no pudo mostrar a Dios como **santo** y darle el **respeto** que merece (Lev. 10:3).

Saúl fue rechazado por Dios cuando presumió ofrecer un sacrificio que no estaba autorizado a ofrecer (1 Sam. 13:8-14). Fue censurado por segunda vez por hacer pequeños ajustes en las instrucciones de Dios (1 Sam. 15:22-23). Perdió su corona y la aprobación de Dios. Justificar sus ajustes sobre la base de que sólo intentaba ser "culturalmente relevante", no habría alterado su estatus a la vista de Dios.

Uza fue asesinado simplemente porque tocó el arca del pacto — aunque su motivo aparente era proteger el arca (2 Sam. 6:6-7). David admitió que habían merecido el disgusto del Señor porque no estaban buscando a Dios "según el debido orden" (1 Crón. 15:13). En otras palabras, Dios había dado información previa sobre el transporte apropiado o **autorizado** del arca, pero estas instrucciones no fueron seguidas. Su manejo del arca no se hizo "según su ordenanza", ya que lo hicieron a su manera y no de acuerdo con la prescripción divina.

Tenga en cuenta que estos casos involucraban a personas que se dedicaban a actividades religiosas. ¡Estas personas eran religiosas! No eran paganos, escépticos o ateos. Intentaban adorar al único Dios verdadero. ¡Eran **creyentes**! Sin embargo, su incapacidad para cumplir con precisión las instrucciones divinas provocó la desaprobación de Dios por la simple razón de que sus acciones no estaban **autorizadas**.

El Nuevo Testamento ilustra este principio repetidamente. La autoridad comienza con Dios. Delegó autoridad a Jesús (Mat. 28:18; Jn. 5:27). Solo Jesús, por lo tanto, tiene la autoridad para definir y designar los parámetros del comportamiento humano en general y la práctica religiosa en particular. En consecuencia, ningún ser humano en la tierra tiene derecho a hacer **nada** sin la aprobación previa de Cristo. Juan dijo que aquellos que creen en el **nombre** de Cristo (es decir, aquellos que aceptan su **autoridad**) tienen el poder o el derecho de convertirse en hijos de Dios (Jn. 1:12). En otras palabras, la fe es un requisito previo necesario que le da a una persona la autoridad divina para convertirse en un hijo de Dios. Todos los demás seres humanos carecen de la sanción divina para convertirse en hijos de Dios.

Un militar romano, un oficial que comandaba cien hombres, entendía el principio de autoridad. Él le dijo a Jesús:

Porque también yo soy hombre bajo autoridad, y tengo bajo mis órdenes soldados; y digo a éste: Vé, y va; y al otro: Ven, y viene; y a mi siervo: Haz esto, y lo hace (Mat. 8:9).

Este centurión reconoció que las personas que están sujetas a la autoridad de un poder superior deben recibir permiso para todo lo que hacen. Deben conformarse precisamente a la voluntad de su superior.

Incluso los enemigos religiosos de Jesús entendieron y reconocieron el principio de autoridad. Un día, cuando Jesús enseñaba en el templo, el sumo sacerdote y los ancianos lo confrontaron con esta pregunta: "¿Con qué autoridad haces estas cosas? ¿y quién te dio esta autoridad?" (Mat. 21:23). Incluso estos retorcidos opositores religiosos de nuestro Señor, al menos captaron correctamente el concepto de que uno debe contar con la aprobación previa de una fuente autorizada legítima antes de poder defender puntos de vista religiosos. Si Jesús hubiera estado de acuerdo con los agentes de cambio de nuestros días, habría dicho: "¿Qué quieres decir 'con qué autoridad'? Dios no exige que tengamos autoridad para lo que hacemos en religión, siempre y cuando no violemos una orden directa".

Pero Jesús no simpatizaba con los agentes de cambio de hoy. De hecho, su respuesta a los líderes judíos muestra que estuvo totalmente de acuerdo con el principio de autoridad. Procedió a mostrarles que Su enseñanza estaba autorizada por la misma fuente que autorizó la enseñanza de Juan el Inmersor. Sin embargo, estos líderes religiosos de corazón duro rechazaron a Juan y, por implicación, su fuente de autoridad. Entonces tampoco aceptarían a Jesús que recibió su autoridad de la misma fuente, es decir, el cielo. En cualquier caso, tanto Jesús como sus enemigos acordaron que uno debe tener el permiso previo de Dios para lo que defiende en religión.

¿Qué quiso decir Pedro cuando escribió: "Si alguno habla, hable conforme a las palabras de Dios"? (1 Ped. 4:11) Quiso decir que cualquier cosa que una persona defienda en religión debe encontrarse en la palabra de Dios. Todos sabemos que dedicar bebés, aplausos y grupos de coros no se encuentran en la palabra de Dios. Su uso viola el principio de autoridad — al no "hablar conforme a las palabras de Dios".

¿Qué quiso decir Pablo cuando escribió: "…para que en nosotros aprendáis a no pensar más de lo que está escrito" (1 Cor. 4:6)? Quiso decir que cualquier cosa que hagamos en religión debe encontrarse primero en las Escrituras. Todos sabemos que el "drama sagrado", el balanceo de los brazos y la observancia religiosa de la Navidad y la Pascua no se encuentran en las Escrituras. Su uso viola el principio de autoridad — pensar e ir "más allá de lo que está escrito".

Curiosamente, incluso la sociedad secular reconoce el principio de autoridad. Un ciudadano estadounidense promedio entrará a un restaurante y verá dos puertas. La primera puerta tiene la palabra "Baños", mientras que la segunda puerta tiene las palabras "Solo Personal Autorizado". Inmediatamente interpreta estos mensajes en el sentido de que tiene autoridad para entrar por la puerta que dice "Baños", mientras que no se le permite entrar por la otra puerta. Al instante sabe que no tiene **autoridad** para entrar por la segunda puerta — aunque el letrero no le ordena explícitamente que no entre por la puerta. El letrero no indica quién **NO** puede ingresar. Solo especifica quién **puede** ingresar — quién tiene permiso o autoridad para ingresar. El individuo tiene la obligación de usar sus poderes de razonamiento y deducir que no tiene autoridad para pasar por la segunda puerta.

Al entrar por la primera puerta, se encuentra con dos puertas adicionales. La primera puerta tiene una figura de mujer, mientras que la segunda puerta tiene una figura de hombre. Una vez más, se espera que el ciudadano entienda que solo las mujeres están autorizadas a entrar por la primera puerta y solo los hombres tienen permiso para pasar por la segunda puerta. Las personas entienden el principio de autoridad tan fácilmente y tan a fondo que pueden determinar lo que pueden o no hacer incluso con imágenes — ¡figuras! Pero cuando se trata de la religión y los agentes de cambio en la iglesia, el reconocimiento del principio de autoridad se deja de lado a cambio del deseo irracional y emocional de hacer lo que uno quiere hacer.

Cuando una persona compra una aspiradora nueva o un automóvil nuevo, el producto viene con una garantía de fábrica. Esta garantía proporciona al cliente un servicio de reparación gratuito durante el período de garantía especificado. Sin embargo, si se produce un mal funcionamiento, se le indica al cliente que lleve el producto a un "Representante autorizado de la fábrica". De lo contrario, se anulará la garantía. ¿La persona promedio entiende el principio de autoridad en este caso? Por su puesto que lo hace. Él entiende que el fabricante ha dado su aprobación previa a un grupo selecto de reparadores autorizados para reparar el producto. Él entiende que tiene autoridad para llevar el producto a cualquiera de esos lugares y que no está autorizado a llevar el producto a otro lugar — a pesar de que otras personas que puedan reparar el aparato, no estén específicamente señaladas como inapropiadas para hacerlo.

Cuando una persona ingresa al hospital para una cirugía, firma un documento que autoriza al médico a operar al paciente. ¿Qué pensaría de un médico, a quien usted ha autorizado a realizarle una cirugía, si fuera a la sala de espera donde su hijo está esperando su regreso y comience a operarlo? Además de pensar que puede estar mentalmente enfermo, protestaría su falta de autoridad para su acción. ¿Qué pasaría si él justificara su acción al insistir en que no prohibió específicamente que realizara una cirugía a su hijo? Ni usted — ni las profesiones médicas y legales — soportarían tales tonterías. ¿Por qué? Porque las personas normales entienden y viven según el principio de autoridad. Pero la religión es diferente.

¿Qué sucede si su médico le recetó antibióticos y usted le entregó la receta al farmacéutico, quien luego la surtió dándole antibióticos con estricnina? Al leer la etiqueta, inmediatamente protestaría la acción del farmacéutico y exigiría una explicación. ¿Se consideraría al farmacéutico en su sano juicio si ofreciera como explicación: "El médico no dijo que no debía darle el veneno, interpreté su silencio como permisivo"?

Suponga que envía a su hijo al supermercado a comprar un galón de leche y una barra de pan de trigo de una libra. Regresa con un galón de leche, una barra de pan blanco de una libra y una caja de Twinkies. ¿Le daría palmaditas en la cabeza y lo felicitaría por su fiel obediencia? ¿Lo alabaría por su esfuerzo y sinceridad? ¿O desafiaría su comportamiento como no autorizado? ¿Qué pasa si él justifica sus acciones al insistir en que no le dijo nada sobre la compra de pan blanco y Twinkies? En cualquier caso, tanto usted como él sabrían que se había involucrado en un comportamiento no autorizado. No tenía su **permiso** para comprar pan blanco o Twinkies a pesar de que no lo prohibió específicamente.

Cuando realiza un pedido con una empresa de catálogo o un restaurante de comida rápida, espera que se ajusten a sus instrucciones con precisión, sin sumar ni restar de su pedido. Reciben autoridad de usted según lo que usted les diga — no según lo que usted **no** diga. No les da autoridad para sus acciones en base a su **silencio**. Los autoriza con sus palabras, sus instrucciones, sus indicaciones. Si van más allá de los parámetros de sus palabras — aunque no prohíba específicamente tales acciones — proceden sin su autorización.

¿Autoridad para TODO?

Pero, ¿está diciendo que debemos tener autoridad para **todo** lo que hacemos en religión? ¿**Todo**? ¿Qué pasa con las muchas cosas que hacemos y que la Biblia no menciona? Por ejemplo, ¿dónde está nuestra autoridad para edificios de iglesias, bancas, iluminación, alfombras, programas de televisión, himnarios y bandejas de comunión?

Considere el caso de Noé. Fue instruido por Dios para construir un gran bote de madera. Las instrucciones de Dios incluían detalles como las dimensiones, el tipo de madera, la puerta y la ventana, y las cubiertas (Gén. 6:14-16). El principio de autoridad se aplica a Noé de la siguiente manera. Estaba autorizado a construir un bote, pero no estaba autorizado a construir un modo de transporte alternativo (por ejemplo, automóvil, avión o globo). Estaba autorizado a hacer el bote de madera, pero no estaba autorizado a hacerlo de otro material (por ejemplo, plástico, acero o fibra de vidrio). Estaba autorizado a usar "madera de gofer", pero no estaba autorizado a usar otro tipo de madera (por ejemplo, roble, álamo o pino). Estaba autorizado a utilizar las herramientas y la asistencia necesarias para cumplir con el mandato de Dios (por ejemplo, martillos, clavos, sierras, ayuda contratada).

Considere la Gran Comisión. Dios ordenó a sus emisarios que "fueran" (Mar. 16:15). La Biblia describe con aprobación a predicadores inspirados que **fueron** por una variedad de medios, incluso en carro (Hch. 8:31), cuerda y canasta (Hch. 9:25), a pie (Hch. 14:14) y en barco (Hch. 16:11) Al reunir en las Escrituras todo lo relacionado con este asunto, queda claro que el modo de transporte era opcional. Por lo tanto, me veo obligado a concluir que cada modo está autorizado hoy (incluso a través de la televisión) siempre que no viole algún otro principio bíblico (por ejemplo, el principio de mayordomía).

Este proceso de reunir evidencia bíblica y sacar solo conclusiones justificadas es divinamente obligatorio para todo ser humano. Tenemos la obligación de sopesar los datos bíblicos sobre cada tema y concluir solo lo que Dios quiere que concluyamos[346].

La Biblia nos impone el acto de reunirnos para adorar (por ejemplo, Hch. 20:7; 1 Cor.5:4; 11:17-18; Heb.10:25). Pero es físicamente imposible para una pluralidad de individuos reunirse sin un lugar de reunión. Para obedecer el requisito de reunirse en asamblea, uno debe celebrar la asamblea **en algún lugar**.

Hemos aprobado instancias de la iglesia primitiva reuniéndose en una sala del tercer piso (Hch. 20:8-9), en residencias privadas, así como en entornos no privados (1 Cor. 16:19; 11:22; cf., Hch. 20:20). Nos vemos obligados a concluir que la ubicación es opcional y autorizada siempre que no viole otros principios bíblicos (cf. Jn. 4:21). Por lo tanto, las Escrituras autorizan los edificios de la iglesia y los muebles necesarios (por ejemplo, alfombras, sillas y luces).

---

[346] Para un análisis conciso y definitivo del principio de autoridad, ver Thomas B. Warren, **When Is An "Example" Binding?** [*¿Cuándo Es Obligatorio Un "Ejemplo"?*] (Jonesboro, AR: National Christian Press, Inc., 1975) y Roy Deaver, **Ascertaining Bible Authority** [*Determinando La Autoridad Bíblica*] (Austin, TX: Firm Foundation Publishing House, 1987).

Lo mismo puede decirse de los himnarios. Se nos ordena cantar (Efe. 5:19; Col. 3:16). Se nos ordena adorar de manera ordenada (1 Cor. 14:40). Dios quiere que cantemos la misma canción juntos (en lugar de cantar canciones diferentes al mismo tiempo). La única forma de cumplir con estas estipulaciones es usar el himnario, partituras o proyectores que brinden acceso a toda la asamblea al mismo canto y al mismo tiempo. Por lo tanto, todas esas herramientas están autorizadas como formas convenientes de cumplir con el mandamiento de cantar.

La Cena del Señor se debe comer cuando la iglesia se reúne para adorar (Mat. 26:29; Hch. 20:7; 1 Cor. 11:20). Dios quiere que cada adorador participe tanto del pan como del jugo de uva. ¿Cómo se puede lograr esto? Se requieren necesariamente recipientes o bandejas — a menos que las uvas sean transportadas a mano a cada persona que luego exprimiría el jugo en su propia boca. Tenemos el relato de Jesús instituyendo la Cena del Señor y aparentemente usando una sola copa. Sin embargo, el contexto deja en claro que el contenedor fue incidental. El contenido — el jugo — era lo que debían beber y reflexionar simbólicamente. Me veo obligado a concluir que la forma de distribución de los elementos de la Cena del Señor es opcional[347].

Conclusión

---

[347] ¿Qué hay acerca de cantar durante la cena del Señor? Se deben considerar dos cuestiones. Primero, todo lo que hacemos debe ser autorizado por Dios. ¿Qué datos bíblicos se pueden recopilar para garantizar la conclusión de que Dios aprueba tal canto? Cuando Jesús dijo: "Hagan esto en memoria mía" (Luc. 22:19), se refería específicamente a la participación del pan y el jugo, no al canto. Segundo, cantar durante la Cena del Señor en realidad obstaculiza una observancia adecuada. Guy N. Woods resume bien este punto:

> La observancia de la Cena del Señor y el canto son dos actos de adoración separados y distintos, que implican una participación muy diferente, física, mental y espiritual. Hay cuatro cosas que debemos hacer para participar adecuadamente de la Cena. Debemos mirar (1) hacia adentro; (2) hacia afuera; (3) hacia atrás; y (4) adelante en su observancia. (1) Debemos "examinarnos" a nosotros mismos (1 Cor. 11:28), en el acto de observancia; (2) "anunciamos la muerte del Señor", con nuestra participación (1 Cor. 11:26), (3) recordamos los eventos del Calvario (1 Cor. 11:25), y (4) mantenemos vivo, en nuestros corazones, y antes que otros, su eventual regreso (1 Cor. 11:26).
>
> Nosotros, que cantamos "con el espíritu y con el entendimiento", como todos debemos hacer para alabar a Dios aceptablemente, debemos (1) prestar atención a las letras tanto como si realmente las estuviéramos componiendo en este momento para alabar a Dios; y (2) debemos seguir la música a la que se ajustan las letras para poder cantar al unísono con otros. Ni el acto de cantar, ni participar de la Cena del Señor, puede realizarse apropiadamente mientras se intenta lo otro. Solo aquellos que participan mecánica y ritualmente de la Cena querrían intentar cantar en conexión con ella, y luego solo crear una situación emocional que les brote en la observancia adecuada de la Cena. La práctica no tiene precedentes apostólicos y es totalmente inaceptable para aquellos que están contentos con el orden del Nuevo Testamento. (**Questions and Answers**; *Preguntas Y Respuestas*, p. 336).

Debo agregar que nuestras madres tenían razón cuando nos decían: "¡No hablen con la boca llena!" y "¡No cantes en la mesa!"

Cada faceta de nuestro comportamiento, dentro y fuera de la adoración, puede determinarse de la misma manera. Dios así lo requiere. Él espera que prestemos atención a su palabra, estudiándola cuidadosa y consistentemente para saber cómo vivir la vida en armonía con su voluntad. Para que se practique el verdadero cristianismo, debemos ser fieles a las instrucciones de Dios. Debemos ser fieles al libro, Ezequías "ejecutó lo bueno, recto y verdadero delante de Jehová su Dios" (2 Crón. 31:20). ¿A qué se refieren las palabras "bueno", "recto" y "verdadero"? El siguiente versículo explica: "En todo cuanto emprendió en el servicio de la casa de Dios, de acuerdo con la ley y los mandamientos, buscó a su Dios, lo hizo de todo corazón, y fue prosperado" (2 Crón. 31:32) Ezequías fue fiel a Dios, haciendo lo que era bueno, recto y verdadero en el sentido de que obedeció precisamente la ley y el mandamiento de Dios y lo hizo desde el corazón (cf. Jn. 4:24).

Muchas iglesias de Cristo están introduciendo en su práctica todo tipo de actividades y programas. ¿Sobre qué base se justifican estas innovaciones? "Bueno, satisface nuestras necesidades"; "Se involucra a más personas"; "Atrae a mucha gente"; "Genera entusiasmo"; "Nos permite hacer las cosas"; "Nos gusta mucho"; "Estimula el interés"; "Mantiene la atención de nuestros jóvenes"; "Crea un ambiente cálido y acogedor"; etc. Es absolutamente increíble que tantos cristianos puedan alejarse así de sus amarres bíblicos. El hecho de que no reconozcan el principio de la autoridad bíblica no los eximirá de la desaprobación de Dios.

Cuando todo está dicho y hecho, cuando hemos pasado por toda la racionalización de por qué hacemos lo que queremos hacer en la religión, todavía nos enfrentamos a si lo que hacemos está realmente de acuerdo con las instrucciones de Dios. Por definición, ser fiel a Dios implica conformidad con las directivas divinas — hacer lo correcto (1 Jn. 3:7; Hch. 10:35). Cuando uno "transgrede (es decir, sigue adelante) y no permanece en la doctrina de Cristo" (2 Jn. 9), se vuelve **infiel** y se aleja de los beneficios de la gracia de Dios (2 Ped. 2:20-22; Heb. 10:26-31; Gál. 5:4). Permanecer dentro de la gracia y el favor de Dios depende de nuestro cumplimiento del importantísimo principio de autoridad ordenado por Dios.

¿Debemos conformarnos **al nombre** de Cristo? Es decir, para ser salvos, ¿debemos tener su aprobación previa, su sanción, su autorización, para todo lo que hacemos en religión? Escuche a Pedro: "Tampoco hay salvación en ningún otro, porque **no hay otro nombre** bajo el cielo dado entre los hombres por el cual debemos ser salvos". (Hch. 4:12).

CAPÍTULO 41
EL LUGAR DE LA IGLESIA Y EL PLAN DE SALVACIÓN

Otro ingrediente indispensable para contrarrestar el cambio ilícito, es una apreciación renovada de la iglesia y el plan de salvación del evangelio. Los agentes de cambio simplemente carecen del profundo respeto por la iglesia de Cristo que ordena la Biblia.

> *...así como Cristo amó a la iglesia, y se entregó a sí mismo por ella...a fin de presentársela a sí mismo, una iglesia gloriosa - Efesios 5:25, 27*

La noche del jueves 21 de abril de 1938, en una discusión pública en Little Rock, Arkansas ante una multitud presente de 1000 personas y una audiencia de radio de miles más, N. B. Hardeman debatió con el famoso polemista Ben M. Bogard sobre el tema "El Establecimiento De La Iglesia". En esa ocasión, el hermano Hardeman articuló una verdad extremadamente significativa sobre la iglesia de nuestro Señor cuando declaró:

> El reino, amigos, siempre ha existido...Existió en **Propósito**, en la mente de Dios; existió luego en **Promesa**, tal como fue entregado a los patriarcas, y existió en **Profecía**; y luego existió en **Preparación**; y por último, cuando el Nuevo Testamento entró en vigencia, existió en **Perfección**[348].

Han pasado más de cincuenta años desde esa observación perspicaz. Pero sigue siendo una expresión precisa de la verdad bíblica.

---

[348] N. B. Hardeman y Ben Bogard, **Hardeman-Bogard Debate** (*El Debate Hardeman-Bogard*; Nashville, TN: Gospel Advocate Co., 1938), pág. 178).

Para que lo vea, antes de que Adán y Eva habitaran el Jardín del Edén juntos; antes de que los cielos, los mares y la tierra fueran poblados por pájaros, peces y animales; antes de que el sol, la luna y las estrellas se situaran en el universo; y antes de que nuestro planeta tierra fuera una masa oscura, acuosa y sin forma — Dios se propuso hacer realidad la iglesia de Cristo.

De hecho, la Escritura describe esta intención divina como "eterna". El centro de los grandes propósitos de Dios **desde la eternidad** ha sido — no solo el enviar de su Hijo como expiación por el pecado — sino la creación de la iglesia de Cristo, el cuerpo comprado con la sangre de Jesús, el organismo vivo de los redimidos.

> para que la multiforme sabiduría de Dios sea ahora dada a conocer por medio de la iglesia a los principados y potestades en los lugares celestiales, conforme al propósito eterno que hizo en Cristo Jesús nuestro Señor (Efe. 3:10-11).

¿Puede entender "ETERNO"? Hay momentos en que la noción de "eterno" se abrevia — como en Jon. 2:6, donde Jonás dijo que estaría en el estómago del pez "para siempre". Supongo que eso le pareció a él. Onésimo, a su regreso, estaría con Filemón **"aionion"** — "para siempre" (Flm. 15). El contexto limita el uso del término hasta que muera.

Pero cuando se refiere a la deidad (Sal. 90:1-2) y a la iglesia, el término se refiere a imperecedero, eterno, para siempre. Heb. 12:28 dice: "Así que, recibiendo nosotros un reino…" que ¿algún día terminará? No, un reino inconmovible, destinado a estar para siempre, una institución eterna. Dan. 7:18 dice: "Después recibirán el reino los santos del Altísimo, y poseerán el reino hasta el siglo, eternamente y para siempre". Con ese gran **propósito** en mente, Dios comenzó a presagiar gradualmente a través de la **promesa** y la **profecía** el eventual cumplimiento de ese propósito.

Unos 750 años antes de Cristo, Isaías predijo el eventual establecimiento del "monte de la casa del Señor" en lo "postrero de los tiempos" en Jerusalén (Isa. 2:1-4). Aproximadamente al mismo tiempo, Miqueas enunciaba esencialmente los mismos hechos (Miq. 4:1-3). Unos 500 años antes de Cristo, Daniel declaró a un rey pagano que, durante los días de los reyes romanos, el Dios del Cielo establecería un reino que nunca sería destruido (Dan. 2:44). También declaró que el "Hijo del hombre" pasaría a través de las nubes, llegaría al Anciano de los Días y recibiría un reino indestructible (Dan. 7:13-14). Así, la iglesia, que inicialmente tenía un **propósito** en la mente de Dios, ahora existía en **promesa** y **profecía** en las declaraciones de sus voceros.

Con la aparición de Juan el Inmersor y Jesús en la tierra, la iglesia de Cristo entró en una nueva fase de existencia. Ahora, más que nunca antes, el reino se presentaba con una sensación de inmediatez, cercanía y expectativa urgente. Ahora los emisarios de Dios se **preparaban** activamente para su inminente aparición. Juan exclamó: "... el reino de los cielos se ha acercado" (Mat. 3:2). Jesús se hizo eco de su presagio con exactamente el mismo punto: "... el reino de los cielos se ha acercado" (Mat. 4:17).

Así como Juan hizo preparativos para el Señor (Mat. 3:3; 11:10; Isa. 40:3; Mal. 3:1), el Señor hizo los preparativos para el reino. Anunció su intención de establecerlo personalmente (Mat. 16:18) y declaró que eso ocurriría durante la vida de sus contemporáneos terrenales (Mar. 9:1).

Justo antes de su partida de la tierra, Jesús señaló además que los apóstoles serían testigos de su muerte y resurrección y predicarían el arrepentimiento y la remisión de los pecados en su nombre entre todas las naciones que comienzan en Jerusalén. Incluso enviaría la promesa del Padre sobre ellos, lo que implicaría ser "investidos de poder desde lo alto" (Luc. 24:46-49). Este poder debía ser equiparado con la inmersión del Espíritu Santo (Hch. 1:4-5, 8 — ver Capítulo 32).

Ahora que el reino había existido en **propósito**, **promesa** y **profecía**, y en **preparación**, había llegado el momento de que la iglesia saliera a la **perfección**. Después de exhortar a los apóstoles a "quedarse en Jerusalén", Jesús ascendió a una nube y fue conducido al cielo. Los apóstoles regresaron a Jerusalén y esperaron el cumplimiento de las palabras del Salvador durante diez días.

Entonces sucedió. Con asombroso esplendor, después de siglos de ansiosa anticipación (1 Ped. 1:10-12), Dios derramó Su

Espíritu sobre los Doce el día de Pentecostés en el año 30 d.C. (Hechos 2). Este derramamiento milagroso permitió a esta docena de "embajadores" (2 Cor. 5:20) presentar una conmovedora defensa de la resurrección de Cristo, condenando a algunos en la audiencia con la culpa de la crucifixión. Luego, Pedro detalló simultáneamente las condiciones del perdón y los términos de entrada al reino de Cristo. Estos términos consistían en un corazón compungido y penitente y un cuerpo sumergido en agua.

La iglesia de Cristo ya estaba ahora perfeccionada para existir en la tierra, conformada por unos 3012 miembros — todos de ascendencia judía. Desde este momento en adelante, el reino de Cristo en la tierra fue una realidad presente. A su ciudadanía judía se agregaron los primeros conversos no judíos en el capítulo diez de Hechos cuando la familia de Cornelio obedeció los mismos términos de entrada que sus homólogos judíos habían obedecido unos quince años antes. En la cruz, Cristo había hecho "en sí mismo de los dos un solo y nuevo hombre, haciendo la paz", para "reconciliar con Dios a ambos en un solo cuerpo…" (Efe. 2:15-16). Ese cuerpo en el que estaban incluidos judíos y gentiles ¡era la iglesia de Cristo! La iglesia de Cristo es totalmente única y diferente a cualquier otro cuerpo religioso en la faz de la tierra.

Las iglesias de Cristo en nuestros días son reproducciones de la iglesia de Cristo que encontramos descritas en el Nuevo Testamento. Varias características son discernibles de la Biblia, y que ayudan a ver lo que se necesita para ser una iglesia de Cristo.

1. Sus **requisitos de ingreso** son diferentes a las organizaciones hechas por el hombre. Considere lo que hacían las personas en el primer siglo para convertirse en miembros de la iglesia de Cristo. En Hechos capítulo dos, después de escuchar la predicación del evangelio, la gente les preguntó a los apóstoles qué tenían que hacer. Pedro respondió: "Arrepentíos, y bautícese cada uno de vosotros en el nombre de Jesucristo para perdón de los pecados…" (Hch. 2:38). Estas instrucciones cumplieron las palabras de Jesús en Mar. 16:16: "El que creyere y fuere bautizado, será salvo".

El mismo procedimiento se representa una y otra vez en Hechos. En Hch. 8:12-13, "Pero cuando creyeron a Felipe, que anunciaba el evangelio del reino de Dios y el nombre de Jesucristo, se bautizaban hombres y mujeres. También creyó

Simón mismo, y habiéndose bautizado..." En el mismo capítulo, Felipe le predicó de Jesús al eunuco etíope. Cuando el eunuco vio agua, insistió en ser bautizado. Felipe dijo que podía si creía.

En Hechos, capítulo diez, Cornelio escuchó el mensaje, creyó y fue bautizado. En Hechos capítulo dieciséis, Lidia escuchó el mensaje, creyó y fue bautizada. En el mismo capítulo, el carcelero de Filipos escuchó la palabra del Señor e inmediatamente fue bautizado a la misma hora de la noche. En Hch. 18:8, muchos de los corintios oyeron la palabra, creyeron y fueron bautizados. En Hch. 19:4-5, algunos de los ciudadanos de Éfeso escucharon la predicación de Pablo, creyeron y fueron bautizados. Pablo mismo, en Hch. 9 y 22, escuchó la palabra y fue bautizado para que sus pecados fueran lavados.

El resto del Nuevo Testamento confirma este procedimiento para convertirse en cristiano. Pablo les recordó a los cristianos romanos en Rom. 6:1-7 que el día en que fueron bautizados, fueron bautizados en Cristo, en Su muerte, y fueron liberados del pecado para vivir una vida nueva. Les dijo a los corintios que el día en que fueron bautizados, fueron bautizados en un solo cuerpo, que es la iglesia de Cristo (1 Cor. 12:13). Les dijo a los gálatas que cuando fueron bautizados, fueron bautizados en Cristo y, por lo tanto, se revistieron de Cristo, es decir, se vistieron con Él (Gál. 3:27). Pedro agregó su apoyo a este mismo entendimiento al declarar que uno es salvo en el momento del bautismo, porque es en ese punto que los beneficios de la resurrección de Cristo se aplican al creyente (1 Ped. 3:21).

Observe en estas Escrituras que, en el primer siglo, una persona se hacía cristiana de la misma manera y en el mismo momento en que se convertía en miembro de la iglesia de Cristo. Una persona escuchaba el mensaje de salvación y la voluntad de Dios para su vida. Entonces creía o tenía fe en esa enseñanza sobre Dios y Cristo, se arrepentía de sus pecados, confesaba el nombre de Cristo con su boca y luego era bautizado o sumergido en agua para la remisión de los pecados (cf. Rom. 10:9-10; Col. 2:12; Heb.10:22). ¿Quiénes son las iglesias de Cristo? Son aquellas iglesias que practican ese plan de salvación del Nuevo Testamento.

2. Su **organización** es diferente a las instituciones humanas. La iglesia de Cristo en el Nuevo Testamento fue

arreglada o estructurada por Dios. Cada congregación local era independiente y autónoma. No se encuentran jerarquías ni sedes confesionales en el Nuevo Testamento. Cada iglesia local está directamente bajo el liderazgo de Cristo (Col. 1:18). Las iglesias de Cristo no tienen sínodos, consejos o convenciones que establezcan políticas o proporcionen pautas de gobierno. Cada congregación local tiene gobierno propio y es completamente autónoma.

Dentro de cada una de estas iglesias, el Nuevo Testamento enseña que los miembros de la iglesia deben nombrar a los hombres que cumplan requisitos específicos (1 Tim. 3:1-7; Tito 1:5-9) como ancianos. Otros nombres para esta función en el Nuevo Testamento son ancianos, obispos, pastores (Tito 1:5, 7; Hch. 20:17, 28; 1 Ped. 5:1-2). El Nuevo Testamento enseña que cuando una iglesia tiene dos o más hombres calificados, deben ser nombrados para servir. Las iglesias en el Nuevo Testamento siempre tuvieron una pluralidad de ancianos sobre una sola congregación (Hch. 20:17; Fil. 1:1; Tito 1:5). Estos hombres deben funcionar como autoridades supervisoras en la iglesia local. Deben pastorear y velar por los miembros a su cargo (Heb. 13:17; 1 Ped. 5:1-4; ver Capítulo 30). En el Nuevo Testamento, el nombre "pastor" no se refiere a un predicador.

Las iglesias del Nuevo Testamento también tenían diáconos nombrados que cumplían requisitos específicos dados por Dios (1 Tim. 3:8-13). A los diáconos se les asignaron responsabilidades y tareas que incluían atender las necesidades de la congregación (Hch. 6:1-6; Fil. 1:1).

Además de los ancianos y los diáconos, las iglesias de Cristo en el primer siglo tenían maestros, predicadores y evangelistas (Efe. 4:11; 2 Tim. 4:5; Sant. 3:1). Estos hombres enseñaban y predicaban doctrina cristiana a cristianos y no cristianos por igual. Las maestras de la Biblia enseñaban a mujeres y niños (Tito 2:4). Todos los miembros participaban juntos en el trabajo y la adoración de la iglesia en un esfuerzo por glorificar a Dios en sus vidas (Efe. 4:11-16).

Muchas improvisaciones han evolucionado desde el primer siglo con respecto al gobierno y la organización de la iglesia. Pero, en resumen, la estructura simple de la iglesia de Cristo según el Nuevo Testamento, consiste en ancianos que pastorean el rebaño, diáconos que ministran a la congregación, predicadores y evangelistas que proclaman el evangelio, y todos los demás miembros de la congregación local que trabajan y adoran bajo la supervisión de los ancianos. ¿Quiénes son las iglesias de Cristo? Son aquellas iglesias que siguen este sencillo formato.

3. ¿Cómo se debe designar a la iglesia de Cristo? ¿Cuáles son los **nombres** bíblicos por los cuales se debe conocer al pueblo de Dios? El Nuevo Testamento declara manifiestamente que el grupo de personas salvas es la "iglesia de Cristo" (Rom. 16:16). Recuerde, Jesús mismo declaró que Él edificaría **Su** iglesia (Mat. 16:18). La iglesia, por lo tanto, pertenece a Cristo, quien es la cabeza del cuerpo (Efe. 1:22-23). A veces su iglesia se conoce simplemente como "la iglesia" (por ejemplo, Hch. 8:1). "Iglesia" simplemente significa "los llamados" y se refiere al hecho de que los cristianos han sido llamados del mundo al reino de Cristo.

A veces se hace referencia a la iglesia de Cristo como "el reino" (Mat. 16:19), "el reino de Dios" (Mar. 9:1; Jn. 3:5), "el reino de los cielos" (Mat. 18:3) o "el reino de su amado Hijo" (Col. 1:13). También encontramos la "iglesia de Dios" (1 Cor. 1:2) y la "iglesia del Dios viviente" (1 Tim. 3:15) — sin duda refiriéndose a la deidad de Jesús como dueño. También encontramos el "cuerpo de Cristo" (Efe. 4:12). Varios otros nombres se encuentran en el Nuevo Testamento para la iglesia de Cristo. Pero observe que la mayoría de los nombres que los hombres le han dado a su organización denominacional no se encuentran en el Nuevo Testamento. Las iglesias de Cristo buscan ser bíblicas en su nombre.

Lo mismo se aplica a las designaciones para miembros individuales. El nombre número uno por el cual los miembros de la iglesia deben ser conocidos es el nombre "cristiano" (Hch. 11:26; 1 Ped. 4:16; Isa. 62:1-2). Este es el nombre que indica que uno pertenece a Cristo. Otros nombres incluyen "discípulos" (Hch. 20:7), que significa "aprendices", "santos" (1 Cor. 1:2), "hermanos" (1 Cor. 15:1), "hijos de Dios" (Rom 8:14), "hijos de Dios" (1 Jn. 3:1), "sacerdotes" (1 Ped. 2:9) — y varios otros nombres. Estos son nombres bíblicos.

Los cristianos del Nuevo Testamento serán cuidadosos con su terminología en un esfuerzo por respetar las distinciones de

Dios. Se abstendrán de un uso no bíblico de títulos y designaciones religiosas. El concepto denominacional de un clero es extraño al Nuevo Testamento. Los predicadores en el Nuevo Testamento eran simplemente cristianos que se preparaban para enseñar a otros. No fueron apartados como una clase especial de personas religiosas. No vestían ropas religiosas especiales ni recibían títulos especiales como "reverendo" o "pastor" o "padre" (Mat. 23: 9). Tales designaciones son hechas por el hombre y solo sirven para cultivar la alabanza de los hombres cuando toda alabanza le pertenece a Dios (Mat. 23:5-12; 6:1-6).

Entonces, ¿quiénes son las iglesias de Cristo? Son aquellas iglesias que llevan el nombre de Cristo — individual y colectivamente. Escuche atentamente las palabras del apóstol Pedro: "Y en ningún otro hay salvación; porque no hay otro nombre bajo el cielo, dado a los hombres, en que podamos ser salvos" (Hch. 4:12); "pero si alguno padece como cristiano, no se avergüence, sino glorifique a Dios por ello". (1 Ped. 4:16).

4. Otra marca de identificación de la iglesia de Cristo se ve en la ausencia de trampas denominacionales. Por ejemplo, las iglesias de Cristo no tienen credos oficiales, manuales de la iglesia o confesiones de fe a las que los miembros deban suscribirse. El **único documento autorizado** para gobernar las creencias y la práctica es la Biblia. Se considera que la Biblia es la palabra inspirada, inerrante e infalible de Dios — la única guía confiable para llevar a los seres humanos de esta vida al Cielo.

5. Una quinta faceta de identificación de la iglesia de Cristo se ve en su práctica de la **adoración**. Las iglesias de Cristo han reproducido la sencilla adoración del Nuevo Testamento en sus servicios — nada más y nada menos. Cuando uno examina el Nuevo Testamento, encuentra que las iglesias del primer siglo se dedicaban a cinco actividades de adoración el domingo. Primero, se reunían con el propósito de participar de la Cena del Señor, que consistía en pan y jugo de uva como símbolos del cuerpo y la sangre de Cristo ofrecidos en la cruz (Mat. 26:26-29; Hch. 20:7; 1 Cor.10:16-21; 11:20-34). Los cristianos observaban la Cena del Señor todos los domingos y solo los domingos (ver Capítulo 27).

En segundo lugar, la iglesia primitiva se dedicaba a la oración en conjunto (Hch. 2:42; 1 Tim. 2:1-8). En tercer lugar, los cristianos entonaban cantos religiosos juntos (Efe. 5:19; Col.

3:16). Su canto congregacional no estaba acompañado por instrumentos musicales. El uso de coros, solistas, etc. no se conocía. Cuarto, participaban en el estudio de la Biblia, ya sea mediante la lectura pública de las Escrituras o según lo enseñado por un predicador o maestro (1 Tim. 4:13; 2 Tim. 4:1-4; Tito 2:15). Finalmente, los cristianos juntaban su dinero el primer día de la semana como un tesoro de donde se podía llevar a cabo la obra del Señor (1 Cor. 16:1-2)[349].

La adoración del Nuevo Testamento es extremadamente sencilla y sin pretensiones — libre de la exageración y la ostentación que los humanos aburridos fabrican con frecuencia. Las iglesias de Cristo son aquellas personas que han restaurado la adoración simple del Nuevo Testamento en sus congregaciones. Se reúnen cada primer día de la semana y comulgan alrededor de la mesa del Señor; cantan salmos, himnos y cánticos espirituales juntos; contribuyen con un porcentaje de sus ingresos para llevar a cabo el trabajo de la iglesia; oran juntos; y estudian la palabra de Dios juntos.

6. Una característica final de la iglesia de Cristo es su misión única, que consiste en glorificar a Dios (1 Cor. 6:20). Pedro resumió esta misión en términos de cristianos individuales con las siguientes palabras:

> Si alguno habla, hable conforme a las palabras de Dios; si alguno ministra, ministre conforme al poder que Dios da, para que en todo sea Dios glorificado por Jesucristo, a quien pertenecen la gloria y el imperio por los siglos de los siglos. Amén. (1 Ped. 4:11).

Pablo resumió esta singular misión de la iglesia para los cristianos colectivamente en estas palabras:

---

[349] Otro cambio no bíblico que se está implementando en nuestros días es la recaudación de fondos para el trabajo de la iglesia mediante la realización de ventas de garaje y bazares. Los cristianos individuales están autorizados por Dios para ganar dinero en una variedad de formas y luego traer su contribución y dársela a la iglesia (Hch. 2:44; 4:34-37; 5:1-2, 4). Sin embargo, la iglesia no está autorizada a presentarse en la comunidad como un negocio que tiene productos para vender al público. Dios quiere que la obra de la iglesia sea apoyada por sus propios miembros, quienes individual y personalmente se proponen contribuir con una parte de sus propios fondos que han ganado de sus propios lugares de trabajo (2 Cor. 9:7). La iglesia debe ofrecer todos sus servicios divinamente ordenados (es decir, el evangelio y la asistencia benevolente) absolutamente gratis.

Y a Aquel que es poderoso para hacer todas las cosas mucho más abundantemente de lo que pedimos o entendemos, según el poder que actúa en nosotros, a él sea gloria en la iglesia en Cristo Jesús por todas las edades, por los siglos de los siglos. Amén. (Efe. 3:20-21).

Se podrían citar muchas otras características de la iglesia de Cristo. Pero estas cinco son suficientes para mostrar que la iglesia es fácilmente identificable y no debe confundirse con ningún otro grupo religioso. Era inevitable que la gente se desviara de las simples pautas dadas en las Escrituras (1 Tim. 4:1; 2 Ped. 2:1-2). El resultado ha sido la formulación de doctrinas no bíblicas, prácticas no bíblicas e iglesias no autorizadas (Mat. 15:9,13; 2 Jn. 9-11).

Las Escrituras claramente enseñan que Dios nunca ha sancionado y nunca sancionará tal estado de cosas. La única esperanza de cualquier individuo es estar en la única iglesia verdadera y vivir fielmente los deseos de Dios. Cuán increíblemente trágico es que las fuerzas al interior de la iglesia de Cristo se hayan convertido en las mismas que están trabajando horas extras para subvertir la sencilla verdad de la única iglesia al instigar el cambio ¡en forma de ecumenismo y aceptación del denominacionalismo! Estos agentes de cambio bien pueden oscurecer y difuminar la distinción entre la iglesia del Nuevo Testamento y las iglesias falsificadas hechas por el hombre que existen en abundancia. Pueden convencer a muchas personas de que quienes insisten en que solo hay una iglesia (Efe. 4:4) son arrogantes, tradicionalistas y sectarios.

Sin embargo, cualquiera que se preocupe por consultar la guía inspirada puede ver que la iglesia descrita en la Biblia es fácilmente identificable hoy y distinguible de las iglesias de los hombres. Todo el asunto se basa en dos criterios simples. Primero, ¿podemos **saber** cómo ser cristianos? Si es así, entonces podemos identificar a **la iglesia**, es decir, aquellos que han obedecido el único plan evangélico de salvación. Segundo, ¿podemos **saber** cómo vivir la vida cristiana fiel y obedientemente ante Dios? Si es así, podemos identificar a aquellos que continúan constituyendo el cuerpo de salvos, la iglesia.

A la luz de estas simples verdades, los organismos denominacionales no pueden hacer un reclamo legítimo para considerarse como iglesias de Cristo. La mentalidad pluralista que ha impregnado nuestro pensamiento, nos ha impulsado a aceptar más otros puntos de vista y a "aligerarnos" en nuestra oposición a la religión falsa. Durante más de tres décadas, hemos sido incitados y empujados a sentirnos culpables por reclamar certeza sobre cualquier cosa, y ya no digamos sobre la verdad bíblica.

Pero la Biblia es tan simple y clara hoy como lo fue hace dos mil años. Si las iglesias de Cristo existían en el primer siglo, también pueden existir en nuestros días. Si no existían denominaciones en el primer siglo, hoy no se necesitan.

El denominacionalismo es una de las mejores herramientas que Satanás ha ideado para poner a las personas bajo su influencia. Los budistas, musulmanes, hindúes, humanistas, evolucionistas, comunistas y ateos, por definición, han rechazado al único Dios verdadero y han capitulado ante Satanás. Entonces, ¿dónde crees que el Diablo va a centrar la peor parte de su asalto a la tierra? Apuntará a la religión cristiana. Lo máximo que puede esperar es enturbiar las aguas y ocultar la certeza de la verdad. Lo hace inventando iglesias y doctrinas que poseen afinidad con el cristianismo pero que equivalen a ajustes en las direcciones de Dios. Al hacerlo, tiene una mayor probabilidad de atraer a la gente a sus garras.

Conclusión

Estamos en un momento de la historia cuando Satanás está haciendo grandes avances en la iglesia y logrando victorias impresionantes contra la causa de Cristo. Como el libro de Jueces registra un patrón cíclico entre el pueblo de la apostasía, el castigo, el arrepentimiento, la fidelidad y la apostasía de Dios, estamos en el punto de la historia cuando la apostasía prevalece. Este proceso de purga periódica parece ser una recurrencia inevitable.

Lo que Dios quiere que hagamos es apoyarnos con confianza y valentía en su voluntad, inmóviles e intimidados por las fuerzas abrumadoras que nos presionan para sucumbir. De esta manera, la justicia de Dios se hará evidente en el Juicio y, mientras tanto, se da ímpetu a los redimidos para fortalecerse en la lucha por mantenerse verdaderamente fieles y leales al Maestro. Toda alma posible debe ser arrebatada del fuego (Judas 23).

Si bien el Señor quiere que demostremos preocupación y compasión por el mundo denominacional perdido, también quiere que ejerzamos discreción en la medida en que tenemos comunión y nos asociamos con dichos grupos. Independientemente de los sentimientos de moda que prevalecen entre algunos en nuestro medio, la Biblia aún describe la desaprobación de Dios de asociarse con el error y la religión falsa. Cuando nos enorgullecemos de nuestra capacidad de mezclarnos con las denominaciones, manifestando aceptación y tolerancia de sus creencias divergentes, somos culpables de la actitud que Pablo condenó (1 Cor. 5:2), Jesús condenó (Ap. 2:15-16), y Juan condenó (2 Jn. 11).

Necesitamos regresar al Antiguo Testamento y aprender de nuevo las lecciones que Israel no pudo aprender repetidamente. Necesitamos estar al lado de Elías y respirar profundamente su espíritu de confrontación mientras distinguía audazmente entre la religión verdadera y la falsa (1 Rey. 18:17-40). Necesitamos seguir a Finees a la tienda y aprender a identificarnos con su celosa intolerancia a la desobediencia y al desafío a la voluntad de Dios (Núm. 25:1-15). Tenemos que cruzar la línea para estar al lado de Moisés y presenciar la furia tranquila con la que trató de eliminar el pecado (Éx. 32:25-28). Necesitamos identificarnos con el joven rey Josías y tener la misma sensación de horror y preocupación llorosa mientras lo vemos arder, quebrarse, profanar, destruir, talar, aniquilar y matar a todo y a todos los que representaban prácticas religiosas no autorizadas (2 Rey. 22 y 23).

Quizás una vez que hayamos llenado honestamente nuestras mentes con estos relatos inspirados y hayamos permitido que estas verdades penetren y permeen nuestro ser, tendremos el marco mental adecuado para ver el denominacionalismo y las alternativas a la única iglesia de la manera en que Dios las ve. Tal vez entonces percibiremos iglesias falsas y religiones rivales con la profundidad de la ira justa y la oposición que Dios posee. Hasta entonces, seremos atrapados por una mentalidad despreocupada, descarada, de vivir y dejar vivir que permitirá a Satanás proceder con su subversión de la humanidad. Si no nos ponemos de pie y proclamamos el carácter distintivo de la única iglesia verdadera de Cristo, nadie más lo hará, y perderemos nuestras almas junto con ellos. Si Noé no se hubiera sentido cómodo de estar con una minoría diminuta en su esfuerzo por detener la marea, la marea lo habría barrido en las aguas de la inundación junto con el resto.

¿Ama usted la iglesia por la cual Jesús derramó Su sangre? ¿La ama? ¿Ama el cuerpo de Cristo lo suficientemente profundo como para moderar su preocupación por los perdidos con un justo respeto por la pureza y lealtad de ese cuerpo? En lugar de oscurecer la realidad y la identidad de la iglesia de Cristo, haríamos bien en tomar nota de las fronteras claramente definidas del reino para que podamos prestar nuestra atención a atraer a los que están en el exterior. La comunión con las obras infructuosas de la oscuridad no es la respuesta; enseñar y exponerlos lo es (Efe. 5:11).

Si realmente comprendemos que la iglesia de Cristo es distintiva, exclusiva y única; si realmente consideramos traicionera la comunión con las denominaciones; si queremos amar al cuerpo genuino de Cristo con el mismo fervor y celo con que Jesús la ama; entonces estaremos en condiciones de proclamar con Pablo: "a él sea gloria en la iglesia en Cristo Jesús por todas las edades, por los siglos de los siglos". (Efe. 3:21).

CAPÍTULO 42

LA POSESIÓN DE HUMILDAD Y ARREPENTIMIENTO

La iglesia de nuestro Señor aún puede encontrar su salida del laberinto de confusión creado por el cambio ilícito. Pero tomará una introspección seria y se enfrentará a sí misma. Tanto el perpetrador como el participante voluntario deberán abrazar las cualidades bíblicas cruciales de la vergüenza, la penitencia, la tristeza y la humildad. Aquellos que han sido parte de la apostasía deberán seguir la santidad (Heb. 12:14). Al igual que los sobrinos de Moisés, los que orquestaron el cambio han insultado a Dios y se han ganado su disgusto al participar en una conducta irrespetuosa que no muestra que Él es santo (Lev. 10:3).

> *...mas a pesar de esto, aún hay esperanza para Israel*
>
> *- Esdras 10:2*

En contraste, Cristo quiere que sus seguidores sean mansos y pobres en espíritu (Mat. 5:3, 5). Pablo escribió: "Nada hagáis por contienda o por vanagloria; antes bien con humildad, estimando cada uno a los demás como superiores a él mismo; no mirando cada uno por lo suyo propio, sino cada cual también por lo de los otros" (Fil. 2:3-4). La iglesia se romperá en pedazos y su tarea se verá obstaculizada si los miembros no se vacían de orgullo. Cada acción emprendida, cada decisión práctica tomada, cada esfuerzo promovido dentro de la iglesia debe abordarse en ausencia de conflictos, es decir, sin la intención de crear contención o herir sentimientos entre otros cristianos. Quien sigue adelante con su agenda de cambio con la actitud de que los que no están de acuerdo se "tienen qué aguantar", es culpable de orgullo absoluto y es condenado sobre esa base.

¿Cómo se puede evitar ese orgullo? Primero, el creyente debe poseer "humildad mental". Como Pablo le dijo a los cristianos romanos: "asociándoos con los humildes" y "No seáis sabios en vuestra propia opinión". (Rom. 12:16). El cristiano debe estar en posesión de una evaluación sobria y precisa de su propia persona (Rom. 12:3). No debe estar inflado con un sentido inapropiado de autoestima. En segundo lugar, los creyentes deben "estimar a los demás mejor que a ellos mismos". El creyente debe percibir a los demás favorablemente en relación a sí mismo. Debe poseer sano respeto y amor por su prójimo (cf. Mat. 22:39). Estas dos dimensiones de la humildad, la visión adecuada de uno mismo y la visión adecuada de los demás, allanan el camino para engendrar la humildad que hace que nuestras vidas sean parecidas a la de Cristo.

Observe cómo Jesús personificó la humildad que nosotros los cristianos debemos poseer y demostrar. Aunque Él es Dios, un estado que ninguno de nosotros podría siquiera comenzar a reclamar, renunció humilde, voluntaria y sumisamente a la igualdad divina para convertirse en humano, y esclavo. Su humildad incluso se extendió a su disposición de ser sometido al tratamiento humillante asociado con la cruz. A la luz de un hecho tan asombroso, a la luz de las implicaciones para nosotros, que hemos sido tan arrogantes frente a tal mansedumbre, gentileza y humildad, ¿cómo debemos tratarnos unos a otros en el contexto de la iglesia? ¿Cómo nos atrevemos a inflarnos y tratarnos con orgullo? ¿Cómo nos atrevemos a permitir que ocurran conflictos y disturbios congregacionales por ninguna otra razón que no sea que queremos atención, o que nuestra inseguridad se fortalezca, o que todo lo hagan "a nuestra manera"?

En medio de una muerte horrible, en un momento en que el resentimiento, la resistencia y el obstinado desafío podrían haber estallado, mantuvo una humildad controlada (1 Ped. 2:21-23). Definió los parámetros y la sustancia de su existencia en la tierra cuando reprendió a sus discípulos recordándoles que vino para servir a los demás en lugar de ser servidos (Mat. 20:28). De la misma manera, si purgamos nuestros corazones de nuestra propia testarudez y nos humillamos ante el Dios del cielo, Él nos dará gracia y nos exaltará (Sant. 4:6, 10). Debemos esforzarnos con todas nuestras fuerzas para eludir la conducta que da paso a los corazones con intención de lucha o vanagloria. Debemos deshacernos de la inquieta propensión al cambio. Porque entonces viviremos vidas plenas y haremos de Cristo la humildad de nuestras vidas.

Una Mente Desgarrada

En los días de Joel, Dios estaba tan disgustado con su pueblo que aprovechó las fuerzas mortales de la naturaleza y los enfocó contra los desobedientes. Utilizó enemigos gemelos que infunden miedo en los corazones de los pueblos palestinos: langosta (Joel 1:4-7) y sequía (Joel 1:10-12). Estas dos herramientas catastróficas funcionaron como una vara de castigo en la mano de Dios sobre la espalda de su nación elegida. Así, la gente sufrió una gran calamidad y estuvo a punto de recibir una devastación adicional — a menos que estuvieran dispuestos a tomar el antídoto.

Joel reveló la cura para la angustia de la gente (Joel 2:12-17). Esto es lo que Dios quería que hicieran: "Rasgad vuestro corazón" (2:13). Era costumbre común entre los hebreos mostrar dolor y tristeza rasgando sus vestiduras. Pero con Dios, esto simplemente no funcionaría. Una mera exhibición externa no necesariamente revela motivos genuinos. Por lo tanto, Dios requirió de la gente lo que siempre ha requerido en cada generación: corazones rasgados (es decir, mentes desgarradas). Lo que Joel llamó un "corazón desgarrado", David lo llamó un corazón contrito y humillado (Sal. 51:17). Juan el Inmersor lo llamó arrepentimiento (Mat. 3:2, 8). Solo cuando el corazón de uno esté desgarrado — la mente completamente cambiada y sumisa a la voluntad de Dios — será posible que el individuo adapte su conducta a la instrucción justa adecuada.

Joel demostró además que los espléndidos beneficios de la misericordia, la compasión y la gracia de Dios están condicionados al corazón desgarrado. Debemos demostrar nuestra mentalidad cambiada por obediencia para recibir su bondad. Como Dios declaró en el Sinaí, "y hago misericordia a millares, a los que me aman y guardan mis mandamientos" (Éx. 20:6). Cuando confesamos y abandonamos nuestro pecado, la misericordia se vuelve disponible para nosotros (Prov. 28:13). Por otro lado, la gente del día de Joel se enfrentaba con "el día del Señor" (Joel 1:15). Un día, nosotros también enfrentaremos el último día del Señor (2 Cor. 5:10; Heb. 9:27).

Cuando los hermanos de José pecaron contra él (Gén. 37:18; 42:22), no contemplaron el hecho de que su pecado volvería a perseguirlos unos veinte años después, en la medida en que llorarían de dolor: "¿Qué es esto que nos ha hecho Dios?" (Gén. 42:28). Cuando los agentes de cambio entre las iglesias de Cristo se niegan a humillarse y continúan forjando caminos religiosos que constituyen un alejamiento de la voluntad revelada de Dios, la hermandad sufrirá las consecuencias de la apostasía. Dios no ignorará ni excusará la situación. Nosotros también nos encontraremos desconcertados y gimiendo: "¿Qué es esto que nos ha hecho Dios?" Las vidas que estamos viviendo ahora, la conducta que estamos mostrando ahora, son una demostración directa de si hemos rasgado nuestros corazones. Con Dios, el único corazón sano, el único corazón saludable, es un corazón quebrantado.

La Recuperación De La Humildad

Necesitamos una dosis masiva de humildad. La arrogancia abunda en nuestros días en forma de innovación ilícita, desviación determinada de las "sendas antiguas" y presunción intelectual que pretende corregir las supuestas malas direcciones del pasado. Cuando las iglesias son confrontadas hoy por hombres fieles que se esfuerzan en advertirles, informarles y alejarlos del error de su camino, encuentran precisamente lo que enfrentaron los correos de Ezequías: "…mas se reían y burlaban de ellos" (2 Crón. 30:10). Si no podemos humillarnos, escuchar a Dios y estar dispuestos a conformarnos con Sus palabras, no tenemos esperanza (Sant. 4:6).

Al liberal le resulta fácil despreciar al conservador con un aire de tolerancia justa. Su orgullosa resistencia a la palabra de Dios le costará su alma. El conservador, por otro lado, con su doctrina correcta, puede caer fácilmente en una actitud insensible, desconsiderada, "más santa que la suya" que no incorpora la preocupación genuina por la condición perdida del liberal. Incluso si la postura doctrinal de uno es correcta, uno puede perder su alma por poseer una actitud orgullosa (1 Jn. 2:16; Luc. 18:13).

Reparar el daño del cambio requerirá la reactivación de una sensación de vergüenza. Cuando Ezequías intentó rescatar a la nación del cambio ilícito que habían implementado, un aspecto de su restauración fue el sentimiento de vergüenza que sintieron los sacerdotes y los levitas por haberse alejado de la voluntad de Dios (2 Crón. 30:15). La gente de nuestros días ya no se avergüenza de sus indecencias. Ni siquiera pueden sonrojarse por sus pecados (Jer. 6:15). De hecho, piensan que los sentimientos de culpa y vergüenza son contraproducentes para la autoestima y una perspectiva psicológica saludable.

¡Cuán extraño es para la realidad divina! Cuando las personas violan la voluntad de Dios, Él quiere que se avergüencen — que se llenen del sentido de su propia condición monstruosa (Hch. 9:6; 16:29). Quiere que sus conciencias se compunjan (Hch. 2:37; cf. 1 Tim. 4:2). Quiere que sientan dolor piadoso para que puedan arrepentirse y comportarse de manera diferente (2 Cor. 7:8-11). De hecho, cuando la iglesia en Collinsville, Oklahoma, fue llevada a los tribunales a principios de la década de 1980 por haber disciplinado públicamente a un miembro rebelde, uno de los argumentos esgrimidos para impugnar la acción de la iglesia fue que lo habían avergonzado. Sin embargo, ¡eso es exactamente a lo que Pablo se refirió como la razón para retirarle la comunión! (2 Tes. 3:14).

La neutralización de los efectos adversos del cambio ilícito requerirá humildad. Recuperar la humildad de actitud crearía al menos dos condiciones. Primero, aquellos que promueven el cambio serían menos críticos de la presentación directa, aparentemente insensible, del cristianismo característico de la generación anterior. La generación más joven necesita reconsiderar las circunstancias peculiares que enfrentaron nuestros antepasados y darse cuenta de que el enfoque que adoptaron para la propagación de la verdadera iglesia fue, de hecho, el apropiado y adecuado para los tiempos en que vivían. Los hechos del asunto son que la iglesia creció numéricamente y floreció durante su generación.

En segundo lugar, nos ubicaríamos en un estado de ánimo que sea más propicio para escuchar lo que Dios nos está diciendo en su libro. Es más probable que dejemos de lado nuestros deseos, anhelos y necesidades imaginarias para enfocar nuestras percepciones en lo que Dios quiere, desea y espera de nosotros. En lugar de preguntar a nuestros mayores, nuestra variedad de personas contratadas (ministros de púlpito, jóvenes, solteros, etc.) y compañeros miembros, qué pueden hacer por nosotros, podríamos volver al énfasis bíblico de lo que podemos hacer por la humanidad perdida que nos rodea. Simplemente debemos PARAR donde estamos, reconsiderar y reevaluar lo que estamos haciendo y hacia dónde nos dirigimos. Entonces estaríamos en un punto de vista sobrio desde el cual permitir que Dios nos señale en otra dirección.

Qué maravilloso sería, qué estremecedor, si los babyboomers nos levantáramos en una acción concertada, nos aplicáramos a la tarea de deshacernos de los grilletes de la innovación y la apostasía, y volviéramos a estudiar la palabra de Dios para recuperar las "sendas antiguas" y las verdades básicas. de la religión bíblica Luego, equipados con la espada del Espíritu, podríamos limpiar nuestros actos en la iglesia de nuestro Señor, restablecer una búsqueda sana, sensata y firme del cristianismo, y luego dirigirnos a las masas de la humanidad perdida que nos rodea de manera efectiva. y de forma unida.

La alternativa es continuar por el mismo camino de partida que la mayoría de la gente siempre ha seguido (Mat. 7:13). Pero no hay excusas. Cualesquiera que sean las fuerzas que han contribuido a la formación y modelado de nuestros espíritus, estamos ante Dios como responsables de nuestras propias decisiones y direcciones. Si lo hacemos, los babyboomers podremos marcar la diferencia y contribuir a la estabilización de la iglesia para las generaciones venideras.

Conclusión

En 457 a. C., el gran escriba judío Esdras regresó del exilio y se dedicó a recuperar la religión bíblica. Cuando descubrió cuán lejos había llegado la nación al cambiar los preceptos divinos, derramó su corazón ante Dios en oración. En esa oración, resumió la combinación adecuada de vergüenza, pena, penitencia y humildad que tan desesperadamente necesitamos si queremos neutralizar la inclinación destructiva a cambiar la doctrina de Dios:

> Dios mío, confuso y avergonzado estoy para levantar, oh Dios mío, mi rostro a ti, porque nuestras iniquidades se han multiplicado sobre nuestra cabeza, y nuestros delitos han crecido hasta el cielo. Y ahora por un breve momento ha habido misericordia de parte de Jehová nuestro Dios, para hacer que nos quedase un

remanente libre, y para darnos un lugar seguro en su santuario, a fin de alumbrar nuestro Dios nuestros ojos y darnos un poco de vida en nuestra servidumbre. Pero ahora, ¿qué diremos, oh Dios nuestro, después de esto? Porque nosotros hemos dejado tus mandamientos…Mas después de todo lo que nos ha sobrevenido a causa de nuestras malas obras, y a causa de nuestro gran pecado, ya que tú, Dios nuestro, no nos has castigado de acuerdo con nuestras iniquidades, y nos diste un remanente como este, ¿hemos de volver a infringir tus mandamientos…? ¿No te indignarías contra nosotros hasta consumirnos, sin que quedara remanente ni quien escape? Oh Jehová Dios de Israel, tú eres justo, puesto que hemos quedado un remanente que ha escapado, como en este día. Henos aquí delante de ti en nuestros delitos; porque no es posible estar en tu presencia a causa de esto.

Mientras oraba Esdras y hacía confesión, llorando y postrándose delante de la casa de Dios, se juntó a él una muy grande multitud de Israel, hombres, mujeres y niños; y lloraba el pueblo amargamente. Entonces respondió Secanías…y dijo a Esdras: Nosotros hemos pecado contra nuestro Dios…mas a pesar de esto, aún hay esperanza para Israel. Levántate, porque esta es tu obligación, y nosotros estaremos contigo; esfuérzate, y pon mano a la obra. (Esd. 9:6, 8, 10, 13, 14, 15; 10:1, 2, 4).

Todavía hay esperanza para las iglesias de Cristo si nosotros también nos levantamos con humilde valor y simplemente lo hacemos.

CAPÍTULO 43
LA PERCEPCIÓN DE LA IRA DE DIOS

Una encuesta de la Escuela de Educación de la Universidad Northwestern de quinientos ministros de varios grupos denominacionales arrojó los siguientes resultados: Cuando se les preguntó: "¿Hay un cielo?" el cincuenta y nueve por ciento dijo que sí. Pero cuando se les hizo la pregunta, "¿Hay un infierno?" solo el treinta y uno por ciento dijo que sí. Cuando se les preguntó: "¿Deberíamos enseñar que hay un infierno?" solo el veinte por ciento dijo que sí. Una encuesta reciente de Gallup reveló que el setenta y siete por ciento de todos los estadounidenses creen que hay un Cielo y, sin embargo, solo el cincuenta y ocho por ciento cree en el Infierno.

> *"No hay temor de Dios delante de sus ojos"*
> *- Rom. 3:18*

Quizás el ingrediente más crítico para recuperar nuestro equilibrio espiritual y contrarrestar los efectos del cambio es una conciencia renovada de la ira de Dios. La Biblia todavía enseña que se ha preparado un lugar llamado "Infierno" para todos los que no obedecen a Jesucristo. Ese lugar implicará un castigo eterno. La Biblia describe con considerable detalle un Día del Juicio venidero, en el cual todos los seres humanos que hayan vivido serán juzgados y enviados a uno de los dos reinos por toda la eternidad: el Cielo o el Infierno. Hacer frente a la realidad del infierno puede ayudar a sacudir al agente de cambio para que se aleje de su intoxicación con monedas sueltas.

En nuestro idioma, el término "infierno" proviene del griego **"gehenna"** y se usa en el Nuevo Testamento para referirse al lugar del castigo final. Jesús usó el término once veces y Santiago usó el término una vez en Sant. 3:6.

Jesús declaró en Jn. 5:28: "No os maravilléis de esto; porque vendrá hora cuando todos los que están en los sepulcros oirán su voz". El versículo enseña la realidad tanto del cielo como del infierno. No puedes creer en el cielo y no creer en el infierno. La misma Biblia que enseña uno, enseña el otro.

Considere estas declaraciones dispersas sobre el tema de los labios de Jesús:

> Cuando el Hijo del Hombre venga en su gloria, y todos los santos ángeles con él, entonces se sentará en su trono de gloria, y serán reunidas delante de él todas las naciones; y apartará los unos de los otros, como aparta el pastor las ovejas de los cabritos...Entonces dirá también a los de la izquierda: Apartaos de mí, malditos, al fuego eterno preparado para el diablo y sus ángeles...E irán éstos al castigo eterno, y los justos a la vida eterna. (Mat. 25:31-32, 41, 46).

Usted no puedes creer en la vida eterna y **no** creer en el castigo eterno. La misma palabra griega se usa en el mismo versículo para describir ambos reinos. Así como la existencia con Dios después de que esta vida haya terminado, será para siempre, es decir, "eterna", la separación de Dios debido a la incapacidad de obedecer a Dios en esta vida, resultará en un castigo **eterno**.

En Mat. 18:9, Jesús dijo: "Y si tu ojo te es ocasión de caer, sácalo y échalo de ti; mejor te es entrar con un solo ojo en la vida, que teniendo dos ojos ser echado en el infierno de fuego". Jesús no está enseñando aquí la idea de mutilar el cuerpo. Simplemente enfatiza el hecho de que lo que sea necesario para ser obedientes a Dios en esta vida — conformarnos a su voluntad, resistir las fuerzas de la tentación que intentan atraernos a su alcance — lo que sea necesario para ser fieles a Dios, vale la pena hacer el sacrificio para que podamos vivir con Dios para siempre en lugar de pasar la eternidad en el "fuego del infierno".

En Mat. 23:33, Jesús se dirigió a los líderes religiosos de su época. Aunque estos hombres eran religiosos, Jesús les dijo: "¡Serpientes, generación de víboras! ¿Cómo escaparéis de la condenación del infierno?" Esa fue una pregunta retórica. Jesús estaba diciendo que eran tan impíos, que eran tan malvados, que estaban tan fuera de sintonía con la voluntad de Dios en esta vida, que no veía forma de que dejaran esta vida sin enfrentar la condenación en el infierno.

En Mat. 13:41-42, Jesús dijo: "Enviará el Hijo del Hombre a sus ángeles, y recogerán de su reino a todos los que sirven de tropiezo, y a los que hacen iniquidad, y los echarán en el horno de fuego; allí será el lloro y el crujir de dientes". ¿Cómo puede una persona escuchar esas palabras pronunciadas por Jesucristo hace casi dos mil años y, sin embargo, decir que no existe el infierno?

En Ap. 20:15, encontramos las palabras: "Y el que no se halló inscrito en el libro de la vida fue lanzado al lago de fuego". Ap. 21:8 anuncia: "Pero los cobardes e incrédulos, los abominables y homicidas, los fornicarios y hechiceros, los idólatras y todos los mentirosos tendrán su parte en el lago que arde con fuego y azufre, que es la muerte segunda".

¿Dolor Interminable Y Consciente?

"¿Pero enseña la Biblia que el infierno es un lugar de dolor continuo y eternamente consciente?" Incluso dentro de las iglesias de Cristo, algunos dicen: "No"[350]. Están contribuyendo al debilitamiento de la convicción doctrinal y al compromiso de obediencia que caracteriza el deslizamiento de tierra actual del cambio. Pero la Biblia es explícita y precisa en su insistencia de que el infierno es un lugar de consignación perpetua, caracterizado por un castigo sin fin.

En Mar. 9:43 y 48, Jesús se refirió al infierno como un lugar de fuego insaciable y un lugar donde el gusano no muere. Algunos se niegan a aceptar estos detalles como hechos al sugerir que tal condición no es posible ya que, si algo está en llamas, se

---

[350] Por ejemplo, vea Edward Fudge, **The Fire That Consumes** (*El Fuego Que Consume*; Houston, TX: Providential Press, 1982); F. Legard Smith, "A Christian Response to the New Age Movement," [*Una Respuesta Cristiana Al Movimiento De La Nueva Era*], Pepperdine University Lectureship (abril de 1988), cinta n.° 3; John N. Clayton, "Book Reviews", **Does God Exist?** [*Reseñas De Libros, ¿Existe Dios?*] (Sept./Oct., 1990): 21. Para refutaciones decisivas de estos destacados voceros, ver Gary Workman, "Eternal Punishment" [*Castigo Eterno*] en Dub McClish, ed., **Studies in the Revelation** (*Estudios En Apocalipsis*; Denton, TX: Valid Publications, 1984), págs. 492-508; Wayne Jackson, "Changing Attitudes Toward Hell", [*Cambiando Actitudes hacia el Infierno*], **Christian Courier** 28/6 (octubre de 1992): 21-22; Wayne Jackson, "Debate Challenge Withdrawn", [*Desafío a Debatir Retirado*] **Christian Courier** 23/8 (diciembre de 1987): 31.

quemaría. Sin embargo, tenemos ejemplos similares en el reino material en Éx. 3:2, donde Moisés se encontró con la zarza ardiente — una zarza que ardía, pero no se consumía. En Dan. 3:27, los tres amigos de Daniel fueron arrojados a un horno de fuego ardiendo que se calentó siete veces más de lo normal. El texto dice que el fuego "no había tenido poder alguno sobre sus cuerpos". Pero el mismo incendio mató a sus acusadores.

La verdadera pregunta que se debe decidir sobre este punto es: ¿puede el Dios omnipotente tanto del universo como del reino eterno organizar las cosas para que los malvados ardan en las llamas del infierno por la eternidad mientras continúan existiendo conscientemente? De hecho, puede. Uno debe negar el lenguaje claro de las Escrituras para evitar la fuerza de estas declaraciones.

En Luc. 16:19-31, tenemos una descripción del Hades. El Hades no debe confundirse con el infierno. El Hades existe ahora y sirve como el receptáculo para los espíritus incorpóreos de aquellos que han muerto en la tierra. El infierno comenzará después del Día del Juicio "al fin del siglo" (Mat. 13:49). Pero se representa al Hades como un infierno en el sentido de que en una parte del Hades el hombre rico está en constante y consciente tormento en llamas.

Algunas otras frases se usan en el Nuevo Testamento para describir la naturaleza del infierno. En Mat. 8:12; 13:42, 50; 24:51 y Luc. 13:28 encontramos la frase "allí será el lloro y el crujir de dientes" — obviamente significa dolor y sufrimiento. En Mat. 13:42, 50 encontramos la frase "horno de fuego", subrayando aún más el hecho de que el dolor será severo. En Mat. 22:13 y 25:30 encontramos referencia a "las tinieblas de afuera". Tenga en cuenta que todas estas frases, "lloro y crujir de dientes", "horno de fuego" y "tinieblas de afuera", enfatizan el hecho de que el infierno será un lugar donde los malvados y desobedientes serán consignados y el fuego causará agonía continua.

Algunos insisten en que el envío al infierno pondrá fin a su existencia. Pero estos pasajes afirman que el envío al infierno creará y comenzará la agonía de los que están allí. El hecho de que estos individuos estén llorando demuestra que son conscientes y continúan existiendo — no están aniquilados ni extintos. No dejan de existir. En Mat. 10:28 y Mar. 12:9, encontramos un término traducido como "destruir". En Mat. 7:13; Heb. 10:39; 2 Ped. 3:7; y Ap. 17:8, 11, encontramos otro término griego que se traduce "destrucción" y "perdición". En cada uno de estos casos, la destrucción mencionada implica una condición continua — no la pérdida de la existencia. Aquellos que son destruidos sufren una pérdida de bienestar, felicidad y de ser bendecidos.

Note cuidadosamente Ap. 20:10. La bestia del capítulo 17:8, 11 entró "en perdición". ¿Eso significaba que se extinguió o quedó inconsciente? No, porque en 20:10 se la describe como existente junto con el falso profeta y el diablo y juntos están "atormentados día y noche por los siglos de los siglos". Todavía se usa otro término griego en 1 Tes. 5:3 y 2 Tes. 1:9 traducido "destrucción" [*Nota del Trad., o "perdición" en la RV1960*]. Nuevamente, la palabra no se refiere a la aniquilación sino a una condición continua de destierro "lejos de" Dios. Entonces, la palabra se refiere a la pérdida de bienestar, no a la pérdida del ser.

En Mat. 25:46, el término que se traduce "castigo" incluye la idea de "tortura" o "el que sufre"[351]. El pasaje de la Escritura enfatiza el sufrimiento eterno que durará tanto como la vida eterna mencionada en el mismo versículo Una forma particular de la misma palabra se usa en 2 Ped. 2:9 y se traduce como "castigados" para expresar una condición continua de castigo en el Hades entre la muerte física y el Día del Juicio. En 2 Ped. 2:4 y Judas 6, se nos dice que los ángeles desobedientes están siendo "reservados", es decir, detenidos, mantenidos o encarcelados, hasta el Juicio, momento en el cual serán permanentemente consignados al sufrimiento eterno (2 Ped. 2:17; Judas 13).

En Mat. 18:8; 25:41; y Judas 7, la palabra "eterno" se usa para hablar de "fuego eterno". En Mat. 25:46, el término se usa para referirse al "castigo eterno". En 2 Tes. 1:9, encontramos "eterna perdición", y en Heb. 6:2, encontramos "juicio eterno". Entonces, en cada uno de estos casos, la Biblia se refiere al dolor incesante, interminable y perpetuo, siempre excluido y desterrado de la presencia de Dios.

---

[351] William F. Arndt y F. Wilbur Gingrich, **A Greek- English Lexicon of the New Testament** [*Léxico Griego-Inglés Del Nuevo Testamento*], 2ª ed. (Chicago, IL: The University of Chicago Press, 1979), pág. 440-441; Joseph H. Thayer, **A Greek- English Lexicon of the New Testament** [*Léxico Griego-Inglés Del Nuevo Testamento*] (reimp. Grand Rapids, MI: Baker Book House, 1977), p. 353.

Otro término relevante que se encuentra en el Nuevo Testamento se traduce "echar" o "arrojar". Mat. 5:29 habla de la persona entera siendo "arrojada al infierno". Mat. 13:42 habla de ser "echados a un horno de fuego". Ap. 20:10, 15 habla de ser "lanzado al lago de fuego y azufre". Nuevamente, note que la acción de "lanzar" no puede referirse a ser arrojado a la inconsciencia o extinción, porque Ap. 19:20 describe a aquellos que son "lanzados **vivos** dentro de un lago de fuego que arde con azufre".

Estrechamente relacionado con el término "echar" está el término "echar" en Luc. 13:28 [LBLA]. El Nuevo Testamento habla de aquellos que son "echados a las tinieblas de afuera" (Mat. 8:12; 22:13; 25:30). Una vez más, este término no puede referirse a ser aniquilado o quedar inconsciente y extinto porque en Mat. 8:16 (cuatro versículos después de la referencia a aquellos que fueron "echados a las tinieblas de afuera"), "echó fuera a los demonios", de muchas personas. Esos demonios no fueron extinguidos, sino simplemente "mandados" (8:31, LBLA). Del mismo modo, Satanás no fue aniquilado cuando fue "echado fuera" en Jn. 12:31.

Otra palabra extremadamente interesante se usa en el Nuevo Testamento para sugerir el dolor asociado con el castigo después de que esta vida haya terminado. En Luc. 16:23, 28, se hace referencia al "tormento" en el mundo Hadeano. En Mat. 18:34, tenemos una referencia a los "verdugos" que, en contexto, identifica lo que Dios hará a los impíos. En Ap. 14:10-11, la ira de Dios se ejecutará contra los desobedientes en el sentido de que serán "atormentados con fuego y azufre delante de los santos ángeles y del Cordero". El pasaje continúa describiendo la naturaleza continua de este castigo, por siempre y para siempre — sin reposo ni de día ni de noche.

Entonces, la Biblia enseña claramente que el mismo destino que le espera a Satanás y sus secuaces, también espera a todos los que son desobedientes a Dios y que dejan esta vida sin perdón por la sangre de Jesús. En Ap. 20:10, Satanás y sus cohortes son arrojados al lago de fuego y azufre y atormentados día y noche por los siglos de los siglos. En el versículo quince, lo mismo es cierto para todos aquellos cuyos nombres no se encuentran escritos en el Libro de la Vida. Mat. 25:41 deja en claro el hecho de que los seres humanos desobedientes serán colocados en el mismo lugar que el Diablo y sus ángeles. Por lo tanto, según la Biblia, el infierno estará permanentemente poblado por Satanás y por todos los seres humanos que no sigan la voluntad de Dios en esta vida.

Conclusión

¿Existe el infierno? ¡Absolutamente! La Biblia enseña la existencia del infierno tan claramente como enseña la existencia del cielo, Dios y Cristo. Si creemos en la Biblia, si creemos en Jesucristo, si creemos en Dios, debemos creer en el infierno. Quizás el miedo al infierno no sea la motivación más madura para obedecer a Dios y vivir fielmente a Él (por ejemplo, 1 Jn. 4:18). Pero ciertamente es un motivo bíblico válido para hacer que una persona considere cómo está viviendo en esta vida y poder estar preparada para dejar esta existencia en buenas condiciones con Dios. De hecho, el no reconocer plenamente la realidad del infierno y el castigo eterno ha creado un clima propicio para suavizar las convicciones doctrinales y la apertura al cambio no bíblico.

Necesitamos una conciencia renovada de la ira de Dios. Ezequías suplicó a sus contemporáneos que sirvan "a Jehová vuestro Dios, y el ardor de su ira se apartará de vosotros" (2 Crón. 30:8; cf., 29:8, 10). Necesitamos más personas que teman "las palabras del Dios de Israel" (Esd. 9:4; 10:3).

Nuestra generación ha enfatizado y distorsionado tanto el amor, la gracia y la compasión de Dios que ya no tenemos un respeto saludable por la ira de Dios. Declaraciones como: "¡Horrenda cosa es caer en manos del Dios vivo!", y "nuestro Dios es fuego consumidor", y "Conociendo, pues, el temor del Señor", no tienen un significado real para las personas de hoy — incluso en la iglesia (Heb. 10:31; 12:29; 2 Cor. 5:11; cf., Esd. 9:14).

No obstante, el Nuevo Testamento es inequívocamente claro en su insistencia de que cada uno de nosotros simplemente debe decidir en esta vida conformarnos a los requisitos del Nuevo Testamento. Debemos tener cuidado de conducirnos infielmente — lo que incluye intentar reestructurar y cambiar la iglesia de nuestro Señor en las áreas que hemos examinado previamente.

Todos aquellos que no logran convertirse en cristianos de la manera señalada y todos los cristianos que no logran vivir fielmente la vida cristiana no tienen sino un destino eterno inevitable. Las siguientes Escrituras subrayan este hecho crítico. Nos ayudan a tener una perspectiva saludable al aprender a vivir la vida en vista de la eternidad. Contribuyen a nuestra comprensión del antídoto muy necesario para el cambio:

> pero ira y enojo a los que son contenciosos y no obedecen a la verdad, sino que obedecen a la injusticia; tribulación y angustia sobre todo ser humano que hace lo malo…porque no hay acepción de personas para con Dios. (Rom. 2:8-11). Mas os digo, amigos míos: No temáis a los que matan el cuerpo, y después nada más pueden hacer. Pero os enseñaré a quién debéis temer: Temed a aquel que después de haber quitado la vida, tiene poder de echar en el infierno; sí, os digo, a éste temed. (Luc. 12:4-5). Porque es necesario que todos nosotros comparezcamos ante el tribunal de Cristo, para que cada uno reciba según lo que haya hecho mientras estaba en el cuerpo, sea bueno o sea malo. Conociendo, pues, el temor del Señor, persuadimos a los hombres… (2 Cor. 5:10-11). …cuando se manifieste el Señor Jesús desde el cielo con los ángeles de su poder, en llama de fuego, para dar retribución a los que no conocieron a Dios, ni obedecen al evangelio de nuestro Señor Jesucristo; los cuales sufrirán pena de eterna perdición, excluidos de la presencia del Señor y de la gloria de su poder (2 Tes. 1:7-9).

Resumen de la Sexta Parte

La única forma de salir de nuestro dilema, la única solución al caos generado por los agentes de cambio, y el único antídoto contra el cambio ilícito, no bíblico y destructivo es un retorno completo y genuino a Dios y Su palabra. Para lograr este objetivo, necesitamos un renovado sentido de certeza con respecto a la existencia de Dios y una total confianza en la Biblia como infalible, inspirada e inerrante. Necesitamos reposicionar la verdad para tener prioridad sobre la unidad, la comunión y los sentimientos de afecto.

Necesitamos entender que nuestro único propósito para estar vivos es obedecer a Dios. Debemos enfocar nuestros esfuerzos para obedecer con un manejo correcto del principio de autoridad. Debemos renovar nuestro amor por Jesucristo en términos de nuestro compromiso con su único cuerpo y su único plan de salvación. Estas necesidades apremiantes deberán realizarse desde corazones llenos de una sensación de humildad, vergüenza, penitencia y un ardiente deseo de ser santos a la vista de Dios. Debemos recuperar una conciencia saludable de la ira de Dios y la perspectiva de un infierno eterno como castigo apropiado para aquellos que no toman en serio a Dios en esta vida.

El antídoto para cambiar está tan fácilmente disponible. Ese antídoto no está fuera de nuestro alcance ni es demasiado difícil de recuperar (Deut. 30:11-14). Pero debemos quererlo. Debemos desearlo más fervientemente, más intensamente y con más desesperación que los pacientes con cáncer, moribundos, anhelan una cura. Nuestro destino eterno está en juego. El futuro de la iglesia del Señor en el mundo está siendo profundamente impactado. Que Dios nos dé la fuerza, el coraje, el celo y el amor para tomar el antídoto.

CAPÍTULO 44
¿QUÉ DEBEN HACER LOS FIELES?

Si el punto de vista presentado en este libro es correcto, las iglesias de Cristo están en medio de una apostasía a gran escala. Hemos identificado las raíces culturales, teológicas, políticas y científicas de los cambios que están creando esta apostasía. Hemos examinado las circunstancias que están impulsando los cambios, así como el mecanismo para el cambio — la "nueva hermenéutica". La apostasía está tomando la forma real de ciertos cambios específicos detallados en la Parte IV. La asociación con el denominacionalismo es, quizás, la característica fundamental de estos cambios específicos. La Parte V discutió el objetivo del cambio — lo que los agentes de cambio realmente intentan lograr, qué motivaciones subyacen a los cambios superficiales. Finalmente, el antídoto contra el cambio ilícito se ha propuesto en términos de siete medicamentos esenciales para la recuperación de la enfermedad creada por el cambio.

Este capítulo final es un llamamiento a los cristianos fieles de nuestra gran hermandad que están siendo bombardeados y atormentados por el cambio ilícito en la congregación local. ¿Cómo quiere Dios que reaccionemos? ¿Qué quiere que hagamos cuando nos enfrentemos con agentes de cambio que ingresan a la iglesia local y comienzan a implementar su agenda?

Reconozca Al Agente De Cambio

El primer paso para contrarrestar la apostasía es reconocer al falso maestro por lo que es: un lobo feroz entre las ovejas (Mat. 7:15; Hch. 20:29; 1 Tim. 4:1; 2 Ped. 2:1; Ez. 22:27). Sin embargo, quienes presionan por el cambio suelen ser personas muy afables, con personalidades carismáticas. Son agradables y, naturalmente, atraen a las personas hacia ellos por su presencia magnética. También proyectan una imagen de religiosidad y espiritualidad. No es de extrañar que Jesús describiera a esas personas como "lobos con piel de cordero". Tienen todos los signos de ser religiosos, amorosos, inofensivos e inocentes —

como una oveja. ¡Pero no lo son! El primer paso para manejar el cambio es mirar debajo de la fachada de la superficie y observar lo que realmente enseñan y practican (Mat. 7:15-20). Simplemente no debemos ser ingenuos o engañados por su personalidad agradable y su comportamiento amable.

No necesitamos juzgarlos en términos de sus motivaciones internas. Pero debemos evaluarlos en términos de su comportamiento y enseñanza — su fruto (Mat. 7:20). Debemos reconocer características que traicionan sus verdaderas intenciones subversivas. Por ejemplo, alguien que tiene como motivo oculto introducir un cambio en la iglesia a menudo se atreverá a avanzar sus ideas en algunos entornos, pero será extrañamente silencioso o evasivo en otros. Defiende con vehemencia una falsa doctrina actual en un lugar restringido, pero luego admite libremente: "No predico esto desde el púlpito de mi congregación". Uno debe preguntarse por qué no puede ver que tal declaración suscita serias dudas sobre su integridad.

Algunos agentes de cambio fueron una vez fácilmente entendidos y conocidos por la certeza y claridad con la que enseñaban la verdad. Pero luego comienza a hablar vagamente y sin claridad. Los oyentes levantan las cejas y parecen desconcertados, con ganas de pensar lo mejor pero no pueden integrar estos sonidos inciertos en el marco bíblico. No están seguros de que tuviera la intención de decir lo que creen haber escuchado. Piensan: "seguramente no está diciendo lo que parece estar diciendo". A medida que sus comentarios generan discusión, se apresura a afirmar que ha sido mal entendido — que no ha cambiado su forma de pensar. Mientras tanto, quiere quedarse solo, sin obstáculos en sus esfuerzos por difundir sus ideas y ganar seguidores.

A medida que gradualmente se hace evidente que el agente de cambio en realidad está diciendo lo que los hermanos fieles temían que estuviera diciendo desde el principio, comienza a ser más abierto en sus esfuerzos por lograr un acuerdo y apoyo para sus ideas. De repente, se descubre que se identifica con aquellos a quienes antes percibía como enemigos de la fe (Fil. 3:18). Ahora estos enemigos no parecen tan malos. No están tan "fuera de base" como alguna vez pensó. Los individuos ampliamente reconocidos como apóstatas obvios comienzan a llamarlo como un aliado. ¡Ahora promueven sus escritos! "La política crea extraños compañeros de cama". Uno recuerda el día en que Herodes y Pilato se hicieron amigos (Luc. 23:12).

Con el tiempo, más y más almas fieles se levantan en un esfuerzo por alejar al falso maestro del error de su camino, mientras buscan minimizar las posibilidades de que sus "suaves palabras y lisonjas" engañen a "los corazones de los ingenuos" (Rom. 16:18; cf., Efe. 4:14; Col. 2:4; Tito 1:11; 2 Ped. 2:3). En respuesta, comienza a representar a sus críticos como barómetros poco confiables de la situación espiritual. Los acusa de ser demasiado estrechos, paranoicos, vinculados a la tradición, legalistas, poco amorosos, cazadores de brujas, malhumorados, estancados y estáticos. Afirma que han "rodeado los vagones" y están "sofocando una investigación saludable". Se han "cristalizado" en una "mentalidad de fortaleza". Los fieles a menudo han sido retratados como extremistas, fanáticos y revoltosos (por ejemplo, 1 Rey. 18:17; Hch. 16:20; 17:6).

Danzando Con Lobos

Hermanos, hay tendencias peligrosas en nuestro medio. Donde antes los falsos maestros se detenían rápida y firmemente y se minimizaba su influencia e impacto, ahora amplios segmentos de la hermandad continúan ofreciéndose como presa de los hombres que reciben un curso gratuito para difundir sus ideas falsas. Ya no se los describe como "falsos maestros" que promueven la "falsa doctrina". Ahora simplemente "desafían nuestro pensamiento" o "amplían nuestros horizontes". En lugar de ser debidamente señalados y evitados (Rom. 16:17), continúan operando libremente e incluso funcionan en capacidades influyentes (por ejemplo, como escritores de plantilla en compañías editoriales y revistas). Se les da libertad para expresar sus ideas falsas a través de las principales publicaciones de la hermandad. Siguen siendo utilizados como oradores invitados en púlpitos y en plataformas de conferencias. Ya no pedimos arrepentimiento como lo hizo Juan (Mat. 3:7-8). Ahora "negociamos fusión" y "reconciliación" o "buscamos la unidad". Si esperamos agradar a Dios, si deseamos que la iglesia sobreviva a estos ataques satánicos desde adentro, simplemente debemos adherirnos a las pautas de Dios para tratar con falsos maestros (Rom. 16:17; Gál. 6:1; Efe. 4:14-15; 5:11; 2 Tes.3:6; 2 Tim. 2: 25-26; Tito 3:10-11; Sant. 5:19-20; 2 Ped. 2:1-2; 1 Jn. 4:1; 2 Jn. 9-11).

Porque hay aún muchos contumaces, habladores de vanidades y engañadores...a los cuales es preciso tapar la boca; que trastornan casas enteras, enseñando por ganancia deshonesta lo que no conviene...por tanto, repréndelos duramente, para que sean sanos en la fe. (Tito 1:10, 11, 13).

No Sea Pasivo, O Inactivo

Un segundo paso en el manejo del cambio es evitar ser neutral. Pilato ha pasado a la historia como un gobernador deshonesto y desaliñado que se negó a comprometerse al enfrentarse a la mafia y rescatar a Jesús. Trató de excusarse de la responsabilidad "pasando la pelota" cuando él mismo tenía el poder de alterar el curso futuro de los acontecimientos. Para sentirse mejor acerca de su decisión de estar indeciso, se lavó las manos frente a la multitud, como si necesitara convencerse a sí mismo y a los demás de que no era responsable de lo que estaba a punto de ocurrir (Mat. 26:24). Tomó el enfoque agnóstico cuando preguntó: "¿Qué es la verdad?" (Jn. 18:38) Es mucho más fácil volverse filosófico y condescendiente ante la necesidad de ponerse de pie y ser considerado en una situación tensa.

Los seres humanos somos predecibles a este respecto. Pero Dios es explícito y firme en su deseo de que seamos de otra manera. La fidelidad, a los ojos de Dios, incluye el coraje para chocar con personas que se apartan de la enseñanza bíblica en palabras o hechos (Efe. 5:11; 6:11-13; 2 Tes. 3:14; 1 Tim. 5:20; Tito 1:9-11; Judas 3-4). ¡Qué contrario al espíritu de renuncia que nos impregna cuando nos enfrentamos con la decisión de hablar en contra del error! Tendemos a adoptar una actitud no comprometida de "esperar y ver". Dudamos en comprometernos demasiado rápido. Somos recelosos de "meternos en un lío". Al igual que los contemporáneos de Elías en la cima del monte Carmelo. Elías desafió a la gente a volverse combativa y tomar una posición — "Y el pueblo no respondió palabra". (1 Rey. 18:21).

¡Qué triste! De acuerdo, las probabilidades no parecían demasiado buenas. Por un lado, cientos de profetas paganos apoyaban al rey y a la reina. Por otro lado, Elías estaba solo. Pero la apariencia externa de las cosas rara vez representa la realidad espiritual (Rom. 8:31; 2 Cor. 5:7). O bien no conocemos la verdadera realidad espiritual (Jn. 8:32), o simplemente carecemos de la confianza y la determinación (es decir, la fe) para actuar en armonía con lo que sabemos y "nos persuadimos" (2 Tim. 3:14). Dudamos, "por incredulidad" (Rom. 4:20). Gracias a Dios por cada uno de los valientes miembros de la iglesia del Señor que se ponen de pie, dan un paso adelante y hablan — a riesgo de ser calificados como "¡perros guardianes de la hermandad!"

No se sabe lo que la iglesia podría lograr si todos tuviéramos una fe decisiva e informada. La neutralidad enferma a Dios (Ap. 3:15-16). Tomemos la decisión de "estad firmes" en la iglesia (cf. 1 Cor. 16:13) y abstenernos de ser pasivos o inactivos.

No Comprometerse

Además de reconocer a los agentes de cambio y evitar la neutralidad, también debemos ser intransigentes cuando se trata de apegarse a la enseñanza bíblica sobre asuntos de cambio. Los cristianos quieren restaurar las brechas injustificadas entre hermanos cuando y donde sea posible (Rom. 14:19; 15:1-3). Pero en nuestra euforia para alentar la unidad, la armonía y la paz entre los cristianos, simplemente debemos moderar nuestro deseo de amar la unidad con la voluntad de enfrentar los hechos e inclinarnos humildemente ante la realidad espiritual.

No podemos esperar que el "liberal" — uno que promueve la innovación no bíblica — adopte una postura bíblica con respecto a varios asuntos críticos que enfrenta la iglesia, cuando lo invitamos a darnos conferencias, socializar con nosotros y compartirnos. Tales tácticas bien intencionadas solo nublan las aguas para las ovejas y les dejan la impresión de que la enseñanza y las acciones del apóstata no son tan malas. En nuestros esfuerzos por ser sufridos y pacientes — con la esperanza de prolongar la inevitable ruptura el mayor tiempo posible — bien podemos ser culpables de facilitar la pérdida de muchas ovejas ingenuas y desprevenidas simplemente porque estábamos reacios a trazar una clara y marcada distinción entre la verdad de Dios y las desviaciones que caracterizan nuestro día.

Elías se habría comportado imprudente y traicioneramente si hubiera propuesto que se invitara a los falsos profetas de Baal a dar una serie de conferencias sobre "Por qué creo en la adoración de Baal". En cambio, lo que necesitaban — y lo que la gente necesitaba ver — era una confrontación amable pero firme en la que se exponga el error religioso. Los falsos profetas debían verse obligados a defender sus ideas religiosas frente a las ideas de Dios. La gente necesitaba que se le mostrara la clara distinción entre la verdad y el error. La gente entonces, como ahora, por cualquier razón, estaba demasiado comprometida para sobrevivir a un enfoque menos directo de la situación.

Del mismo modo, los problemas de la verdad en juego en nuestros días, no necesitan ser borrosos y minimizados por discusiones ambiguas y discretas, que fomentan la cercanía emocional y el parentesco personal mientras desensibilizan y envuelven el estado de alerta intelectual, y la distinción decisiva entre el bien y el mal, la verdad y el error, lo bíblico y lo no bíblico. La brecha entre los liberales y los conservadores no es el resultado de un alejamiento social o personal o el fracaso en conocerse. Existe una diferencia fundamental entre los dos en sus percepciones de la verdad (véase el Capítulo 38). Sólo los pasos que ponen de manifiesto esta divergencia en la actitud y el comportamiento hacia la verdad, son útiles y conducentes a la causa de Cristo. Todos los demás enfoques retrasan, desvían y desalientan la promoción de la causa de Dios entre los corazones humanos.

Nuestra preocupación actual por dar palos de ciego frenéticamente, en un vano esfuerzo por pasar por alto la creciente disparidad entre los comprometidos con los caminos de Dios y los comprometidos con los caminos del hombre, bordea la deslealtad a Dios. Porque en la ráfaga para cerrar la brecha con los hombres (Deut. 22:10), bien podemos quemar nuestros puentes y separarnos de Dios (Gál. 1:10; 1 Tes. 2:4; Sant. 4:4).

Insista En El Arrepentimiento Y El Cese Del Cambio

Aproximadamente ocho años después de que Daniel fuera deportado de su tierra natal, una segunda ola de exiliados judíos fue transportada a Babilonia durante el reinado de Joaquín en 597 a.C. Entre este último grupo de cautivos estaba el ardiente profeta Ezequiel. En 592 a. C., a orillas del río Chebar, Ezequiel fue llamado por Dios para hablar palabras inspiradas a los cautivos israelitas. El mensaje divino de Ezequiel era típico de los profetas hebreos: "¡Arrepiéntanse!" En una ocasión, el profeta planteó un objetivo particularmente intrigante de esta necesidad de arrepentirse: "para que el pecado no les acarree la ruina" (Ez. 18:30 NVI 1984).

Tenemos que reconocer el significado de esta idea en nuestros días. Había un compañero en la iglesia de Cristo en Corinto que exhibía un comportamiento infiel. Los miembros adoptaron el enfoque complaciente y tolerante de la situación. Adoptaron el enfoque de "mente amplia". Ahí es donde crees que debes "tolerar" a las personas impenitentes. Sientes que debes prolongar el estímulo y la enseñanza. Entonces piensas que tal es el curso de acción "amoroso y espiritual". Los miembros de Corinto estaban siendo "amplios" acerca de la situación, sin duda pensando que su tolerancia era lo "maduro". Esta actitud fue evidente por el hecho de que Pablo los describió como "envanecidos" (1 Cor. 5:2). En otras palabras, estaban orgullosos de su decisión de seguir asociándose con el hermano.

Pablo los enderezó sobre su perspectiva deformada. Dijo que, en lugar de estar orgullosos, ¡deberían haber estado llenos de dolor! La palabra "lamentado" es la misma usada para el dolor que ocurre cuando un ser querido muere. ¡Pablo decía que deberían haber estado de luto por este hermano porque a los ojos de Dios, estaba muerto! [*Nota del Trad., la RV1909 vierte el texto como:* "y no más bien tuvisteis duelo"] En lugar de tratar de cortejar al fornicador de su condición perdida al tolerarlo o pasarlo por alto, ya deberían haberlo entregado formal y públicamente a Satanás (1 Cor. 5:5). Ya deberían haberlo "limpiado" de la iglesia (1 Cor. 5:7). Deberían haber pasado "juicio" sobre él y "quitarlo" (1 Cor. 5:12-13).

Qué extrañas y singulares suenan tales instrucciones en contraste con el estado de ánimo general que prevalece entre las iglesias de Cristo hoy. Las iglesias se están dejando atrapar por el cambio. Algunos están orgullosos de su nueva dirección y su nuevo estado. Si tan solo las palabras de Ezequiel pudieran penetrar nuestros orgullosos corazones y ponernos de rodillas en arrepentimiento — para que el pecado no sea nuestra ruina.

Sea Valiente Y Combativo

La valiente posición que Elías tomó contra los profetas paganos de Jezabel en el monte. Carmelo fue una demostración impresionante de la resolución valiente y denodada que el pueblo de Dios puede reunir si está "fundado y firme" y "arraigado y sobreedificado en él, y confirmado en la fe" (Col. 1:23; 2:7). Paradójicamente, cuando Elías regresó a Jezreel y escuchó que Jezabel tenía la intención de matarlo por haber ejecutado a sus profetas, "se levantó y se fue para salvar su vida" y "se metió en una cueva" (1 Rey. 19:3, 9).

¿Puede identificarse con Elías? ¿Alguna vez ha tomado una posición firme por la verdad y al hacerlo se ha hecho vulnerable a represalias y reacciones violentas? ¿Alguna vez se ha sentido minoritario en sus esfuerzos por pelear "la buena batalla de la fe" (1 Tim. 6:12)? Elías se sintió así. Se quejó, "sólo yo he quedado" (1 Rey. 19:10). Pablo se sintió así, porque el Señor le habló una noche y le dijo: "No temas, sino habla, y no calles; porque yo estoy contigo, y ninguno pondrá sobre ti la mano para hacerte mal" (Hch. 18:9-10). Moisés se sintió así. Le suplicó a Dios: "¡Ay, Señor, por favor, envía a alguna otra persona!" (Éx. 4:13 DHH 2002).

El miedo y la renuencia son bastante fáciles para nosotros los humanos. Siempre dudamos en lanzar y promover la enseñanza bíblica frente a la oposición. Nos resulta demasiado arriesgado oponernos al error en la iglesia (2 Tim. 2:25). Nos resulta demasiado desagradable confrontar a los descarriados (Gál. 6:1; Sant. 5:19-20). Nos resulta muy difícil desviarnos del estado de ánimo superficial, optimista, "acentuar lo positivo" que nos rodea para alinearnos con hombres que eran extremadamente impopulares en su día (por ejemplo, Noé, Elías, Amós, Juan el Inmersor). ¿Por qué eran tan impopulares? Debido a las estrictas demandas de su mensaje. ¿Por qué somos tan populares? Porque nuestro mensaje ya no hace esas demandas. Predicamos "un evangelio diferente" y "buscamos agradar a los hombres" (Gál. 1:6, 10).

Para aquellos que conocen la verdad y desean ver que Dios prevalecerá en nuestros días de cambio y decadencia, la lección es clara: "No se turbe vuestro corazón, ni tenga miedo" (Jn. 14:27); "Solamente esfuérzate y sé muy valiente" (Jos. 1:7); "fortaleceos en el Señor, y en el poder de su fuerza" (Efe. 6:10); que "oiga de vosotros que estáis firmes en un mismo espíritu, combatiendo unánimes por la fe del evangelio, y en nada intimidados por los que se oponen". (Fil. 1:27-28). En resumen, ¡NO SE ESCONDA EN UNA CUEVA!

Permanezca Amable, Gentil, Amoroso Y Tan Diplomático Como Sea Posible

En medio del cambio catastrófico, nosotros en las iglesias de Cristo, estamos en un dilema. Por un lado, tenemos algunos hermanos doctrinalmente conservadores con quienes nos sentimos cómodos y en su mayor parte unidos en una postura doctrinal. Sin embargo, parecen carecer de una genuina sensibilidad y compasión por las personas; su actitud hacia la vida es bastante amarga y negativa; y su propia madurez personal es superficial. Sus comentarios, métodos y comportamiento hacen que muchos cristianos fieles se estremezcan porque los comentarios y métodos son innecesariamente agresivos, mordaces y no están en armonía con el espíritu de Cristo.

Por otro lado, tenemos a aquellos dentro de las iglesias de Cristo que son doctrinalmente flojos, inescrituralmente permisivos e irresponsables — los agentes del cambio. Al menos parecen ser más estables en su comprensión de la madurez emocional y espiritual y manifiestan externamente una sensibilidad por sus semejantes. Por supuesto, estas muestras exteriores de preocupación y compasión son con frecuencia superficiales, poco sinceras y surgen de motivos impuros, ya que no están arraigadas en la doctrina correcta.

Un tercer grupo dentro de las iglesias de Cristo son aquellos que desean mantener su conservadurismo doctrinal, pero que están hartos del enfoque radical y negativo del cristianismo que se gloría en su pureza doctrinal mientras tergiversa, niega y traiciona su esencia. Me gustaría pensar que este grupo todavía constituye la mayoría de los miembros de la iglesia. A la luz de los tiempos peligrosos en que vivimos, estos cristianos deben persistir en el rumbo entre la izquierda y la derecha, negándose a permitir que ninguno de los elementos extremistas les defina cómo vivir la vida cristiana fielmente ante Dios.

Necesitamos distanciarnos del egoísmo, la simulación y el engreído sentido de superioridad que caracterizó la derecha radical y el fariseísmo de los días de Jesús (Mateo 23). Bajo el disfraz de la pureza doctrinal, promueven un acercamiento al cristianismo que posee un concepto defectuoso de justicia, misericordia y amor de Dios (Mat. 12:7; 23:23; Luc. 11:42). Le dan mal nombre al conservadurismo doctrinal y llevan a muchas personas salvables a los brazos abiertos de los liberales.

Debemos ejercer discreción y sabiduría al distinguir entre asuntos de opción, opinión y tradición, por un lado, y asuntos de fe, por otro. No debemos ser engañados para adoptar una postura particular simplemente porque la posición está camuflada en una postura conservadora. Los fariseos fingían "solidez". Volverse estricto doctrinalmente por rigurosidad pierde de vista todo el punto de amar y obedecer a Dios. El principal problema con la derecha radical es la actitud, mientras que la enfermedad central de la izquierda liberal es la posición doctrinal.

Debemos permanecer libres de lealtades humanas, rumores, prejuicios, emociones y preferencias subjetivas. No debemos caer en una especie de "Macartismo Religioso"[352] que se excede en su apuro por eliminar la infiltración subversiva hasta el punto de dañar a personas inocentes y defender puntos de vista erróneos. Algunos miembros de la iglesia parecen haber nacido en el reino en el modo de ataque. Su propensión a atropellar a otros, bajo la apariencia piadosa de la lealtad a la verdad, es dolorosamente evidente en la gran cantidad de congregaciones que se han desgarrado y se han abierto sin justificación genuina. No parecen estar interesados en determinar los hechos o determinar la verdad honesta. Parecen emocionarse al operar bajo la filosofía de "disparar primero, y preguntar después".

En realidad, son especialistas en la ética de la situación, que creen que "el fin justifica los medios" siempre que el "fin" sea la corrección doctrinal. Actúan siempre y cuando defiendan las doctrinas bíblicas, y pueden ser tan brutales, inescrupulosos y descuidados como lo deseen. ¿No pueden ver que su evidente falta de amor por su prójimo es visible para todos? ¿Creen sinceramente que su comportamiento imprudente es excusable sobre la base de su amor santurrón por colar el mosquito (Mat. 23:24; cf. 7:1-5)?

De todos los tiempos en la historia reciente de la iglesia, hoy más que siempre, necesitamos un amor genuino el uno para el otro (Rom. 12:9-21). Si tenemos ese tipo de devoción el uno por el

---

[352] Dave Miller "Religious McCartysm", [Macartismo Religioso], **Gospel Advocate**, 132/7 (julio, 1990):34-35. [*Nota del Trad. Se puede acceder al artículo, en el siguiente link:* http://apologeticspress.org/APContent.aspx?category=11&article=443]

otro, todavía nos opondremos a los errores de los agentes de cambio; todavía anhelaremos la pureza doctrinal; seguiremos defendiendo ardientemente la fe. Pero haremos todas estas cosas con un espíritu amable y gentil, dándonos mutuamente todos los beneficios de la duda, acercándonos con una actitud de humildad y modestia, sin sentir animosidad en nuestros corazones (Rom. 12:16; Fil. 2:1-4). Esperemos pacientemente, pensemos y creamos lo mejor el uno del otro (1 Cor. 13:4-7).

Debemos reemplazar el pánico y la histeria generados por nuestros tiempos peligrosos con una valoración sensata, racional y madura de cada persona o doctrina por sus propios méritos. Debemos unir esa evaluación con intentos genuinos de ayudar a aquellos que se desvían a un entendimiento correcto de la voluntad de Dios. Evitando sentimientos de animosidad o desprecio, debemos elevarnos por encima de personalidades y mezquindades que nos desvían del compromiso único del deseo de Dios para nuestras vidas en esta tierra. No se debe permitir que nuestro apego emocional o nuestro desapego nos desvíen del curso de pensamiento claro que Dios espera de nosotros a la luz de su revelación escrita.

Los agentes destructivos del cambio, de hecho, están causando estragos en la iglesia. Pero la causa de Cristo no es ayudada por muestras erráticas e irracionales de celo o juicios prematuros. Tales tácticas solo ayudan al ataque de Satanás contra la iglesia. Oscurecen los verdaderos problemas y hacen que las tácticas de Satanás sean más difíciles de identificar y abordar. Necesitamos la unión sana y equilibrada de la rigurosidad doctrinal y el amor a los demás tal como se nos presenta en las palabras de Pedro: "Habiendo purificado vuestras almas por la obediencia a la verdad, mediante el Espíritu, para el amor fraternal no fingido, amaos unos a otros entrañablemente, de corazón puro" (1 Ped. 1:22).

Enfrente Honestamente Los Motivos Internos

Otra necesidad para hacer frente al cambio que ocurre en la iglesia es hacer una evaluación genuina de las convicciones propias. El cambio de los amarres originales que tanto nuestro país como la iglesia están experimentando crea confusión en el pensamiento. Nuestras percepciones de qué y por qué creemos pueden volverse confusas. Nuestras concepciones de lo que trata la iglesia pueden volverse borrosas. ¿Por qué somos cristianos? ¿Por qué asistimos a los servicios de adoración? ¿Por qué nos asociamos con una iglesia local? Pueden llegar muchas admisiones sorprendentes:

"Es una iglesia amigable"; "El predicador es dinámico y afectuoso". "¡El edificio es impresionante!" "Puedo participar"; "Tienen un buen programa juvenil para mis hijos". "Son un grupo de personas cariñosas y cálidas"; "Hay tanta actividad y emoción allí"; "Me entienden y me aceptan".

Todas esas exclamaciones no son más que un reflejo de los tiempos en que vivimos. Nuestra sociedad egocéntrica genera un enfoque egocéntrico de la práctica religiosa. Como pueblo, nos hemos vuelto hacia adentro y abrazamos una especie de individualismo religioso. La orientación de "satisfacer las necesidades" a la que hemos capitulado nos ha preocupado y consumido en la medida en que nos hemos olvidado de las únicas razones válidas para participar en el reino de Cristo.

Las razones citadas anteriormente como criterios para ubicarse en una iglesia en particular, son igualmente válidas cuando se aplican a una denominación, la YMCA, un club de salud o ¡un club de vecindario! Ciertamente, los miembros de una iglesia deben ser amorosos, amigables y afectuosos. Ciertamente, el predicador debe ser lo mejor que pueda ser. Ciertamente, la iglesia local debe estar activa, entusiasmada e involucrada. Pero estos son criterios inapropiados sobre los cuales basar nuestra razón principal para seleccionar una congregación con la cual afiliarnos. Son "la cereza del pastel", pero no deben tener prioridad sobre lo que Dios pretendía como nuestra principal preocupación.

Agradar a Dios simplemente debe ser nuestro objetivo principal en la vida (ver Capítulo 39). Esto significa que nuestra principal consideración al seleccionar una iglesia será si el liderazgo y los miembros en su conjunto están tratando de ser fieles a las palabras de Dios. En consecuencia, la postura doctrinal debería ser el primer motivo de preocupación. Si una congregación no se toma en serio ser fiel al Libro, todos los programas, buenas obras y entusiasmo en el mundo equivalen a poco más que una distracción momentánea. Si la pureza doctrinal no es central para el tono y el tenor de la iglesia local, cualquier otra cosa que ese grupo pueda lograr, será un obstáculo para el objetivo de preparar a las personas para habitar el cielo.

Tal iglesia bien puede producir personas que "se sientan bien consigo mismas". Puede alimentar a muchas personas hambrientas (igual que el Ejército de Salvación y el gobierno). Puede aconsejar muchos matrimonios problemáticos. Puede construir autoestima entre los solteros. Puede involucrar a muchos adolescentes en proyectos y programas. Sin embargo, el fundamento sobre el cual se basan tales actividades valiosas es imperfecto y tenue (Mateo 7:24-27). El énfasis en lo que podemos hacer para agradar a Dios ha sido sutilmente alterado a lo que podemos hacer para complacernos a nosotros mismos.

La predicación bíblica sana, sólida y fuerte debe ocupar un lugar destacado en la lista de razones por las que seleccionamos una iglesia local: "¿El predicador enseña la verdad?" "¿Los ancianos esperan y apoyan la predicación de todo el consejo de Dios?" "¿Se sacrifica o compromete la pureza doctrinal en aras de la 'compasión' o la adaptación a las personas?" "¿Se refleja la voluntad de Dios en todas las áreas reveladas en el trabajo y la adoración de la congregación local?" "¿La iglesia está tratando de implementar la enseñanza de la Biblia entre los miembros y más allá?" Estas preguntas casi representan el escenario bíblico. Reflejan una conciencia de las prioridades divinas. Estas preguntas, de hecho, son paralelas a las mismas preocupaciones que Jesús expresó a las iglesias de Cristo cerca del final del primer siglo.

Su evaluación de la condición de la iglesia en Éfeso se centró en la tolerancia de las personas malvadas y los falsos maestros, el trabajo duro y la perseverancia en las dificultades, y la necesidad de mantener el mismo fervor y acción que caracterizaron su amor inicial (Ap. 2:1-7). Esmirna necesitaba ponerse de pie bajo la persecución de opositores y figuras religiosas falsas (Ap. 2:8-11). Pérgamo toleraba a algunos miembros que se aferraban a la falsa enseñanza (Ap. 2:12-17). Aunque Tiatira estaba involucrada en buenas obras de fe y servicio, también toleraba la impureza doctrinal (Ap. 2:18-29). Sardis no estaba cumpliendo y obedeciendo como debería, aunque algunos miembros permanecieron sin mancha (Ap. 3:1-6).

La iglesia en Filadelfia no era impresionante para el observador promedio, ya que solo tenía "poca fuerza" (Ap. 3:8). Probablemente no estaban creciendo como las "Diez iglesias más grandes" ni manteniendo su membresía en un torbellino de excitación artificial y superficial. Sin embargo, guardaron la palabra de Cristo. Se mantuvieron fieles a la doctrina de Dios (vs. 7-13). En contraste, la contribución en la iglesia de Laodicea era grande. Tenían muchos recursos financieros y operaban bajo la impresión de que estaban viendo claramente. Sin embargo, se contentaron con permanecer inactivos (Ap. 3:14-22).

Note que estas iglesias de Cristo del primer siglo fueron examinadas en base a (1) si sabían y defendían la verdad y (2) si pusieron en práctica esa verdad en sus propias vidas. Este es el enfoque de la iglesia local. Esta es nuestra razón para estar asociados con una iglesia local. Debemos limpiar la espesura de nuestra vista espiritual y recuperar la prioridad de centrarnos en la verdad bíblica.

Pero, ¿qué pasa si se trata de elegir entre una iglesia orientada al cambio, doctrinalmente "liberal" pero activa y una iglesia doctrinalmente "conservadora" pero inactiva o insensible? Aunque tal decisión sería rara, simplemente debemos reconocer que un fundamento doctrinal correcto es lógicamente más importante. La práctica religiosa tarde o temprano será híbrida y contaminada si no se basa en la precisión doctrinal. Si el fundamento es sólido, podemos trabajar en la construcción de la casa en lo que Dios quiere que sea. Pero si la base no es sólida, todos nuestros esfuerzos loables para arreglar la casa son inútiles y están condenados al colapso.

En una ocasión, muchos de los discípulos de Cristo lo abandonaron. Se volvió hacia los doce y les preguntó si también se irían. Pedro articuló la respuesta definitiva, la respuesta a la cual las iglesias leales de Cristo se han suscrito desde entonces: "Señor, ¿a quién iremos? Tú tienes palabras de vida eterna" (Jn. 6:68). Ahí está nuestro enfoque. Está nuestra razón para unirnos y apoyar a una congregación local. Donde las palabras de vida eterna son veneradas, está Cristo en medio de ellos (Ap. 2:1).

Sea Sincero

Cada vez más, los miembros de la iglesia del Señor se encuentran en un dilema traumático y desconcertante. Entraron en el reino de Dios en un día en que las verdades fundamentales de la Biblia fueron expuestas de una manera simple y directa. Fueron enfrentados sin rodeos con su condición religiosa deshecha. La mayoría de las veces, su conversión implicaba enfrentar la cruda comprensión de que su afiliación religiosa pasada era un error y desagradaba a Dios. A pesar de esta interrupción importante en su patrón de comportamiento anterior, voluntariamente, con alegría y confianza se deshicieron de los grilletes del denominacionalismo para abrazar el cristianismo puro del Nuevo Testamento y entrar en el verdadero cuerpo de Cristo.

Ahora, estos observadores fieles de la religión bíblica genuina se encuentran en medio de una iglesia local donde se han inaugurado cambios dramáticos con el paso de los años. En sus esfuerzos por afrontar y asimilar la situación e integrar estos nuevos elementos en su búsqueda del cristianismo, se han enfrentado con decisiones:

Por un lado, tal vez hayan aceptado estas nuevas tendencias de todo corazón. Es posible que lo hayan hecho por pura ignorancia de la verdadera naturaleza de las innovaciones. O tal vez poseen una actitud de insatisfacción con lo que perciben como una historia pasada entre las iglesias de Cristo de conflicto, contención, debate y división. Las tendencias actuales crean un falso sentido de unidad, paz, armonía y tranquilidad. Gracias a Dios que Micaías, Jeremías, Isaías, Amós, Azarías, Juan el Inmersor, Jesús, Pedro, Pablo, Judas y Juan no rehuyeron la confrontación y la agitación desagradable, ¡ni se desvanecieron en inactividad por el bien de la paz y la armonía!

Por otro lado, tal vez reconocieron e identificaron desvíos recientes solo como eso — desviaciones de la fe — cambio ilícito (1 Tim. 4:1; 2 Ped. 2:1-3; 1 Jn. 4:1). Sofocaron el hedor de la apostasía el mayor tiempo posible con la esperanza de detener la marea, pero finalmente salieron de esa congregación para identificarse con un grupo más sensible a los amarres bíblicos. Una de esas personas, con lágrimas en los ojos, me dijo recientemente: "Dave, salí de una denominación donde hacíamos todas las cosas que nuestros agentes de cambio ahora están tratando de hacer que aceptemos. Están tratando de llevarnos de vuelta al denominacionalismo. ¡Pero quiero que sepas que no volveré!"

Tal vez una tendencia mucho mayor en la iglesia hoy en día es que los hermanos sensatos y de pensamiento correcto simplemente se resignan a las alteraciones, a capitular ante las olas subversivas de la apostasía, a ser tolerantes con lo que una vez hubiera sido intolerable. Tratan de ignorar lo malo enfocándose en lo bueno. Racionalizan su fracaso en levantarse y actuar con decisión con bromas tan irrelevantes y tranquilizadoras para la conciencia como "todos mis amigos están aquí".

Si este ha sido su curso, considere cuidadosamente lo que voy a decir. Cuando un individuo carece de la fortaleza espiritual para dar un paso adelante y tomar medidas definitivas para el bien de su propia alma, las almas de familiares y amigos, y la causa de la verdad y lo correcto, tal individuo es considerado débil e injusto a la vista de Dios. La historia humana está plagada de demostraciones de una actitud despiadada, desaliñada, sin compromiso, sin excusas, de esperar y ver. Lot (Gén. 19:16), Aarón (Éx. 32:21-24), Saúl (1 Sam. 15:15, 20, 21, 24), los contemporáneos de Elías (1 Rey. 18:21) y Pilato (Mat. 27:24; Jn. 18:38) no son más que una muestra de la tendencia general de las personas a eludir su responsabilidad ante Dios al retirarse a una postura neutral y negarse a defender a Dios, contra el error.

No nos atrevamos a permitir que incluso nuestros fuertes lazos familiares y las profundas emociones que sentimos por ellos, nos impidan inclinarnos sumisamente ante Dios y darle lealtad exclusiva (Mat. 10:35-36; 12:46-50; Luc. 12:52-53). No nos atrevamos a permitir que nuestro deseo de ser queridos y aceptados por otras personas, nuble nuestras percepciones espirituales y nos impida una obediencia inquebrantable. En cambio, Dios nos ayuda a ser insistentes, valientes e intransigentes como Josué (Jos. 24:14-15); intrépidos y no intimidados ante la oposición como Micaías (1 Rey. 22:13-14, 18-28).

Ha llegado el momento de emular a Ezequías, que se esforzó por deshacerse del cambio y restaurar el antiguo orden de las cosas. El carácter y la intensidad de su obediencia se ven en el hecho de que "lo hizo de todo corazón" (2 Crón. 31:21). A diferencia de la esposa de Lot que demostró lealtades divididas (Gén. 19:26; Luc. 17:32); a diferencia de Balaam, quien manifestó renuencia y aplazamiento al obedecer a Dios (Núm. 22:32); a diferencia de los laodicenses que eran tibios (Ap. 3:16); a diferencia del rey Amasías, que hizo lo correcto ante los ojos de Dios, "aunque no de perfecto corazón" (2 Crón. 25:2); a diferencia de todos estos individuos, Ezequías persiguió la religión bíblica **de todo corazón**.

Ha llegado el momento. Aquellos que todavía creen en las puras y simples verdades del evangelio deben "salid de en medio de ellos" (2 Cor. 6:17) y estar con Dios y su remanente fiel — aquellos que todavía poseen "el amor de la verdad" (2 Tes. 2:10). **Ha llegado el momento**. Aquellos que fueron introducidos en la verdadera iglesia por valientes predicadores del pasado deben dejar de perder el tiempo y beneficiarse de sus trabajos, dando un paso adelante e imitando valientemente su postura divina. **Ha llegado el momento**. Aquellos que han sido hipnotizados por el bullicio, las emociones y la excitación de los artistas del cambio a corto plazo, deben ahora despertar y sacudirse su estupor. Cuán increíblemente trágica será la eternidad si fallamos en mantenernos fuertes y firmes para Dios en medio de la avalancha de apostasía. No será de ningún consuelo mirar a los que cohabitan en el infierno con nosotros y darnos cuenta de que "todos mis amigos están aquí".

Un Último llamado

Soy parte de la generación babyboom. Creo que muchos en mi generación, tanto dentro como fuera de la iglesia, se están comportando como niños mimados que se aferran al cumplimiento insistiendo en su propio camino. Finalmente, los cambios que están introduciendo en las iglesias de Cristo no los satisfarán ni los harán felices. Mientras tanto, están violando y abusando de la novia de Cristo (2 Cor. 11:2). Saqueando y devastando la ciudad del Dios vivo (Heb. 12:22). Se están comportando como lobos, perros y enemigos (Mat. 7:15; Fil. 3:2; 3:18; Sant. 4:4).

En nuestra prisa por evitar ser radicales o contenciosos, tengamos mucho cuidado de no reaccionar de manera exagerada a la gravedad de la situación. ¡Las ovejas están siendo devoradas! ¡Las almas están siendo extraviadas! ¡Estamos en una lucha a toda escala para salvar la iglesia! ¡Debemos reunir resistencia militante! Debemos valientemente intentar recuperar a las personas de la trampa del Diablo (2 Tim. 2:26), ¡arrebatándolas del fuego! (Judas 23) Las personas que permanecen en congregaciones donde los agentes de cambio han montado una invasión y los cambios no bíblicos están siendo diseñados sistemáticamente pueden encontrarse en la misma situación desastrosa en la que se encontraron los familiares durante la rebelión de Coré (Núm. 16:32).

Los ancianos no deben dar la vuelta y correr renunciando mientras todavía tengan la oportunidad de luchar contra el cambio. Estarían abandonando sus ovejas a las fauces de los lobos. Deben recuperar el coraje del joven David que se enfrentó a leones y osos para proteger a sus ovejas. Deben reunir el celo justo y sentir que su sentido de justicia es violado al igual que David cuando se enfrentó a Goliat, que tenía casi tres metros de altura. Cuando los agentes de cambio comienzan sus travesuras, los ancianos piadosos deben sentir la misma ira sagrada que se levantó en el pecho de David cuando declaró: "¿quién es este filisteo incircunciso, para que provoque a los escuadrones del Dios viviente?" (1 Sam. 17:26).

Que Dios nos conceda la sabiduría, el coraje, la fe y el amor para hacer todo lo posible en contrarrestar las fuerzas del cambio no bíblico. Con un ojo puesto en nuestra tarea, que podamos mantener el otro ojo centrado en nuestro Dios y nuestro bendito Salvador, quien solo tiene el poder de guiarnos de manera segura a través de las traicioneras aguas del cambio. Solo Él puede permitirnos negociar con seguridad el angosto estrecho de la vida, para que podamos llevar nuestra barca a descansar en las orillas eternas del Cielo. En palabras del inmortal canto de Edward Hopper [*Nota del Trad. Himno # 57, Cantos Espirituales, Letra en español de V. Mendoza*]:

> Cristo, mi piloto sé, en el tempestuoso mar.
> Fieras ondas mi bajel van a hacerlo zozobrar.
> Mas si tú conmigo vas, pronto al puerto llegaré.
> Carta y brújala hallo en ti.
> Cristo, ¡mi piloto sé!
>
> Todo agita el huracán con indómito fulgor.
> Mas los vientos cesarán al mandato tu voz.
> Y al decir "Que sea la paz", cederá sumiso el mar.
> De las aguas tú, el Señor, guíame
> cual piloto fiel.

Cuando al fin cercano esté de la playa celestial,
si el abismo ruge aún, entre el puerto y mi bajel,
 en tu pecho al descansar, quiero oírte a ti decir:
"Nada temas ya del mar.
Tu piloto siempre soy". Amén.

Acerca del Autor

El hermano *Dave Miller* ha trabajado por más de 40 años en diversas capacidades para iglesias de Cristo, incluyendo predicador de púlpito, director de una escuela de predicación (Brown Trail School of Preaching) y anfitrión de un programa televisado a nivel nacional que se transmite en GBN (gbntv.org). Actualmente es Director Ejecutivo de Apologetics Press, el Dr. Miller ha sido autor de numerosos artículos y libros, incluyendo el Corán revelado, la Anarquía Sexual, Pilotando el Estrecho, el Silenciamiento de Dios, Cristo y el Congreso Continental, Por qué Sufren, y una serie De libros que enseñan a los niños a leer. Él lleva a cabo más de 40 discursos por año, incluyendo seminarios de fin de semana, conferencias y reuniones del Evangelio.

La Palabra
PUBLISHER©

ISBN: 9798676347888

Made in the USA
Columbia, SC
17 November 2024